Berthold Weckmann

Kaspar Hauser

Berthold Weckmann

Kaspar Hauser

Die Geschichte und ihre Geschichten

Königshausen & Neumann

Gedruckt mit Hilfe der Geschwister Boehringer Ingelheim Stiftung
für Geisteswissenschaften in Ingelheim am Rhein

Unter Verwendung eines Szenenfotos der Dreharbeiten zum Kaspar-Hauser-Film von Peter Sehr
Foto: Sessner, Dachau. Rechte beim Bayerischen Rundfunk

Die Deutsche Bibliothek — CIP-Einheitsaufnahme

Weckmann, Berthold:
Kaspar Hauser : die Geschichte und ihre Geschichten /
Berthold Weckmann. -- Würzburg : Königshausen und
Neumann, 1993
(Epistemata : Reihe Literaturwissenschaft ; 114)
Zugl.: Bonn, Univ., Diss., 1992
ISBN 3-88479-867-7
NE: Epistemata / Reihe Literaturwissenschaft

D 5

Umschlag: Schmitt, Geldern
Druck: Verlag Königshausen & Neumann, GmbH
Gedruckt auf säurefreiem, alterungsbeständigem Papier
Bindung: Rimparer Industriebuchbinderei GmbH

Printed in Germany
ISBN 3-88479-867-7

für Birgit †

Von der Bäierischen Gränz
Daß Orte ist unbenant
1828

Hochwohlgebohrner Hl: Rittmeister!

Ich schücke ihner ein Knaben der möchte seinen
König getreu dienen Verlangte Er, dieser Knabe
ist mir gelegt worden, 1812 den 7 Ockober, und ich
selber ein armer Taglöhner, ich habe auch selber
10 Kinder, ich habe selber genug zu thun daß ich mich
fortbringe, und seine Mutter hat um mir die erziehung
daß Kind gelegt, aber ich habe sein Mutter nicht er
fragen könen, jetz habe ich auch nichts gesagt, daß
mir der Knabe gelegt ist worden, auf den Landgericht.
Ich habe mir gedenckt ich müßte ihm für mein Sohn
haben, ich habe ihm Christlich Erzogen, und habe ihm
Zeit 1812 Keinen Schritt weit aus dem Haus gelassen
daß Kein Mensch nicht weiß davon wo er auf erzogen
ist worden, und er selber weiß nicht wie mein Hauß
heist und daß ort weiß er auch nicht, sie derfen ihm
schon fragen er kan es aber nicht sagen, daß lesen
und schreiben habe ich ihm schon gelehrt er kan auch
mein Schrift schreiben wie ich schreibe, und wan
wir ihn fragen was er werden will sagt er will auch
ein Schwolische werden waß sein Vater gewesen ist,

will er auch werden, wen er Eltern hätte wir er keine
hate wär er ein gelehrter bursche worden Sie derfen
im nur was zeigen so kan er es schon.

Ich habe im nur bis Neumark geweißt da hat
er selber zu ihnen hingehen müßen ich habe zu
ihm gesagt wen er einmal ein Soldat ist,
kome ich gleich und suche ihm heim sonst hätte
ich mich von mein Hals gebracht

Bester Hr. Rittmeister sie derfen ihm gar
nicht tragtiren er weiß mein Orte nicht
wo ich bin, ich habe im mitten bey der nacht fort
geführt er weiß nicht mehr zu Hauß,

Ich empfehle mich gehorsamst
Ich mach mein Namen nicht
Kuntbar den ich kuente gestraft
werden,

Und er hat kein Kreuzer geld nicht bey ihm
weil ich selber nichts habe wen Sie im nicht Kalten
so müßen Sie im abschlagen oder im Rauchfang
auf hängen

Inhalt

Vorwort

Neben vielen, die mir mit Titelhinweisen und bei der Materialbeschaffung geholfen haben, danke ich an dieser Stelle Herrn Ulrich Struve, den Mitarbeiterinnen und Mitarbeitern der Schloßbibliothek Ansbach, des Stadtarchivs Ansbach sowie der Universitätsbibliothek Bonn für ihr freundliches Entgegenkommen; Herrn Günter Schumacher für viele anregende Hinweise sowie die Durchsicht des Typoskripts; meinem Freund Hans-Ludwig Kowalski für seine Unterstützung bei der Arbeit im Ansbacher Stadtarchiv; meiner Verlobten Hildegard Schmitt für ihre große Hilfe bei der Druckgestaltung; meinen Eltern, meiner verstorbenen Frau Birgit und nicht zuletzt auch meinem akademischen Lehrer Herrn Professor Peter Pütz für ihr Verständnis und ihre Geduld.

Einleitung

Vom Tage seines Erscheinens am 26. Mai 1828 bis zur Gegenwart ist das Interesse am *Findling von Nürnberg*, der später gar das *Kind von Europa* wurde, wach geblieben. Dies drückt sich nicht zuletzt in einer Flut von Publikationen aus, die Kaspar Hauser unter medizinischen, psychologischen, pädagogischen, geschichtlich-politischen, kriminalistischen, juristischen und anthroposophischen Gesichtspunkten betrachten. 1927 erschien der Titel "Kaspar Hauser. Über tausend bibliographische Nachweise"[1], bis heute hat sich diese Zahl auf ein Vielfaches erhöht.

Kaspar-Hauser-Geschichte, -Phänomen, -Rätsel, -Legende, -Mythos: Mit diesen Begriffen werden immer wieder Komposita zum Namen des Findlings gebildet, dessen Fall heute zum zitierfähigen und anspielungshaften Bildungsgut geworden ist: Karl Steinbuch illustriert 1987 karikierend die Kritik der seines Erachtens realitätsfernen Politik der "Grünen" mit dem Nürnberger Findling als Prototyp des staunend in die Welt getretenen tumben Tors, eine "Halbjahresschrift für menschengemässe Kultur" namens "Kaspar Hauser" erschien in den 1980er Jahren, die Stadt Ansbach veranstaltet seit 1990 alle zwei Jahre eine "Kaspar-Hauser-Woche", 1992 wurde in Dortmund eine Kaspar-Hauser-Oper von Reinhard Febel uraufgeführt, ein neues Fernsehspiel von Peter Sehr über den Findling wird 1993 ausgestrahlt werden, der Bericht des Juristen P. J. A. von Feuerbach zu Kaspar Hauser aus dem Jahre 1832 ist zur Schullektüre avanciert, und die modernen Barden Reinhard Mey, Georges Moustaki, Wolf Biermann und Suzanne Vega besingen das Schicksal des Findlings in ihren Chansons.[2]

Nach dem Erscheinen der vielbesprochenen Biographie zu Kaspar Hauser von Ulrike Leonhardt im Jahre 1987, deren Titel bereits Hauser als badischen Prinzen ausweist, meldet ein Zeitungsartikel im Januar 1988 eine weitere Veröffentlichung, deren Verfasser gerade das Vorliegen eines Betrugsfalles aus medizinischer Sicht zu begründen sucht, und als Rolf Hochhuth sich im Januar 1990 in einem Feuilletonbeitrag u. a. zu den dynastischen Hintergründen der Findlingsgeschichte zu Wort meldet, ruft er damit in den Leserbriefspalten der Gazetten einander widerstreitende Reaktionen hervor.[3] Dies nur als Indiz dafür, daß sich die Positionen in der Kaspar-Hauser-Forschung von 1828 bis heute nicht grundlegend verändert haben: Bereits 1830 vertrat der Berliner Polizeirat Merker als erster öffentlich die These "Caspar Hauser, nicht unwahrscheinlich ein Betrüger" -, seit derselben Zeit bezeichnen zahllose Schriften Hauser als badischen Thronerben, und selbst sogenannte unparteiische Vermittlungspositionen sind ebenso zum Klischee erstarrt, wie die notorisch gewordene Klage über die unübersehbare Publikationsflut zum Thema.

Ist die Klage über die Undurchsichtigkeit des Falles zum Teil zwar berechtigt, so muß sie aber dahingehend eingeschränkt werden, daß sich die Anzahl der seriösen wissenschaftlichen Hauser-Werke bei mühsamer kritischer Durchsicht erheblich reduzieren läßt; die Bedeutung der Veröffentlichungen des Nestors der Kaspar-Hauser-Forschung, Hermann Pies' (dessen Werke zwischen 1925 und 1973 erschienen), kann kaum genug betont werden.[4] In ihnen veröffentlichte Pies erstmals die wichtigsten authentischen Berichte über den Findling und wies minutiös jene Entstellungen und bewußten Fälschungen einer tendenziösen Berichterstattung nach, die den Fall im 19. und zu Beginn des 20. Jahrhunderts so undurchsichtig gemacht hatten. Alle weiteren Publikationen, sowohl die Reihe populärer Darstellungen nach 1945[5] (die in den letzten Jahren in Neuauflagen erschienen) als auch einige spezialwissenschaftliche[6], enttäuschen und bilden keinen Ersatz für die Piesschen Arbeiten, im Gegenteil: Es sei hier ausdrücklich vor ihnen gewarnt, da sie einen vermeintlich einfachen und handlichen Zugang zum Fall prätendieren, der tatsächlich aber so bündig nicht zu haben ist. 1984 erschien die voluminöse Monographie von Johannes Mayer und Peter Tradowsky, "Kaspar Hauser. Das Kind von Europa", die (man kann sagen als einzige Veröffentlichung der letzten Jahre) einen Fortschritt in der engeren Kaspar-Hauser-Forschung darstellt. Seine Bedeutung erhält das Buch in erster Linie durch den umfangreichen Bildteil, der tatsächlich einen neuen, intensiven Eindruck des Falles und seiner Hintergründe vermittelt. Die Darstellung der Kaspar-Hauser-Geschichte durch Peter Tradowsky stellt, vornehmlich aufgrund der Erstveröffentlichung zahlreicher Briefe und Dokumente, eine nachträgliche Absicherung der Forschungen von Hermann Pies und seines Indizienbeweises von 1966 für Hausers badisches Prinzentum dar, an dem heute nicht mehr ernsthaft gezweifelt werden kann.[7] Die undurchsichtige Rolle, die der englische Lord Stanhope in diesem Zusammenhang spielte, vermag die Monographie von Johannes Mayer, "Philip Henry Lord Stanhope" (1988), einer Klärung nahezubringen.

Wenden wir uns nach diesem allzu knappen Abriß über die engere historisch-kriminalistische Forschung der literaturwissenschaftlichen Betrachtung zu. In komplementärem Verhältnis zu jeder neuangekündigten, wichtige Aufschlüsse prätendierenden Kaspar-Hauser-Veröffentlichung steht der Topos in den sich daran anschließenden Rezensionen, daß wirklich innovative Erkenntnisse über den Fall kaum zu verzeichnen seien. So muß sich jeder weitere Beitrag der Legitimationsfrage stellen. Indem wir den speziellen literaturwissenschaftlichen Forschungsstand darlegen und daran anschließend die methodischen Probleme verdeutlichen, wird sich erhellen, daß eine erneute Betrachtung der Kaspar-Hauser-Literatur durchaus gefordert erscheint.

Innerhalb des Gesamtspektrums der Veröffentlichungen nehmen die literarischen Bearbeitungen einen vergleichsweise geringen Raum ein, unseren Forschungen liegen mehr als einhundertfünfzig Texte zugrunde, wobei darauf hingewiesen sei, daß diese und ähnliche Zahlenangaben insofern mit Vorsicht zu genießen sind, als manche Texte sich nicht immer ganz eindeutig zuordnen lassen und weitere Neufunde sehr wahrscheinlich sind. Von literaturwissenschaftlicher Seite widmeten sich zwei ältere Dissertationen und zwei jüngere aus den Jahren 1989 und 1992 einem Teilspektrum sowie eine Reihe kleinerer Beiträge einigen wenigen, zumeist den herausragenden Werken bzw. dem geistesgeschichtlichen Umfeld der Findlingsgeschichte.

Der folgende kleine Forschungsüberblick berücksichtigt nur solche auf einzelne Autoren und ihr jeweiliges Kaspar-Hauser-Werk bezogene Beiträge, die Neues zur Stoffgeschichte liefern. Ebenso wie im interpretierenden Teil dieser Untersuchung wurde (auch bei den bekannteren Autoren) darauf verzichtet, weiterführende Sekundärliteratur zum Gesamtwerk heranzuziehen.

Den ersten Versuch einer weitausgreifenden Untersuchung unternimmt die Dissertation *Olga Sterns*, "Kaspar Hauser in der Dichtung" (1920/25). Die Arbeit bietet einen ausführlichen, aufgrund der 1920 aber noch ungesicherten Quellenforschung ungenau bleibenden historischen Abriß, in dem die Verfasserin die Verbindung zwischen historischem Fall und literarischen Motiven auszuleuchten versucht. Im Bereich der Literatur im engeren Sinne geht die Arbeit auf zwölf Werke ein, deren Charakterisierungen rudimentär, rein inhaltlich orientiert und zusammenhanglos bleiben. Nach der Darstellung des historischen Kaspar Hauser untersucht Stern die literarischen Motivähnlichkeiten, um sich sodann Kaspar Hauser in der Dichtung zuzuwenden, wobei sie den Schauerroman (Hoffmann, Scoper, Marheineke und Seybold) vorstellt, sich dem Rührstück (Leber) zuwendet und Kaspar Hauser als psychologisches Problem bei Martens, Wassermann und Hoechstetter untersucht. Die bibliographischen Angaben, insbesondere diejenigen zum Stoffkomplex des "Mannes mit der eisernen Maske", den Stern vergleichend heranzieht, halten einer Nachprüfung nicht stand, so daß einige der zitierten Quellen nicht mehr zu ermitteln sind. Heute noch von Interesse sind der Hinweis auf die Verbindung des Themas zum sogenannten "Schauerroman" des 18. Jahrhunderts sowie die ausführliche Untersuchung des Entstehungsprozesses von Karl Gutzkows Roman "Die Söhne Pestalozzis".

Als *Otto Jungmann* seine Dissertation ("Kaspar Hauser. Stoff und Problem in ihrer literarischen Gestaltung", 1935) vorlegt, weist er darauf hin, daß Stern nicht nur eine Reihe älterer Werke übersehen habe, sondern daß das letzte Jahrzehnt hinsichtlich der schöngeistigen Hauser-Literatur besonders produktiv gewesen sei. Tatsächlich umfaßt der Textkorpus, den Jungmann sondiert, bereits dreißig Werke, und es werden einige der in den 1920er Jahren erschienenen Bearbeitungen (besonders die von Hofer, Schäfer, Engel und Röttger) ausführlich gewürdigt, besonders auch der sogenannten psychologischen Literatur (Martens, Ebermayer, Wassermann) räumt Jungmann großen Platz ein. Obwohl es dem Verfasser, wie er in Absetzung zu Stern betont, um eine innere Aufteilung und Durchdringung des Stoffes geht, bleibt er bei der Analyse von Form und Gehalt der Hauser-Fabel, die den ersten Hauptteil der Dissertation bildet, in einer oberflächlichen und klischeehaften Skizzierung der Biedermeierepoche stecken. Indem Jungmann ausführt, ein Stoff an sich sei ja nie poetisch, verkennt er gerade einen der zentralen Punkte, die die Kaspar-Hauser-Geschichte bestimmen. Die Werke gruppiert Jungmann unter z. T. wertende Rubriken (wie "Kolportage" oder "Neues Ethos"), was zu Willkürlichkeiten führt und die Bearbeitungen zugunsten moralisierender Einschätzungen ihrem jeweiligen historischen und geistesgeschichtlichen Kontext entreißt. Ebenso wie bei Stern bleibt der Bereich der Lyrik nahezu vollständig ausgespart.

1928 unternimmt *Heinrich Seufert* im Rahmen einer Betrachtung der fränkischen Literatur auch einen sichtenden und inhaltlich referierenden Streifzug durch das Feld literarischer Kaspar-Hauser-Gestaltung, und ebenfalls noch vor Jungmanns Dissertation erscheint 1929 *Marianne Thalmanns* Vergleich zwischen Jakob Wassermanns Roman und seinen Quellen, der die Anteile des Romans, die historischen Darstellungen entnommen sind, deutlich herausstellt. Ihre Leitfrage - in welchem Verhältnis die Vorlagen (das historische Material) und der Roman an sich stehen, wo sich Erfindung und Aktenmaterial gegeneinander abgrenzen - beantwortet die Verfasserin dahingehend, daß der epische Verlauf der Handlung in einem Abhängigkeitsverhältnis bleibe, das man als Bearbeitung und nicht als Durchgestaltung der Quellen bezeichnen müsse. Eine überzeugende Beurteilung des Verhältnisses zwischen historischen Vorlagen und dem Roman gelingt nicht, wohl nicht zuletzt aufgrund einer latent antisemitischen Einstellung Thalmanns gegenüber dem Autor Wassermann.

Nach Jungmanns Arbeit erwacht erst ab Mitte der 1960er Jahre erneutes Interesse von literaturwissenschaftlicher Seite, das sich nach dem Erscheinen von Peter Handkes Bühnenstück "Kaspar" (1967) und ergänzt noch durch Werner

Herzogs Film "Jeder für sich und Gott gegen alle" (1974) forciert. Vorgreifend kann hier schon gesagt werden, daß alle Beiträge sich entweder auf die Besprechung eines einzelnen Werkes oder aber auf die Reihe der herausragenden Bearbeitungen, zu denen die Texte von Verlaine, George, Wassermann, Trakl und Handke gerechnet werden, beschränken. Erwähnt sei noch, daß die Lexikaartikel von *Elisabeth Frenzel* zum Stoff "Kaspar Hauser" und zum Motiv "Die unbekannte Herkunft" (1976/80) einen ersten informativen Einblick gewähren, und daß *Friedrich Sengles* umfassende Epochendarstellung zur Biedermeierzeit (1972-1980) auf die Kaspar-Hauser-Geschichte nicht eingeht.

Herbert Thieles fachdidaktischer Beitrag ("Das Bild des Menschen in den Kaspar-Hauser-Gedichten von Paul Verlaine und Georg Trakl", 1964) skizziert die Gedichte Verlaines und Trakls und verweist auf die dichterische Selbstidentifikation der Autoren mit dem Findling als Außenseiter sowie darauf, daß die Texte Grundverhältnisse des Menschen und des menschlichen Daseins gestalteten.

Gottfried Stix' vergleichende Studie, "Trakl und Wassermann" (1968), geht den Parallelen zwischen dem Roman Wassermanns und dem Gedicht Trakls nach. Der Verfasser weist den Einfluß des Romanciers auf den Lyriker nach, der sich auch über das Kaspar-Hauser-Gedicht hinaus verifizieren lasse.

Im Sinne einer grundsätzlichen Sprach- und Systemkritik betrachtet *Wolfgang Held*, "Kaspar Hauser und die Kritik der Sprache" (1969), nur flüchtig die Kaspar-Hauser-Gedichte der Jahrhundertwende sowie den Roman Wassermanns, um ausführlich dann auf das Stück Handkes einzugehen. Die vom Verfasser als eine Entwicklungslinie herausgestellte Dialektik zwischen sprachloser Unmündigkeit und sprachmächtiger Manipulation, von Verlaine über Trakl bis zu Handke verlaufend, wird nicht genügend verdeutlicht. Der Beitrag, dessen Hauptaugenmerk auf dem Theaterstück Handkes liegt, vermag auch deshalb nicht zu überzeugen, da er die an Handkes "Kaspar" verzeichneten gesellschaftskritischen Überlegungen rückprojiziert auf die ihrem literarhistorischen Kontext entrissenen älteren Werke.

Mechthild Blanke, "Zu Handkes 'Kaspar'" (1972), weist darauf hin, daß der Autor die Feuerbach-Schrift rezipiert und als Quelle benutzt habe, und sie vermag eindeutige Parallelen zwischen der historischen Vorlage und dem Sprechstück nachzuweisen.

Auf den politischen, vornehmlich aber den geistesgeschichtlichen Hintergrund der Kaspar-Hauser-Geschichte geht *A. F. Bance*, "The Kaspar Hauser Legend and its Literary Survival" (1974/75), ein, wobei er weiterführende Untersuchungslinien anreißt. Der Autor verweist auf die literarischen Vorprägungen des Stoffes in der "Gothic Novel", auf die Verwandtschaft mit literarischen und mythologischen Motiven sowie auf die naturgeschichtliche Diskussion des 18. Jahrhunderts um den sogenannten "homo ferus". Im Bereich der Literatur

streift der beachtenswerte Aufsatz die Bearbeitungen Gutzkows, Wassermanns und Handkes.
Die enge Beziehung zwischen dem historischen Fall und Trakls Gedicht hinsichtlich des ihnen gemeinsamen Stationenschemas stellt der Aufsatz von *Suzanne Marey*, "Georg Trakl et Kaspar Hauser" (1975), heraus. Die Grundstruktur des Traklschen Gedichts sei bestimmt durch den Topos des verlorenen Paradieses.
Ausgehend von einer soziologischen Analyse des Phänomens der Massengesellschaft im 20. Jahrhundert, bemüht sich *R. D. Theisz* ("Kaspar Hauser im Zwanzigsten Jahrhundert. Der Außenseiter und die Gesellschaft", 1976), die historische Kaspar-Hauser-Geschichte als Modellfall des gesellschaftlichen Außenseiters zu deuten, um auf diesem Hintergrund Wassermanns, Trakls, Arps und Handkes Bearbeitungen zu betrachten, wobei der Verfasser historische Figur, literarische Gestaltung und soziologische Deutung miteinander verquickt.
Horst Martin, "Kaspar und Sigismund: Über eine Quelle zu Hofmannsthals 'Turm'" (1976), untermauert durch den Nachweis thematischer Übereinstimmungen sowie konkreter Textvergleiche zwischen den Dramenfassungen und den Feuerbachschen Schriften die erstmals von Walter Benjamin indizierte Nähe der Hofmannsthalschen Calderon-Bearbeitung zur Geschichte des Nürnberger Findlings.
Ellis Fingers Beitrag, "Kaspar Hauser Doubly Portrayed: Peter Handke's 'Kaspar' and Werner Herzog's 'Every Man for Himself and God against All'" (1979), der Handkes "Kaspar" und Herzogs Film paraphrasierend miteinander vergleicht, stellt heraus, daß beiden Bearbeitungen gemein die leidenschaftliche Parteinahme für ein individuelles Schicksal sei; während dieses Interesse im Falle Handkes zu einer vom historischen Faktum weitgehend abstrahierenden Analyse von Sprachstrukturen geführt habe, zeichne sich dagegen der Film Herzogs durch seine dezidiert nonverbale Zugangsweise aus.
Ebenfalls 1979 legt *Jochen Hörisch* seine Publikation ("'Ich möchte ein solcher werden wie ...'. Materialien zur Sprachlosigkeit des Kaspar Hauser") vor. Das beeindruckende Aufgebot abendländischer Philosophie- und Psychologiegeschichte, das der Verfasser bemüht, überlagert dabei die Findlingsgeschichte, die oftmals den Stellenwert einer Projektionsfläche für die präjudizierenden Thesen des Autors erhält. Der Quellenteil, dem ein umfangreiches Nachwort folgt, präsentiert einige der wichtigsten Dokumente und Auszüge zeitgenössischer Schriften über den Findling, wie sie bereits weitgehend in den Veröffentlichungen Hermann Pies' zu finden sind, die seit 1985 in einer Neuausgabe wieder zugänglich gemacht werden. Bei einer Überprüfung anhand der Quellen fallen einige Flüchtigkeitsfehler bei der Materialpräsentation auf. Die Zusammenstellung von sechs Kaspar-Hauser-Gedichten, mit der der Materialienteil schließt, umfaßt einen nur kleinen und keineswegs repräsentativen Ausschnitt. In seinem

Nachwort, "Die Sprachlosigkeit des Kaspar Hauser", versucht Hörisch, die Geschichte des Findlings als ersten Indikator eines bis heute andauernden geistesgeschichtlichen Umbruchprozesses zu deuten, der darin bestehe, daß hier erstmals die transzendentalphilosophische Täuschung konstitutiver Subjektivität durchbrochen worden sei. Das Verfahren Hörischs, der der Theorierichtung Jacques Derridas verpflichtet ist, für den Quellenteil Zeugnisse derart auszuwählen und zu plazieren, daß sie die im Nachwort entworfenen Konstrukte zu belegen scheinen, offenbart seine Fragwürdigkeit auch im letzten Teil des Nachworts, in dem der Verfasser sich den literarischen Gestaltungen des Themas kurz zuwendet und vornehmlich die Werke Verlaines, Wassermanns, Handkes und Herzogs ansatzweise charakterisiert. Die Ausblendung weniger bedeutsamer literarischer wie außerliterarischer Entwicklungslinien der historischen Geschichte und ihrer Bearbeitungen fiele vielleicht nicht so ins Gewicht, wäre sie nicht die Voraussetzung, unter der die geschichtsteleologisch anmutende Argumentation des Verfassers Gültigkeit beanspruchen kann und prätendierte der Materialienband nicht darüber hinaus auch eine erschöpfende Behandlung des Themas.

Wie der Kaspar-Hauser-Fall aus historisch-kriminalistischer Sicht in England zwischen 1833 und dem Beginn des 20. Jahrhunderts rezipiert wurde, referiert der Beitrag von *Paul A. MacKenzie*, "Kaspar Hauser in England: The First Hundred Years" (1982). Der Verfasser zeigt, welche Wirkung zunächst von der englischen Übersetzung der Feuerbach-Schrift ausging, die jedoch in den Hintergrund gedrängt wurde durch die Veröffentlichung Lord Stanhopes von 1834, "Tracts Relating to Caspar Hauser" (deutsch 1835), deren tendenziöse Sichtweise die Meinung des Publikums über lange Zeit bestimmte und erst durch einige Veröffentlichungen an der Wende vom 19. zum 20. Jahrhundert (Elizabeth Evans, Duchess of Cleveland, Andrew Lang) wieder zur Diskussion gestellt wurde.

Nach *Christel Loreks*, an den 150. Todestag des Findlings erinnernden Aufsatz (1983), der die wichtigsten Gestaltungen des Themas nur kurz benennt, untersucht *Reiner Marx* die "Kaspar-Hauser-Allusion in Rilkes Gedicht 'Der Knabe'" (1986). Marx stützt sich im ersten allgemeinen Teil seiner Ausführungen in besonderer Weise auf den Materialienband Hörischs, was u. a. dadurch fragwürdig wird, daß der Verfasser, der dort vorliegenden Auswahl folgend, den größten Teil der Kaspar-Hauser-Gedichte um die Jahrhundertwende angesiedelt glaubt, ohne die eng begrenzte Auswahl Hörischs richtig einzuschätzen. Die biographischen Daten, die nach Marx den behaupteten Bezug des Rilke-Gedichts zur Findlingsgeschichte untermauern sollen, vermögen es nicht, die ohnehin erkennbare Affinität konkreter werden zu lassen.

In ihrem Festschriftbeitrag "Sprachterror oder dichterische Sondersprache" (1983) untersucht *Marianne Kesting* die "Verwandlung der Kaspar-Hauser-Fi-

gur in Hofmannsthals 'Turm'-Dichtungen und Peter Handkes 'Kaspar'". Kesting stellt - ganz ähnlich wie der Aufsatz H. Martins, den die Verfasserin, den Literaturangaben zufolge, jedoch nicht rezipiert zu haben scheint - die Parallelen zwischen Hofmannsthals Drama und Feuerbachs Schrift heraus. In der anfänglich außergewöhnlichen, nicht-diskursiven sprachlichen Weltaneignung des Findlings, wie Feuerbach sie schildert, seien das Sprachproblem und so auch die Frage der modernen Dichterexistenz bereits vorgezeichnet gewesen, so daß man der Feuerbachschen Schrift für Hofmannsthals Arbeit eine entscheidende vermittelnde Funktion zusprechen müsse. Die (bereits von Verlaine eingeleitete) Verwandlung Hausers zur Sinnfigur dichterischer Existenz mache die Nähe der Figur des "Sigismund" zum Fall des Nürnberger Findlings aus. Einen anderen Aspekt des modernen Sprachproblems entwickle das Bühnenstück Peter Handkes, dem sich die Verfasserin nur kurz zuwendet. Den einzigen, über die bereits vorliegenden Ergebnisse der Forschung hinausreichenden, strukturelle Probleme des Stoffes betreffenden Gedanken expliziert der Aufsatz nicht weiter: Obwohl es Handkes Intention gewesen sei, eine reine Theatersituation zu schaffen, dem keine darüber hinausgehende Bedeutung zukomme, habe der Autor die Figur Kaspar Hausers enthistorisiert und zugleich parabolisiert, erzwinge der Bedeutungsraum der Bühne doch die Assoziation des Zuschauers.
In seinem Buch "Höhlenausgänge" (1989), einer tour d'horizon zur - im weitesten Sinne - Geschichte des philosophisch gedeuteten Topos' vom Höhlenaufenthalt, widmet *Hans Blumenberg* das Kapitel 4/VI dem Kaspar-Hauser-Fall. Weniger an dem historischen Faktum, als vielmehr an den philosophisch-anthropologischen Überlegungen der Mit- und Nachwelt zur Findlingsgeschichte interessiert, präsentiert und kommentiert der Verfasser in eher aphoristischer Weise Auszüge aus den historischen Quellen. Gelangt Blumenberg dabei über weite Strecken über die illustrative Referierung vereinzelter Dokumente kaum hinaus, so entbehrt der Aspekt der romantisch anmutenden Rückkehrsehnsucht des Findlings, der das eigentliche Zentrum dieses Kapitels bildet, genauerer Explikation: Das in der Feuerbachschen Schrift herausgestellte Novum der Kaspar-Hauser-Geschichte gegenüber allen anderen vom Verfasser untersuchten Höhlengleichnissen bestehe darin, daß hier erstmals die Frage nach der im Untergrund verlorenen Zeit, nach dem ungelebten und nicht zu restituierenden Stück Leben und damit zugleich die Einsicht in die Grenzen aufgeklärter Menschenbildung in den Vordergrund getreten sei.
Es ist ein eigentümliches Gesetz, daß ein Thema, das lange nicht mehr ausführlich untersucht wurde, irgendwann gleichsam in der Luft liegt und *fällig* ist: Schien die vorliegende Arbeit während ihrer Entstehung die einzige zu sein, die das Kaspar-Hauser-Thema intensiv betrachtete, konnten nach ihrem Abschluß gleich vier weitere, zum Teil fast zeitgleich entstandene Arbeiten ausfindig gemacht werden, die das Thema in größerem Zusammenhang untersuchen. Die

Dissertation von Ursula Sampath, die Anthologie von Ulrich Struve sowie die Magisterarbeit von Sibylle Meyer waren vor der Drucklegung noch zugänglich, von der Dissertation von Birgit Gottschalk nur das Literaturverzeichnis. Allen vier Studien wurden nur einige bibliographische Ergänzungen entommen.
In ihrer Dissertation "Kaspar Hauser in Twentieth-Century German Literature" (1989), die 1991 unter dem Titel "Kaspar Hauser: A Modern Metaphor" in gekürzter Form als Verlagsveröffentlichung erschien, untersucht *Ursula Sampath* ein großes Spektrum der literarischen Kaspar-Hauser-Gestaltungen des 20. Jahrhunderts unter Ausschluß der außerliterarischen Beiträge zum Thema.
Nach zwei vorbereitenden Kapiteln (zum historischen Fall sowie zum Feld der herangezogenen Autoren) verfolgen die weiteren Kapitel die Leitfrage, was die Kaspar-Hauser-Figur für die Autoren des 20. Jahrhunderts repräsentiere. Sie sei als ein Paradigma des Außenseiters zu verstehen, und der übergeordnete Gesichtspunkt der Werke sei nicht in der historischen Fabel, sondern in der emblematischen Bedeutung der Figur zu sehen - so lautet die Kernthese, die die Studie in fünf Kapiteln ausdifferenziert: "Alienation and Isolation: Kaspar Hauser as a Paradigm for the 'Outsider' in the Twentieth Century", "The Attempt to Go Back: The 'Rousseau Syndrom'", "The Attempt to Go 'Beyond': Aspects of Religion", "The Attempt to Go Forward", "The Attempt to Rejoin Society: Kaspar Hauser as a Tool for Social Criticism".
Das lohnenswerte Unterfangen einer detaillierten Interpretation der Kaspar-Hauser-Stoffgeschichte im 20. Jahrhundert (die zumindest für die erste Hälfte m. E. jedoch kaum zu leisten ist ohne Einbeziehung der Etappen im 19. Jahrhundert) müßte grundsätzliche literaturtheoretische Überlegungen zur Poetizität von Stoffgeschichten anstellen, die die Dissertation Ursula Sampath' aber vermissen läßt.
So bleibt der Ertrag der Untersuchung seltsam unbefriedigend: Sie verkennt, daß das Faszinosum der Kaspar-Hauser-Geschichte im Biedermeier weit größer war als in der Weiterentwicklung im 20. Jahrhundert. Die Beschränkung auf zumeist *thematische* Aspekte zeigt gerade für das 20. Jahrhundert nur wenig auf, das nicht schon in den frühesten Gestaltungen präfiguriert war und vermag die *eigentlich* interessante Frage nach dem Grund des *Scheiterns* der meisten Bearbeitungen nicht zu beantworten - der nicht zuletzt in einem gleichsam vorschnellen, parabolisierenden Zugriff auf eben Thematisches zu liegen scheint. Die Bibliographie der Arbeit weist Fehler bezüglich der Erscheinungsjahre einiger Titel auf.
1992 erschien die von *Ulrich Struve* herausgegebene Anthologie "Der Findling: Kaspar Hauser in der Literatur", die über achtzig deutsch- und fremdsprachige Texte und Textauszüge sowie Bildmaterial aus der Stoffgeschichte präsentiert, die vom Herausgeber kurz eingeleitet und in ihrem Kontext - streckenweise etwas klischeehaft - erläutert werden. Das Gedicht Hedwig Hülles, "Caspar Hau-

ßer's Klage", ist fälschlicherweise Daumer zugeschrieben; die Bibliographie ist unvollständig und in ihrer Systematik korrekturbedürftig.

Zu nennen bleiben noch die Dissertation von *Birgit Gottschalk*, "Das Kind von Europa. Zur Rezeption des Kaspar Hauser-Stoffes in der Literatur" (Siegen 1992), und die Magisterarbeit von *Sibylle Meyer*, "Zeitgenössische literarische Schriften zu Kaspar Hauser" (Frankfurt a. M. 1993).

Die eigentliche Crux, unter der die historisch-kriminalistisch orientierte Hauser-Forschung insgesamt, speziell aber auch die literaturwissenschaftliche leidet, scheint darin zu bestehen, daß sich die Verfasser bei der Auswahl und Darstellung der Fakten über ein notwendiges und unvermeidliches Maß hinaus durch ein vorgängiges Erkenntnisinteresse bestimmen lassen, oder, was nur die Kehrseite derselben Medaille bildet, daß die Scheu vor der kritischen Sichtung des umfangreichen Materials neue, unverstellte Blickrichtungen erschwert. Eingedenk dieser Gefahr bemüht sich die vorliegende Untersuchung darum, das Thema und seine literarischen Bearbeitungen in ihrer gesamten Spannbreite sowie, was für eine nicht voreilig klassifizierende Beschreibung wohl nötig ist, in ihrem geistesgeschichtlichen Umfeld darzustellen.

Die wenigsten der bisher vorliegenden Arbeiten erkennen die stoffgeschichtliche Komplexität des Kaspar-Hauser-Falles, die darin besteht, daß mehrere Faktoren ineinanderspielen: Neben die in zahlreichen Gerichtsbänden protokollierte dokumentarische Seite des Falles treten der mythologische sowie der motivgeschichtliche Strang der Heldenmythen und Findlingsgeschichten in der Weltliteratur (an die die Hauser-Geschichte erinnert), die philosophische und naturgeschichtliche Diskussion des 18. Jahrhunderts um den "homo ferus" sowie das geistesgeschichtlich wirkungsmächtige Theorem des "Goldenen Zeitalters". Über die genannten Aspekte hinaus konzentriert sich die vorliegende Arbeit darauf, neben der charakterisierenden Vorstellung der poetischen Texte, die entscheidende polare Grundstruktur von historisch-wissenschaftlicher und literarischer Beschäftigung mit der Kaspar-Hauser-Geschichte zu verdeutlichen.

Unsere eher stoffgeschichtlich orientierte Untersuchung will sich im Gegensatz zu den jüngsten Aufsätzen um einen Überblick zum gesamten Spektrum bemühen. Dabei werden die herausragenden Werke möglicherweise nicht gebührend gewürdigt und die frühen Werke besonders ausführlich betrachtet, denn wir haben - in Umkehrung des Diktums Emil Staigers - sowohl zu begreifen was uns ergreift, als auch das, was uns *nicht* ergreift.

Mit dem Ansatz eines möglichst vollständigen Überblicks verbindet sich eine weitere Prämisse, unter der allein eine fruchtbare Untersuchung unseres Themas möglich erscheint: Die Entwicklungen der literarisch-poetischen und der historisch-wissenschaftlichen Beschäftigung mit dem Fall werden parallel verfolgt. Je mehr Veröffentlichungen und Material zum Fall man bis heute anhäufte, um so undurchsichtiger wurde er. Es gehört zu den eigentümlichen Gesetzmäßigkeiten

der Kaspar-Hauser-Geschichte bis heute, daß sich einerseits das Bemühen um literarisch-poetische Gestaltung mit dem Willen verquickt, zu *sagen wie es gewesen ist* -, und daß auf der anderen Seite kaum eine der sachlich orientierten Darlegungen zum Fall der Tendenz entgeht, die Historie zu poetisieren. Zwar graduell abgestuft, aber durchgängig konstatierbar ist eine bis zur Ununterscheidbarkeit fortschreitende Amalgamierung von Quellen, Meinungen und Fiktionen, die in Ausläufern bis in die Gegenwart reicht. Unser zweiter Gedankengang, neben dem Versuch eines Gesamtüberblicks, soll die Beziehung zwischen historischer und literarisch-poetischer Wahrheit bezüglich der Kaspar-Hauser-Geschichte verfolgen.
In die Richtung dieses Gedankens deutet eine Bemerkung Peter Handkes aus dem Jahre 1967:

> *"Ich halte nichts von den Floskeln, die etwa sagen, daß ein Gedicht mehr über die Wirklichkeit (oder was weiß ich) aussage als 'so mancher dickleibige wissenschaftliche Wälzer'. Aus dem Kaspar-Hauser-Gedicht von Georg Trakl habe ich für mich nichts erfahren, aus dem Bericht des Juristen Anselm von Feuerbach sehr viel, auch für meine Wirklichkeit, und nicht nur objektive Daten."*[8]

Die Faszinationskraft, die von dem Findlingsschicksal bis heute ausgeht, beschäftigt bereits Klaus Mann, der 1925 anläßlich eines Artikels zum Roman Wassermanns ausführt:

> *"Als ich das Buch das erste Mal zu Ende gelesen hatte (...) - begann ich nachzudenken, versuchte ich, sinnend über dem zugeschlagenen Buche sitzend, mir selbst zu erklären, warum dieses rätselhaften Knaben Schicksal und Geschichte, so sehr, so fast persönlich mich berührte (...)".*[9]

Zur Beantwortung der Frage Manns, dies sei bereits vorgreifend gesagt, werden wir den frühesten zeitgenössischen Berichten über Kaspar Hauser besondere Aufmerksamkeit schenken müssen, die sich durch ein teilweise nur subtil spürbares, teilweise auch deutlicher hervortretendes *poetisches Potential* auszeichnen. So wird uns die interessante und vielleicht einmalige Möglichkeit eröffnet, im Durchblick auf die Quellen einen Mythos gleichsam im status nascendi verfolgen zu können. Zunächst sollen jedoch die geistesgeschichtlichen und literarischen Traditionslinien, die im Vorfeld der enthusiasmierten Reaktionen der Zeitgenossen Hausers stehen, verfolgt werden.

I. Natur-Geschichten

1. Von der Literatur zur Historie: Kaspar Hauser und seine Vorgänger

Von Kaspar Hauser zu sprechen heißt, vom Menschen zu handeln, denn nicht zufällig befaßten sich häufiger als die Literatur im engeren Sinne die anthropologischen Teildisziplinen mit Kaspar. Es ist aber gerade charakteristisch für den Fall, daß beide Betrachtungsebenen sich verbinden oder überlagern, was zu berücksichtigen ist, so man sich mit den literarischen Gestaltungen des Kaspar-Hauser-Themas beschäftigt. Der hypertrophe und, so könnte man meinen, unfreiwillig-komische Ton unseres Eingangssatzes entspricht exakt der Figur des Findlings, der am zweiten Pfingstfeiertag des Jahres 1828 den sogenannten Bärleinhuter Berg in Nürnberg "herunterwackelte"[10] und den ersten Augenzeugenaussagen nach als pudelnärrisch beschrieben wird. Obwohl er bei seinem Erscheinen als Bauernbursche eingekleidet auftritt, unterhält Hauser in seinem papierenen Nachleben auf gleichsam subversive Weise untergründige Beziehungen zur Weltliteratur, und in gar schwindelerregende philosophische Tiefen entschwindet er bereits zu Lebzeiten, wenn 1832 Paul Johann Anselm von Feuerbach in ihm "jenen Menschen des Plato"[11] aus dem Höhlengleichnis zu erblicken glaubt, und jeder Interpret der Kaspar-Hauser-Geschichte läuft Gefahr, mit hinabgezogen zu werden. Daß jedoch auch die materialistisch-sensualistische Gegenposition zur platonischen Ideenwelt den Findling für sich beanspruchen könnte, zeigt eine Passage in "Adversus Gentes", dem Werk des numidischen Kirchengelehrten Arnobius von Sicca (auch Arnobius Afer genannt) aus dem vierten Jahrhundert n. Chr., die die Gefangenschaft Kaspars auf verblüffende Weise präfiguriert:

> *"Und um es euch noch deutlicher und verständlicher zu machen, was der Mensch gelte, den ihr der höchsten Macht so ganz und gar ähnlich sein lasset, so möge nachfolgendes Bild vor eure Seele treten (...). Gesetzt also, es befinde sich im Schooße der Erde ein wohnlicher Raum nach Art eines Zimmers, mit einem Dache und mit Wänden umschlossen, nicht kalt im Winter, nicht zu warm im Sommer, sondern so gemäßigt, daß weder Kälte noch große Hitze wahrgenommen werde. Nehmen wir an, es gelange dorthin kein Laut irgend einer Stimme, weder eines Vogels, eines wilden Thieres, des Sturmes, des Menschen, noch irgend eines Getöses oder des furchtbar donnernden Himmels. Denken wir uns ferner, er erhalte das Licht nicht von einem Feuer oder von der Sonne, sondern es bilde sich nur ein zweideutiger Schimmer, der Licht und Finsterniß vermischt nachbilde; keine Thüre sei vorhanden, noch ein direkter Eingang, so daß man durch Krümmungen hineingelangen müßte; auch werde der Zugang nie geöffnet, wenn nicht eine nöthigende Ursache es fordert. Da wir nun das Gleichniß in seiner Tragweite entworfen haben, wollen wir annehmen, es werde ein Neugeborener von diesem ganz leeren und öden Raume aufgenommen (...). Nach-*

dem dies geschehen, wird er nach Bedürfniß genährt und mittelst angemessener Nahrung groß gezogen (...). Die ihm gebrachte Speise sei immer eine und die nämliche, dem Stoffe nach nicht verschieden und auch nicht zum veränderten Geschmack zubereitet; sondern sei eine Hirsensuppe, oder Roggenbrod (...). Denn es soll ihm die, aus dem Gebrauch entstehende Gewohnheit zur Natur werden, und kein Verlangen nach etwas Anderm werde in ihm erregt, um ihn nicht wissen zu lassen, daß es noch etwas Weiteres gibt (...). Möge also der in verschlossener Einsamkeit Genährte hervorkommen in einem euch beliebigen Alter; soll er zwanzig, soll er dreißig Jahre zählen? ja wenn er vierzig Jahre schon durchgelebt hat, werde er zu den Menschen gebracht. Wenn es nun wahr ist, daß er als Bestandtheil des göttlichen Wesens und vom Ursprung alles Lebens sein Dasein hat, so möge er, bevor er von etwas Kenntniß erlangt oder in der Kunst zu reden eingeweiht worden, Antwort geben auf die Fragen: wer er sei, von welchem Vater er abstamme. [!] in welcher Gegend er geboren, auf welche Art und Weise genährt worden, mit welcher Arbeit oder Thätigkeit er die Zeit der Vergangenheit zugebracht habe: wird er nicht verdutzt und stumpfer als alles Vieh, als Holz und Stein dastehen? Wird er nicht, unter neue nie von ihm gekannte Dinge gebracht, sich selbst vor Allem erkennen müssen? Wird er zeigen können, was die Sonne sei, was die Erde, das Meer, die Sterne, die Wolken, der Regen, der Donner, der Schnee und Hagel? Wird er wissen können, was Bäume, Pflanzen und Gräser sind (...)."[12]

Unter den "Histoires", die Julien Offray de La Mettrie in seinem "Traité de l'âme" (1751) zur Illustration seiner These referiert, daß "toutes nos idées viennent des sens", begegnet der Leser dann nicht nur jener "Belle conjecture" des Arnobius wieder, sondern auch die Fälle der "hommes sauvages appelles satyres"[13] werden als Demonstrationsobjekte für die materialistische Position herangezogen. Immer wieder greifen besonders die Philosophen der französischen Aufklärung aus erkenntnis- oder geschichtsphilosophischer Sicht auf Berichte über wild aufgewachsene Kinder und auf fiktiv entworfene Isolierungsfälle zurück, und nahezu ebenso häufig zeigen die Zeitgenossen Hausers die Verbindungslinien auf, die zwischen ihren physiologischen Beobachtungen am Nürnberger Findling und den vorgängigen Ergebnissen der Aufklärungsphilosophen bestehen.
Der "berühmte Blinde des Cheselden"[14] wird von P. J. A. von Feuerbach Kaspar Hauser gleichgestellt, wobei es sich um eine der in der Mitte des 18. Jahrhunderts noch spektakulären Heilungen eines Blindgeborenen mittels einer Staroperation handelt. Das, worüber Denis Diderot in "Lettre sur les aveugles à l'usage de ceux qui voient" (1749) anhand dieser Fälle reflektiert, finden die Zeitgenossen des Biedermeier am Demonstrationsobjekt Kaspar Hauser nochmals vor Augen geführt, wenn diesen etwa der Anblick des Kruzifixes des Veit Stoß an der Nürnberger Sebalduskirche so entsetzt, daß er darum fleht, "man möge den gequälten Menschen da droben herunternehmen"[15]:

"Wenn es nun aber für einen Blindgeborenen, der zum erstenmal sieht, um so schwieriger ist, die Gegenstände richtig zu beurteilen, je zahlreicher deren Formen sind:

wer könnte dann verhindern, daß er einen vorschriftsmäßig gekleideten Beobachter, der ihm unbeweglich gegenübersitzt, für ein Möbelstück oder eine Maschine ansieht und einen Baum, dessen Blätter und Zweige durch einen Luftzug bewegt werden, für ein sich bewegendes, beseeltes und denkendes Wesen hält?"[16]

Bis in die spekulativen Gefilde spätromantischer Naturphilosophie reichen die Bezüge, in die man den Jungen stellt: Die Ergebnisse der "Theorie und Geister-Kunde, in einer Natur- Vernunft- und Bibelmässigen Beantwortung der Frage: Was von Ahnungen, Gesichten und Geistererscheinungen geglaubt und nicht geglaubt werden müßte" eines Jung-Stilling (1808), oder das "System des Tellurismus oder Thierischen Magnetismus" (1822) von D. G. Kieser werden nachträglich an ihm exemplifiziert, und Justinus Kerner - einer jener Schelling-Anhänger, die sich im schillernden Grenzgebiet zwischen Naturwissenschaft und Philosophie bewegen - ahnt in seinen "Blättern aus Prevorst" (1832) die "Parallelen zwischen Kaspar Hauser und der Seherin von Prevorst, besonders in physischer Hinsicht". Wenige Jahre nach dem Tod Hausers klagt man:

"Alle Fakultäten versuchten an ihm ihre Wissenschaft und ihren Scharfsinn. Juristen, Advokaten und Polizeibeamte forschten nach seiner Herkunft; Philosophen, Naturforscher und Aerzte machten an ihm physikalische, chemische und medizinische Experimente, und katechisirten, elektrisirten, magnetisirten und curirten, homöopathisch und allopathisch, an dem armen Jungen herum."[17]

Traumgesichte, Somnambulismus, tierischer Magnetismus: Begriffe, die Passivität signalisieren, ergießen sich in die vieldeutbare Form Kaspar Hauser, den die Lyrik der Jahrhundertwende dann später als sanft und still apostrophieren wird. Von dem passiven Charakter Kaspars aus ist der Weg nicht mehr weit zum Philosophen des Leidens und des Quietismus, zu Arthur Schopenhauer, der sich häufig mit dem Findling identifiziert. In der Vorrede der Schrift "Über den Willen der Natur" heißt es:

"Nichtsdestoweniger habe ich den Philosophie-Professoren eine betrübte Nachricht mitzutheilen. Ihr Kaspar Hauser (...), den sie, beinahe vierzig Jahre hindurch, von Licht und Luft so sorgfältig abgesperrt und so fest eingemauert hatten, daß kein Laut sein Daseyn der Welt verrathen konnte, - ihr Kaspar Hauser ist entsprungen! ist entsprungen und läuft in der Welt herum; - Einige meinen gar, es sei ein Prinz."[18]

Und indem Schopenhauer das Schicksal des "Mannes mit der eisernen Maske" dem Hausers gleichsetzt, werden wir schon wieder auf eine der vielen stoffgeschichtlichen Parallelen zu Kaspar Hauser aufmerksam gemacht, die so rasch zu seiner Mythisierung beitragen sollten. In den "Parerga und Paralipomena" heißt es:

"Demgemäß nun also wurde ich die eiserne Maske, oder, wie der edele Dorguth sagt, der Kaspar Hauser der Philosophieprofessoren: abgesperrt von Luft und Licht, damit mich Keiner sähe und meine angeborenen Ansprüche nicht zur Geltung gelangen könnten."[19]

Auch die Erzählungen und Romane um den "Mann mit der eisernen Maske" stellen ein Gespinst aus historischem Kern und späterer Legendenbildung dar. Es handelte sich bei diesem mysteriösen Gefangenen, wie man später eruierte, um einen politischen Häftling, der vom Ende des 17. bis zum Beginn des 18. Jahrhunderts in der Bastille arretiert war. Wie später im Falle Hausers, so wollte es jedenfalls eine der vielen Versionen der sich rasch verbreitenden Fama wissen, sollte es sich aber bei diesem Gefangenen um den aus dynastischen Interessen gefangengehaltenen und heimlich aufgezogenen französischen Thronerben handeln, dessen Platz dann Ludwig XIV. eingenommen habe. Nicht wenig tragen die zahlreichen romanhaften Versionen in Frankreich zur Legendenbildung bei, und wenige Jahrzehnte vor dem Auftauchen des Nürnberger Findlings bedienen sich auch die deutschsprachigen Romanautoren des Stoffes, so Cajetan Tschink: "Geschichte eines Geistersehers. Aus den Papieren des Mannes mit der eisernen Larve" (1790), Ottokar Sturm [d. i.: Friedrich E. Rambach]: "Die eiserne Maske. Eine schottische Geschichte" (1792), Heinrich Zschokke: "Die eiserne Larve. Trauerspiel in 5 Aufzügen" (1813), um nur die bekanntesten zu nennen. Auch zur Zeit Kaspar Hausers ist die Popularität des Stoffes noch nicht erloschen, und so nähren die literarischen Versionen dieser Geschichte auch die umlaufenden Gerüchte zur Vorgeschichte des Findlings. So berichtet das "Karlsruher Unterhaltungsblatt" 1835:

"Seit der räthselhaften Geschichte des Mannes mit der eisernen Maske hat sich vielleicht keine Begebenheit ähnlicher Art in unserm Welttheil zugetragen, welche die Theilnahme des Publikums lebhafter erregt und seine Neugierde in höherem Grade gespannt hat, als die Geschichte des unglücklichen Findlings in Nürnberg. Räthselhaft, wie sein Eintritt in die menschliche Gesellschaft, war auch sein Austritt aus derselben (...). Darum war die Einbildungskraft romantischer Köpfe (...) bisher unabläßig geschäftig, die Lücke durch Vermuthungen und Erdichtungen auszufüllen, und die natürliche Folge davon war, daß über den armen Kaspar Hauser die abentheuerlichsten Gerüchte in Umlauf kamen."[20]

Aber wie im Falle Hausers war auch bei dem Rätsel der "eisernen Maske" gleichzeitig die Geschichtsschreibung bemüht, das legendenhafte Gespinst zu zerschlagen. Das, was Wilhelm Bröcking (1898) nach der Lösung des Rätsels zu Recht resümieren konnte, hoffte die Geschichtsklitterung der sogenannten "Anti-Hauserianer" der zweiten Hälfte des 19. Jahrhunderts auch für sich in Anspruch nehmen zu können, wäre nicht durch die Forschungen Hermann Pies' die frühe Fama durch die wissenschaftlich-historische Aufhellung nachträglich bestätigt worden:

"Romantischen Gemütern wird die hier vorgetragene Lösung zweifellos nicht zusagen, ihnen wäre mehr damit gedient, wenn sie in dem Maskierten einen Bruder Ludwigs XIV. oder sonst eine hochgestellte Persönlichkeit sehen könnten. Diesen Leuten kann aber beim besten Willen nicht geholfen werden, denn die Geschichtsforschung darf sich, ebensowenig wie eine andre Wissenschaft, von Nebenabsichten leiten lassen, sondern darf nur ein Ziel kennen: die Ermittlung der Wahrheit."[21]

Nicht zufällig stellt von Feuerbach seiner Schrift über Kaspar Hauser ein Motto aus Calderóns "Das Leben ein Traum" voran, einem Schauspiel, das auch Schopenhauer in seinen Werken immer wieder heranzieht:

"Himmel, lass mich Kund' erlangen,
Da du so verfährst mit mir,
Welch Verbrechen ich an dir
Schon durch die Geburt begangen!"

Bereits zur Zeit der Abfassung seiner Kaspar-Hauser-Schrift dachte von Feuerbach daran, der Findling sei ein vertauschter Prinz, der rechtmäßige Thronerbe Badens. Das Motto verweist so neben weiteren Andeutungen im Text auf den quasi 'detektivischen' Aspekt, der sich bis heute am häufigsten des Kaspar-Hauser-Falles bemächtigt und die adlige Herkunft des Findlings zu beweisen oder zu widerlegen versucht hat. Lesen wir aber die zitierte Textstelle bei Calderón weiter - "Doch, ich habe mich vergangen, / Ich erkenn' es, weil ich *ward"*[22] -, so spiegelt das Schicksal Kaspars das von Calderóns Sigismund in seinem Turm nicht allein aufgrund der motivischen Ähnlichkeit der Handlung, die von der menschenfernen Gefangenhaltung eines Prinzen aus dynastischen Interessen berichtet, sondern mehr noch aufgrund der Gleichung zwischen Leben und Leiden, des Topos vom "lebenden Toten", aufgrund der "Unzeitigkeit" von Sigismunds Erscheinen und der Grenzüberschreitung von Dichtung und Wirklichkeit:

"(...) Gleicht dem Traume
Denn die Hoheit so vollkommen,
Dass man diese, wenn auch wahr,
Achtet manchmal für erlogen,
Und erdichtete für wirklich?"[23]

So vieldeutbar ist seine Figur, daß der Findling sprachlos wäre allein schon aufgrund der interpretatorischen Bemühungen späterer Zeiten, die in einem Atemzug mit ihm die Namen zahlreicher Helden der Weltliteratur nennen, und u. a. an die motivischen Ähnlichkeiten zum alttestamentarischen Moses, zu Joseph in Ägypten, Enkidu aus dem Gilgamesch-Epos, an Mowgli in Rudyard Kiplings "Jungle Book", an den Fliegenden Holländer und Ahasver, den sophokleischen "Philoktet", die Kyrossage, an Jesus Christus, an Rousseaus

"Émile", Parzival, Simplicius Simplicissimus, Faust, Don Quichotte, Don Juan, an den Kasperle des Puppentheaters, an den heiligen König der Weihnachtsgeschichte, an den Hauptmann von Köpenick, an Shakespeares "The Winter's Tale", an Thomas Manns Roman "Königliche Hoheit", an Hamlet und an den Protagonisten Gustav aus Jean Pauls "Hesperus" erinnern -, Helden, über deren Herkunft ein Dunkel liegt, Vereinsamte, Schicksals- und Leidensgestalten, Heimatlose, in der Wildnis Aufgewachsene, Isolierte um der Interessen anderer willen. Und griffe man nur weit genug aus, so wären auch die Motive und Stoffe des Einsiedlers, des Inseldaseins, des Sonderlings, Adam und Evas, Odysseus' und Ödipus' zu nennen. Wen wundert es da, wenn die bibliographische Erfassung der literarischen Kaspar-Hauser-Gestaltungen das historische Schauspiel Adolf Pauls, "Harpagos" (1900; ^{2}1903) (benannt nach einer Figur in der Kyrossage, wie sie durch Herodot überliefert ist) unter dem Titel "Kaspar Hauser" führt, ähneln sich die Schicksale doch zum verwechseln.[24] Prinz, Betrüger, stilisierter Erlöser, Statue Condillacs, platonischer Höhlenbewohner, Idiot, Medium, Wundermensch: Angesichts dieser Bedeutungsfülle wird der Leser die leicht gebeugte Haltung verstehen, mit der uns Kaspar Hauser aus den Lithographien und Stichen der Biedermeierzeit ratlos entgegenblickt, und es ist nicht zuletzt diese *Vieldeutigkeit* dafür verantwortlich, daß das "Phänomen" Kaspar Hauser bis heute so schwer zu fassen ist.

In einer Besprechung der Feuerbachschen Schrift vermutet Karl Gutzkow 1832, daß Herder sich für die Geschichte Hausers erwärmt haben würde; aber neben ihm vermutlich auch, so können wir ergänzen, Linné und Buffon, Rousseau und Kant, Schiller und Condillac, um nur einige der herausragenden Geister zu nennen, die sich seit der Mitte des 18. Jahrhunderts mit den Fragen nach den Ursprüngen der Menschheitsgeschichte, nach dem "natürlichen Stand" des Menschen und seiner Stellung innerhalb der Schöpfungsordnung beschäftigen. Kaspars Schwestern und Brüder jedenfalls, jene verwildert aufgefundenen Kinder, deren alte und neue Geschichten das 18. Jahrhundert mit besonderem Interesse verfolgt, werden im Rahmen der naturgeschichtlichen und philosophischen Überlegungen der Zeit immer wieder bemüht.

Bevor wir uns der Kaspar-Hauser-Geschichte zuwenden, gehen wir wenigstens *einigen* jener Fluchtlinien nach, die auf den Findling von Nürnberg als ihren ebenso urbildhaften wie außergewöhnlichen Konvergenz- und Abschlußpunkt zulaufen: Von der Mitte des 18. bis zum Beginn des 19. Jahrhunderts schenkt man den Verwilderten, den "homines feri" aus naturgeschichtlich-philosophischer und literarisch-mythologischer Sicht ein außergewöhnliches Interesse, das einen verspäteten enthusiastischen Höhepunkt erfährt, als Kaspar Hauser die Weltbühne betritt. Bis heute ist jene seltsame Faszinationskraft nicht hinreichend erörtert worden, die sowohl für die poetischen als auch die wissenschaftlichen Texte, gelegentlich explizit, meist jedoch unausgesprochen, von der Findlingsthematik im ganzen, der Hauser-Geschichte aber im besonderen, auszugehen scheint.[25] Erst auf dem Hintergrund dieses Faszinosums aber wird verständlich, warum der Stoff überhaupt so häufig bearbeitet wurde, und warum dabei so viele Texte in auffälliger Weise ins Rührselige, ins mystisch Wabernde oder aber ins Sensationelle abglitten. Darüber hinaus läßt sich so erst begreifen, warum Kaspar Hauser von Beginn an bis heute gleichsam Mythologem, Philosophem und Faktum zugleich geblieben ist. Der Vorgeschichte dieser späten Begeisterung wollen wir zunächst folgen, wobei wir uns auf dem bislang noch weitgehend unerkundeten Grenzgebiet zwischen literarisch-poetischer und anthropologischer Deutung bewegen.

Das eigentliche Zentrum aller Findlingsgeschichten aber, so können wir unsere folgenden Überlegungen vorausschauend umreißen, bildet (1) die *Frage nach dem Ursprung*, der man seit den frühesten Zeiten zunächst in der mythischen und sagenhaften Literatur (von "Goldenen Zeitalter", von den antiken Heroen), seit der Aufklärung aber auch vermehrt in theoretischen Beiträgen (zu den wilden Völkern und den wilden Kindern) nachgeht. Dabei ist auffällig, daß (2) auch die naturkundlich-philosophischen Überlegungen des 18. Jahrhunderts zum Ursprung immer noch *zwischen mythisch-literarischer und wissenschaftlich-empirischer Behandlung* des Themas oszillieren, daß die Untersuchungen (besonders die zu den wilden Kindern) nur selten zwischen fiktiven und realen Anteilen der Geschichten zu scheiden vermögen. Der Grund für dieses Phänomen (3), diese Grenzverwischung, so behaupten wir, liegt jedoch letztlich darin, daß sich die Ursprungsfrage (besonders seit der Mitte des 18. Jahrhunderts) mit der genuin literarischen Sehnsucht verbindet, bei ihrer Beantwortung auch auf *Ursprünglichkeit* zu stoßen.

2. Ursprung und Ursprünglichkeit

In motivgeschichtlicher Hinsicht wird das Thema des "Findlings" unter den Oberbegriff "die unbekannte Herkunft" gestellt.[26] Tatsächlich aber überschreitet die Herkunftsfrage bereits den Rahmen motivgeschichtlicher Untersuchung, da man ihr in literarisch-poetischen, daneben aber auch in mythologischen, historischen und naturkundlichen Bezügen nachging und nachgeht. Wenn die folgenden Abschnitte in großen Schritten durch die Zeiten eilen, richtet sich das Interesse dabei auf das Phänomen, daß die Herkunfts- bzw. Ursprungsfrage sich bereits in ihrer mythischen und sagenhaften Ausgestaltung in der Nähe des Grenzgebietes zwischen Historie und Fiktion bewegt, womit ein Grundzug sich ankündigt, dem wir sowohl in den Findlingsgeschichten des 18. Jahrhunderts als auch in der Kaspar-Hauser-Literatur später immer wieder begegnen werden.

Die mythologischen Überlieferungen verlegen die Anfänge der einzelnen Völker

in früheste Zeiten, wobei die eigenen Ursprünge denen der ganzen Gattung gleichgestellt werden, wie im Falle der so vielen Völkern gemeinsamen Vorstellung einer früheren goldenen Zeit. Da aber historische Quellen über die Anfänge kaum oder gar nicht vorliegen, weist die bildliche Darstellung der einstigen, meist ideal gedachten Zeit der Einbildungskraft eine besondere Rolle zu. "Das Goldene Zeitalter", so Hans-Joachim Mähl, kann "als Mythos, als philosophischer Gedanke und als dichterisches Symbol betrachtet werden" und ist nie "bloßer *Begriff*, sondern immer zugleich auch *Bild*."[27] Darüber hinaus aber, so können wir anfügen, steht der Mythos des "Goldenen Zeitalters" durch seine "täuschende Wahrheit" aus der Sicht späterer Zeiten an der Schwelle zur historisch-fiktiven Rekonstruktion der Menschheitsgeschichte, das "Ineinander und Nebeneinander von Wirklichem und Mythischem" ist "charakteristisch für alles Arkadische"[28].
"Der Geist der Kindheit ist tiefe Einfalt, und diese weht uns auch aus den ältesten Sagen der Völker entgegen", so Schelling "Ueber Mythen, historische Sagen und Philosopheme der ältesten Welt" (1793). Und wenn er fortfährt, so wird deutlich, daß es nicht zuletzt die Suche nach Ursprünglichkeit ist, die die Zeit von 1750 bis 1830 veranlaßt, sich immer wieder den Quellen zur ältesten Menschheitsgeschichte zuzuwenden:

> *"Dies Wundervolle aber, in den reinen ursprünglichen Sagen eines Volks, ist kein Produkt der Kunst (...). Das Wunderbare nämlich gewährt zwar immer unserer Einbildungskraft große Nahrung, aber, sobald es das Gepräge der Kunst an sich trägt, vermag es niemals ein solches Wohlgefallen an sich hervorzubringen, als jene unschuldigen Sagen, die, in das Gewand urächter Einfalt gekleidet, durch ihre täuschende Wahrheit uns selbst in jene Zeiten der Einfalt zurückversetzen."*[29]

Auch im Falle der fiktiven und historischen Heldengeschichten ist die Ursprungsfrage von zentralem Interesse, und man stattet den Protagonisten mit einer außergewöhnlichen Herkunft aus, die seinen späteren Ruhm präfiguriert. Die Heroengeschichten der griechisch-römischen Antike lassen sich in folgender Durchschnittssage konzentrieren:

> *"Der Held ist das Kind vornehmster Eltern, meist ein Königsohn [!]. Seiner Entstehung gehen Schwierigkeiten voraus, wie Enthaltsamkeit oder lange Unfruchtbarkeit oder heimlicher Verkehr der Eltern infolge äußerer Verbote oder Hindernisse. Während der Schwangerschaft oder schon früher erfolgt eine vor seiner Geburt warnende Verkündigung (Traum, Orakel), die meist dem Vater Gefahr droht [!]. Infolgedessen wird das neugeborene Kind, meist auf Veranlassung des Vaters oder der ihn vertretenden Person, zur Tötung oder Aussetzung bestimmt; in der Regel wird es in einem Kästchen dem Wasser übergeben. Es wird dann von Tieren oder geringen Leuten (Hirten) gerettet und von einem weiblichen Tiere oder einem geringen Weibe gesäugt. Herangewachsen, findet es auf einem sehr wechselvollen Wege die vornehmen Eltern wieder, rächt sich am Vater einerseits, wird anerkannt andererseits und gelangt zu Größe und Ruhm."*[30]

Sagen von späteren Helden, die als Kinder in der Wildnis aufwuchsen, als deren prominentestes Beispiel die Romulus-und-Remus-Sage gelten kann, bevölkern die griechische und römische Mythologie in großer Zahl. Die Parallelität der Geschichten, und das ist das Interessante, wird bereits in der Antike bemerkt und führt dazu, daß man sich wie bei keinem anderen Mythenstrang um eine theoretische Erklärung seiner offenkundigen Anziehungskraft bemüht. In den Stellungnahmen zu den Mythen der "Animal-Nursed Infants" steht dann der Meinung derer, die die Geschichte um Romulus und Remus in ihrer überlieferten Form (wohl nicht zuletzt aufgrund tatsächlicher Kindesaussetzungen) akzeptieren, die jener gegenüber, die den Mythos nur in einer übertragenen Bedeutung gelten lassen.[31]

Auch in der mittelhochdeutschen Literatur begegnen wir einem Wesen, das ein rauhes Dasein fern der Menschen führt, dem "wilden Mann", dessen umfangreiche literarische und ikonographische Ausprägung Richard Bernheimer durch das ganze Mittelalter hindurch verfolgt hat. Verwandt mit mythologischen Vorläufern des Altertums, bildet sein wildes Dasein jedoch nicht das Sprungbrett späteren Ruhms, wie im Falle der antiken Heroen, sondern als quasi dämonisches Wesen ist der "wilde Mann" für das mittelalterliche Denken ein negatives Ideal, das nach außen projizierte Bild untergründiger Wünsche und Triebe. Indem er als Kind ausgesetzt wird und unter wilden Tieren heranwächst, durch Gedächtnisverlust oder andere Schicksalsschläge in seinen außergewöhnlichen Zustand gerät, ist der wilde Mann nicht durch den göttlichen Plan sozusagen von Natur aus wild. Ein gradualistisches Denken, dessen erste Ankündigungen dann das 18. Jahrhundert in Aufregung versetzt, ist den mittelalterlichen Verfassern noch fremd, und so ist der wilde Mann im weitesten Sinne zunächst der Hintergrund, die Folie, vor der Gottes Schöpfungsordnung sich abhebt. Er ist ohne Sprache, ohne Kenntnis von Gott, "kranc" im Sinne des Mittelhochdeutschen und verfügt über die stereotypen äußerlichen Merkmale, ganz behaart zu sein, hervorstehende Eckzähne, große Ohren und eine große Nase zu besitzen.

Auf dem Weg vom Mittelalter zur Neuzeit hin erfährt die Vorstellung vom "wilden Mann" eine langsame aber deutliche Aufwertung: Anfänglich noch Anlaß zur Furcht, wandelt sich der ängstliche Blick auf ihn mit dem wachsenden Bewußtsein der Überlegenheit zivilisierten Lebens in ein Lachen, das schließlich in Bewunderung des Unzivilisierten, verglichen mit den zunehmend als Zwang empfundenen polizierten Sitten, mündet. Mit Hans Sachsens Lehrgedicht, "Klag der wilden holtzleut uber die ungetrewen welt" (1530), das das Dasein der wilden Leute nun nicht mehr als Schicksalsschlag, sondern als freiwillige Flucht aus der verderbten Welt deutet, zeichnet sich jene Aufwertung des allgemeinen Phänomens des "Wilden" ab:

"Seyt nun die welt ist so vertrogn,
Mit untrew, list ganz uberzogn,

So seyen wir gangen darauß,
Halten im wilden walde hauß
Mit unsern unerzogen kinden,
Das uns die falsch welt nit mög finden."[32]

Aufgrund fiktiver, aber als historisch verbürgt angesehener Quellen im Umfeld des Alexander-Romans ist man sich im Falle des wilden Mannes nicht sicher, ob es ihn vielleicht nicht doch wirklich gibt.[33] Und vergleicht man die frühen historischen Quellen über die Sichtung und Gefangennahme wilder Kinder, auf die wir gleich stoßen werden, mit dem Topos von der Jagd auf den wilden Mann, den ausführlich zu gestalten die mittelalterlichen Vefasser sich nicht nehmen lassen, wie etwa im Maere "Der Bussant"[34], so könnte selbst auf den heutigen Leser zutreffen, daß man die Geschichten "wenn auch wahr, / Achtet manchmal für erlogen, / Und erdichtete für wirklich": Tiefer als gewöhnlich in den Wald vorgedrungen, entdecken die Jäger die Höhle des wilden Mannes, scheuchen ihn auf und führen das seltsame Wesen triumphierend zum Hof ihres Herren, wo es als eine Kuriosität bestaunt wird -, so oder in ähnlicher Form berichten die mittelalterlichen Maeren und Epen immer wieder vom wilden Mann, dessen Rezivilisierung in der höfischen Umgebung dann meist sehr unproblematisch verläuft.[35]
Ein ähnlich abschreckendes Äußeres wie der "wilde Mann" haben den historischen Schilderungen zufolge auch die verlassen aufgefundenen Kinder, und ihre Beschreibungen sind noch weit bis ins 18. Jahrhundert hinein durch eine Mischung aus Furcht und Faszination angesichts des Undomestizierten bestimmt. Nur vereinzelte Fälle werden vom 14. bis zum 17. Jahrhundert als Denkwürdigkeiten in den Chroniken verzeichnet; Wilhelm Scheffern, genannt Dilich, berichtet 1605 in seiner "Hessischen Chronica":

"Jahrs 1341 ist ein wildes kindt von ohn gefehr 7 oder / wie etliche schreiben / 12 jahren undern wölfen gefunden / von jägern gefangen unnd [!] zum Landgrafen gebracht worden: hat zuweilen auff allen vieren gelauffen / auch übernatürliche sprüng thun können. Als man es auffm schloß zemen wollen / hat es die menschen flohen / sich under die bäncke geschlossen / und ist in kurztem / weiln es die speise nicht vertragen können / gestorben."[36]

Und ähnlich lapidar erzählt eine andere Quelle:

"Viel Frantzösische vom Adel können Zeugniß geben / daß sie einen Menschen gesehen / der im Holtze Compiegne gefangen / und dem gewesenen Könige Carolo IX. zugeführet worden. Dieser gieng auf 4. Füssen / wie ein arm Thier / und lieff viel geschwinder als ein Pferd. Er konte sich nicht auffrecht halten / hatte eine sehr harte Haut / war fast überall rauch / und an statt der Rede / behalff er sich mit einem erschrecklichen Geschrey / das er mit so abscheulichen Runtzeln des Angesichts abgehen ließ / daß kein wild Thier übeler und unlustiger zu sehen ist / als dieser arme

> *Mensch / der mit den Wölffen gelebt / von ihnen heulen gelernet. In übrigen würgete er die Hunde fast gern mit seinen Zähnen / und wenn er die Leute ertappen konte / thät er nicht weniger."*[37]

Auch die Exempel der verwilderten Kinder stellen, ähnlich wie der "wilde Mann", das christliche Menschenbild anfänglich noch nicht in Frage, ihre Geschichten bleiben ein rein chronikales Datum. Lapidar konstatierte die Chronik Schefferns den Tod des hessischen Knaben und die Fruchtlosigkeit aller Bemühungen um ihn; doch die grundlegend veränderte Sicht, die mit der Frühaufklärung einsetzt, der Furor paedagogicus des 18. Jahrhunderts, kündigt sich bereits an, als der Pädagoge Johann Amos Comenius die Fälle der wilden Kinder in seiner "Didacta Magna" (1657) zum Beleg seiner These heranzieht, daß der Mensch "zum Menschen erst gebildet werden" müsse[38].
Im Aufklärungszeitalter wird man die Ursprungsfrage, die fast als ein Signum über der Epoche stehen könnte, auch unter systematisch-theoretischen Gesichtspunkten verfolgen, muß sich doch nun alles Wissen vor dem "Satz vom Grunde", wie ihn u. a. Christian Wolff in "Vernünfftige Gedancken von Gott, der Welt und der Seele des Menschen, auch allen Dingen überhaupt" (1720) formuliert, legitimieren: "Da nun unmöglich ist, daß aus Nichts etwas werden kan (...); so muß auch alles, was ist, seinen zureichenden Grund haben, warum es ist, das ist, es muß allezeit etwas seyn, daraus man verstehen kan, warum es würcklich werden kan"[39].
Die Frage, was der Mensch sei, expliziert sich nun vornehmlich in den Untersuchungen der Erkenntnisleistungen, des gesellschaftlichen Zusammenlebens und der Stellung des Menschen innerhalb der Schöpfungsordnung. Wenn man innerhalb dieses Feldes nach der menschlichen "Natur" forscht, wird die Mehrdeutigkeit dieses Begriffs für eine langandauernde Verwirrung sorgen, geht es dabei doch zum einen darum, was der Mensch qua seiner Herkunft als Naturwesen ist, zum anderen darum, was er qua seiner Vernunftbegabung sein sollte und vielleicht einmal werden wird (oder, um mit Johann Georg Walch in "Philosophisches Lexicon" (^{4}1775) zu reden, "man braucht das Wort überhaupt von dem Wesen so wohl natürlicher, als moralischer Sachen"[40]), und so verbinden sich die Bemühungen, den Teilfragen nach der Natur des Menschen entsprechend dem "Satz vom Grunde" nachzuspüren, mit einer zivilisationskritischen Tendenz, wobei wir implizite wiederum auf das Zusammenspiel der Ursprungssuche mit dem Wunsch nach Ursprünglichkeit stoßen. Eine Passage aus der Schrift "Der Stand der Natur" (1776) von Heinrich Friedrich von Diez umreißt die Problemstellung wie folgt:

> *"Endlich hegen noch einige Philosophen, die es weder mit Hobbes noch Rousseau halten, den Gedanken, daß der Stand der Natur derjenige sey, wo dem natürlichen Gesetz von jedem gehuldigt und nachgelebt werde (...). Unsre jetzige lichte Vernunft,*

ohne ihren Aberglauben und Gaukeley, unsre jetzige [!] Tugenden, ohne die Gefährden des Frevels, die würden ihre erhabne Form der Natur der berufnen goldnen Zeiten herstellen, davon nur wenige Bruchstücke auf unsre Tage vererbt worden (...). Die Idee, als Phantasie betrachtet, ist gut, und der Wunsch zeugt von einer frommen Erwartung. Aber lebte je eine Gesellschaft solcher Menschen?"[41]

Mit dieser Frage ist zugleich eines der zentralen Probleme in der Diskussion um den "Naturstand" angesprochen. Hören wir noch einmal Diez:

"Daß der Stand der Natur bald gewünscht, bald verabscheuet, bald in diese, bald in jene Zeitperiode gesetzt, bald als vergangen, bald als kommend betrachtet; und daß hiernach so sehr verschiedene Ideale von ihm abgezogen worden: das darf uns gar nicht wundern. Keiner unsrer Philosophen hat in diesem Stande gelebt. Niemand unter ihnen kann sich einer Eingebung rühmen, daß er als ungezweifelt wahr wissen sollte, welche ewig gewisse Kennzeichen dies Leben der Natur in sich fasse."[42]

Und noch etwas später heißt es:

"Dieser Weltweise [Rousseau] setzt den Stand der Natur in ein Weltalter, wo die Menschen ohne Sprachen, ohne Sitten, ohne Besitzthum, ohne Gesetze und Oberhaupt, jeder für sich, doch ruhig, friedlich und glücklich neben einander lebten, und blos als Thiere, vielleicht auf Vieren kriechend, ihrem Instinkt folgten (...). Ich sollte meynen, daß auf dem Erdball nie eine solche Epoche gewesen sey. Historische Nachrichten davon sind nicht da; und nach dem Zusammenhang und Wesen der Dinge läßt sich dergleichen nicht denken: Menschen ohne Sprache! (...) Ich weiß wohl, daß man verschiedne mal einige von unserm Geschlecht in Wäldern und Gebürgen sprachlos gefunden hat; es läßt sich aber daraus nur so viel schließen, daß der Mensch ohne Unterricht und Anlernung nie eine Sprache reden werde. Diese Waldmenschen waren von dem Wege der Ordnung verschlagen worden, und in Connexionen gerathen, die sich für ihre Gattung nicht schicken."[43]

Da niemand "in diesem Stande gelebt", greifen die Gelehrten bei der Recherche nach den Anfängen auf verschiedene Hilfskonstruktionen zurück, deren schillernde Vielfalt und Verquickung nicht nur die Laien bis ins 19. Jahrhundert hinein verunsichern wird: Man untersucht die ältesten mythologisch-geschichtlichen Überlieferungen der Völker, zieht die Quellen über wilde Völker und verwilderte Kinder heran, erinnert sich der eigenen Kindheit und stellt sich in Gedankenexperimenten das völlig einsame Aufwachsen eines Menschen vor. Sicher stehen die Beiträge, die wir im folgenden stichwortartig anführen, jeweils in ganz speziellen ideengeschichtlichen Zusammenhängen, und so lassen wir z. B. völlig außer acht, daß der Streit um die wörtliche Geltung der biblischen Genesis in diesem Kontext noch lange im Vordergrund stand; dennoch, so scheint es, lassen sich die Schriften auch unter der Ursprungssuche als ihrem übergreifenden Blickpunkt subsumieren: Johann Gottfried Herder interpretiert enthusiastisch die "Älteste Urkunde des Menschengeschlechts" (1774-1776);

Kant bemüht sich um den mutmaßlichen "Anfang der Menschengeschichte" (1786); Schelling promoviert mit der Schrift "Antiquissimi de Prima Malorum Humanorum Origine Philosophematis Genes. III. Explicandi Tentamen Criticum et Philosophicum" (1792); Schiller teilt uns "Etwas über die erste Menschengesellschaft nach dem Leitfaden der mosaischen Urkunde" (1790) mit; Joseph-François Lafitau untersucht "Die Sitten der amerikanischen Wilden im Vergleich zu den Sitten der Frühzeit" (1752); Bernard de Bouvoir de Fontenelle verfaßt die Schrift "De l'Origine des Fables" (1724); Johann Heinrich Samuel Formey schreibt über den "Ursprung der Gesellschaft und der Sprache" (1763); Georg Christian Füchsel legt einen "Entwurf zu der ältesten Erd- und Menschengeschichte" (1773) vor; J. C. de Pauws "Philosophische Untersuchungen über die Amerikaner" sind zugleich "wichtige Beyträge zur Geschichte des menschlichen Geschlechts" (1769); Denis Diderot wird sich in "Lettre sur les aveugles à l'usage de ceux qui voient" (1749) von den Fällen Blindgeborener fasziniert zeigen, glaubt er an ihnen doch ganz andere und vielleicht gar intensivere Formen der Weltwahrnehmung entdecken zu können; die Protagonisten in Hemsterhuis' Dialog "Alexis ou de l'âge d'or" (1787) philosophieren über das "Goldene Zeitalter", das sich ihnen schließlich gleichermaßen als poetisches Konzept wie auch als geschichtlich-anthropologischer Entwurf darstellt; Etienne Bonnot de Condillac philosophiert über "l'origine des conaissances Humaines" (1746), und "Johann Jacob Rousseau Bürgers zu Genf Abhandlung" (1755) widmet sich "dem Ursprung der Ungleichheit unter den Menschen".

Bei der Suche nach den Anfängen bemüht man am häufigsten und über lange Zeit das Paradigma der sogenannten "wilden Völker". Erst in der Aufklärung beginnt man, die zahlreichen Reiseberichte aus der ersten Kolonisationsphase in der Neuzeit zu verarbeiten; als dann in der zweiten Hälfte des 18. Jahrhunderts die nächste Etappe der Entdeckungen mit den Reisen in die Südsee einsetzt, verknüpfen sich damit weitgespannte Erwartungen, anhand der wilden Völker und anderer naturkundlicher Beobachtungen Aufklärung über das Wesen und den Ursprung des Menschen zu erlangen. Die Reisen in den Raum werden zu Reisen in die Zeit: Wie Lafitau glaubt auch Jens Kraft, wenn er die "Sitten der Wilden" untersucht, etwas "zur Aufklärung des Ursprungs und Aufnahme der Menschheit" (1766) beizutragen:

> *"Um der Menschheit Schritt vor Schritt zu folgen, um sie in ihrem ganzen Zusammenhange einzusehen (...), dazu wird nicht allein eine, so viel es möglich ist, vollkommene Kenntniß der alten und neuen Nachrichten erfordert, sondern auch eine eben so glückliche als von allen Vorurtheilen freye Muthmassung solcher Umstände, wovon uns hinlängliche Nachrichten mangeln (...)." Er fährt etwas weiter fort: "Was man aber in dieser Betrachtung in den alten Nachrichten, wie durch einen Nebel, siehet, das siehet man mit klaren Augen in der Geschichte der wilden Völker. Man findet darinn [!] ein neues und lebendiges Bild unserer alten und vorlängst erblaßten Vorfahren."*[44]

Die Berichte der ersten Entdecker waren durchzogen von Fabeln über Monstren und Zwitterbildungen zwischen Mensch und Tier:

> *"Die ersten Entdecker unbekannter Länder", so Johann Georg Purmann in seiner Schrift "Sitten und Meinungen der Wilden in America" (1777), "glaubten sich durch einen gewissen verjährten Gebrauch berechtigt zu seyn, bey ihrer Zurückkunft ihre Landsleute mit allerhand ausserordentlichen Erzählungen zu unterhalten. Der natürliche Hang der Menschen, bewundert zu werden, trieb sie an, die ungereimtesten Dinge in ihre Erzählungen zu mischen. Bald trafen sie Menschen an, die, ganz mit Haaren bewachsen, auf vier Füssen herumkrochen; ein andermal sahen sie Menschen, denen die sonst gute Mutter Natur nur einen Fuß gegeben hatte, und die mit einer bewundernswürdigen Geschwindigkeit darauf herumhüpften (...). Die folgenden Reisenden wollten nicht weniger ausserordentliche Dinge gesehen haben, als ihre Vorgänger, und vermehrten die Erdichtungen derselben mit neuen. Auf diese Art haben sich die seltsamsten Nachrichten ausgebreitet, indem immer einer dem andern nachschrieb. Je wunderlichere Erzählungen man in der Welt ausbreitete, desto mehr versprach man sich Beyfall."*

Auch wenn, wie der Verfasser ausführt, alle "diese Ungereimtheiten"[45] inzwischen verschwunden sind, spekulieren die Gelehrten auch im Aufklärungszeitalter noch über die Stellung des Menschen innerhalb der Schöpfungshierarchie. Man fragt sich, "ob es ausser dem ordentlichen Geschlechte der Menschen auch einige andere Gattungen von selbigen gebe"[46], und so widmet Zedlers "Universal-Lexicon" (1748) auch dem Stichwort "Mensch (wilder)" eine eigene Spalte:

> *"Unterschiedene die gereiset haben, berichten, wie daß es auf Borneo, einer Insul, auch sonst an vielen andern Orten mehr in Indien in den Höltzern, eine Art wilder Thiere gäbe, Homme sauvage, der wilde Mann, oder Mensch genannt (...). Es könnte dieser wilde Mensch auch wohl eine Art der grossen Affen seyn, und ist recht zu verwundern, daß man gar keinen richtigern Bericht von diesem Thier erhalten können, als was man von den Reisenden vernimmt, die dennoch offtmals sagen, was sie von blossen hören sagen haben, und doch persönlich nicht gesehen."*[47]

Neben diese vornehmlich naturkundlichen Überlegungen anhand der Berichte aus Übersee tritt ein zweiter Strang, der das gesellschaftliche Leben der wilden Völker betrifft. Ebenso, wie man sich anhand der naturgeschichtlichen Beobachtungen aus der Südsee Fragen nach einem möglichen Mittelgeschöpf zwischen Mensch und Tier stellt und dabei mit der rein naturwissenschaftlich-physiologischen Beschreibung nicht zufriedengibt, sondern rasch zu phantastischen Spekulationen fortschreitet, werden auch jene Partien der Reiseberichte, die das prima vista idyllisch empfundene Leben der wilden Völker schildern, bald von der Fama vereinnahmt und der Topos des "edlen Wilden" ins Leben gerufen. Die in den Quellen bereits tendenziell angelegte und in den literarischen Bearbeitungen dann ausformulierte Idealisierung der Unzivilisierten, wie die "O-Taheitis" aus der Reiseschilderung von James Cook, trifft auf ein bereitwilliges

Publikum, das sich seit der Mitte des 18. Jahrhunderts durch einen verstärkten Zug zur Melancholie, Sentimentalität und Natursehnsucht auszeichnet, so daß bald schon die Nachrichten aus der Südsee den Vergleich mit dem Mythos des "Goldenen Zeitalters" wecken. 1786 bemerkt Immanuel Kant:

"Der dritte Wunsch, oder vielmehr die leere Sehnsucht (denn man ist sich bewußt, daß das Gewünschte uns niemals zu Theil werden kann) ist das Schattenbild des von Dichtern so gepriesenen goldenen Zeitalters: wo eine Entledigung von allem eingebildeten Bedürfnisse, das uns die Üppigkeit aufladet, sein soll (...), mit einem Worte der reine Genuß eines sorgenfreien, in Faulheit verträumten oder mit kindischem Spiel vertändelten Lebens: - eine Sehnsucht, die die Robinsone und die Reisen nach den Südseeinseln so reizend macht".[48]

Während der Mythos des "bon sauvage" in der populären Literatur erst am Beginn des 19. Jahrhunderts untergehen wird, setzt sich in der Diskussion der Gelehrten schon früh ein kritischer Ton durch, wobei man das Mißverhältnis zwischen dem quantitativen Aufwand und dem geringen qualitativen Ertrag der Reiseberichte beklagt und die popularisierten Vorstellungen vom rein menschlichen, selbstlosen, schönen und in Harmonie mit seiner Welt lebenden Naturkind kritisiert. So geißelt Georg Forster in seinem Aufsatz "Cook der Entdecker" (1787) die poetisierende Verklärung der Wilden aus der Südsee:

"Immerhin mögen Romandichter, die sich ihrer Ideale nicht entschlagen können, und gewohnt sind, von Naturmenschen, vom goldnen Zeitalter, von ursprünglicher Vortrefflichkeit und Einfalt, und einem angebornen Gefühl, daß Allen Alles gehöre, überirrdisch [!] zu träumen, immerhin mögen sie, sage ich, diese Bilder ihrer süßelnden Phantasie auch in ihre Darstellung der wirklichen Welt übertragen: der Reisende durchirrt alle vier Welttheile, und findet nirgends das liebenswürdige Völkchen, welches man ihm in jedem Walde und in jeder Wildniß versprach. Getäuscht durch eine faselnde Erdichtung, die den Namen der Geschichte und der Philosophie entheiligt, schämt er sich endlich seiner kindischen Leichtgläubigkeit, und erweiset dem läppischen Naturmenschen noch unverdiente Ehre, wenn er ihn zu den Centauren und Cyklopen, oder zu den redenden Thieren der alten Fabel zählt." Und in einer Anmerkung hierzu heißt es: "Die Fabeln und Mythen hatten eine Moral, und die besten ließen die Thiere ihrem Charakter völlig gemäß auftreten. Die Ungeheuer der alten Dichter waren schöne allegorische Bilder. Der Naturmensch der neuern aber ist ein widersinniges Unding, welches in keine mögliche Welt paßt, außer etwa in die, wo Löwen Gras fressen, Tiger Lämmer säugen, und Adler die jungen Täubchen füttern, das ist, in eine Welt des Widerspruchs, wo Alles aufhört zu sein, was es ist."[49]

Und Rousseau kritisiert:

"Was würden wohl solche Beobachter von dem Kinde geurtheilet haben, welches im Jahre 1691 ist gefunden worden? Ich habe dieses Kindes schon vorhin erwehnt; man fand nicht das geringste Kennzeichen von Vernunft bey ihm (...). Sobald als es reden konnte, befragte man ihn wegen seines vorigen Zustandes, allein es konnte sich des-

sen eben so wenig erinnern, als wir uns zu entsinnen wissen, was uns in der Wiege begegnet ist. Wäre nun dieses Kind zu seinem Unglücke unsern Reisenden in die Hände gefallen, so bin ich versichert, daß sie nicht so bald sein Stillschweigen und seine Dummheit bemerket hätten, als sie es wieder in den Wald laufen lassen, oder wohl gar in einem Stalle eingesperret hätten; Hernach hätten sie in einer schönen Erzehlung von diesem Kinde sehr gelehrt, als von einem überausmerkwürdigen Thiere, gesprochen, das dem Menschen ziemlich ähnlich siehet. Seit drey oder vier Jahrhunderten, da die Einwohner von Europa alle übrigen Theile der Welt zu überschwemmen angefangen, und immer neue Sammelungen von Reisebeschreibungen und Reisegeschichten herausgeben [!] haben; so glaube ich, sind uns dennoch keine andren Menschen bekannt, als die Europäer?"[50]

Während das Paradigma der wilden Völker bei der Suche nach den Ursprüngen sich schon rasch als nicht mehr tragfähig erweist, u. a. deshalb, weil die Ursprungsfrage von der Sehnsucht nach Ursprünglichkeit zu sehr überlagert wurde, beanspruchen die Fälle der homines feri, die man zeitgleich und oft in denselben Kontexten wie die edlen Wilden heranzieht, trotz einer meist hitzig geführten Auseinandersetzung über ihre Aussagekraft bis in die anthropologischen Teildisziplinen der Gegenwart hinein gewisse Geltung.[51] Will man den "homme de la nature", wie es im Artikel "Homme Sauvage" des französischen Naturforschers J. J. Virey im "Nouveau Dictionnaire d'Histoire Naturelle" (1817) heißt, wirklich begegnen, so können die Wilden, da sie bereits vergesellschaftet sind, nicht als Beispielfälle für den Naturstand dienen:

"Encore est-il vrai qu'un sauvage, tel qu'un Caraïbe, un Hottentot, n'est pas dans l'état de pure nature, puisqu'il forme déjà une espèce de société (...). Ce mot, homme de la nature, est d'ailleurs fort inexact; car tous les hommes, policés ou barbares (...), ne sont-ils pas ceux de la nature (...). Cependant, pour nous en tenir à l'acception ordinaire des termes, nous appellerons homme de la nature, celui qui n'a rien reçu des autres hommes (...), et qui est seulement lui-même dans toute sa rudesse et sa simplicité originelles."[52]

Christian Wolff greift in seiner "Psychologia rationalis" (1734) u. a. den Bericht über den litauischen Bärenjungen von 1694 auf, um den Zusammenhang von Begriffsbildung und Sprache aufzuweisen[53]; man untersucht anhand der Verwilderten die Frage, ob es ideae innatae, ob es eine angeborene Gottesvorstellung gebe; man versucht, mit ihrer Hilfe die Streitfrage zu entscheiden, welche Bedeutung der Gesellschaft zukommt, wobei der These, daß der Mensch nur durch die Gemeinschaft mit anderen und durch die Erziehung zum Menschen werde, jene gegenübersteht, die auf die Übel des zivilisatorischen Prozesses verweist; und Condillac wird im Zusammenhang seines berühmten Denkmodells einer Statue, der er nach und nach die einzelnen Sinne verleiht, um auf analytischen Wege die Erkenntnisursprünge in der Sinnlichkeit nachzuweisen, ebenfalls auf den erwähnten Fall des wilden Jungen aus Litauen von 1694 zurückgreifen und

so seine wissenschaftliche Fiktion durch den Nachweis einer naturgeschichtlichen Parallele zu bestätigen suchen.
Sehr früh schon erkennen auch die Naturrechtsphilosophen, daß die Berichte über die Verwilderten sich in ihren Rekonstruktionsversuchen des Naturstandes als Belegfälle heranziehen lassen. In "Acht Bücher vom Natur- und Völcker-Recht" (1672; dt. 1711) bemüht sich der Freiherr Samuel von Pufendorf, ein Bild "Von dem Natürlichen Zustande derer Menschen" zu zeichnen:

> *"Damit wir nun die Beschaffenheit deß Natürlichen Standes / so / wie er ohne Menschliche Hülffs-Mittel und Erfindungen / oder auch besondere Göttliche Gnade gewesen wäre / recht begreiffen können; So müssen wir Uns einen Menschen in solchem Zustande fürstellen / da er gleichsam auß der Lufft / oder sonst woher auff die Erde gefallen / sich blosser Dinge allein gelassen / und von aller anderer Menschen Hülffe entfernet befindet".*[54]

Es habe, so heißt es in einer Anmerkung zu der zitierten Stelle, "unterschiedene Exempel solcher Kinder / die durch Hunde / Hirsche / Bären / Ziegen und dergleichen erzogen und ernehret worden", gegeben. Die Anmerkung, die von den Übersetzern und Exegeten des Rechtsgelehrten stammt, erinnert an einige Beispiele wilder Kinder, um so den von Pufendorf hypothetisch gedachten Fall vor den Angriffen der Theologen dadurch zu schützen, daß man die Textstelle dahingehend auslegt, Pufendorf habe mit der Fiktion eines auf die Erde gefallenen Menschen in Wirklichkeit die konkreten Fälle der Verwilderten gemeint. Dennoch wird er in der Folge seitens der Theologen angegriffen, da er nämlich mit seinen Ausführungen den biblischen Bericht gemeint und somit diskreditiert habe. Heinrich Conrad Koenig, ein in der Nachfolge Pufendorfs stehender Rechtsgelehrter, wird diese Angriffe nochmals zu entkräften suchen, indem er in seinem "Schediasma de Hominum inter Feras Educatorum Statu Naturali Solitario" (1730) die "Fictio Pufendorfiana"[55] (unter diesem Begriff rangiert bei Koenig die hypothetische Überlegung des Naturrechtlers) "de Homine extra commercium humanum adulto"[56] durch den Hinweis auf die historisch verbürgten Findlingsgeschichten ausführlich als ein *Faktum* zu beglaubigen sucht, wobei er die Fälle von Peter von Hameln und von Anna Gennärt besonders hervorhebt. Wieder einmal sehen wir uns jenem eigentümlichen Tatbestand gegenüber, dem wir in den Geschichten um die Verwilderten durchgängig begegnen, daß Wirklichkeit und Erdichtung, Fiktion und Faktum zu einem verwirrenden Vexierbild geraten. Nicht zufällig weist auch Koenig auf die mythologischen Bezüge hin (Romulus und Remus werden erwähnt), in deren Umkreis sich die homines feri und ihre Geschichten bewegen:

> *"Antiquissima est fama, existisse homines, qui extra sodalitium humanum constituti, inter bruta tum mansueta, tum fera non tantum degerint, sed etiam ab iisdem fuerint nutriti."*[57]

Die divergierenden Antworten auf die naturgeschichtlich-philosophische Frage nach dem Ursprung, nach dem "natürlichen Stand" im besonderen, werden bereits während ihrer Explikation im 18. Jahrhundert als unbefriedigend empfunden. So klagt u. a. Michael Hißmann im "§ 48 Stand der Natur" seiner "Anleitung zur Kenntniß der auserlesenen Litteratur in allen Theilen der Philosophie" (1778): "Die Beschreibungen des Standes der Natur in den Werken der berühmtesten Philosophen sind sich so sehr entgegengesetzt, daß es fast unmöglich scheint, einen Stand, den wir nicht aus der Erfahrung kennen, richtig zu bestimmen."[58] Und Isaak Iselin fragt in seiner "Geschichte der Menschheit" ([2]1768), wo der Stand der Natur "anfange", ob er "etwas wirkliches, oder ob er gar nur eine Erdichtung sey?"[59]
Nur die homines feri genügen - zunächst noch - als lebende Demonstrationsobjekte jenem eigentümlichen Wunsch der zeitgenössischen Naturkundler und Philosophen, in ihren Untersuchungen bis zum Nullpunkt aller Entwicklung zu gelangen.[60] So sehr entsprechen für manche Forschenden die isolierten Findlinge einer idealtypischen Untersuchung onto- und phylogenetischer Fragen, daß August Rauber in seiner Monographie zum "Homo Sapiens Ferus" (1885; [2]1888) ausruft: "Wären die Fälle nicht vorhanden (...), man müßte sie erfinden!"[61] Im zweiten Buch seiner "Geschichte der Menschheit" stellt Isaak Iselin eine "Betrachtung über die Wirklichkeit dieses Standes" an. Die Berichte über wilde Völker, so kritisiert Iselin, gäben keine unverfälschten Beispiele ab, da sich bei ihnen bereits gesellschaftliche Einflüsse bemerkbar machten:

> *"Indessen können wir als eine sehr gegründete Muthmaßung annehmen, daß ein [!] Truppe Kinder in diesen Stand gerathen müßte, wenn sie ohne andre Erziehung als bloße physicalische Sorge für ihre Erhaltung, sich selbst überlassen in einer Insel ausgesetzet würden. Das Clima und die Landesart würden unstreitig den Character dieser aufwachsenden Menschen roher oder milder, heftiger oder gelinder machen; nachdem solche in der Insel, die ihnen zu einem neuen Vaterlande bestimmet wäre, beschaffen seyn würden."*[62]

Auch wenn Christoph Martin Wieland die Überlegungen zu den Isolierungsversuchen, wie sie durch Rousseaus Schriften wieder aufs Tapet kamen, bereits 1770 mit Spott bedenkt - "das Allerbeste" sei es, merkt er zu diesen Versuchen ironisch an, "wenn wir diese Kinder schon als bloße Homuncolos bekommen könnten"[63] -, schreitet noch 1807 G. F. A. Wendeborn in seinen "Vorlesungen über die Geschichte des Menschen und seine natürliche Bestimmung" ([1]1807; [2]1813) auf diesem Wege fort und fordert, es müßten die in den vorausgegangenen Schriften zum Naturstand meist noch unverbundenen Rekonstruktionsstücke für den Blick auf die Anfänge gebündelt und die Quellen über die wilden Kinder und die wilden Völker, die Beobachtungen über die Kindheit und die ältesten Urkunden des menschlichen Geschlechts systematisch ausgewertet werden. Leider verbiete es nämlich eine "falsch verstandene Humanität"[64], den vielversprechendsten Versuch durchzuführen:

"Man könte daher sicher behaupten, daß die Beobachtungen, Erfahrungen und Thatsachen, woraus die eigentliche und wahre Geschichte der Menschheit bestehet, sich da am leichtesten würden sammeln lassen, wo ein Duzend Kinder, beiderlei Geschlechts, völlig abgesondert von andere [!] Menschen, in völliger Freiheit, in einem wohlverwahrten, weitläuftigen Bezirke, etwa von der Größe und Beschaffenheit eines englischen Parks, nach Art des Wildes mit einander aufwüchsen, und in solchem Zustande, der Natur gänzlich überlassen, ihre Tage mit einander verlebten. Wäre es möglich daß diese echten Wilden, von Kindheit auf, unbemerkt und ungesehen, durch einige sorgfältige. [!] von Vorurtheilen freien, und mit nöthigen Kenntnissen versehenen civilisirten Menschen beobachtet würden, die ihre Bemerkungen mit Genauigkeit und nach der strengsten Wahrheit, von Zeit zu Zeit aufzeichneten, so würde ein solches Tagebuch, wenn es ein Menschenalter hindurch, fortgesetzet würde, die vollkommensten Materialien zu einer reinen und zuverläßigen Geschichte der Menschheit verschaffen, die, ohne mehrere Völker und Länder gesehen zu haben und zu kennen, geschrieben werden könte."[65]

Von den Quellen historischer Findlingsschicksale, über die Untermauerung hypothetischer Rekonstruktionen durch den Hinweis auf naturgeschichtliche Parallelen, gelangen wir bei unserer tour d'horizon schließlich bis in rein fiktive Gefilde vor, wobei wir es mit einigen Hinweisen bewenden lassen müssen: Die mythologischen und fiktiven Beispiele von Kindern, die durch die Hilfe wilder Tiere aufwuchsen, sichtet 1703 C. F. Pezoldus in seiner "Dissertatio philologico-historico-moralis de θηριοτρόφοις, sive de hominibus a bestiis enutritis" und nochmals befaßt sich mit dem Thema Andreas Raab in seiner Dissertation "De necessario, qui inter logicam naturalem atque artificialem intercedit, nexu" (1738).[66]

1783 übersetzt J. G. Eichhorn die arabische Schrift des Abu Dschasar Ebn Tofail, eines maurischen Gelehrten aus dem 12. Jahrhundert: "Der Naturmensch oder Geschichte des Hai Ebn Joktan ein morgenländischer Roman":

"Der Verfasser", so führt der Übersetzer in der Vorrede aus, "hatte die Absicht, in seiner Schrift zu zeigen, wie ohngefähr ein Mensch, ohne alle fremde Beyhülfe, durch eigene Speculationen, von einer Kenntniß zur andern, bis zu der Idee von Gott sich erheben könne. Und dies thut er mit einem solchen Aufwand von Scharfsinn, daß selbst Leibnitz seine sinnreichen Entwicklungen mit Theilnehmung und Vergnügen las. Zur Ausführung dieser Idee brauchte der Dichter einen Menschen, der seit der Erwachung seiner Vernunft von aller menschlichen Gesellschaft entfernt, ohne alle fremde Beyhülfe, sich durch die zahllose Reihe der sichtbaren Dinge dieser Welt drängen mußte, um an eines seine Aufmerksamkeit zu heften, und dies zur Grundlage seiner künftigen Betrachtungen, und zum ersten Stück seiner künftigen Kenntnisse zu machen."[67]

Und selbst hier, bei einem im 18. Jahrhundert sehr beliebten philosophischen "Roman", wird zumindest im Potentialis der Blick für einen Moment freigegeben auf den Übergang zwischen Wirklichkeit und Illusion, wenn Eichhorn anmerkt:

"Selbst die hie und da vorkommenden Fehler in der Dichtung, welche die Täuschung unterbrechen, und der Wahrscheinlichkeit der Geschichte Eintrag thun, habe ich mit Stillschweigen übergangen. Iedem Leser von Urtheil und Einsichten werden sie von selbst auffallen; und wer den Araber so lieb gewönne, selbst diese Flecken zu übersehen, dessen Täuschung und Vergnügen verdient, wenigstens durch mich, nicht gestört zu werden."[68]

Schließlich wird sich die schöne Literatur des 18. Jahrhunderts die Ausgestaltung des Schicksals des "Élève de la Nature" nicht nehmen lassen, und das Publikum mit den Schicksalen zahlreicher "Naturmenschen" unterhalten, die - so Gaspard-Guillard de Beaurieu in seinem Roman "Der Zögling der Natur oder die Wikungen der Natur und Bildung" (1794; [1]1766) - "gleich ausserordentlich als wahrhaft" vorgestellt werden[69], und die Titelvignette zu August Lafontaines "Der Naturmensch" ([2]1799), die uns einen Naturmenschen im Lendenschurz zeigt, trägt die Unterschrift: "Gott - so darf ich doch einmahl ein Mensch seyn!"[70]
Besonders aber im Bereich der Naturgeschichte des 18. Jahrhunderts gehört die Problematik der Verwilderten zu den umstrittensten Themen. Carl von Linné, neben Georges-Louis Leclerc Comte de Buffon der bedeutendste Naturforscher der Zeit, beginnt in seinem "Systema Naturae" ([10]1758) seine Klassifikationen zum Menschen mit einer Unterabteilung, über die er die Bezeichnung "Homo Sapiens Ferus" setzt. Linnés knappe Auflistung hat insofern eine weitreichende Wirkung, als sie die wilden Kinder in ein umfassendes naturkundliches System einzuordnen versucht und die verwandte Nomenklatur aufgrund der für das 18. Jahrhundert fraglosen Autorität des "Systema Naturae" maßgeblich wurde auch für alle späteren systematischen Darstellungen zum Thema:

"Mammalia Primates. Homo.
I. Primates
Dentes Primores superiores IV, paralleli.
Mammae Pectorales II.
I. Homo   Nosce te ipsum
Sapiens
Ferus   I. H. diurnus; varians cultura, loco
tetrapus, mutus, hirsutus.
Juvenis Ursinus Lithuanus. 1661
Juvenis Lupinus hessensis. 1344
Juvenis Ovinus hibernus. Tulp. obs. IV:9
Juvenis Hannoveranus.

Pueri 2 Pyrenaici. 1719
Johannes Leodicensis."[71]

Trotz der Systematisierungsversuche Linnés und anderer wird es für die Naturgeschichte des 18. Jahrhunderts problematisch, die Berichte über die verwilderten Kinder, ebenso wie beispielsweise die über die Menschenaffen, einzuordnen in das statische Modell einer Schöpfungsordnung. Die umstrittenen und vieldiskutierten Versuche, auch diesen Zwischenwesen einen unverrückbaren Platz im geschlossen gedachten Natursystem zuzuweisen, scheitern und führen dazu, daß von der Mitte des 18. Jahrhunderts an sich die Vorstellung von einer sich in der Zeit erstreckenden Entwicklung der Arten (zunächst noch mehr als Ahnung) auszuformen beginnt, die erst endgültig bestätigt wird, als Charles Darwin 1859 und 1871 seine Schriften zur Evolutionstheorie vorlegt. Mit dieser Temporalisierung verbunden ist die Abkehr von der an der Einheit der "lettres" orientierten und mit Fabeln durchwobenen Naturgeschichte, hin zu einer dezidiert empirisch-quantifizierenden Verfahrensweise.[72]
Auch die Quellen über die Findlinge, in denen legendäre und mythologische Züge immer mitschwangen, geraten auf diese Weise ins Schußfeld der sich etablierenden Naturwissenschaften. Bestärkt wird die Skepsis zudem durch die Praxis vieler auch jüngster Beiträge zu den Verwilderten, ihre Quellenberichte nur aus zweiter oder dritter Hand zu schöpfen, wodurch sich Ungenauigkeiten einschleichen, die das Verdikt über den fabulösen Charakter nur noch verstärken; so durchzieht - um nur ein Beispiel zu nennen, denn die Reihe der Flüchtigkeitsfehler ließe sich fast beliebig verlängern - das falsch tradierte Todesjahr Peters von Hameln, 1727, bis heute die theoretischen Darstellungen, während der "Juvenis Hannoveranus" doch erst 1785 hochbetagt verstirbt. Solche und ähnliche Übertragungsfehler, neben dem ohnehin legendär-literarischen Zug der Berichte, jedenfalls sind es, die die Zweifler an den Findlingsgeschichten bis heute nicht verstummen lassen.
Da die Berichte über die Verwilderten, so kritisiert 1812 der berühmte Göttinger Anthropologe Johann Friedrich Blumenbach, "mit so mancherley theils ganz abentheuerlich auffallenden Unwahrheiten oder Widersprüchen vermengt sind"[73], ist die frühe physiologisch orientierte Anthropologie bemüht, die Quellen möglichst in Gänze als - so der Medizinprofessor Karl Asmund Rudolphi - "erdichtet"[74] zu diskreditieren. Den Naturwissenschaftlern des frühen 19. Jahrhunderts sind die Fälle der wilden Kinder nicht zuletzt deshalb so aufwendiger polemischer Angriffe wert, weil sie den vorgängigen philosophisch-naturgeschichtlichen Rückwendungen auf die Ursprünge als lebende Demonstrationsobjekte fiktiver Rekonstruktionen dienten.
Durch ihre Einbettung in den noch literarisch orientierten Rahmen der alten Naturgeschichte sind so die homines feri zu Grenzgängern zwischen wissenschaftlicher Fiktion und historischem Faktum geworden, ihre Geschichten er-

zählen, wie es war und wie es hätte sein können, und sind, ähnlich wie Rousseaus Konstruktion des "homme naturel", hypothetischer Entwurf, historisches Faktum und poetische Vergegenwärtigung eines Ideals zugleich. So schillernd ist das Bild der wilden Kinder, die prima vista als Simpel daherkommen, daß der Streit um ihre Stellung zwischen "Legende und Wirklichkeit", so Wolfgang Brezinka noch 1958[75], sich in Ausläufern bis in die heutigen ethnographischen, psychologischen und pädagogischen Fachzeitschriften fortsetzt. Dennoch ist nicht zu übersehen, daß spätestens im ersten Drittel des 19. Jahrhunderts die Wege von Literatur im weitesten Sinne und aufkommender Naturwissenschaft sich scheiden, und die Einheit der "lettres" endgültig zerbricht. Die Inschrift des delphischen Orakels - "Nosce te ipsum!" - setzt Linné seinen Ausführungen zum homo sapiens ferus voran und signalisiert so jenen noch greifbaren Bezug der naturkundlichen Forschung alter Provenienz zur menschlichen Lebenswelt, der mit dem Siegeszug der quanitifizierenden, wie Buffon es ausdrückt, "abgezogenen" Wissenschaften sein Ende finden wird:

> *"In unserm Jahrhunderte selbst, in welchem die Wissenschaften mit Sorgfalt gepflegt zu werden scheinen, kann man, wie ich glaube, leicht wahrnehmen, daß die Philosophie vernachlässigt wird und mehr vielleicht als in irgend einem andern Jahrhunderte; ihre Stelle haben die Künste, die man wissenschaftliche nennen will, eingenommen; die Methoden für Rechen- und Meßkunde, die für Pflanzenkunde und Naturgeschichte, die Formeln, mit einem Wort, und die Wörterbücher beschäftigen fast jedermann".*[76]

Die Findlingsgeschichten werden gleichsam zum Menetekel, das an jenen Riß gemahnt, der zwischen der Literatur und den quantifizierend verfahrenden Wissenschaften seit dem Ende des 18. Jahrhunderts sich auftut. Daß dem Fall Kaspar Hauser dabei noch eine gesonderte Stellung zukommen wird, liegt daran, daß sich an seiner Geschichte jener Versuch, die auseinanderstrebenden Geisteswelten zusammenzuhalten, wie ihn Goethe und Schelling unternehmen, noch einmal und am eindringlichsten ad oculus geführt werden sollte.

Wie im Falle der wilden Völker, so verbinden sich auch die Berichte über die homines feri mit jenem seit der Mitte des 18. Jahrhunderts entstehenden Zug der bürgerlichen Melancholie, die die Flucht in die Natursehnsucht antritt. Auch die wilden Kinder geraten oftmals in die Nähe einer empfindsam-sentimentalen Verklärung eines popularisierten Rousseauismus.[77] Der Bericht über den wilden Jungen Tomko in Michael Wagners "Beyträge zur Philosophischen Anthropologie und den damit verwandten Wissenschaften" schließt mit dem Wunsch:

> *"Uebrigens scheint dieser Mensch vollkommen glücklich zu seyn, in wie ferne nämlich das Glück von sinnlicher Behaglichkeit abhängt. Rousseau sollte ihn gesehen und beobachtet haben! Wie beneidungswerth hätte uns seine feurige Phantasie das Schicksal dieses Zöglings der Natur geschildert! -"*[78]

Auch Rousseau geht in einer der ausführlichen Anmerkungen seines "Discours sur l'origine et les fondemens de l'inegalite parmi les hommes" auf die Fälle der wilden Kinder ein, ohne allerdings ihre Schicksale "feurig" auszumalen, im Gegenteil: Sein Blick auf den Naturstand im zweiten "Discours" zeichnet sich durch besonderen Grimm aus, dem das so abstoßende Äußere des halbwilden Menschen Tomko in den Beiträgen Michael Wagners recht nahekommt:

"Die ganze Figur dieses Unglücklichen ist sonderbar. Er hat einen ziemlich großen Kopf, eine weite, zurückgedrückte Stirne, starkes krauses Haar, kleine, tief liegende, funkelnde Augen, eine breite platte Nase, einen weiten Mund, in welchem gleichwohl eine äußerst lange Zunge kaum Platz zu haben scheint, einen rothen Bart, eine weiblich gebildete Brust, einen herabhangenden Bauch, und sehr übel geformte Beine. Die Farbe seines Gesichts und seines ganzen Körpers ist braun. Jetzt mag er ohngefähr 30 Jahre alt seyn: aber seine schwache Konstitution, und seine schlechte Lunge versprechen ihm kein langes Leben. Bey der ersten Bekanntschaft umgaben seinen Hals ein Duzend Kröpfe, die sich nach der Zeit verloren. Er konnte nichts sprechen, als die Sylbe Ham, wobey er wie die Hunde, wenn sie nach etwas schnappen, eine Bewegung mit dem Kopfe vorwärts machte. Durch diese Gebehrde drückte er seinen Hunger aus. Er aß und trank zu jeder Zeit alles, was man ihm darreichte, verzehrte sogar die rohen Eingeweide der Thiere, die man aus der Küche warf, und trank Urin, wenn er welchen in die Hände bekam."[79]

Die Sicht auf die wilden Kinder bleibt ambivalent, und es zeichnet sich an ihrem Paradigma eine ähnliche Differenz ab, wie sie für das "Problem Jean Jacques Rousseau" und den Rousseauismus zu beobachten ist: Das Neuartige der Schriften Rousseaus und die Irritation, die für die Zeitgenossen von seiner Person ausgeht, liegt zunächst nicht so sehr darin, daß er ein neu heraufziehendes Gefühl der Natur, der Originalitätssehnsucht und der Sentimentalität abschildert, wie es in der englischen und französischen Literatur schon vor ihm geschehen, als vielmehr darin, daß er "die Grundkraft des Gefühls nicht nur darstellt, sondern daß er sie in einer Eindringlichkeit, wie nie zuvor, verkörpert. Er schildert diese Kraft nicht", so Ernst Cassirer, "sondern er ist und lebt sie"[80]. Die Zeitgenossen betrachten den, wie Wieland es ausdrückt, "Sonderling" Rousseau[81] mit einer Mischung aus Faszination und Unverständnis, da er in seinem zweiten Diskurs bis an die Wurzeln alles Tradierten gräbt. Im Anhang zur ersten deutschsprachigen Übersetzung kritisiert Moses Mendelssohn: "Hätte Rousseau, statt einer allgemeinen Verurtheilung aller menschlichen Gesellschaften, nur wider gewisse verderbliche Staatsverfassungen geeifert", so "würden alle rechtschaffenen Gemüther seine Ausführung mit eben so viel Lob krönen, als seinen Vortrag"[82], der "Strom seiner Einbildungskraft" habe ihn aber "so sehr mit sich fortgerissen, daß er nicht selten über das vorgesetzte Ziel hinwegrennet, und uns auf die Gedanken bringt, er habe mehr verheeren, als anbauen wollen"[83]. Auch die wilden Kinder repräsentieren einerseits Ursprünglichkeit

und bieten sich so zur verklärenden Darstellung an, zugleich aber *verkörpern* sie im wörtlichen Sinne - darin der Radikalität Rousseaus vergleichbar - durch ihr reales und oft gar nicht anziehendes Dasein die äußersten Grenzlinien menschlicher Existenz.
Die Grundfrage nach dem Ursprung, zu deren Beantwortung man die wilden Kinder neben anderen Paradigmen in logisch-systematischer Hinsicht heranzog, begegnet uns auf quasi ontologischer Ebene wieder in den Einzelschicksalen der Findlinge; die Quellen über sie repräsentieren nicht nur, wie der Lord Monboddo es annahm, in nuce die Geschichte der Menschheit, sondern sie unterliegen zugleich auch einer Tendenz, die man als den generellen menschlichen Willen zur Geschichte, zur Lebens-Geschichte eines Individuums umschreiben könnte. Das In- und Nebeneinander von Literatur und Wirklichkeit, von Fiktion und Historie führt neben der sentimental-melancholischen Tendenz der zeitgenössischen Berichte dazu, daß die Fälle der neueren homines feri zu Geschichten mit literarischem Charakter geraten, die von toposartigen Partien durchzogen werden. Zugleich repräsentieren die Findlingsquellen aufbrechende Gefühle der Zeit, Wünsche sedimentieren sich in ihnen, u. a. die nach Freiheit und nach Naturnähe. Auch in dieser Weise - indem sie real *da* sind und zugleich immer nur in der jeweiligen Sicht ihrer Beobachter für die Mit- und Nachwelt *entstehen* - sind die wilden Kinder zwischen Fiktion und Wirklichkeit, zwischen Darstellung und Verkörperung angesiedelt, sie sind, man kann es kaum anders formulieren, ein *Humanum et Poeticum*.

3. Anna, Peter, Eduard, Victor und die anderen

a) Eine Historie, welche sowol wahrhafftig als wunderbar: Anna Maria Gennärt (1718)

1722 erscheint zu Antwerpen die anonym veröffentlichte Schrift von Michael Christian Marschal: "Wunderliche Begebenheit von einer wilden Weibs-Person, welche in Antwerpen d. 5. May 1700, als sie ohngefehr 16. Monat alt gewesen, ihren Eltern von einer Frau enführet worden, und hat dieselbe beynahe das 18. Jahr erreichet; wie man sie in den Gebürgen oder Walde der Herren von Kranenberg wieder habhafft worden, nicht weit von der Stadt Schwoll, in Ober-Yssel".[84] Neben dem Mädchen von Kranenburg, das später als Anna Maria Gennärt identifiziert wird, widmet man auch einigen der anderen wilden Kinder eigene kleine Broschüren, die ihr Schicksal beschreiben, sind doch die Zeitungsmeldungen über die Fälle "alles nur Fragmenta von der Historie", so daß "ein ieder gerne dieselbe in completo und in una serie zu lesen verlangen dürffte"[85]. Vor allem aber werden die Findlingsgeschichten eben in Zeitungen und Peri-

odika enzyklopädisch-unterhaltenden Charakters aufgenommen, wie in die "Sammlung von Natur- und Medicin-, wie auch hiezu gehörigen Kunst- und Literatur-Geschichten", deren Titel den noch im ganzen literarischen Charakter der Wissenschaften anzeigt. Die erwähnte Schrift selber setzt sich aus einer Kompilation und potenzierten Zitation so unterschiedlicher Quellen zusammen - zu denen neben Zeitungsberichten auch eine Magistratsmeldung zum Fall gehört -, daß der Leser sich in eine Kriminalgeschichte versetzt glaubt.
Immerhin werden wir über die "Ursache des Kindes Entführung" aufgeklärt, während, den Kaspar-Hauser-Fall ausgenommen, das in allen Findlingsgeschichten vorhandene detektivische Interesse an der Herkunft zum Bedauern der Schreiber immer ungeklärt bleiben wird; gerade diese Lücken aber, sozusagen Leerstellen der Phantasie, sind nicht unerheblich für den Reiz verantwortlich, der von den Quellen ausgeht, wobei dieser Stimulus einem wohl grundsätzlichen Willen zur abgerundeten Lebens-Geschichte korrespondiert:
Ein Amsterdamer Kaufmann zeugt mit einem "Frauenzimmer" ein uneheliches Kind; die Frau wird fortgeschickt, und das Kind verstirbt bald nach der Geburt in der Fremde. Als der Kaufmann nach einiger Zeit seinen Tod nahen fühlt, will er sein Kind noch einmal sehen, um ihm etwas zu vermachen. Da nun die Mutter das Geld gerne haben möchte, stiehlt sie ein anderes Kind, das sie, nachdem sie die Erbschaft erhalten, in den Wäldern aussetzt.
Die Nachgeschichte, die Findlingsgeschichte im eigentlichen Sinne, setzt ein:

> *"Die Ursache, warum dieses vorbeschriebene Kind gefangen, ist wegen der vielen Klagen der Bauren geschehen, welche vorgaben ein Monstrum gesehen zu haben, welches einer Frauens-Person ähnlich (...). Der Herr von Kranenberg, nachdem er von seiner Frau vernommen, daß sie ein Monstrum (wie sie sich einbildete,) gesehen, sobald sie aber selbiges auf ihren Füssen gehen und lauffen sehen, sagte sie, daß es müsse ein Mensch seyn: Worauf der Herr von Kranenberg seine Diener aussandte, um selbiges zu fangen (...)."*[86]

Zu den obligaten Bestandteilen der Quellenberichte zählt nicht nur die Angst vor einem Wesen, das dem unzivilisiert-dämonischen Reich nahezustehen scheint, auch wenn man Anna Gennärt nicht, wie dann Eduard von Barra, für ein Kind des Leibhaftigen hält. Zum Repertoire der Berichte gehört darüber hinaus das Auftreten des Territorialherren, wie auch die Schilderung der Gefangennahme des wilden Kindes, wobei der "wilde Mann" des Mittelalters grüßen läßt, dessen Habhaftwerdung ähnlich spektakulär verlief:

> *"Vor einigen Tagen ist ein Mägdlein hierher gebracht worden von 18. Jahren, welche man auf einem Berge bey Cranenburg erhaschet: man konte sie wohl mit Recht, als ein wildes Mensch, ansehen: die Bauren da herum hatten zwar schon einige Zeit von ihr gewust, man hat sie aber nicht fangen können. Endlich haben sich derselben bey 1000. auffgemacht, Stricke und Netze ausgestellet, und sie also überwältiget: Sie war*

> *meist nackend, nur daß sie ihr selbst einen Gürtel oder Schürtze von etwas Stroh gemacht: Ihre Haut war sehr rauhe, ziemlich schwartz und harte; Sie hat sich bißher von Kräutern und Baum-Blättern, wie auch von Milch, welche die Bauren nach dem Berge gebracht, um sie zu haschen, erhalten. Sie redet zwar, aber stammelnd, und weiß kein Mensch, was es heissen soll."*

Nachdem man das Kind der Wildnis "anietzo bey einer gewissen Frau einlogiret"[87] und die Berichterstatter hoffen können, daß "der Magistrat für diese wunderbare Frauens-Person Sorge tragen werde"[88], setzt bald auch sich die fürsorgende Gemeinde in Gang, um das Mirakel zu bewundern und ihre Sensationslust zu stillen: "Sie wird von iederman mit grosser Verwunderung beschauet, einer redet diß, der andere das von ihr"[89]. Die Legendenbildung, die aufgrund ungeklärter Details und widersprüchlicher Meldungen der Findlingsgeschichten sich rasch bemächtigt, wird bereits einige Jahre später im Falle von Peter the wild boy Ziel satirischer Angriffe sein und den später oft genutzten Topos vom sensationslüsternen aber verständnislosen Publikum gegenüber dem Vereinsamten präludieren.
Gespannt "observiret" man, "daß sie anfängt einige Minen zu machen, als wolte sie reden", woran sich der Wunsch des Verfassers anschließt: "GOtt gebe, daß sie bald Sprache bekomme! um also von ihr zu erfahren, auf was Art sie in die Gebürge und Wildniß gekommen, allwo man sie gefunden hat"[90]. Bis dahin aber verursacht diese "Historie, welche sowol wahrhafftig als wunderbar (...) verschiedenes Nachdencken, und kan man von derselben noch keinen rechten Grund haben"[91]; doch wird es nicht mehr lange dauern, bis sich Christian Wolff und andere Philosophen der Aufklärung um eine Ergründung der Ursprungsfrage, mit den Findlingsgeschichten als Illustration im Gepäck, planmäßig bemühen werden.
Es werden allerdings auch Stimmen laut, die fragen, wie "ein wilder Mensch in diese eben nicht wilde Gegend" habe kommen können, daher denn "einige sie mehr vor wahnsinnig, als vor wircklich wilde"[92] ansehen und man fragt sich: Wahre Historie oder pathologischer Casus? Daß es jedoch geraten, der Sache auch in anderer Hinsicht auf den Grund zu gehen und Skepsis geboten ist, zeigt eine kurze Notiz in Kanolds Magazin vom August 1722:

> *"Wir haben bereits M. Jan. 1718 (...) eines vermeynten wilden Mädgens Erwähnung gethan (...). Für ietzo allegiren wir bloß was uns von einer betrüglichen Begebenheit auf dergleichen Schlag von Braunschweig in folgendem zugeschrieben worden: Man hatte zu gegenwärtiger Meßzeit (M. Aug.) allhier auf der Gassen angeschlagen, daß das vor einigen Jahren in Holland gefangene wilde Mägdlein (...) allhier an einem gewissen Orte für Geld würde zu sehen seyn. Allein weil man in kurztem bemerckte, daß ein gottloser Betrug und liederliches Wesen hierunter stecke, und man dieserwegen mehrere Erkundigung einziehen wolte, so machte sich dieses Gesindel schleunig aus dem Staube. Dem Vernehmen nach soll man ein stummes Weibsbild an Statt dieses Mensches vorgestellet haben."*[93]

Nicht allein am Beginn der Aufklärung, sondern selbst noch in der Mitte des 19. Jahrhunderts sitzt das Publikum trotz inzwischen geschärfter Sicht Betrugsfällen auf, wie dem von Friedrich Eck 1856 als Parallele zu Kaspar Hauser gefeierten Fall der "langjährige(n) unterirdische(n) Haft zweier Kinder"[94], und wen wundert es angesichts solcher Duplizität literarisierter Lebens-Geschichten, wenn man auch alle späteren hommes sauvages, bis hin zu Amala und Kamala, den berühmtesten Wolfskindern des 20. Jahrhunderts, unter den wechselnden Überschriften Historie - Wahnsinn - Betrug rubriziert.

b) One of the greatest curiosities since the time of Adam: Peter von Hameln (1724)

In einer Leserzuschrift vom 20. 9. 1785 an den Herausgeber des "Gentleman's Magazine", einem Periodikum, das seine Leserschaft (ähnlich wie die "Sammlung von Natur- und Medicin-, wie auch hiezu gehörigen Kunst- und Literatur-Geschichten", die Leipziger "Zeitungen von gelehrten Sachen", kleine Populärschriften, Lexikonartikel und ein voluminöses philosophisches Werk) über das Schicksal des wilden Peter in unregelmäßiger Folge auf dem laufenden hält, zitiert der Briefschreiber die Inschrift einer Kirchenplatte "in the parish church of North-Church":

> *"To the memory of Peter, known by the name of the Wild Boy, having been found wild in the forest of Hertswold, near Hanover, in the year 1725 [!]. He then appeared to be about 12 years old. In the following year he was brought to England by the order of the late Queen Caroline, and the ablest matters were provided for him. But, proving incapable of speaking, or of receiving any instruction, a comfortable provision was made for him at a farmhouse in this parish, where he continued to the end of his inoffensive life. He died on the 22d day of February, 1785, supposed to be aged 72."*[95]

Was verbirgt sich hinter dem kurzen Abriß eines Findlingsschicksals, das in den Wäldern Hamelns begann und in England endete? Konnte man den anfänglichen Berichten noch entnehmen, der wilde Junge habe bei seiner Entdeckung "viel behender als ein Eichhörnlein auf die Bäume klettern können"[96], so weist eine anonyme Schrift - "Zuverlässige und wahrhaffte Nachricht von dem bey Hameln im Felde gefundenen wilden Knaben, was es mit selbigem eigentlich vor Beschaffenheit habe, wie er sich nach seiner Arretirung aufgeführet, und was vor Muthmassung sich hervorgethan, auch was sonst Merckwürdiges darbey vorgefallen, von einer glaubwürdigen Person aus Hameln selbst an einen Freund schrifftlich abgefasset, nunmehro aber wegen vieler unterlauffenden Merckwürdigkeiten zum Druck befördert"[97] - bereits eingangs auf die Unzuverlässigkeit aller bisherigen Meldungen hin:

"Es ist nicht zu leugnen, daß so wol in den Frantzösischen als Teutschen Leipziger und andern Zeitungen von diesem wilden Knaben gar viel und mancherley Nachrichten ans Tages-Licht kommen, deren doch die meisten, wo nicht größten, iedennoch mehrentheils, dem neu-begierigen Leser die eigentlichen Umstände zu erörtern, entweder gantz falsch oder doch in vielen Stücken wider die Wahrheit lauffende Umstände und Urtheile vorgestellet (...). Immitelst glaube gar gern, daß unsers Ortes viele falsche Dinge mögen ausgebreitet worden seyn, welche entweder ihren Ursprung von der Leichtgläubigkeit oder von den Leuten her haben, welche sich eine Freude machen, andern seltsame Dinge aufzubürden, und unter andern bekandt zu machen (...). Da nun aber an dem, daß die Begebenheit mit diesem jungen Menschen einen ausserordentlichen Zufall zu seinem Grund haben müsse, so ist keineswegs zu verwundern, daß iederman hierüber in die gröste Verwunderung gesetzet worden, zumalen da so viele Dinge in Verfolgung unsrer Historie vorkommen, welche einander schnurstracks entgegen zu seyn scheinen, dergestalt, daß auch die Allerklügsten bey aller angewendeten Fürsichtigkeit und Untersuchung einen festen Schluß zu machen, billig Bedencken tragen."[98]

Schon die Berichte über die Umstände, unter denen man die wilden Kinder erstmals sichtet, werden durchgängig durchzogen von Zweifeln an der Authentizität eben dieser Quellen und scheinen so Schillers Diktum in nuce vorwegzunehmen, wonach das "Mistrauen" bezüglich der überlieferten Zeugnisse der Menschheitsgeschichte "bey dem ältesten historischen Denkmal" einsetze und uns "nicht einmal bey einer Chronik des heutigen Tages" verlasse[99].
Ab initio bemächtigt sich die Fama der Findlingsgeschichten, und nicht allein im Falle Peters melden sich bald witzige Köpfe zu Wort und mokieren sich sowohl über die menschliche Fabulierlust wie die Legendengläubigkeit des Publikums. In der "Copiam eines Schreibens des jetzigen Herrn Burgerm. Palm zu Hamelon an den Herrn Commissarium Burchardi bei dem Königlichen Berg-Comtoir wegen des bei Hameln gefundenen Knaben" vom 31. Mai 1741 heißt es:

"Inzwischen gab diese Staatsveränderung einigen hiesigen tiefsinnigen Köpfen Anlaß, ein und das andere dubium zu formiren:
1) Ob dieser Junge auch etwa in einem im Orient entstandenen Gewitter gleich einen [!] Frosch mit aufgezogen und alhie wieder niedergelaßen sey.
2) Ob er nicht etwa aus Siebenbürgen als ein Spion der ehemals ausgegangenen Kinder Nachlaß hieselbst zu erkundigen, abgesant sey, oder
3) Ob es nicht eine protuberatio terrae eines unter der Erden nach dem genio des Paracelsi gezeugeten Menschen sey."[100]

Ähnlich wie Anna durchläuft auch Peter verschiedene Stationen in der fürsorgenden Gemeinde: Von seinem ersten Aufenthalt bei einem Manne im "Armen-Hauß ad beneficium Sti. Spiritus"[101] wird er vom Rat der Stadt "bey einem Bürger in die Kost" verdungen, in der vergeblichen Hoffnung, "er würde vielleicht alsdenn zu einem Handwerck sich bequemen"[102].

Als Nicolaus Ludwig Graf und Herr von Zinzendorf und Pottendorf jedoch 1726 die Gräfin von Schaumburg-Lippe brieflich bittet, sie möge ihm den wilden Jungen überlassen, da er "an demselben einen Versuch anzustellen" wünsche, "ob es angeborene Begriffe gebe, und wie es mit deren Auswikkelung zugehe", muß die Gräfin, die insbesondere wegen des Seelenheils des Jungen dem Wunsche gern entsprochen hätte, Zinzendorf mitteilen:

"Es haben Ihro Majestät, der König, diesen wilden Jungen, den man in Dero Landen gefunden, an Ihro Hoheit, die Prinzeßin von Wales, verehret; welche ihn der Aufsicht eines hiesigen Philosophen übergeben, um eben das Experiment der Idées innées (angeborenen Begriffe) zu machen, wozu ihn Ew. (...) auch verlangt haben."[103]

Wie die anderen wilden Kinder vor und nach ihm schockiert und amüsiert gleichermaßen der Junge das Publikum durch sein unpoliziertes Betragen, doch drang keines dabei in so vornehme Gefilde vor wie Peter. Im April 1726 berichtet man aus "Londen": "Am Sonnabende (den 13. Apr.) wurde der aus dem Hanöverischen anhero gebrachte wilde Knabe in den Garten des Pallasts St. James gebracht, wie der König in demselben spazierete: Als er nun Blätter an einem Baume sahe, riß er eine Hand voll ab und aß sie auf", und nur der wilde Peter darf sich bei ähnlicher Gelegenheit die Pikanterie erlauben, nachdem ihm die "Prinzeßin von Wallis ihre Handschuh" gegeben, sich anzuschicken dieselbe vor Freude "bey der Hand"[104] zu ziehen, und so wird die Decouvrierung gesellschaftlicher Konventionen durch den Wilden, den unberechenbaren und unzurechnungsfähigen Außenseiter, sich den literarischen Gestaltungen der Findlingsgeschichten bis hin zur sprachkritischen Zersetzung in Handkes "Kaspar" als gängiges Motiv anbieten.

Gelangen aus London zunächst noch hoffnungsvoll stimmende Meldungen über die weitere Entwicklung des Findlings an die Öffentlichkeit - er habe "schon so ziemlich reden lernen und soll allernechst bey dem D. Arbuthnot getaufft werden, welcher sich die Mühe gegeben, ihn reden zu lernen"[105] -, so erweisen sich diese Erwartungen bald als trügerisch:

"Man hat sich alle Mühe hier gegeben", berichtet die Gräfin Schaumburg-Lippe an Zinzendorf später, "ihn erstlich sprechen zu lehren: damit man etwas von ihm vernehmen möchte von seinem vorigen Aufenthalt und, wo möglich, von seinen Notionen. Er hat aber kaum bis dato soviel gelernet, daß er englisch das Nöthigste fordern kan (...). In Summa: Er hat wenig menschliches oder vernünftiges an sich; ist auch keine Hoffnung, daß er jemals etwas lernen wird."[106]

Anfänglich tun sich die Engländer "noch viel auf den aus dem Hanoverschen nach Engelland gebrachten vermeynten wilden Knaben zu gute"[107], und es hält ihn ein Leserbriefschreiber des "Country Gentleman" nach einer Visite bei ihm 1726 noch für "one of the greatest curiosities that has appeared in the world

since the time of Adam"[108]; doch in der Folgezeit droht Peter - nach weiteren Stationen als gleichsam behördlich ausgehaltener Idiot der Familie, "fond of all kinds of spirits"[109], auf einer Farm in der Grafschaft Herfordshire angelangt - ganz in Vergessenheit zu geraten. 1748 hält Zedlers "Grosses vollständiges Universal-Lexicon Aller Wissenschafften und Künste" seine Geschichte noch einer eigenen Rubrik für würdig[110], darüber hinaus gerät Peter vorerst jedoch nur noch 1751 in die Annalen des "Gentleman's Magazine", wo man berichtet, wie der sprachlose Wilde bei einer seiner häufigen Fluchten, zu denen ihn seine nie verlöschende Sehnsucht nach den Wäldern trieb, als renitenter, weil jede Identitätsfrage verweigernder Vagant für mehrere Tage arretiert wird[111].
In nahezu galaktische Dimensionen wird Peter the wild boy jedoch aus seinen dörflichen Niederungen wieder hinauskatapultiert, als der schottische Richter und Pionier der Anthropologie James Burnett Lord Monboddo sich in seinem voluminösen Werk "Antient Metaphysics" (1779-1799) der Geschichte des Findlings als eines, ja als des zentralen Beweisstückes seiner quasi-evolutionistischen Theorie bedient. Ursprung und Ursprünglichkeit: Beide Zentralbegriffe findet der schottische Lord im "feral man" personifiziert, als dessen Musterbild ihm Peter dient:

"This is all I have been able to discover, printed in Britain, concerning this extraordinary phaenomenon; more extraordinary, I think, than the new planet, or than if we were to discover 30,000 more fixed stars, besides those lately discovered".[112]

Unter den zahlreichen Zeugenaussagen, Zitaten und eigenen Beobachtungen am Hamelner Findling im Werk Monboddos, die Ernährung und andere in unserem Zusammenhang eher marginale Fragen betreffend, findet sich auch jene auffällige Natursehnsucht Peters wieder, die sich nun aber nicht in einer Fluchtbewegung, sondern einer nahezu kontemplativen Haltung äußert:

"He ist very much pleased with the appearance of the moon and the stars. He will sometimes stand out in the warmth of the sun, with his face thrown up to it, in a very difficult and strained attitude; and likes to be out in a starry night, if it be not cold. Upon hearing this, a person would naturally inquire, whether he has, or appears to have, any idea of the great Author of all these wonders? Indeed, I thought it a question of so much curiosity, that, when I had left Broadway for several miles, I rode back to inquire whether he had at any time betrayed the least sense of a Superior Being. They told me that, when he came into that part of the country first of all, he was sent to school for some time, and different methods were employed to teach him to read, and with it the principles of religion; but all in vain: He learnt nothing; nor did he ever show any consciousness of a God from his own feelings."[113]

Auf der labilen Balance zwischen sprachloser Ergriffenheit und Sehnsucht des Naturmenschen nach der freien Landschaft einerseits und der melancholischsentimentalen Anverwandlung durch die Berichterstatter andererseits sind viele der auffällig zahlreichen *stummen Szenen* in den Quellen über die Findlinge angesiedelt. Ohne etwas von dem "great Author of all these wonders" zu wissen, vermag der homo ferus im Buch der Natur als dem ihm wesenseigenen Element schweigend zu lesen und dupliziert, distanziert und intensiviert damit sowohl jenes Gefühl der Erhabenheit, das uns nach Kant im Angesicht der Natur überkommt, als auch jene Fremdheitserfahrung, wie sie Adorno für das Naturschöne reklamiert. Bei Victor von Aveyron und Kaspar Hauser begegnen wir dann dem landschaftlichen Auge wieder, das sich seit 1750 zu öffnen beginnt.

Die "Philosophy of Man", in deren Zusammenhang Monboddo Peter von Hameln heranzieht, verbindet den Perfektibilitätsgedanken mit skurril anmutenden Vorwegnahmen der Evolutionstheorie. Vor die Schwierigkeit gestellt, die erste Stufe der Menschheitsentwicklung, "the state of nature", den er zeichnen möchte, nicht durch historische Quellen im üblichen Sinne rekonstruieren zu können, versucht Monboddo die Lücke durch den Rückgriff auf die ältesten antiken Zeugnisse sowie auf die jüngsten Reiseberichte zu füllen. Doch auch ihm ist nicht verborgen geblieben, daß im Kampf um die Spekulationen zum natürlichen Stand, der bis weit ins 19. Jahrhundert reichen sollte, "the men of experiment, who will believe nothing but what falls under the evidence of their Senses"[114], mit ihrer Zweifelsucht auch vor solchen Zeugnissen nicht halt machen würden; und so wird Peter von Hameln für ihn zum lebenden Beweis seiner Thesen vom "natural State", ja er erachtet seine Geschichte "as a brief chronicle or abstract of the history of the progress of human nature"[115]. Die überschäumende Begeisterung Monboddos und anderer, in Peter das lebende Beispiel des Naturstandes gefunden zu haben, mündet in die hoffnungsfrohe Gewißheit, daß der "State of Nature is not an imaginary State (...), but a real State, upon which we may safely found our philosophy of Man"[116]: Die fiktive Rekonstruktion ist Fleisch geworden im "feral man".

Zum Schweigen gebracht sind die nüchternen Betrachter der Sache dadurch aber beileibe nicht; der Verfasser des ausführlichen Kirchenbucheintrags der Heimatgemeinde Peters sieht sich veranlaßt, die Findlingsgeschichte auf ihre äußere Banalität - "he was certainly nothing more than a common idiot" - zu reduzieren, da "men of some eminence in the literary world have in their works published strange opinions and ill-founded conjectures about him"[117]. Die Vorstellung, daß die Nachwelt durch die enthusiastischen Reaktionen der Zeitgenossen eine falsche Vorstellung von der Findlingsgeschichte gewinnen könne, wie der Kirchenbucheintrag befürchtet, ist jedoch unbegründet, im Gegenteil: 1812 befaßt sich Johann Friedrich Blumenbach, einer jener "men of experiment", in einem tendenziösen Kapitel seiner "Beyträge zur Naturgeschichte" ausführlich mit Peters Fall, um an dessen Beispiel die Thesen vom Naturmenschen zu liquidieren: "Kurz als Ende vom Lied, das vermeinte Ideal des rei-

nen Naturmenschen, wozu spätere Sophisten den wilden Peter erhoben hatten, war durchaus nichts weiter, als ein stummer, blödsinniger Tropf"[118].
Vom Beginn der Diskussion um den homo ferus im ersten Drittel des 18. Jahrhunderts, bis zu dessen vorläufigem Verschwinden am Beginn des 19. Jahrhunderts, werden die begeisterten Reaktionen der spekulativen Köpfe durchgängig begleitet von ebenso leidenschaftlich-hitzigen Reaktionen der Gegenseite, die die letzten Bindeglieder, als deren sinnfällige Repräsentanten die wilden Kinder gelten, zwischen mythisch-literarischer Naturgeschichte und den sich etablierenden quantifizierenden Naturwissenschaften zu kappen wünscht. Wenn das "Neue vaterländische Archiv"[119] 1825 die Findlingsgeschichte Peters - ähnlich wie es auch ein Titel aus dem Jahre 1830 zu Anna Gennärt, "Das Mädchen von Kronenburg oder Schicksale einer edlen Seele"[120], andeutet - in einer historisierend-legendenhaften Paraphrase der Quellen noch einmal erinnert, ist damit der Ort markiert, wo die Geschichten der enfants sauvages nun angesiedelt werden: im Bereich des archivalischen Kuriositäteninteresses. Vor und zu Beginn der Aufklärungsepoche noch vereinzeltes chronikales Datum, geraten die Findlingsquellen - denen man in der aufklärerischen Diskussion um die Natur des Menschen auf den Grund zu gehen wünscht, um mit ihrer Hilfe die Frage nach dem Ursprung zu ergründen - zu systematisierten Fallgeschichten, um in der sich bereits erleuchtet begreifenden naturwissenschaftlichen Sicht der Folgezeit als Geschichten im nun eher pejorativ verstandenen Sinne zurückzukehren.

c) Der edelmütige Trieb in uns: Eduard von Barra (1756)

Als 1759 die 80 Seiten starke Schrift "Ausführliches Leben und besondere Schiksale eines wilden Knaben von zwölf Jahren der zu Barra einer Schottländischen Insel von zweyen berühmten Aerzten gefangen und auferzogen worden" erscheint, betont der anonyme Herausgeber und Übersetzer der deutschen Ausgabe (vorausgegangen waren das englische Original und eine ergänzte französische Übersetzung), die Geschichte habe "in ihren Umständen einen natürlichen Zusammenhang, der nicht durch Wunderwerke, wie man sonst in dergleichen Historien findet, unterbrochen"[121] werde. Nicht erst der Abschnitt über das Ableben des schottischen homme sauvage belehrt den Leser, welcher natürliche Zusammenhang das Werk durchzieht. Eher Erleichterung denn Trauer stellt sich ein, liest man vom Tod des verwilderten Jungen, hat er bis dahin doch, sein Fall steht exemplarisch für andere, eine Passionsgeschichte durchlaufen, die aufgrund der makabren medizinischen Traktierung an die Woyzeckschen Leiden gemahnt:

> *"Den 18 April merkten wir, daß sein Ende nahe wäre, und wir entferneten uns nicht von ihme [!]. Auch noch bey diesem lezten Auftritt seines Lebens hatten wir an ihm zu*

> *bewundern, wie in ihm einige Vorstellungen, die sich der Vernunft ähnlichen, vorgiengen. Er drückte nur die Hände, und wir sahen aus seinen Augen Zähren fliessen. Als es anfieng Nacht zu werden, rufte [!] er mich an, und sprach: Wasser! Ich reichte es ihme, und er trank mit grossem Appetit. Hierauf legte er sich gerade hin, und zog die Füsse zusammen. Ein schneller Stekfluß befiel ihn, und in etlichen Minuten war seine Seele aus ihrem Körper gewichen."*[122]

Die öffentlich bestellten Ärzte Milsintown und Wilsay bereisen alljährlich in den Monaten Juli bis September Schottland und die dort gelegenen Inseln zur Naturerkundung sowie zur Heilkundeunterrichtung der Bevölkerung. Mr. Milsintown stößt bei einer Exkursion auf der Insel Barra auf einen verwildert lebenden, ungefähr zwölfjährigen Jungen, dessen Schreckensbild ihn zunächst zweifeln läßt, ob er es mit einem Menschen zu tun hat. Nachdem der Verfasser ausführlich die schwierige Gefangennahme des Jungen geschildert, werden wir im weiteren vornehmlich Zeugen medizinischer Experimente und Behandlungsversuche, die sich auf skurrile Weise mit den christlich-zivilisatorischen Hominisationsversuchen der Berichterstatter verbinden und in ihren äußeren Stationen über Edinburgh bis nach Dublin führen, wo den Helden dann der Tod erlöst. Nach der Schilderung der Gefangennahme des Jungen fährt Milsintown fort:

> *"Meine Beute war mir allzukostbar, daß ich nicht behutsam dabey hätte verfahren sollen. Es war ein Mensch, dem wir sein höchstes Gut, die Menschlichkeit, geben sollten, und wir sahen uns überdis zu dem edlen Beruf bestimmt, einen Wilden zum Menschen und Christen zu machen."*[123]

Bei einem seiner Ausflüge - Milsintown läßt seinen Pflegesohn mit seinen Wärtern spazierenführen - erkrankt der Junge plötzlich:

> *"(...) so erzeigete sich bey ihme ein gewaltsames Erbrechen, und solche Krümmungen des Leibes, daß man wohl abnehmen [!] konnte, wie groß der Schmerzen in ihm wütete. Ich ließ sogleich die bey handen gehabte Kräuter kochen (...). Er ließ mit sich umgehen, wie man wollte, und so stark als anfangs sein Brüllen und Zorn war: so gleichgültig war ihm hierauf alles. Endlich bemächtigte sich seiner ein gewaltsamer Kopfschmerz, der ihm nicht gestattete, in der Höhe zu sizen [!], sondern er muste [!], unter den elendesten Bewegungen und Qualen, die fast eine Stunde anhielten, wie ein Wurm liegen, und es ließ sich alles bey ihme so an, daß wir seinen Tod vermutheten."*[124]

Auch die Verabreichung eines Elexiers lindert die Beschwerden nicht, im Gegenteil:

> *"Herr Dundalk, der sich sonst viel auf seine so genannte Hausmitteln wuste, vermeynte die Sache wohl getroffen zu haben, wenn er in meiner Abwesenheit ihm eine starke Dosin eines Elexiers in einem guten Schluk Wein einbrachte (...). Es war hierauf ein cholerisch Fieber im höchsten Grad da, der Kranke hatte einen unglaublichen*

Durst, seine Kehle war sehr troken und dürre, und der Unterleib war verstopft; den dritten Tag hernach folgte das Erbrechen von einer sehr zähen und scharfen Materie, und es liessen sich alle Symptomata zum Tode an, wie dann ein starkes delirium und convulsivische Bewegungen sich dabey einstellten." Die "Augen lagen im Kopf gebrochen, die Respiratio war sehr schwach und gering, der Puls ungleich und bisweilen hüpfend, und der Kranke hatte weder am hintern Leibe, noch an der Blase eine Oefnung."[125]

Während der Wilde an seiner Menschwerdung winselnd leidet, kann sich der Beobachter in den Ansätzen menschlicher Züge, die das neue Leiden dem Jungen aufdrücken, wiederentdecken:

"Ich erinnere mich mit vielen Vergnügen, daß ich einsmals, da er schon wieder anfieng sich zu erholen, jedoch aber in sehr grossen Schmerzen lag, an ihm eine gewisse Bewegung wahrnahm, die mich muthmassen ließ, daß er bereits unter Menschen gewesen. Seine Wärter stunden eben bey seinem Lager, und der eine grif ihn bey der Hand an, daß er sich in die Höhe richten sollte. Er sahe in straks an, und als wenn er klagen wollte, schlug er an seine Brust, und hielt die hohle Hand darüber. Er litte es, daß der Wärter die seinige auch hinlegte (...) wobey er in ein Winseln verfiel, so über eine Viertelstunde anhielte, und auch mich starr ansahe. Auf einmal reichte er mir die Hand, und drukte sie, so viel er konnte."[126]

Da man im gespaltenen Gaumen des Jungen die Ursache gefunden zu haben glaubt, warum er trotz aller Übungsversuche nur unartikulierte Laute hervorbringt, entschließt man sich zu einer - erfolglosen - Operation, wie man sie bei "so genannten Haasenscharten" vornimmt:

"Wir nahmen die linke Seite zuerst unter die Hand, welches aber unserm Wilden sehr grosse Schmerzen verursachte; doch wurde er, nachdem wir solche mit Nadeln wohl zusammengeheftet, glücklich curiret, wiewol eine zimliche Narbe zurük geblieben. Als wir acht Tage darauf die rechte Seite angegriffen: so fanden wir eine grosse Hindernis vor uns. Denn weil bey der erstern Operation der Patiente allzuviel Blut verlohren, und die Nadeln nicht im Fleisch halten wollten, so konnte keine Conglutination oder Zusammenhaltung zu Stande kommen, und wir musten wol 14 Tage anhalten, um ihm Zeit zu lassen, sich von seinem Schreken zu erhohlen, und Kräfte zu sammlen, da wir uns vorher allzuviel auf seine gute und starke Natur verlassen."

Knapp dem exitus in tabula entronnen, bleibt vom menschlichen Antlitz des Wilden wenig übrig, sieht er doch, wie Milsintown eingesteht, "jezo noch scheußlicher aus, als vorhin"[127].
Gerührt über das eigene Sentiment und ausgestattet mit einem ungebrochen-guten Gewissen, genügt es den Ärzten nicht, nur auf das künftige Glück des Jungen bedacht zu sein, sondern er gerät ihnen zum exemplum demonstrandi:

"Bey unserm Aufenthalt zu Dublin konnte es nicht verborgen bleiben, was wir für eine Seltenheit mit uns gebracht hätten. Wir hatten Besuche von den vornehmsten Leuten

in der Stadt, die unsern Wilden sehen wollten (...). Man wandte sich von Londen, Bristol, Plymouth und besonders von den Französischen Küsten her in Schreiben an uns (...) und so viele Geschäfte bekamen wir im Monat November, mit Observationen, Erläuterungen, historischen Berichten, Remarquen, die Journale zu bereichern und Auswärtigen zu dienen. Es gehöret hieher nicht, daß ich noch diß als eine Ursache, warum so viele Standespersonen aus Engeland nach Irrland kamen, und ihn besehen wollten, anführe, daß das Mitleiden, einen Menschen ohne Menschlichkeit anzutreffen, und anzumerken, wie weit der Fleiß in seiner Zurechtbringung gehen könne, die mehresten herbeygezogen." Sehr "vornehme Englische Herren liessen ihre Großmuth in die Wette spühren, da bald dieser, bald jener die reichlichsten Ausgaben zur Erziehung dieses Knaben herbeyzuschaffen sich erbot, und auf dessen künftiges Glück bedacht zu seyn versprochen hatte. Unsere Absicht gieng höher mit unserm Wilden. Es war ein edelmüthiger Trieb in uns, der Welt einsmals, wenn wir ihn in die Höhe gebracht, und zu einem Christen gemacht hätten, (...) eine Anleitung zu geben, wie mit einem weit leichtern Vortheil und mit besserm Gewinn auch unter den Wilden die christliche Lehre eingeführet, und in den Colonien ein brauchbarer und nüzlicher Saame guter Unterthanen und gesitteter Menschen angeleget werden könnte. Unsere Absicht war, ihn einstens (...) dem großmüthigen König, Georg II. (...) aus Dankbarkeit als ein Geschenke zu überlassen."[128]

So "verdrießlich" es die beiden auch ankommt, daß sie von ihrer "Mühe keine Früchte sehen" sollen, als sie erkennen, daß des Knaben "Ziel" bestimmt ist[129], gelingt es ihnen doch noch zur rechten Zeit, den Wilden in die Christengemeinschaft aufzunehmen und zu taufen:

"Wir sahen, daß er es nicht lange mehr aushalten würde. Was war nöthiger, als daß wir ihm die höchste Wohlthat, die zu dem Himmel das Recht gibt, und auf der Welt den höchsten Vorzug unter allen Völkern ertheilet, die heilige Taufe beybringen liessen. Wir sahen ihn als ein neugebornes Kind an, welches vor allen dieses grossen Schatzes gewürdigt wird, und den 15 April war es, da wir ihn unter dem Namen Eduard unter die Zahl der Christen sezten."[130]

Nicht nur im übertragenen, sondern auch im wörtlichen Sinne versucht man, Eduards Wesen noch über seinen Tod hinaus auf den Grund zu gehen, indem man "nach der Eröffnung des Leichnams genaue observationes eingenommen", und nur, weil es "eigentlich nicht zur Historie dieses wilden Knaben gehört"[131], wird der Leser mit Details verschont. Bleibt der Trost für alle näher Interessierten: "Sein Cadaver stehet nun auf dem grossen Saal der anatomischen Akademie zu Edinburg, und erhält noch sein Angedenken."[132]

Der Fall Eduards ist sicher ein besonders krasses Beispiel, doch werden die Geschichten nahezu aller wilder Kinder - über das Maß hinaus, das die Grenzen damaliger Erfahrungswissenschaft stellte - von oft fragwürdigen Versuchen und medizinischen Behandlungsmethoden begleitet, die die resignativen Töne einiger Berichterstatter erklären, wonach es für die Findlinge besser gewesen, sie wären nie gefunden worden. Doch es sind nicht allein die abschreckende körperliche

Erscheinung und die peinvollen und meist vergeblichen Versuche, die wilden Kinder an die einfachsten alltäglichen Verrichtungen zu gewöhnen, die sie den Betrachtern oft unheimlich machen; eine grundsätzlichere Fremdheit geht von ihnen aus:

> *"Wir blicken sie an, aber unser Blick übt keine Wirkung auf sie aus. Wir sprechen zu ihnen; sie hören den Schall unserer Worte, aber sie vernehmen nicht den Sinn (...). Je mehr wir uns mit ihnen beschäftigen, eine um so größere Unruhe bemächtigt sich unser und endlich fühlen wir, daß uns vor ihnen Entsetzen ergreift und die Haare zu Berge steigen bei der Wahrnehmung, sie seien stumm und vernunftlos."*[133]

Der oft geäußerte Abscheu vor den homines feri und die anfänglich in der Aufklärung geäußerte Frage, ob es sich bei den Verwilderten überhaupt um Menschen handle, verdecken nur den eigentlich beunruhigenden Tatbestand, wonach die feral children ad oculus führen, wie weit sich die Grenzen menschlicher Existenz erstrecken. Sie bleiben gegenüber der Frage, woher sie kommen, stumm und wenden sie so zurück auf die Fragenden, und gestisch-stumm reagieren sie auf ihr Leiden an der für sie neuen Menschenwelt. Durchgängig beschwören die Quellen die Dunkelheit, die über ihrem früheren Schicksal liegt und die sich noch weiter verdichtet durch jene Minimierung der den Findlingen überhaupt möglichen Weltbezüge. Mit der Einschränkung verbunden ist aber zugleich auch die eigentümliche Ahnung einer möglichen Intensität, die man unter dem Bild eines mit negativen Vorzeichen versehenen Goldenen Zeitalters zu fassen versuchen kann. Hierin ist jene oft registrierte seltsame epochenübergreifende Anziehungskraft der naturgeschichtlichen und der literarischen Findlingsgeschichten begründet. Während die weit überwiegende Zahl der literarischen Gestaltungen des Falles Kaspar Hausers, in der sich diese Tendenz brennpunktartig sammelt, jene Minimierung durch Gestaltung des rührend-anteilnehmenden, oder eines gleichsam ins Existentielle ausgeweiteten detektivischen Interesses am Schicksal und der Herkunft des Protagonisten extensiviert, bleibt es nicht zufällig den Epochen des Biedermeier und des Fin de siècle vorbehalten, das Thema gerade auf dem Boden jener - auch grundsätzliche poetologische Tatbestände spiegelnden - Spannung zwischen An- und Abwesenheit von Welt zu gestalten.

d) Jeune infortuné: Victor von Aveyron (1799)

Auch für Victor ist die menschliche Welt, in die er 1799 aus dem Gebirge des französischen Departements Aveyron tritt, mehr als nur fremd; den Beobachtungen des Arztes und Naturforschers J. J. Virey zufolge, die er in seiner 1800 verfaßten Dissertation - "sur un jeune Enfant trouvé dans les forêts du département de l'Aveyron, comparé aux sauvages trouvés en Europe à diverses époques, avec des rermarques sur l'état primitif de l'Homme" - zusammenfaßt, ist der Junge auf kaum zu überbietende Weise inmitten des aufgeregten Treibens von Paris allein; auch ihm hätte Verlaine, wie später Gaspard Hauser, die Frage "Qu'est-ce que je fais en ce monde?" in den Mund legen können:

"Il ne pense, ou pour mieux dire, il ne sent que lui seul; il est l'unité indivisible, l'égoïsme pur; il ne s'attache à personne, à nul être au monde (...). Un roi devant lui ne seroit pas différent à ses yeux du dernier des mortels; comme un nouveaux Diogène, il diroit à un moderne Alexandre de s'ôter de devant son soleil, s'il pouvoit ou même s'il daignoit lui parler (...). Il ne voit que le physique; il est le moi unique dans la Nature; et entouré de tout Paris, il est séparé de la société par mille obstacles étrangers."[134]

Das Leiden *in der Welt*, wie es an Eduards Schicksal deutlich wurde, steht bei Victor von Aveyron an der prospektiven Wende, sich zum Leiden *an der Welt* zu entwickeln. Vireys Dissertation schließt mit einer ausgedehnten Partie, die das künftige Los des Findlings mit aufwendiger Empfindsamkeit ausmalt:

"Va, jeune infortuné, sur cette terre malheureuse, va perdre dans les liens civils ta primitive et simple rudesse. Tu vivois au sein des antiques forêts; tu trouvois ton existence au pied des chênes et des hétres; tu te désaltérois dans le crystal des fontaines (...). Maintenant tu n'as plus rien que par la bienfaisance de l'homme; tu es à sa merci, sans propriété, sans pussance, et tu passes de la liberté à la dépendance (...). Lorsque l'amour enfin t'ouvrira les portes d'une nouvelle existence, ô combien de sensations neuves et délicieuses, de passions inconnues remueront ton sensible coeur! ah, puisse-tu vivre heureux au milieu de tes compatriotes! puisse-tu, homme simple, déployer les sublimes vertus des ames généreuses, et transmettre aux générations à venir cet exemple honorable, comme une preuve éternelle de ce que pouvoit un élève de l'innocente Nature."[135]

Die Geschichte des Jungen von Aveyron weckt zunächst ein Interesse von behördlich-offizieller, wissenschaftlicher und gesellschaftlicher Seite, das in seiner Intensität später nur noch vom Kaspar-Hauser-Fall wiedererreicht und übertroffen wird und dazu führt, daß die Geschichten dieser beiden Findlinge bis heute im populären und wissenschaftlichen Gespräch über die wilden Kinder am häufigsten zitiert und zur literarischen Verabeitung herangezogen werden. Ähnlich wie später bei Kaspar Hauser, ist man von offizieller Seite bemüht, ein möglichst genaues Bild vom frühesten beobachteten Zustand des Jungen aktenkundig zu machen; man spekuliert über die Vorgeschichte des Falles und stellt aufgrund einer Narbe am Hals Victors die Frage, ob "den Jungen eine barbarische Hand, nachdem sie ihn in die Wildnis geführt, mit einer todbringenden Klinge" schlug, "um ihn um so sicherer dem vollkommenen Verderben auszuliefern."[136] Noch bevor der Junge 1800 in die Obhut Jean Itards, eines jungen Anstaltsarztes der Pariser Gehörlosenschule kommt, haben sich mit ihm die bedeutendsten Autoritäten Frankreichs auf den Gebieten der Geisteskrankheiten, der Taubstummenerziehung und der Naturkunde befaßt und umfangreiche Berichte vorgelegt, die zu dem Schluß kommen, man habe es bei Victor mit einem jener Kinder in den Asylen zu tun, die an Idiotie oder Wahnsinn leiden. Besonders aufgrund der geringen Lernerfolge Victors nimmt das Interesse von wissenschaftlicher Seite bald ab, und auch die Öffentlichkeit - die sich zunächst ausgemalt hatte, wie wohl Victors "Erstaunen beim Anblick all der schönen Dinge in der Hauptstadt wäre" und sich schon bald "die pikantesten Auskünfte" über des Findlings Vorleben erhoffte[137] - wendet sich bald wieder anderen Neuigkeiten zu:

> *"Bürger", so klagt ein Leserbriefschreiber der "Décade philosophique" 1801: "(...) dieser unglückliche Junge von Aveyron, der im letzten Jahr solch lebhafte Neugier erweckte, ist jetzt völlig vergessen. Ihm war das Los beschieden, das alles trifft, was eine Sache der Mode ist (...). Dieses strenge Urteil [er sei schwachsinnig], das ihm für immer die große Gabe unserer Gattung absprach, wurde vor allem durch das Bedürfnis gewisser Intellektueller diktiert, eine ich weiß nicht wie geartete Form des natürlichen Menschen, der isoliert inmitten der Wälder lebt, als das wahre Urbild unseres Schicksals und den vollkommensten Ausdruck unseres menschlichen Wesens anzunehmen (...)."*[138]

Trotz der Meinung seiner wissenschaftlichen Kollegen, Victor sei nicht soziabel, weil schwachsinnig, widmet sich Itard von 1800 bis 1806 intensiv der Erziehung des Jungen und berichtet über deren Erfolge und Mißerfolge in zwei ausführlichen Gutachten. Daß für Itard neben dem praktischen, einen Sprachlosen zu unterrichten, auch ein theoretisches Interesse bei dem Erziehungsprojekt besteht, wird deutlich, wenn er am Beginn seines ersten Berichts auf die Unverzichtbarkeit des zivilisatorischen Moments der Gesellschaft bei der Menschwerdung hinweist, was zwar zweifelsfrei, jedoch noch nicht eindeutig nachgewiesen sei. Der Versuch, die Züge des "reinen Naturzustandes" in den wilden "Völkerschaften" finden zu wollen, sei gescheitert:

> *"Man mußte also anderweitig nach dem Typ des wirklich wilden Menschen suchen (...) und ihn den besonderen Geschichten der wenigen Individuen entnehmen, die im Laufe des 17. Jahrhunderts zu verschiedenen Zeitpunkten aufgefunden wurden, jener Kinder, die gänzlich isoliert in Wäldern gelebt hatten (...). Doch in jenen vergangenen Zeiten war der Weg des wissenschaftlichen Studiums, das ganz von der Sucht des Erklärens, der Ungewißheit der Hypothesen und der ausschließlichen Arbeit in der Studierstube besessen war, so mangelhaft, daß die Beobachtung für nichts geachtet wurde und jene unschätzbaren Tatsachen für die Naturgeschichte des Menschen verlorengingen. Was uns die damaligen Autoren hinterlassen haben, beschränkt sich auf wenige unbedeutende Einzelheiten, deren auffälligstes und allgemeinstes Ergebnis lautet, daß diese Individuen keiner ausgeprägten Vervollkomm-*

nung fähig waren; wohl deshalb, weil man, ohne Rücksicht auf ihre so anders geartete Herkunft, das gewöhnliche Unterrichtssystem auf sie hatte anwenden wollen."[139]

Itard wird sich im folgenden um ein besseres Erziehungssystem wie um ein wissenschaftlicheres Vorgehen bemühen, und so sind seine Berichte über die Erziehung Victors von einem Geist bestimmt, der jeder mythologisierenden Betrachtung fern ist und auf szientifischer Distanz bleibt, verbunden mit einer skrupulösen Rechenschaftslegung über das eigene Tun, das trotz aller kritisierbaren Praktiken von einem ausgesprochen humanen erzieherischen Grundverständnis getragen wird. In seiner wissenschaftlichen Ausbildung und seiner beruflichen Praxis der Taubstummenerziehung von der französischen Aufklärung geprägt, greift Itard in der Erziehung Victors besonders auf die Erklärungen Condillacs zurück: Wie der Philosoph, der den Ursprung der menschlichen Erkenntnis in der Sinneswahrnehmung sucht, zur Illustration seiner Thesen sich des Konstrukts jener Statue bedient, der nach und nach die einzelnen Sinnesfunktionen verliehen werden, bemüht sich Itard in langwierigen und mühsamen Versuchen, die Wahrnehmungsfähigkeit Victors gezielt auszubilden, um ihn dann erst zur Sprache zu führen. Condillacs Statue ist ein methodisches Hilfskonstrukt bei der Suche nach den Erkenntnisursprüngen, und wenn der Philosoph im gleichen Zusammenhang seine Thesen auch durch den Fall des wilden litauischen Jungen zu belegen sucht, so finden wir uns im problematischen Grenzgebiet wieder, in dem Historie und wissenschaftliche Fiktion sich treffen. Nicht allein von der Absicht getragen, den Leser von der sinnlichen Wahrnehmung als dem Ursprung der menschlichen Erkenntnis zu überzeugen, führt uns Condillac, ähnlich wie auch Diderot in "Lettre sur les aveugles à l'usage de ceux qui voient" zugleich die Faszination buchstäblich vor Augen, die von der Vorstellung ausgeht, erstmals zu sehen. Wenn die Statue in Condillacs "Traité des sensations" (1754) die Augen aufschlägt, so öffnet sich auch das landschaftliche Auge der Epoche der Empfindsamkeit, das nach Ursprünglichkeit sich sehnt[140]:

"Ich öffne die Augen dem Licht und sehe zunächst nur leuchtenden und bunten Nebel. Ich taste, schreite vor, taste abermals. Ein Chaos entwirrt sich unmerklich meinen Blicken (...). Dann schweifen sie anscheinend mit Lust durch unermeßliche Räume, befassen sich mit Dingen, die für den Tastsinn unerreichbar sind, messen sie und scheinen, indem sie dieselben mit erstaunlicher Geschwindigkeit überblicken, der ganzen Natur nach meinem Belieben das Dasein zu nehmen oder zu geben. Durch die bloße Bewegung meines Augenlides schaffe oder vernichte ich alles, was mich umgibt (...). Es scheint mir, daß ich mir bei jedem Gegenstand, den ich untersuche, eine neue Sehweise aneigne und mir ein neues Lustgefühl verschaffe (...). Dort ist es eine abwechslungsreiche und enger begrenzte Gegend (...). Grüne Wiesen, Blumenbüschel, Waldesdickicht, wohin kaum die Sonne dringt, Gewässer, die sanft dahinfließen oder sich tosend in die Tiefe stürzen, verschönern diese Landschaft (...). Bei diesem Anblick stehe ich unbeweglich, alles fordert meine Blicke zum Betrachten auf.

Kaum wende ich sie ab, so weiß ich nicht, ob ich sie auf die soeben entdeckten Gegenstände richten oder sie auf die zurücklenken soll, die ich gerade aus den Augen verlor. Unruhig lasse ich sie von diesen zu jenen wandern, und je besser ich alle Empfindungen herausfinde, die ich genieße, desto empfindsamer bin ich für die Freude am Sehen." So verteilt der Gesichtssinn "die Schätze in der Natur, schmückt freigiebig die Orte mit ihnen, die sein Führer ihm entdeckte und macht aus Himmel und Erde ein Zauberbild, das seine Pracht nur dadurch erhält, weil er seine eigenen Empfindungen darauf ausbreitet."[141]

Der in der Mitte des 18. Jahrhunderts einsetzende Prozeß der wissenschaftlich-technischen Objektivierung der Natur, dem gleichzeitig die ästhetische Vergegenwärtigung der Natur als Landschaft korrespondiert, hat sich fortgesetzt, als Itard am Anfang des 19. Jahrhunderts von der Freiheits- und Natursehnsucht Victors berichtet. Bereits hier zeigen sich auch erstmals die Schatten über der Landschaft, die sich bilden werden, wenn sich die biedermeierliche Welt Kaspar Hausers bewußt wird, an der endgültigen Scheidelinie zwischen wissenschaftlich-technischer und subjektiv-ästhetischer Naturbetrachtung zu stehen. Deutlich fallen die Passagen über die ekstatische Natursehnsucht Victors in dem im ganzen eher nüchternen Bericht Itards auf. Die Ursprünglichkeit, der man in der Natur, speziell aber in der Landschaft wie auch in den wilden Kindern zu begegnen hofft, verkörpert sich buchstäblich in Victor, der sich in die Natur zu stürzen sucht, um mit ihr eins zu werden:

"Wenn man diesen Knaben beispielsweise in seinem Zimmer beobachtete, konnte man sehen, wie er sich mit ermüdender Monotonie hin und her wiegte, immerfort seine Augen zum Fenster wandte und traurig in die Ferne schweifen ließ. Aber wenn dann ein Gewitterwind zu brausen begann, wenn sich die hinter Wolken versteckte Sonne mit einem Male zeigte und alles hell aufleuchten ließ, dann brach er in lärmendes Lachen aus, eine fast konvulsivische Freude, in der all sein Vor- und Rückwärtsschaukeln ganz so aussah, als wolle er damit einen Anlauf nehmen, um durch das Fenster zu springen und sich in den Garten zu stürzen (...). Eines Morgens, als es heftig schneite und er noch im Bett lag, stieß er beim Erwachen einen Freudenschrei aus, stürzte aus dem Bett und zum Fenster, dann zur Tür, rannte ungeduldig von einem zum anderen und entwischte halb angekleidet in den Garten. Dort machte er seiner Freude mit den durchdringendsten Schreien Luft, sprang umher, wälzte sich im Schnee, den er mit beiden Händen packte und mit unvorstellbarer Gier in seinen Mund stopfte."[142]

Von einer Fahrt zum "Landhaus des Bürgers Lachabeaussière" berichtet Itard:

"Es war ein seltenes und, ich gestehe es, äußerst ergreifendes Schauspiel, zu sehen, wie seine Augen beim Anblick der Hügel und Wälder dieses lächelnden Tals aufleuchteten: es schien, als würden die Wagenfenster der Gier seiner Blicke nicht genügen. Bald beugte er sich aus dem einen, bald aus dem anderen, und zeigte die größte Ungeduld, wenn die Pferde langsamer gingen oder gar anhielten. Zwei Tage verbrachte er in diesem Landhaus; und die Wälder und Hügel jener Umgebung, an

denen er sich nicht sattsehen konnte, beeindruckten ihn so tief, daß er unbändiger und wilder denn je erschien und sogar hier, in einer Umgebung zuvorkommendster Aufmerksamkeit und fürsorglichster Liebe, einzig von dem Wunsch beseelt war, die Flucht zu ergreifen. Völlig von diesem Gedanken beherrscht, der alle Kräfte seines Geistes und sogar das Gefühl für seine Bedürfnisse verzehrte, fand er kaum die Zeit zu essen: jeden Augenblick stand er vom Tisch auf, lief zum Fenster, um in den Park zu entwischen, wenn es offen war; oder andernfalls wenigstens durch die Scheiben all jene Dinge zu betrachten, zu denen ihn seine noch wachen Gewohnheiten und vielleicht sogar die Erinnerung an ein unabhängiges, glückliches und vermißtes Leben unwiderstehlich hinzogen."[143]

Ähnlich wie der wilde Junge von Kronstadt von "Sehnsucht nach seinem vorigen Aufenthalte"[144] erfüllt, nutzt Victor jede Gelegenheit, um auszubrechen; wenn der Junge, dem die Gelehrten soviel Aufmerksamkeit schenkten, bei einem seiner Fluchtversuche von der Gendarmerie aufgegriffen und vierzehn Tage als vermutlicher Landstreicher gefangengehalten wird, führt dieser Zwischenfall das Nebeneinander von Banalität und Bedeutung vor Augen, jene Deutungsdichotomie bezüglich der wilden Kinder, die von den frühesten Berichten aus der römischen Antike bis zur Auseinandersetzung um die Wolfskinder von Midnapore im 20. Jahrhundert reicht und zwischen den Polen der hohen Spekulation einerseits und der Reduktion auf die anfechtbaren nackten Tatsachen andererseits sich bewegt. Sicher lassen sich auch jene stummen Szenen im Bericht Itards, wie wir ihnen bereits bei Eduard begegneten, als die poetischen Ausflüsse eines ansonsten nüchternen Geistes banalisieren; zugleich aber *bedeuten* sie auch etwas, das über den Kontext hinausgeht und in jenem Rahmen steht, in dem Goethe davon spricht, daß das Bedeutende das Gewichtige, Werthafte, Charakteristische, Geisterhebende und Erhabene in sich fasse, so daß die Frage erlaubt sei, ob hier nicht nur Wirklichkeit literarisiert, sondern gar die Gleichung von Literatur und Leben markiert wird:

"Doch nicht immer äußerten sich seine Empfindungen beim Anblick solch großartiger Naturereignisse auf so lebhafte und lärmende Weise. Es ist bemerkenswert, daß sie in manchen Augenblicken den stillen Ausdruck des Bedauerns und der Wehmut anzunehmen schienen: eine recht gewagte und den Ansichten der Metaphysiker ganz entgegenstehende Vermutung, derer man sich jedoch nicht erwehren konnte, wenn man diesen unseligen Knaben sorgsam und bei mancherlei Gelegenheiten beobachtete (...). Er machte einige Rundgänge und setzte sich schließlich auf den Rand des Brunnens. Oft bin ich stehengeblieben und habe ihn lange Stunden mit unsagbarer Freude in solchen Situationen beobachtet und gesehen, wie all jene krampfhaften Zuckungen und jenes ständige Wiegen seines Körpers allmählich nachließen und einem ruhigeren Verhalten wichen; und wie unmerklich sein ausdrucksloses oder grimassierendes Gesicht einen tiefen Zug von Trauer oder melancholischer Verträumtheit annahm, sobald seine Augen sich auf die Oberfläche des Wassers hefteten, in das er von Zeit zu Zeit einige dürre Blätter warf. Wenn nachts bei klarem Mondschein die Strahlen dieses Himmelskörpers in sein Zimmer drangen, wachte er meistens auf und

stellte sich ans Fenster. Und dort verharrte er, wie seine Erzieherin berichtete, einen Teil der Nacht reglos, mit angespanntem Nacken, die Augen auf die mondbeschienene Landschaft geheftet, in einer Art kontemplativer Ekstase, deren Stille und Reglosigkeit nur hin und wieder von einem tiefen Atemzug unterbrochen wurde, den stets ein leiser Klagelaut begleitete."[145]

Eine andere der stummen Szenen schildert Itard so:

"Wenn ich zum Beispiel bei hereinbrechender Nacht in sein Zimmer komme, nachdem er gerade zu Bett gegangen ist, ist seine erste Regung, daß er sich aufrichtet, damit ich ihn umarme, mich sodann am Arm faßt und zu sich zieht, damit ich mich auf sein Bett setze. Meist nimmt er dann meine Hand, legt sie sich auf die Augen, die Stirn, den Hinterkopf und hält sie mit der seinen eine lange Weile dort fest. Andere Male steht er laut lachend auf und setzt sich mir gegenüber, um mir die Knie auf seine Weise zu liebkosen: er befühlt sie, massiert sie mehrere Minuten lang kräftig in alle Richtungen und preßt dann mitunter zwei oder dreimal seine Lippen darauf. Man mag darüber sagen was man will, aber ich gestehe, daß ich mir all diese Kindereien ohne weiteres gefallen lasse."[146]

Besonders der zweite Bericht Itards von 1806 zeugt schließlich auch vom Scheitern einer Hominisation. Die Resignation der Beobachter und Erzieher der wilden Kinder angesichts der Fruchtlosigkeit aller Bemühungen korrespondiert der Melancholie und dem Leiden der wilden Kinder. Wolfgang Brezinka konstatiert, daß das Ganze eine einzige Geschichte verpaßter Gelegenheiten sei und "alle konkreten Fragen, die uns eigentlich interessieren, unbeantwortet"[147] bleiben. Ihre Erziehungsberichte, so Adolf Portmann, geraten zu Geschichten des "eigenen Mißerfolgs"[148]:

"Ich bewaffnete mich mit einem der Trommelstöcke, die wir bei unseren Übungen verwendeten, und schlug ihm damit jedesmal leicht auf die Finger, wenn er sich irrte. Er hielt diese Strafe für einen Scherz, und seine Freude wurde noch lärmender. Ich glaubte, um ihn eines Besseren zu belehren, die Strafe etwas fühlbarer machen zu müssen. Er verstand mich, und ich sah mit einer Mischung aus Schmerz und Freude in der verdüsterten Miene dieses jungen Menschen, wie sehr das Gefühl der Beleidigung den Schmerz des Schlages überwog. Tränen rollten hinter seiner Binde hervor, und ich nahm sie eilig ab; doch ob aus Verwirrung oder aus Furcht oder gar aus einer tiefen Beunruhigung der inneren Sinne - er hielt, auch nachdem er von der Augenbinde befreit war, hartnäckig die Augen geschlossen. Ich kann den schmerzhaften Ausdruck gar nicht schildern, den sein Gesicht annahm, wenn unter seinen geschlossenen Augenlidern von Zeit zu Zeit einige Tränen quollen. Ach, wie oft war ich in solchen wie in vielen anderen Momenten bereit, der Aufgabe zu entsagen, die ich mir gestellt hatte (...), und wie sehr bedauerte ich dann, dieses Kind kennengelernt zu haben, und verdammte zutiefst die fruchtlose und unmenschliche Neugier der Menschen, die ihn als erste einem unschuldigen und glücklichen Leben entrissen hatten!"[149]

Als der Naturforscher Virey den Jungen viele Jahre später bei Madame Guérin besucht, in deren Obhut Victor nach dem Ende des Erziehungsprojekts bis zu seinem Tode 1828 verbleibt, findet er ihn ängstlich und halb wild vor.

4. Von der Historie zur Literatur

Das Schicksal Victors ist uns in zahlreichen Quellen überliefert; daneben widmeten sich auch die Literatur und der Film (François Truffaut in seinem Film "Der Wolfsjunge", 1970) dem Thema[150], so, wie es auch im Falle zahlreicher anderer historischer Stoffe geschah und geschieht. Doch scheint die Sachlage bei den wilden Kindern (besonders augenfällig aber bei Kaspar Hauser) noch eine andere zu sein, indem hier die literarisch-poetische und die historisch-wissenschaftliche Beschäftigung mit dem Phänomen oftmals nebeneinandertreten, ja z. T. ineinander übergehen. Ihre Geschichten, so könnte man diese Erscheinung deuten, führen ein Schwellendasein, und dieser ambige Charakter ist es wohl, der sie der Nachwelt so reizvoll erscheinen läßt: Ihre mythologischen Vorläufer immer im Schleppnetz, stellt man die Findlingsgeschichten im 18. Jahrhundert unters helle Licht der Aufklärung und versichert sich ihrer als faktischer Fälle, um sie sodann in den literarischen Ausgestaltungen ins Reich des *bloß Erdichteten* zurücktauchen zu sehen, ohne daß sie dabei jemals ihre historisch-faktischen Konnotate verlieren.
So ist es kein Zufall, daß der Schrift von Heinrich Koenig, die wir kurz kennenlernten, im Anhang ein Gedicht beigegeben ist, ein "Carmen Alcaicum", dessen Verfasser das Schicksal Joseph Ursinus', des litauischen Bärenjungen von 1661, besingt: "De Homine Inter Ursos Anno MDCLXI in Luthuano-Grodnensibus Sylvis reperto, Ad Dn. Petrum Adamum Opalinsky, Succamerarium Posnaniesem, Gubernatorem Sremensem, Sacrae Reg. Mai. Colonellum & Carmen Alcaicum, Auctore Ioanne Redwiz, Lesnae, Anno MDCLXXIV". Der achtseitige Gesang, der ausgiebig aus dem historischen und mythologischen Arsenal schöpft, endet mit den Versen:

"Non quod Josephum nutrierint, nisi
Et ursa mater, tum Lycaonius
Ursus pater: Ductas & eius
Viderat ille notas per ora,
Rebatur, ursa progenitum truci,
Ut Africanus Scipio (credere
Si Livio fas est, ut eius
Hancce fidem monumenta praebent)
Exanguis ut sit concubitu satus
Nidorque lactis non alius, nisi

Ursinus ex illo fluebat,
Ergo sui similem putabat
Ursus Josephum, tumque parem sibi
Existimabat, rite pepercerat
Atrox ut urso sic putato,
Ast alios homines vorabat.
Crudele dictu, quodque silentio
Duco tegendum, terribilem quia
Immanitatem mens abhorret
Hancce modo calamo referre.
Josephe de te, deque cubilibus
Tuisque cunis, atque parentibus:
Successibus, gestique primae
Sufficiat cecinisse vitae.
Illustre nec non Magnificum Decus,
Posnaniensis Succamerarius
Summusque Maecenas, Supremus
Atque meus benefactor ille
Efflagitavit, quod popularibus
Nunc his Josephum te pedibus meis
Thalia, binis Christianum
Concelebraverit, ambulantem."[151].

Über Peter von Hameln haben wir im vorangegangenen Kapitel einiges gehört; in den Quellen über ihn tönte schon die Kritik der gesellschaftlichen Konvention und der Sensationslust des Publikums durch. So lag es nicht fern, daß auch die satirische Literatur der Zeit die Geschichte aufgreifen würde: Peter the wild boy befindet sich in England einige Zeit in der Obhut von Dr. John Arbuthnot (1667-1735), Arzt der Queen Anne und eng befreundet mit Swift, Pope und anderen Literaten seiner Zeit. In den "Miscellanies in Prose" Jonathan Swifts findet sich eine satirische Abhandlung über Peter, erschienen 1727, als deren Verfasser Arbuthnot (als Mitarbeiter Swifts) gelten muß: "It cannot rain but it pours, Or London strowed with Rarities. Being An Account of the arrival of a White Bear, at the house of Mr. Ratcliff (...) And Lastley, Of the wonderful Wild Man that was nursed in the woods of Germany by a wild beast, hunted and taken in toyls; how he behaveth himself like a dumb creature, and is a Christian like one of us, being called Peter; and how he was brought to court all in green, to the great asthonishment of the quality and gentry, 1726"[152]. Der Vefasser glossiert die verschiedenen Topoi, die uns in den Quellenberichten zu Peter begegneten; so greift Arbuthnot bereits eingangs die mythologischen Assoziationen auf und merkt zur Popularität des wilden Jungen ironisch an, daß sie zu Recht mit der von Romulus und Remus in der Antike verglichen werde. In der Kritik am enthusiasmierten Interesse der Gesellschaft ist dann besonders jene Passage erwähnenwert, in der der Autor die in vielen Findlingsquellen latente erotische Komponente aufs Korn nimmt. Der erotischen Anziehungskraft, die von einem quasi jungfräulichen Jüngling auszugehen scheint, begegnen wir später, wie so vielen anderen Findlingstopoi auch, in Kaspar Hausers Geschichte und ihren Geschichten wieder:

> *"(...) his age is only to be guessed at by his stature and countenance, and appeareth to be about twelve or thirteen. His being so young was the occasion of the great disappointment of the ladies, who came to the drawing-room in full expectation of some attempt upon their chastity: so far is true, that he endeavoured to kiss the young lady Walpole, who for that reason is become the envy of the circle; this being a declaration of nature in favour of her superior beauty."*[153]

Nur weniger akzentuierender Striche Arbuthnots bedarf es, um das unpolizierte Betragen Peters bei Hofe, von dem die Zeitungen, wie wir sehen konnten, berichteten, in eine beißende Kritik am überfeinerten höfischen Zeremoniell auszugestalten, doch ähnlich bissig kommentiert der Verfasser auch jene, die in Peter die Inkarnation aller Natürlichkeit sehen möchten:

> *"He understands perfectly the language of all beasts and birds, and is not, like them, confined to that of one species. He can bring any beast what he calls for, and no doubt is much missed now in his native woods, where he used to do good offices among his fellow-citizens, and served as a mediator to reconcile their differences (...). I am told, that the new sect of herb-eaters intend to follow him into the fields, or to beg him for a clerk in their kitchen; and that there are many of them now thinking of turning their children into woods to graze with the cattle, in hopes to raise a healthy and moral race, refined from the corruptions of this luxurious world."*[154]

Nach Peter von Hameln sollte ein weiteres wildes Kind in die schöne Literatur eingehen. Marie Angelique Memmie, auch Mademoiselle Le Blanc genannt, die 1731 in der Nähe des Dorfes Sogny in der Champagne gefangen wird, erregt ähnlich wie Peter und Victor die europäische Öffentlichkeit. Bereits ein Jahr nach der summarischen Lebensbeschreibung in der "Histoire d'une Jeune Fille Sauvage, Trouveé dans les Bois à l'âge de dix ans" (1755) des Reisenden und Mathematikers Charles Marie de La Condamine erscheint in "Allgemeines Magazin der Natur, Kunst und Wissenschaften" (1756) die deutsche Übersetzung der Geschichte, die sich durch drei Umstände von den anderen Berichten über wilde Kinder abhebt[155]: Neben ihrem besonders martialischen Auftreten (man wollte beobachtet haben, wie sie kurz vor ihrer Gefangennahme eine Gefährtin im Streit erschlug) fällt die außergewöhnliche spätere Lernfähigkeit der Tochter der Wildnis auf, der (im Gegensatz zu allen anderen Verwilderten) die Gottesvorstellung nahegebracht werden kann und die nach einigen Jahren gar eine Nonne wird; schließlich fallen die besonders abenteuerlichen Vermutungen über ihre Herkunft ins Auge, die in der Annahme gipfeln, sie sei "von

dem Volke der Esquimaur, von den Wilden, die im Lande Labrador, gegen Norden von Canada, wohnen"[156], gekommen.
Louis Racine (1692-1763), Sohn und Biograph des französischen Dramatikers und Autor lyrischer Werke jansenistischer Grundhaltung, entwirft in seinem "Epitre II sur l'Homme" (1747) ein lyrisches Panorama der Menschheitsgeschichte, innerhalb dessen auch die Geschichte der Mademoiselle Le Blanc in einigen Versen vorgestellt wird:

"Autrefois dispersés, féroces et muets,
Les hommes, nous dit-on, errans dans les forêts,
Quoiqu'ils n'eussent encor que leurs ongles pour armes,
Les remplissoient de cris, de meurtres et d'alarmes;
Et ce qu'étoient alors nos sauvages aieux,
Une fille en nos jours la fait voir à nos yeux.
Ce n'étoient point des mots qu'articuloit sa bouche:
Il n'en sortoit qu'un son, cri perçant et farouche.
Des vivans animaux que déchiroit sa main,
Les morceaux palpitans assouvissoient sa faim.
Dès l'enfance elle erra de montagne en montagne,
Et souilla ses déserts du sang de sa compagne.
Pourquoi l'immola-t-elle à ses propres fureurs?
Quel intérêt si grand vint séparer deux coeurs
Qu'unissoient leurs forêts, leur âge et leurs misères?
Reconnoissons les moeurs de nos antiques pères."[157]

Wieder einmal begegnen wir jenem eigentümlichen Sachverhalt, daß nur das Zusammenspiel von poetisch-darstellendem und historisch-darlegendem Zugriff auf das Phänomen der Verwilderten die Autoren zu befriedigen vermag, wenn Louis Racine den Versen über die Wilde von Sogny später ein eigenes "Éclaircissement sur la Fille Sauvage dont il est parlé dans l'Épître II sur l'Homme"[158] folgen läßt, in dem er Ergebnisse seiner eigenen Befragung des Mädchens referiert.
Um die motivgeschichtlichen Vorprägungen der Kaspar-Hauser-Geschichte in der Weltliteratur zu untersuchen, wäre eine besondere und den hier gesteckten Rahmen weit überschreitende Betrachtung nötig. Wohl aber wollen wir an dieser Stelle en passant auf ein auffälliges Phänomen verweisen, das im zeitlichen Vorfeld der Geschichte des Findlings von Nürnberg steht. Am Ende des 18. und zu Beginn des 19. Jahrhunderts begegnen wir in der unterhaltenden Literatur einer ganzen Reihe von Dramen und Romanen, die das Findlingsthema gestalten: Johann Ernst Philippi: "Das Findelkind. Das ist: Eine aufgeräumte Widerlegung des Sendschreibens von fünf Schwestern aus der vertrauten Gesellschaft" (1733); Anonymus: "Der neue Fündling, oder wahrhaftige Begebenheiten eines glücklich gewordenen Holländers von ihm selbst beschrieben. Nebst einem Anhang einiger anderer Historien aus dem Französischen übersetzt" (1768); An-

onymus [Alois Friedrich Graf von Brühl]: "Das Findelkind. Ein Lustspiel in fünf Aufzügen" (1781); Anoynmus: "Der böse Findling, oder der Schauerthurm" (1790; ²1898); Anonymus [J. v. Walre]: "Das Findelkind. Schauspiel in drei Akten" (1800); Anonymus [A. B.n.m.l.r., d. i.: Bannmüller]: "Der Fündling. Ein Roman" (1801); Anonymus [Joseph A. Gleich]: "Die Findlinge. Familiengeschichte des Marquis von Barras aus den ersten Zeiten der Französ. Revolution" (1802); Anonymus [Friederike Unger]: "Melanie, das Findelkind" (1804); C. W. Contessa: "Der Fündling oder die moderne Kunstapotheose, Lustspiel in zwei Aufzügen" (1810); Choiseul-Meuse: "Der Findling. Ein Charaktergemählde aus dem Französischen der Frau von Choiseul-Meuse von Dr. Franz Rittler" (1820); Anonymus: "Der Findling von Granada, oder: Die Vorsehung wacht. Eine Erzählung aus den Zeiten der Mauren in Spanien" (1830; ²1846); Anonymus: "Der Findling oder: Die treuen Pflegeeltern" (1863).[159]
In den angeführten Produktionen sind die "Findlinge" keine "Verwilderten", sondern ausgesetzte Säuglinge. Zwar diskutiert man am Ausgang des 18. Jahrhunderts auch theoretisch über das Faktum der Kindesaussetzungen (so z. B. Pestalozzi in seinen volkserzieherischen Schriften), um aber als literarisches Motiv dienen zu können, muß in den Dramen und Romanen eine interessante Vor- und Hintergrundgeschichte hinzutreten. Bei den literarischen Findlingen geht es also weniger darum, *daß* ihr Ursprung unbekannt ist, als vielmehr darum, welche *Folgen* sich mit dieser unbekannten Herkunft verbinden, man fragt nach dem späteren Weg des Helden, nach Glück und Unglück. Da in die Handlungen aller genannten Werke die Einwirkung höherer Kreise hineinspielt (das Kind ist vornehmster oder zumindest besserer Abkunft), ist der spätere Aufstieg der Heldin oder des Helden aus bescheidenen Niederungen möglich und dem Leser ein Happy-End gewiß. Ganz ähnlich wird man sich auch in den populären Interpretationen des Kaspar-Hauser-Falles der Möglichkeit bedienen, das im Dunkeln liegende Vor- und Hintergrundgeschehen extensiv zu gestalten, doch sind die Populärautoren um die Möglichkeit eines erwartungsgemäß guten Ausgangs gebracht, stirbt Kaspar doch im Dezember 1833 an den Folgen des Attentats im Ansbacher Hofgarten.
Die meisten Dramen und Romane akzentuieren den sentimentalen, um nicht zu sagen, den kitschigen Aspekt des Themas. Neben diese gefühlvoll-anteilnehmende Linie, die meist mit sehr wechselvollen Lebenswegen der Findlinge bis zur Aufdeckung ihrer Herkunft verbunden ist, tritt die komödienhafte Gestaltung des Themas, die aus den mit der Entdeckung der wahren Identität verbundenen Irrtümern und Verwechslungen ihr Agens zieht. Aber betrachten wir jetzt kurz und exemplarisch das Schicksal von Melanie, dem Findelkind, in einem anonym veröffentlichten Roman von 1804, der sich besonders an die "jungen Damen"[160] wendet:
Am Hof der Prinzessin Aurore wird zum Weihnachtsfest ein Säugling gefunden,

dessen feine Windeln eine vornehme Abkunft vermuten lassen. In einem beigefügten Zettel heißt es, von "zarter weiblicher Hand geschrieben":

"Weder Bosheit noch Dürftigkeit reißt hier den zärtlich geliebten Sprößling vom welkenden Stamme. Umstände, wie sie selten nur zusammen sich fanden, drängen ein brechendes Herz. - Melanie wird, hat sie das Herz ihrer Urheber, der edlen Wohlthäterin Liebe um Liebe, Freude um Freude geben."[161]

Das Mädchen wächst mit den Kindern der Prinzessin als ihresgleichen auf und ist der Sonnenschein Aurorens. Als aber eine Bedienstete Melanie ihre wahre Herkunft entdeckt, verändert sich ihre Stellung am Hof, das Verhältnis zu ihrer Pflegemutter kühlt ab; zudem wird sie, als sie sechzehn Jahre alt ist, zum Objekt der Eifersucht Aurorens, was schließlich zu ihrer Entfernung vom Hof führt. Melanie - die ständig unter ihrer unbekannten Herkunft leidet, dabei aber nie die Hoffnung verliert, einstens in ihre vermutete rechtmäßige Position zu gelangen - stößt nach mehreren Stationen auf eine Schauspieltruppe. Sie reüssiert als Komödiantin und erfreut sich besonderer Gunst des Publikums, unter dem sich auch der Graf Wilhelm von Rebenthal befindet, der sich in sie verliebt. Die versprochene Heirat wird jedoch von der Mutter des Grafen unterbunden, so daß sich das Findelkind wieder einmal um seine Hoffnung auf Ansehen und Glück gebracht sieht. Nach weiteren Stationen, u.a. als Gesellschaftsdame und als Kopistin bei einer plagiatorischen Schriftstellerin, erreicht Melanie, die "traurige Romanheldin"[162], doch noch das Glück in Form eines Briefes der Prinzessin Ludomilla, einer Tochter Aurorens, in dem ihr mitgeteilt wird, sie sei die Frucht einer Verbindung zwischen der Gräfin Silberhain, einer Hofdame Aurorens, und dem Fürsten; und wie "das Unglück, so kommt auch selten das Glück allein"[163] - wie uns der Erzähler versichert -, und Melanie gelangt zudem durch die großmütige Schenkung einer ihrer früheren Schauspielkolleginnen in den Besitz eines beträchtlichen Lotteriegewinns. Aurore leistet ihrer Pflegetochter Abbitte, und Melanie kehrt rehabilitiert an den Hof zurück, wo die bisher strenge höfische Etikette einem Ton der geistvollen Konversation weicht, die keine Standesschranken mehr kennt. Und schließlich - denn ein "Roman ohne Liebe ist wie ein Gesicht ohne Nase"[164] - finden sich auch Melanie und der Graf Wilhelm von Rebenthal.

Werfen wir abschließend einen Blick zurück und schauen wir schon etwas voraus, so können wir folgendes festhalten:

Die Frage nach dem Ursprung wird in der Literatur seit den frühesten Überlieferungen gestellt. In spezieller Ausformung wird die Ursprungsfrage vor allem in den Heroenmythen lebendig, die den Findlingsgeschichten im engeren Sinne aufgrund der Vorgeschichte des Helden (die von seiner Aussetzung als Kind und seinem Heranwachsen unter wilden Tieren oder in der Fremde bei armen Leuten berichtet) sehr nahe kommen.

Früh schon setzt eine Diskussion über den Wahrheitsgehalt solcher Geschichten ein, und so wird die für die Ursprungssuche auch in der Folgezeit bestimmende Spannung zwischen Fiktionalität und Historizität bereits sichtbar.
In der Aufklärung wird die Suche nach den Ursprüngen zu einem zentralen Leitmotiv. Man unternimmt hypothetische, genauer: wissenschaftlich-fiktive Rekonstruktionsversuche, die sich auf vertrackte Weise mit empirischen Bestandsstücken verbinden, um den Anfängen und den Ursprüngen des staatlichen Zusammenlebens, der Erkenntnis und des Ordnungsgefüges im Naturreich auf den Grund zu gehen. Nur selten wird dabei bemerkt, daß man, wie Kant es formuliert, mit diesen fiktiven Vergegenwärtigungen eine "bloße Lustreise" unternimmt:

> *"Im Fortgange einer Geschichte Muthmaßungen einzustreuen, um Lücken in den Nachrichten auszufüllen, ist wohl erlaubt: weil das Vorhergehende als entfernte Ursache und das Nachfolgende als Wirkung eine ziemlich sichere Leitung zur Entdeckung der Mittelursachen abgeben kann, um den Übergang begreiflich zu machen. Allein eine Geschichte ganz und gar aus Muthmaßungen entstehen zu lassen, scheint nicht viel besser, als den Entwurf zu einem Roman zu machen. Auch würde sie nicht den Namen einer muthmaßlichen Geschichte, sondern einer bloßen Erdichtung führen können. - Gleichwohl kann das, was im Fortgange der Geschichte menschlicher Handlungen nicht gewagt werden darf, doch wohl über den ersten Anfang derselben, so fern ihn die Natur macht, durch Muthmaßung versucht werden. Denn dieser darf nicht erdichtet, sondern kann von der Erfahrung hergenommen werden, wenn man voraussetzt, daß diese im ersten Anfange nicht besser oder schlechter gewesen, als wir sie jetzt antreffen."*[165]

Man versucht, gedanklich zu den Anfängen zurückzuschreiten, wobei man sich teils wissenschaftlich-fiktiver Gedankenexperimente (wie Condillac seiner Statue), zum Teil aber auch faktischer Phänomene bedient. Als Paradigmen, anhand derer man die (aufgrund historisch verläßlicher Quellen nicht mehr faßbaren) allerersten Anfänge zu rekonstruieren und zu vergegenwärtigen sucht, dienen die sogenannten wilden Völker, die ältesten literarischen Überlieferungen der Völker, der Blick auf die Kindheit, rein fiktive Isolierungsvorstellungen sowie nicht zuletzt die verwildert aufgefundenen Kinder.
Wir konnten besonders die Verwirrungen um die Geschichten der homines feri verfolgen, die aus den Ähnlichkeiten zu mythologischen Findlingsfällen, aus der Legendengläubigkeit des Publikums, nicht zuletzt aber aus der Nähe zwischen wissenschaftlicher und ästhetischer Fiktion resultieren. In einer Zeit, in der sich die exakten Wissenschaften zunehmend quantifizierender Verfahren bedienen lernen, signalisieren die Geschichten um die wilden Kinder noch einmal die sich auflösende alte Einheit von Literatur und Naturgeschichte.
Für die angeführten Rekonstruktionsparadigmen ist es folgenreich, daß sie zugleich auch besonders häufig gestaltete Themenkomplexe derjenigen Literatur im Zeitraum zwischen 1750 und 1830 ausmachen, die von empfindsamen, natur-

verklärenden und sentimental-melancholischen Zügen bestimmt ist. Die Freude am Ursprünglichen, Originalen, Konventionsfernen und Naturnahen lagert, über den engeren literarischen Rahmen hinaus, auch auf den Paradigmen der wilden Völker, der Kindheit, der Verwilderten und dem Mythos vom "Goldenen Zeitalter". Neben das gleichsam archäologische Interesse, auch der ältesten Vergangenheit auf den Grund zu gehen, tritt die gegenwartskritische Sehnsucht nach allem Ursprünglichen und verbindet sich unlöslich mit der Ursprungsfrage.
Dennoch gesellen sich bei der Suche nach dem, was der Mensch sei, zur Freude am speziellen Paradigma der naturnahen wilden Kinder resignative, ja ängstliche Töne, da man in ihnen die Grenzlinien menschlicher Existenz verkörpert sieht, sie bewohnen gleichsam die Katakomben unter dem hellen Tempel der Aufklärung, in denen sich alles Abseitige und den Regelkanon der aufgeklärten Vernunft Verletzende versammelt sieht.[166]
Als 1828 der Findling Kaspar Hauser erscheint, verdichten sich in seiner Figur die unterschiedlichsten Tendenzen:
Das "Kind von Europa" erinnert die Zeitgenossen des Biedermeier an mythische und literarische Geschichten, und man zeigt sich begeistert über die dichterischen Ähnlichkeiten, die man in seiner Geschichte erkennen zu können glaubt. Gerade diese literarischen Präfigurationen aber wecken die größten Zweifel an der Authentizität der Kaspar-Hauser-Geschichte und rücken sie ins Grenzgebiet zwischen Wahrheit und Dichtung.
Zudem entzündet sich an Kaspar Hauser noch einmal die Frage nach dem "Naturstand"; so schließt Johann Friedrich Pierer 1829 den Artikel "Verwilderte Menschen" in "Anatomisch-physiologisches Realwörterbuch" mit der Bemerkung:

> *"Einigermaßen kann auch der in Nürnberg im Jahr 1828 vorgekommene Fall hierher gezogen werden, wo ein junger 16jähriger Mensch (Kaspar Hauser) daselbst eintraf, der von seiner Kindheit an von aller Menschengemeinschaft fern, ohne alle Weltkenntniß, doch nicht ohne alle Verstandesbildung, nur in einer verlängerten Kindheit erhalten worden war"*[167].

In Deutschland findet die Einheit von Literatur und Naturforschung einen längeranhaltenden Nachhall in den spätromantisch-naturspekulativen Tendenzen der Zeit, besonders der Naturphilosophie Schellings, die sich im Zwischenreich philosophischer Spekulation und naturwissenschaftlicher Forschung bewegt. Während seiner ersten Nürnberger Zeit in der Obhut Georg Friedrich Daumers, der mittel- und unmittelbar von Schelling und dessen Schülern (Gotthilf Heinrich Schubert, Justinus Kerner) geprägt ist, wird Kaspar Hauser zum lebenden Demonstrationsobjekt spekulativ-naturphilosophischer Überlegungen. Nicht zuletzt aufgrund dieser Vereinnahmung ist die Kritik am Findling von Nürnberg, bereits zu dessen Lebzeiten und noch lange danach, seitens der Naturwissenschaften moderner Prägung besonders scharf, zugleich aber hat dieser Strang

der Deutung des Kaspar-Hauser-Phänomens in den zahlreichen Beiträgen aus anthroposophischer Sicht bis heute überleben können.
Anders als der Lexikonartikel Pierers glaubt Paul Johann Anselm von Feuerbach 1832, Kaspar Hauser sei "so sanft, folgsam und gutartig, daß Niemand versucht" sein könne, ihn "für einen Wilden oder unter den Thieren des Waldes aufgewachsenen Knaben zu halten"[168]. Die Meinung Feuerbachs ist insofern zutreffend, als Kaspar Hausers körperliche und seelische Erscheinung aufgrund der weltfernen Gefangenschaft den Zeitgenossen den Eindruck vollkommener Unschuld und höchster Reinheit vermittelt. Insofern hebt sich Hauser von den oft abschreckenden Beispielen der *wilden* Kinder deutlich ab, und so ist es möglich, ihn auch unter dem Blickwinkel des Kindheitskultes zu sehen, auch seinen Fall unter der *poetischen Daseinsform* der Kindheit, wie sie in der Literatur der Wende vom 18. zum 19. Jahrhundert virulent war, einzureihen.[169] Von den frühesten Kaspar-Hauser-Gedichten aus den 1830er Jahren bis in die literarischen Produktionen besonders der 1920er Jahre wird sich dieser kindheitsverklärende Strang der Darstellung verfolgen lassen.
Ein Merkmal, das uns bei den wilden Kindern ansatzweise begegnete, das in der Kaspar-Hauser-Geschichte intensiviert wird, ist jene Form der Weltferne, ja der Weltlosigkeit. Die Vorstellung eines gleichsam leeren Daseins fasziniert nicht zufällig Kaspars Zeitgenossen, spiegelt sie doch jenen Zug des Biedermeier, den man mit dem Begriff des Weltschmerzes zu umschreiben sucht. Darüber hinaus ist der Gedanke der nicht bewußt gelebten, der verlorenen Zeit, des gleichsam mit negativen Vorzeichen versehenen Goldenen Zeitalters, als das die Gefangenschaft Kaspars sich präsentiert, auch die Möglichkeitsbedingung für die gelungensten der späteren literarischen Gestaltungen des Themas.
Besonders aber der gewaltsame Tod Hausers und die rekonstruierbare dynastische Hintergrundgeschichte (daß der Findling der rechtmäßige Thronerbe Badens sei) lassen den Fall bis heute nicht zur Ruhe kommen: Bereits zu Lebzeiten, verstärkt dann unmittelbar nach dem Tod des Findlings, greift jene dezidiert politisch orientierte Fraktion innerhalb des Biedermeier die Geschichte auf und wendet sie sozusagen *in tyrannos* im Kampf gegen die feudale Ordnung. In der zweiten Hälfte des 19. Jahrhunderts werden dann nicht nur die für den Findling votierenden theoretischen Beiträge, sondern auch die literarischen Kaspar-Hauser-Gestaltungen zur Zielscheibe einer tendenziösen, monarchisch orientierten Geschichtsschreibung, die die Findlingsgeschichte im ganzen aufgrund des in ihr gelagerten Sprengstoffes als Erdichtung abtun möchte, und umgekehrt sieht sich die Kaspar-Hauser-Literatur, die fragt, wie es hätte sein *können*, in vielen Fällen bis heute genötigt, ihre Darstellungen durch eine darlegende Erläuterung zu ergänzen und zu rechtfertigen und die fiktiven und die historischen Anteile zu scheiden.

II. Der Fall Kaspar Hauser

Mehrfach sprachen wir bereits von der "Geschichte" Kaspar Hausers, und der Leser wird zu Recht die Frage stellen, wie sie der Titel einer kleinen Informationsbroschüre des Kreis- und Stadtmuseums Ansbach formuliert: "Was ist mit Kaspar Hauser?"[170] Erwähnt man im Alltagsgespräch den Namen des Findlings, sieht man sich nicht selten der frappanten Frage gegenüber: *Gab es den denn wirklich?* Im günstigeren Falle hat unser Gegenüber eine der populären Darstellungen zu Kaspar Hauser gelesen und möchte nun endlich wissen: *War er denn wirklich ein vertauschter Prinz?* Es gibt, um es vorweg zu sagen, u. a. das "Protokoll einer modernen Sage", einen "Tatsachenbericht" und einen "historischen Report" zu Kaspar Hauser, aber, so müssen wir gestehen, *die handliche und dennoch präzise Geschichte* zu ihm gibt es im Grunde noch nicht. Bis heute sind vielmehr die Aktenveröffentlichungen Hermann Pies' (besonders seitdem die Originalquellen im Zweiten Weltkrieg verlorengingen) grundlegend für jede Beschäftigung mit dem Fall, ergänzt durch die Monographie von Johannes Mayer und Peter Tradowsky, die vor allem die Zeit zwischen dem Auftauchen und dem Tod Hausers (den umstrittenen Ereignissen, denen sich Pies besonders zuwandte) durch die Präsentation zahlreicher Quellen beleuchtet. Um uns in dieser mißlichen Lage zu helfen, bieten sich zwei Wege an:
Wir amalgamieren und paraphrasieren die vielen *Geschichten* zum Findling, denn nichts anderes sind selbst jene mehr oder minder gerafften Populärdarstellungen der 1950er und 1960er Jahre, von denen einige in den letzten Jahren in Neuauflagen erschienen (Flake, Scholz, Trumpp), vor denen aber - sofern man sich einmal die Mühe gemacht, die Originalquellen soweit wie möglich aufzusuchen - nachdrücklich zu warnen ist, da sie den Leser allzu rasch in ein Theoriengespinst hineinziehen, ohne die Quellen ausführlich zu Wort kommen zu lassen. Wir fügten dann, so können wir die Alternative fortspinnen, zur Legion von Kaspar-Hauser-Darstellungen eine weitere, indem wir unsere Paraphrase mit ein paar eigenen Konjekturen versähen.
Oder aber wir zitierten sämtliche noch zugänglichen Originalquellen und überließen es dem Leser, sich selber ein Bild zu verschaffen. Nicht nur aus Zeit- und Platzmangel gehen wir nicht diesen Weg (immerhin benötigte Hermann Pies hierfür ein jahrzehntelanges Forscherleben und zahlreiche dickleibige Bücher), sondern ebenso aus Rücksicht auf den Leser, der auch angesichts dieser Alternative zu Recht entrüstet den Kopf schütteln wird.
Wie man sich denken kann, gibt es doch mindestens noch einen weiteren Weg: Wir präsentieren einige wichtige Stationen im Leben des Findlings und vermitteln dem Leser durch eine kleine Auswahl von Quellenauszügen zugleich einen wenigstens ungefähren Eindruck davon, welche Töne die ursprüngliche Geschichte des Findlings durchwaltet haben. Schon stimmt der vielstimmige Chor

der wirklichen und vermeintlichen Hauser-Koryphäen ein Spottlied an, daß ja auch ein scheinbar so objektives Erzählen durch die Quellen subjektiv gefärbt bleibe ... Doch damit genug der Vorrede.

Pfingstmontag, 26. 5. 1828

Gegen vier Uhr nachmittags wird von den Schuhmachermeistern Weickmann und Beck ein Unbekannter auf dem Unschlittplatz in Nürnberg gesichtet. Auf die Fragen der beiden vermag der etwa 16 bis 18 Jahre alte Junge, der als Bauernbursche gekleidet ist und einen äußerst ermatteten Eindruck macht, nicht zu antworten. Ein Brief, den er in der Hand hält, ist adressiert "An Titl. Hern. Wohlgebohrner Rittmeister bei 4ten Esgataron bei 6ten Schwolische Regiment, Nürnberg". Da der Fremde die an ihn gerichteten Fragen offensichtlich nicht versteht - Wörter wie "Wache" und "Neues Tor" wiederholt er doppelt, "Wach-Wach" -, und Weickmann die bezeichnete Adresse nicht kennt, führt er den Findling zur Polizeiwache am Neutor und händigt den Brief der dortigen Wache aus.
Über den Zeitraum der folgenden Stunden herrscht Ungewißheit, da nach den Aussagen des Stallburschen beim Rittmeister von Wessenig, Johann Mathias Merks, erst gegen sieben Uhr abends geläutet wird und der Fremde den bezeichneten Brief vorweist. Auf Fragen vermag der Fremde nicht zu antworten, sondern äußert lediglich "a sechtener Reiter möcht ich wärn, wie mai Vater g'wes'n", sowie, daß er "hierher an das Haus gewiesen worden" sei[171]. Dem offenbar völlig Ermatteten bietet der Stallbursche Fleisch und Bier an, das der Fremde jedoch mit Widerwillen von sich weist, während er Brot und Wasser "mit Hastigkeit zu sich"[172] nimmt. Merk führt den Fremden in den Stall, wo dieser sich aufs Stroh legt und einschläft.
Gegen acht Uhr kehrt von Wessenig in Begleitung seiner Freunde, des Polizeiaktuars von Scheurl und des Leutnants von Hugenpoet, von einer Spazierfahrt zur Erlanger Kirmes zurück und erfährt von dem seltsamen Fremden. Er geht mit von Scheurl in den Stall, weckt "durch heftiges Rütteln und Schütteln" den Jungen, der dem Rittmeister entgegentaumelt, sich über dessen glänzende Uniform "kindisch freuend", und äußert: "a sechtener möcht ich werden"[173]. Der Rittmeister erbricht den ihm ausgehändigten Brief, übergibt ihn jedoch "sogleich, nachdem er ihn oberflächlich gelesen", von Scheurl, unter Aufforderung, dafür zu sorgen, daß der Unbekannte auf die Polizei geschafft "und von dort aus untergebracht werde"[174].
Der Brief hat folgenden Wortlaut:

"Tit. Hr. Wohlgebohner Rittmeister bey der
4ten Esgataron bey 6ten Schwolische
Regiment

in Nierberg
Von der Bäiernschen Gränz
Daß Orte ist unbenant
1828

Hochwohlgebohner Hr. Rittmeister!
Ich schücke ihner ein Knaben der möchte seinen König getreu dienen Verlangte Er, dieser Knabe ist mir gelegt worden. 1812 den 7 Ocktober, und ich selber ein armer Taglöhner, ich habe auch selber 10 Kinder, ich habe selber genug zu thun daß ich mich fortbringe, und seine Mutter hat mir um Die erziehung daß Kind gelegt, aber ich habe sein Mutter nicht erfragen Könen, jetz habe ich auch nichts gesagt, daß mir der Knabe gelegt ist worden, auf den Landgericht. Ich habe mir gedenckt ich müßte ihm für mein Sohn haben, ich habe ihm Christlichen Erzogen, und habe ihm Zeit 1812 Keinen Schrit weit aus dem Haus gelaßen daß Kein Mensch nicht weiß da von wo Er auferzogen ist worden, und Er selber weiß nichts wie mein Hauß Heißt und daß ort weiß er auch micht, sie derfen ihm schon fragen er kan es aber nicht sagen, daß lessen und schreiben Habe ich ihm schon gelehrte er kan auch mein Schrift schreiben wie ich schreibe, und wan wir ihm fragen was er werde so sagte er will auch ein Schwolische werden waß sein Vater gewessen ist, Will er auch werden, wer er Eltern häte wir er keine hate wer er ein gelehrter bursche worden. Sie derfen im nur was zeigen so kan er es schon. Ich habe im nur bis Neumark geweißt da hat erselber zu ihnen hingehen müßen ich habe zu ihm gesagt wen er einmal ein Soldat ist, kome ich gleich und suche ihm Heim sonst häte ich mich Von mein Hals gebracht Bester Hr. Rittmeister sie derfen ihm gar nicht tragtiren er weiß mein Orte nicht wo ich bin, ich habe im mitten bei der nacht fort geführth er weiß nicht mehr zu Hauß,

Ich empfehle mich gehorsamt
Ich mache mein Namen nicht
Kuntbar den ich Konte gestraft
werden,

Und er hat Kein Kreuzer geld nicht bey ihm weil ich selber nichts habe wen Sie im nicht Kalten so müßen Sie im abschlagen oder in Raufang auf henggen"[175]

Dem Schreiben ist ein Zettel beigelegt, der, wie man später feststellt, offenbar vom selben Verfasser stammt:

"Das
Kind ist schon getauft
sie Heist Kasper in Schreib
name misen sie im selber
geben das Kind möchten
Sie auf Zihen sein Vater
ist ein Schwolische gewesen
wen er 17 Jahr alt ist so schicken sie im nach Nirnbe
rg zu 6ten Schwolische
Begiment da ist auch sein
Vater gewesen ich bitte um
die erzikung bis 17 Jahre
gebohren ist er im 30 Aperil

*1812 im Jaher ich bin ein
armes Mägdlein ich kan
das Kind nicht ernehren
sein Vater ist gestorben"*[176]

Auf der Polizeiwache wird der Fremde ergebnislos mündlich vernommen, auf die Fragen nach seiner Herkunft, seinem Alter vermag er nicht zu antworten, wohl aber bringt er, als ihm Schreibzeug vorgelegt wird, den Namen "Caspar hauser" [!] zu Papier. Gegen halb elf Uhr abends wird Hauser auf den sogenannten Luginsland, den Nürnberger Gefängnisturm geführt mit dem Auftrag an den Gefängniswärter, Andreas Hiltel, den seltsamen Menschen zu beobachten, "da man nicht wisse, was man von ihm zu halten habe"[177]. Hier verbringt Hauser die nächsten fünf Tage in einer Arrestzelle, danach nimmt ihn Hiltel in seine Familie auf, wo er bis zu seiner Übersiedlung in die Familie Daumer am 18. 7. 1828 verbleibt.
In seinen Aussagen von 1829 und 1834 gibt Andreas Hiltel u. a. zu Protokoll:

"Während der Zeit, als er bei mir war, saß er anfänglich immer auf einer Bank und nur die letzte Zeit auf einem Sessel. Die erstere Zeit saß er etwas gebückt, und sowohl auf der Bank als wie auf dem Boden streckte er seine Beine nie aus, sondern zog sie unter sich wie ein Schneider. Auch wenn er schlief, legte er sich ganz gekrümmt und zog die Beine in die Höhe. So wie es schien, hatte er einen Schmerzen in den Hüften und überaus zarte Füße.
Solange Kaspar Hauser bei mir war, hatte er nichts als Brot gegessen und Wasser getrunken. Die erstere Zeit aß er täglich eineinviertel Pfund und später gegen 2 Pfund Brot und dreimal des Tages erhielt er frisches Wasser, wo er jedesmal zirka eineinhalb Maß getrunken hat. Wie ich schon erwähnt habe, war Kaspar Hauser am Körper ganz schmutzig, und als er nach zirka 8 oder 10 Tagen gewaschen wurde, fiel der Schmutz ab, und Kaspar Hauser sagte da in meinem Beisein zu meiner Frau: 'Mutter, die Haut.' Auch war Kaspar Hauser sehr furchtsam und fuhr jedesmal heftig zusammen, wenn man ihn plötzlich anrührte.
Am Montag, den 26. Mai 1828, ward mir derjenige junge Mensch abends zwischen 10 und 11 Uhr zur Detention überbracht, welchen ich in der Folge vielfältig unter dem Namen Kaspar Hauser gesehen habe. Er war mir unter der Anordnung abgegeben, daß man nicht wisse, was man von ihm zu halten habe, daher ich ihn zu einem zuverlässigen Gefangenen legen und genau beobachten lassen möchte, welcher Weisung zufolge ich den Hauser zu einem Metzgersknecht aus Schwaben legte, welcher wegen Exzesses zu 48stündigem Gefängnisse auf den Turm geschickt worden war. Nach dem Eintreffen des Hauser im Gefängnis setzte er sich auf sein Lager, wo er meistens still war und nur dann und wann weinte, ohne daß irgendein Wort von ihm geäußert worden. Des anderen Morgens erhielt Hauser schwarzes Brot und Wasser, und als man ihn frug, wie er heiße, entgegnete er mit 'Kaspar Hauser'. Auf die weitere Frage, 'wo bist du her', antwortete er 'dös wois i nit', und als ich endlich noch frug, 'von wem kommst du denn', entgegnete Hauser, 'von dem wo ih alleweil g'wesen und von dem ih an das große Dorf gewiesen worden'. Auf alles, was ich sonst frug, entgegnete Hauser 'dös wois ih nit.' Zum Mittagessen empfing Hauser Nudeln und Rindfleisch, und

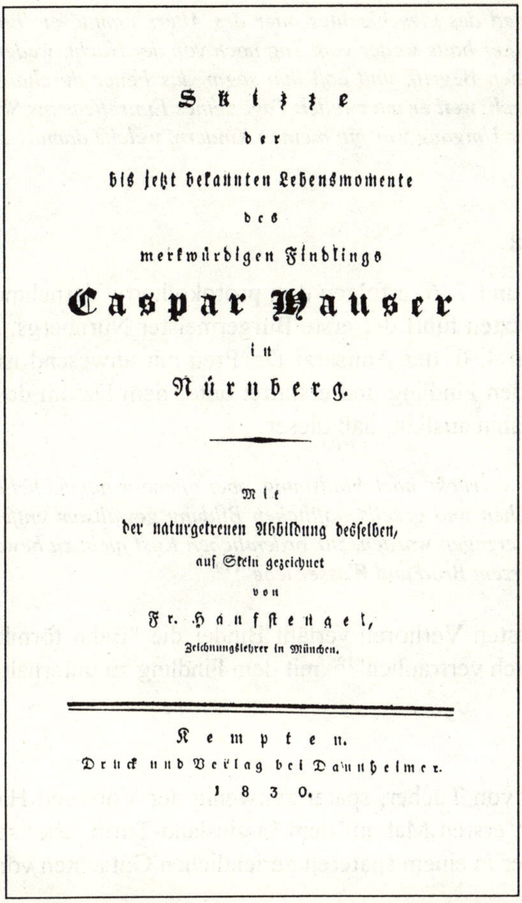

Skizze
der
bis jetzt bekannten Lebensmomente
des
merkwürdigen Findlings
Caspar Hauser
in
Nürnberg.

Mit
der naturgetreuen Abbildung desselben,
auf Stein gezeichnet
von
Fr. Hanfstengel,
Zeichnungslehrer in München.

Kempten.
Druck und Verlag bei Dannheimer.
1830.

obwohl ich anfänglich der Meinung war, daß er diese ihm gereichte Kost mit Appetit verzehrt, so ergab sich doch aus den angestellten Recherchen, daß sein Kamerad, nämlich der verhaftet gewesene Metzgerknecht, auch des Hausers Essen verzehrt hatte. Genaue Aufsicht ergab, daß Hauser vom ersten Augenblick seines Eintreffens bis zur Zeit, da er aus dem Turm entlassen worden, zur Nahrung nichts denn Brot und Wasser zu sich genommen (...).

Hausers Aussehen war gesund, seine Gesichtsfarbe frisch, sein Körper, soweit es nicht Folge einer Fußreise mit sich brachte, reinlich gehalten. Er traf, wie schon oben gesagt, äußerst ermattet bei mir ein, dergestalt, daß er nicht ging, sondern quatschte; nach ein paar Tagen hatte er sich jedoch erholt und konnte besser gehen. Einen geraden, leichten Gang bekam Hauser jedoch während der ganzen Zeit nicht, da er sich bei mir verhalten. Begriffe verriet Hauser gar nicht, und die Worte, die er kannte, waren: 'ham weisen, zu dem wo ih g'wes'n bin', 'ih will a Reuter wern, a sechener woi mei Vater g'wes'n', welche Äußerungen er ohne näheren Begriff lediglich darum, weil sie ihm angelernt worden, nach meinem Dafürhalten, vorgebracht hat. Alle Menschen ohne Unterschied des Geschlechtes oder des Alters nannte er 'Bue', alle und jede Tiere 'Roß', und er hatte weder vom Tag noch von der Nacht, weder von Sonne noch vom Monde einen Begriff, und daß ihm sogar das Feuer durchaus unbekannt war, verriet er dadurch, weil er am zweiten Tage seines Eintreffens ins Schleißenlicht griff. Hausers liebster Umgang war mit meinen Kindern, welche damals 11 und 3 Jahre alt waren."[178]

27. 5. - 7. 6. 1828

Am 27. 5., 4. 6. und 7. 6. erfolgen drei protokollierte Vernehmungen mit Hauser, die beiden letzten führt der erste Bürgermeister Nürnbergs, Jakob Friedrich Binder, wobei am 4. 6. der Amtsarzt Dr. Preu mit anwesend ist. Dieser untersucht am 28. 5. den Findling und erstattet unter dem Datum des 1. 6. 1828 ein Gutachten, das dahin ausfällt, daß dieser

"Mensch weder verrückt, noch blödsinnig, aber offenbar auf die heilloseste Weise von aller menschlichen und gesellschaftlichen Bildung gewaltsam entfernt, wie ein halb wilder Mensch erzogen worden, zur ordentlichen Kost nicht zu bewegen sei, sondern blos von schwarzem Brod und Wasser lebe"[179].

Nach den drei ersten Verhören verläßt Binder die "Bahn förmlicher Verhöre", um "statt deren sich vertraulich"[180] mit dem Findling zu unterhalten.

Ende Juni 1828

Gottlieb Freiherr von Tucher, später zeitweilig der Vormund Hausers, besucht den Findling zum ersten Mal auf dem Luginsland-Turm; über seine ersten Eindrücke berichtet er in einem späteren gerichtlichen Gutachten von 1834:

"Er war in der ersten Zeit seines geistigen Lebens das unschuldige Kind von dem reinsten, fleckenlosen Gemüte, mit allen kindlichen Neigungen und Trieben, das keine Ahnung eines Unterschiedes von Gut und Böse hat und kein Übel kennt als den körperlichen Schmerz. Seine Begriffe waren die eines Kindes, seine Seelenkräfte aber, die auf ganz andere Weise beschaffen waren als die eines Kindes, schienen auf eine dem Körper analoge Weise gebildet zu sein; sein Geist nämlich glich vollkommen einer tabula rasa, der mit unendlicher Rezeptivität die ganze Welt von Begriffen in sich aufnahm, und das mit einer intensiven, reproduktiven Kraft, die alles in Verwunderung setzte und zu leicht die Meinung von außerordentlichen Geistesgaben erzeugte."[181]

Ebenfalls Ende Juni 1828 besucht der achtundzwanzigjährige Georg Friedrich Daumer, Gymnasialprofessor in Nürnberg und wegen eines Augenleidens vom Dienst suspendiert, auf Anregung seines Freundes von Tucher den Findling in der Wohnung Hiltels auf dem Turm:

"Ich wurde mit Kaspar Hauser ungefähr drei Wochen vor seinem Eintritt in mein Haus bekannt, da ich ihn in dem Thurme, in welchem er sich damals befand, besuchte. Ich fand mehr, als ich erwartet hatte, nahm persönlichen Antheil an dem jungen Menschen und besuchte ihn seitdem täglich, in der Absicht, zu seiner Entwicklung etwas beizutragen. Der Andrang der Neugierigen, die ihn in Anspruch nahmen, erlaubte mir oft kaum ein halbe Stunde mit ihm allein zu sein, gleichwohl lernte er in drei Wochen nothdürftig Lesen, Zählen, Zahlenreihen aussprechen, Addiren und Subtrahiren, machte Fortschritte im Schönschreiben und erlernte ein einfaches Musikstückchen auf dem Klaviere. Das Lesen lehrte ich ihm vermittelst großer, auf einzelne Blättchen zum Behuf des Zusammensetzens für Kinder gedruckter Buchstaben; im Schönschreiben übte er sich selbst nach Mustern, die ich ihm gebracht. Aber schon in der dritten Woche mußte ich fast ganz aufhören, ihn zu unterrichten, weil nicht lange nach dem Anfang des Unterrichts Schweiß auf Hausers Stirne trat und Kopfschmerz sich einstellte. Die Zuckungen, die er fast bei jeder Erregung im Gesichte bekam, wurden stärker, endlich zu eben der Zeit, da er mir zur Verpflegung übergeben wurde, erkrankte er so völlig, daß er sich kaum mehr aufrecht erhalten konnte."[182]

11. 7. 1828

"Blos als Privatmann, aus menschlichem und wissenschaftlichem Interesse"[183], wie er später schreibt, begibt sich Paul Johann Anselm Ritter von Feuerbach, bedeutendster Jurist und Kriminalist der Goethezeit und Präsident des Ansbacher Appellationsgerichts, nach Nürnberg und besucht den Findling:

"Kaspar hatte damals noch immer seine Wohnung auf dem Luginsland am Vestner-Thore, wo Jedermann zu ihm gelassen wurde, der ihn zu besehen Lust hatte. - Wirklich genoß Kaspar vom Morgen bis zum Abend kaum eines geringeren Zuspruchs, als das Känguru des Herrn van Aken.
So machte ich mich denn, in Begleitung des Herrn Obristen von D., zweier Damen und zweier Kinder, ebenfalls zu ihm auf den Weg, und traf glücklicherweise eine Stunde, wo der Schauplatz keinen andern Zuspruch hatte.
Kaspars Wohnung war ein kleines, doch reinliches helles Stübchen, dessen Fenster ins Freie geht, wo sich dem Aug eine weite freundliche Landschaft darbietet. Wir trafen ihn barfuß, mit ein Paar alten langen Beinkleidern bekleidet, übrigens bloß im Hemde (...).
Er zeigte, als wir bei ihm eintraten, nichts weniger als Menschenscheu oder Schüchternheit, vielmehr zutrauliches Entgegenkommen, und Freude über unsern Besuch. Am ersten machte er sich mit der glänzenden Uniform des Obristen zu schaffen; den von Gold strahlenden Helm konnte er nicht satt werden zu bewundern; dann zogen die Frauenzimmer mit ihren bunten Kleidern seine Aufmerksamkeit auf sich; ich, in einem bescheidenen schwarzen Frack, wurde Anfangs kaum eines Blicks gewürdigt. Jeder von uns stellte sich ihm besonders vor und nannte ihm seinen Namen und Titel. Kaspar trat bei jeder solchen Vorstellung nahe zu dem Vorgestellten hin, sah ihn scharf stierend an, überflog mit schnellem durchdringendem Blick, der Reihe nach, jeden besondern Theil des Gesichts, als: Stirn, Augen, Nase, Mund, Kinn ec. und faßte ganz zuletzt, wie ich deutlich beobachtete, die erst stückweis zusammengelesenen Theile der Physiognomie in ein Ganzes zusammen. Er wiederholte hierauf den Namen

Mittheilungen

über

Kaspar Hauser.

Von

Georg Fr. Daumer,

Gymnasialprofessor, Hausers ehemaligem Pflegevater.

Erstes Heft.

Nürnberg.

Verlegt von Heinrich Haubenstricker.

1832.

der Person, den man ihm vorgesagt hatte. Und nun kannte er die Person, und kannte sie, wie die spätern Erfahrungen zeigten, für immer (...).
Die Worte, die er sagen konnte, sprach er bestimmt und deutlich, ohne Stocken oder Stammeln. Allein an eine zusammenhängende Rede war bei ihm noch nicht zu denken, und seine Sprache war so dürftig als der Vorrath seiner Begriffe. Schwer war es daher auch, sich ihm verständlich zu machen. Kaum hatte man ein Paar Sätze zu ihm gesagt, die er zu verstehen schien, so hatte man etwas ihm Fremdes beigemischt, wobei er dann, wenn er es zu begreifen wünschte, sogleich wieder in seine Zuckungen verfiel. In allem, was er sprach, fehlten noch meistens die Bindewörter, Partikeln und Hülfszeitwörter; seine Konjugation umfaßte wenig mehr als den Infinitiv; und am schlimmsten stand es mit dem Syntax, dessen Theile gar erbärmlich zerzaußt und

durcheinander geworfen wurden. 'Kaspar sehr brav,' statt: ich bin sehr brav, 'Kaspar scho Juli sage,' statt: ich will es dem Julius (Sohn des Gefangenwärters) sagen,' [!] war seine durchgängige Redeweise. Das: Ich, kam noch selten vor; er sprach fast immer von sich in der dritten Person: Kaspar, zu Andern, statt in der zweiten Person, ebenfalls in der dritten, z. B. statt: Sie, nicht anders als: Herr Obrist, Frau Generalin ec. Auch zu ihm mußte man nicht: 'Du', sondern 'Kaspar' sagen, wenn er sogleich verstehen sollte, wen man meine. Ein und dasselbe Wort wurde häufig in den verschiedensten Bedeutungen gebraucht, was dann oft gar manches lächerlich possirliche qui pro quo zum Vorschein brachte. Viele, blos eine Species bezeichnende, Worte gebrauchte er für die ganze Gattung. So z. B. galt ihm das Wort: Berg, für jede Wölbung oder Erhöhung, weshalb er einen dickbaugigen Herrn, dessen Name ihm entfallen war, als den 'Mann mit dem großen Berg' bezeichnete; eine Dame, deren Shawl hinten so tief herabhing, daß der Zipfel auf dem Boden schleifte, hieß ihm: 'die Frau mit dem schönen Schweif.'

Mit seinem Leben auf der Welt zeigte er sich nichts weniger als zufrieden; er sehnte sich zu dem Mann zurück, bei dem er immer gewesen. Zu Haus (in seinem Loch), äußerte er, habe er niemals so viele Schmerzen im Kopf gehabt, und man habe ihn nicht so gequält, wie jetzt auf der Welt. Er deutete damit auf die Unbehaglichkeiten und Schmerzen, welche die vielen, ihm ganz ungewohnten, neuen Eindrücke, die verschiedenen ihm widrigen Gerüche u.s.w. verursachten, wie auf die vielen Besuche der Neugierigen, ihr ewiges Fragen, und manche ihrer unbesonnenen, nicht eben humanen Experimente. Dem Manne, bei dem er immer gewesen, hat er daher auch weiter nichts vorzuwerfen, als daß er noch nicht gekommen, um ihn wieder nach Haus zu bringen, und daß er von so viel schönen Sachen auf der Welt ihm gar nichts gezeigt, noch gesagt habe. Er will so lange in Nürnberg bleiben, bis er gelernt, was der Herr Bürgermeister und der Herr Professor (Daumer) wissen; dann soll ihn der Herr Bürgermeister nach Haus bringen, und dann will er dem Mann zeigen, was er unterdessen gelernt hat. Als ich ihm hierauf äußerte: wie er doch zu dem bösen abscheulichen Mann wieder zurück möge? fuhr er mich sanft zürnend mit den Worten an: 'Mann nit bös, Mann mir nit bös than.'"[184]

14. 7. 1828

Datiert unter dem 7. 7., ausgegeben am 14. 7. 1828, faßt der Bürgermeister Binder das bisher Ermittelte in einer "Bekanntmachung. (Einen in widerrechtlicher Gefangenschaft aufgezogenen und gänzlich verwahrlosten jungen Menschen betr.)" zusammen. In der "Bekanntmachung", die die Keimzelle der späteren Kaspar-Hauser-Geschichte werden sollte, findet sich folgende Version der Vorgeschichte Hausers, die Binder aus den Gesprächen mit dem Findling gewonnen hat:

"Kaspar Hauser - so nennt sich das Opfer unmenschlicher Behandlung, und sein Signalement ist in der unten folgenden Beilage Nr. II. angegeben (wovon hieher nur zu bemerken ist, daß er die bayerische Mundart spricht, wie man sie in der Gegend von Regensburg, Straubing, Landshut etc. etc. vielleicht auch Altötting, Burghausen hört, und daß er am rechten Arm geimpft ist,) war immer ganz allein eingesperrt und sah

und hörte Niemand anders als das Ungeheuer, das ihm seine einzige Nahrung, Brod und Wasser reichte. Er befand sich stets in einem kleinen, engen, niedrigen Raum zu ebner Erde, dessen Boden nicht gebrettert war, sondern, wie es scheint, aus festgeschlagener Erde, dessen Decke aber aus ineinandergeschobenen und befestigten Brettern bestand. Zwei kleine längliche Fenster waren mit Holzstößen verschlichtet, und durch sie drang daher nur ein schwaches dämmerndes Licht; niemals sah er die Sonne. Er saß in einem Hemd, und kurzen, am Knie gebundenen wahrscheinlich dunkelfarbigen und durch einen Hostenträger [!] (nach bayrischer Mundart Halfter) gehaltenen Hosen, ohne alle weitere Bekleidung, auf dem Boden und spielte mit zwei weißen hölzernen Pferden, die er sonst Roße nannte und einem weißen hölzernen Hund, hing ihnen verschiedene kleine Spielsachen um den Hals und sprach mit ihnen soviel, als ihm der Mangel an Wörtern und somit die Armuth an Begriffen gestattete. Das eine dieser Pferde war kleiner als das andere, keines höher als ohngefähr 1 bis 1 1/4 Schuh und der Hund viel kleiner als beide - demnach gewöhnliche Kinderspielwerke. Im Boden seines Behältnißes stand, wie es scheint, mit ausgehöhlter Vertiefung, ein Hafen oder ein ähnliches Gefäß mit einem Deckel, in welchen er seine körperliche Bedürfnisse verrichtete; nicht weit davon lag auf der Erde ein Strohsack, welchen er zuerst sein Bett nannte. Da er wegen Mangel an Übung fast gar nicht stehen und gehen konnte, sondern, wenn er sich aufrichtete, fiel, so rutschte er auf dem Boden bei seinen Pferden herum, von diesen zum Hafen, und von da zum Strohsack, auf welchem er schlief. Dieß geschah immer, sobald die Nacht einbrach. Der früheste Morgen traf ihn schon wieder wach. Beim Erwachen fand er vor seinem Lager schwarzes Brod und frisches Wasser, und den oben gedachten Hafen geleert; er schließt daraus mit Recht, daß statt der Nahrungsmittel, welche er immer Tags vorher verzehrt hatte, während des Schlafs ihm neue gebracht worden sind, und auf gleiche Weise die Reinigung des Hafens erfolgt ist. Ein gleiches behauptet er auch hinsichtlich des Beschneidens der Nägel und Haare. Sein Hemd wechselte er sehr selten und da er nicht weiß, wie es geschah, so behauptet er, daß es ebenfalls, während des Schlafes, der gut und fest war, geschehen seyn müsse. Das Brod, das er genoß, war ihm zureichend, an Wasser dagegen hatte er nicht immer Vorrath nach Durst.

Der Eingang zu seinem Kerker war mit einer kleinen niedrigen Thüre verwahrt und diese von außen verriegelt. Der Ofen darin war weißfarbig, klein, rund, wie etwa ein großer Bienenkorb geformt, und wurde von außen geheizt (oder wie er sich ausdrückte 'einkenten.') Lang, lang, aber wie lang, daß weiß er nicht, weil er keinen Begriff von der Eintheilung der Zeit hatte, war er in diesem Kerker gewesen. Niemand hatte er darin gesehen, keinen Strahl der Sonne, keinen Schimmer des Mondes, kein Licht, keine menschliche Stimme, keinen Laut eines Vogels, kein Geschrei eines Thiers, keinen Fußtritt gehört. Da öffnet sich endlich die Thüre des Kerkers, und der Unbekannte, welcher ihn bis Nürnberg geführt, trat ein, barfuß und fast ebenso, wie er, dürftig gekleidet und gebückt, um nicht anzustoßen, so, daß obschon er nur mittlerer Größe war, beinahe die Decke des Kerkers auf ihm ruhte, und gab sich ihm als denjenigen zu erkennen, er ihm immer Brod und Wasser gebracht und die Pferde geschenkt habe.

Derselbe gab ihm die unten unter Beilage Nr. III verzeichneten Bücher, sagte ihm, daß er nun lesen und schreiben lernen müße, und dann zu seinem Vater komme, der ein Reiter gewesen sey und daß er auch ein solcher werden solle. Bei seinen außerordentlichen, durch die langwierige und furchtbare Einkerkerung dennoch nicht in Stumpfsinn übergegangenen geistigen Anlagen fand die Bemühung des Unbekannten

Kaspar Hauser.

Beispiel

eines

Verbrechens

am

Seelenleben des Menschen

von

Anselm Ritter von Feuerbach.

Ansbach, bei J. M. Dollfuß.

1832.

leicht Eingang. Er lernte, wie er sagt, und ihm auch nach seinen jetzigen sichtbaren Fortschritten ebenfalls zu glauben ist, schnell und leicht, aber doch nicht viel, sondern nur nothdürftig lesen und seinen Namen schreiben, weil der Unbekannte immer nur nach vier Tagen, am fünften Tage wieder zu ihm kam und ihn unterrichtete. Immer aber kam er in derselben Kleidung barfuß, und Hauser hörte ihn nicht eher kommen, alls [!] bis er die Thüre geöffnet hatte.

Um seine Lernbegierde zu vermehren, versprach ihm derselbe zu erlauben, daß, wenn er gut lerne, er mit den Roßen in seinem Kerker herumfahren dürfe; aber noch beklagt er es bitter, daß, obschon er jene Bedingung erfüllt habe, und dann herumgefahren sey, der Unbekannte nicht Wort gehalten, sondern ihn mit einem Stecken dafür, und wenn er weinte, gezüchtiget habe, (wovon auch noch die Spuren am rechten Ellenbogen sichtbar sind) und daß er ihm das Fahren ernstlich verboten habe. Zum Schreiben bediente er sich eines Bleystifts, welchen der Unbekannte für eine Feder ausgab. Bei Ertheilung dieses Unterrichts schärfte ihm dieser ernstlich ein 'niemals

zur Thüre hinaus zu wollen, weil über ihm der Himmel und darinn ein Gott sey, der bös würde und ihn schlage, wenn er hinaus wolle.'
So verging wieder eine geraume Zeit, doch war sie nach seiner Meinung nicht so lang, als er sich in Nürnberg befindet; da wurde er auf einmal Nachts geweckt. Der Unbekannte stand wieder vor ihm und sagte ihm, daß er ihn jetzt fortführen wolle. Er weinte darüber, ließ sich aber durch die ihm inzwischen oft vorgesagte, wahrscheinlich auch erklärte, und lieb gewordene Vorstellung, daß er zu seinem Vater komme, und daß er wie dieser, ein Reiter werde, bald beruhigen. Der Unbekannte, der bis dahin immer nur in blosen Hemdärmeln, kurzen gebundenen Hosen und barfuß zu ihm gekommen war, habe sich nun außerdem auch noch in einen kurzen Schalk (auch Jankerl, Kittel genannt) gekleidet, Stiefel angezogen, einen groben, runden, schwarzen Herrnhut aufgesetzt und blaue Strümpfe an. Er nahm Kaspar Hauser, wie er war, auf den Rücken und trug ihn, blos mit einem Hemd und kurzen gebundenen Hosen bekleidet, und mit einem großen schwarzen breiten runden Bauernhut mit hohem Kopf bedeckt, gleich von seinem Kerker aus ins Freye, und unmittelbar darauf einen langen hohen Berg hinauf, immer weiter fort, bis es Tag wurde. Er war indeß wieder eingeschlafen, und erwachte erst, als er auf den Boden niedergesetzt wurde; da lehrte ihm der Unbekannte gehen, was ihm sehr schwer fiel, denn er war barfuß und seine Fußsohlen sehr weich, er mußte daher sich oft niedersetzen, endlich konnte er aber doch besser gehen, und abwechselnd, unter Gehen und Ausruhen, trat die zweite Nacht ein. Sie legten sich im Freien auf die Erde nieder, es regnete heftig, oder, wie er sich früher ausdrückte, schüttete vom Himmel herunter, und den armen Kaspar Hauser fror es stark. Er schlief indessen doch ein, und setzte mit Anbruch des zweiten Tages, in Begleitung des Unbekannten auf gleiche Weise die Reise weiter fort. Das Gehen war ihm leichter geworden, aber die Beine und Lenden schmerzten ihn um so heftiger. Mit einbrechender dritter Nacht lagerten sie sich wieder auf die Erde im Freien; diesmal regnete es zwar nicht, doch war es sehr kalt und es fror ihn abermals heftig. Mit der ersten Helle des dritten Tages setzten sie ihre Reise in der vorigen Weise fort, und als es noch weit von hier war, nahm der Unbekannte aus einem in ein Tuch eingebundenen Bündel, den er mit sich trug, die unten in der Beilage Nr. II beschriebenen Kleider, bis auf die blauen Strümpfe, welche er sich selbst von den Füßen zog, und zog ihm Alles an. Derselbe vertauschte alsdann seinen Hut, der ein grober schwarzer Herrenhut war, gegen denjenigen, welchen er ihm bei dem Weggang aus dem Kerker gegeben hatte, zog barfüßig seine Stiefel wieder an, die nach Hausers Meinung weit schöner waren, als die schlechten Stiefel, die er hatte anziehen müssen, und nahm dessen im Kerker getragene Hosen an sich. So verändert setzten sie ihre Reise weiter fort. Ihre Nahrung auf dem ganzen Weg blieb dieselbe, welche Hauser im Kerker genossen hatte; das Brod, in einem großen Laib bestehend und das Wasser in einer Bouteille, trug der Unbekannte in der Tasche bei sich. Derselbe beschäftigte sich auf dem ganzen Weg damit, ihm nach einem Rosenkranz, den er damals zum erstenmal sah und von jenem erhielt, das Vater Unser und noch ein anderes Gebet zu lehren, welche beide er früher nie gehört hatte, und jetzt noch gut vorsagen kann. Auch unterhielt derselbe ihn stets mit der Erzählung, daß er zu seinem Vater komme und ein Reiter werde, der dieser gewesen sey, was ihm immer Freude machte. Sie kamen auf dem ganzen Weg in kein Haus, wohl aber an Häusern und Menschen vorbei, die aber natürlich Hauser nicht beschreiben kann. Der Unbekannte ermahnte ihn hiebey immer nur auf den Boden zu sehen, damit er ordentlich gehen könne, wahrscheinlich aber mehr noch deßwegen, damit er keine Eindrücke von den Umge-

Trauerrede

bei der

am 20. Dezember 1833 erfolgten Beerdigung

des

am 14. desselben Monats

meuchlings ermordeten

Kaspar Hauser,

gehalten

und nur auf vielseitiges Verlangen herausgegeben

von

H. Fuhrmann,

Königl. III. Pfarrer bei St. Gumbert in Ansbach.

Ansbach, 1833.

Brügel'scher Druck.

bungen aufnähme, an welchen er sich dereinst wieder zu erkennen im Stande wäre. Er that dies auch pünktlich.

Als sie endlich Nürnberg, welches der Unbekannte mit dem Namen des 'großen Dorfs' bezeichnete, sich genähert hatten, zog derselbe den bereits erwähnten Brief aus der Tasche, und übergab ihn dem Kaspar Hauser, mit dem Auftrag, solchen in das große Dorf hinein zu tragen, einem Buben zu zeigen und zu geben, der ihn weiter führen würde. Er bezeichnete ihm, wie es scheint, oft und genau den Weg, den er allein zu gehen habe, und versprach ihm, als Hauser sich ungern von ihm trennte, gleich nachzukommen.

Hauser ging, wie ihm geheißen worden war, immer gerade vor sich hin, kam so zum Thor, ohne mehr zu wissen, zu welchem, herein, und wahrscheinlich bald nachher zu dem Bürger, der ihm den Weg zeigte."[185]

In einem Anhang werden der sogenannte Geleitbrief und seine Beilage, der "Mägdleinzettel", das Signalement des Findlings sowie eine "Beschreibung der übrigen Gegenstände, welche Kaspar Hauser bey sich hatte"[186] veröffentlicht.

18. 7. 1828

Hauser wird in die Wohnung Daumers auf der "Insel Schütt" in Nürnberg versetzt, die dieser gemeinsam mit seiner Mutter und seiner Schwester bewohnt. Er ist weniger an der Herkunftsfrage, als vielmehr an physiologischen und vor allem seelischen Beobachtungen an Kaspar Hauser interessiert. Großen Raum in den Beobachtungen Daumers nehmen die außergewöhnliche physiologische Empfindlichkeit Hausers, die langsame Gewöhnung an fleischliche Kost, homöopathische Heilversuche sowie Experimente auf dem Gebiet des sogenannten tierischen Magnetismus ein. Daumer beschreibt u. a. den "Eindruck, den Gewitter machten", die "Wirkung des Mondes", Hausers "Empfindung für Mineralisches und Animalisches", den "Besuch bei einer Somnabüle" und die "Berauschung durch Weinbeeren":

"Als ich ihm einmal (Herbst 1828) von ferne den Johanniskirchhof bei Nürnberg zeigte, bat er mich, ihn den Ort in der Nähe besehen zu lassen, wo die gestorbenen Menschen in ihren unterirdischen Kammern schliefen; denn unter der Vorstellung eines langen Schlafes war ihm der Begriff des Todes genähert worden. Einen widrigen Eindruck fürchtend, sagte ich ihm, ich wolle ihn zwar näher führen, er solle mir es aber sagen, sobald er irgend etwas Widriges zu empfinden anfangen würde. Ungefähr sechs Schritte weit von Eingang ward er von der Ausdünstung der Gräber (obwohl es ein kühler heller Herbstmorgen war) stark ergriffen. Er hatte sie weit früher empfunden, allein da er seine ganze Aufmerksamkeit auf die Steinbilder am Kirchhof gerichtet hatte, und begierig war, sie zu besehen, hatte er unterlassen, es mir anzuzeigen. Er bekam starken Frost und machte die Geberden heftigen Schauders. Nach einiger Zeit kam Aufstoßen, bald darauf fieng Wärme vom Unterleib an sich langsam nach oben zu verbreiten. Vom Hals an stieg sie schnell in den Kopf, es erschien Schweiß auf der Stirne und es erfolgte so starke Hitze, daß sein Hemd vom Schweiß ganz durchnäßt wurde und selbst der Hosenträger an demselben sich abfärbte. Solche Hitze, sagte er, habe er noch nie empfunden. In der Nähe des Thores ward ihm wieder wohl. Doch klagte er, daß seine Augen durch jene Einwirkung dunkler geworden seien. Alles Wahrnehmbare dieser Begebenheit habe ich aufmerksam beobachtet. Andere ungenaue oder ganz verdrehte Nachrichten hierüber, wie die des Herrn von Pirch, sind also nach dieser zu berichtigen."[187]

"Ich ließ ihn vor dem Frühstück, an dem trocknen Stöpsel eines Gläschens riechen, worin ein mit Decillionverdünnung befeuchtetes Streukügelchen befindlich war. Er roch die Arzenei noch ehe der Stöpsel sehr nahe an seine Nase kam und empfand sogleich darauf nichts Schlimmes. Er meinte daher, diese Gabe würde nichts bei ihm wirken; ich ließ es indessen dabei bewenden und wartete die Folgen ab, die sich bald zeigten.

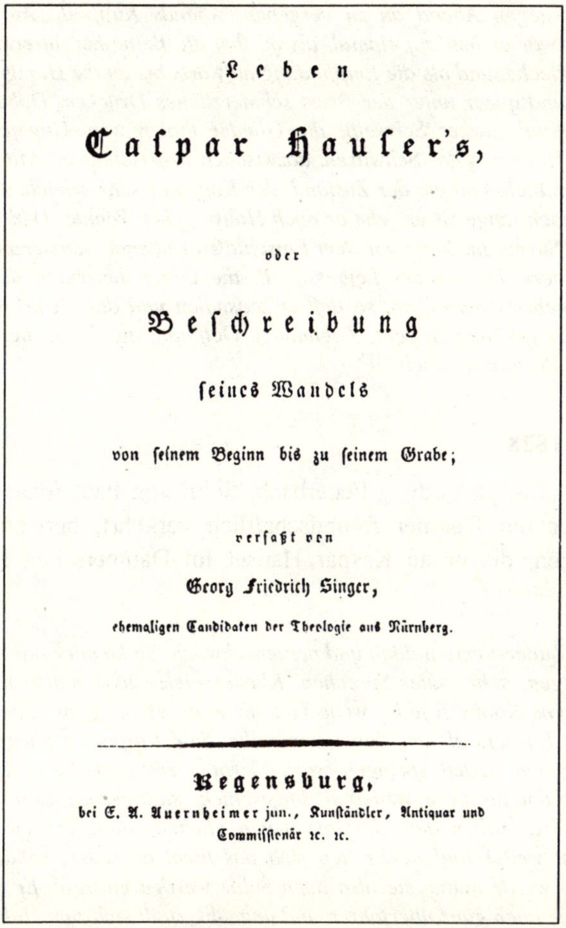

Leben

Caspar Hauser's,

oder

Beschreibung

seines Wandels

von seinem Beginn bis zu seinem Grabe;

verfaßt von

Georg Friedrich Singer,

ehemaligen Candidaten der Theologie aus Nürnberg.

Regensburg,

bei E. A. Auernheimer jun., Kunsthändler, Antiquar und Commissionär ꝛc. ꝛc.

Erster Tag. Eine Viertelstunde nachher Wehthun an den Schläfen, beim Anfühlen noch schmerzhafter. Eine Viertel- oder halbe Stunde lang mouches volantes. Vormittags (während er sonst über Tags gar nicht trank) überfällt ihn Durst mit Mundtrockenheit. Er trinkt viel Wasser und kann den Durst dennoch nicht stillen, der vielmehr auf Trinken noch stärker wird. Er trinkt, bis er vor Magenweh nicht mehr kann. Der Schwindel bleibt diesen Vormittag aus. Die Sprache fängt an katarrhalisch zu lauten. Große Unfähigkeit zu Kopfarbeiten. Schwereres Denken und Gedächtnißverminderung. Schmerz in den Schenkeln beim Gehen und Anfühlen. Nachmittags schlechtes farblos krankhaftes Aussehen. Sichtbare, auffallende Angegriffenheit, langsames, mattes Reden, schwankender Gang. Um 3 Uhr brennende Hitze im ganzen Körper, vorzüglich im Gesicht, mit starkem in großen Tropfen herabrinnendem Schweiß; röthlicher, brennender Ausschlag am Halse. Kopfweh. Starkrothes Gesicht. Aufgelaufene Adern der Arme und Hände. Dieser Zustand dauerte ungefähr eine halbe Stunde. Dann war das Aussehen mehr von gewöhnlicher Art. Der Ausschlag am

Halse fieng gegen Abend an zu vergehen. Abends Kopfweh. Auf einem Abendspaziergang war es ihm auf einmal, als ob ihm die Beine herauf etwas wie Ameisen laufe oder krieche, und als die Empfindung aufwärts bis an die Herzgrube kam, fühlte er daselbst und queer unter der Brust schmerzliches Drücken. Dabei war ihm heiß und es entstand starker Schweiß; die Glieder thaten weh. Ungefähr eine Stunde dauerte die Hitze und das Schwitzen, dazwischen Frostschauder. Mit starkem Schaudern und Schütteln endigte der Zustand, der Kopf war sehr erleichtert. Er mußte vor Mattigkeit noch lange sitzen, ehe er nach Hause gehen konnte. Den Tag über Drükken auf der Stirne. Im Bette vor dem Einschlafen reißende Schmerzen in den Gelenken und andern Theilen des Leibes, z. B. die Ohren herab, in den Hüftknochen. Nachts vermehrtes Schwitzen, so daß er aufstehen und das Hemd wechseln mußte, den Tag über geringer Appetit. Zweimalige Oeffnung des Tags, die erste härter als gewöhnlich, die zweite weich."[188]

Juli / August 1828

Der spätere Philosoph Ludwig Feuerbach, Sohn von Paul Johann Anselm von Feuerbach, der mit Daumer freundschaftlich verkehrt, berichtet von seinen Wahrnehmungen, die er an Kaspar Hauser im Daumerschen Hause machen konnte:

"Kaspar ist äußerst empfindlich und nervenschwach. So kann er das ungetrübte Licht nicht vertragen; sehr lautes Sprechen, Klavierspielen usw. macht ihm Kopfweh; er nennt übrigens Kopfweh jedes wehe Gefühl, wenn es auch an einem ganz anderen Teile seines Körpers als am Kopfe sein sollte. Sein Körper ist plump und ungelenk; ordentlich gehen, laufen, springen, werfen lernt er erst jetzt. Als er Äpfel auf den Boden hinwarf, und als diese, weil er sie ungeschickt, statt geradeaus in die Bahn, neben hinein ins Gras rollen ließ, daselbst liegen blieben, sagte er: 'sie sind müde, sie mögen nicht weiter laufen'. Er ließ sich das nicht ausreden, sondern machte den Schluß: 'ich werde müde, sie also auch müde werden müssen'. Er ist im Gebrauch seiner Hände noch ganz unerfahren und ungeübt, stellt sich zum Halten, Tragen, Angreifen einer Sache ganz ungeschickt. Seine Finger spreizt er oft ganz sonderbar auseinander. Bei all dem aber zeigt er zugleich eine gewisse Bedächtigkeit, Behutsamkeit und Furchtsamkeit. Wenn er mit seinem Kehrwisch den Boden seiner Stube ausputzt, so geschieht dies mit der größten Genauigkeit und Sorgsamkeit. Aber selbst den Kehrwisch hält er ganz ungeschickt. Mit den Fingern kann er sich noch gar nicht helfen, besitzt in ihnen noch gar keine Festigkeit, faßt alles in die ganze Hand und hält die Sachen in der Faust. Schnelles Gehen hält er ebensowenig lange aus als weites. Seine Fußsohlen sind noch ganz weich (...).
Das einzige in der Natur, worüber er ein Wohlgefallen äußerte, war ein Regenbogen. Doch wandte er sich sogleich von dem Anblick weg zu der Frage, wer das gemacht habe. Die Antwort war, die Sonne bewirke es; aber alle ähnliche Antworten auf ähnliche Fragen schienen ihn nicht recht zu befriedigen. Bei diesem Anblicke äußerte er auch, daß er so etwas noch nie gesehen habe, und wunderte sich, daß es ihn, wiewohl es so schön sei, sein Vater nicht habe sehen lassen.
Bei allem, was er sieht, fragt er, wer es macht oder gemacht habe; bei den Blättern der Bäume, wer sie so ausgeschnitten habe usw. Von Gott weiß er nichts.

Daß er einmal klein oder kleiner als jetzt gewesen, kann er weder glauben noch einsehen; er behauptet, immer so groß gewesen zu sein, als er gegenwärtig ist. Auch hat er keine Vorstellung von Vater und Mutter; als man ihm dies Verhältnis so zu erklären suchte, als seien zwar auch andere Personen gut, Vater und Mutter aber diejenigen, welche einem Menschen am meisten Liebes und Gutes täten, drückte er sein Befremden darüber aus, daß er keine habe, und fragte, warum er keine habe. Bei solchen Gesprächen, wie überhaupt bei solchen, die sich auf seinen früheren Zustand beziehen, scheint er sich auf etwas besinnen zu wollen, etwas zu suchen, was er nicht findet, und sich in einer Nacht zu befinden. Ebenso weiß er nichts vom Geschlechtsunterschied. Schon öfter sagte er, er wolle ein Mädchen werden; man brachte ihn aber von diesem Verlangen dadurch ab, daß man ihm vorstellte, die Mädchen hätten Dinge zu verrichten, wobei man die Kleider beschmutze. Als er dies vernommen, erklärte er, kein Mädchen werden zu wollen. Denn er ist sehr reinlich und putzt an sich und anderen, wo er etwas 'Garstiges' bemerkt. Seitdem er bemerkt hat, daß seine Hände in der Sonne schwärzer werden, trägt er immer Handschuhe. Einmal sagte er, man müsse jedem das Seine lassen und keinem tun, wie man ihm getan, dem man seine Papiere weggenommen; diese Papiere hatte er nämlich ad usum pium auf den Abtritt gelegt, und sie waren dann zufällig von jemand verbraucht worden."[189]

30. / 31. 8. 1828

Kaspar träumt von einem Schloß:

"Kaspar Hauser erzählte mir von einem Traume, den er in der Nacht vom 30. auf 31. August 1828, also 3 Monate nach seiner Ankunft dahier, gehabt habe. Ich habe mir dessen Erzählung sogleich aufgeschrieben und kann sie nun ganz genau wiedergeben. Die Erinnerung an diesen Traum kam ihm erst dann ganz deutlich, als er am 14. September 1828 auf das hiesige Schloß zum ersten Male gekommen war. Vorher erinnere ich mir wohl, ihn davon reden gehört zu haben, ich weiß aber nicht, wie es kam, daß man seiner Erzählung nicht sogleich die volle Aufmerksamkeit schenkte, da man doch nichts, auch nicht das Geringfügigste, unbemerkt ließ.
Am 14. September 1828 also kam er zum ersten Male auf die hiesige Burg. Sogleich beim untern Eingang zu dieser, ehe man zur Haupttreppe gelangt, sieht man die Flügeltüren eines Zimmers, bei deren Anblick Hauser sich plötzlich betroffen fühlte. Er hatte nach seiner bestimmten und wiederholten Versicherung eine solche Zimmertüre in Nürnberg niemals gesehen gehabt, dieser Art aber waren die Türen des 'Großhauses', in welchem er sich in der Nacht zwischen dem 30. und 31. August träumend zu befinden geglaubt. Er blieb lange Zeit vor dieser Türe sinnend stehen; er sah sich um, ob er hier noch eine andere Ähnlichkeit mit dem im Traume Gesehenen finden könne. Als er die Treppe hinaufstieg, sagte er, so eine Treppe sei er hinaufgegangen, aber mit schöneren Stufen. Oben in der Galerie angelangt, stand er wieder, ohne die Bilder zu besehen, sinnend unter konvulsivischen Bewegungen, wie sie immer bei tiefem Nachsinnen vorkommen. Seine Erinnerung an den Traum wurde lebhafter und bestimmter; er erinnerte sich, sagte er, eines großen Platzes, in dessen Mitte ein Röhrbrunnen gewesen, rund um diesen Platz seien die Zimmer des Hauses herumgebaut gewesen; wenn man die Tür aufgemacht, habe man durch mehrere Zimmer hindurch sehen können, auch habe man durch sie ganz in der Runde herum-

gehen können. Altdeutsche Ritter- und Fürstenbilder in der Galerie erinnerten ihn an eine Statue, die an der Treppe mit dem Schwert in der Hand gestanden. Der Knopf dieses Schwertes sein ein Löwenkopf gewesen; er sagte mit großer Bewegung, es sei ihm, als habe er einmal so ein Haus gehabt (ausdrücklich so!), und er wisse nicht, was er davon denken solle.

Späterhin gab er noch folgendes an: An den äußeren Wänden dieses Gebäudes waren Säulen mit Steinbildern. Der Brunnen war wie der im Hofe des Nürnberger Rathauses, aber größer und mit stärkerer Wasserströmung. Vom Schloßhofe (denn dies scheint jener Platz zu sein) führten keine Treppen zu den Türen des Gebäudes. Die Zahl der Türen oder Tore, durch welche man in das Gebäude kam, weiß er nicht genau anzugeben; es mögen, sagte er, vier oder fünf gewesen sein, zum Teil groß und offen, alle oben rund. Inwendig im Gebäude ging eine große breite Treppe hinauf, vier- oder fünfmal gebrochen (man ging einmal so, dann so, zeigte er, immer unter rechtem Winkel sich wendend). Unten neben der Treppe stand ein runder Stein, so hoch wie das Geländer der Treppe; darauf stand eine weiße, steinerne Bildsäule mit Schnurr- und Knebelbart und Halskragen, in der Hand ein bloßes, gegen die Erde gestütztes Schwert.

Zwei Reihen von Zimmern befanden sich im Innern des Gebäudes, die eine Reihe war unten, zu der andern mußte man die Treppe hinaufsteigen. Unten konnte man ganz herumgehen, so daß man durch die Tore auf den Brunnen hinaussehen konnte. Zu der untern Reihe der Zimmer führten Flügeltüren, dergleichen eine Hauser auf der hiesigen Burg gesehen. Auch oben waren die Türen von dieser Art.

In jedem Zimmer der obern Reihe waren zwölf Sessel, drei Kommoden, zwei Tische, einer in der Mitte und einer an der Wand; nur im Bibliothekszimmer waren keine Kommoden. Die Tische waren nicht alle gleich, wohl aber die Kommoden und die Sessel. Eines der Zimmer war das größte, es war das erste, in welches man eintrat. Das daneben befindliche war noch schöner. In allen Zimmern waren große Spiegel mit goldenen Rahmen, auch kleinere mit solchen Rahmen; in vieren der Zimmer, dem Silber- und Bibliothekszimmer und in den beiden vorhin genannten, hing von der Decke ein Lüster. Im größten Zimmer war der Tisch länglich rund, Kommoden und Sessel waren von einer Art, die er vorher noch nie gesehen hatte. Die Kommoden hatten in der Mitte der vorderen Seite eine hervortretende Rundung (nach altfranzösischer Mode), jede Schublade hatte zwei Löwenköpfe, an welchen man sie herauszog, in der Mitte waren Schlüssellöcher. Viele Bilder hingen an den Zimmerwänden. Im Bibliothekszimmer waren zwei Spiegel und ein großer Tisch. In einem der Zimmer waren silberne Schüsseln, Teller, Gabeln und Messer, auch Kaffeetassen, jede dieser Gerätschaften besonders, und alles hinter Glastüren. Unter den Glasschränken waren hölzerne Schränke mit Flügeltüren, in welchen die meisten und schönsten Tassen standen. In dem großen Zimmer lag Hauser in einem Bette, da trat eine Frau zu Türe herein, mit gelbem Hute und weißen dicken Federn darauf. Hinter ihr trat ein Mann herein, in schwarzen Kleidern (der Rock war ein Frack), einen länglichen Hut auf dem Kopfe, einen Degen an der Seite und auf der Brust ein Kreuz an einem blauen Bande. Die Frau trat an Hausers Bett und blieb stehen, der Mann blieb ein wenig hinter der Frau zurück. Hauser fragte die Frau, was sie wolle; sie antwortete nichts; er wiederholte die Frage; sie gab wieder keine Antwort. Sie hielt ein weißes Sacktuch in der Hand gegen ihn hin, was er erst bei der zweiten Frage bemerkte. Hierauf ging der Mann und hinter ihm die Frau zu Türe hinaus.

Soweit dessen Erzählung von diesem Traume. Ich will bei dieser Gelegenheit eines

Kaspar Hauser

oder

Andeutungen

zur

Enthüllung mancher Geheimnisse

über

Hausers Herkunft, die Ursache seiner Gefangenhaltung und Ermordung, Zergliederung des mitgebrachten Briefes, Bezeichnung des Mörders, dann Beleuchtung der Verhältniße des Lord Stanhope's gegen Hauser und dessen nächsten Umgebung.

Herausgegeben
von
W. C. Gr. A.

Regensburg.
Druck von Jakob Rußwurm.
1837.

andern Traumes, welchen er vom 10. auf 11. November 1828 hatte, erwähnen. Es träumte ihm nämlich, seine Mutter käme vor sein Bett, begieße sein Gesicht mit heißen Tränen und nannte ihn Gottfried, welchen Namen er niemals gehört zu haben wiederholt und auf das Bestimmteste versicherte. Er erkannte diese Frau, ohne daß sie sich besonders zu erkennen gab, als seine Mutter. Es war das aber eine andere Person, als die im ersten Traum erschienene.

Ich habe den ersten Traum besonders um deswillen mit seiner ganzen Ausführlichkeit hierher erzählt, um damit zugleich auch die Vermutung zu begründen, daß diesem Traume wohl mehr zugrunde liege als einem gewöhnlichen Traumbilde. Es unterscheidet sich dieser Traum von vielen andern, die er außerdem hatte, durch die Bestimmtheit, Klarheit der Züge und deren großes Detail. Auch sind es fast lauter Erscheinungen, von deren wirklicher Existenz er kaum noch damals etwas gewußt hat noch gewußt haben konnte. Ich kann also als meine Überzeugung aussprechen, daß diesem Traume alte, seinem wachenden Bewußtsein entschwundene, in seiner Seele nur schlummernde Erinnerungen zugrunde liegen mögen; es ist hierbei der Zug, daß er sich in diesem Schlosse als in seinem Eigentum gewußt habe, nicht der unbedeutendste."[190]

September 1828

Auf Veranlassung Daumers beginnt Kaspar "eine Geschichte seiner Schicksale"[191] aufzusetzen, von der verschiedene Versionen und Bruchstücke überliefert sind. Ebenfalls im Herbst 1828 verfaßt Hauser bereits einige kleine Aufsätze:

"Der Herr Professor Daumer hatte ein Katze, welche weiß und schwarze Flecken hatte, mit dieser unterhielt ich mich manche Stunde im Garten, an einen Morgen gieng ich in den Garten und dachte wenn nur die Katze in den Garten wäre, heute möchte ich gerade gerne mit ihr spielen. Als ich zur Gartenthüre hinein kam lief sie mir schon entgegen, ich rief ihr zu: Mützel bist du schon da, und lief den Garten hinunter bis zum andern Ende, sie konte aber besser laufen als ich und ich lief nicht ganz hinunter sondern ich wandte mich um und wollte zur Mutter hinauf gehen und mir ein Band geben lassen daß ich mit ihr recht spielen könnte als ich langsam hinunter gieng lief sie mir vor und sprang in das Feld hinein und brachte mir ein Band entgegen und ich spielte mit ihr eine halbe Stunde lang dan kam auch der Herr Professor und wollte zu sehen wie ich mit ihr spielte denn der Herr Professor sah zuerst zum Fenster hinunter und da konte er nicht recht hinunter sehen, so gieng er auch in den Garten, aber so bald er die Gartenthüre öffnete hörte die Katze mit mir zu spielen auf und lief aus den Garten hinaus ich wußte nicht gleich warum den die Katze heute aus den Garten lief und nicht zuerst mir das Zeichen gab, denn wan sie nicht mehr spielen mochte so lief sie nicht mehr auf das Band hin sondern auf meinen Fuß her und spielte mit den eine Zeit lang und dan that sie ein kleinen Schrei und gieng schön langsam zur Gartenthüre hinaus (...).
I. Gestern hat mir der Herr Baron von Schaeuerl einen Köstlichen Ring gebracht daß ich noch keine so große Freude gehabt habe, als wie gestern und dieser Ring soll ein Andenken sein so lange ich lebe so vergesse ich den Herrn Baron von Schaeuerl nicht weil er mir ein so schönes Andenken gegeben hat.
II. Gestern bin ich auf der Peterheide gewessen da habe ich recht viele Menschen gesehen und viele andere Sachen auch Affen die haben viele Künsten gemacht aber diese sind abscheuliche Thire und ich habe auch Hunde gesehen die haben Tanzen können und haben schöne Kleider angehabt, die sind recht schön gewessen."[192]

20. 9. 1828

In einem Brief an die befreundete Gräfin Elise von der Recke beschreibt Feuerbach die Eindrücke, die er von seinem Besuch bei Kaspar gewonnen hat:

"Doch lieber zu dem armen Nürnberger Findling, dem guten Kaspar Hauser, an dem ich fortwährend amtlich und außeramtlich den innigsten Antheil nehme. Manches ist

bei dieser, noch nie erhörten Begebenheit ein Räthsel; wird es auch wohl vielleicht, aller vereinten Bemühungen der Gerichts- und Polizeibehörden ungeachtet, immer bleiben; wenigstens waren bisher alle Versuche, dem Ort der Gräuelthat und ihrem Urheber auf die Spur zu kommen, ohne allen Erfolg. Aber das ist unbezweifelt: Die That ist geschehen und in K. H. sehen wir einen 17-18jährigen Wundermenschen, wie ihn die Welt noch nie gesehen, einen Menschen, der, seit seiner frühesten Kindheit gleichsam begraben, zuerst vor ungefähr 6 Monaten zum ersten Mal die Sonne gesehen und die Erfahrung gemacht hat, daß es außer ihm und dem Ungeheuer, das ihn mit Wasser und Brod auffütterte, noch andere Menschen auf dieser Erde gibt (...). Kaspar ist übrigens ein Mensch von den herrlichsten Naturanlagen, begabt mit der schnellsten Fassungskraft und einem bewundernswürdigen Gedächtnisse. Seinen Durst nach Wissen, um alles Das nachzuholen, 'wovon ihm Der, bei dem er gewesen,' Nichts gesagt, äußert er immer auf eine wahrhaft rührende Weise. Was er nur immer sieht, davon will er die Erklärung und hängt diese von Begriffen ab, die ihm noch fremd sind, so sagt er traurig: 'auch Das noch Lernen! auch davon hat Der, bei dem ich gewesen, mir Nichts gesagt.' Seine Fortschritte sind außerordentlich; wozu Andere Monate oder Jahre brauchen, lernt er in Tagen. Gegenwärtig ist er schon so weit, daß kaum noch interessante psychologische Betrachtungen an ihm zu machen sind. Er spricht schon vollkommen verständlich und zusammenhängend, nur construirt er oft noch die Sätze, wie ein Kind; seine Handschrift ist fest, beinahe schön, und vor einigen Tagen erhielt meine älteste Tochter, die ihn zu Nürnberg besucht und dann beschenkt hatte, einen recht artigen Brief von ihm. Ganz für sich selbst fing er zu zeichnen an und machte darin bald ebenfalls bewundernswürdige Fortschritte. Sieht er eine Kunst oder Fertigkeit üben, die ihn interessirt: sogleich will er sie lernen, läßt sich zeigen, wie man es macht, ahmt es in einem oder einigen Tagen schon bis zu einer gewissen Vollkommenheit nach, gibt es aber, sobald er es gelernt hat, wieder auf. Ueberhaupt ist es merkwürdig, daß ihn nicht sowohl die Gegenstände des Lernens interessiren als das Lernen selbst, das seine einzige Leidenschaft ist. Was kaum erklärbar, ist die erstaunliche Liebe zur Reinlichkeit und Ordnung, die er gleich nach seinem Erscheinen in Nürnberg äußerte, obgleich sein Leib mit einer Haut von vieljährigem Schmutz überzogen war. Alle die unzähligen Dinge, womit ihn die Nürnberger beschenkt hatten, Spielsachen, Kleidungsstücke u.s.w., standen in seinem Zimmerchen auf das Schönste symmetrisch geordnet da, als ich ihn besuchte; jedes Papierchen, das auf dem Boden lag, war ihm zuwider und wurde sorgfältig aufgehoben; an seinen oder eines Andern Kleidern bemerkte er jeden Schmutzfleck, jedes Stäubchen. Die Nürnberger haben ihn mit allem Nöthigen, sogar mit vielem Ueberflüssigen, mit neumodischen Fracks, Westen u.s.w. versehen, und nun glaubt man in ihm, wenn er ausgeht, einen halben petit-maitre vor sich zu haben. - In sittlicher Beziehung ist Kaspar Hauser eine lebendige Widerlegung des Lehrsatzes von der Erbsünde. Die reinste Unschuld und Herzensgüte zeigte sich in allem seinen Thun und Reden, obgleich er von Recht und Unrecht, Gut und Bös nicht die allermindeste Vorstellung hatte. Vor Menschen hatte er durchaus keine Furcht oder nur Schüchternheit; alle waren ihm gut und alle hielt er für schön. Als ich ihm unter Anderm meinen Unwillen gegen den Bösewicht äußerte, der ihn so lange gefangen gehalten, wies er mich strafend zurecht: 'Der, bei dem er gewesen,' sei nicht bös, sondern sein Vater - so nannte er damals, als ich ihn besuchte, jeden Menschen, dessen Aufsicht er übergeben war - der ihm zu essen und trinken gegeben. Erst seit ungefähr zwei Monaten scheint es ihm klar geworden zu sein, daß er der Gegenstand einer

Kaspar Hauser

der

Thronerbe von Baden.

L'édifice social du passé reposait sur trois colonnes : le prêtre, le roi, le bourreau!

Victor Hugo.

Paris.

1840.

Missethat gewesen, und äußert seitdem die größte Furcht bei dem bloßen Gedanken an die Möglichkeit, seinem Kerkermeister wieder in die Hände zu fallen. Von Leidenschaften oder üblen Neigungen hat sich, außer der nunmehr erwachten Eitelkeit, noch Nichts in ihm geäußert. - Daß die Idee von Gott dem Menschen nicht angeboren ist, sondern nur von Außen entweder durch die Betrachtung der Natur oder durch Unterricht in uns kommt, zeigt sich an unserm Kaspar ebenfalls ganz deutlich. Wie es in diesem Augenblick in dieser Hinsicht mit ihm steht, weiß ich zwar nicht; aber vor nicht langer Zeit ließ sich noch Nichts wahrnehmen, woraus sich hätte schließen lassen, daß er von Gott, von einem ersten Urheber der Natur, irgend eine Vorstellung in sich habe. Die Dogmatik und die Geistlichkeit hat man, glücklicher Weise, bis jetzt noch von ihm entfernt zu halten gewußt. Das Aussehen Kaspar's ist gesund; indessen waren seine Nerven in Folge der gewaltigen Eindrücke von der unendlichen Masse neuer Dinge, die auf einmal ununterbrochen durch alle Sinne auf ihn eindrangen, äußerst reizbar, so daß man für sein Leben einigermaßen besorgt sein konnte. Jetzt ist er durch sorgsame Pflege und die zarte, anständige Behandlung seines Pflegevaters und Erziehers, des Professor Daumer, dem er übergeben worden, außer Gefahr gestellt. Seit einiger Zeit zeigen sich an ihm die merkwürdigsten physiologischen Erscheinungen; er sieht, ohne Kakerlak zu sein, bei finsterer Nacht eben so gut als bei Tag, unterscheidet auf weite Entfernung die Gegenstände durch den bloßen Geruch u.s.w. Seine Physiognomie hat nichts Ausgezeichnetes, und besonders wenn er spricht, geräth die ganze linke Hälfte seines Gesichts in unangenehme Zuckungen; gleichwohl übt seine Gesichtsbildung durch die in ihr ausgeprägte Unschuld und Herzensgüte einen unwiderstehlichen Zauber. Wer ihm naht, gewinnt ihn sogleich lieb. Wer übrigens glauben wollte, Kaspar müsse sich in seiner dermaligen Lage, welche äußerlich durchaus Nichts zu wünschen übrig läßt, besonders glücklich fühlen, würde sich sehr irren. Er freut sich wohl abwechselnd über viele einzelne Dinge, wenn sie seine Sinne angenehm berühren oder seinem Heißhunger im Lernen Befriedigung gewähren, allein der Grundton seiner Gemüthsstimmung ist eine stille Schwermuth, die er, zumal jetzt, nicht selten in deutlichen Aeußerungen zu erkennen gibt (...)."[193]

Kaspar Hauser verfaßt ein Gedicht:

"Mein erstes Jahr begrüß ich heut
In Dank und Liebe hocherfreut,
Von vieler Noth und Last gedrückt,
Von heute an genieß ich was mein Herz entzückt,
Und fühl auch jetzt mich neu beglückt.
In meinem ersten Jahre steh ich nun,
Da gibts erstaunlich viel zu thun,
Zum Schreiben und zum Mahlen,
Zum Rechnen oft mit Zahlen.
Gott wollte, daß ich sehe, wies in der Welt hergeht,
Und zu lesen, was in den Büchern steht,
Und anzubauen mein Gartenbeet.
Gott wird die Kraft mir geben in Jugendtagen,
Um die Klugen auszufragen.
Jetzt muß ich mich vorbereiten,
Täglich fortzuschreiten;
Ein Schritt ist nicht gar viel,
Doch führt er mich noch zu mein' erwünschten Ziel."[194]

2. 4. 1829

Hauser hat verschiedene Träume, deren wundervolle "Symbolik und Poesie"[195] Daumer faszinieren.

17. 10. 1829

Die amtliche Beschäftigung mit dem Hauser-Fall stockt, zumal alle verfolgten Spuren keinen Aufschluß über den Findling ergeben haben. Kaspar hat sich in stetiger Entwicklung dem Leben seiner Umgebung angepaßt. Weitere Sensationen sind kaum noch zu erwarten. Da ereignet sich folgendes:

"Nachdem der Inquirent aus dem Munde des praktischen Arztes Dr. Osterhausen, welcher den Krankheitszustand des Kaspar Hauser respizierte, in Erfahrung gebracht hatte, daß Hauser dergestalt hergestellt sei, daß er eine zusammenhängende Erzählung des Vorfalls ohne Nachteile für seine Gesundheit zu Protokoll geben könne, so begab sich (die) Commissio(o) in das obenbezeichnete (Haubenstricker'sche) Haus und vernahm den Hauser, welcher bei vollkommenem Gebrauch seiner Geisteskräfte befunden worden, wie folgt: (...) Specialia: Frage 1: Geben Sie eine zusammenhängende Erzählung des Vorfalls vom 17. Oktober d. J. zu Protokoll?

Antwort: Am Sonnabend, den 17. d. M., stand ich früh um 7 Uhr wie gewöhnlich auf, ich wusch mich, machte mein Bett und ging dann zum Frühstücke zur Pflegemutter, der Mutter des Herrn Professor Daumer. Als ich von dort aus in meine Stube zurückgekommen war, las ich die christliche Betrachtung des Tages und beschäftigte mich sodann insolange, bis mich die Schwester des Herrn Professor Daumer, Frln. Kathy, frug, ob ich sie etwa, wie schon oft geschehen, auf den Markt begleiten wolle. Es war schönes Wetter, daher ich von diesem Anerbieten Gebrauch machte und zirka um 3/4 8 Uhr mit der Frl. Kathy auf den Grünen Markt ging. Fräulein Daumer sprach geraume Zeit mit der ihr wohlbekannten Gärtnerin von Schniegling, während welcher Unterredung mir die Zeit wahrhaft lang wurde, weil ich von einem Gefühle innerer Beängstigung mich dergestalt ergriffen fühlte, daß ich Fräulein Daumer ausdrücklich ersuchte, bald mit mir nach Hause zu gehen. Schon auf dem Wege nach dem Markte war uns der Dr. Preu begegnet, der mich um 10 Uhr zu sich bestellte, weil ein Fremder mich in seinem Hause zu sehen wünsche, daher ich vom Markte aus nur eigentlich, um eine Rechentafel zu holen, nach Hause gegangen und von da aus erst gegen 10 Uhr zu dem Herrn Dr. Preu ins Haus gekommen bin. - Dr. Preu befand sich dortmalen noch nicht zu Hause, traf jedoch bald nach mir ein, ohne daß übrigens aber der Fremde erschienen, welchem mich Herr Dr. Preu vorstellig machen wollte. Nachdem ich bis auf 1/4 nach 10 Uhr bei Herrn Dr. Preu gewartet, ging ich nach Hause, weil ich mich infolge einer von Herrn Dr. Preu mir gegebenen welschen Nuß, von der ich jedoch kaum den vierten Teil gegessen, höchst unwohl fühlte. Ich setzte Herrn Professor Daumer von diesem meinem Übelbefinden in Kenntnis, der hierauf verlangt hat, daß ich für jenen Tag die Rechnungsstunde, welche ich von 11 bis 12 Uhr bei Herrn Emmerling besuchen sollte, nicht nehmen, sondern zu Hause bleiben sollte. Ich ging hierauf in mein Zimmer, zog den Rock aus und reinigte insonderheit meinen Mantel im Hausplatze vor meiner Stube. Während dieser Beschäftigung hörte ich an der Haustüre läuten, es ward diese von der Mutter aufgezogen, und ich nahm wahr, daß es die Günthers Magd gewesen, welche, wie täglich zu geschehen pflegt und an diesem Tage namentlich, zwischen 1/2 und 3/4 auf 11 Uhr eingetroffen ist. Schon früher habe ich zum öftern bemerkt, es auch der Mutter ausdrücklich erzählt, daß die Günther'sche Magd es verabsäumt, die Haustüre zuzumachen, vielmehr insolange, bis sie von oben herab zurückkehrt, die Haustüre lediglich anlehnt, und obwohl ich es nicht wahrnehmen konnte, daß dies auch am 17. von der Günther'schen Magd geschehen, so bin ich doch des Dafürhaltens, daß die Günther'sche Magd auch an diesem Tage die Türe nur angelehnt und dadurch Gelegenheit zum Einschleichen gegeben habe. - Als mein Mantel von mir gereinigt war, wollte ich mich im Schreiben etwas beschäftigen, ward von hier aus aber durch ein natürliches Bedürfnis auf den Abtritt geführt, wo ich kaum eingetroffen war, als es 3/4 auf 11 Uhr schlug. Wegen Leibreißens ward ich länger denn eine halbe Viertelstunde auf dem Abtritte gehalten, von wo aus ich aus der unteren Holzkammer ein Geräusch wahrgenommen, dem-

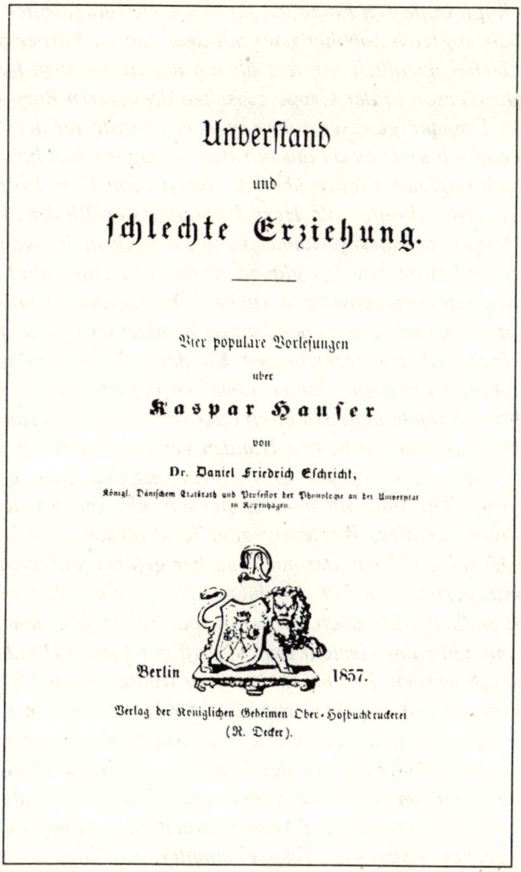

Unverstand

und

schlechte Erziehung.

Vier populare Vorlesungen

uber

Kaspar Hauser

von

Dr. Daniel Friedrich Eschricht,

Königl. Dänischem Etatsrath und Professor der Physiologie an der Universitat in Kopenhagen.

Berlin 1857.

Verlag der Königlichen Geheimen Ober-Hofbuchdruckerei

(R. Decker).

jenigen ähnlich, welches mit der Eröffnung der Türe der Holzkammer gewöhnlich verbunden und mir wohlbekannt ist. Auch nahm ich vom Abtritte aus einen leisen Ton der Haustürglocke wahr, welcher mir jedoch nicht vom Anschellen, sondern von unmittelbarer Berührung der Glocke selbst herzurühren schien. Ich rief: 'Käthe, möchten Sie nicht etwan aufmachen, ich glaube, es hat jemand angeschellt ['] [!]; sie antwortete mir jedoch nicht, was, wie die Folge zeigte, daher rührt, weil sie sich über zwei Stiegen enthalten (aufgehalten) und meinen Ruf sohin nicht vernehmen konnte. Gleich nachdem ich angegebenermaßen gerufen, eine Antwort jedoch nicht erhalten hatte, hörte ich leise Fußtritte vom untern Gang her, nahm zugleich auch durch den Zwischenraum der vor dem Abtritte befindlichen Tapete und der Stiege selbst wahr, daß eine Mannsperson aus dem Gange hergeschlichen ist. Bei dem Blick durch die Tapete und die Stiege bemerkte ich den ganzen schwarzen Kopf der Mannsperson. Ich dachte, es sei etwan der Schlotfeger, welcher, weil er die Stiege nicht hinaufging, etwan an der Haustüre sich verhalte; ich verweilte noch einen Augenblick auf dem Abtritt, um von dem Schlotfeger nicht gerade im Aufstehen bemerkt zu werden,; als ich hierauf aber mich vom Sitze des Abtrittes aufrichtete, erhielt ich plötzlich einen

Schlag auf den Kopf, in dessen Folge ich für den ersten Augenblick mit dem Kopfe in den Abtritt zurück, sogleich nachher aber mit dem ganzen Körper auf den Boden vor dem Abtritt niederfiel. Deutlich sah ich, als ich aus dem Abtritt heraustreten wollte, daß es eine Mannsperson in der Größe zwischen dem Herrn Bürgermeister und dem Herrn Professor Daumer gewesen, der vor dem Abtritte an der Mauer der Stiege gegenüber sich enthielt und von da aus mir den Schlag versetzt hat. Dieser Mann war seiner Statur nach ungleich breiter über die Brust denn Herr Professor Daumer, ja sogar aber auch etwas breiter als Herr Bürgermeister Binder. Vom Gesichte mit Einschluß der Haupthaare dieses Mannes konnte ich gar nichts wahrnehmen, denn er war verschleiert und zwar, wie ich glaube, vermittelst eines über den ganzen Kopf herübergezogenen seidenen schwarzen Tuches. Die Kleider desselben bestanden aus einem neuen Überrock und dergleichen langen Beinkleidern, ohne daß ich darüber zu urteilen mir getraue, ob die bezeichneten Kleider von dunkelblauer, dunkelgrüner oder schwarzer Farbe gewesen. Genau nahm ich dagegen wahr, daß er mit neuen, schönen gewichsten Stiefeln ohne Hufeisen oder Nägeln auf den Absätzen, endlich mit gelbledernen Handschuhen an beiden Händen versehen gewesen. Endlich hörte ich im Niederfallen auf den Boden vor dem Abtritt aus dem Munde des bezeichneten Mannes die Worte: 'Du mußt doch noch sterben, ehe du aus der Stadt Nürnberg kommst', und obwohl er diese Worte nur ganz leise sprach, so erkannte ich dennoch an der Stimme denselben Mann, der mich hierher geführt und auch schon dortmalen nur leise mit mir gesprochen hat. Nachdem ich geraume Zeit bewußtlos vor dem Abtritt gelegen, endlich aber doch wieder zu mir selbst gekommen war, spürte ich etwas Warmes mir über das Gesicht laufen, griff mit beiden Händen nach der Stirn, die hierdurch blutig wurden. Erschreckt hierüber wollte ich zur Mutter hinauf, kam in der Verwirrung und Angst aber statt zur Türe der Mutter an den Kleiderschrank vor meiner Stube. Hier verging mir das Gesicht, es wurde Nacht vor meinen Augen, und ich suchte mich durch Anhalten mit der Hand am Schranke aufrecht zu erhalten, - woher die heute noch am Schranke befindlichen Blutspuren rühren. Als ich mich erholt hatte, wollte ich abermals zur Mutter hinauf, kam in der weiteren Verwirrung jedoch statt die Treppe hinauf - die Treppe hinunter, den Gang vor und an den Keller. Wie ich dazu gekommen, oder mit anderen Worten, wie ich die Kraft erlangt, die Falltüre des Kellers zu eröffnen, dies ist mir bis zur Stunde ein Rätsel; gleichwohl aber geschah es dennoch, daß die Kellertüre von mir eröffnet worden und daß ich hineingeschlüpft bin. Durch das im Keller angetroffene Wasser und dessen Kälte kam ich zu besserem Bewußtsein, ich bemerkte einen trockenen Fleck auf dem Boden des Kellers, woselbst ich mich niederließ. Ich hatte mich kaum niedergelassen, als ich 12 Uhr läuten hörte und da bei mir selbst dachte 'nun bist du hier so ganz verlassen, es wird dich niemand finden und du wirst hier umkommen', welche Aussicht meine Augen mit Tränen füllte, bis mich Erbrechen überfallen und ich in dessen Folge das Bewußtsein verloren habe. Als ich mein Bewußtsein wieder erlangt hatte, fand ich mich in meiner Stube auf dem Bette; ich wollte meinen anwesenden Pflegeeltern den Vorfall erzählen, ich war aber zu schwach dazu und konnte nur abgebrochene Worte als 'schwarzer Mann, wie Schlotfeger, der schlug mich' vorbringen.
Dies ist eine getreue Erzählung des mir am 17ten (Oktober) zugegangenen Unfalls, der nach meiner festen Überzeugung von eben jenem Manne herrührt, der mich gefangen gehalten und zuletzt hierher nach Nürnberg geführt hat, und welcher, weil er fürchtet, von mir verraten zu werden, mich ums Leben zu bringen trachtet."[196]

Trotz intensiver Nachforschungen wird der Täter nicht gefaßt. Der Anschlag verändert Hausers Leben in mehrfacher Hinsicht: Das zuvor langsam erloschene Interesse der Öffentlichkeit erneuert sich schlagartig und macht seine Geschichte über die Grenzen der deutschen Länder publik; damit verbunden sind neue Theorien zur möglicherweise vornehmen Abkunft Hausers, andererseits werden jedoch Verdächtigungen laut, die von einer Selbstverletzung Hausers sprechen. Einschneidend verändert sich sein Leben zudem durch zwei Polizeisoldaten, die ihm nun zur ständigen Bewachung beigegeben werden.

Dezember 1829

Aufgrund der fortdauernden Kränklichkeit Daumers, vornehmlich jedoch aus Sorge um Hausers künftige Sicherheit im abgelegenen Daumerschen Hause, soll Kaspar in das Haus des Kaufmanns Biberbach versetzt werden. Bereits am 2. 12. 1829 zweifelt jedoch Gottfried von Tucher in einem Brief an P. J. A. von Feuerbach an der Richtigkeit dieser Entscheidung:

> *"Kaufmann Biberbach, ein wackerer, braver, achtbarer Mann, ist auf keine Weise wissenschaftlich gebildet, ein Kaufmann, der vom frühesten Morgen bis zum spätesten Abend auf dem Comptoir sitzt. Die Frau, welcher sonach Kaspar übergeben wäre, ist eine ganz gute, aber kränklich launische Frau und dabei ebenfalls nichts weniger als hinreichend gebildet, eine Frau, die, in steter leidenschaftlicher Unruhe, wie alle derlei Frauen, da sie, wie mir ihr Arzt vertraute, an einer krankhaften Überreizung durch zu heftigen Geschlechtstrieb leidet, auf Kaspar nur höchst schädlich einwirken könnte; wenn es auch überhaupt nicht schon als Absurdität betrachtet werden müßte, den Knaben männlichen Händen zu entziehen. Mit blutendem Herzen sieht man so das wahrhaft natürlich gute und schöne Gemüt Kaspars einem unabwendbaren Verderben entgegengehen, wenn keine höhere Hand für ihn sorgt."*[197]

17. 12. 1829

Hauser wird unter Kuratel gestellt und der Ratsakzessist Gottfried Freiherr von Tucher zum Vormund bestellt.

Januar 1830

Kaspar übersiedelt ins Biberbachsche Haus.
Anfang 1830 erscheint als erste der nach dem Attentat sich massierenden Kaspar-Hauser-Broschüren die anonyme "Skizze der bis jetzt bekannten Lebensmomente des merkwürdigen Findlings Caspar Hauser in Nürnberg".

27. - 30. 3. 1830

Der preußische Gardeleutnant Otto von Pirch lernt auf der Durchreise den berühmten Findling kennen und stellt mit ihm, aufgrund von Gerüchten, die auf eine ungarische Herkunft deuten, Sprachversuche an, bei denen Kaspar sich einiger ungarischer und polnischer Wörter zu erinnern scheint:

"So fand ich ihn, als ich im März dieses Jahres nach Nürnberg kam, um Verwandte zu besuchen. Sie können denken, wie begierig ich war, eine der merkwürdigsten Erscheinungen, vielleicht aller Zeiten, selbst zu sehen und zu sprechen. Kurz vor dieser Zeit hatte man in allen Blättern von einer Gouvernante im Hause des Grafen P. in Pesth gelesen, die sich hier Balbon, früher aber Bonval nannte, bei der Erzählung von Hausers Geschichte in Ohnmacht fiel, sich dann wahnsinnig stellte u.s.w. Genug, man war dadurch zu dem Gedanken veranlaßt, Caspar Hauser habe vielleicht seine Kinderjahre in Ungarn verlebt.
Ich war im Herbst des vorigen Jahres in Ungarn gewesen, hatte ein paar Worte von der Sprache aufgefaßt, und hielt es nicht für unmöglich, daß diese Worte Anklänge bei Hauser erregten. Der Magistratsrath Schnerre, derselbe, welcher die beiden interessanten Aufsätze über Kaspar Hauser im Müllnerschen Mitternachtsblatt von August und October 1828 lieferte, und welcher sich von Anfang an auf das thätigste für den jungen Mann interessirte, führte mich zu ihm (...).
Um ihn nicht unruhig zu machen, was er seit jenem Überfall beim Besuch von Fremden leicht wird, trat Herr Schnerre zuerst zu ihm, und sagte ihm, er habe ihn lange nicht besucht, er komme ihn zu sehen u.s.w. Mit der Freude eines Kindes reichte er Herrn Schnerre die Hand, und ein gleichgültiges Gespräch begann.
Ich setzte mich in seine Nähe, und sprach mit ihm wie mit einem alten Bekannten, über sein Lernen, ob er schon rechne, ob er das Einmal eins kenne. Dann nannte ich ihm die ungrischen Worte: edy. - katdö, - harem, (eins, zwei, drei.)
Er verfiel, als er die Töne hörte, in ein tiefes Nachdenken. Ich zählte weiter, um ihn noch mehr von diesen Lauten hören zu lassen, aber Herr Biberbach sagte mir: 'er hört jetzt nichts mehr, Sie mögen ihm sagen was Sie wollen.'
Nach einigen Minuten schüttelte Hauser den Kopf, wie jemand der etwas von sich schütteln will; seine Züge nahmen wieder den Ausdruck der Theilnahme an dem an, was außer ihm vorging, er fing an zu reden, aber während er vorher wohlgeordnet, und wie jeder Gebildete gesprochen, war von jetzt an alles, was er sagte, in abgerissenen Sätzen, hastig und nur im Zusammenhang der Gedanken, nicht der Worte.
Er sagte: 'das - hab' ich schon gehört - wie geträumt' - dann fiel er wieder in Nachdenken, und als er sich aufgeschüttelt: 'ja, ja, die Worte kenne ich, - sagen sie mir noch mehr![']- Nach mehreren andern Worten (nicht Zahlen) nannte ich zaz, hundert. 'Das - das eine große Zahl,' - sagte er, und wurde wieder nachsinnend.
Ich dachte an die Mißhandlungen, die er erlitten, und sprach nur hingeworfen, ohne zu accentuiren, das ungrische Fluchwort aus: basmanateremiete. - Er zuckte zusammen und sagte ängstlich zu den anderen Herren: - 'Das hat der Mann gesagt, - zweimal - auf dem Weg, - wie er mich geschlagen hat;' - er faßte dabei mit einem schmerzlichen Gefühl an den Ellenbogen, - 'das ist ein böses Wort, - das darf man nicht sagen.'
Er war ängstlich und unruhig geworden. Die Herren ließen mich nun allein mit ihm,

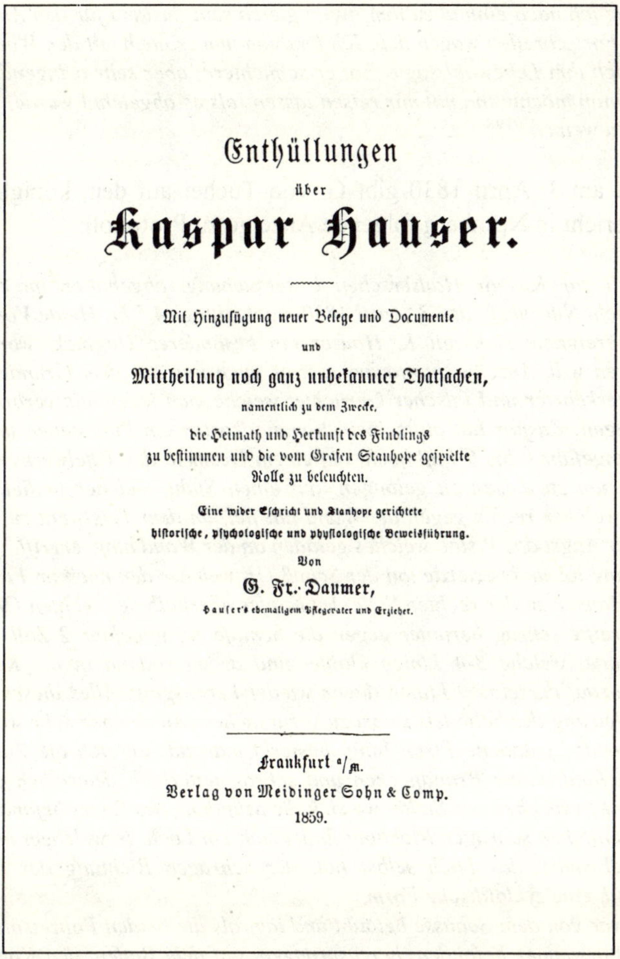

Enthüllungen
über
Kaspar Hauser.

Mit Hinzufügung neuer Belege und Documente
und
Mittheilung noch ganz unbekannter Thatsachen,
namentlich zu dem Zwecke,
die Heimath und Herkunft des Findlings
zu bestimmen und die vom Grafen Stanhope gespielte
Rolle zu beleuchten.

Eine wider Eschricht und Stanhope gerichtete
historische, psychologische und physiologische Beweisführung.

Von
G. Fr. Daumer,
Hauser's ehemaligem Pflegevater und Erzieher.

Frankfurt a/M.
Verlag von Meidinger Sohn & Comp.
1859.

Herr Schnerre kehrte gleich darauf zurück. - Ich besann mich vergebens, was im ungrischen Mutter und Vater heiße; endlich fiel mir bei, es auf polnisch zu sagen; deutsch, slavisch und ungrisch wird in Ungarn fast zu gleichen Theilen gesprochen.
Nachdem ich mit Herrn Schnerre ein paar Worte über ganz andre Dinge geredet, sprach ich das Wort aus: Matka (Mutter). - In dem Augenblick flog es hell über Kaspars Züge, und: 'das ist die Mutter!' rief er mit freudiger Betonung. - Es war ein ergreifender Augenblick.
Man sagte Hauser am nächsten Tage, daß ich gegen Mittag abreisen müsse; er bat Herrn Biberbach so lange, - und wie dieser mir sagte, mit seiner unwiderstehlichen Freundlichkeit, - mir ein paar Zeilen schreiben zu dürfen, daß dieser es ihm bewilligte. Ich erhielt ein Billet mit den sehr hübsch geschriebenen Worten:
Ich habe eine große Sehnsucht, Sie noch einmal vor der Abreise sprechen zu können.
Caspar Hauser.

Gern ging ich noch einmal zu ihm, wenn gleich sein Zustand für den Augenblick kein weiteres Fortschreiten wagen ließ. Ich fand ihn immer noch mit den Wörtern beschäftigt. Als ich ihm Lebewohl sagte, bat er schüchtern, aber sehr dringend seine Umgebungen, man möchte ihn mit mir reisen lassen; als es abgelehnt wurde, fing er bitterlich an, zu weinen."[198]

Um 16 Uhr am 3. April 1830 gibt G. von Tucher auf dem königlichen Kreis- und Stadtgericht in Nürnberg folgende Anzeige zu Protokoll:

"Protokoll zur Kaspar Hauserschen Untersuchung, abgehalten im k. Kreis- und Stadtgericht Nürnberg, den 3. April 1830, nachmittags 4 Uhr. Heute Vormittag gegen 12 Uhr ereignete sich mit K. Hauser ein besonderes Unglück, woran ich nicht unterlassen will, Anzeige zu machen, sei es auch nur aus dem Grunde, um etwaige Folgen verkehrter und falscher Gerüchte, welche sich jedenfalls verbreiten werden, vorzubeugen. Kaspar hat auf seinem Kommodkasten ein Pult stehen und über demselben, ungefähr 8 bis 9 Fuß hoch, auf einem Gesimse des Täfelwerks seine Bücher. Er stieg, um zu diesen zu gelangen, auf einen Stuhl, welcher umfiel, worauf sich Hauser, welcher rechts gegen die Wand hin fiel, an dem Tafelwerk zu halten suchte und in der Angst das Pistol, welches geladen an der Wand hing, ergriff.
Dieses ging los und verletzte ihn der Schuß [!], welcher den noch im Fall begriffenen Kaspar Hauser an der rechten Seite des Kopfes oberhalb des rechten Ohres traf. Der Schuß streifte schräg herunter gegen die Schläfe zu, ungefähr 2 Zoll breit, machte eine Wunde, welche 3-4 Linien klaffte, und drang sodann in die Kopfbedeckung selbst, worauf derselbe 9 Linien davon wieder herausging. Alles dieses, ohne irgend eine Verletzung des Schädels selbst zu verursachen. An der mir sehr wohl bekannten Stelle, wo das geladene Pistol hing, bemerkt man da, wo sich die Zündpfanne des Pistols befand, einen Brandflecken und schräg unterhalb demselben einen zweiten Brandflecken an eben der Stelle, wo sich die Mündung des Rohrs befand. Ganz genau in der nämlichen schrägen Richtung findet sich ein Loch, in welchem man 3 Zoll tief die Kugel spürt, das Loch selbst hat, der schrägen Richtung des Schusses entsprechend, eine zykloidische Form.
Kaspar war von dem Schusse betäubt und lag, als die beiden Polizeisoldaten, welche sich im Vorzimmer befanden, herzusprangen, auf dem Boden, den Kopf auf die der Stelle, wo das Pistol hing, entgegengesetzte Richtung, wahrscheinlich von dem durch den Schuß verursachten Druck der Luft zurückgeworfen; nach ein paar Minuten kehrte seine volle Besinnung wieder zurück, und er war imstande vollkommen zusammenhängend das ihm getroffene Unglück zu erzählen. Die zweckmäßigste ärztliche und wundärztliche Hilfe war in kurzmöglichster Zeitfrist herbeigeschafft, und fand ich, als ich herzukam, Herrn Dr. Preu und den Gerichtswundarzt Herrn Schallern mit Kaspar beschäftigt. Er befindet sich nun etwas vom Schrecken angegriffen, übrigens aber vollkommen wohl, so daß in etlichen Tagen seine völlige Heilung zu erwarten ist."[199]

5. 4. 1830

In einem Verhör von Tuchers berichtet dieser u. a. von einem weiteren Traum Kaspars:

"Schließlich kann ich nicht eine Bemerkung unterdrücken, welche mir im Zusammenhang mit dem Vorgetragenen gar nicht unwesentlich zu sein scheint: In der Woche, ehe Herr von Pirch kam, träumte Kaspar, er sehe einen Mann, der ihm eine Schrift von lateinischen Worten vorhalte. Diese Worte schrieb sich Kaspar, als er vom Traum erwachte, auf und zeigte sie am Tage seinem Lehrer, Herrn Kandidat Bäumler, welcher nach einigem Nachsuchen einen Vers aus Virgil darin erkannte. Ebenso träumte ihn ein andermal, er lese lateinische Worte, welche in der Art, wie sie Kaspar ganz korrupt und verstümmelt niederschrieb, einen Sinn erraten ließen, welcher auf sein früheres unglückliches Schicksal hindeutet.
Endlich träumte ihn auch zum dritten Mal, daß er lateinische Worte lese, was bei Nachsuchung zwei Zeilen aus der bekannten Horazischen Ode 'Diffugere naves' waren. Zugleich sah er den Inhalt dieser Worte als ein Bild im Traume. Kaspar, welcher lateinisch angefangen hat zu lernen, versteht bei weitem noch nicht so viel, um selbst mit Hülfe eines Lexikons diese Verse übersetzen zu können, auch hat sich Herr Bäumler die Mühe gegeben, alle Bücher Kaspars genau zu durchsuchen, um sich zu überzeugen, ob er nicht dieselben vielleicht könnte irgendwo gelesen haben. Dieses sowohl als auch die heiligsten Versicherungen geben die bestimmte Gewißheit, daß diese Verse und Worte Traumgeschichte sind.
Ich füge hierzu noch, daß ich selbst einmal einen Ungarn vom gemeinsten Stand gesprochen habe, welcher in korruptester Aussprache eine Horazische Ode deklamierte."[200]

7. 4. 1830

Bereits im März 1830 berichtet von Tucher an P. J. A. von Feuerbach von den Sorgen, die ihm die finanzielle Sicherstellung seines Kuranden bereite. Feuerbach reagiert in einem Antwortschreiben auf die Überlegungen von Tuchers:

"Euer Hochwohlgeboren vermag ich dermalen nur im Allgemeinen das Resultat meiner reifen Überlegung der Frage: was hinsichtlich der Versorgung unsres armen lieben Kaspars zu hoffen und was zu tun sei, in Kürze mitzuteilen. Vom Staat ist nichts zu erwarten. Unter Kaspar Hauser denkt man sich nichts anderes als einen Bettler, oder Findling, der nach den Gesetzen seiner treffenden Gemeinde zufällt. Noch nicht einmal mit der außerordentlichen Summe von 300 fl. zufrieden sein, erscheint sonach in gewissen Augen als eine Art von halbtoller Unverschämtheit, die, wenn sie sich mehrmals noch mit ihren Zudringlichkeiten vernehmen zu lassen erdreistete, wahrscheinlich die Äußerungen tiefer Indignation würde zur Folge haben. Wäre das lebendige Stück Menschenfleisch, das Kaspar Hauser genannt wird, ein alter behauener Steinblock, so wäre er vernünftiger Weise eher einer außerordentlichen Depense wert.
Es bleibt daher nichts übrig als eine Kollekte, die man freilich, da man gern den Schein von allerhand Dingen haben möchte, die man nicht hat, allerdings übelneh-

men, wenigstens nicht gern sehen wird. Indessen läßt sich die Sache so machen, daß keineswegs nur Sie allein dem Kalb, wie man zu sagen pflegt, in das Aug schlagen müssen; oder Sie auch gar nicht dabei zu erscheinen nötig haben. Mein Plan hierzu ist im ganzen fertig; und ich, der ich durchaus niemand mehr zu scheuen habe, trete gern mit vor den Riß. Solche Abenteuer sind mir sogar ein willkommener Strauß. Ich hoffe noch in diesem Frühjahr nach Nürnberg zu kommen, um mit Ihnen den Plan durchzusprechen und zu dessen Ausführung den Grund zu legen. So viel sage ich schon im voraus, daß ich mit einer Bettelei im Kleinen und bloß unter der Hand nicht einverstanden sein kann; meine Gedanken gehen auf nichts geringeres als auf eine europäische Subscription. Einen bedeutenden Teil von Deutschland, namentlich Berlin, Dresden, Weimar, Württemberg, Frankfurt, dann Frankreich, Holland und Dänemark nehme ich auf mich, und, wenn einige Nürnberger und Frankfurter Handelshäuser (von denen Sie für die ersteren sorgen müssen, ich die letzteren mir beigesellen werde) mich gehörig unterstützen, so zweifle ich kaum, daß ein Kapital zusammen kommen werde, dessen Zinsen hinreichend für alle Bedürfnisse Kaspar Hausers sorgen werden. Die Aufforderung bin ich selbst zu entwerfen erbötig: und ich glaube, daß es mir, bei guter Gesundheit und Laune gelingen müßte, dieselbe so abzufassen, daß sie die Gemütsnerven jedes Menschen enthüllen, ohne die Galle der Halbmenschen allzusehr aufzuregen."[201]

Juni / Juli 1830

Julius Hitzig, Berliner Verleger und Herausgeber juristischer Fachzeitschriften, greift den Gedanken Feuerbachs auf. Er richtet eine stehende Rubrik "Über Caspar Hauser" in seinen "Annalen der deutschen und ausländischen Criminal-Rechts-Pflege" ein und erläutert das Kollekte-Programm Feuerbachs, das allerdings über das Planungsstadium nicht hinauskommt.

15. 7. 1830

Kaspar übersiedelt zu seinem Vormund von Tucher, da sich ein weiteres Verbleiben im Hause Biberbachs als unhaltbar erwiesen hat.

Juli / August 1830

Der Berliner Polizeirat Merker, ebenfalls Herausgeber kriminalistischer Periodika, tritt, veranlaßt durch die bei Hitzig abgedruckte "Skizze" und die geplante "Subscription" für Hauser, mit der These an die Öffentlichkeit: "Caspar Hauser, nicht unwahrscheinlich ein Betrüger". In der Folge ruft der Beitrag Merkers verschiedene Verteidigungsschriften auf den Plan, so Rudolph Giehrl: "Kaspar Hauser, der ehrliche Findling, als Widerlegung der Polizeyrath Merker'schen Schrift: 'Caspar Hauser, nicht unwahrscheinlich ein Betrüger'". Als offizielle Reaktion auf die Verdächtigungen Merkers erscheinen 1831 "Einige wichtige Actenstücke den unglücklichen Findling Caspar Hauser betreffend. Zur

Berichtigung des Urtheils des Publicums über denselben mitgetheilt von Herrn Staatsrath und Appellationsgerichts-Präsidenten von Feuerbach in Ansbach".

9. 8. - 10. 8. 1830

Der Schriftsteller und Journalist Moritz Gottlieb Saphir setzt die ungarischen Sprachversuche vom März des Jahres fort.

13. 12. 1830

Vergeblich versucht von Tucher, die Aufführung des Kaspar-Hauser-Dramas "Der Wahn und seine Schrecken" im Interimstheater auf der Insel Schütt in Nürnberg zu verhindern.

30. 12. 1830

Aufgrund der Verdächtigungen Merkers läßt man von behördlicher Seite erneut ärztliche Gutachten über Hauser erstellen. Dr. Osterhausen berichtet:

"Gutachtlicher Bericht des Dr. Osterhausen, den Caspar Hauser betreffend. Nürnberg, den 30. December 1830
Dem mir von Einem Königl. Kreis- und Stadtgericht Nürnberg ertheilten Auftrag: 'die Personal-Beschreibung des Caspar Hauser, so viel nur immerhin möglichst zu vervollständigen; leiste ich hiermit schuldige Folge. Zugleich bitte ich aber, Ein Königl. Kreis- und Stadtgericht wolle mir gütigst Nachsicht schenken, daß ich mit Erstattung dieses Berichtes, aus Mangel an Zeit, wegen meiner dermalen überhäuften practischen Geschäfte, länger, als ich gesollt hätte, gezögert habe.
Ich habe den Caspar Hauser ungefähr drei Wochen nach seiner Hieherkunft kennen gelernt, ihn seitdem häufig zu beobachten Gelegenheit gehabt, und auch einige Mal ärztlich behandelt; und glaube also in Stand gesetzt zu sein, eine der Wahrheit getreue Schilderung seines physischen und psychischen Zustandes liefern zu können. Auch habe ich, dem mir ertheilten Auftrage gemäß, auf's Neue, in Gegenwart des Königl. Kreis- und Stadtgerichts-Rathes, Freiherrn von Röder, eine genaue Untersuchung mit ihm vorgenommen, und werde nun Alles, was ich wahrgenommen habe, getreulich berichten (...).
Dieser, der Wahrheit getreuen Beschreibung des physischen und psychischen Zustandes des Hauser habe ich nun mein unzielsetzliches Gutachten beizufügen, und zwar mit Rücksichtnahme auf die verschiedenen Perioden seines Lebens, die ich in folgende abtheile, als:
Periode vor seiner Einkerkerung, seiner Einkerkerung und seiner Entlassung aus derselben. Hauser lebte die erste Zeit seiner Kindheit, unzweifelhaft, unter Menschen und genoß selbst eine Erziehung. Beweise hievon sind: Er konnte schon eine Sprache sprechen, wie aus den von Herrn von Pirch mit ihm gemachten Versuchen erhellet, und seine Muttersprache mußte die ungarische oder polnische gewesen sein; denn ohne ein Wunder anzunehmen, wäre es nicht begreiflich, wie Hauser die ungarischen

Worte, welche ihm Herr von Pirch vorsagte, hätte verstehen können, wenn er sie nicht schon einmal gewußt hätte. Wäre Hausers Muttersprache die deutsche gewesen, so würde ihm gewiß vieles aus seiner ersten Kindheit wieder erinnerlich seyn, wie dies bei Anhörung der ungarischen Worte der Fall war. Er erinnerte sich an seine Kindsmagd, er war an Reinlichkeit bei Verrichtung seiner Bedürfnisse gewöhnt, und auch seine Impfnarben können einigermaßen als Beweis gelten, daß er seine ersten Kinderjahre in der menschlichen Gesellschaft verlebt habe.

Zweite Periode. Wahrscheinlich war Hauser, nach obigen Bemerkungen, als er eingekerkert wurde, schon 3 bis 4 Jahre alt. Sein Kerker muß, wie die Tagsblindheit, an der er litt, dunkel und wahrscheinlich unter der Erde gewesen seyn. Wenn man jenes Alter als den Zeitpunct seiner Einkerkerung annimmt, so verlebte er, da er bei seiner Hierherkunft das Aussehen eines Jünglings von 16 bis 17 Jahren hatte, wenigstens über zwölf Jahre in diesem düstern Aufenthaltsort. Während dieser langen Zeit sah er kein menschliches Wesen, hörte er keine menschliche Stimme, wurde durchaus vernachlässigt und sich selbst überlassen. In diesem Zustande mußte er durchaus die Sprache vergessen, und mit dem Vergessen der Sprache mußten auch die wenigen Begriffe und Vorstellungen, welche er sich vor seiner Einkerkerung erworben haben mochte, verlöschen, da diese an die Sprache gebunden, und ohne Sprache nicht möglich sind. Was er nicht vergessen hat und nicht vergessen konnte, war das Bedürfniß, das ihm dargereichte Brod und Wasser zu genießen, wozu ihn der Instinct trieb, und die Gewohnheit, zu der er schon vor seiner Einkerkerung angehalten gewesen seyn mußte, seiner Excremente in den neben ihm stehenden Topf sich zu entledigen, an welche er täglich erinnert wurde. Von einem An- und Auskleiden bei diesem Geschäfte hat Hauser nie etwas erwähnt. Nach seiner Angabe, hätte er den Hosenträger auf dem Leibe unter dem Hemde gehabt und die Beinkleider wären hinten aufgeschlitzt gewesen.

Hauser trat demnach wieder ganz in den Zustand seiner ersten Kindheit zurück, und es ist daher ganz natürlich, daß er sich an das, was in seinem Kerker mit ihm vorging, nicht erinnern kann. Immerhin mögen Spinnen, Mäuse, Fliegen u. dergl. in seinem Gefängniß gewesen seyn, sie können ihn sogar zuweilen, wenn sie ihm zu nahe kamen, erschreckt haben, aber sie beobachten, und sich ihrer erinnern, konnte er so wenig, als ein Kind, das in der Wiege liegt. Aus den ersten Jahren der Kindheit weiß sich Niemand etwas zu erinnern. Nicht einmal mit der Sprache, (denn Niemand kann sich erinnern, wenn er zu sprechen angefangen hat,) beginnt das Erinnerungsvermögen, sondern erst mit dem Erwachen zum empirischen Selbstbewußtsein.

Dritte Periode. Diese beginnt mit Hausers Freilassung aus seiner Haft. Er kam aus derselben zwar, nach Wuchs und Aussehen, als ein Jüngling zwischen sechszehn und siebzehn Jahren, in Wahrheit aber als ein Kind, das sich seiner noch nicht bewußt ist. Wer verlangt von einem 2 bis 3jährigen Kinde, welches zum ersten Male von einem Dorfe in die Stadt gebracht wird, daß es den Weg, den es gegangen ist, und die Gegenstände, die es gesehen hat, genau beschreiben, und das Thor, durch welches es in die Stadt gekommen, bezeichnen soll? Hauser war damals weniger, als ein solches Kind. Es ist unwahr, und Hauser hat es nie gesagt, daß er gleich bei dem Austritt aus seinem Kerker Berg und Ebene habe unterscheiden können; er sagte blos, er wäre von dem Mann eine Höhe hinaufgezogen (tragen?) worden. Da also Hauser in einem Zustande der ersten Kindheit aus seinem Kerker kam, so konnte er von den bisherigen Ereignissen seines Lebens eben so wenig Rechenschaft geben, als ein Kind, das eben zu sprechen angefangen hat.

Authentische Mittheilungen

über

Caspar Hauser.

Mit Genehmigung der k. bayer. Staatsministerien der Justiz
und des Innern

zum erstenmale

aus den Gerichts- und Administrativ-Acten

zusammengestellt

und

mit Anmerkungen versehen

von

Dr. Julius Meyer,

kgl. bayer. Bezirksgerichtsassessor.

Ansbach.

Verlag von Fr. Seybold.

1872.

Als Hauser hierher und wieder unter Menschen kam, machte er schnelle Fortschritte in der Sprache; und mit der Sprache erwachte auch das Bewußtsein. Zugleich entwickelten sich seine geistigen Fähigkeiten mit gleicher Schnelligkeit. Wenn Hauser hier von dem Entwicklungsgang, den das Kind gewöhnlich nimmt, abzuweichen scheint, so ist dieses nur scheinbar; denn auch er erlernte zuerst die Sprache, und dann kamen ihm Vorstellungen; nur geschah dieses alles in kürzeren Zwischenzeiten, und zwar aus folgenden Gründen:

1) Hauser war schon einmal aus dem Zustande der ersten Kindheit getreten und sich seiner bewußt; durch einen leichten Anstoß, den er durch die Sprache erhielt; mußte er wieder zum Bewußtsein erwachen.

2) Seine körperliche Ausbildung konnte zwar in seiner Haft gestört, aber nicht, wie seine geistige, zurückgehalten werden. Seine Organe, und also auch die Sprachorgane, waren, als er derselben entlassen worden ist, schon völlig ausgebildet, und was besonders zu berücksichtigen, auch die sensible Sphäre seines Organismus, als: Gehirn, Rückenmark und Nervensystem, hatten ihre völlige Ausbildung erlangt. In dieser Hinsicht war also die Ausbildung seines Organismus von jenem des kindlichen Alters durchaus verschieden, und daraus sind seine schnellen Fortschritte erklärbar.

3) Wenn das Kind die Sprache gefunden hat und nur einige Worte sprechen kann; so braucht es nicht lange, um sich der Sprache in so weit zu bemächtigen, als es sie zum Bedarf seiner Vorstellungen nöthig hat. Wenn aber Hauser die Sprache und deutliche Aussprache in kürzerer Zeit erlernte, als ein Kind, so kam ihm hiebei sein glückliches Gedächtnis zu statten, und dann auch der Andrang so vieler Personen, die an seinem Schicksale Antheil nahmen, und ihn zu unterrichten die gute Meinung hatten.

Die schnellen Fortschritte, die er in seiner geistigen Ausbildung zu machen schien, die hervorstechenden Fähigkeiten, die er anfangs zeigte, erkläre ich für einen krankhaften Zustand. Hauser kam aus der Einförmigkeit und dunkeln Einsamkeit seines Kerkers nicht nach und nach, sondern wie mit einem Sprung, in eine ganz entgegengesetzte Lage. Die verschiedenen, ihm bisher ungewohnten Eindrücke, welche die ihn umgebenden Außendinge, als: freie Luft, Licht, Schall und besonders der Andrang so vieler Menschen, die ihm nur wenige Stunden des Tages in Ruhe ließen, und dergl. mehr, auf ihn machten, mußten seinen ganzen Organismus gewaltsam ergreifen. Es äußerten sich auch bald die traurigen Folgen davon. Denn als Hauser von dem Herrn Professor Daumer aufgenommen wurde, fühlte er sich so erschöpft, daß sein Leben in der größten Gefahr schwebte und seine Erholung langsam erfolgte. Vorzüglich wirkten diese Schädlichkeiten auf die sensible Sphäre seines Organismus nachtheilig ein, indem das Gehirn, das Nerven- und Gangliensystem in eine krankhaft erhöhte Reizbarkeit versetzt worden ist, und woher besonders der Brennpunkt des gesammten Gangliensystems, das Sonnengeflechte (Plexus solaris), angegriffen gewesen zu seyn scheint. Sein krankhafter Zustand hatte mit dem des Somnambulismus die größte Aehnlichkeit, wie z. B. die erhöhte Empfindlichkeit seiner Sinnesorgane, besonders des Tastsinns, die besondern, oft widrigen Gefühle, die ihm die Ausdünstungen und Berührungen der ihn besuchenden Personen verursachten und dergl. Im Ganzen jedoch und am richtigsten bestimmt war dieser Zustand einzig eine krankhaft erhöhte Thätigkeit der sensiblen Organe. Auf diese, welche bis zum Winter 1829 dauerte, folgten, wie dies immer zu geschehen pflegt, Ermattung und Schwäche, und es dauerte fast länger, als ein Jahr, bis ihm eine normale Gesundheit zu Theil wurde.

Ich habe oben die Gründe angegeben, warum Hauser, außer an seine Nahrungsmittel, und die ihm gebliebene Gewohnheit bei Entleerung der Excremente, sonst keine Erinnerung aus seinem Kerkerleben und von seiner Hierherreise übrig geblieben ist, und dennoch werden einige Umstände erzählt, welche sich während seines Kerkerlebens ereignet haben. Hier ist aber zu bemerken, daß solche von Hauser nicht ausgesagt, sondern späterhin zufällig entdeckt worden sind. Sie sind daher auch nie als bestimmt erwiesene Thatsachen, sondern nur als höchst wahrscheinliche Muthmaßungen angenommen worden; z. B. die Vermuthung, daß Hauser bei Reinigung seines Körpers und beim Wechsel der Wäsche Opium bekommen habe, gründet sich auf einen Versuch, den der hiesige Stadtgerichts-Arzt, Herr Dr. Preu, vor ungefähr einem Jahr angestellt hat. Derselbe mischte, an einem Vormittag, ohne daß es Hauser bemerkte, einen Tropfen Opiumtinctur in ein Glas Wasser. Als Hauser einen Schluck davon genommen hatte, setzte er das Glas weg und sagte: 'dieses Wasser ist nicht gut; es schmeckt, gerade so schlecht, als das Wasser, das ich zuweilen im Gefängniß getrunken habe.' Bald darauf wurde er schläfrig und verfiel in einen tiefen, über fünf Stunden lang andauernden Schlaf.

Aus allem diesen erhellet: 1) Hauser ist, in Hinsicht seiner geistigen Entwickelung, als ein verwahrlostes, sich seiner noch nicht bewußtes Kind, nach Nürnberg gekommen.

2) Er konnte daher von seinem vorigen Leben und seiner Hierherreise keine Rechenschaft geben.
3) Die schnelle Entwickelung seiner geistigen Vermögen war ein krankhafter Zustand. Vorstehenden pflichtmäßigen Bericht, sowie das darauf gegründete Gutachten bekräftige ich durch eigenhändige Unterschrift. Dr. Johann Karl Osterhausen, ausübender Arzt dahier."[202]

Mai 1831

Der englische Lord Philip Henry Stanhope - der sich bereits im Oktober 1829 auf der Durchreise in Nürnberg aufhielt, ohne sich für den Findling und den an ihm gerade begangenen Anschlag zu interessieren - lernt Kaspar Hauser kennen. Bereits nach fünftägiger Bekanntschaft mit Hauser setzt er eine Belohnung von 500 Gulden für Hinweise aus, die zur Ermittlung und Bestrafung der Täter des Verbrechens der "widerrechtlichen Gefangenhaltung, der Aussetzung und des Mordversuchs"[203] führen, bei negativem Ausgang soll der festgesetzte Betrag nach drei Jahren "als Stammvermögen Caspar Hauser angehören".

Sommer 1831

In der Zeit vom 3. - 28. 6. 1831 fördert Stanhope maßgeblich die Vorbereitungen zu einer Ungarnreise, die Kaspar in Begleitung seines Vormundes von Tucher und des Gendarmerieleutnants Josef Hickel antreten soll und von der man sich Aufschlüsse über die Herkunft des Jungen erhofft.[204] Die Reise, die am 3. 7. 1831 angetreten wird, führt über Wien bis Preßburg, wo sie aufgrund der in Ungarn ausgebrochenen Cholera-Epidemie ergebnislos abgebrochen werden muß.

11. - 24. 11. 1831

Nachdem Stanhope in der Zeit von September bis November täglichen Umgang mit Kaspar gepflogen hat, treten Meinungsverschiedenheiten mit von Tucher auf. Stanhope richtet sich am 21. 11. 1831 an das königliche Kreis- und Stadtgericht und bittet darum, ihm die Sorge für die Erziehung und den Unterhalt Hausers zu übertragen. In einem Schreiben vom 24. 11. 1831 nimmt von Tucher Stellung zu den Vorwürfen und dem Ansinnen Stanhopes und schildert seinen Eindruck von dem, wie er sich ausdrückt, "schädlichsten Einfluß", den der Lord auf Kaspar ausübe:

"Dem mir heute erteilten Befehle gemäß, mich über den Antrag des Herrn Grafen Stanhope vom 21. d. Mts. gutachtlich zu äußern, verfehle ich nicht folgendes ehrerbietigst vorzutragen:
Bevor ich jedoch zur Erfüllung dieser Verbindlichkeit schreite, halte ich es für Pflicht,

sowohl gegen mich als auch gegen meine vorgesetzte hohe Kuratelbehörde, mich wegen mehrerer in gedachter Eingabe enthaltener Vorwürfe zu rechtfertigen.
Herr Graf Stanhope zeigt sich mit dieser Erklärung als ein ganz vortrefflicher, in seiner Gesinnung achtungswerter Mann, aus dessen Munde aber die Äußerung, es seien zwischen ihm und mir Verhältnisse eingetreten, welche keinerlei Art von Verkehr mit mir mehr gestatten, meine bisherige Handlungsweise in das übelste Licht setzen muß.
Durch mißgünstige Verhältnisse aller Art, die auseinanderzusetzen man mir wohl erlassen wird, geschah es, daß Kaspar Hausers moralische Entwicklung nach dem ersten Jahre seines Hierseins eine Richtung nahm, die mit gerechter Besorgnis für die Zukunft erfüllen mußte: eine in hohem Grade schon ausgebildete Eitelkeit, eine ungemessene Lügenhaftigkeit, Falschheit und Heuchelei erbitterten auf eine höchst bedenklich Weise die Personen gegen ihn, welchen die unmittelbare Erziehung und Pflege übergeben war, so daß ich endlich, nachdem ich inzwischen zum Vormund bestellt worden, mich zu dem Versuch gezwungen sah, ihn zu mir ins Haus zu nehmen und nach Kräften für seine moralische wie geistige Ausbildung selbst zu sorgen. Ich konnte nun hoffen, durch sorgfältige Aufsicht, genaue Umgrenzung seines Tuns und Treibens, durch liebevolle freundliche Behandlung innerhalb dieser Grenze und unerbittliche, konsequente Strenge bei Überschreitung derselben nach und nach den an sich und von Natur nicht bösartigen, nur aber verwahrlosten und leichtsinnigen Jungen durch Gewöhnung zum Guten auf die Bahn der Ordnung zu führen.
Ohne mir deshalb ein Verdienst beilegen zu wollen, da dies alles mehr aus unmittelbarem Gefühle als aus verständiger Erkenntnis von mir geschah, hatte ich die Freude, meinen Zweck erreicht zu sehen. Ich kann es versichern, daß seit den 1 1/2 Jahren, welche er in meinem und meiner Mutter Hause zubrachte, auch nicht ein einziger Fall vorkam, der mich zu Unwillen oder Tadel veranlaßte.
Da kam nun Herr Graf Stanhope hierher, und mit einem Male war, besonders seit dem letzten Aufenthalte desselben dahier im September und Oktober, aller gute Einfluß auf den Jungen wie verschwunden, durch an sich höchst gut gemeinte, für die Individualität des Knaben aber im hohen Grade schädliche Behandlung alles das Böse, was früher in ihm lag, aufs entschiedenste wieder hervorgerufen.
Ich führe nur als ein paar Beispiele an, daß er dem Knaben sagte, es sei höchst wahrscheinlich, er, Hauser, sei ein ungarischer Magnat; man erwarte von ihm, daß er, da sich nun bald sein Schicksal dieserhalb entscheiden werde, sein unerwartetes Glück nicht mißbrauche, sondern vielmehr seine Untertanen mit Schonung und Liebe behandeln werde. Dann teilte er ihm alles mit, was in der letzten Zeit über ihn und seinetwegen behufs der Entdeckung seiner Herkunft geschehen sei - begreiflicherweise war dies für sein ohnehin eitles Gemüt Gift.
Mir konnte dieser schädliche Einfluß natürlich nicht lange entgehen, und da ich auch die Veranlassung hierzu erkannte, so legte ich dem Herrn Grafen frei und offen meine Ansicht über Hausers Wesen vor und suchte ihn, wiewohl leider vergebens, auf alle mir zu Gebot stehende Weise zu vernünftigem und zweckmäßigem Benehmen zu veranlassen. Da alle meine wiederholt ausgesprochenen und von diesem, wie es mir schien, freundlich aufgenommenen Vorstellungen fruchtlos blieben, hingegen aber aufs neue Äußerungen einer rücksichtslosen, blinden Liebe, die den Knaben nur wie einen Freund und erwachsenen Mann und nicht als ein Kind behandelte, zutage kamen, so sah ich mich gezwungen, Herrn Grafen den abschriftlich anliegenden Brief zu schreiben, um ihm dadurch deutlich und wahr, aber auch mit Bestimmtheit zu sagen, was mich veranlaßte, ihn um Änderung seines dem Knaben so höchst schäd-

lichen Benehmens zu bitten. Dieser Brief sind die eingetretenen Verhältnisse, die ihm keinerlei Art von Verkehr mit mir gestatten. Ich habe damit nichts weiter getan, als wozu mich meine Stellung als Vormund berechtigte, zur Umgehung schwerer Verantwortlichkeit aber auch verpflichtete."[205]

Die Vormundschaft über den Jungen übernimmt nun Bürgermeister Binder, im übrigen aber wird den Wünschen Stanhopes gemäß verfahren.

10. 12. 1831

Hauser übersiedelt nach Ansbach zum dortigen Lehrer und Organisten Johann Georg Meyer und dessen Frau Jette, wo er auf Kosten Stanhopes Unterkunft, Verpflegung und Unterricht erhält. Hauser verlebt die nächsten Wochen in Ansbach in täglichem Verkehr mit seinem neuen Pflegevater Stanhope, der sich jedoch bereits bald von seinem Schützling abwendet und nach dessen Tod eine undurchsichtige Rolle in der gegen den Findling gerichteten Fraktion spielt.[206]

Januar 1832

P. J. A. v. Feuerbachs Buch "Kaspar Hauser. Beispiel eines Verbrechens am Seelenleben des Menschen" erscheint und wird bald in weitere europäische Sprachen übersetzt. Im letzten Kapitel beschreibt Feuerbach seinen Eindruck von der jüngsten Entwicklung Hausers:

"Träte Kaspar, welcher jetzt zu den gesitteten Menschen von Lebensart gerechnet werden darf, unerkannt in eine gemischte Gesellschaft, so würde er bald Jedermann als eine befremdende Erscheinung auffallen. Sein Gesicht, in welchem die weichen Züge eines Kindes mit den eckigen Formen des Mannes und einigen, leicht gezogenen Furchen vorzeitigen Alters, herzgewinnende Freundlichkeit mit bedächtlichem Ernst und einem leichten Anflug von Melancholie sich vermischen; seine Naivität, zutrauliche Offenheit und oft mehr als kindische Unerfahrenheit, verbunden mit einer gewissen Art von Altklugheit und vornehmer, doch ungezwungener Gravität im Reden und Benehmen; dann die Schwerfälligkeit seiner, zuweilen nach Worten suchenden, oft fremdklingenden, harten Sprache, bei der Steifheit seiner Haltung und der Ungelenkigkeit seiner Bewegungen, - lassen ihn jedem beobachtungsfähigen Auge als ein Gemisch von Kind, Jüngling und Mann erscheinen, ohne daß man sobald mit sich einig werden könnte, welcher Altersstufe dieser einnehmende Mischling wirklich angehöre (...).
Mild, sanft, ohne lasterhafte Neigungen, ohne Leidenschaften und Affekte, gleicht sein immer sich gleichbleibendes, stilles Gemüth einem spiegelglatten See in der Ruhe einer Mondscheinnacht. Unfähig einem Thier wehe zu thun, mitleidig gegen den Wurm, den er zu zertreten fürchtet, dabei furchtsam bis zur Feigheit, wird er gleichwohl rücksichtslos, sogar schonungslos nach seinem Sinne handeln, sobald es gilt, einmal gefaßte, für Recht erkannte Vorsätze zu behaupten und durchzusetzen.
An Verstand ein Mann, an Einsichten ein kleiner Knabe, in Manchem noch weniger

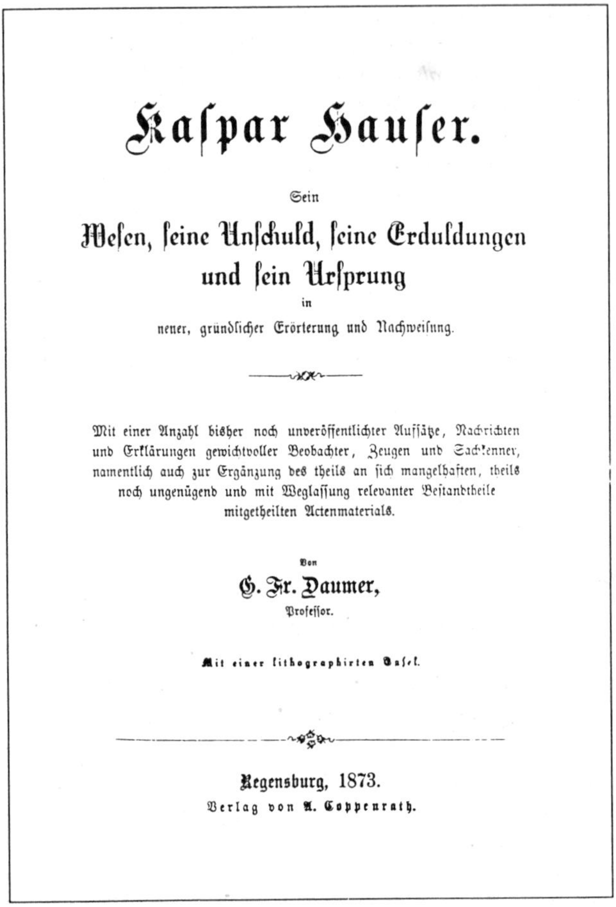

Kaspar Hauser.

Sein
Wesen, seine Unschuld, seine Erduldungen
und sein Ursprung
in
neuer, gründlicher Erörterung und Nachweisung.

Mit einer Anzahl bisher noch unveröffentlichter Aufsätze, Nachrichten und Erklärungen gewichtvoller Beobachter, Zeugen und Sachkenner, namentlich auch zur Ergänzung des theils an sich mangelhaften, theils noch ungenügend und mit Weglassung relevanter Bestandtheile mitgetheilten Actenmaterials.

Von
G. Fr. Daumer,
Professor.

Mit einer lithographirten Tafel.

Regensburg, 1873.
Verlag von A. Coppenrath.

als ein Kind, zeigt sein Reden und Benehmen oft eine seltsam contrastirende Mischung von Männlichkeit und kindischem Wesen. Mit ernsthafter Miene und im Tone großer Wichtigkeit thut er nicht selten Aeusserungen, die bei jedem Andern desselben Alters dumm oder läppisch heißen würden, aus seinem Mund aber immer ein wehmüthig mitleidiges Lächeln sich erzwingen. Ganz possirlich nimmt es sich besonders aus, wenn er von seinen künftigen Lebensplanen spricht, von der Art, wie er, wenn er einmal etwas Rechtes gelernt und Geld verdient habe, sich einrichten und mit seiner Frau, die er als einen nothwendigen Hausrath betrachtet, es halten wolle. Unter einer Ehefrau weiß er sich nichts anders zu denken, als eine Haushälterin oder Obermagd, die man so lange behält als sie taugt, und wider fortschickt, wenn sie öfters die Suppe versalzen, die Hemden nicht ordentlich geflickt, die Kleider nicht gehörig rein gebürstet hat u.s.w. (...).

Als reifer Jüngling, der seine Kindheit und Jugend verschlafen, zu alt, um noch als Kind, zu kindisch unwissend, um als Jüngling zu gelten; ohne Altersgenossen, ohne Vaterland, ohne Eltern und Verwandte; gleichsam das einzige Geschöpf seiner Gat-

tung: erinnert ihn jeder Augenblick an seine Einsamkeit mitten im Gewühl der ihn umdrängenden Welt, an seine Ohnmacht, Schwäche und Unbehülflichkeit gegen die Macht der über sein Schicksal gebietenden Umstände, vor allem an die Abhängigkeit seiner Person von der Gunst oder Ungunst der Menschen (...).
Einer der größten Mißgriffe in der Erziehung und Bildung dieses Menschen war unstreitig, daß man, statt ihm eine seiner Eigenthümlichkeit angemessene, gemein menschliche Bildung zu geben, ihn seit einigen Jahren auf das Gymnasium schickte, und ihn noch obendrein sogleich in einer höheren Klasse den Anfang machen ließ. Dieser arme verwahrloste Jüngling, der erst seit Kurzem den ersten Blick in die Welt gethan und noch nachzuholen hatte, was unsere Kinder schon an der Mutterbrust, im Schoos ihrer Wärterinnen lernen, mußte auf einmal mit der lateinischen Grammatik, mit lateinischen Exercitien, mit Cornelius Nepos, und endlich gar mit Caesar de bello Gallico seinen Kopf zermartern. In lateinische Schul-Schrauben eingezwängt, erlitt nunmehr sein Geist gleichsam seine zweite Gefangenschaft. Wie früher die Kerkermauern sperrten ihn jetzt die bestaubten Wände der Schulstube von der Natur und dem Leben aus; statt nützlicher Dinge gab man ihm Worte und Phrasen, deren Sinn und Beziehung er nicht zu begreifen fähig war, und verlängerte so auf das widernatürlichste von neuem seine Kindheit. Während er an dürrem Schulkram seine Zeit und seine ohnehin geringen Kräfte vergeuden mußte, darbte er fortwährend an der nothdürftigsten Kenntniß von Dingen, die seine Seele nähren und erfreuen, seinem wunden Gemüth einigen Ersatz für die verlorne Jugend gewähren, und ihm zur Grundlage für irgend einen künftigen Beruf dienen konnten. 'Ich weiß gar nicht - sagte er öfters in Unmuth und halber Verzweiflung - wozu ich alle die lateinische Sachen brauchen soll, da ich doch kein Pfarrer werden kann, und kein Pfarrer werden mag.' Als ihm einst hierauf ein Pedant erwiederte: 'das Erlernen der lateinischen Sprache sei ihm der deutschen Sprache wegen unentbehrlich; um gründlich Deutsch zu lernen, müsse man gründlich Latein gelernt haben,' erwiederte sein gesunder Menschenverstand, 'ob denn auch die Römer deutsch hätten lernen müssen, um gründlich lateinisch sprechen und schreiben zu können?' Wie das Latein zu Kaspar, Kaspar zum Latein paßte, mag man daraus abnehmen, daß dieser bärtige Lateiner, als er im Frühjahr 1831 bei mir lebte, noch nicht einmal die Erfahrung gemacht hatte, daß Gegenstände des Gesichts in der Entfernung kleiner scheinen als sie wirklich sind; er war ganz befremdet darüber, daß die Bäume einer Allee, in der ich mit ihm spazieren ging, immer kleiner und niedriger seien, und der Weg in der Ferne immer schmaler, so daß man am Ende gar nicht mehr hindurchgehen könne. Er hatte so etwas zu Nürnberg noch nicht beobachtet, und gerieth, wie über eine Zauberei, in Erstaunen, als er, mit mir die Allee hinabgehend, endlich fand, daß jeder dieser Bäume gleich hoch und der Weg überall gleich breit sei.
Das drückende Gefühl von seiner Unwissenheit, Unbehülflichkeit und Abhängigkeit; die Ueberzeugung, daß er nie im Stande sein werde, die verlorne Jugend wieder einzubringen, seinen Altersgenossen gleich zu kommen und ein in der Welt brauchbarer Mensch zu werden; daß man mit seiner Jugend ihm nicht blos den schönsten Theil des Menschenlebens genommen, sondern auch sein ganzes übriges Leben ihm verkümmert und verkrüppelt habe; endlich zu diesem allen noch der grauenhafte Gedanke, daß dem kümmerlichen Rest seiner ihm gefristeten Tage jeden Augenblick ein unsichtbares Mordbeil, ein geheimes Banditenmesser drohe: - dies ist der schwere Inhalt der seine Stirn umziehenden Trauerwolken, die, wenn äußere Anlässe sie verdichten, nicht selten in Thränen und wehmüthigen Klagen sich ergießen (...).

Seine Lebensweise ist jetzt fast ganz die gewöhnliche anderer Menschen. Er genießt, ausgenommen Schweinefleisch, alle Arten von Speisen, doch ohne hitzige Gewürze. Sein liebstes Gewürz blieben Kümmel, Fenchel und Koriander. Sein Getränke besteht noch immer in Wasser; nur Morgens wird dieses von einer Tasse Gesundheitschocolade vertreten. Alle gegohrnen Getränke, Bier, Wein, wie auch Thee und Kaffee, sind ihm fortwährend ein Gräuel, und würden, wollte man ihm davon einen Tropfen aufnöthigen, ihn unfehlbar krank machen.
Die ausserordentliche, fast übernatürliche Erhöhung seiner Sinne hat ebenfalls gegenwärtig ganz nachgelassen und ist beinahe auf das gewöhnliche Maaß herabgestimmt. Er sieht zwar noch immer im Dunkeln, so daß es für ihn keine wahre Nacht, sondern nur Dämmerung gibt; doch ist er nicht mehr im Stande im Finstern, wie sonst, zu lesen oder in weiter Entfernung die kleinsten Gegenstände zu erkennen. Während er ehemals bei dunkler Nacht weit besser und schärfer sah, als bei Tag, ist es jetzt umgekehrt. Gleich andern Menschen verträgt und liebt er nun das Sonnenlicht, das nicht mehr, wie sonst, seine Augen verwundet. Von der Riesenhaftigkeit seines Gedächtnisses und andern staunenswürdigen Eigenschaften ist keine Spur mehr zu finden. Nichts Ausserordentliches ist mehr an ihm, als das Ausserordentliche seines Schicksals und seine unbeschreibliche Güte und Liebenswürdigkeit."[207]

Unmittelbar nach dem Erscheinen sendet Feuerbach sein Buch der Königin Karoline von Bayern, die, aufgrund der dort enthaltenen Andeutungen eines dynastischen Verbrechens, weitere Auskunft erbittet.

19. 2. 1832

Feuerbach läßt durch den Polizeileutnant Josef Hickel sein geheimes "Memoire über Kaspar Hauser" der Königin überreichen, in dem er seine Deduktion vom badischen Prinzentum Hausers entwickelt (veröffentlicht wurde die Schrift erst lange nach dem Tode P. J. A. von Feuerbachs durch Ludwig Feuerbach, 1851):

"Memoire über Kaspar Hauser.
Wer möchte wohl Kaspar Hauser sein?
Die Rechtsgelehrten haben bei der Entscheidung über Verbrechen, einen Beweis aus dem Zusammentreffen der Umstände. Auch ich unternehme einen solchen, aus einer Reihe nebeneinander gestellter Vermuthungsgründe zusammengesetzten Beweis, welcher freilich vor keinem Richterstuhle ein entscheidendes Gewicht haben würde, gleichwohl aber hinreichend sein dürfte, um eine sehr starke menschliche Vermuthung, wo nicht vollständige moralische Gewißheit zu begründen.
Die lange Kette dieses Vermuthungsbeweises bildet sich durch folgende Glieder, welche, so fein sie sind, fest in einander greifen.
I. Hinsichtlich des Standes desselben im Allgemeinen ergibt sich aus den zu den gerichtlichen Acten gekommenen oder sonst bewahrheiteten Umständen Folgendes:
1) Kaspar Hauser ist kein uneheliches, sondern ein eheliches Kind. Denn wen auch Kaspar, wenn man sich ihn als uneheliches Kind denkt, zum Vater oder zur Mutter gehabt haben möge, so gab es, wenn es darauf ankam, die Paternität oder Maternität zu verheimlichen, weit leichtere, weniger grausame und bei weitem weniger für die

Betheiligten gefährliche Mittel, als die ungeheure That der vielleicht 16-17 Jahre lang fortgesetzten, geheimen Gefangenhaltung und endlichen Aussetzung des Kindes (...).

2) Bei den an Kaspar begangenen Verbrechen sind Personen betheiligt, welche über große außergewöhnliche Mittel zu gebieten haben. Daß sowohl die Aussetzung Kaspar's, als auch der später an ihm verübte Mordversuch in einer Stadt, wie Nürnberg, am hellen Tage, gleichsam öffentlich geschehen konnte, dann aber alle Spuren des Thäters auf einmal verschwanden; daß alle Nachforschungen, die seit nun beinahe drei Jahren mit dem rastlosesten Eifer, geleitet vom vereinten Scharfsinn der erfahrensten Justiz- und Polizeimänner, nach allen Richtungen hin unternommen wurden, in der Art fruchtlos gewesen sind (...): - alles Dieses wird nur daraus erklärbar, daß mächtige und sehr reiche Personen dabei betheiligt sind, welche über gemeine Hindernisse kühn hinwegzuschreiten die Mittel haben, welche durch Furcht, außerordentliche Vortheile und große Hoffnungen willige Werkzeuge in Bewegung zu setzen, Zungen zu fesseln und goldne Schlösser vor mehr als Einen Mund zu legen, die Macht besitzen.

3) Kaspar muß eine Person sein, an dessen Leben oder Tod sich große Interessen knüpfen. Dieses beweist unwidersprechlich der eben so listig angelegte, als keck ausgeführte Mordversuch. Das Ungeheure des Mittels nöthigt jeden gesunden Verstand, auf einen mit dem Mittel in Verhältniß stehenden großen Zweck zu schließen. Wer hätte das Interesse haben können, an einem armen, von fremder Barmherzigkeit lebenden Findling den Tod auf dem Schaffot zu wagen? wäre nicht an diesem Findlinge weit mehr gelegen, als an irgend einem Findlinge gelegen sein konnte (...).

4) Nicht Rache, nicht Haß konnten Motive zur Einkerkerung, dann zur versuchten Ermordung dieses unschuldigen, harmlosen Menschen gewesen sein. Es bleibt kein anderer Beweggrund denkbar als der Eigennutz. Er wurde entfernt, damit Anderen Vortheile zugewendet und für immer gesichert würden, welche von Rechtswegen nur ihm gebührten; er mußte verschwinden, damit Andere ihn beerben, er sollte ermordet werden, damit Jene in der Erbschaft sich behaupten konnten.

5) Er muß eine Person hoher Geburt, fürstlichen Standes sein. Dafür sprechen - seltsam genug! - doch auf die überzeugendste Weise - merkwürdige Träume, die Kaspar zu Nürnberg gehabt hat, welche Träume nichts Anderes gewesen sein können, als wiedererwachte Erinnerungen aus seiner früheren Jugend (...).

Aus der Verbindung aller obigen Umstände geht nun zuvörderst die dringende Vermuthung, ja die moralische Gewißheit hervor:

'Kaspar Hauser ist das eheliche Kind fürstlicher Eltern, welches hinweggeschafft worden ist, um Andern, denen er im Wege stand, die Succession zu eröffnen.'

*II. Die Gefangenhaltung Kaspar's inbesondere betreffend, so stellt sich dieselbe, von Einer Seite betrachtet, als das an dem Unglücklichen begangene Hauptverbrechen, derjenige, der ihn gefangen hielt und ernährte, als ein Bösewicht dar. Bei diesem Gesichtspunkte blieb von Feuerbach in seinem neuerlich erschienenen Werkchen: 'Kaspar Hauser', stehen, weil er dem Publicum hierüber nicht zu viel sagen durfte, um nicht noch mehr sagen zu müssen. Auf der S. 43, Anm. **) erlaubte er sich nur auf das Wahre, das hinter dem Scheine des dem Auge zunächst sich hervorkehrenden Verbrechens verborgen ist, hinzudeuten, und die weiteren Schlüsse daraus dem Scharfsinn des Lesers zu überlassen. Die ganze Wahrheit ohne Schminke, und ohne theilweise Verhüllung zeigt sich aber im Folgenden:*

1) Kaspar wurde freilich gefangen gehalten und spärlich ernährt. Aber man hat auch

Beispiele von Menschen, welche gefangen gehalten wurden, nicht in verbrecherischer, sondern in wohlthätiger Absicht, nicht um sie zu verderben, sondern um sie zu retten, ihr Leben gegen ihre Verfolger in Sicherheit zu bringen. Die Art und Weise, wie Kaspar gefangen gehalten wurde, hat offenbar diesen Charakter (...).
Daß Kaspar für den Mann, 'bei dem er immer gewesen', noch immer eine große Zuneigung fühlt, mit Liebe und Dankbarkeit über ihn sich äußert, immer nur bittet, man möge diesen Mann, wenn man ihn entdecke, mit Strafe verschonen, ist ebenfalls ein Umstand, welcher, mit den obigen Thatsachen zusammengenommen, den sicheren Schluß begründet:
'der Mann, der unsern Kaspar gefangen hielt, war sein Wohlthäter, sein Retter; er hielt ihn gefangen, um ihn vor seinen Verfolgern, vor denen, die ihm nach dem Leben trachteten, zu verbergen.'
2) Wenn in Kaspar's Person, aus irgend einer hohen oder nur aus einer vornehmen, angesehenen Familie ein Kind verschwunden wäre, ohne daß man über dessen Tod oder Leben und wie es hinweggekommen, etwas in Erfahrung bringen könne: so müßte längst officiell bekannt sein, in welcher Familie dieses Unglück sich ereignet habe. Denn das Verschwinden eines Kindes ist eine offenkundige, Aufsehen erregende Thatsache. Da nun aber seit Jahren, und unerachtet Kaspar's Schicksal weltbekannt geworden, nicht das Mindeste von einer Familie bekannt geworden, aus welcher vor ungefähr 17-20 Jahren ein Kind heimlicher Weise abhanden gekommen und verschwunden sei: so ist Kaspar nur unter den Todten zu suchen:
'ein Kind wurde für todt ausgegeben, wird noch jetzt für todt gehalten; lebt aber noch in der Person des armen Kaspar.'
Dieser Umstand, mit den vorhergehenden zusammengereiht, combinirt sich zu folgender muthmaßlicher Geschichte:
'das Kind, in dessen Person der nächste Erbe, oder der ganze Mannsstamm seiner Familie erlöschen sollte, wurde heimlich bei Seite geschafft, um nie wieder zu erscheinen. Um aber den Verdacht eines Verbrechens zu entfernen, wurde diesem Kinde, welches vielleicht, als es beseitigt wurde, gerade krank zu Bette gelegen hatte, ein anderes bereits verstorbenes oder sterbendes Kind untergeschoben, dieses alsdann als todt ausgestellt und begraben, und so Kaspar angeblich in die Todtenliste gebracht.'
War der Arzt des Kindes mit im Spiel, hatte er den Auftrag das Kind umzubringen, fand er jedoch entweder in seinem Gewissen oder in seiner Klugheit Gründe, den Auftrag scheinbar zu vollziehen, aber das Kind heimlich beim Leben zu erhalten, so konnte dieser fromme Betrug auf das leichteste vollzogen werden. Zwischen dem Zeitpunkte des vorgespiegelten Todes und der Einkerkerung Kaspar's liegt übrigens, wie sehr wahrscheinlich, ein nicht unbeträchtlicher Zwischenraum. Mancherlei führt nämlich auf die dringende Vermuthung, daß Kaspar, nachdem er zum Schein in Deutschland gestorben war, nach Ungarn geschafft worden ist, dort die ersten Kinderjahre in der Freiheit verlebt hat und erst alsdann, um ihn vor naher Todesgefahr zu retten, eingekerkert worden ist. Was nun endlich
III. Die Frage betrifft, in welche hohe Familie Kaspar gehören möge? so ist nur Ein Haus bekannt, auf welches nicht nur mehrere zusammentreffende allgemeine Verdachtsgründe hinweisen, sondern welches auch durch einen ganz besondern Umstand speciell bezeichnet ist, nämlich - die Feder sträubt sich, diesen Gedanken niederzuschreiben - das Haus B -.
Auf höchst auffallende Weise, gegen alle menschliche Vermuthung, erlosch auf ein-

Caspar Hauser.

Hinterlassenes Manuscript

von

Josef Hickel,

k. b. Gendarmerie-Major, Mitglied der Hauser'schen Untersuchungs-Commission und gerichtlich bestelltem Vormund desselben,

nebst einer

Selbstbiographie Caspar Hausers.

Herausgegeben und mit Anmerkungen versehen

von

Dr. Julius Meyer,

k. b. Landgerichtsrath.

Mit einem Lichtdruckbilde und Facsimile Caspar Hausers.

1881.

Druck und Verlag von C. Brügel und Sohn.

Ansbach.

mal in seinem Mannesstamme, das alte Haus der Z -, um einem blos aus morganatischer Ehe entsprossenen Rebenzweige Platz zu machen! Dieses Aussterben des Mannesstammes ereignet sich nicht etwa in einer kinderlosen, sondern - seltsam genug! - in einer mit Kindern wohlgesegneten Familie.

Was noch verdächtiger; - zwei Söhne waren geboren; aber diese beiden Söhne starben, und nur sie starben, während die Kinder weiblichen Geschlechts insgesammt bis auf den heutigen Tag noch in frischer Gesundheit blühen. Die Frau Gr - St - ist eine wahrhaft zweite Niobe, nur mit dem Unterschiede, daß Apollo's tödtendes Geschoß ohne Unterschied Söhne und Töchter traf, dort aber der Würgeengel an allen Töchtern vorüberging und nur die Söhne erschlug.

Und nicht blos seltsam, sondern einem Wunder ähnlich ist es, daß der Würgeengel schon gleichsam an der Wiege beider Knaben steht und diese mitten aus der Reihe seiner Schwestern herausgreift. Zwischen den beiden Prinzessinnen L. und J. stirbt der erstgeborne Prinz N. N. am 16. October 1812, zwischen den Prinzessinnen J. und M. stirbt am 8. Mai 1817 der Prinz A. Diese Sterbefälle widerstreiten fürwahr jeder physiologischen Wahrscheinlichkeit. Wie wäre es erklärbar, daß eine Mutter demselben Vater lauter gesunde Töchter und als Söhne nur Sterblinge gebiert? In dieser ganzen Begebenheit scheint so viel System, so viel Berechnung hindurch, wie sie nicht dem Zufalle, sondern nur menschlichen Absichten und Planen zuzutrauen ist. Oder man müßte glauben, die Vorsehung selbst habe einmal in den gewöhnlichen Lauf der Natur eingegriffen und Außerordentliches gethan, um eine coup de politique auszuführen.

Wer bei dem Aussterben des Mannesstammes in der Linie des Gr - E. das nächste, das unmittelbarste Interesse hatte, war unstreitig die Mutter der Herrn Grafen H. mit ihren Söhnen. Denn waren ihre Kinder aus morganatischer Ehe für successionsfähig anerkannt und war der Mannsstamm im Laufe des Gr - E. untergegangen; so mußte wohl nach kurzer Zeit die Succession an die H-sche Familie kommen. Die Gräfin H. wird überdies als eine Dame bezeichnet, welche gegen die Gemahlin des Gr - E. tiefen Haß getragen, welche dabei von unbegrenztem Ehrgeiz und eines solchen Charakters sei, der sie um die Mittel zu ihren Zwecken wenig verlegen mache.

Nun aber komme ich zu einem Umstande, der an sich selbst so klein und unbedeutend ist, daß er sich lange Zeit der Aufmerksamkeit entzog, bis er durch Zusammenhaltung mit einigen genealogischen Thatsachen, nach welchen der Verfasser dieser Schrift lange vergebens gestrebt hatte - sie sind ihm erst vor einigen Wochen aus Frankfurt mitgetheilt worden - seinen Verdacht bis zu moralischen Gewißheit steigerte.

In dem Briefe, welcher dem armen Kaspar bei seiner Aussetzung in die Hand gegeben worden ist, in Verbindung mit der Einlage zu jenem Briefe, sind unter anderen folgende Angaben enthalten: es sei

1) Kaspar geboren am 30. April 1812;

2) er sei dem Unbekannten gelegt worden am 7. October 1812.

Hiermit treffen nun, bis auf unbedeutende, leicht erklärbare Abweichungen, die verhängnißvollen Epochen der Geburt und des Todes beider Prinzen, besonders aber des erstgebornen N. N. wunderbar zusammen. Nämlich:

1) der Prinz N. N. ist geboren im Jahre 1812, gestorben im Jahre 1812. In demselben Jahre 1812 ist, nach jener Angabe, Kaspar geboren, und auch in demselben Jahre 1812 angeblich als Findelkind dem Unbekannten gelegt worden (d. h. aus seiner Familie verschwunden, und in die Gewalt des Unbekannten gekommen).

2) Selbst der Monat des Todes des Prinzen N. N. trifft mit dem Monat der angeblichen Aussetzung des Kindes Kaspar bei jenem Unbekannten überein. Der October ist für beide verhängnißvoll; in diesem Monat desselben Jahrs stirbt Prinz N. N. und wird Kaspar ausgesetzt. Nun ist zwar

3) nicht nur eine kleine Differenz in dem Monats-Tag - dort der 16. October, hier der 7. October - sondern auch eine Abweichung in den Geburts-Tagen, indem der Prinz am 29. Sept. geboren wurde, Kaspar aber am 30. April zur Welt gekommen sein soll. Allein jene Differenz zwischen dem 7. und 16. desselben Monats ist an sich höchst unbedeutend und leicht erklärbar, dagegen ist wieder

4) der 30. April, welcher dem Kaspar als Geburtstag beigelegt wird, von höchster Bedeutung. Dieser ist nämlich gerade der Geburtstag des zweiten Prinzen A.

Die Ursachen dieser Uebereinstimmungen und Abweichungen sind nicht schwer zu erklären. es ist leicht möglich, daß der Unbekannte, der von dem Geburts- und angeblichen Todesjahr Kaspar's im Allgemeinen gute Kenntniß hatte, in den einzelnen

Kaspar Hauser.

Seine Lebensgeschichte

und

der Nachweis seiner fürstlichen Herkunft.

Aus

nunmehr zur Veröffentlichung bestimmten Papieren einer

hohen Person.

Von

.... von K ....

Dritte Auflage.

Regensburg.

Verlag von Alfred Coppenrath.

1883.

Datis sich im Irrthum befand, den Geburtstag des zweiten Prinzen (30. April) mit dem des ersten verwechselte, und sich, während ihm der October als Sterb-Monat noch im treuen Gedächtnis lag, nur in dem Monats-Tag vergriff (statt des 16. October der 7. - ein unbedeutender Unterschied von 8 bis 9 Tagen).

Indessen scheint mir die Abweichung ganz absichtlich aus guten Gründen geschehen zu sein. Derjenige, der unsern Kaspar in Gewahrsam hatte, ihn nach Nürnberg brachte oder schaffte und den Brief nebst Beilage schrieb oder schreiben ließ, war höchstwahrscheinlich ein katholischer Geistlicher, vielleicht ein Klostergeistlicher. Diesem, der auch, wie die demselben mitgegebenen geistlichen Büchlein befunden, für Kaspar's Seelenheil besorgt war, mußte es eine große Verruchtheit dünken, den Unglücklichen ohne allen Ausweis über seine Geburt in die Welt zu stoßen. Wäre

aber dieser Mann dem rechten Datum in Allem vollkommen getreu geblieben; so mußte er mit Recht eine nur zu schnelle Entdeckung befürchten. Um daher in der Hauptsache bei der Wahrheit zu bleiben, ohne das Geheimnis zu verrathen, mußte der Wahrheit etwas Lüge beigemischt werden, und so wurde denn, um auch so noch von der Wahrheit so wenig als möglich abzuweichen, blos ein Datum im richtig angegebenen Monat (October) um einige Tage zurückgeschoben, und ihm nebenbei der 30.April aus dem Leben seines jüngeren Bruders beigelegt.
Nicht unbedeutend ist es, daß nicht lange nach dem Erscheinen Kaspar's zu Nürnberg sich das Gerücht - und zwar von B - her, verbreitete: Kaspar sei ein für todt ausgegebener Prinz des B - schen Hauses und zwar ein Sohn der Gr - S - ; daß dieses Gerücht von Zeit zu Zeit wieder laut geworden ist, am lautesten aber in der neuesten Zeit; daß neuerlich unter der Form einer angeblichen Geistererscheinung, von welcher öffentliche Blätter erzählen, die Behauptung angedeutet wurde, die Familie H. besitze durch Ursurpation den Thron, es sei noch ein ächter Prinz am Leben; daß sogar erst vor einigen Tagen, aus einer Stuttgarter Zeitung, in einem Augsburger Blatt die Behauptung zu lesen wàr: 'Kaspar Hauser['] [!] sei 'der muthmaßliche Prätendent von B - .' Gerüchte sind freilich nur Gerüchte, sind aber darum nicht zu verachten; sie fließen oft aus sehr echten Quellen; sie haben, wo es geheimen Verbrechen gilt, häufig darin ihre Entstehung, daß der eine oder andere Mitwissende geplaudert hat, mit seinem Vertrauen zu freigebig gewesen oder sonst eine verrätherische Unvorsichtigkeit begangen hat, oder weil ein Mitschuldiger, um sein Gewissen zu erleichtern, oder um sich wegen getäuschter Hoffnungen zu rächen und dergl., im Stillen die Entdeckung der Wahrheit herbeizuführen sucht, ohne an sich selbst zum Verräther werden zu müssen u.s.w.
Aus diesen Gründen zählen die Rechtsgelehrten auch Gerüchte (die famam publicam) zu den Anzeigungen (Indicien) von Verbrechen und deren Urhebern oder Theilnehmern."[208]

Ebenfalls am 19. 2. 1832 warnt Frau Klara Biberbach Jette Meyer vor ihrem neuen Pflegling:

"Und nun zur eigentlichen Ursache meines Schreibens, wobei ich schon im voraus um Ihre Geduld und Nachsicht bitten muß, da es eine Sache betrifft, wobei ich mich nicht übereilen will und darf. Kaspar Hauser, das glückliche Unglückskind, ich nenne ihn gerne so, da er wirklich bei so manchen trüben, herben, bitteren Erfahrungen, die er gemacht, doch wieder unendlich vom Glücke begünstigt wurde, lebt nun in Ihrem Hause, und ein reichliches Feld von Beobachtungen jeglicher Art liegt Ihnen und Ihrem Gemahl offen. Hauser war längere Zeit das Schoßkind Nürnbergs, aber unzeitiges Lob, Schmeichelei von allen Seiten, dabei ein Experimentieren von Gelehrten und Ungelehrten hätten bei einem Haar den armen Knaben zum Narren gemacht. Später, als er die Kopfwunde im Daumerischen Hause bekam, da wurde er von neuem auf Händen getragen, und der beständige Umgang zweier Polizeisoldaten, die Tag und Nacht nicht von seiner Seite kamen, trug viel zu seinem Verderben bei. In diesem schon verderbten Zustand nahmen wir ihn aus reinstem Mitleid und, Gott weiß es, ohne irgendeine Nebenabsicht in unser Haus, in unsere Familie auf, da sein würdiger Lehrer, Leiter und Führer, Herr Professor Daumer, ihn, seiner eigenen Kränklichkeit wegen, nicht nebst seinen Wächtern, die den Hausleuten, wie wir sattsam selbst erfuh-

ren, keine kleine Plage machten, länger behalten konnte und mochte. Furcht und Angst vor fernerer Verfolgung Hausers war bei den meisten hiesigen Einwohnern Ursache genug, ihn nicht aufzunehmen; doch wir fürchteten nichts, und Hauser wurde von uns allen als ein Kind geliebt und behandelt. Wie viel bittere Stunden, wie viel Jammer und Verdruß uns Hauser durch seine entsetzliche Lügenhaftigkeit bereitete, davon spricht kein öffentlicher Bericht.
Nach jedem solchen bitteren Auftritt gelobte Hauser reuig Besserung und wurde immer mit neuer Liebe an unser Herz geschlossen; aber der böse Lügengeist war nicht zu bannen, und leider versank Hauser immer tiefer und tiefer in dieses Laster (...).
Von einer Ansbacherin erfuhr ich, daß Hauser in Gesellschaft sich zu sagen erdreistete, sein Vormund, der Herr von Tucher, habe es gar nicht gut mit ihm gemeint; ist das nicht abscheulich, da er demselben nur Dank schuldig ist? Ebenso lieblos urteilt er über uns und über alle, die ihm Wohltaten erzeigten. Wäre der Herr Graf nur zu uns gekommen, wir hätten ihm gerne die Augen geöffnet; aber der pfiffige Junge hat sicher denselben davon zurückgehalten, und das aus guten Gründen. Das Schrecklichste für die, welche er verleumdet, ist das, daß ihm Hunderte aufs Wort glauben, weil sie ihn für engelrein und keiner Lüge fähig halten. Schon seine beständigen Heimlichkeiten waren mir ein schlimmes Zeichen; denn schon bei Daumers versteckte er bald da, bald dort etwas in einen Winkel, und bei jedem Gang aus der Stube verwahrte er alles mit einer eigenen Ängstlichkeit, die auf nichts Gutes schließen ließ; ein gleiches tat er auch bei uns. Sind Sie nur immer recht wachsam, und es wird Ihnen, wie Ihrem Gemahl, nicht entgehen, daß er so ist, wie ich ihn Ihnen schildere; es müßte der Fall sein, daß er als reicher Pensionär, der er sich nun zu sein dünken wird, sich etwa doch mehr selbst überlassen wäre, was sich aber, so hoffe ich's, mit den Ansichten und Grundsätzen Ihres Herrn Gemahls über Erziehung nicht vereinigen wird. Ohne Dank, ohne Abschied ging Hauser von denen, die ihn in der Not aufnahmen; ist das recht? Begegnete er uns zufällig auf der Straße, so wich er uns absichtlich aus, wie einer immer tut, der kein gutes Gewissen hat. Mit seiner Verstellungskunst treibt er es so weit, daß er sogar Tränen zur Bestätigung seiner Lügen hervorbringt, wovon wir Beweise haben. Stehen Sie und Ihr Herr Gemahl etwa in näherer Berührung mit dem Herrn Präsidenten von Feuerbach, so bitte ich Sie sogar demselben Mitteilung von diesem Schreiben zu machen, denn nur durch allgemeines Zusammenwirken wäre es bei scharfem Beobachten jeder Handlung unsers Hauser etwa doch noch möglich, ihn aus dem Schlamm zu ziehen, worin ihn teils unglückliche Verhältnisse, teils aber auch er sich mutwillig stürzte."[209]

März 1832

Daumers Buch "Mitteilungen über Kaspar Hauser" erscheint, das eine Reihe von Einzelaufsätzen zusammenfaßt, die Daumer seit 1829 veröffentlichte.

Oktober 1832 bis Frühjahr 1833

Kaspar wird durch Johann Simon Heinrich Fuhrmann, protestantischer Pfarrer bei St. Gumbertus in Ansbach, auf die Konfirmation vorbereitet; auch danach wird der Religionsunterricht durch Fuhrmann fortgesetzt. Fuhrmann berichtet in seiner Veröffentlichung "Kaspar Hauser. Beobachtet und dargestellt in der letzten Zeit seines Lebens von seinem Religionslehrer und Beichtvater H. Fuhrmann":

> *"Am 24. Oct. 1832 redeten wir unter andern davon, daß Gott, von dem Alles herkomme, das allervollkommenste Wesen seyn müsse. Hauser schien im Anfang damit einverstanden. Aber auf einmal fieng er an: 'Wie ist es doch möglich, daß der vollkommene Gott so etwas Böses schaffen konnte, wie die Schlange, durch welche die ersten Eltern verführt wurden, und den Apfel, durch dessen Genuß sie in ein so großes Elend kamen!' Ich schlug darauf die Bibel auf, und bemerkte ihm, daß Gott ja den Baum nicht für den Menschen geschaffen habe, und eben deßwegen denselben ausdrücklich warnte, nicht davon zu essen, weil er gerade ihm schädlich sey. Daraus folge noch keineswegs, daß er an und für sich böse gewesen wäre (...).*
> *Am 26. Oct. hatte er wieder Lehrstunde, und am Ende derselben brachte er den erst vor zwei Tagen besprochenen und nach meiner Meinung abgefertigten Gegenstand abermals zu Sprache, wiederholte in Betreff des Baumes der Erkenntniß des Guten und Bösen seine frühere Bemerkung, und wollte Gott die Schuld des Bösen in der Welt beilegen. In diesem Augenblicke trat eines meiner Mädchen, mit Namen Julie, ins Zimmer, und fragte mich irgend etwas Gleichgültiges. Ich beantwortete ihre Frage, und wendete mich an Hauser etwa so: 'Sehen Sie, lieber Hauser, dieses Mädchen, welches ich, als mein Kind, herzlich liebe. Glauben Sie wohl, daß ich ihm etwas versagen werde, wenn ich sehe, daß es ihm nützlich ist, oder daß ich etwas ihm Schädliches in seiner Nähe stehen lasse, ohne es vor dem Gebrauche desselben zu warnen?*
> *Warnt man nicht auch Sie, mein lieber Freund vor gefährlichen Sachen, indem man Ihnen die damit verbundenen Nachtheile für Sie sagt? Nehmen Sie nun an, ich stelle, ehe wir mit einander fortgehen, zwei Gläser mit rother Flüssigkeit auf unseren Tisch, welche sich durch ihre äussere Form genau unterscheiden. In dem einen sey rother Wein, aber es sey weniger schön, als das andere, in welchem sich rothe Farbe befindet. Ehe ich gehe, bemerke ich der Julie: 'Siehe liebes Kind, aus diesem Glas da, ob es gleich schön ist, darffst du nicht trinken, es ist etwas für dich Schädliches darin. Hüte dich also davor, und beweise mir dadurch deinen Gehorsam. Wenn du aber aus dem andern, weniger schönen Glase trinken willst, so sey es Dir erlaubt, es ist rother Wein darin.' Nun gehen wir beide fort. Julie aber, die allein ist, betrachtet die Gläser und denkt: 'Es ist doch recht sonderbar, daß mir der Vater das schöne Glas verbietet,' betrachtet es lange, tritt näher, und immer näher, berührt es mit der Hand, faßt es an, trinkt daraus und - schreit laut auf, denn es ist eine ätzende rothe Flüssigkeit darin, wodurch sie sich den ganzen Mund verbrennt, und sehr krank darauf wird. Wer trägt die Schuld?*
> *Hauser war gleich mit der Antwort da: 'Die Julie!' und setzte hinzu: 'Nun verstehe ich das auch mit dem Baum im Paradiese, und sehe, daß ich nur noch nicht recht darüber nachgedacht habe, als ich meinte, der liebe Gott hätte den Baum nicht schaffen sollen. Der Baum hat keine Schuld, und der liebe Gott auch nicht, sondern die Menschen, die davon aßen.'*
> *Mit der Ewigkeit Gottes wollte Hauser nur insoferne einverstanden seyn, als er ihm zwar kein Ende, aber doch einen Anfang mit und zu einer gewissen Zeit beilegen zu müssen glaubte. Es waren mancherlei Beispiele nöthig, um ihm zu zeigen, daß alles*

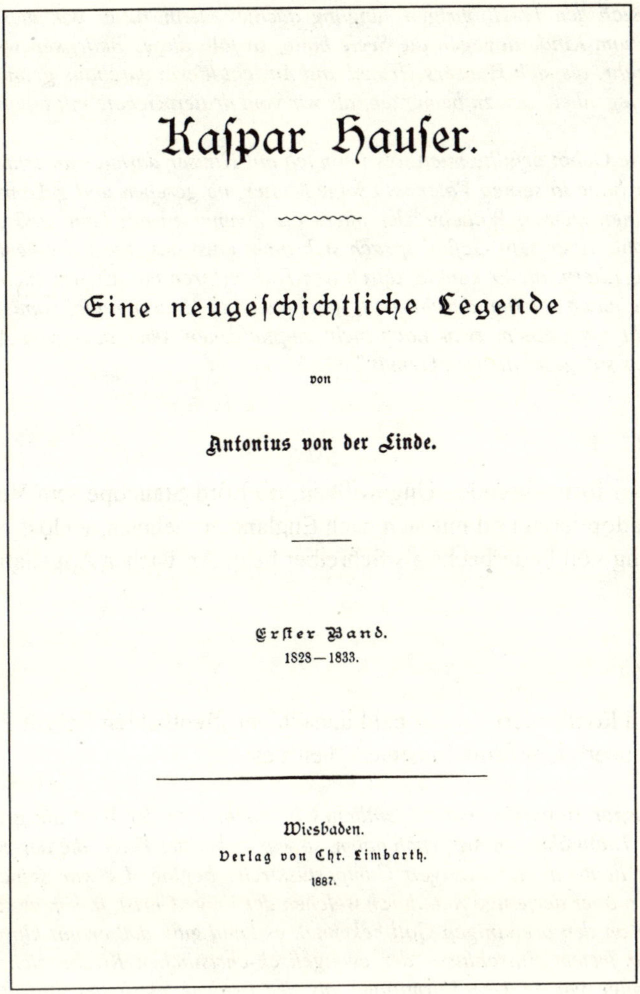

Kaspar Hauser.

Eine neugeschichtliche Legende

von

Antonius von der Linde.

Erster Band.
1828—1833.

Wiesbaden.
Verlag von Chr. Limbarth.
1887.

mit und in der Zeit Entstandene nur wieder durch ein Anderes entstehen kann, daß aber Alles, was zeitlich entsteht, den Keim seines Untergangs in sich selber trage, und eben darum auch zu einer bestimmten Zeit aufhören, und daß man bei ernstem Nachdenken über die erschaffenen Dinge endlich auf einen Schöpfer kommen müsse, der die Ursache seines Daseyns in sich selber habe, und deßwegen nicht aufhören könne, weil er nicht gleich den andern erschaffenen Wesen angefangen habe. Betrachtet man aber den Zweifel Hausers überhaupt, so ergibt sich als Resultat, daß Gefühl für Religion zwar dem Menschen angeboren sey, aber die Kenntniß derselben durchaus erworben werden müsse (...).
'Zuerst, sagte er einmal nach einem Kirchenbesuche, schreien die Leute, und, wenn diese aufhören, fängt der Pfarrer zu schreien an.' Man könnte in diesen Aeusserungen Zeichen der Frivolität, und wenig Anlage zur Religiosität erblicken, wenn man in

Hauser sich den 17-18jährigen Jüngling dächte. Allein, da er von diesem nur den Körper, vom Kinde dagegen die Seele hatte, so fällt dieses Bedenken weg. Und das um so mehr, als sich Hausers Urtheil und Ansicht hierin durchaus geändert hat. Ich hatte Gelegenheit, das zu bemerken, als wir vom dritten Gebote mit einander redeten (...).
Das vierte Gebot erfüllte mich, als ich mich mit Hauser darüber unterhielt mit Wehmuth. Er hatte ja seinen Vater und seine Mutter nie gesehen und gekannt. Er beneidete meinen kleinen Wilhelm, der öfters ins Zimmer zu mir kam, daß dieser einen Vater habe. Aber sein Gefühl sprach sich nicht etwa aus, wie bei einem Menschen, der seine Eltern, die er kannte, durch den Tod verloren hat. Es war nicht jene Wehmuth, die einen solchen durchdringt, welche sich in Hauser regte, sondern mehr die Sehnsucht nach einem zwar noch nicht empfundenen, aber doch von Andern ganz besonders süß geschilderten Genuß."[210]

1. 12. 1832

Aufgrund der fortwährenden Ungewißheit, ob Lord Stanhope sein Versprechen, Kaspar zu adoptieren und mit sich nach England zu nehmen, einlöst, wird er auf Veranlassung von Feuerbachs als Schreiber beim Ansbacher Appellationsgericht beschäftigt.

20. 5. 1833

Kaspar wird konfirmiert. In der bald danach veröffentlichten Schrift Fuhrmanns, "Kaspar Hauser's Confirmationsfeier", heißt es:

"Wie Kaspar Hauser's erstes öffentliches Erscheinen in der Welt die größte, ja allgemeine Theilnahme in Anspruch nahm, so war es bei der Feier, die der merkwürdige Findling heute in der hiesigen Gumpertuskirche beging. Es war seine Confirmationsfeier, oder derjenige Act, durch welchen der junge Christ, indem er selber seinen Glauben an den dreieinigen Gott bekennet, es kund gibt, daß er mit klarem Bewußtseyn und freiem Entschlusse der evangelisch-christlichen Kirche sich anschließe. Schon lange vor 11 Uhr Vormittags, als der zu dem feierlichen Acte festgesetzten Stunde, war die schöne, altgothische Abtheilung der genannten Kirche gedrängt voll Zuhörer, die mit theilnahmsvoller Erwartung ihre Blicke vereint auf den Confirmanden richteten (...).
Wer Zeuge des heutigen festlichen Tages gewesen ist, wer Hausers tiefe Rührung sah, als er sein Glaubensbekenntniß ablegte, wer sich jetzt mit ihm über die Empfindungen bespricht, die sein Herz in jenem feierlichen Augenblicke bewegten, wer überhaupt mit ihm über Gegenstände der Religion sich unterhält, wer, wie ich, im engern Umgange, in religiöser Beziehung ihn zu beobachten Gelegenheit hatte, der wird finden, daß die Lehre des Evangeliums, wenn sie unverfälscht dem Menschen gegeben wird, eine Kraft über sein Herz geltend macht, welche ausserdem nirgends offenbar wird, und das Einzige ist, was wahrhaft zu erleuchten, zu heiligen, zu stärken, zu trösten vermag.
Hauser ist religiös, die Religion ist ihm das theuerste Eigenthum geworden und der

heutige Tag, meint er, habe sie ihm vollends so theuer gemacht, daß er nur mit dem Leben sie sich könne entreissen lassen. (...) M. a. Z. Wir stehen hier, um eine Handlung zu vollbringen, die schon oft hier vollbracht wurde, aber dieses Mal doch von ganz besonderen Eindrücken begleitet ist. Oft schon sahen wir hier junge Christen versammelt, um das Bekenntniß ihres Glaubens abzulegen, und diesem Bekenntniß das heilige Versprechen beizufügen, nicht abzuweichen von demselben im Leben und im Tode (...).
Aber dieses Alles ist anders bei der Feier, die wir gegenwärtig begehen. Der Jüngling, den wir in wenigen Augenblicken den christlichen Glauben bekennen hören werden, hat den Vater- und Mutternamen nie gekannt, die heiligsten Gefühle des kindlichen Herzens sind ihm fremd geblieben; um die sanftesten Regungen der Liebe hat ihn der Verhältnisse undurchdringliche, und bis itzt unauflöslich gebliebene Verwickelung gebracht. Noch ist der Schleier nicht gelüftet, der das Geheimniß umhüllt, das über seinem Daseyn schwebt. Noch weiß er nicht, ob hier im irdischen Pilgerthale nah oder fern ein Herzenpaar sich väterlich und mütterlich an ihn gefesselt fühlt, und diese heiligen Augenblicke betend und dankend mit ihm feiert, oder dort vor dem Thron des Ewigen den Segen der himmlischen Liebe für ihn erfleht. - Wann die große Stunde schlägt, die das Alles aufklären wird, das weiß keiner unter uns, denn der menschliche Blick hat eine zu enge Grenze. Aber daß des Herrn Auge in die verborgenste Tiefe schauet, daß seiner rettenden Hand kein Hinderniß entgegengestellt werden kann, das zeigen die Führungen dessen, den wir mit unsern Segenswünschen an den Altar der Liebe begleiten. Abgeschlossen sollte er bleiben von menschlichem Umgange, so lag es in dem Plane menschlicher Vorsätze, und siehe da, der Herr wollte es nicht. Er führte ihn aus seiner Verborgenheit in einen Kreis edler Menschen ein, bei denen er Liebe und Theilnahme, Streben nach Wahrheit und Recht, kennen und üben lernen, bei denen er für die verlorenen Freuden seiner Jugend entschädigt werden sollte. Gott schien er weder aus seinen Offenbarungen in den Werken der Schöpfung erkennen zu sollen, geschweige denn, daß ihm das Werk der Erlösung und Heiligung offenbar werden sollte; und siehe da, des Herrn Wort hat Eingang gefunden in sein Herz, hat es durchdrungen, und erweicht und er findet kaum des Dankens würdigen Ausdruck, um seines Preißes Opfer dem darzubringen, der in Christo offenbar geworden ist, als die Weisheit, die Gerechtigkeit, die Heiligung und die Erlösung. Wen ergreift hier nicht die Wahrheit, daß des Herrn Rath wunderbar ist, daß er aber Alles herrlich hinausführt? Wer vernähme hierin nicht eine ernste Aufforderung zum Vertrauen auf Gottes ewige Vaterliebe? Wer, dem die Verhältnisse des jungen Mannes bekannt sind, um den wir uns heute versammelt haben, zweifelte noch an einem Allwalten des himmlischen Vaters, dessen Wege wir nicht verstehen, die aber doch immer Wege des Friedens und der Liebe sind?"[211]

29. 5. 1833

P. J. A. von Feuerbach stirbt auf einer Besuchsreise in Frankfurt am Main.

Juli 1833

Lehrer Meyer gibt einen Bericht über den Entwicklungsstand Hausers: "Kaspar Hauser wie er wirklich ist und was aus ihm werden kann. Ein unumwundenes Urteil von seinem Lehrer im Juli 1833, zugleich als ausführlicher Bericht an seine Herrlichkeit Herrn Graf Stanhope dienend"[212].

August / September 1833

Anläßlich des 8. Nationalfestes am 25. August reist Kaspar nach Nürnberg, wo er bis zum 14. September im Hause Binders wohnt. Er wird dem bayerischen Königspaar vorgestellt und lernt während seines Aufenthaltes Frau Binders Schwester, die 33jährige Caroline Kannewurff aus Wien kennen. An sie richtet er folgenden Brief:

"Nürnberg, den 12. Sept. 1833.
Mein theuerste, unvergeßliche Freundin!
Ich begleite Sie im Geiste bis Neumark. Jetzt Adie, meine theuerste. Ich muß mich auch jetzt im Geiste einige Stunden von Ihrem guten Herzen trennen, weil ich mit H. Bürgermeister aufs Rathhaus gehen muß, um da meine Sachen ins Reine zu bringen. Ach? welchen Schmerz fühlt nicht heute mein Herz, ein so gutes und aufrichtiges Herz, wie das Ihrige ist, von mir geschieden zu wissen, ohne es bis nach Regensburg begleiten zu können, um mich gewiß überzeugt zu wissen, ob das gute Herz auch gesund und glücklich mit ihrem zweiten Herzchen gut nach Regensburg kommen wird - Doch ein Trost macht mein Herz etwas leichter, daß ich die süße Hoffnung habe, daß Sie mir meine theuere, Nachricht geben werden, ob Sie gesund und glücklich nach Regensburg gekommen sind.
Morgen früh um 6 Uhr werde ich, wenn es der Wille des Höchsten ist, von Nürnberg abfahren, und wenn ich in Ansbach angekommen bin, ist meine erste Sorge, Ihnen das Selbst verfertigte Kästchen, das Buch mit samt dem Porträt und die Sachen vom Nürnberger Volksfeste übersenden. Aber ach! was muß ich hören auf dem Rathhause; man sagte mir, ich solle am 14. Vormittags zwei Tage länger in Nürnberg zu verweilen ohne Sie. - Ich ging Samstag gegen 11 Uhr aufs Rathhaus, um die Sache in Ordnung zu bringen, so gegen 12 Uhr hin war die Sache abgethan, alsdann ging ich nach Hause, packte meine Sieben Sachen bis zu Tische. Nach Tisch bestellte ich mir Extra-Post, so gegen halb 3 Uhr fuhr ich von hier ab und so gegen 7 Uhr kam ich den glücklich in Ansbach an. Sonntag den 15ten machte ich den Vormittag meine Ankunft-Fisiten und NM (nachmittags) war ich zu Herrn Generalkommissär (Staatsrath) eingeladen.
Ich war aber sehr mißvergnügt, weil ich Ihre Sachen nicht zusammenrichten konnte, um es noch am selben Tage auf die Post zu geben.
Ansbach, Montag, den 16ten September.
Guten Morgen meine theuerste Freundin!
Jetzt ist es halb 7 Uhr, ich will gehen, Ihnen das Buch zu holen, damit ich es NM einpacken u. Ihnen überschicken kann.
O freude? was bekam ich, als ich mit dem besorgten Buch nach Hause kam - - -.

Ihren lieben Brief. Er ist mir ein neuer Beweis von Ihrer fortdauernden Freundschaft; denn ich sehe daraus, daß Sie auch in der Entfernung an Ihren wahren Freund Hauser denken. Empfangen Sie dafür meinen herzlichsten aufrichtigsten Dank, u. glauben Sie gewiß, daß ich den Werth einer solchen Freundin zu schätzen weiß - - - Wenn mir Gott das Leben und die Gesundheit schenkt, so werde ich im Frühjahre in Wien es mit der That beweisen. Ich sehe aus dem Brief, daß Sie Ihre freunde gesund in Regensburg einführten, was mich herzlich freut.
Sie dürfen versichert sein, daß es mir noch viel schwerer viel, indem ich meine Thränen zurückhielt, um die Trennung für Sie nicht noch schwerer zu machen. Ihr Freund schickt seinen lieben Fritzchen rechte viele Küsse, und wünscht, daß er wieder ganz geneßen möge. Ich muß abbrechen zu schreiben, weil mich der Unterricht bis in einer halben Stunde abruft. Zum Schlusse für Sie schick Ihr treuer Freund noch besonders drei Küsse. Jetzt nur noch die Versicherung, daß ich nie aufhören werde zu sein, Ihr wahrer treuer Freund Hauser zu bleiben.
Die Mahlerei und das andere Portorät bekommen Sie einige Tage später ich habe heute keine Zeit mehr es ordentl. einzupakken. An Pepi einen Gruß."[213]

Dezember 1833

Johann Georg Meyer berichtet in seinen "Notizen über Kaspar Hauser" von einer der vielen Auseinandersetzungen mit dem Findling, die ein Licht auf die Atmosphäre im Hause Meyer werfen:

"Am Montag darauf, den 9. Dezember, fügte er sich in meiner Unterrichtsstunde von 5 bis 6 Uhr abends noch eine sehr ernste Rüge zu, welche ganz getreu und umständlich zu erzählen ich für durchaus notwendig erachte.
Ich gab ihm zu Anfang der Stunde ein Sprachheft zurück mit dem Bemerken, daß eben hier schon wieder ein Blatt herausgeschnitten wäre, obgleich ich ihn deshalb schon so oft getadelt und es ihm so bestimmt untersagt hätte. 'Ja, ich hatte auf das Blatt einen Flecken gebracht, und den wollte ich nicht in der Schrift haben', entgegnete er mir augenblicklich. Ich erwiderte (es wird am besten sein, wenn ich von nun an das ganze Wechselgespräch so getreu als möglich gebe): 'Sie werden mir wohl nicht zumuten, daß ich Ihnen dies unbedingt glauben soll?'
Hauser: Warum wollen Sie es denn nicht glauben? Es ist gewiß wahr.
Ich: Sie kennen doch das Sprichwort: 'Wer einmal lügt, dem glaubt man nicht, und wenn er auch die Wahrheit spricht', und Sie, lieber Freund, lügen wohl täglich öfters einmal.
Hauser: Ich habe seitdem nicht mehr gelogen, seitdem ich Ihnen damals versprochen habe, nie mehr lügen zu wollen.
Ich: Sie haben seitdem nicht mehr gelogen? Dies getrauen Sie sich mir wirklich ins Gesicht zu sagen?
Hauser: Nein, ich habe seitdem nicht mehr gelogen! Sagen Sie mir nur, wann! Sie können mir nichts beweisen.
Ich: Lieber Hauser! - Sie haben es in der Dreistigkeit weit gebracht. Indem Sie dies behaupten, sagen Sie mir ja sogleich wieder die frechste Lüge ins Gesicht. Glauben Sie vielleicht, weil ich Ihnen seit geraumer Zeit keine Lüge mehr berede, darum

merke ich es nicht, wenn Sie lügen? In diesem Falle irren Sie sehr. Sie sollten mich eigentlich besser kennengelernt haben. Indes ist es Ihnen wohl zu verzeihen, wenn Sie in dieser Hinsicht dreist geworden sind, da Sie in den verehrlichen und hochverehrlichen Zirkeln, wo sich das große interessante Kind nur stets als die gutmütigste Einfalt zeigt, jedes Ihrer auch noch so unwahren Worte als lautere Wahrheit hinnehmen sehen. Wo man Sie näher kennt, ist es übrigens anders. Mir und vielen andern können Sie nicht mehr weiß machen, was schwarz ist. Wenn ich Ihre häufigen Unwahrheiten nicht mehr berede, so bestimmt mich dazu allein die nach und nach gewonnene Überzeugung, daß ich Sie doch nicht von Ihrer Hauptkrankheit zu heilen imstande bin. Warum soll ich mich dann immer vergeblich ärgern? Und ärgern muß man sich ja jedesmal, so oft man Sie auf eine Unwahrheit aufmerksam macht, denn Sie sind, was sonst nur ganz niedrige Charaktere tun, so lange fort nein und immer nein zu sagen gewohnt, bis man Sie mit Mühe so weit in die Enge getrieben hat, daß Sie nicht mehr nein sagen können, und dann sprechen Sie dennoch auch kein Ja aus; das Warum kann man sich allenfalls denken.
Hauser (in ungehaltenem Tone): Ich kann doch nicht Ja sagen, wenn's nicht so ist. Beweisen Sie mir nur, daß ich seit damals noch einmal gelogen habe!
Ich: O Hauser, Sie glauben nicht, wie sehr es mich schmerzt, Sie mir gegenüber so zu sehen, wie wehe es mir tut, Sie immer mehr von der unvorteilhaftesten Seite kennenzulernen. Weil Sie indes durchaus Beweise wollen, so sollen Sie denn welche haben. Ich bin aber wahrlich verlegen, wo ich anfangen soll. - Doch - ich will der Zeit folgen. Haben Sie nicht gleich einige Tage wieder nach Ihrem damals gegebenen Versprechen das Licht im Leuchter herunterbrennen lassen, so daß dadurch die Handhebe heruntergeschmolzen ist, der Magd aber weisgemacht, die Handhebe sei Ihnen beim Anfassen weggebrochen und gegen meine Frau standhaft behauptet, Sie haben kein Licht hinunterbrennen lassen?
Hauser: Es war auch so, wie ich gesagt habe.
Ich: Meinen Sie denn, daß man sich auf solche Weise von Ihnen hat abspeisen lassen? Wenn ich Sie aus Gründen gleich nicht selbst zur Rede stellen mochte, so dürfen Sie doch glauben, daß ich mich deshalb mit den Meinigen genau benommen habe. Wo war denn das ganze Licht hingekommen, welches Sie abends spät erst erhalten hatten? Wie kam es denn, daß der Leuchter äußerlich durchaus rötlich und bläulich geflammt und inwendig ganz schwarzgrau gebrannt war? Das sich in der Schale unten gesammelte Unschlitt hatten Sie wohl recht sorgfältig herausgenommen, es zum Teil sogar mit dem Messer abgekratzt, allein etwas hatten Sie doch zu tun vergessen. Es war nämlich deutlich zu sehen, wie weit der Unschlittguß in der Schale heraufgereicht hatte. Diese Spur, d. h. diesen Rand, hätten Sie füglich verwischen sollen.
Hauser: Da will ich gleich sterben, wenn mir nicht die Handhebe des Leuchters in der Hand geblieben ist.
Ich: Ja - das bezweifle ich keinen Augenblick. Sie war eben von der Hitze soweit abgelöst, daß sie durch die geringste Berührung herabfallen mußte. Übrigens können Sie versichert sein, daß ich diesen Vorfall, wie so manch andern, mit allem Fleiße aufgezeichnet habe, um nötigenfalls vollständige Rechenschaft über Sie geben zu können.
Hauser (sichtbar überrascht und betroffen): Aber Herr Meyer, von damals war die Handhebe ganz gewiß nicht weggeschmolzen; es müßte schon von früher hergerührt haben.
Ich: Nun sehen Sie, jetzt gestehen Sie bei dieser Gelegenheit doch zu, daß Ihnen das

Licht früher heruntergebrannt ist. Warum haben Sie es denn aber stets festweg geleugnet?
Hauser: (Keine Antwort).
Ich: Wie oft sagte ich Ihnen nicht schon, wenn Sie gefehlt hatten - , Sie sollten es nur zugestehen; man würde Ihnen dann noch einmal so gerne verzeihen. Aber waren Sie denn je einmal geneigt, meinen wohlmeinenden Rat zu befolgen? Sie sind, mein lieber Hauser, dem Laster der Lüge und der Verstellung in solchem Grade verfallen, daß Sie von demselben förmlich beherrscht werden, daß Sie nicht mehr bei der Wahrheit stehen bleiben können, selbst wenn Sie es tun wollen. Auch in den unbedeutendsten Fällen, wo gar nichts davon abhängt, ob es so oder anders ist, können Sie nicht die Wahrheit reden. Die Beweise wollte ich Ihnen zu Dutzenden liefern, wenn ich es der Mühe wert fände. Sie wissen dies gar zu gut (...).
Ich wollte übrigens, ich hätte Sie gar nie kennengelernt. Wie viel Unangenehmes hätte ich dann nicht gehabt! Am Ende kann ich durch Sie gar leicht um den Ruf eines redlichen Mannes kommen. Aus übertriebener Rücksicht für Ihre Zukunft habe ich stets und anfangs besonders besser über Sie berichtet, als ich es zu verantworten imstande bin. Denken Sie sich, in welch große Verlegenheit ich wegen Ihrer schon in den nächsten Wochen fast kommen muß. Wenn spätestens bis zum Neujahr, wie wir hoffen, der Herr Graf kommt, und ich von ihm auf mein Gewissen über Sie gefragt werde, kann ich dann wohl als ehrlicher Mann die Wahrheit verschweigen? Oder wollen Sie mir zumuten, daß ich einen Lügner machen soll? Reden Sie selbst! Wie aber, wenn ich mein Urteil dem Herrn Grafen gegenüber nicht mehr so sehr mäßigen darf? - Daß der Herr Graf ohnehin schon lange an Ihrer Aufrichtigkeit zweifelt, haben Sie ja nicht allein durch Herrn Oberleutnant Hickel mündlich, sondern von anderer Seite her sogar schriftlich erfahren. Wenn Sie sich nicht bald durchaus ändern, bringen Sie nicht nur andere, sondern sich selbst wohl noch in die größte Verlegenheit. Vermeiden Sie doch das ums Himmelswillen! Vor allem müssen Sie künftig das genauer befolgen, was Ihnen diejenigen sagen, welche es ernster mit Ihrem eigentlichen Wohle meine. Erhaltene Weisungen von Ihren Lehrern dürfen Sie nicht nur nach Belieben behandeln. Sie sind zum Beispiel (um wieder auf die Veranlassung unserer heutigen ersten Unterhaltung zurückzukommen) von mir schon so oft angewiesen worden, unter keinem Vorwande mehr ein Blatt aus einer Schrift herauszuschneiden. Wie oft sagte ich Ihnen nicht schon, Sie sollten sich, wie jeder ordentliche Mensch, immer ein vollständiges Konzept machen und dann könnten Sie Ihre Arbeiten in die Reinschrift bringen, ohne Ursache zum Herausschneiden der Blätter zu bekommen. Es nutzte bei Ihnen aber alles Reden nichts. Früher wollte mich Ihr Nichtbefolgen meiner Vorschriften öfters beleidigen, weil ich glaubte, Mangel an Achtung gegen mich darin erkennen zu müssen. Allein seitdem ich sehe, daß Sie es dem Lateinisch-Lehrer noch auffallender machen, daß Sie aus manchem Hefte zum Lateinischen mehr als den dritten Teil der Blätter herausnehmen, jedesmal wieder im Scheller aufschlagen, wenn er Ihnen stets richtig sagt, Sie verlören dabei zu viel Zeit, was Sie suchen wollten, fänden Sie leichter und sicherer im Anhang von Doering usw. - seitdem bin ich in dieser Hinsicht vollkommen beruhigt. Ich überzeugte mich mit der Zeit immer mehr, daß Sie bei Ihrem Eigensinne, Ihrer Lügenhaftigkeit und andern Untugenden vorzüglich nur dem Scheine leben, das heißt, stets mehr und besser sein wollen, als Sie wirklich sind. Daher immer das ängstliche Wegräumen dessen, was von Ihren Fehlern und Schwächen zeugen möchte; daher so manch andere Erscheinungen. - In diesen Tagen beobachten Sie auch wieder ein Benehmen, das

Kaspar Hauser.

Des Räthsels Lösung!

Von

Baron Alexander von Artin.

Mit dem Facsimile eines Briefes des Großherzogs Ludwig von Baden.

Kaspar Hauser.

Vierte Auflage.

Zürich.
Verlag von Cäsar Schmidt
1892.

vollen Tadel verdient. Wozu wieder das zurückhaltende, mißtrauische, trotzige und daher beleidigende Wesen gegen diejenigen, die nur stets Ihr Bestes im Auge haben und es wahrhaft gut mit Ihnen meinen? Sie können dadurch, was Sie freilich recht sehr vermeiden sollten, nur von sich abwenden. Ändern sie sich darum in vieler Hinsicht um Ihrer selbst willen. Ich rate es Ihnen freundschaftlich und bitte Sie recht dringend darum. Der Unwahrheit müssen Sie ein für allemal gänzlich entsagen können, wenn Sie am Ende nicht allen Glauben und alle Achtung verlieren wollen. Den festen Vorsatz, weder im Kleinen noch im Großen unwahr zu sein, müssen Sie strenge durchführen. Außerdem, daß Sie dann immer mehr an innerem Werte zunehmen, werden Sie auch immer mehr an wahrer äußerer Achtung gewinnen ... Glauben Sie ja, daß Sie allenthalben so ziemlich durchschaut werden. Es sind nur wenige Häuser, in denen Sie noch für den aufrichtigen, gutmütigen und liebenswürdigen Kaspar gelten. Die meisten, die Sie bis jetzt haben kennen lernen, sehen nicht nur ein, daß Sie eine alltägliche Einbildung und einen gemeinen Hochmut haben, stets gleichgültig und undankbar gegen weniger Angesehene und Vornehme sind, sobald Sie bei Angeseheneren und Vornehmeren Beachtung und Zutritt finden, sondern sie haben auch bemerkt, daß Sie es mit der Wahrheit durchaus nicht so genau nehmen. Sie dürfen nur in jenen Häusern, auf welche Sie sich bisher so viel zugute tun, auch noch erkannt werden, und es ist um Ihre Achtung geschehen; es wird Sie dann niemand mehr um Ihre Auszeichnung beneiden dürfen. Fangen Sie Ihre Besserung besonders damit an, daß Sie auch im Kleinsten keine Unwahrheit mehr sagen. Haben Sie von jemand etwas gehört, und wollen Sie es nachsagen, so müssen Sie nicht andere, wichtigere Personen nennen, als hätten Sie es von denen erfahren. Das, was Sie gelegentlich über Dinge hören, von welchen Sie unmöglich etwas verstehen können, und über welche kein Vernünftiger mit Ihnen eine Unterhaltung pflegen kann, müssen Sie anderwärts nicht so erzählen, als wäre gerade Ihnen darüber Mitteilung gemacht worden. Von den Verständigeren wird deshalb mindestens über Sie gelächelt, häufig aber auch an die Ähnlichkeit erinnert, die Sie in dieser Beziehung wieder mit ganz alltäglichen Menschen gemein haben. Ferner dürfen Sie nicht länger an dem einen Ort den Unabhängigen, und an dem andern das abhängige, folgsame Kind spielen, hier nicht alles besser verstehen und wissen wollen und dort die größte Unerfahrenheit und Bescheidenheit zeigen, dürfen Sie sich nicht länger von einer lächerlichen Eitelkeit und Einbildung verleiten lassen, bei Gelegenheit die gleichgültigsten Dinge, als damit bekannt, auf das bestimmteste zu behaupten, während Sie denselben offenbar nicht die dazu erforderliche, ja oft nicht die geringste Aufmerksamkeit geschenkt hatten. Halten Sie (ich mache Sie noch einmal darauf aufmerksam) ja die Mehrzahl nicht für so leichtgläubig und kurzsichtig und unerfahren. Es gibt wahrlich viele, die Ihre Eigenschaften gar bald los haben. Ich versichere Sie, daß ich Ihnen bei jedem Falle sagen will, wie weit Sie bei der Wahrheit bleiben und wo Sie von dieser abweichen, was in und außer Ihrem Gesichtskreise liegt, was Ihre Aufmerksamkeit fesseln und was dieselbe nicht leicht erregen kann. Um Sie davon zu überzeugen, will ich Ihnen nur noch ein ganz kleines Beispiel vom heutigen Tage anführen. Es war heute am Mittagstische die Rede von Herrn Regierungsrat Fließen. Meine Frau äußerte, wie Sie wissen, daß es diesem guten alten Manne doch recht unangenehm sein müsse, nicht bei den Seinigen in Speyer sein zu können usw. Ich bemerkte, daß Herr Regierungsrat Fließen noch dazu eine sehr große Verwandtschaft im Rheinkreise und, ich weiß nur nicht, wie viele Enkel schon haben solle. Darauf sagten Sie: 'Ja, elf Enkel hat er schon; es war davon die Rede bei Herrn Generalkommissär', und ich ließ Ihnen dann vernehmen, daß ich wohl von zirka zwanzig gehört hätte. Sie wiederholten aber Ihre Aussage mit dem Zusatz, daß Sie es gewiß wüßten.

Sehen Sie, lieber Hauser, ich weiß nun die Anzahl der Enkel des Herrn Regierungsrats Fließen nicht bestimmt, aber das weiß ich so ziemlich gewiß, das Sie dieselben auch nicht wissen und nur so geschwinde eine Zahl in den Mund nehmen, um das Haus des Herrn Generalkommissärs wieder dabei nennen und gleichsam andeuten zu können, wie Sie natürlich mit den Verhältnissen derer genauer bekannt wären, die auch öfters in das Haus des Herrn Generalkommissärs kämen.

Hauser: Daß der Herr Regierungsrat Fließen elf Enkel hat, weiß ich ganz gewiß; er hat es an der Tafel des Herrn Generalkommissärs selbst erzählt.

Ich: Und ich kann's Ihnen eben doch nicht glauben. So weit ich Sie kenne, ist Ihnen so

Kaspar Hauser.

Das Rätsel ist nicht gelöst!

Eine Erwiderung auf die Schrift des
Herrn v. Artin.

Von

Max Schütte.

Hagen i. W., 1892.
Druck von Hermann Risel & Co.

etwas im allgemeinen viel zu gleichgültig, als daß Sie einem darauf bezüglichen Gespräche Ihre Aufmerksamkeit schenken und sich daraus die bestimmte Zahl merken sollten. Warum lassen Sie nicht auch, wie ich und andere, die eine Sache nur im allgemeinen vernommen haben, die bestimmte Zahl weg? es kommt ja garnichts darauf an!

Hauser: Ich weiß die Zahl daher ganz genau, weil Herr Regierungsrat Fließen drei Töchter, und von diesen eine fünf, die andere vier und die dritte zwei Kinder hat.

Ich: Jetzt glaub' ich's Ihnen erst noch weniger (ich gab ihm hier wieder meine Gründe an).

Hauser beharrte fest auf seiner Aussage, und ich - darüber aufs neue die Geduld verlierend - fuhr etwa in folgender Weise fort: 'Pfui, schämen Sie sich doch, bei unserer gegenwärtigen Stimmung in der Unwahrheit zu beharren und sogar noch eine auf die andere zu setzen. Es gehört wahrlich ein hoher Grad von Erbärmlichkeit, ich möchte fast sagen Nichtswürdigkeit dazu. An der Sache selbst liegt nun rein gar nichts. Ob

der Enkel elf oder zwanzig sind, gilt hier ganz gleichviel. Aber in Ihrer fortgesetzten dreisten Behauptung liegt wieder etwas, darin liegt etwas, daß Sie nie einen Fehler auf eigene Rechnung nehmen, daß Sie nie eine Schwäche auf eigene Schuld - auch nicht die kleinste, zugestehen wollen, und daß Sie es dabei stets aufs äußerste ankommen lassen. Dadurch charakterisieren Sie sich aber ganz vollkommen. Wie der Mensch sich im Kleinen zeigt, so ist er in der Regel auch im Großen. Bei Ihnen hat man bisher aber nur immer den Fehler gemacht, daß man sich durch Ihre Unverschämtheit hat irreführen und beruhigen lassen. Man hat aus Schonung für Sie es stets gerne vermieden, durch Fragen bei andern Ihren dumm-dreisten Lügen ganz auf den Grund zu kommen. Wie oft hätte ich nicht schon Ursache gehabt, in dem Hause des Herrn Generalkommissärs mich zu erkundigen und daselbst auf einzelne Ihrer löblichen Eigenschaften aufmerksam zu machen.
Allein die Rücksicht für Ihre hiesigen angenehmeren Verhältnisse konnte mich jedesmal davon zurückhalten. Weil Sie aber nun diese Rücksichten wahrlich nicht verdienen, es vielmehr durchaus darauf ankommen lassen, so will ich mir jetzt denn doch einmal die förmliche Gewißheit verschaffen.
In der ersten freien Stunde, die ich habe, will ich im Hause des Herrn Generalkommissärs fragen, wie viele Enkel Herr Regierungsrat Fließen habe. Erfahre ich die Zahl elf, so werde ich Ihnen gehörige Satisfaktion geben, im andern Falle Sie aber auf eine Weise beschämen, daß Sie an mich denken sollen. -
Hauser fängt an zu weinen und bittet, ich möchte es ihm doch nur immer gleich sagen, wenn ich eine Lüge bei ihm bemerkte.
Am Schlusse meiner Erwiderung, daß ich ihm dies nicht versprechen könnte, daß ich eben nicht zu jeder Stunde aufgelegt wäre, mich mit ihm abzustreiten, daß er bei weitem kein Kind mehr, sondern alt und gescheit genug wäre, um sich selber jeden Augenblick sagen zu können, was recht oder nicht recht sei, - schien er bedeutend in sich gekehrt und sprach kein Wort mehr. - Nun beendigte ich diese Stunde unter der nochmaligen freundlichsten und herzlichsten Ermahnung, daß er sich doch ja von Grund aus bekehren und ein ganz neuer, oder, wie man in der Sprache der Kirche sagt, ein geistig wiedergeborener Mensch werden solle, damit er sich künftig den gnädigen Beifall des allwissenden, heiligen Gottes, die wahre Achtung guter Menschen erwerben und sich in einem besseren Selbstbewußtsein glücklich fühlen möge. -
So gerne ich diesen Vorfall kürzer erzählt hätte, so wenig glaubte ich es im Hinblick auf meinen Eid ohne jede Verrückung des Sinnes tun zu können. Manche Sätze haben hier natürlich eine etwas veränderte Form, wohl auch eine andere Ordnung erhalten, als ihnen im Flusse der mündlichen Rede zuteil geworden waren. Allein mit ängstlicher Gewissenhaftigkeit habe ich auf die getreue und darum weitläufige Wiedergebung des Sinnes gehalten.
Aus ganz sicherer Quelle ließ ich mir nach seiner unglücklichen Verwundung sagen, daß der fraglichen Enkel 18 seien."[214]

14. 12. 1833

Pfarrer Fuhrmann sagt in seinem Verhör vom 23. 12. 1833 aus:

"Hauser war Samstag, den 14. ds. Mts., als an dem Tage, an welchem seine Verwundung erfolgt ist, bei mir, und zwar zweimal. Zuerst kam er morgens 8 1/4 Uhr, wie

gewöhnlich an diesem Tage, in seine Religionsstunde. Als er kam, betrachtete ich gerade einige Kästchen von Pappendeckel, welche ich in der Absicht verfertigt hatte, um ausgeschnittene Bilder, bestimmt zum Weihnachtsgeschenk für meine Kleinen, darin aufzubewahren. Ich erzählte ihm, wie hart es mir bei der Verfertigung derselben gegangen sei, weil ich gar keine Fertigkeit und Übung in Papparbeiten habe. Hauser, nach seiner von mir schon immer mit besonderer Freude beobachteten Dienstfertigkeit, bot sich mir alsobald zum Gehülfen an, indem er, wie er mir sagte, bei dem Etuifabrikanten Schnerr in Nürnberg sieben Wochen lang Unterricht in Papparbeiten gehabt habe. Ich bemerkte ihm, daß mir seine Beihülfe recht angenehm sei, nur jetzt könne ich keinen Gebrauch davon machen, weil wir Religionsstunde miteinander zu halten hätten.

Hauser fragte mich, ob er nach Tische mir gelegen käme, worauf ich erwiderte: 'Allerdings.' Nun begann ich wie gewöhnlich nach vorausgegangenem Gebete meinen Unterricht mit ihm, welcher bis sehr nahe an 9 1/4 Uhr dauerte und mit Gebet wiederum beschlossen wurde. Hauser entfernte sich darauf von mir, nahm mit seiner gewöhnlichen heiteren Freundlichkeit Abschied von mir und versprach wiederholt, nach Tische wieder zu mir zu kommen. Wirklich hatte es kaum 12 3/4 Uhr geschlagen, als Hauser sich wieder einfand und in der Meinung, ich habe alles zur Papparbeit vorbereitet, sein gewöhnliches Taschenmesser, welches ich hiermit, da er es bei mir liegen ließ, in die Hände des Herrn Gerichtskommissars übergebe, herauszog um den Pappdeckel zu einem Kästchen, welches ich für meine Frau zu verfertigen gedachte, zuzuschneiden. Da ich ihm bemerkte, daß ich, unbekannt mit der notwendigen Dicke des Pappendeckels, noch keinen gekauft habe, sondern in dieser Beziehung die Wahl im überließe, so ging er nach meiner Angabe zur Kaufmannswitwe Loschge in der Neustadt und kaufte da für mich zwei Pappendeckel, mit welchen er äußerst schnell wieder zu mir zurückkam.

Er begann dann mir die für diesen Fall nötigen Handgriffe und Vorteile zu zeigen und blieb bis ungefähr 3 Minuten vor 2 1/2 Uhr, wo ich ihm bemerklich machte, daß ich jetzt in die Kirche gehen müsse, um nachzusehen, ob Leute zu Beichte da seien, daß ich indessen wohl gleich wieder zurück sein würde, weil, wie gewöhnlich um diese Zeit, niemand sich zur Beichte würde gemeldet haben, er solle nur, wenn es seine Zeit erlaube, ein paar Minuten ohne mich fortarbeiten. Hierauf erklärte er mir, daß er auch gehe, weil er zu Fräulein Lilla von Stichaner müsse, um ihr an einem, ich weiß nun nicht genau, ob Ofen- oder Lichtschirm, etwas zu pappen, weil sie sonst nicht würde fortarbeiten können (...).'[215]

Kaspar geht nun jedoch nicht zu Lila von Stichaner, sondern in den Hofgarten; auf dem Weg dorthin wird er von mehreren Zeugen gesehen. Über die folgenden Vorgänge gibt es "begreiflicherweise keine restlos aufklärenden Augenzeugenberichte", wohl aber Aussagen, die dennoch "einiges Licht auf die Vorgänge werfen, die sich dort im Verborgenen abgespielt haben".[216] In seiner ersten Vernehmung vom 14. 12. 1833 gibt Meyer zu Protokoll:

"Ich kam gegen 1/2 4 Uhr diesen Nachmittag mit meiner Frau nach Hause. Kurze Zeit darauf wurde stark angeläutet. Meine Frau öffnete die Gattertüre und K. H. stürzte fast mit Ungestüm zur Tür herein zu mir in das Zimmer. Er machte ungewöhnliche Bewegungen bei entstellten Gesichtszügen, deutete bald auf seine linke

Seite bald auf die Straße. Daraus konnte ich entnehmen, daß ihm etwas geschehen sein müßte. Ihn näher betrachtend sah ich, daß er einen Stich in die linke Seite erhalten habe. Nun drückte er mir durch die unzweideutigsten Bewegungen aus, daß ich schnell mit ihm gehen möge; er faßte mich fest beim Arme, führte mich in ungewöhnlicher Schnelle die Stiege hinab dem K. Schloßgarten zu. Unterwegs gab er öfters zu erkennen, daß es ihn schmerze, und bisweilen schien er entkräftet.
Auf meine Fragen, wo ihm denn der Stich zugefügt worden sei, zeigte er sich mehrere Male wieder kräftiger und schritt weiter. Vor der Reitbahn am Hofgarten angekommen fragte ich ihn, ob ihm der Unfall vielleicht im Hofgarten geschehen sei, darauf gab er bestimmte Zeichen der Bejahung, indem er mit dem Kopf nickte und so halb und halb das Wort 'ja' herauspreßte. Jetzt forderte ich ihn mit mehr Nachdruck auf zu sprechen, da er ja doch nicht so schwach scheine. Nachdem er wiederholt durch Zeichen zu verstehen gegeben hatte, daß er dieses nicht könne, fing er endlich doch gebrochen zu sprechen an wie folgt:
'Hofgarten gegangen - Mann - Messer gehabt - Beutel geben - gestochen - ich laufen was könnt, Beutel noch dort liegen.'
Glaubend, daß der Weg bis zu der Stelle im Hofgarten für seinen Zustand doch zu weit sein möchte, kehrte ich mit ihm um. Auf die Fragen: 'Ja was haben Sie denn um alles in der Welt heute bei der schlechten Witterung in dem Hofgarten zu tun gehabt?' erwiderte er:
'Mann - bestellt - Vormittag - Stadtgericht' (ob er unten oder oben sagte, weiß ich nicht mehr) 'soll Nachmittag 1/2 3 Uhr Hofgarten kommen, mir was zeigen.'
In der inneren Reitbahn stürzte er mir am Arme nieder. Nachdem ich ihn ernstlich aufgefordert hatte, doch hier das ungewöhnliche Aufsehen zu vermeiden und alle seine Kräfte zusammen zu nehmen, um gar nach Hause gehen zu können, außerdem ich ihn in das nächste Haus tragen, auf die Polizei schicken und ihn durch einen Polizeimann nach Hause schaffen lassen müßte, erhob er sich und sagte mir ziemlich deutlich, daß er doch selber nach Hause gehen wolle. (Bemerken muß ich, daß er dies wieder in gebrochenen Worten tat.) Mit Beihilfe meines Hausherrn, Konditor Vogel, führte ich ihn die Stiege hinauf auf sein Zimmer. Hier wiederholte er die obige Angabe mit mehr Deutlichkeit. Darauf ging ich auf die Polizei und dann auf Veranlassung des Herrn Dr. Heidenreich, den ich, da er mir begegnete, heraufgeschickt hatte, und die Wunde für gefährlich erklärte, auf das Stadtgericht und zeigte den Vorfall an.
Auf dem Polizeibüro veranlaßte ich den Polizeisoldaten Herrlein, in den Hofgarten zu gehen und sich dortselbst auf dem bezeichneten Platze umzusehen, um allenfalls den von K. H. bemerkten Beutel aufzufinden. Herrlein kam auch wirklich mit einem lilaseidenen und weißgefütterten Beutel zurück, worin sich ein Zettelchen befand, welches ich der Gerichtskommission sogleich bei ihrem Erscheinen behändigt habe. Nachtragen will ich noch, daß ich auf dem Rückweg von der Reitbahn gegen H. äußerte: 'Diesmal haben Sie den dümmsten Streich gemacht, diesmal kann es Ihnen nicht gut gehen', worauf derselbe nach oben blickte und in die Worte ausbrach: 'Bei Gott, Gott wissen!' Weiter habe ich nichts anzugeben."[217]

Die Gerichtskommission bemerkt weiter:

"Das vom Herrn Schullehrer Meyer übergebene Beutelchen mit darin befindlichem Zettel wurde zu Gerichtshänden genommen. Es ist mit Bleistift, soweit man es bei

Licht beurteilen konnte, geschrieben und zwar mit verkehrten Buchstaben, sodaß man es nur vermittels des Spiegels oder durchs Licht lesen konnte. Es heißt nun: 'Hauser wird es Euch ganz genau erzählen können, wie ich aussehe und woher ich bin.
Dem Hauser die Mühe zu ersparen, will ich es selber sagen, woher ich komme.
Ich komme von - - - der bayr. Grenze - - am Flusse - - - - ich will Euch sogar noch den Namen sagen
M. L. Ö."[218]

14. - 17. 12. 1833

Über den Krankheitsverlauf und die Art der Verwundung berichtet einer der behandelnden Ärzte:

"Sonnabends, den 14. Dezember 1833, nachmittags gegen 4 Uhr wurde ich von dem auf der Straße an mir vorübereilenden Lehrer Meyer gebeten, den Kaspar Hauser zu besuchen, der soeben im hiesigen Hofgarten in die Brust verwundet worden sei.
Ich begab mich unverzüglich in dessen Wohnung und fand daselbst in seinem Zimmer den Kaspar Hauser auf einem Sofa ausgestreckt, in halb liegender, halb sitzender Stellung, die Füße gegen den Boden herabhängend, mit dem Leibe auf der rechten Seite liegend.
Er war noch nicht ausgekleidet, hatte noch seinen Rock an, unter diesem die Weste, ein flanellenes Kittelchen und ein feines Hemd. Die Kleider und das Hemd waren vorn auseinandergezogen, die Brust entblößt, mit Blut befleckt. Das Hemd war ebenfalls blutig, von nicht sehr vielem, aber hellrotem Blute gerötet.
Das Gesicht war blaß, entstellt, etwas verzerrt, kühl, die Hände kalt, der Puls klein, schwach, selten, unterdrückt, der Herzschlag selten und sehr schwach. Sprache war nur mit Mühe möglich, er brachte nur einzelne Worte hervor, 'es tue ihm weh', 'er könne nicht schnaufen' usw. Tiefes Einatmen war vollkommen unmöglich, Husten und Blutauswurf waren nicht vorhanden.
Ich schloß aus den soeben geschilderten Erscheinungen auf eine ernstliche Verletzung und unternahm zuerst die äußere Besichtigung der Wunde. Die verletzte Stelle befand sich dritthalb Zoll unter der linken Brustwarze, drei Zoll von der Medianlinie des Körpers, nach meiner Vermutung zwischen der sechsten und siebenten Rippe: denn genau konnten die Rippen wegen Fettigkeit des Körpers nicht gezählt werden. Die Wunde selbst an der bezeichneten Stelle war scharf geschnitten, mit zwei vollkommen scharfen Enden, sie war schräg von oben und hinten nach unten und vorn verlaufend von einem Winkel zum andern drei Viertel Zoll lang, die Ränder kaum eine Linie klaffend, so daß sie nur von einem bis weit nach oben scharf zweischneidigen Instrumente veranlaßt worden sein konnte. Rock, Weste, Hemd waren ebenso scharf durchschnitten und bestätigten die Vermutung über die Gestalt des verletzenden Instruments, sowie sie die große Gewalt, mit welcher der Stich geführt sein mußte, beurkundeten. Es zeigte sich in der Umgebung der verletzten Stelle kein Emphysem, auch drang aus der Wunde weder Blut noch Luft (...).
Ich machte kalte Überschläge über die Wunde, wollte kühles Getränk reichen, was aber der Kranke anzunehmen sich weigerte, und war soeben im Begriff, einen Aderlaß vorzunehmen, als der Stadtgerichtsarzt, der alsbald gerufen war, eintrat. Kurze Zeit hierauf kam auch der hiesige Landgerichtsarzt, welchen man als früheren und

bisherigen Arzt des Verletzten von dem Vorfall benachrichtigt hatte. Desgleichen traf auch bald eine Kommission des hiesigen Stadtgerichtes ein, der die Sache auf meine Erklärung, daß die Wunde sehr gefährlich sei, unverzüglich war angezeigt worden. Seinem früheren Arzte klagte der Verwundete über Schmerzen am Hals und der linken Schulter, Erscheinungen, die man bereits als konsekutive Nervenzufälle, höchst wahrscheinlich als Folgen der Verletzung des Zwerchfells oder Zwerchfellsnerven betrachten mußte.

Der Stadtgerichtsarzt übernahm nun die Behandlung des Kranken von Amts wegen, ich trat also zurück und hatte auf das ärztliche Verfahren durchaus keinen Einfluß mehr. Dieser Arzt erklärte sich sogleich über den Zustand der Wunde folgendermaßen: 'Bei sogleich vorgenommener Untersuchung fand man an der linken Seite der Brust zwei Zoll unter der Brustwarze und vier Zoll von der Mitte des Brustbeins entfernt eine von hinten nach vorne schief abwärts laufende, drei Viertel Zoll lange Wunde. Beim Auseinanderziehen der Wundlefzen zeigte sich etwas Fett. Mittels einer Sonde konnte man nur durch die fleischigen Bedeckungen, aber nicht in die Brusthöhle gelangen. Übrige Erscheinungen und Befinden: Blasses, eingefallenes Aussehen, verminderte Hautwärme, langsamer, schwacher Puls, kurzer, beengter Atem; mittelst Auskultation war bei der Pulsation des Herzens ein abnormes Geräusch wahrzunehmen.' Um 7 Uhr abends hatte sich am Befinden des Kranken nichts verändert. Es wurde ohne besondere Beschwerde das Hemd gewechselt.

Abends halb neun Uhr besuchte ich den Kranken wieder. Das Befinden war im ganzen dasselbe, doch eher etwas gebessert als verschlimmert. Der Herzschlag war derselbe geblieben, der Puls hatte sich etwas gehoben, war etwas frequenter und voller. Die Temperatur der Haut hatte sich etwas erhöht, der Schweiß war warm. Es hatte sich aber auch etwas Delirium eingestellt. Nachdem ich mich nunmehr überzeugt hatte, daß der Gerichtsarzt die Behandlung des Kranken wirklich übernommen und das ihm nötig scheinende Verfahren bereits eingeleitet habe, konnte ich, ohne zudringlich zu sein, den mir allerdings höchst interessanten Patienten nicht ferner beobachten und habe daher vom Sonnabend Abend bis zum Dienstag Abend, also dreimal vierundzwanzig Stunden, den Kranken nicht gesehen. Die Beobachtungen des behandelnden Gerichtsarztes waren aber folgende:

'Sonntag, den 15. Dezember, morgens 8 Uhr. Während der Nacht war etwas Schlaf eingetreten. Aussehen, Atem, Puls wie gestern. Übelkeit, Neigung zum Erbrechen, welches auch einmal erfolgt ist. Schmerzhaftes Drücken in der Magengegend gegen die Brust aufwärts. Schmerzen an beiden Seiten des Halses, besonders beim Schlingen. Durst bei feuchter Zunge. Mittags 12 Uhr. Sehr eingefallenes blasses Gesicht, große Schwäche, kaum fühlbarer Puls, mehr Schmerz und große Beengung. Nachmittags 3 Uhr. Etwas lebhafteres Aussehen, kräftigerer Puls, schmerzhaftes Atmen, angeblich blutige Sputa, Durst, Ekel vor Nahrung. Abends 7 Uhr. Minderung der Brustbeschwerden und des Durstes; ruhigerer Zustand.

Montag, den 16. Dezember, morgens 8 Uhr. Es war eine unruhige Nacht. Gelbe Hautfarbe, ikterischer Urin, Schmerzen in der Magen- und Lebergegend, das Gesicht noch mehr eingefallen, sehr schwacher, schneller Puls, kurzer Atem, feuchte blasse Zunge, Durst. Die Wunde ist mit einem Blutschorf bedeckt. Mittags hatte der Kranke etwas Schleim genossen, alle übrigen Umstände waren wie morgens. Abends 5 Uhr. Patient fühlt sich etwas besser. Allgemeiner gelinder Schweiß, weniger Durst, aus der Wunde schwitzt etwas Blut und dünner Eiter.

Dienstag, den 17. Dezember, morgens. Es waren um 3 Uhr und 7 Uhr breiartige

THE STORY OF

KASPAR HAUSER

FROM

AUTHENTIC RECORDS

BY

ELIZABETH E. EVANS

LONDON
SWAN SONNENSCHEIN & CO.
PATERNOSTER SQUARE
1892

braune Stuhlausleerungen erfolgt, worauf sich etwas Schlaf, der die ganze Nacht gefehlt hatte, einfand. Übrigens sehr gelbe Hautfarbe, sehr kleiner schneller Puls, Magen- und Lebergegend sehr schmerzhaft, großer Durst, feuchte Haut. Mittags 12 Uhr. Patient wurde seit zwei Stunden verhört, sprach ziemlich leicht, der Puls etwas lebhafter. Nachmittags 2 Uhr. Patient ist sehr matt, atmet sehr kurz, Puls kaum fühlbar. Abends halb 7 Uhr. Kaltes eingefallenes Gesicht, kalte Extremitäten mit kaltem Schweiße bedeckt, sehr kurzer Atem, an den Händen kein Puls. Alle Zeichen des herannahenden Todes.'

An diesem Abende gegen 7 Uhr wurde ich wieder eiligst gerufen, nachdem der behandelnde Arzt nicht sehr lange erst den Kranken verlassen hatte. Der Patient hatte wegen einer Ausleerung aus dem Bette verlangt, war da noch kälter geworden, es hatte sich ein Stickanfall eingestellt, der das Leben zu enden drohte, weshalb ich als der zunächst wohnende Arzt schleunigst zur möglichsten Hilfe herbeigeholt wurde. Ich fand den Kranken mit entstelltem Gesicht ohne Bewußtsein auf dem Deckbette liegend, die Augen nach oben verdrehend, Gesicht kalt. Hände kalt, kalter Schweiß ihn überziehend, das Atmen sehr kurz und beengt, der Herzschlag schwach, der Puls kaum mehr zu fühlen, unter dem Finger verschwindend. Er erkannte die Umstehenden nur in einzelnen Momenten, mich erkannte er nicht, begriff es auch nicht, als ich ihm sagte, warum ich da sei. Er äußerte einzelne Worte: 'daß er nicht zu Hause sei, daß man ihn heim bringen solle, sagte, daß er sterben müsse, fragte, wo er sich befinde usw.' Beruhigendes Zusprechen, Auftröpfeln und Bestreichen mit Salmiakgeist, die Anwendung eines Senfteiges, Bedeckung und äußere Erwärmung und alle in solchen Fällen erforderlichen Mittel wurden in Anwendung gebracht, konnten aber natürlich dem Sterbenden nichts nützen. Er kam später noch etwas mehr zu Bewußtsein, betete, gab Antworten auf einige über sein Befinden gestellte Fragen, und so erfolgte abends 10 Uhr, 78 Stunden nach der Verletzung, ein sanfter und stiller Tod."[219]

Während seines dreieinhalbtägigen Sterbelagers wird Kaspar Hauser am 14., 16. und 17. 12. vernommen:

"1. Verhör vom 14. Dezember 1833, abends 5 1/2 Uhr.
Unmittelbar nach geschehener Wundbeschau schritt man, so viel es tunlich war, zur Vernehmung des K. H. selbst, wie folgt. Vor allem wird vorausgeschickt, daß K. H. gleich beim Eintreffen der Gerichtskommission teils zu den Umstehenden, teils gegen den unterzeichneten Gerichtskommissar selbst sich in folgenden abgebrochenen Sätzen äußerte: 'Hofgarten, bei Uz, großer Mann, schwarzer Backenbart und schwarzer Schnurrbart, mehr alt als jung, hatte einen Mantel an.' Auf kurze Fragen um nähere Bezeichnung erwiderte er: 'Kann nicht angeben; als ich den Stich hatte, gleich davon gelaufen, - an dem Ort muß ein Beutel liegen.' Darauf gründete man nun die nachstehende Vernehmung.
Fr. 1: Sie haben angegeben, heute im Hofgarten gewesen zu sein. Wann war dieses? A.: Nach 3 Uhr. Fr. 2: Was hat Sie denn bewogen, in den Hofgarten zu gehen? A.: Ach, es hat mich ja jemand bestellt. Fr. 3: Wo ist diese Bestellung geschehen? A.: Da herunten vor der Stiege, wo man in das Appellationsgericht hinaufgeht. Fr. 4: Um welche Stunde wurden Sie bestellt? A.: Zwischen 3 und 4 Uhr wurde ich in den Hofgarten hineinbestellt, aber um 9 Uhr vormittags, wie ich in das Appellationsgericht hineinging, kam der Mann. Fr. 5: Mit welchen Worten erfolgte denn die Bestellung? A.: Warten Sie noch ein wenig, ich habe Schmerzen auf der Brust. Man hat dieser Äußerung zufolge die Vernehmung abgebrochen, besonders da H. hierauf etwas irre sprach und, wie es schien, Herrn Pfarrer Fuhrmann, der inzwischen kam, nicht kannte. Auch rief er: 'Die Mutter (Lehrer-Meyers Schwiegermutter meinend) will ich.' Als man später um 9 Uhr die Vernehmung mit H. fortsetzen wollte, fand es der k. Medizinalrat Dr. Horlacher, der sich inzwischen eingefunden hatte, nicht mehr ratsam, ihn heute noch zu stören, besonders da er schlummerte.
2. Verhör vom 16. Dezember 1833, vormittags 9 Uhr. In Gegenwart (wie oben). Nachdem Herr Medizinalrat Dr. Horlacher und Herr Landgerichtsphysikus Dr. Albert dem unterzeichneten Kommissär mündlich erklärt hatten, daß die Vernehmung des K. H. heute geschehen könne und daß man hierbei nur zu berücksichtigen habe, daß sie nicht zu lange in einem fort dauere, so begab man sich in die Wohnung des K. H. und traf denselben im Bette liegend bei vollkommenem Bewußtsein an. Man schritt hierauf zur Vernehmung selbst, wie folgt: Fr. 6: Sie haben bei Ihrer Verneh-

mung am verflossenen Samstag angegeben, daß Sie an diesem Tage im Hofgarten gewesen seien, geben Sie genau die Stunde an, wann dieses geschah? A.: Um halb 3 Uhr bin ich von Herrn Pfarrer Fuhrmann fort und in den Hofgarten gegangen. Fr. 7: Was hat Sie denn veranlaßt, in den Hofgarten zu gehen? A.: Ich bin bewogen worden durch die Einladung, daß mir alles im Hofgarten gezeigt werden würde von dem Brunnen, der dort gegraben wird. Fr. 8: Wer hat diese Einladung Ihnen gemacht? A.: Derjenige, der mich eingeladen hat auf dem Tennen, wo man ins Appellationsgericht hinaufgeht, schien mir ein Arbeiter zu sein. Fr. 9: Wie sah denn dieser Mensch aus? A.: Er war nicht großer, sondern mittlerer Statur, im mittleren Alter und hatte einen blonden Schnurrbart. Er trug einen Kittel. Fr. 10: Können Sie seine Gesichtsfarbe, die Farbe seiner Augen und Haare nicht mehr beschreiben? A.: Seine Gesichtsfarbe war blaß, seine Augen schwarz und seine Haare braun oder schwarz. Er trug eine Kappe auf dem Kopf. Fr. 11: Was hatte er für Beinkleider an? A.: Das weiß ich nicht, da hab' ich ihn nicht angesehen. Fr. 12: Um welche Stunde kam dieser Mann zu Ihnen, der Sie in den Hofgarten eingeladen hatte? A.: Um ein Viertel über 9 Uhr, da ging ich vom Herrn Pfarrer Fuhrmann weg ins Appellationsgericht hinein. Der Mann stund schon da in dem Tennen zur ebenen Erde, ehe man die Treppe hinaufgeht. Er sagte zu mir: 'Eine schöne Empfehlung vom Herrn Hofgärtner und ich sollte so nach 3 Uhr in den Hofgarten hineingehen, wo mir die Tonarten am artesischen Brunnen gezeigt würden.' Fr. 13: Was haben Sie auf diese Einladung erwidert? A.: Ich sagte darauf: 'Ich komme.' Fr. 14: Hat dieser Mann denn nichts weiteres gesprochen? A.: Nein, er ging fort. Fr. 15: Wie war denn seine Sprache, sowohl in bezug auf den Klang derselben als auch auf den Dialekt? A.: Er hatte eine Baßstimme, den Dialekt konnte ich aber nicht erkennen, weil er zu wenig sprach. Fr. 16: Welchen Weg haben Sie vom Herrn Pfarrer Fuhrmann aus in den Hofgarten und in diesem selbst genommen? A.: Durchs neue Tor hinaus, zum Herrn Generalkommissär (Präsidentenhaus) herunter und bei Freiberg hinein. Wie ich im Hofgarten angekommen war, ging ich gerade auf den artesischen Brunnen zu und als ich dort niemanden antraf, ging ich weiter den Weg auf das Uzsche Denkmal zu. Wo die zwei Sitzsteine sind, links, wenn man vom Glashause herkommt, wo sich ein Gebüsch befindet, gab mir dieser Mann einen Beutel, und als ich ihn nehmen wollte, stach er mich in die Seite. Fr. 17: Sie haben in Ihrer Antwort zu dieser Frage sich des Ausdruckes bedient 'dieser Mann'; was verstehen Sie darunter? A.: Ich meinte, der Mann, der mir den Beutel gab, gab mir einen Stich. Fr. 18: Was hat sich dieser Mann hiezu für eines Instrumentes bedient? A.: Das weiß ich nicht, weil ich mehr auf den Beutel sah, ich glaube, es wird ein Stilett gewesen sein, es hat mir lang erschienen. Fr. 19: Beschreiben Sie auch diesen Mann, der Ihnen im Hofgarten den Stich beigebracht hat. A.: Der war etwas größer als jener, der mich bestellt hat, und hatte einen schwarzen Schnurrbart und schwarzen Backenbart. Fr. 20: Wie war die Farbe seiner Augen, Haare und seines Gesichts? A.: Er hatte ein rotes Gesicht, dunkelbraune Haare; wie aber die Farbe der Augen ist, weiß ich nicht, Ich gewahrte ihn erst, als ich schon ganz nahe am Denkmal war. Fr. 21: War er groß oder klein, jung oder alt? A.: Er war über die mittlere Statur und mag 50-54 Jahre alt sein. Fr. 22: Hat dieser Mann etwas gesprochen? A.: Er sagte: 'Ich mache Ihnen den Beutel zum Präsent', und wie ich ihn nehmen wollte, hat er mich gleich hineingestochen. Fr. 23: Wie war dieser Mann gekleidet? A.: Daß er einen Mantel trug, das weiß ich, aber von welcher Farbe dieser war, weiß ich nicht. Doch hatte der Mantel nur einen Kragen, der, glaube ich, über die Ärmel hinunterreichte. Auch hatte er einen runden schwarzen Hut auf. Was er unter dem Mantel anhatte, weiß ich nicht. Fr. 24: Was geschah nach dem Stich? A.: Ich lief gleich nach Hause und ließ den Beutel fallen und lief so stark, daß mich niemand einholen konnte. Ich sah mich nicht mehr um und weiß daher auch nicht, was der Mann getan oder wohin er sich gewendet hat. Nachdem H. über zunehmende Schwäche klagte, hat man die Vernehmung vorläufig geschlossen, demselben noch einmal wortdeutlich vorgelesen und an ihn nur noch die Fr. 25 gestellt: Ist alles richtig niedergeschrieben und haben Sie daran nichts abzuändern oder beizusetzen? A.: Ja, ganz richtig, und ich habe nichts abzuändern. Die Leute meinen immer, es hätte mich niemand gestochen. Ich hab's schon gehört, vom Herrn Meyer, sie haben leise untereinander gesprochen. Zur Bestätigung unterschreibt derselbe eigenhändig. Gebärdennote: Trug die Antworten auf die an ihn gestellten Fragen mit anscheinender Gemütsruhe und zusammenhängend vor. Die Antworten wurden wörtlich, wie er sie gab, niedergeschrieben. -

3. Verhör vom 17. Dezember 1833, vormittags 11 Uhr (...).

Heute verfügte man sich abermals in die Wohnung des K. H., traf denselben zwar im Bette liegend, jedoch bei vollkommen gutem Bewußtsein an, ermahnte ihn sofort zur Angabe der Wahrheit und vernahm ihn weiters, wie folgt: Fr. 26: Sie haben angegeben, vergangenen Samstag um ein Viertel nach 9 Uhr vormittags in dem Gebäude des Appellationsgerichtes von einem Mann in den Hofgarten hinein bestellt worden zu sein, haben Sie diesen Mann früher niemals gesehen? A.: Nein, ich hab' mir gedacht, es sei ein Arbeiter, weil er vom Herrn Hofgärtner eine Empfehlung ausrichtete, man möchte darüber doch auch den Herrn Hofgärtner fragen, ob er keinen solchen Arbeiter hat, mit einem schwarzen, breiten Schnurrbart. Fr. 27: Sie haben aber gestern angegeben, der Schnurrbart desjenigen, der Sie bestellt hatte, sei blond gewesen? A.: Da haben Sie sich verschrieben, ich habe deutlich gesagt, daß er einen bräunlichen, ins Schwarze gehenden Schnurrbart hatte. Vergessen Sie nicht, daß das abgeändert wird. Ich muß es beim Vorlesen überhört haben, denn sonst hätte ich es auf der Stelle bemerkt. Fr. 28: War irgend jemand zugegen oder ist irgend jemand vorbeigegangen, während Sie mit dem Manne sprachen, der Sie in den Hofgarten bestellte? A.: Nein, ich habe wenigstens niemand bemerkt. Wenn arme Leute kommen, die passen auch immer da auf, so z. B. eine gewisse Feigelein, der ich immer etwas gebe, so auch die Tuchmacherswitwe Weigel, die paßt immer da auf. Fr. 29: Haben Sie auch außer dem Manne, der Ihnen im Hofgarten den Stich beibrachte, im Hinein- oder Hinausgehen vom Hofgarten niemand gesehen, der mit Ihnen gleichzeitig im Hofgarten war? A.: Nein, es ist mir niemand begegnet. Wenn mir nach dem Stich auch jemand begegnet wäre, so hätte ich ihn nicht gesehen, denn ich war ganz außer mir vor Schrecken. Ich habe auch gehört, daß mir außer dem Hofgarten viele Leute begegnet sind, ich habe aber keinen Menschen gesehen. Fr. 30: Auf welchem Weg sind Sie denn nach dem Stich zurückgelaufen? A.: Ich bin gleich über alle Felder und das Gras hinüber und (in) ganz gerader Richtung auf das eiserne Gittertor zugelaufen und habe gar den Weg nicht beobachtet und gekannt. Fr. 31: Sie haben angegeben, vorerst, als Sie in den Hofgarten hineingingen, auf den artesischen Brunnen zugegangen zu sein und erst, als sie dort niemand antrafen, in die Gegend des Uzschen Denkmals hingegangen zu sein. Da Sie nun einmal an den artesischen Brunnen bestellt waren, was bewog Sie denn, ihrem Wege diese soweit veränderte Richtung zu geben? A.: Das war mein gewöhnlicher Spaziergang. Ich ging öfters im Hofgarten spazieren. Fr. 32: Haben Sie von Ihrer Einladung in den Hofgarten irgend jemand etwas gesagt? A.: Keinem Menschen. Auch früher war ich schon einmal in den Hof-

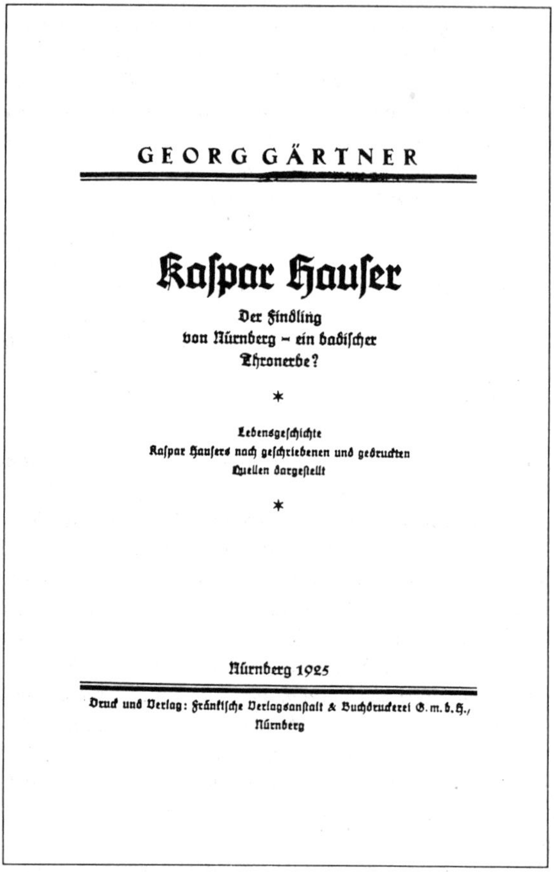
GEORG GÄRTNER

Kaspar Hauser

Der Findling
von Nürnberg – ein badischer
Thronerbe?

*

Lebensgeschichte
Kaspar Hausers nach geschriebenen und gedruckten
Quellen dargestellt

*

Nürnberg 1925

Druck und Verlag: Fränkische Verlagsanstalt & Buchdruckerei G.m.b.H.,
Nürnberg

garten eingeladen, wie bei Herrn Generalkommissär der letzte Ball war, da war mir aber das Wetter zu schlecht. Damals habe ich es der Frau Oberleutenantin Hickel gesagt. Die wird es Ihnen auch sagen können, wenn sie sich noch erinnert. Fr. 33: Wer hat Sie denn damals eingeladen? A.: Derselbe Mensch, der mich am Samstag eingeladen hat. Eben darum war ich überzeugt, daß es ein Arbeiter vom Hofgärtner sein müsse, und habe deswegen zum zweiten Male nichts mehr gesagt. Fr. 34: Wann und wo geschah denn diese erste Bestellung? A.: Um halb 9 Uhr beiläufig, etwas nachher, und an dem nämlichen Platze wie am Samstag. Fr. 35: Mit welchen Worten geschah denn damals die Bestellung? A.: Er sagte: eine Empfehlung vom Herrn Hofgärtner und ich sollte hineinkommen auch in den Hofgarten zwischen 3 und 4 Uhr an den artesischen Brunnen, wenn ich die Tonarten sehen wollte. Fr. 36: Sie haben angegeben, von dem Mann, der Ihnen den Stich beibrachte, einen Beutel erhalten zu haben; wie sah denn dieser Beutel aus? A.: Ja, einen leeren Beutel meinem Anfassen nach, weil er mir ihn in die Hand gab, wo die Schnüre zusammengehen; wie er aber aussah, weiß ich nicht, weil, wie ich den Beutel anfaßte, ich gleich den Stich erhielt und ich ihn fallen ließ. Ich habe Herrn Meyer gesagt, man möchte sogleich hinein-

gehen, um ihn, wenn man ihn noch fände, mitzunehmen. Fr. 37: Würden Sie wohl diesen Beutel auf Vorzeigen wieder erkennen? A.: Nein, das würde ich nicht, doch, soviel ich mich noch dunkel erinnere, so müssen die Schnüre desselben blau sein. Fr. 38: Unter Vorzeigen des zu Gerichtshanden gekommenen violettseidenen Beutels. Was sagen Sie zu diesem Beutel? A.: Ich meine, den Schnüren nach könnte er es sein, doch ist mir jener Beutel etwas größer vorgekommen; es war auch garstiges Wetter und schon dunkel. Fr. 39: Sie sind gleichwohl bei diesem garstigen Wetter ohne Mantel in den Hofgarten gegangen, warum das? A.: Weil ich bei Herrn Pfarrer Fuhrmann ein Pappkästchen gemacht habe und da hätte mich der Mantel gedauert, wenn ein Leim daran gekommen wäre und ich schone ihn überhaupt, weil er schön ist. Fr. 40: Bei einem schon früher vorausgegangenen, Ihnen in Nürnberg begegneten Unfall, wie mochten Sie es wagen, einer Einladung Folge zu leisten an einen einsamen Platz von einem Ihnen gänzlich unbekannten Menschen? A.: Ich habe nicht mehr geglaubt, daß mir noch nach dem Leben gestrebt werde, da ich einen Pflegvater habe und deshalb die Sache leichter genommen. Fr. 41: Für wen haben Sie denn das Pappkästchen gemacht? A.: Für die Frau des Herrn Pfarrers Fuhrmann zum Weihnachtsgeschenk, weil Herr Pfarrer Fuhrmann damit nicht umgehen kann und ich es bei Buchbinder Schnerr in Nürnberg gelernt habe. Des andern Tages wollte ich wieder hinuntergehen, weil es nicht fertig wurde. Auf Vorlesen: Fr. 42: Ist alles richtig niedergeschrieben und haben Sie daran nichts abzuändern oder beizusetzen? A.: Es ist alles richtig und wörtlich niedergeschrieben und ich habe nichts beizusetzen und nichts hinein zu korrigieren.

Zur Bestätigung unterschreibt derselbe eigenhändig. Kaspar Hauser. Gebärde(nnote): Deponierte ruhig, mit sichtlicher Gemütsruhe, anscheinend gänzlich unbefangen und ohne alle Verlegenheit."[220]

17. 12. 1833

Die Untersuchungskommission ist auch in den Sterbestunden Hausers zugegen:

"Nachdem dem Inquirenten in rubr. Untersuchungssache vom Herrn Medizinalrate Horlacher abends, etwas vor 1/2 8 Uhr, die Anzeige erstattet wurde, daß K. H.s Krankheitszustand plötzlich eine solche gefährliche Wendung genommen habe, daß selber diese Nacht (vom 17. auf den 18.) schwerlich überleben werde, so begab sich Inquirent alsbald in die Wohnung des K. H., schickte auch zugleich nach dem Kommissionsaktuar, da man es der Wichtigkeit der Untersuchung angemessen erachtete, daß die Untersuchungskommission in den letzten Sterbestunden des Damnifikaten zugegen sei, um allenfallsige Äußerungen desselben, die für die Untersuchung von Relevanz sein konnten, aktenmäßig zu konstatieren.

K. H. wurde in einer tiefen Ohnmacht angetroffen und erwachte aus derselben nur allmählich. Seine ersten Äußerungen waren Fragen an die Umstehenden - wo er sei. - Nach 8 Uhr kehrte sein Bewußtsein mehr zurück. Sein Lehrer Meyer näherte sich ihm mit Ermahnungen zum Gottvertrauen und fragte ihn, ob er ihm denn nichts mehr zu sagen habe. - K. H. äußerte: 'Ich will ja gerne verzeihen, aber ich weiß nicht, wer mir's getan hat.' Über eine Weile äußerte derselbe: 'Das erinnere ich mich noch, daß ich alle, die um mich waren, um Verzeihung gebeten habe.'

Auf Veranlassung des Inquirenten wurde dessen Beichtvater Pfarrer Fuhrmann geholt, der ihm in religiöser Hinsicht zusprach und mit ihm betete.

Die amtlichen Aktenstücke

über

Kaspar Hausers

Verwundung und Tod

Herausgegeben, eingeleitet und mit Anmerkungen versehen

von

Hermann Pies

2. Auflage

Kulturhistorischer Verlag

Bonn am Rhein

Um halb 9 Uhr trat wieder ein, (einer) Ohnmacht ähnlicher Zustand ein. Er erholte sich jedoch wieder und äußerte nunmehr: 'ich bin recht müde, ich bin recht schwach, ich werde vielleicht in einigen Stunden von hier scheiden von diesem Lasterleben. Gott hat mir immer die besten Menschen gegeben, doch war das Ungeheuer größer.' (Im Nachsatze fehlen ein paar Worte, die nicht verständlich waren, oder doch von der Kommission nicht verstanden wurden.) Er fuhr fort. 'Ich will jetzt gehen zu dem, der mich den rechten Weg geführt hat.' Auf die Frage, ob er nicht etwas Wasser oder Wein wünsche, erwiderte er: 'Der Höhere stärkt mich mit anderem Wein, und Wasser.'

Als Herr Gendarmerie-Oberleutnant Hickel zu ihm trat und fragte, ob H. ihm nichts an den Grafen (Stanhope) aufzugeben habe, machte H. eine Äußerung, welche der

Kommission im Vordersatze unverständlich blieb, daher auch der Nachsatz dieser Äußerung H.s: 'daß er (der Graf) viel getan hat, ist eigentlich noch sein Schutz, sonst wäre er auch verloren', nicht wörtlich verbürgt werden kann, sondern von dem Inquirenten so verstanden wurde. Näher eruiert kann diese Äußerung nur durch Vernehmung der übrigen Zeugen seiner Todesstunde werden.
Um halb 10 Uhr wandte er sich wieder an Meyer und äußerte: 'Meinen verbindlichsten Dank, den ich niemals abtragen kann.' Er fragte auch nach Herrn Meyers Gattin, welche aber nicht zugegen war, und äußerte auch für sie Gefühle des Dankes. - Hierauf äußerte er nach einer Weile für sich: 'Das ermüdete Haupt erbittet sich Ruhe, indem es so schwer gegangen ist, bis es auf den rechten Weg gegangen ist.' Das Bewußtsein schien ihn nun wieder zu verlassen und es war bemerklich, daß er mit dem Zeigefinger auf dem Deckbett eine solche Bewegung machte, als ob er schreiben wolle, was jedoch nicht lange währte. Um dreiviertel auf 10 Uhr schwand das Bewußtsein, er antwortete auf keine Frage mehr. Um 10 Uhr starb er, ohne harten Todeskampf oder Verzerrung der Gesichtszüge.
Kommissionsaktuar Traumüller hat noch nachstehende Reden Hausers notiert, die dem Inquirenten (nicht) erinnerlich oder nicht mehr gegenwärtig sind. (Zu Lehrer Meyer gewendet): 'Es ist nur eine Einbildung, diese wird sie aber bald verlassen.' 'Dem geht es schlecht, der es auf den rechten Weg macht, nicht wie ich.' - 'Der wird seine Abrechnung finden, der nicht Gutes getan hat, wie ich, sonst wäre er auch verloren wie ich.' - 'Wenn's möglich ist, mich auf der Welt zu lassen, nur alles Törichte zurücklassen auf den Weg, den sie hier nicht mehr kennen.' - - 'Ich war auf dem Weg, Gutes zu wirken, wie lange, weiß ich nicht.' - - In der Todesstunde waren teils beständig, teils abwechselnd zugegen:
1. Herr Pfarrer Fuhrmann.
2. Herr Schullehrer Meyer.
3. Herr Gendarmerie-Oberleutnant Hickel.
4. Herr Rechnungskommissär Apell.
5. Herr Landarzt Dr. Koppen.
6. Der Sohn des Herrn Appellationsrats Schumann.
7. Hausers Krankenwärter.
8. Die Schwiegermutter des Herrn Lehrers Meyer.
9. Jedoch nur anfangs Herr med. Dr. Heidenreich.
10. Herr Medizinalrat Dr. Horlacher und
11. Herr medic. Dr. Albert.
Sonst fand sich nichts Relevantes zu bemerken."[221]

19. 12. 1833

Dr. Heidenreich führt über die "an einem trüben Tage, in einem engen Zimmer, mit allen Formalitäten vor sich gehenden ununterbrochenen, über sieben Stunden dauernden gerichtlichen Obduktion"[222] aus:

"Den 19. Dezember, vormittags 9 Uhr, 35 Stunden nach dem Tode, wurde die gerichtliche Leichenöffnung vorgenommen. Der Leichnam lag auf einem Tische, Totenflecken waren bemerklich am Rücken und an den Extremitäten, grünliche Flecken am Unterleibe als Spuren beginnender Verwesung. Die Spuren der vorhandenen Gelb-

sucht zeigten sich vornehmlich am Gesicht und auf der Brust, auch an den Extremitäten. Die Gesichtszüge waren wenig entstellt, jedoch mit dem Ausdrucke tiefen Schmerzes (...).
Die Wunde der Brust war mit einem Pflaster bedeckt und sonst zeigte sich nichts Auffallendes am ganzen Leichnam. Dritthalb Zoll unter der linken Brustwarze, drei Zoll von der Mitte des Körpers entfernt, befand sich die dreiviertel Zoll lange, zwei Linien klaffende, schräg von hinten nach vorne abwärts stehende, etwas eiternde Wunde (...).
So viel der Tatsachen. In den Folgerungen daraus sind diejenigen, die befugt und unbefugt darüber urteilen, in ihren Meinungen und Ansichten teils übereinstimmend, teils sehr verschieden. Über die Gefährlichkeit der Verletzung und die Tödlichkeit der Wunde sind alle Stimmen einig. Die Wunde hatte zwischen der sechsten und siebten Rippe die äußern Bedeckungen getroffen, war am Rande des großen Brustmuskels durch die Dentationen des Säge- und schiefen Bauchmuskels und durch die Zwischenrippenmuskeln gedrungen, hatte ihren Weg durch den Herzbeutel genommen und das Herz selbst an der Spitze verletzt, sie hatte endlich den fleischigen Teil des Zwerchfells durchbohrt, den Rand des linken Leberlappens durchstochen und eine penetrierende Wunde in den Wandungen des Magens veranlaßt. Diese letztere Wunde, die Verletzung des Magens, der nun seinen Inhalt in die Unterleibshöhle ergießen und Entzündung und Brand erzeugen mußte, muß auch um so mehr und in allen Fällen für tödlich erklärt werden, als diese Wunde nicht entdeckt werden konnte und auch bei der genauesten Erkenntnis keine Hilfe hätte stattfinden können, zumal da der Magen nicht durch die äußeren Bedeckungen des Unterleibes, sondern von der Brusthöhle aus verletzt worden war. Abgesehen nun von der Magenwunde würden auch die Leber- und Zwerchfellwunden, deren erstere baldige Erweichung und Entartung der Lebersubstanz, namentlich in der Umgebung der verletzten Stelle, und letztere fast augenblicklich eintretende konsekutive Nervenzufälle an der linken Schulter und am Hals veranlaßte, ebenfalls tödlich geworden sein. Wenn Herzbeutel- und Herzwunden auch mitunter geheilt werden, so wären doch in diesem individuellen Falle durch die ungemeine Reizung zu Lympherguß, plastischen Exsudat und Pseudogebild auch diese Verletzungen durch Herzbeutelwassersucht und exsudierte Pseudomembranen bestimmt und in kaum viel späterer Zeit als der Brand der Eingeweide des Unterleibes tödlich geworden. Endlich die äußere Wunde, auch nur bis an und zu dem Herzbeutel durchdringend betrachtet, wäre durch das aus den Verzweigungen der Interkostalgefäße und aus der äußeren Fläche des Herzbeutels und der Pleura abgesonderte und zwischen Brustfell und Zwischenrippenmuskeln ergossene Extravasat in der Folge unfehlbar tödlich geworden. Es liegt also hier eine vierfache Tödlichkeit der Wunde vor, und darüber sind die Ansichten auch so ziemlich einstimmig."[223]

20. 12. 1833

Kaspar Hauser wird beigesetzt.

III. Kaspar Hauser: Die Geschichte und ihre Geschichten

1. Die Poesie der Geschichte

"Inzwischen ist die Geschichte dieses Tropfs immer merkwürdig, selbst schon als warnendes Beyspiel von der Ungewissheit menschlicher Zeugnisse und historischer Glaubwürdigkeit. Denn es ist auffallend, wie abweichend und theils gerade einander widersprechend selbst die ersten gleichzeitigen Nachrichten über die Umstände bey seiner Erscheinung in Hameln lauten."[224]

Ersetzte man die Ortsangabe "Hameln" durch "Nürnberg", so ließe sich dieser kleine Absatz in Blumenbachs "Beyträge zur Naturgeschichte" von 1812 durchaus auch auf die Geschichte Kaspar Hausers beziehen. Hier wie dort sind die Umstände des Auftauchens der Findlinge umstritten, und daneben existieren, wenn wir uns an das im Vorangegangenen Entwickelte erinnern, weitere Analogien. Ein dokumentierbares Interesse für die sogenannten wilden Kinder findet sich, wie wir sahen, lange vor dem Auftauchen Hausers, wobei auffiel, daß das Interesse doch vornehmlich auf den naturgeschichtlichen Aspekt beschränkt blieb, und wie die "Zustände der Verwilderten" die Zeitgenossen zugleich interessierten und abschreckten.
Es sei der Versuch gewagt, die Anziehungskraft, die die zeitgenössischen Berichte über Kaspar Hauser auszeichnet, näher zu beleuchten. Ende 1833 präsentiert sich der Fall für den Leser des "Conversations-Lexikon(s) der neuesten Zeit und Literatur" wie folgt:

"Es gibt vielleicht in Deutschland kein Dörfchen und in den benachbarten Ländern keine Stadt, worin nicht der Name dieses Findlings und etwas von seiner Lebensgeschichte bekannt wäre. Dieser weitverbreitete Ruf ist eine Folge theils der seltsamen, in schauerliche Dunkelheit gehüllten Begebenheiten und Verbrechen, die sich an seine Person knüpfen, theils der enthusiastischen Theilnahme, welche ihm viele ausgezeichnete Männer geschenkt haben. Wie immer, so hat auch im vorliegenden Falle die Wahrheit durch die Geschäftigkeit der Fama nichts gewonnen, vielmehr ist durch sie die Geschichte H.'s dergestalt verwirrt und entstellt worden, daß es überhaupt, besonders ohne Kenntniß der bis jetzt geheim gehaltenen Untersuchungsverhandlungen, höchst schwierig bleibt, die wahrgenommenen Thatsachen von den bloß angegebenen oder vermutheten zu sichten, sich vom unbegründeten Glauben wie vom Zweifel gleich frei zu erhalten und selbst mit der größten Vorsicht und Unparteilichkeit bloß Wahres zu berichten. Dies soll jedoch in der folgenden Darstellung versucht werden.
Es war am zweiten Pfingstfesttage (26. Mai) 1828 Nachmittags zwischen 4 und 5 Uhr, als ein auf dem Unschlittmarkte zu Nürnberg wohnender Bürger nicht weit von seinem Hause einen, als Bauernburschen gekleideten jungen Menschen gewahr wurde, der ihm durch die Haltung des Körpers und ein ungeschicktes Bemühen, sich vor-

wärts zu bewegen, auffiel. Er ging näher zu dem jungen Menschen, der ihm einen Brief, an den Rittmeister bei der vierten Escadron des sechsten Reiterregiments zu Nürnberg adressirt, entgegenhielt. Der Bürger führte den jungen Burschen in die Wohnung des bezeichneten Rittmeisters. Unterwegs suchte er ein Gespräch mit dem Fremdling anzuknüpfen, der aber nichts zu begreifen schien, jedoch auf die Frage: woher er komme? antwortete: 'Von Regensburg'; auch am sogenannten neuen Thore in altbairischer Mundart die Bemerkung machte: dies sei gewiß erst neu erbaut worden, weil man es neues Thor heiße. Beim Eintritt in die Wohnung äußerte er gegen den Bedienten, er wolle ein solcher Reiter werden, wie sein Vater gewesen. Auf alle Fragen erfolgte die nämliche Äußerung oder die: 'Ih woais nit'. Nachdem der Rittmeister gegen 8 Uhr nach Hause gekommen und nicht im Stande war, etwas über die Person und Herkunft des ihm Unbekannten durch Fragen herauszubringen, wurde dieser auf die Polizeiwachstube geführt. Die hier anwesenden Unterbeamten und Polizeisoldaten bemühten sich gleichfalls vergebens mit Fragen über seinen Namen, Stand u.s.w., und man hielt ihn daher für einen Blödsinnigen oder Halbwilden, oder auch wol für einen feinen Betrüger, da er kindlich-kindisch wimmerte, nur kurze unverständliche Sätze vorbrachte, gleichwol aber eine ihm dargereichte Feder geschickt zwischen die Finger nahm und in festen leserlichen Zügen auf einen Bogen Papier die Worte 'Kaspar Hauser' schrieb, ohne jedoch auf Verlangen den Ort seiner Herkunft, oder sonst etwas beizufügen. H. war damals dem Ansehen nach 16-17 Jahre alt; ein ganz dünner Flaum überzog Kinn und Lippen. Sein Körperbau untersetzt (4 3/4 bair. Fuß) und breitschulterig, zeigte ein vollkommenes Ebenmaß. Seine Haut war sehr weiß und fein; seine hellbraunen Haare kräuselten sich in kleinen Locken; seine Glieder waren zart gebaut, die Hände klein und schön geformt ebenso die Füße, welche keine Spur zeigten, daß früher ein Schuh sie beengt habe, vielmehr waren die Fußsohlen ohne Hornhaut, so weich, als das Innere einer Hand und mit frischen Blutblasen bedeckt. An beiden Armen zeigten sich die Narben der Impfung. Seine Gesichtsfarbe verrieth keine Kränklichkeit und seine bläulichen Augen waren klar. Beim Weinen verzerrte er widerlich den Mund, sein Lächeln aber war lieblich, wie bei einem Kinde. Auch sein Gang war dem eines Kindes ähnlich und wenn er mit ausgestreckten Schenkeln auf dem Boden saß, so war am Kniebug nicht die geringste Höhlung zu bemerken. H. zeigte gegen alle Speisen und Getränke, außer trockenem Brot und Wasser, heftigen Widerwillen. Schon der bloße Geruch der gewöhnlichen Speisen erregte ihm Schauder und ein wenig Wein, Bier, Fleisch und dgl. verursachte ihm Angstschweiß, Erbrechen oder Durchfall. Sein Sprechen beschränkte sich auf wenige Wörter oder Sätze im altbairischen Dialekt, z. B. 'Reuta währe, hoam weisa, Bua (Bube), Roß' u.s.w.; er zeigte dabei eine große Unbekanntschaft mit den gemeinsten Gegenständen und den alltäglichsten Erscheinungen der Natur und Gleichgültigkeit gegen die gewöhnlichen Bequemlichkeiten und Bedürfnisse des Lebens. Außer den nothdürftigen bäuerlichen Kleidungsstücken hatte H. nichts bei oder an sich, was über seine Herkunft eine Vermuthung hätte geben können, als einen mit gelber Seide gefütterten Filzhut, worin das Bild der Stadt München war, ein Schnupftüchlein mit den Buchstaben K. H. roth gezeichnet und mehre geschriebene katholische Gebete, sowie geistliche Schriften mit den Druckorten: Altöttingen, Burghausen u.s.w. Der mitgebrachte Brief war also datirt: 'von der Bayerschen Gränz daß Orte ist unbenannt 1828'. Der - wahre oder simulirte - Briefsteller sagt darin, daß er ein armer Taglöhner und Vater von 10 Kindern sei; daß ihm der Knabe am 7. Oct. 1812 von seiner unbekannten Mutter gelegt worden; daß er denselben vor dem Landgerichte verheimlicht und keinen Schritt weit aus dem Hause gelassen habe, und dieser nicht wisse, wie das Haus oder der Wohnort des Pflegers heiße; daß der Knabe christlich erzogen worden, lesen und schreiben gelernt habe, auch geschickt und gelehrig sei und ein Reiter zu werden wünsche, wie sein Vater einer gewesen; endlich, daß er ihn bei Nacht aus seinem Hause fortgeführt und bis Neumark begleitet habe. In dem Briefe lag ein, wie von der Mutter (mit lateinischen Buchstaben) geschriebener Zettel, worin es heißt, daß sie ein armes Mägdlein, der Knabe am 30. April 1812 geboren worden, sein Taufname Kaspar und sein Vater, ehemals ein Chevauxleger beim sechsten Regiment in Nürnberg, gestorben sei.

H. wurde vom Magistrate zu Nürnberg als ein verwahrloster Junge von unbekannter Heimath behandelt und deshalb in polizeiliche Verwahrung gebracht. Er erhielt ein eignes Zimmer auf einem Thurme der Burg mit weiter, schöner Aussicht und eine sorgfältige Pflege vom Gefangenwärter, der ihn im Geheimen beobachtete. Er benahm sich hier wie ein Kind und brachte die meiste Zeit auf dem Boden sitzend im Spiel mit den vielen Kinderspielwaaren hin, welche ihm die Theilnahme der Nürnberger verschaffte. Am liebsten spielte er mit Pferdchen, die er mit Bändern schmückte und mit Brot zu füttern versuchte. Später bezeigte er große Freude an Bildern und Kupferstichen, die er zum Theil nachzuzeichnen bemüht war. Nicht minder machte ihm das Schreiben Vergnügen, worin er schon am ersten Morgen eine Probe seiner Gewandtheit ablegte, indem er ohne eine Vorschrift einen ganzen Bogen mit Buchstaben, Sylben und Wörtern, desgleichen mit den arabischen Ziffern in vollkommener Ordnung, beschrieb. Im Umgange mit den vielen Personen, welche Neugierde oder Gutmüthigkeit fast stündlich zu ihm führten, lernte er zur allgemeinen Verwunderung bald so viel sprechen, um seine Gedanken nothdürftig auszudrücken, obwol seine Sprachversuche ein so dürftiges, kindisches Wortgehäcksel bildeten, daß der Hörende Vieles nur vermuthen oder errathen mußte.

Der Vorstand des Magistrats, Bürgermeister Binder, früher ein Justizbeamter von bewährter Geschäftskenntniß, widmete der seltsamen Erscheinung seine besondere, sowol menschenfreundliche als amtliche Theilnahme. Er ließ H. fast täglich in sein Haus bringen, wo er in seiner würdigen, gemüthvollen Gattin eine zweite Mutter fand, die ihn jedoch nach Art zärtlicher Mütter etwas verwöhnt und ihm die Einbildung einer vornehmen Abkunft unabsichtlich erregt haben mag. Das Hauptbestreben des Bürgermeisters ging dahin, durch vielfältiges Unterreden mit H. den Schleier so viel möglich zu lüften, der auf dem frühern Leben desselben lag. Dies glaubte er bald bewirkt zu haben, und er erließ bereits unterm 7. Jul. eine öffentliche Bekanntmachung, worin er das Leben und Leiden Kaspars schilderte und alle Behörden zur Mitwirkung behufs der nähern Ermittelung der an ihm verübten Verbrechen und ihrer Urheber auffoderte [!]. Nach diesem Umlaufschreiben, welches überall die lebhafteste Sensation erregte und den Findling zu einem Gegenstande des höchsten Interesse [!] im In- und Auslande machte, war derselbe von seiner Kindheit an in einem unterirdischen Behältnisse, von der Natur und allen Menschen ganz isolirt, bloß mit Brot und Wasser durch einen Mann aufgezogen worden, der sich ihm selbst nicht einmal zeigte, sondern ihn, während er im natürlichen oder durch Opiate bewirkten Schlafe lag, verpflegte, reinigte und ankleidete. Der unglückliche Knabe, bloß mit einem Hemde und hinten offenen Hosen bekleidet, hatte in dem Kerker nicht einmal ausgestreckt liegen, darin nie einen Laut hören, nie die Sonne oder nur die Tageshelle sehen können und daher auch nicht den Unterschied zwischen Tag und Nacht erfahren. Er hatte keine andere Beschäftigung gehabt, als mit zwei hölzernen Pferden zu spielen. Einige Zeit vor der Wegführung nach Nürnberg hatte der Mann sich in dem Kerker öfters eingefunden und den Gefangenen durch Führung seiner Hand im Schreiben, sowie durch Aufheben der Füße im Gehen unterrichtet. Endlich hatte er ihn einmal auf die Schultern gelegt, zu dem Loche heraus einen Berg (oder eine Treppe) hinaufgetragen und sich mit ihm auf die Reise nach Nürnberg begeben. Von Allem was H. unterwegs in die offenen Augen und Ohren gedrungen, oder er sonst empfunden, war nichts von ihm zu erfragen, das über die Gegend, aus welcher er gekommen, oder über die Richtung, Länge und Dauer des Weges nur den geringsten Aufschluß hätte geben können; nur an unbedeutende, sich von selbst verstehende Dinge, erinnerte er sich. Nicht einmal das Gesicht des Mannes, mit welchem er in der letzten Zeit seiner Gefangenschaft umging, hat er beschrieben und will es, obwol es nicht vermummt war, nie angeblickt haben, weil es ihm verboten worden.

Diese Erzählung, die unter den vorliegenden Umständen nur eine hypothetische sein konnte und sollte, wurde als eine authentische aufgefaßt und die Quelle der vielen, im Publicum umlaufenden Vermuthungen und Gerüchte, nach welchen H. bald die Frucht einer sündlichen oder verbotenen Liebe und der natürliche Sohn eines Geistlichen oder einer vornehmen ledigen Mutter, bald ein Fürstenkind, oder das Opfer einer tückischen Erbschleicherei sein sollte. Es fehlte auch nicht an Zweiflern, die in Allem nur einen groben oder feinen Betrug witterten; wozu das viele Dunkle, Lücken- und Räthselhafte der Geschichte überhaupt, und einzelne psychologische wie physiologische Widersprüche insbesondere, reichlichen Stoff darbieten.

Am 18. Jul. 1828 wurde H. dem Professor Daumer zu Nürnberg zur Erziehung in seinem Hause anvertraut. Die Bildungsgeschichte des Knaben-Jünglings ist dadurch pädagogisch merkwürdig, daß seine ursprüngliche Wißbegierde und Beharrlichkeit, sein erstaunenswürdiges, schnelles und zähes Gedächtniß, sowie die nicht minder bewunderungswürdige Schärfe seiner Sinne, besonders des Gesichts und Geruchs, in dem Grade abnahmen, in welchem sich der Kreis seiner Kenntnisse erweiterte. Daß H. im Dämmerlichte scharf und weit besser als am hellen Tage sah; daß er sogar bei Nacht dunkle Farben von einander unterschied, kann nicht auffallen; dagegen erscheint es räthselhaft, daß er, der nie seine Fernsehkraft zu üben Gelegenheit gehabt hatte und deshalb die vor seinem Fenster ausgebreitete ferne Landschaft für einen buntbemalten Laden ansah, dennoch von der Höhe der Burg die Fensterreihen der über 3-4 Stunden entfernten Häuser zu zählen im Stande war. Die beste Anlage zeigte er zum Schreiben und Zeichnen und ein entschiedenes Talent zum Reiten, das er in unglaublich kurzer Zeit erlernte. Für Gegenstände des Glaubens, wie überhaupt für das Unkörperliche, Unsichtbare zeigte er wenig Sinn. Geistliche und Ärzte waren ihm besonders zuwider und in der Kirche war ihm unwohl und unheimlich. Seine Fortschritte waren im Ganzen gering und wurden zuletzt durch Kränklichkeit und einen Vorfall unterbrochen, der die ziemlich gesunkene Theilnahme der Bewohner Nürnbergs wie des Auslandes aufs Neue in hohem Grade aufregte. Am 17. Oct. (1829) Mittags bemerkte die Schwester des Professors Daumer zuerst auf der Treppe Blutflecken, sodann beim Abtritte im unteren Hausgange einen Haufen geronnenen Bluts. Als Kaspar nicht zu Tische kam, ging die Mutter des Professors, Böses ahnend, ihn zu suchen. Sie fand an der Kellerthüre eine blutähnliche Feuchtigkeit und stieg in den mit Wasser gefüllten Keller hinab, wo sie in einem Winkel etwas Weißes schimmern sah. Es war H. selbst, der wie todt dalag, das bleiche Gesicht mit Blut bedeckt. Dies kam aus einer scharfen Schnittwunde auf der Stirn, welche zwar weder lebensgefährlich noch an sich bedeutend war, jedoch dem Verwundeten heftige Paroxismen zuzog. Nachdem er wieder zur Besinnung gekommen war, erzählte er, daß er, auf dem Abtritte sitzend, einen Mann mit ganz schwarzem Kopfe, den er für den Schlotfeger gehalten, heran schleichen gesehen habe. Dieser Mann habe ihm, sowie er den Kopf hervorgestreckt, einen Schlag auf die Stirne gegeben, in Folge dessen er sogleich auf den Boden gestürzt sei. Nachdem er wieder zu sich gekommen, habe er zur Mutter seines Lehrers hinaufgewollt, sei aber in der Angst zuerst an seine Stube und sodann wieder die Treppe hinunter an den Keller gekommen, in dem er sich verkrochen habe. Das darin befindliche kalte Wasser habe ihn anfangs zum bessern Bewußtsein gebracht, indessen habe er dieses nach einem Erbrechen wieder verloren. Mit Recht nahm dieser Vorfall die ausgezeichnetste Thätigkeit der Justiz- und Polizeibehörden in Anspruch und es wurde keine Mühe gespart, dem verborgenen Thäter auf die Spur zu kommen, den man bald nach der That, seine Hände in einer Wasserkufe auf der Straße abwaschend, auch noch vier Tage später in eleganter Kleidung gesehen haben will. Allein alle Nachforschungen blieben erfolglos und fügten zu den alten Räthseln nur noch neue schwierigere hinzu. Da man H. in der abgelegenen Wohnung seines bisherigen Lehrers nicht sicher genug hielt, so wurde er in das Haus des Magistratsraths Biberbach gebracht und durch zwei Polizeisoldaten fortwährend bewacht. Diese hörten, nachdem er hier einige Monate gelebt hatte, einmal in seinem Zimmer einen Schuß fallen und sahen ihn, als sie hineinstürzten, auf dem Boden liegen, sodaß sie glaubten, er habe sich erschossen. In der That hatte er sich am Kopfe mit einem Kugelschusse aus einer Pistole verwundet, die an der Wand gehängt hatte und nach seiner Angabe losgegangen war, als er beim Herabholen eines Buchs einen Stuhl bestiegen, das Gleichgewicht verloren und das Gewehr angegriffen hatte, um sich zu halten. Dies war das letzte Ereigniß, welches bei dem Publicum Bestürzung verbreitete; Verwunderung hingegen erregte noch eine Unterredung H.'s mit dem von einer Reise nach Ungarn rückkehrenden preußischen Lieutenant v. Pirch, bei welcher Ersterer eine Kenntniß mehrer ungarischer Wörter verrieth. Man glaubte, hierdurch den Schleier des Geheimnisses gelüftet und eine Spur des Verbrechens in jenem fernen Lande gefunden zu haben. Es verbreiteten sich dieserhalb die wunderbarsten Gerüchte, die hier jedoch nicht näher erwähnt zu werden verdienen, weil keines derselben begründet oder verbürgt werden kann.

Unter den vielen Fremden, welche den berühmten Findling zu sehen kamen, hatte zuletzt H.'s Genius auch den Grafen Stanhope hinzugeführt, welcher ihn liebgewann und ihn als seinen Pflegesohn förmlich angenommen hat. Hierdurch ist der Unglückliche, der bei seinen geringen Fortschritten im Wissenschaftlichen und bei der unterbliebenen Erlernung eines Gewerbs sein künftiges Fortkommen vielleicht nicht gesichert gesehen hätte, jeder Sorge enthoben worden.

Die merkwürdige Erscheinung Kaspar Hauser's ist in Vorstehendem nach ihren Hauptzügen dargestellt worden. Je weniger bis jetzt über den Gang und die Ergebnisse der eingeleiteten Untersuchung bekannt geworden ist, so lange lückenvolle, ja widersprechende Darstellungen vorlagen, desto leichter konnte Zweifel und Unglaube erwachen. Der Erste, der an der Wahrheit der Geschichte zweifelte, war der Polizeirath Merkel [!] in Berlin, der in seiner Schrift: 'Kaspar Hauser, nicht unwahrscheinlich ein Betrüger' (Berlin 1830), die berichteten Thatsachen bei seiner vorgefaßten Meinung, daß H. ein Betrüger sei, nicht unbefangen prüfen konnte. Diese Schrift stützt sich lediglich auf die frühern, theils mangelhaften, theils unwahren Berichte, und auf öffentliche Bekanntmachungen, die zu einer Zeit geschrieben wurden, wo H. noch nicht im Stande war, eine bestimmte Einsicht in sein Schicksal zu veranlassen, und wo sich nur aus Bruchstücken ein Urtheil zusammenstellen ließ. Ungefähr um dieselbe Zeit suchte der Criminaldirector Hitzig zu Berlin in seinen 'Annalen der deutschen und ausländischen Criminalrechtspflege['] [!] (Heft 14) der Theilnahme des Publicums eine bestimmte Richtung zu geben und foderte zu Geldbeiträgen auf, um die schwierigen Untersuchungen zu fördern. Seitdem hat Feuerbach die erste kritische und unparteiliche Zusammenstellung der bewährten Thatsachen in seiner Schrift: 'Kaspar Hauser, Beispiel eines Verbrechens am Seelenleben' (Ansbach 1832), gegeben und, mit den Untersuchungsacten bekannt, den Zusammenhang der Geschichte so weit aufgeklärt, als das bis jetzt gewonnene Ergebniß gestattete, Amtspflicht und Vorsicht es erlaubten. Er hat besonders auch darauf hingewiesen, wie man früher Vermuthungen oder Schlüsse als Thatsachen aufgestellt habe, die von den Zweiflern benutzt worden sind, und er spricht sein Bedauern aus, daß man es gleich bei dem ersten Erscheinen Hauser's in Nürnberg an sorgfältiger Beobachtung, aufmerksamer psychischer und körperlicher Pflege und scharfer Untersuchung habe fehlen lassen, da durch diese Vernachlässigung manche der feinsten Fäden der geheimnißvollen Geschichte verloren gegangen sein mögen, die sich später nicht wiederanknüpfen ließen. Hätte man zu jener Zeit genau beobachtet und die Ergebnisse bekannt gemacht, so würde es wahrscheinlich nicht Anlaß zu Verdächtigungen gegeben haben, die auf der andern Seite warme Vertheidigungen hervorriefen, wodurch unbefangene Erforschung ebenso sehr verhindert wurde. Die Versehen bei der ersten Untersuchung haben vielleicht auch auf die spätern Nachforschungen insofern nachtheilig gewirkt, als die Besorgniß, amtliche Personen zu compromittiren, Einfluß hatte. Über einige bei der Untersuchung wichtige Momente spricht Schmidt von Lübeck in der kleinen Schrift: 'Über Kaspar Hauser' (Altona 1831). Daumer's 'Mittheilungen über Kaspar Hauser' (2 Hefte, Nürnberg 1832) sind für die Erklärung mancher psychischen und physischen Eigenheiten schätzbar. Graf Stanhope hat H. nach Ansbach geschickt, um ihn weiter unterrichten und dann nach England bringen zu lassen. Dem Präsidenten von Feuerbach übergab er eine bedeutende Summe zur Förderung der Untersuchung und zur Verfolgung jeder Spur."[225]

Gleichsam als Beschluß der Geschichte Hausers ist dann am 19. Dezember 1833 im "Nürnberger Korrespondenten" zu lesen:

"Kaspar Hauser, mein geliebter Kurand, ist nicht mehr. Er starb zu Ansbach, gestern nacht um 10 Uhr, an den Folgen der am 14. d. Mts. durch einen Meuchelmörder erlittenen Verwundung. Ihm, dem Opfer greuelvoller elterlicher Unnatur, sind nun die Rätsel gelöst, an welche die Vorhersehung sein trauriges Dasein geknüpft hatte. Im ewigen Frühling jenseits wird der gerechte Gott ihm die gemordeten Freuden der Kindheit, die untergrabene Kraft der Jugend und die Vernichtung für ein Leben, das ihn erst seit 5 Jahren zum Bewußtsein des Menschen erhoben hatte, reich vergelten. Friede seiner Asche!

Nürnberg, am 18. Dezember 1833. *Binder, 1. Bürgermeister."*[226]

Bei einer Sichtung nahezu aller authentischen Zeugnisse lassen sich drei Phasen bzw. Komplexe ausmachen, die für die poetische Eigenart der Hauser-Geschichte, im Sinne unserer Einleitung, bestimmend werden: die Bekundungen der Augenzeugen über Kaspars erste Zeit in Nürnberg, seine Selbstzeugnisse sowie die Aussagen und Ereignisse um das Nürnberger Attentat und den Mord im Ansbacher Hofgarten. Neben die Kritik der Quellen läßt sich die des Erkenntnisinteresses sowohl der zeitgenössischen Beobachter als auch späterer Generationen stellen, die nicht ohne Einfluß für die Interpretation der literarischen Bearbeitungen bleiben wird. Unter der Überschrift "Kaspar Hauser, ein psychologisches Nachtstück" erscheint ein Artikel in "Blätter für literarische Unterhaltung", in dem es heißt:

"Sein räthselhaftes Geschick, das ihn bald zum Stoff für eine Criminaltragödie, bald zum Helden eines abenteuerlichen Lebensromans, bald zum Normalgegenstand homöopathischer Heilversuche oder zu einem Phänomen des animalischen Magnetismus ausersehen zu haben schien, läßt ihn endlich noch hinsichtlich der psychologischen Bedeutung seiner Erscheinung als die wundersam-tiefsinnige Sphinx der neuesten Zeit auftreten, welche uns die Fragen vorlegt, die den Menschen selbst bedeuten."

Ob die Feststellung, mit der der Anonymus fortfährt, für den Zeitpunkt des Artikels (Juni 1833) zutrifft, mag dahingestellt sein, mit dem Tod Kaspar Hausers im Dezember desselben Jahres jedenfalls kehrt sich die Behauptung - als "Criminalgeschichte" habe "sich Hauser's Lebensschicksal im Interesse des Publikums bereits überlebt"[227] - in Wirklichkeit um. Es wird eines unserer Anliegen in diesem Kapitel sein, und hierfür ist die kleine Passage aus den "Blättern für literarische Unterhaltung" ein erstes Zeugnis, die Diskussion um die Geschichte Kaspars in ihrer Antithetik und Skurrilität sichtbar werden zu lassen.
Wenden wir uns nun endlich den Augenzeugen zu. Neben den Buchveröffentlichungen der beiden Kronzeugen über den Findling (des Juristen und Ansbacher Appellationsgerichtspräsidenten Paul Johann Anselm Ritter von Feuerbach und des ersten Erziehers Hausers, des Nürnberger Gymnasialprofessors Georg Friedrich Daumer) besitzen wir eine Reihe weiterer Zeugnisse, die uns aufgrund ihrer unterschiedlichen Provenienz - es handelt sich um ärztliche Gutachten, Aussagenprotokolle und Zeitschriftenaufsätze - ein kaleidoskopartiges Bild liefern, das in seinen Grundkonturen dennoch übereinstimmende Züge aufweist.
Von zahlreichen Augenzeugen bekundet werden die außergewöhnlichen physiologischen Phänomene, die sich an Kaspar Hauser zeigen. Zu den Beobachtern zählt auch der Sohn des Appellationsgerichtspräsidenten, der spätere Philosoph Ludwig Feuerbach, der mit Daumer freundschaftlich verbunden ist und in dessen Haus den Findling kennenlernt. Er berichtet aus den Monaten Juli und August 1828:

"Kaspars Nahrung besteht in Wasser und Brot und in Wassersuppen, die er aber auch erst allmählich essen gelernt. Ein einziger Löffel Fleischbrühe, selbst einer ziemlichen Portion Wassersuppe beigemischt, macht sie ihm ungenießbar. Ein bißchen Rind-

fleisch, so groß wie die Hälfte einer Fingerspitze, das überdem ganz durch und ausgesotten worden war, verursachte ihm Fieber. Von den Gewürzen genießt er bloß Kümmel. Selbst unverarbeitete vegetabilische Produkte wie Kirschen, Birnen mag er nicht. Er kann nicht begreifen, wie die Menschen etwas anderes essen und trinken mögen als Wasser und Brot; er rät fast jedem, doch auch bloß diese Nahrung zu genießen, die sei die beste (...). Sein Appetit ist groß, sein Schlaf fest und ununterbrochen. Er schläft jetzt in einem Bette."[228]

In extenso jedoch verfolgt und dokumentiert Daumer jene Phänomene, wozu Versuche auf den virulent diskutierten Gebieten des Somnambulismus, des animalischen Magnetismus sowie der Homöopathie - die aber, so wird bald der Berliner Polizeirat Merker kritisieren, "noch den allergegründedsten Zweifeln unterliegt"[229] - gehören. Ist zwar die überwiegende Zahl der entsprechenden Daumerschen Beobachtungen, die einen breiten Raum in seiner Veröffentlichung einnehmen, durchaus objektiv und rücksichtsvoll für den Findling gehalten, so streifen und überschreiten doch einige Versuche die Grenzen des Grotesken. Der Hyperästhie seines Pfleglings begegnet Daumer mit der Verabreichung kleinster Dosen homöopathischer Heilmittel, deren z. T. verheerende Wirkung auf Kaspar den ursprünglichen Anlaß zuweilen weit übertreffen. Sarkastisch kritisieren einige Rezensenten entsprechende Passagen:

"Hr. Daumer liefert S. 70 seiner Mittheilungen die umständliche Erzählung, wie Hauser von einem in seinem Gesicht aufgefahrenen Hitzblätterlein (...) in vier sorglich durchwachten Nächten glücklich wiederhergestellt worden. Aus dieser Zeit der grossen Gefahr theilt Hr. Daumer der Stadt ein fortgesetztes Bulletin über das Befinden ihres Pflegesohnes, mit Aufzählung aller Oeffnungen, der milden und der harten, so wie auch, was bisher bey anderen hohen Patienten übersehen worden ist, seiner Errectionen mit."[230]

Gehen wir nun zu einer Untersuchung der Binderschen "Bekanntmachung" über, der Keimzelle der ganzen Hauser-Geschichte, die wir im zweiten Hauptkapitel kennenlernten. Der "romanhafte, dem angeblichen Opfer unmenschlicher Behandlung auf die künstlichste Weise abgefragte, vielleicht oft auch nur erratene Inhalt"[231] - wie es in einer ersten Stellungnahme des Appellationsgerichts heißt - wird nicht nur von offizieller Seite kritisiert; auch aus der Sicht des literarisch interessierten Publikums spricht man bald vom kleinen "Roman"[232] Binders, und auch sonst vergleicht man die Geschichte des Findlings (noch zu dessen Lebzeiten) mit einem "Drama" oder einem "Roman". Zentralstück der Binderschen Schrift ist der Rekonstruktionsversuch der Vorgeschichte Kaspars, die um so sicherer "mitgetheilt" werden könne, als sich der Junge "in der ersten Erzählung seines Schicksals treu"[233] bleibe. Sehen wir von der vielfach erörterten Frage der wechselseitigen Beeinflussung der Aussagen Kaspars und der Beschreibung Binders hier ab, so läßt sich als eine Grundbestimmung dieses kleinen Romans die bewußte zeitliche Gestaltung ausmachen. Die Vorgeschichte im ganzen setzt ein mit der bewußtlosen, ja man kann paradox formulieren, zeitlosen Zeit der Gefangenschaft Kaspars, die hauptsächlich durch Negativa charakterisiert wird und die dann einen deutlichen Einschnitt mit den ersten 'Unterrichtsstunden' durch den Unbekannten erfährt: "Da öffnet sich endlich die Thüre des Kerkers, und der Unbekannte"[234] tritt ein. Die 'Lehrzeit' und erste Bewußtwerdung Kaspars beginnt, die bis zum Aufbruch und zur Reise nach Nürnberg reicht; sie macht dann den dritten und letzten Teil der Vorgeschichte aus. Dieser dritte Teil wird von Binder wiederum zeitlich strukturiert, der Leser verfolgt eine stationenartige Reise mit dem gliedernden Wechsel von Tag und Nacht.

Lesen wir nun eine Passage aus dem ältesten und größten Fragment der "Selbstbiographie" Kaspars vom Anfang des November 1828, in der, trotz der Zeitangaben, die auch hier auftreten, die Chronologie durch die wenigen stereotypen Beschäftigungen auf eigentümliche Weise ins Fließen gerät:

> *"Jetz kam dieser Mann, und hat mich auf gehoben, von Schlaffe, und hat mir mein Kurze hosen aus gezogen, und ein andere, Kurze hosen angezogen, und ein großen Hut und Stiefel, und Janker, und wie er mich angezogen, hat, dan habe (wie oben) er mich, an die Wänd hin gestellt, und hat mir, die zwey Hände genohmen (das h ausradiert) und hats an den Hals gethan; wie er mich aus den, Gefängniß, raus getragen, hat, da habe (wie oben) er sich, bickgen müßen und hat, mich über ein kleinen, Berg, hinauf getragen, da habe ich schon zum, weinen angefangt, da hat der Mann gesagt, ich soll aufheren (aufhören), sonst bekome ich keine Roß wie aber, ich über den Kleinen Berg, hinauf gekomen bin, da hat, mich so gefrohren, weil ich die Luft niemals, gehabt habe, und ein so schröcklicher Geruch, ist mich angefallen, daß es mir weh gethan habe (korrigiert in hat), und dan sind mir auf den zweyten, Berg gekomen, und da habe ich ein geschlaffen, dieses kan ich aber nicht; sagen, obe der Berg lange (ge)dauert hat oder Kurz und wie weit er mich getragen hat, dieses kann ich auch nicht sagen, und wie ich wach geworden bin, da war ich auf der Erden gelegen, und auf den Angesicht, war ich gelegen, und da hat es schröcklich gerochen und hat mir alles so weh gethan, wie ich erwachte habe ich den Kopf um gewend, da wird es der Mann gesehen haben, da ist er gekomen, und hat mich, aufgehoben, und hat mir das gehen (Gehen) gelernt, hat, mir ein Fuß um den andern so fortgestoßen mit seinen Fuß, weil er in anfang (Anfang), mich an alle zwey arme (Arme) geführt hat, weil ich gar, keinen Schritt gehen kon(nte, und da hat der Man gesagt, ich soll imer auf den Boden sehen und soll recht aufmercken, daß ich allein gehen kan, das erste, war immer gewesen (daß ich ge)weint habe, Kaspar nicht weinen sonst bekomst keinen Roß, ich habe oft geweint, weil mir das gehen (Gehen) so hart ankomen ist, und alles hat mir weh gethan, aber wenn er gesagt habe (wie oben), daß ich kein Roß bekome da habe ich imer gleich auf gehört zum weinen, da war ich kaum 8 Schritt weit gegangen, da hat mich der Mann hin gelegt, auf den Boden, und auch wieder mit den gesicht (Gesicht) auf die Erde hin, da habe ich ein wenig aus geruth (geruht) ich habe aber auh nicht lange liegen bleiben könen, weil es mir zu strack gerochen hat, und da habe ich den Kopf, auf gehoben, da hat er mich wieder ab (durchstrichen) aufgehoben, und hat mich wieder fortgeschlept, das zweyte mal wie ich um etliche Schritte*

weiter (ge)gangen sei (bin), als das erste mal, und da haben mir mein Füße, so weh gethan, daß ich es gar nicht sagen, (kann), da hat er mir ein Wasser und ein Brod geben, da habe ich mich hin gesetzt auf den Boden, und er ist hinter mir gewesen, und wie ich daß Brod und Wasser verzährt habe, da hat er mich wieder fort (geschleppt) und da hat er mich zum ersten mal unter einen Arm geführt, und habe es nicht sagen könen daß mir alles so weh thut, da sind wir um etliche Schritt weitter (ge)gangen als das zweyte mal, da ist es dunckel worden, und bin recht mid (müd) gewesen, und haben mir die Füße recht weh gethan, da habe, ich mich auf den Boden, hingelegt, und habe geschlaffen, und wie lange ich geschlaffen, habe, dieses kan ich nicht sagen, wie ich wach geworden bin da ist es schon häll gewesen, da war ich schon wieder ausgeruht gewesen, aber, die Schmerzen, sind gar niemals vergangen, diese waren imer gleich gewesen, (da bin ich Gewis um durchstrichen) da bin ich gewiß Acht Schritte weitergegangen, da habe ich vielleicht meinen weisten weg (Weg) gethan; wie die erste Nacht vorüber war, aber ich kan es nicht gewis sagen ob es würklich, Nacht wahr, es kan(n) leicht gewesen sein, daß mir die Augen, vergangen sind; vor Schmerzen, weil sie zu groß waren, dann hat er mir wieder ein Brod geben, und ein Wasser, dan hat mir dieser Mann das betten, gelehrt, die (das) wird er mit dreymal vorgesagt haben, (und es, er? mir vor gesagt habe, hat er gesagt durchstrichen) ich soll dieses recht merken, daß du schöne Roß bekommst, im dem großen dorf da ist dein Vater; der hat recht schöne Roß, und ein solcher Reiter kanst du auch werden; wie dein Vater gewesen ist; jetz würde es zum zweyten mal nacht (Nacht), und ist mir auch der große Schmerzen komen als wie die vorige Nacht, da habe ich mich auf die Erde hin gelegt, und habe ein geschlaffen, und dieses kan ich aber nicht sagen, wie lange ich imer geschlaffe habe; wan ich aber aufwachte, wahr es imer Hell, dann wie ich wach wurde hat mich die (der) Mann wieder fort, da bin ich ein stück (Stück) weit(erge)gangen, da habe (ich) zum weinen angefangt, und sagt, Roß, Roß, weil mir, die Füß sehr weh gethan haben, da sagte der Mann ich sollte daß weinen auf hören, sonst bekome ich keine Roß mehr, dann habe ich wieder aufgehört zum weinen; wen mir gleich die Füße recht weh gethan haben. dann würde ich mir (nur) zehn, mal ausgeruht haben, und dieser Mann hat sich im(m)er hinter mir hin, gesetzt, da habe ich wieder ein Brod, und Wasser, bekom(m)en, wie ich aber dieses Brod gessen habe, und daß Wasser truncken, da hat er mich wieder fort, dann wirde ich vielleicht nur acht, oder Neun, mal, ausgeruht, haben, da habe ich wieder zum weinen angefangt, und sagte Roß, Roß, Roß, mit diesen wollte, ich sagen, er soll mich nach Haus führen zu meine Pferd, wo ich ein, gespirt war; dieses konnte ich aber nicht sagen, da hat der Mann gesagt, höre ab (auf) zu weinen jetzt bekomst bald eine Roß, dann würde ich nur zweymal aus geruht, dann hat, er mir wieder die Kurze hosen aus gezogen und habe (wie oben) mir, ein lange Hosen angezogen, und ein andern Hut auf gesetzt, und wie er mir die Kleider angezogen habe (wie oben), ist er auch imer, hinter mir gewesen, wie ich aber diese Kleider an gehabt, habe, da wird ich vielleicht, zwanzig, oder dreysigmal aus geruht haben bis mir in daß (durchstrichen) daß Große (große) dorf gekomen, sind. wie wir aber in der Stadt gewesen sind, da hat er mir ein Brief in die Hand geben, und hat gesagt, ich soll stehen bleiben, bis ein solchr, komt wie du bist, dan sagt du er soll dich da hin führen wo dieser Brief hingehört."[235]

Hausers späterer Vormund, Gottlieb von Tucher, bemerkt hinsichtlich der Selbstbiographie:

"Nur Bilder können sich in die Seele mehr oder weniger tief einprägen, die in spätern Zeiten, und in ihrer eigentlichen Bedeutung verstanden, wieder auftauchen, indem sie nun erst als Ergebnis des Denkens in einen logischen Zusammenhang von Ursache und Wirkung, Absicht und Erfolg usw. gesetzt zu werden vermögen ... Er konnte Beschreibungen machen nach den Bildern, die er aus der Zeit während seiner Gefangenschaft in sich aufgenommen hatt [!], von allem andern als eben gerade nur von diesen wenigen Dingen, die sich in seiner Seele erhalten haben, wußte er nichts zu erzählen".[236]

Das oben bereits grob umrissene poetische Potential, das wir in den Augenzeugenberichten und Selbstzeugnissen zu erblicken können glauben, gewinnt allmählich deutlichere Konturen, wenn wir das "Conversations-Lexicon" zu Rate ziehen. Unter dem Stichwort "Poesie" der "6. Original-Auflage" (1824) lesen wir u. a.:

"Die Urpoesie der Völker aber ist in jedem Sinne wahr und frisch, denn es ist in ihr Bild und Begriff noch ungetrennt, da sich späterhin der poetische Sinn dem prosaischen entgegenstellt, das Bild dem Begriffe, und die Poesie der Wahrheit; ihr Stoff ist wahrhaft empfunden und erlebt, der Ausdruck natürlicher und bewußtloser Erguß des ausgebildeten Gemüths - Naturpoesie".[237]

Bevor wir diesen Gedanken später wiederaufnehmen, sei auf die weiteren Aspekte verwiesen, die bereits in der "Bekanntmachung" Binders auftauchen und die sich als weithin bestimmend für die Diskussion des Falles, auch in literarischer Hinsicht, erweisen werden. Neben den Andeutungen, daß dem Findling durch das Verbrechen der "widerrechtlichen Gefangenhaltung" unter anderem "wohl gar die Vorzüge vornehmer Geburt"[238] geraubt sein könnten, dominiert hier wie in den folgenden Beiträgen, nicht nur denen der Augenzeugen, die "Theilnahme aller fühlenden Menschen"[239]: Die Nürnberger "Gemeinde" betrachtet ihn "als ein ihr von der Vorsehung zugeführtes Pfand der Liebe, das sie ohne den vollen Beweis der Ansprüche anderer auf ihn nicht abtreten wird".[240] Das Thema der gefühlvollen Anteilnahme am Schicksal des Kindes wird den Stoff von nun an bis in jüngste, sowohl fiktionale als auch darlegende Schriften hinein begleiten, und Kaspar wird zum Spiegel der je eigenen Gefühle seiner Interpreten. Hinsichtlich der "Bekanntmachung" bemerkt Paul Johann Anselm von Feuerbach in einem Brief an Elise von der Recke vom 20. September 1828, daß Binder hier "so viel Humanität affectirt"[241] habe. Nichts desto weniger übergeht auch Feuerbach in seiner Darstellung keineswegs das rührende Moment, das sich aber im Unterschied zu den philanthropischen Allgemeinplätzen an einzelnen Szenen konkretisiert und in stilistisch gekonnter Weise präsentiert wird:

"Ueberhaupt begann er erst in Daumers Familie, wie es schien, über sein Schicksal nachzudenken und was dieses ihm vorenthalten und genommen, mehr und mehr zu erkennen und schmerzlich zu empfinden. Erst hier wurde ihm die Vorstellung von Familie, von Verwandtschaft und Freundschaft, von dem menschlichen Verhältniß zwischen Aeltern, Kindern und Geschwistern nahe gebracht; erst hier erhielten die Namen, Mutter, Schwester, Bruder, für ihn eine Bedeutung, indem Er [!] sah, wie Mutter, Schwester, Bruder, durch gegenseitige Liebe verbunden, für einander sorgten und sich wechselseitig zu Gefallen lebten. Er wollte erklärt haben: was denn eigentlich Mutter sei? was Bruder? was Schwester? Man suchte ihn so gut als möglich durch eine schickliche Antwort zu befriedigen. Bald darauf fand man ihn auf seinem Stuhle sitzend mit Thränen in den Augen, und wie es schien, in tiefe Betrachtungen versunken. Als er gefragt wurde: was er denn wieder habe? antwortete er weinend: 'er habe darüber nachgedacht, warum denn Er nicht auch eine Mutter, einen Bruder und eine Schwester habe? denn dies sei doch gar zu schön.'"[242]

Eines der bekanntesten und in der Literatur oft verarbeiteten Erlebnisse Kaspars beschreibt Daumer folgendermaßen:

"Im August 1828 sah er in meinem Hause zum erstenmale den gestirnten Himmel. Sein Erstaunen, sein Entzücken läßt sich nicht beschreiben. Er konnte sich nicht satt daran sehen, kehrte immer zum Anschauen dieses Glanzes zurück und bemerkte die Sterngruppen und die ausgezeichnet hellen Sterne mit ihren verschiedenen Farben. Das sey das Schönste, sagte er, was er jemals gesehen und fragte, wer die vielen schönen Lichter da hinaufsetze, anzünde und wieder auslösche. Als man ihm sagte, daß sie wie Sonne und Mond immer fort leuchteten, aber nicht immer gesehen würden, fragte er, wer sie zuerst da hinaufgesetzt, so daß sie immer fortbrennten. Endlich versank er in tiefes Nachdenken, indem er, wie gewöhnlich in solchem Falle, unbeweglich und mit gesenktem Kopfe dastand, nichts mehr sehend und hörend. Als er wieder zu sich kam, hatte sich seine Freude in die tiefste Schwermuth verwandelt. Er ließ sich zitternd auf einen Stuhl nieder, und fragte, warum ihn jener böse Mann immer eingesperrt gehalten, und nichts von all diesen Schönheiten gezeigt habe, da er doch nichts Böses gethan. Er brach in ein langes schwer zu stillendes Weinen aus. Man solle den Mann, äußerte er unter Anderem, auch einmal zwei Tage lang einsperren, damit er wisse, wie hart das sey; - wobei zu bemerken, daß er früher von einer Bestrafung des Mannes durchaus nichts hatte wissen wollen. Nur der Schlummer vermochte ihn endlich zu beruhigen. Er schlief erst gegen 11 Uhr ein, - etwas bei ihm noch nie Vorgekommenes."[243]

In der Schilderung Daumers klingt zugleich ein Topos an, der alle Augenzeugenberichte durchzieht, die Unbeschreibbarkeit der Faszination, die Kaspars Wesen ausübt: "in Kaspar Hauser sehen wir einen 17-18jährigen Wundermenschen, wie ihn die Welt noch nicht gesehen"[244], heißt es in einer brieflichen Äußerung Paul Johann Anselm von Feuerbachs. "Das rührende Bild der reinsten Güte, welches Hausers Erscheinung in den ersten Zeiten gewährte, übertrifft alles, was von dieser Art sich die Phantasie erfinden könnte und läßt sich in der Fülle seiner Lebendigkeit durch keine Beschreibung ausdrücken"[245], so Daumer.

Bereits die Lektüre der Berichte enthusiasmiert die Zeitgenossen; so schließt Karl Gutzkow 1832 eine Rezension des ersten Heftes der Daumerschen "Mittheilungen" mit dem begeisterten Ausruf: "Welche Seligkeit wär' es für Herder gewesen, wenn er diese Erscheinung erlebt hätte!"[246] Die Wahrheit der "fast unglaubliche(n) Begebenheit" wird "uns verbürgt durch die Persönlichkeit des Erzählenden"[247] selbst. Die ersten Augenzeugen sind fasziniert von der Unschuld Kaspars. Freiherr von Tucher berichtet:

"So wie ich diesen Menschen gefunden und geschildert habe, mit seiner natürlichen unmittelbaren Reinheit und Selbstbewußtlosigkeit gab er im vollkommensten Grade das Bild des ersten Menschen im Paradiese vor dem Sündenfall."[248]

Für Johann Jakob Schnerr, Buchbinder und Nürnberger Magistratsrat, ist da "keine Spur von der der Menschheit aufgebürdeten Erbsünde zu finden"[249], und wenn sich für den Gerichtspräsidenten von Feuerbach die Seele Kaspars als "so fleckenlos und rein" erweisen wird, "wie der Abglanz des Ewigen in der Seele des Engels"[250], so wird ihm eine solche Formulierung die heftige Kritik eines Rezensenten eintragen, der hierzu bemerkt, nach "dem Worte Gottes" werde "so kein Mensch geboren"[251]. Aber nicht nur aus theologischer Sicht nimmt man Anstoß an der Erscheinung des Findlings, die nach den Aussagen der Augenzeugen alle Kategorien zu sprengen scheint. Seitens der zeitgenössischen Kritiker Hausers - von denen bezeichnenderweise keiner den Findling in seiner ersten Nürnberger Zeit in Augenschein nahm - und ihren Nachfolgern wird bis heute versucht, dem Phänomen seine Besonderheit zu nehmen, indem man es übergreifenden Kategorien unterzuordnen versucht. Als ein solches Rubrum dienen neben der Betrügerthese auch medizinische Titel, wie: "Kaspar Hauser in physiologischen, psychologischen und pathogenisch-pathologischen Untersuchungen" (1834). Der "Glaube an das scheinbar Mystische im Leben Hausers", so heißt es hier, müsse zerstört werden von einer "strengen Prüfung" der "Thatsachen".[252] Wie sehr sich alle diese Versuche aber - bis heute - in einer eigentümlichen Dialektik ihrer Erklärungen verstricken, wird bereits von den Zeitgenossen erkannt:

"Die so urtheilen, gehören zu den Menschen, die nichts für möglich halten, wozu sich nicht in irgend einem § irgend einer Polizeiverordnung eine fest bestimmte Rubrik auffinden läßt, oder zu jenen Reinverständigen, welche alles ihnen Unbegreifliche auf der Stelle natürlich erklären, aber so natürlich, daß ihre Erklärung noch eine weit größere Unbegreiflichkeit ist, als das Räthsel, welches damit gelöst werden soll."[253]

Wir nähern uns nun dem zentralen Punkt der Erörterungen zum poetischen Potential der ersten Zeugnisse von und über Kaspar, der - im Gegensatz zu den bisher referierten Gesichtspunkten - selber nicht mehr vollständig von der antithetischen Struktur der zeitgenössischen Diskussion erfaßt wird. In "Neuestes Conversationslexikon für alle Stände" (1836) lesen wir zum Stichwort "Poesie":

> *"Dem etymologischen Grundbegriff des Wortes zufolge könnte Poesie (...) allen schönen Künsten beigelegt werden, insofern sie alle aus der Tiefe der Anschauungen und des Geistes neue schöne Schöpfungen erzeugen; ja die ganze Natur, die unerreichbar fruchtbare Schöpferin der Naturschönheiten, darf gleichfalls auf die Eigenschaft des Poetischen Anspruch machen."*[254]

Fanden sich für die Beobachter Kaspars zwar vorgängige Vergleichsfälle, wie wir oben am Beispiel Peter von Hameln sahen, so zeichnete sich der Fall Kaspar Hausers durch die Besonderheit aus, daß der Geist des Nürnberger Findlings "vollkommen einer tabula rasa"[255] glich. Nicht nur für die "Zeitungsschreiber" ist in Kaspar Hauser 1828 ein "kleiner nürnberger Messias"[256] erschienen, auch in anderer Hinsicht greift man begeistert auf ihn als Zeugen für langgehegte Gedanken zurück:

> *"Many writers on the intellectual nature of man have attempted to supply a chapter for which human experience afforded no materials, by conjecturing what would be the condition of a being secluded, from infancy to youth, from all knowledge of the external world, and from all intercourse with his species, and therefore, destitute of the common experience, the appetites, and the acquirements, which result from the circumstances in which a human being is usually placed. The probable character of his feelings and perceptions, on viewing the glories of nature which he had never witnessed, and his sensations amidst the business and forms of life of which he had no previous notion, afforded matter for very interesting speculation. The state of man, excluded from social intercourse and education, is perhaps partially exhibited in such histories as those of Peter the Wild Boy; but the subject, as a whole, is now redeemed from speculation by the history of Caspar Hauser. This history is not only of surpassing interest in itself, but, in the point of view we have stated, is of such importance, that the information it affords must always hereafter occupy that place in the history of man which conjecture has hitherto supplied."*[257]

Das eigentliche Faszinosum ist die Neuigkeit und Unverbrauchtheit aller Eindrücke für Kaspar sowie seine Indifferenz gegenüber der Unterscheidung von Phantasie und Wirklichkeit. Feuerbach berichtet:

> *"Erst seit er in einem Bette schlief, hatte er Träume, die er aber Anfangs nicht für Träume erkannte, sondern beim Erwachen seinem Lehrer als wirkliche Begebnisse erzählte, indem er zwischen Wachen und Träumen erst später einen Unterschied zu machen lernte."*[258]

Welchen Eindruck die Kruzifixe in den Kirchen auf Kaspar machen, beschreibt Daumer wie folgt:

"Ich hörte ihn in Kirchen mit dem Ausdrucke höchsten Schmerzes flehen, diese Menschen nicht so zu quälen, sondern von ihren Kreuzen herabzunehmen."[259]

Einige dieser Erlebnisse hält Kaspar selber in kleinen Aufsätzen fest, die "so interessant und hinsichtlich der Naivetät ihres Ausdrucks so rührend"[260] sind, daß es "selbst dem genialsten und wissenschaftlich tiefkundigsten Betrüger" kaum möglich wäre, "so etwas zu schreiben"[261]:

"Vor etliche wochen habe ich von Gartenkreß mein Namen gesähet und dieser ist recht schön gekommen der hat mir ein solche Freude gemacht das ich es nicht sagen kann und da ist einer in Garten herein gekomen hat viele Birn fortgetragen der hat mir meinen Namen Zertreten da habe ich geweint dan hat Herr Professor gesagt ich soll ihn wieder machen, ich habe ihn gemacht den andern Morgen haben mir wieder die Katzen Zertreten."[262]

In besonderer Weise spiegelt sich die Ergriffenheit der Augenzeugen in ihren Schilderungen der Naturschönheiten, die Kaspar selber, das Erlebnis des Sternenhimmels ausgenommen, jedoch nicht wahrnimmt, da er für die Natur "keinen Sinn und kein Verständnis"[263] hat, wie seine Beobachter bedauernd feststellen. Auf der einen Seite hält er alles für belebt - der "Baum bekundete ihm Leben, indem er seine Zweige und Blätter bewegte, und sprach, wenn der Wind durch seine Blätter rauschte"[264] -, auf der anderen Seite muß er, der zunächst die Blätter der Bäume für menschliche Kunstprodukte hält, vom organischen Wesen der Natur überzeugt werden. In einem Aufsatz Johann Jakob Schnerrs vom Oktober 1828 heißt es:

"Vor dem Fenster des Zimmers, welches er gegenwärtig bewohnt, sieht man in zwei Blumentöpfen eine aufgegangene Bohne, einen Gerstenhalm und eine Erbsenranke, welche ihm zum überzeugenden Beweis dienen mußten, daß nicht, wie er Anfangs glaubte, die Menschen Bäume und Kräuter machen. Er legte mit eigner Hand die Saamenkörner in die Erde, und wunderte sich nicht wenig über den Erfolg."[265]

Wie schwierig es für seinen Erzieher ist, Kaspar den Unterschied zwischen Belebtem und Unbelebtem verständlich zu machen, zeigt eine Passage aus Daumers "Mittheilungen", in der die eigentümliche Logik deutlich wird, die Kaspar dabei entwickelt:

"Als ich einen Apfel im Garten hinrollen ließ, verwunderte er sich, daß der Apfel so laufen könne und glaubte, es sey die selbstständige Bewegung eines Lebendigen. Wenn sich der Apfel in Hecken und Beete verlief, oder wenn er ihn in die Höhe warf und nicht wieder fangen konnte, sagte er, der Apfel folge nicht und fragte, warum er Andern folge und nicht ihm? Als ein Apfel im Laufen einmal plötzlich inne hielt, sagte er, er sey jetzt müde und man müsse ihn nicht länger plagen. Jemand wollte ihm zeigen, daß es von ihm abhänge, welche Richtung der Apfel nehmen müsse und daß er hinfalle, wo er ihn hinwerfe. Da aber der Apfel nicht an der Stelle blieb, wo er auffiel,

sondern absprang, so brauchte Hauser dies als Gegenbeweis und blieb um so mehr bei der Meinung, daß der Apfel von selbst springen und laufen könne. Als ein rollender Apfel einmal an einen andern im Wege liegenden anstieß und ihn auf die Seite trieb, beschwerte er sich über den garstigen Apfel, der dem andern weh gethan und ihn weggestoßen habe, und sagte, diesen möge er nun nicht mehr. Als jemand die rollenden Aepfel mit dem Fuße aufzuhalten suchte, und diese an der etwas holperigen Stelle öfters in die Höhe und über den Fuß wegsprangen, freute er sich sehr über ihre Klugheit und Behendigkeit, ermahnte jeden, den er rollen ließ, zuvor, dasselbe zu thun und zeigte ihm, wie er es machen müsse."[266]

Während Kaspar, "ganz wie der noch im mythologischen Zustande seines Bewußtseins befangene Urmensch, welcher mit dem Baum, der Pflanze, dem Stein lebt und verkehrt wie mit individuellen Geschöpfen"[267], seine ersten Eindrücke und Schmerzen, die ihm die Fülle der Welt verursacht, in der ihm eigenen "Naivetät" beschreibt, sind seine Beobachter gleichsam stellvertretend für ihn begeistert. Doch mischt sich in diese Begeisterung bereits ein wehmütiger Unterton. Gegen Ende der Feuerbach-Schrift heißt es:

"Zur Zeit seines Aufenthalts bei mir nahm ich ihn öfters mit mir auf meine Spaziergänge und führte ihn einst an einem freundlichen Morgen auf einen unsrer sogenannten Berge, von wo aus sich über die zu den Füßen liegende, niedliche Stadt und das liebliche, von Anhöhen begränzte Thal, eine schöne heitere Aussicht öffnet. Kaspar, Anfangs von diesem Anblick sehr erfreut, wurde bald still und traurig. Meiner Frage um die Ursache seiner veränderten Stimmung, antwortete er: 'Ich denke mir eben, wie es doch so viel Schönes auf der Welt gibt, und wie hart es für mich ist, so lange schon gelebt und nichts davon gesehen zu haben, und wie glücklich die Kinder sind, die alles dies von ihren ersten Jahren an sehen konnten und noch immer sehen können. Ich bin schon so alt, und muß noch immer lernen, was lange schon die Kinder wissen. Ich wollte, ich wäre nie aus meinem Käfig gekommen; wer mich hineingethan, hätte mich auch darin lassen sollen. Dann hätte ich von allen dem nichts gewußt und hätte nichts vermißt und hätte keinen Jammer darüber gehabt, daß ich kein Kind gewesen und so spät auf die Welt gekommen bin.' Ich suchte ihn damit zu beruhigen, daß ich ihm sagte: 'Was die Schönheiten der Natur betreffe, so habe er nicht eben Ursache, sich in Vergleich mit unsern Kindern und mit den Menschen, die seit ihrer Kindheit auf der Welt seien, zu beklagen. Die meisten Menschen, unter diesen Herrlichkeiten aufgewachsen, betrachteten sie, als etwas Gewöhnliches, Alltägliches, mit gleichgültigen Augen, nähmen diese Stumpfheit durch ihr ganzes Leben mit sich und empfänden in der Regel bei den Wundern der Natur nicht mehr, als das Thier auf der Weide. Ihm aber (Kaspar), der als Jüngling in die ihm neue Welt getreten, seien diese Genüsse, in aller ihrer Frische und Reinheit vorbehalten geblieben, und hierin habe er einen nicht geringen Ersatz für den Verlust der früheren Jahre und einen bedeutenden Vorzug vor andern Menschen gewonnen.' Er erwiederte [!] mir nichts, und schien, wo nicht überzeugt, doch einigermaßen getröstet. Doch wird er zu keiner Zeit jemals über sein Schicksal ganz zu trösten sein. Er ist ein zartes Bäumchen, dem man seine Krone genommen, dessen Herzwurzel ein Wurm zernagt."[268]

Schon am 20. September 1828 beklagt Feuerbach, daß man es versäumt habe, genauer Tagebuch über die ersten Erfahrungen Kaspars zu führen, da seine Fortschritte "außerordentlich", so daß "kaum noch interessante psychologische Betrachtungen an ihm zu machen" seien.[269] Die Augenzeugenberichte werden durch eine eigentümliche Gespanntheit in mehrfacher Hinsicht bestimmt: Der Freude über die erfolgreiche Sozialisation, die "mit Meilenstiefeln vorwärts schreitet"[270], kontrastiert die wehmütig gestimmte Erkenntnis, daß in eben dem Maße die Außerordentlichkeit der Erscheinung Hausers abnimmt; Feuerbachs Buch schließt mit dem Satz:

> *"Nichts Ausserordentliches ist mehr an ihm, als das Ausserordentliche seines Schicksals und seine unbeschreibliche Güte und Liebenswürdigkeit."*[271]

Kaspar leidet an der Welt, bedingt durch seine Hyperästhie sowie leidige Mißgriffe in seiner Erziehung:

> *"Er hielt allen Schmerz, den er empfand, für ein von Menschen zugefügtes Uebel; oder vielmehr die Menschenwelt, in der er jetzt lebte, erschien ihm insgesamt als ein ihn anfeindendes, übelthätiges Wesen, dem er zu entrinnen sich sehnte."*[272]

Begeistern seine Beobachter sich an der Unverbrauchtheit und Intensität, die alle Erlebnisse für ihn haben müssen, so zeigt Kaspar sich mit "seinem Leben auf der Welt (...) nichts weniger als zufrieden; er sehnte sich zu dem Mann zurück, bei dem er immer gewesen."[273] Die Vorstellung der bewußtlosen Zeit Kaspars in seinem Gefängnis - "ohne Sehnsucht nach etwas, was er nicht besaß", in "einem immergleichen Zustande"[274] - erschreckt und fasziniert zugleich die Zeitgenossen:

> *"Des Knaben höchster Wunsch ist, Alles zu lernen und dann - heimgewiesen zu werden, zu dem, bei dem er immer gewesen ist. - Dieser Wunsch, ist er nicht das sprechende Bild des Menschenlebens? Alles lernen, Alles erforschen wollen im unermeßlichen Gebiete der Schöpfung, und sich zurück sehnen in die unbekannte Heimath."*[275]

Die Begeisterung über das Auftauchen des naiven Kaspar resultiert nicht zuletzt daraus, daß sein paradiesischer Zustand der Bewußtlosigkeit - Uroboros - gleichsam sentimentalisch erinnert werden kann, und daß sein Erscheinen auf dieser Welt insbesondere in der Feuerbachschen Schrift den melancholischen Hauch der Spätzeitlichkeit trägt. Zum letzten Mal scheint sich ein Phänomen - "das gleichsam aus sich selbst geboren, außer allem regelmäßigen Naturzusammenhang in sich selbst abgeschlossen da steht"[276] - dem zergliedernden Zugriff der Wissenschaften zu entziehen. Der Versuch Goethes, der Theorie Newtons eine eigene Lehre der Farben entgegenzusetzen und "Schellings Schwermut"[277] finden in diesem Sinne einen letzten Widerschein in der Geschichte Kaspar Hausers. Diese besitzt noch, so ließe sich formulieren, jene changierenden Farben der Geschichten vom Ursprung der Menschen, in denen Historie und Poesie ineinanderfließen. Wenn wir hier wiederum einen Artikel des "Conversations-Lexicon(s)" von 1824 hinzuziehen, sei zugleich darauf verwiesen, daß für die "9. Originalauflage" von 1845 diese wechselseitige Beziehung zwischen Historie und Poesie kein grundsätzliches Problem mehr darstellt und sich die Bereiche klarer voneinander abgrenzen. 1824 aber lesen wir noch:

> *"Es wird daher das Historische nicht nur a) dem Mythischen und der Volkssage entgegengesetzt, obwol in der Geschichte des Ursprungs der Menschen und Völker beides fast unzertrennbar verschmilzt, und die mythische Zeit überall gleichsam als Morgendämmerung der historischen vorangeht, sondern auch b) dem rein Poetischen. Eine vollkommene Entgegensetzung findet aber auch hier nicht Statt; denn das Wesen der Poesie beruht ja nicht auf Erdichtung, vielmehr bedient sie sich häufig historischer Stoffe, oder stellt die erdichtete Begebenheit als wirklich geschehen dar; so wie umgekehrt vieles Einzelne in der Geschichte poetisch ist, indem der Stoff zur anschaulichen und harmonischen Darstellung gebildet worden zu sein scheint, ja das Leben der Menschheit selbst, nach seinem vollendeten Umfang, einen poetischen Geist in sich tragen muß."*[278]

Abschließend sei auf einen weiteren Aspekt kurz verwiesen, der von den Zeitgenossen Kaspars diskutiert wird, und der uns ebenfalls in der Stoffgeschichte begegnen wird:

> *"Hier ist es vorzüglich, wo alle die Erscheinungen, welche jenen Thatsachen eigentlich ihren Nahmen [!] gegeben haben, die des thierischen Magnetismus, der Vorahndungen, Träume, Sympathien und dergleichen, zusammen eintreten werden. So geschieht es, daß indem wir uns gerade an den bisher in den einzelnen Naturwissenschaften am meisten versäumten, oder dunkel gebliebenen Phänomenen festhalten, die Natur, von welcher sonst nur zerstreute Theile, welche wiederum das Gemüth nur zerstreuen, nicht lebendig ansprechen können, sichtbar würden, unsre Seele als ein lebendiges harmonisch verbundnes Ganze anspricht, Ein Grund, Ein Gesetz, und Eine allgemeine Geschichte alles Lebens und Daseyns klar hervortritt."*[279]

Jene "oft versäumten Thatsachen des Wunderglaubens"[280], die Gotthilf Heinrich Schubert in den "Ansichten von der Nachtseite der Naturwissenschaften" (1808) beschrieb, scheinen in Kaspar Hauser ihren letzten Zeugen gefunden zu haben. Daumer präsentiert uns folgende Aufzeichnung Kaspars vom April 1829:

> *"Am 2. April Nachts hatte ich einen Traum, als hätte ich wirklich einen Mann gesehen, er hat ein weißes Tuch um den Leib hängen, seine Hände und Füße waren blos, und wunderschön hatte er ausgesehen. Dann reichte er mir die Hand mit etwas, das einen Kranz gleicht; dann sagte er, ich sollte ihn nehmen; dann wollte ich ihn nehmen; dann gab er mir zur Antwort, in vierzehn Tagen mußt du sterben; dann gab ich*

ihm zur Antwort, ich mag noch nicht sterben, weil ich nicht lange auf der Welt bin, und nahm den Kranz nicht, als er mir zur Antwort giebt: es ist desto besser. Dann stund er eine Zeitlang vor mir, als ich den Kranz nicht nahm, gieng er rückwärts gegen den Tisch zu, legte ihn auf den Tisch; so bald er ihn auf den Tisch gelegt hatte, stund ich auf und als ich näher kam, hatte er einen herrlichen Glanz bekommen. Dann nahm ich ihn und gieng auf mein Bett zu, als ich näher dem Bett zu kam, bekam er immer einen stärkern Glanz, dann sagte ich: ich will sterben; dann war er fort; ich wollte in das Bett hinein steigen, dann wurde ich wach."[281]

Daumer schließt daran an: "Der Kranz ist in der Symbolik dieses Traumes offenbar der Tod."[282] Daß solche und ähnliche Berichte den literarischen Bearbeitern nach Hausers Ermordung willkommener Stoff sein werden, liegt auf der Hand. Die mit Hausers Tod in Zusammenhang stehenden Ereignisse und Protokolle werden zusätzlichen Anreiz zur Gestaltung liefern. Sie umfassen sowohl den 'kriminalistisch-detektivischen' Aspekt, der sich auf die unaufgeklärten Vorgänge im Ansbacher Hofgarten bezieht, als auch die 'Jenseitsperspektive', das dreieinhalbtägige Sterbelager Kaspars betreffend. Die Obduktionsprotokolle sowie die fortdauernden Versuche und Experimente mit Hauser noch zu Lebzeiten weisen schließlich, dies nur à part gesprochen, in ihrer grotesk-seltsamen Sachlichkeit auf Büchner voraus. Werner Herzogs Film "Jeder für sich und Gott gegen alle" wird mit den an eine Szene in "Woyzeck" angelehnten Sätzen enden:

"Ein schönes Protokoll! Ein genaues Protokoll! Ich werde zu Protokoll geben, dass man an Hauser Deformationen entdeckt hat. Wir haben endlich für diesen befremdlichen Menschen eine Erklärung wie man sie besser nicht finden tun kann!"[283]

Blicken wir kurz zurück: Wir wandten uns den frühesten Augenzeugenberichten und Selbstzeugnissen des Findlings zu, um genauer zu fassen, wodurch seine Geschichte die Zeitgenossen des Biedermeier so faszinierte. Die ungeklärte Vorgeschichte und die umstrittenen Berichte über Kaspars Auftauchen in wie sein Scheiden aus dieser Welt sind gleichsam natürlich vorgegebene Leerstellen der Phantasie, die entsprechende Ausfüllungen und Spekulationen ins Leben rufen. Darüber hinaus erscheint Kaspar Hauser den Zeitgenossen als lebendes Beispiel für die naturspekulativen Tendenzen der Spätromantik, die in Deutschland bis in die 1830er Jahre noch nachwirkten. Besonders aber die Nachklänge romantischer Vorstellungen von einer Urpoesie scheinen sich in den begeisterten Reaktionen auf Kaspars Aussagen und Selbstzeugnisse zu sedimentieren. Das, wonach man in der Romantik gestrebt hattte, eine umfassende Poetisierung der Wirklichkeit, wird im historischen Findling zum ersten Mal lebendig vor Augen geführt, und zugleich ahnt die Spätzeit des Biedermeier, daß die im Findling inkarnierte Identität von Poesie und Leben am Wendepunkt zu einer neu anbrechenden Zeitströmung steht und somit auch einen wohl endgültigen Schlußpunkt markiert. In Kaspars weltferner Gefangenschaft scheint das für die Romantik noch so virulente Theorem des Goldenen Zeitalters für die Biedermeierzeit noch einmal lebendig geworden zu sein, verbunden aber mit der zeittypischen Erkenntnis, daß der Eintritt ins verlorene Paradies endgültig verwehrt bleibt. In der Kaspar-Hauser-Geschichte bündelt sich zudem zum letzten Mal jenes von uns im ersten Hauptteil herausgearbeitete Phänomen, daß sich in der Zeit zwischen 1750 und 1830 die Frage nach dem Ursprung (die ein die anthropologischen Teildisziplinen wie auch die Literatur umfassendes Interesse ausmacht) mit dem genuin literarischen Wunsch nach Ursprünglichkeit verbindet. Als zentral für die frühen Zeugnisse erwies sich, wie wir sehen konnten, die stellvertretende Begeisterung der Beobachter über die Neuigkeit und Unverbrauchtheit aller Eindrücke und Wahrnehmungen für den Findling sowie dessen Indifferenz gegenüber der Scheidung von Phantasie und Wirklichkeit. Auf gleicher Linie liegt die eigentümliche Gespanntheit der Augenzeugenberichte, die dadurch entsteht, daß der Freude über die erfolgreich fortschreitende Sozialisation des Jungen die wehmütig gestimmte Erkenntnis kontrastiert, in eben dem Maße die Außerordentlichkeit seiner Erscheinung abnehmen zu sehen. Die Begeisterung über das Auftauchen des naiven Findlings resultiert nicht zuletzt daraus, daß sein paradiesischer Zustand der Bewußtlosigkeit gleichsam sentimentalisch erinnert werden kann, und daß sein Erscheinen auf dieser Welt den melancholischen Hauch der Spätzeitlichkeit trägt. Zum letzten Mal scheint sich ein Phänomen, das nur aus sich selbst heraus zu begreifen ist, dem zergliedernden Zugriff der Einzelwissenschaften zu entziehen.

2. Die Geschichte und ihre Geschichten

Im Vorhergehenden beschränkten wir uns vornehmlich auf eine Untersuchung der Augenzeugenberichte, in die die öffentliche Diskussion des Falles ansatzweise miteinbezogen wurde. In diesen ersten Berichten klingen bereits verschiedene Aspekte des Themas Kaspar Hauser an, die sehr rasch kontrovers beantwortet werden. Weitgehend davon ausgenommen bleibt jenes von uns indizierte Faszinosum der Ursprünglichkeit, das auch im weiteren Umfeld der Publikationen in den Hintergrund tritt.
Im Gegensatz zu den recht wenigen authentischen Zeugnissen, sind die weiteren zeitgenössischen Berichte nur sehr mühsam zu überblicken.[284] Während die Bekundungen der Augenzeugen vornehmlich in die Zeit von 1828 bis 1834 (mit Ausnahme der beiden Bücher Daumers von 1859 und 1873) fallen, läßt sich im weiteren Umfeld der Veröffentlichungen ein Einschnitt in der Jahrhundertmitte erkennen. Die Mehrzahl der Schriften erscheint in der ersten Hälfte der 1830er Jahre, besonders massiert 1834 nach Hausers Tod. Für den zwölfjährigen Zeit-

raum von 1828 bis 1840 lassen sich ca. zweihundert bibliographische Angaben bei Peitler/Ley zählen, von 1840 bis 1900 ca. dreihundert.
Eine inhaltliche Untersuchung ergibt folgendes Bild: Die Artikel aus der Zeit von 1828 bis 1830 beziehen sich vornehmlich auf die Binder-Bekanntmachung; erneutes und verstärktes Interesse setzt dann 1829 nach dem Nürnberger Attentat ein. Die nun erscheinenden Darlegungen verbinden das bisher Bekanntgewordene mit Berichten über den Anschlag. Besonders die anonym veröffentlichte "Skizze der bis jetzt bekannten Lebensmomente des merkwürdigen Findlings Caspar Hauser in Nürnberg" (1830) wird Aufsehen erregen: Der Paraphrasierung der Binder-Bekanntmachung, die der Anonymus in publikumswirksamer Weise zu intensivieren und auszugestalten versteht, wird eine ebenfalls mitreißende Darstellung des Mordversuchs von 1829 angefügt, die der Verfasser, wie bald kritisiert wird, "blos nach *Hörensagen* erzählt"[285]:

> *"So lebte nun unser Caspar Hauser, aus dem schrecklichen Unglücke seiner frühen Jugend aufgetaucht, mit seinen Lehrern und Erziehern in freudigen Verhältnissen; als auf einmal das angefangene, und schön aufblühende Werk ein schwarzer Dämon gewaltig abzureißen, und das schauerliche Maaß der Verruchtheit voll zu machen sich unterfing. Es war am 17. Oktober 1829, angeblich Mittags zwischen 11-12 Uhr, da Hauser allein mit einer Magd die Wohnung hütete; sein Lehrer und das übrige Hauspersonale hatten sich individueller Geschäfte wegen in die Stadt begeben. Siehe! da wird plötzlich an der Glocke geschellt; Hauser, in der Meinung, Eines der Hausangehörigen kehre zurücke, ziehet an der Leine das Schloß auf, und gehet dem Ankömmlinge in den untern, etwas dunkeln Hausgang entgegen. Da trifft er einen unbekannten Mann mit vermummtem Gesichte, der rasch auf ihn zuschreitet, und ihm mit einer Hacke mehrere Schläge auf den Kopf beibringt. Hauser stürzt besinnungslos zu Boden, winselt und wälzt sich, und lockt durch dieß Getöse die im obern Stocke arbeitende Magd herbei. Auf das laute Angstgeschrei der Magd entfliehet der Mörder, soll aber unter der Flucht die deutlichen Worte von sich gegeben haben: Du sollst mir doch nicht lebendig aus Nürnberg kommen."*[286]

Unter anderem diese in den "Annalen der deutschen und ausländischen Criminal-Rechts-Pflege" abgedruckte "Skizze" und ihre Übertreibungen ruft den Berliner Polizeirat Johann Karl Friedrich Merker mit seiner Betrügerthese auf den Plan, dessen Veröffentlichung wiederum u.a. durch die von Paul Johann Anselm von Feuerbach 1831 publizierte Schrift "Einige wichtige Actenstücke den unglücklichen Findling Caspar Hauser betreffend" sowie die Bücher Daumers und Feuerbachs von 1832 beantwortet wird. Thematisch kreisen die zahlreichen Schriften von 1834 dann um Versuche einer Gesamtlebensdarstellung, Berichte über den Mord an Hauser, seinen Tod und sein Begräbnis, Theorien über den angeblichen Selbstmord sowie Gerüchte zur badischen Prinzenschaft.
Bereits zu Lebzeiten Hausers vernimmt man die Klage über die Verwirrung in der Geschichte um ihn, die dann nach seinem Tod notorisch werden soll:

"Jede räthselhafte Erscheinung in der Natur und im Leben ist geeignet, die angeborene Forsch- und Wißbegierde des Menschen in Anregung zu bringen. Gleich einem Irr- oder Wandersterne erscheint Kaspar **Hauser** *plötzlich auf den Bretern [!] der Weltschaubühne (...). Alle Zeitschriften wurden mit Schilderungen, Ansichten, Erörterungen, Mittheilungen und Muthmaßungen angefüllt, welche theils auf Wahrheit beruhten, oder einen Anstrich von Wahrscheinlichkeit trugen, theils aber auch im grellen Widerspruche standen, und sich als bloße Hirngespinste darstellten."*[287]

Gleichwohl sehen die Interpreten mit ihren Ausführungen zur Lebensgeschichte Hausers die Frage nach der Wahrheit verknüpft, jedoch, wie ein Vergleich zu zeigen vermag, in sehr unterschiedlicher Hinsicht: Neben die Wahrheit im Dienste politischer Kritik (auf die wir im übernächsten Kapitel zu sprechen kommen), treten die wissenschaftliche und die historische Wahrheit und schließlich die im Sinne ewig-menschlicher Fragen. In "Besuche bei Todten und Lebenden" (1834) des Professors Johann Heinrich Gottlieb Heusinger heißt es in dem Aufsatz "Kaspar Hauser, der Menschenfreund":

"Würdiges Abbild der Menschheit: Mann, der den schönsten der Namen führen sollte, den das Herz und das Talent des fühlendsten Menschen erfinden kann! (...) Wir wollen an Dir lernen. Wir wollen an Dir Wahrheiten bestätiget darstellen, an denen man zweifelt; wir wollen durch Dich Kenntnisse erwerben, welche uns dienen sollen, auf Mitwelt und Nachwelt so einzuwirken, daß ein Ungeheuer, wie das Ungeheuer, welches Dich geistig tödten wollte, und körperlich tödtete, in Zukunft eine Unmöglichkeit in dem Menschengeschlechte sey! Wir wollen an Dir lernen! (...) Nirgends findet man in den Büchern eine ähnliche Begebenheit erzählt. Man weiß zwar von Kindern, welche in sehr früher Jugend das Schicksal hatten, in Wälder und unter Thiere zu gerathen. Diese Menschen hatten aber doch in der Welt gelebt (...). In ganz anderer Lage war der Unglückliche, welcher der Gegenstand unserer Betrachtung ist. Er war isolirt; er war verbannt aus der Welt."[288]

Auch die satirische Gegenreaktion bleibt nicht aus; so begegnen wir 1834 in "Der Komet", einem "Unterhaltungsblatt für die gebildete Leserwelt", der Rubrik "Empfehlungswerthe Schriften über Caspar Hauser":

"6. Caspar Hauser, die unnatürliche Frucht aus dem Beischlaf einer Negerin mit einem Pavian, nach freiwilligem Selbstgeständniß des Vaters bewiesen, erklärt, erläutert und herausgegeben vom Verfasser der beliebten Posse: Ritter Jocko der langnasige Affe (...).
8. Medicinisch-phantasmagorisch-politisch-diplomatisch-kannibalisch-bestialische Versuche: Caspar Hauser in der laterna magica der öffentlichen Meinung als Betrüger erscheinen zu lassen. - - Von unbekannter Hand - die bekannt ist."[289]

Angesichts solcher Bekundungen mag es nicht verwundern, daß der "Schleier dieses gräßlichen Geheimnisses"[290] sich durch die der Wahrheit verpflichteten Untersuchungen keineswegs lüftet, sondern im Gegenteil noch dichter wird. So weiß beispielsweise der ehemalige Kandidat der Theologie, Georg Friedrich Singer aus Nürnberg, in seiner Schrift "Leben Caspar Hauser's, oder Beschreibung seines Wandels von seinem Beginn bis zu seinem Grabe" (1834) von einem zweiten, tatsächlich nie stattgefundenen Attentat im Hause Daumers zu berichten:

> *"Nicht gar lange darauf, gab Herr Professor* **Daumer** *in seiner eigenen Behausung einen sollenen [!] Privatball, zu welchem mehrere angesehene Personen und Gönner eingeladen waren, mehrere Gäste hatten sich bei selben eingefunden, und* **Caspar Hauser**, *dem zu Ehren dieses Fest gelten sollte, wurde mit zur Tafel gezogen; hier legte er Probe von seiner Gewandtheit im Tanzen ab. Als nun Alles so ganz sich der Freude überlassen hatte, und vielleicht mancher Toast dem nichts Böses ahnenden* **Hauser** *galt, da entfernte sich selber in ein an dem Saale stoßendes Nebenzimmer, wo ein bewaffneter Maskirter leise auf ihm [!] zuging, wie so eben selber im Begriffe war eine Brieftasche zu eröffnen, um das Geschenk einer Dame zu beschauen, welche mit ihm getanzt haben soll, und in rücklings niederstoßen wollte, allein der Mordversuch mißlang, denn der Dolche, mit welchem der vermummte Bösewicht nach des wehrlosen* **Hausers** *Leben zielen wollte, glitt glücklicher Weise an der Brieftasche, welche selber indem er durch das Geräusch gestört sich schnell umwendete, in seine Brusttasche verbarg, ab; und* **Hauser** *sollte nach dem Plane der göttlichen Vorsehung noch nicht als Opfer menschlicher Bosheit und eines hinterlistig meuchelmörderischen Angriffs fallen."*[291]

Der bezüglich der Kaspar-Hauser-Geschichte am häufigsten genannte Begriff (und seine entsprechenden Ableitungen) ist der des "Räthsels". So endet die Schrift Dr. Heidenreichs, "Kaspar Hausers Verwundung, Krankheit und Leichenöffnung" (1834), mit folgendem Ausblick:

> *"Wohl ihm, der es überstanden hat! Dem des Lebens Rätsel gelöst erscheinen. Möge der Himmel es bald fügen, daß der Menschen Augen das Dunkel dieser Wege des Schicksals durchdringe, damit dem Gefallenen Gerechtigkeit werde, in dieser wie in jener Welt!"*[292]

Zum einen nun sind ihm "des Lebens Rätsel gelöst", zum anderen erhofft man sich in signifikanter Doppelperspektive eine Lösung des 'Rätsels Kaspar Hauser' selbst, entweder in diesseitig-weltlicher oder in jenseitig-himmlischer Hinsicht. Für einige Verfasser wird Hauser in deutlicher Christus-Stilisierung zum Weltüberwinder, dessen Tod zwar emphatisch beklagt wird, der ihn aber, in Parallele zu seiner weltfernen Gefangenschaft, den Übeln des Irdischen enthebt, ähnlich wie es Justinus Kerner in "Blätter aus Prevorst" (1832) beschreibt:

> *"Was nützt dir, o Mensch! alle Entfesselung von Außen, aller Bändiger Sturz und Vertreibung, bist du in deinem Innern in Banden der Welt und des Bösen befangen, bist du bürgerlich frei, aber in dir geistig ein Sklave? (...) Im Innern aber ist eine Freistätte eröffenet, der selbst die Elemente nichts anthun (...). Nach diesem letzten,*

einzigen Zufluchtsorte schaut euch bei Zeiten im Getümmel der Welt um, **den** *macht euch vor Allem frei: denn hier nur ist euer* **wahres**, *ewiges Vaterland!"*[293]

In unterschiedlicher Gewichtung, zumeist jedoch parallel zur Weltentrücktheit des "Opfers(s) gräuelvoller aelterlicher Unnatur"[294] äußern die Autoren den Wunsch, wiederum in einer Doppelperspektive, nach dies- oder jenseitiger Vergeltung des Verbrechens. Dem mythischen Dunkel, dem Kaspar Hauser entstammt, entspricht das 'dunkle Rätsel' seines Todes, das die Verfasser beschwören und das zu lösen sie nicht eigentlich zu wünschen scheinen.
Verbleibt für diese Geschichten der Geschichte Hausers ein unaufgeklärter Rest, so glauben andere Verfasser, die Lösung des Rätsels gefunden zu haben. Die mit Hausers Tod verstärkt einsetzende Tendenz der gefühlvoll-anteilnehmenden Darstellungen wird von Kritikern auf entsprechende Publikumserwartungen zurückgeführt. In seiner Schrift "Kaspar Hauser in physiologischen, psychologischen und pathogenisch-pathologischen Untersuchungen" (1834) entwirft der Arzt Johann Michael Zimmermann in ironischer Manier ein fiktives Bild von den Begebenheiten in der "Besuchsstube" auf dem Luginsland-Turm:

"Eines drängte das andere; der Vater wollte die Gabe aufs schnellste los werden, die er für den Seltsamen bestimmt hatte, gleich als ob er einen längst gebührenden Tribut, den die gräßlichste Unbarmherzigkeit verweigert, nachholen wollte; - die Mutter, welche selbst den Sohn seit langen Jahren entbehrt, der sich unter fremden Menschen hinschleppt, und dem wohl so manchmal das Brod, um das er bittet, wenn nicht versagt, doch ungern gegeben wird, brachte mit Thränen in den Augen das liebste Spielzeug des Entfernten; in jenen Blicken erkennst Du die Freude über einen verloren gegebenen, nun aber wieder gefundenen Liebling; mit lang gestrecktem Halse lorgnettirt über den kunstgefertigten Hut der Dame der dennoch höhere Hagestolz, und zwischen den nicht verengerten Raum der allzu sehr geneigten Schenkellinie des wohlhabenden Bürgers luget das sorgenlose Auge des wohlbewangten Knaben. Staunend begegnen sich die Blicke der Anwesenden, alle schütteln die Köpfe".[295]

Sowohl das vermutete Schicksal Kaspars selber, insbesondere seine Einkerkerung, als auch die *Berichte* über seine Lebensgeschichte, fallen unter das Verdikt, das "Gepräge des Romantischen"[296], des Romanhaften zu tragen. Lord Stanhope schließlich wird nach seiner plötzlichen Wendung gegen den Findling in seinen "Materialien zur Geschichte Kaspar Hausers" (1835) versuchen, auch Feuerbach - "der durch seine feurige Einbildungskraft und durch seine poetischen Darstellungen so oft, so vielfach sich auszeichnete"[297] - und dessen Kaspar-Hauser-Buch in diesem Sinne zu diskreditieren. Dazu konstatiert man häufig die Ähnlichkeit der Hauser-Geschichte zu "Zaubermährchen"[298] sowie zu verschiedenen literarischen Werken:

"Seine Wiege war ja des **Somnus** *Pallast! wie der Gott des Schlafes hatte auch er nie die Sonne erblickt! wie dieser breitete er die Flügel der Vergessenheit über die Mor-*

genröthe seines Lebens, seine Augen waren hierüber mit dem Wasser aus Lethe besprengt. Ueber seine Vergangenheit war ein Nebel gelagert, denn kein Strahl des **Helios** *war je in sein Gemach gedrungen, kein rauschender Baum hatte dort seine ewige Ruhe gestört; umgaukelt von Träumen lag er in seiner Höhle; seine Geschwister waren, ausser der* **Hoffnung**, *nur der* **Tod**! *(...) Solche Umstände sind geeignet, dem Gefühle freies Spiel zu lassen, und aus dem Gebiete der Romantik ein Bild zu nehmen, wie es immer nur dichterische Phantasie zu schaffen im Stande ist; und dazu bedarf es nicht das Feuer eines* **Wieland**, *nein, die* **öffentliche Meinung**, *(...) sagen wir, romantisirte* **Kaspars** *Abkunft, und zwar so, wie sie gerade hingerissen wurde, durch die Erinnerung an dichterische Aehnlichkeiten, oder durch die Aufführung von Beispielen theilweiser Identitäten."*[299]

Als Beispiele dichterischer "Aehnlichkeiten" werden seit 1828 bis in literaturwissenschaftliche Untersuchungen heutiger Zeit u. a. die Kleistsche Erzählung "Der Findling", die Erzählungen um "Der Mann mit der eisernen Maske", besonders aber die Romane "Die Unsichtbare Loge" und "Hesperus" von Jean Paul sowie Calderóns "La vida es sueño" genannt. Bevor Feuerbach 1832 seinem Buch ein Zitat aus Calderóns Versdrama als Motto voranstellen wird, merkt bereits die Redaktion des "Mitternachtsblattes" im August 1828 in einer "Nachschrift" zum Artikel Schnerrs an:

"Diesem actenmäßigen Phänomen der moralischen Welt scheint ein originelles zum Grunde zu liegen, welches die Phantasie mächtig anregt. Um einen Mord zu ersparen, scheint es gewagt worden zu seyn. Es mahnt an Calderons: 'Leben ein Traum'".[300]

Besteht somit gleichsam eine zeitlich rückwärtige Beziehung zwischen Poesie und Geschichte, so setzt sie sich bald auch in die Zukunft hinein weiter fort: Man wird bemüht sein, wie wir im übernächsten Kapitel sehen werden, die Lükken in der Geschichte Kaspar Hausers "durch Vermuthungen und Erdichtungen auszufüllen"[301]. Daneben besteht aber weiter die Tendenz, beide Präsentationsformen, historische und poetische, parallel zur Geltung zu bringen. So beginnt und schließt Georg Friedrich Singer seine "Beschreibung" jeweils mit eigenen Versen zum Leben Hausers, und Philipp Heinrich Welcker hält es für angemessen, seiner Gedichtsammlung, "Die tönenden Bilder", einen umfangreichen "Anhang" hinzuzufügen, der sich auf ein Gedicht zu Kaspar Hauser bezieht. Der Autor glaubt, dem Leser Aufschlüsse über die Hintergründe der Geschichte geben zu müssen, denn "dasjenige, was in dieser Hinsicht Manche blos den mündlichen Erzählungen Anderer verdanken, ist, auf leicht begreifliche Weise, selten Etwas Ganzes, ist und bleibt gewöhnlich nur eine lückenhafte, vielfach verfälschte Geschichte."[302]

Zusammenfassend kann gesagt werden: Wir beleuchteten das weitere Umfeld der zeitgenössischen Diskussion um den Findling, wie sie sich in einer bisher noch nicht ausgewerteten umfangreichen Zeitschriftenliteratur spiegelt, als deren hervorstechendstes Kennzeichen eine durchgängig disparate Beurteilung des Falles sich herausschält. Diese frühesten Diskussionstränge zu verfolgen, erwies sich deshalb als effizient, da hier bereits auch die späteren literarischen Gestaltungslinien präfiguriert sind, so daß die vielleicht einzigartige Situation vorliegt, eine Stoffgeschichte, gar einen Mythos gleichsam im status nascendi beobachten zu können. Spezifische Tendenzen in dieser Diskussion bilden die gefühlvoll-anteilnehmende Darstellung, die Jenseitsverklärung des ermordeten Findlings, erste übertreibende bzw. ungenaue Darstellungen, die den Fall bereits zur Fabel geraten lassen, sowie die satirische Kritik überspannter Publikumserwartungen. Es ist auffallend, daß sich also keineswegs jenes geschlossene Bild einer spätromantischen Zeit findet, die die Findlingsgeschichte im Überschwang mystifizierte, wie es bis heute behauptet wird.

3. Sub specie aeternitatis

Wenden wir uns nun einigen zeitgenössischen Gedichten zum Kaspar-Hauser-Thema zu. Die Auffindung der entsprechenden Gedichte und Poeme ist insofern schwierig, als die Angaben der Peitler-Ley-Bibliographie nur selten einen lyrischen Text vermuten lassen. Fast stereotyp lauten die Angaben: 'Anonymus, Kaspar Hauser', zum anderen sind einige Gedichte bibliographisch überhaupt nicht erfaßt. So ist man bei Nachforschungen auch auf Zufallsfunde angewiesen. Die Sichtung und Auswertung eines Korpus' von über zwanzig zeitgenössischen Texten ist hier erstmals geleistet. Die Dissertationen von Stern und Jungmann gehen auf den Komplex der Lyrik gar nicht oder nur am Rande ein, und die Zusammenstellung von Kaspar-Hauser-Gedichten im Materialienband Hörischs präsentiert, im Spektrum der bekannten Gedichte, das sie abdeckt, lediglich ein anonymes Bänkellied der 1830er Jahre, das einer entsprechenden Anthologie entnommen ist und keineswegs als repräsentativ gelten kann.
Neun Texte sind Zeitungen bzw. Zeitschriften entnommen, fünf liegen als Flugschriften bzw. Einzelblattdrucke vor, zwei sind als badische Volkslieder 1926 bzw. 1928 in Erfahrung gebracht und aufgezeichnet worden, vier Gedichte finden sich in selbständigen Veröffentlichungen.[303] Bereits zu Hausers Lebzeiten entstehen erste poetische Werke über sein Schicksal: So erscheint im Januar 1829 in "Mitternachtsblatt für gebildete Stände" ein Gedicht mit dem Titel "Caspar Haußer's Klage", und am 22. März 1830, dies sei hier eingefügt, wird das Drama "Der Wahn und seine Schrecken" von Leopold Bartsch im Königstädter Theater in Berlin uraufgeführt, dessen Text lange Zeit als verschollen galt. 1928 berichtet jedoch die "Neue Mannheimer Zeitung" von der Wiederentdeckung des Manuskripts, das von der Ansbacher Kaspar-Hauser-Sammlung habe antiquarisch erworben werden können. Unsere Nachforschungen ergaben,

daß der Text im Stadtarchiv Ansbach heute aber nicht mehr vorliegt. Über den Inhalt berichtet die "Neue Mannheimer Zeitung":

"Während der Napoleon'schen Herrschaft, als Deutschland unter dem Joch des Welteroberers seufzt, ist ein französischer Offizier, Marquis Leon de Neuville im Schloß des Grafen von Felsen einquartiert. Die reizende Schwester des Schloßherrn, die Komtesse Aurelia, verliebt sich in den Marquis und als letzterer auf Befehl des Kaisers Napoleon ein Kommando im Feldzug gegen die Russen übernehmen muß, läßt er sich zuvor mit Aurelia heimlich trauen. Der Einzige, welcher außer dem Geistlichen davon weiß, ist der Sekretär der Komtesse, Dorner, der zugleich Trauzeuge ist. Der Graf ist zu sehr Patriot, als daß er jemals in eine Verbindung seiner Schwester mit dem Marquis eingewilligt hätte.

Nun faßt Dorner selbst zu der schönen Komtesse eine tiefe Neigung; er wirft sich ihr zu Füßen und gesteht ihr seine Liebe. Die Komtesse weißt [!] ihn entrüstet ab, seine Liebe verwandelt sich in glühenden Haß und er schwört, sich an der gräflichen Familie bitter zu rächen. Gar bald sorgt er dafür, daß Graf von Felsen von dem Liebesverhältnis der Komtesse mit dem Marquis und den zu erwartenden Folgen erfährt, verschweigt aber, daß Beide rechtmäßig verbundene Eheleute sind. Wütend und in seinen vaterländischen Gefühlen aufs tiefste verletzt, schwört der Graf dem französischen Offizier blutige Rache. Seine Schwester Aurelie läßt er auf ein entlegenes Jagdschloß verbringen und ihren ehemaligen Sekretär Dorner setzt er als Kerkermeister über sie. In dem Jagdschloß gibt sie nun einem Knaben das Leben; die schlechte Behandlung durch Dorner und ihren Bruder aber, sowie die Sehnsucht nach ihrem Gatten zehren an ihrem Lebensmark, so daß sie bald stirbt, ohne jemals noch einen Menschen gesehen zu haben. Nun soll auch ihr Kind auf Befehl des Grafen, der ganz unter Dorners dämonischem Einfluß steht, beseitigt werden. Ohne Wissen des Grafen übergibt Dorner das Kind dem Kestellan [!] Unke, der es in einem Verließ des Schlosses unterbringt. Hier wächst der Knabe ohne jede Erziehung auf; doch wird er von Unke gut behandelt.

Graf von Felsen, der durch den vermeintlichen Fehltritt seiner Schwester zu einem Sonderling geworden ist, hat einen Sohn namens Julius. Dieser war bisher immer auf Reisen; da er nun volljährig ist, beruft ihn der Graf zurück, damit er die Güter übernehme. Zugleich hat er die Absicht, seinen Sohn mit der Tochter seines Freundes, des Präsidenten von Bergen (in dem wir Feuerbach sehen sollen) zu verloben. Julius widersetzt sich jedoch mit Nachdruck den Plänen seines Vaters und gesteht zuletzt, daß er sich bereits heimlich mit der bildhübschen Tochter eines französischen Offiziers, des Marquis de Neuville, vermählt habe. Als der Graf dies hört, insbesondere, daß die Gattin seines Sohnes die Tochter des Marquis ist, der seine Schwester verführt und entehrt hat, den er als Todfeind hassen muß, verliert er alle Beherrschung. Er verflucht seinen Sohn und zieht sich gänzlich von den Menschen zurück.

Dorner, welcher die Entdeckung des Knaben befürchtet, den er nur deshalb am Leben gelassen, um gegebenenfalls von dem Grafen Geld erpressen zu können, läßt ihn jetzt durch seinen Wärter Unke nach Nürnberg schaffen und dort aussetzen. Statt in der großen Masse unterzugehen, nehmen sich in Nürnberg aber bedeutende Persönlichkeiten des Kindes an, es wird zur Sensation, es wird das Kind von Europa.

Der Marquis de Neuville, der durch die Kriegsläufte und dann durch den Zusammenbruch der napoleonischen Herrschaft verhindert war, sich seiner angebeteten Frau zu

nähern, erscheint plötzlich auf der Bildfläche. Er macht die Bekanntschaft des Präsidenten v. Bergen, dem er sein tragisches Los erzählt und nun erfahren muß, daß Aurelie und ihr Kind durch die schlechte Behandlung des Grafen zugrunde gegangen sind. An einem Festabend im Haus des Präsidenten lernt der Marquis den Nürnberger Findling kennen, der Emil genannt wird (Kaspar Hauser). Emils Auffindung wird dem Marquis erzählt, daß man den Knaben zuerst für blödsinnig gehalten habe, daß sich aber dann aus Gebärden und abgerissenen Reden habe entnehmen lassen, er sei von irgend einem Ungeheuer der Freiheit beraubt, in einem unterirdischen Gewölbe erzogen und endlich mit verbundenen Augen nach Nürnberg gebracht worden. Es sei unmöglich gewesen, irgend eine Spur zu entdecken, weil der Unglückliche außer seinem Kerker nichts kennen gelernt und von der Welt gänzlich abgesondert gelebt habe. Das Resultat aller Nachforschungen seien bloß Vermutungen.
Dem tief erschütterten Marquis eröffnet der Präsident nun noch den Verdacht, der Findling könne Aureliens Sohn sein. Der Marquis beschließt sofort, dieser Vermutung nachzugehen. Aufschluß kann da einzig und allein der Graf von Felsen geben. Aber am gleichen Abend wird auf Emil ein Mordanschlag ausgeführt, der jedoch mißlingt. Der Meuchler ist kein anderer als Dorner! - Inzwischen war der Marquis an Aureliens Grab, an dem er von dem Totengräber gesagt bekommt, sie sei nie vermählt gewesen. Auch die Kirchenbücher weisen keinen Eintrag auf und nun wird ihm klar, daß sein Sohn noch am Leben sei, wer sein Sohn sei. Er erzwingt sich bei dem Grafen, seinem Schwager Zutritt; dort findet er auch Dorner, den er in einem heftigen Auftritt als seinen Trauzeugen seiner Ehe mit Aurelie benennt. Von dem Grafen verlangt er Rechenschaft. Als nun auch noch Emil hereintritt, bricht Dorner - überführt - zusammen. Der Graf kann das Ungeheuerliche nicht mehr fassen und begeht im angrenzenden Zimmer Selbstmord, der Schurke Dorner wird auf Veranlassung des Präsidenten seiner Strafe zugeführt. Der Marquis aber erkennt Emil als seinen Sohn an und nimmt ihn mit in seine Heimat."[304]

Über den Eindruck, den die Aufführung beim Publikum hinterlassen hat, weiß eine Kurzrezension in "Allgemeine Theaterzeitung und Originalblatt" aus Wien zu berichten:

"In Berlin wurde am 22. März, wie wir bereits in Nr. 37 gemeldet, Kaspar Hausers unglückliche Geschichte als Gegenstand eines Melodramas aufgeführt. Berliner Zeitungen enthalten darüber Folgendes: Vorgestern zum ersten Mahle [!]: 'Der Wahn und seine Schrecken,' Melodram in vier Acten, von L. Bartsch. Wir haben schon in uns. Zeitung angedeutet, daß der unglückliche Nürnberger Findling, Kaspar Hauser der Stoff dieses Dramas geworden ist. Hr. Bartsch hat diesen interessanten Stoff mit großem Geschick behandelt. Das Stück wirkte so mächtig auf das zahlreich versammelte Publikum, daß sich während der ganzen Darstellung nicht ein einzig Mahl eine Opposition zeigte. Jeder Act und die meisten Szenen wurden laut applaudirt, und am Schluß der Verf. mit großen Beyfallsbezeigungen von allen Seiten gerufen. Wir gönnen dem anspruchslosen Dichter diese seltene Ehre aus vollem Herzen und wünschen, daß sie ihm Veranlassung werde, sein Talent mit Ernst fortzubilden. Die Fabel, welche Hr. B. mit dem verabscheuungswürdigsten Verbrechen unserer Zeit verbunden hat, ist reichhaltig, jeder Act spannt auf den folgenden, und der Schluß befriedigt vollkommen. Um das Phänomen des Findlings brauchbar für die Bühne zu machen,

mußte Kaspar Hauser in einen etwas höher gebildeteren Menschen umgeschaffen werden, als ihn unsere Leser aus den Zeitungsmittheilungen kennen. Sehr glücklich scheint uns deßhalb die Szene gedacht, wo der Jüngling zum ersten Mahl im schattigen Buchenwalde die Welt erblickt und dann aus Schreck vor all den neuen Gegenständen, besonders aber den Riesenbäumen, besinnungslos zu Boden stürzt. Es würde uns zu weit führen, wenn wir uns in psychologische Erörterungen und Rechtfertigungen, [!] einzelner Szenen einlassen wollten, und wir wiederholen daher nur, daß uns die Vorführung der seltsamen Erscheinung auf diese Weise im Allgemeinen, wie auch im Einzelnen, zugesagt hat. Die Darstellung war sehr gerundet. Dem. Herold gab den Fingling mit Zartheit und Gefühl (...). Die Musik (von Hrn. Kugler) ist bey diesem Melodram zu sehr Nebensache; wir gestehen, daß wir deßhalb nicht mehr von ihr zu sagen wissen, als daß sie uns nicht gestört hat."[305]

In den ersten Monaten des Jahres 1834, also nach dem Tod des Findlings, nimmt die Zahl der literarischen Werke dann erheblich zu; diese Phase reicht in ihren Ausläufern bis ca. 1857. Dennoch können wir feststellen, daß die dichterische Gestaltung hinter den eher berichtenden Darlegungen zahlenmäßig weit zurückbleibt. Nehmen wir unseren Gedankengang bezüglich der wechselseitigen Beziehung von Poesie und Historie auch hier noch einmal auf: Fast die Hälfte der untersuchten Gedichte finden wir entweder im Kontext einer darlegenden Schrift (d. h., das jeweilige Gedicht wird beispielsweise in einen entsprechenden Zeitschriftenaufsatz über Hauser eingerückt) oder aber sie werden ihrerseits von Erläuterungen begleitet. In welcher Weise nun die Geschichte um Hauser die innere Struktur der Gedichte bestimmt, wird uns gleich beschäftigen; zuvor sei noch angemerkt, daß eine Gruppe von drei Texten, um die numerische Erfassung damit abzuschließen, thematisch eine Sonderstellung einnimmt; sie evozieren in der Manier 'schwarzer Romantik' Szenen des Begräbnisses Kaspar Hausers bzw. des nächtlichen, geisterhaften Erscheinens des Ermordeten:

"In des Friedhofs Schauerdunkel
Wenn die zwölfte Stunde schlägt,
Leer die Nacht von Sterngefunkel
Und kein Laut die Luft bewegt; -

Schreitet aus des Grabes Trümmern
die Erscheinung bleich und bang,
Und beginnt mit leisem Wimmern,
Wie allmählich - ihren Gang."[306]

Ebenso wie das Bänkellied "Kaspar Hauser. Das ungelöste Rätsel von Nürnberg", in dem die Feudalismus-Kritik anklingt, bilden diese Texte, wie gesagt, eher eine Ausnahme, lassen sich jedoch bei einer etwas umfassenderen Betrachtung gleichfalls heranziehen.

Fast allen Gedichten gemeinsam ist eine deutlich appellative Form, die unterstrichen wird durch eine gespannte, leidenschaftlich-bewegte, feierlich-ergriffene Stillage. Die Klage des lyrischen Ich, oftmals 'erweitert' zum 'wir', findet ihren Referenten im ermordeten Findling, der, aller Zeitlichkeit enthoben, der Gemeinschaft der Zurückgebliebenen gegenüber allein bleibt. Lesen wir ein kurzes, mit den Initialen "W. v. B." unterzeichnetes Gedicht, anhand dessen wir weitere Merkmale verdeutlichen wollen:

"DEM ANDENKEN KASPAR HAUSERS.

Du fandest Ruhe nun im Todenschlummer
Nach einem vielbewegten düstern Leben,
Ach wenig Freuden hat es Dir gegeben,
Es reichte Dir die Schale voll von Kummer.
Betrogen wardst Du um der Kindheit Glück,
Kein freundlich Bild blieb Dir aus ihr zurück.

Ein Fremdling warst Du auf der weiten Erde,
Nicht konntest Du an Mutter Brust erwarmen;
Kein Vater hielt Dich in den treuen Armen,
Du wußtest nichts vom heimathlichen Heerde,
Und der Geschwister Liebe heilig Band,
Dir, dem Verstoßnen, blieb es unbekannt.

Als Du nun endlich ein Asyl gefunden,
Wo gute Menschen liebend Dein gepflogen,
Als Ruhe in Dein krankes Herz gezogen
Und Du der Freundschaft süßes Glück empfunden,
Da trifft vernichtend, wie des Blitzes Strahl,
Von Meuchlers Hand Dich mörderisch der Stahl.

Dein Schicksal ist erfüllt! - Du ruhst in Frieden[.] [!]
Wir weinen nicht! Es schweigen unsre Klagen;
Denn was Du hier gelitten und getragen,
Wird Gottes Vater-Liebe dort vergüten:
Und was hienieden dunkles Räthsel war,
Ist Dir, Verklärter! jenseits offenbar."[307]

Die Verspätetheit Kaspars, seine "Einsamkeit mitten im Gewühl der ihn umdrängenden Welt"[308], wie sie Feuerbach beschrieb, spiegelt sich auch in der Lyrik der 1830er Jahre: Er ist die "späterweckte Blüte", traurig "blieb er im Gemüte", er ist ein "Sohn, jeder Freude verloren", die "welke Pflanze", die sich "nie erholt", ein "Bäumchen", dessen "Haupt" des "Sturmes grauses Wehen" zerknickt; und mitten "in dem Paradies / Sieht er noch sein Erdverließ".[309] Ohne hier Unvergleichbares vergleichen zu wollen, seien die zwei Fragen erinnert, die Verlaine dann Gaspard Hauser singen lassen wird:

"Suis-je né trop tôt ou trop tard?
Qu'est-ce que je fais en ce monde?"[310]

Gleichsam auf die Spitze treiben ließe sich der Nachweis solcher Präfigurationen späterer lyrischer Motive, führte man aus, daß nicht erst bei Verlaine Kaspar Hauser 'singt'. Das erste nachweisbare Gedicht über Kaspar Hauser, von Hedwig Hülle, ist zugleich als Lied vertont worden. Unter der Überschrift "Caspar Haußer's Klage" hören wir 1829 vom Rollen-Ich unter anderem folgendes:

"An Allem arm, was nur die Kindheit schmückt,
Empfing ich nie der Eltern Liebesgaben;
Kein Christfest hat mein junges Herz entzückt;
Ich war im Frühroth lebend ja begraben!

Kein fröhlich Spiel auf blumenreicher Au'
Beseeligte die jugendlichen Sinne;
Ich schaute nicht des Aethers klares Blau,
Daß ahnend ich des Schöpfers Spur gewinne.

(...)

Mir strömte nie des Maies Blüthenduft;
Mir lachte nicht des Sommers goldne Fülle!
Es trennte grausam eine große Kluft
Von Allem mich: - der Menschen böser Wille!"[311]

Im Januar 1829 stehen sowohl das Nürnberger Attentat als auch der Mord im Ansbacher Hofgarten noch aus. In den Gedichten von 1834 wird der Tod Hausers dann zum weltgeschichtlichen Ereignis erhoben:

"Himmelan strebet die Klage, sie tönet durch Dörfer und Städte;
Ja! ein Frevel, so schändlich, wie nimmer, so lange die Welt steht,
Teuflischer Sinn ihn ersann, geübt in der Grausamkeit Künsten, -
Tief mit Schauder erfüllt er fast jegliches menschliche Herz jetzt!"[312]

Ebenso wie die darlegenden Schriften folgen auch die Gedichte cum grano salis in ihrem Aufbau den Stationen in Kaspar Hausers Leben: Der Vorgeschichte (die Gefangenschaft betreffend) folgen sein Auftauchen in der Geschichte und die scheinbare Lösung durch die Aufnahme des Findlings in die Gemeinschaft, die ihren Kontrapunkt dann durch dessen Tod und einen jenseitigen Ausblick erfahren. Werfen wir einen Blick auf die Spezifität des Stationenschemas: Die zeitlose Zeit der Gefangenschaft Kaspars, die Weltlosigkeit seines Bewußtseins bilden die Projektionsfläche, auf der die Autoren die Positivität der Welt in üppigen Farben erscheinen lassen können. Fast alle hier herangezogenen Texte konturieren die Eigentümlichkeit der Gefangenschaft Kaspars durch die Beschreibung dessen, was ihm in seinem Kerker mangelte. Das oben angeführte kleine Gedicht gibt bereits einen ersten Eindruck hiervon, und als Strukturprinzip wirkt diese Projektion bzw. Kontrastierung im Gedicht Hülles. Die zentralen Versatzstücke, die in vielen Gedichten auftauchen, sind Kindheit und Eltern, Naturschönheiten, religiöse Empfindungen sowie die Selbstbewußtwerdung des Jungen:

"Wie glücklich ist der Mensch wenn er in früher Jugend,
zur Thätigkeit, zum Fleiß, zur Gottesfurcht und Tugend
Früh angewiesen wird."

"Du ruhtest nie auf einer Mutter Schooße"

"Entsetzlich Leben! - Fürchterlich betrogen
um Liebe, Zärtlichkeit und Freude!"[313]

Zum Weihnachtsfest 1829 schenkt Johann Jakob Schnerr Kaspar Hauser eine Bibel, in die ein selbstverfaßtes Gedicht eingetragen ist, das Hauser noch einmal für sich abschreibt. Zusammen mit einem weiteren, 1835 verfaßten Gedicht wird der Text dann 1844 in "Festgabe zur zweihundertjährigen Stiftungsfeier des Pegnesischen Blumenordens" veröffentlicht. Das Gedicht Schnerrs von 1829 erfaßt gleichsam aktualiter jenen Moment der Zwischeneinkehr und scheinbaren Lösung, der nun, nach Entbehrung der "Kinderfreuden", erreicht zu sein scheint:

"Lies oft in diesem heil'gen Buche:
Es weiset dich zum Vater hin,
Zu ihm, der dich nach seinem Rathe
In unsre gute Stadt gesandt,
Zu ihm, der dir so nah, als ferne
Unzähl'ge Herzen zugewandt".[314]

Nach Hausers Tod erinnern die Autoren gern an das "edle Nürnberg", das ihn "seinen Sohn"[315] nannte, und wo der Findling endlich ein "Asyl"[316] gefunden:

"Der Sonnenschein des Mitleids und der Liebe
Erwärmte nun mit seinen Strahlen Dich,
Doch weckt' er spärlich nur die todten Triebe,
Und nie erholt' die welke Pflanze sich".[317]

Während die Vorgeschichte Anlaß bot, das eindringlich zu evozieren, was Kaspar während seiner Gefangenschaft mangelte, und seine Einkehr ins Philanthropinum Nürnberg zur Selbstfeier aller Mitfühlenden gerät, wechselt die Perspektive angesichts des Ausblicks in signifikanter Weise. In fast allen Texten wird der Findling, trotz der Klage über seinen Tod, um seine Aufnahme in die Ewigkeit fast beneidet. Stellen wir noch einmal eine Blütenlese zusammen:

"Da wird das Leid das herbe
Ihm wohl vergangen seyn".

"Und Ihr Alle, die so gern
Sind gefolgt mit Lieb' Klage
Seiner Spanne trüber Tage,
Seinem leidensvollen Stern,
Seht! wo Fromme nicht mehr trauern,
Nicht vor Mord und Kerkermauern
Und entmenschten Herzen schauern,
Ist er nun von Qualen fern."

"Aber wohl! Dir! köstlich ist der Schlummer,
Ruhig schläft sich's in dem engen Haus!
Mit der Freude stirbt hier auch der Kummer;
Röcheln auch der Menschen Qualen aus."

"'Nicht hier,' ruft er, 'ist's dir vergönnt zu blühen
In **dieser** *Zone nicht! - Weit übern Bergesrand,*
Wo einer wärmern Sonne Strahlen glühen,
Wölbt sich, gebrochner Stamm, dein Vaterland!'"[318]

Interessanterweise findet sich diese Jenseitsperspektive ebenfalls bei zwei sehr frühen Texten. Bei Hülle lesen wir:

"Doch einst, am Ziel, verstummt auch diese Klage,
Und droben winkt mein Lenz voll Himmelslust!"[319]

Eine dezidiert christliche Sicht liefert das Lied J. J. Lewerers in dieser Hinsicht:

"Und o welch' Freude wird dort seyn bei allen Frommen
Wen [!] Vater Mutter, Sohn, dereinst zusammen kommen,
Da sie, wer weiß nicht was, von einander getrennt,
Wenn sie einst ihren Lauf, in dieser Welt vollendt.

Dort werden alles sie im höhern Licht erkennen,
Was unbegreiflich hier, war in der Welt zu nennen,
Dort sehen wirs erst ein, worums Gott so gedacht,
Und sprechen Herr du hast, doch alles wohlgemacht."[320]

Der christliche Aspekt tritt, wie die oben angeführten Beispiele zeigen, keineswegs in allen Texten so deutlich ins Licht, wohl aber generell die Sicht des Schicksals Kaspar Hausers sub specie aeternitatis. Sie gerät, in Verbindung mit der oben skizzierten Ambiguität des Mangels, in eine Schwingung ganz eigener Art. Wird zunächst der Leere Kaspars die Fülle der Weltschönheiten kontrastiert, so kehrt sich der Maßstab nun um, ihm ist es vergönnt, aus der Weltfremde heimzukehren:

"Jetzt wohnt er in sternendurchleuchtetem [!] Höh'n,
Hat Vater und Heimath gefunden".[321]

Ja, die Glorifizierung des "zum Engel erkorenen Knaben"[322] scheint unaufhaltsam, angesichts der irdischen "Leiden", die "er geduldet"[323], liegt die Christus-Stilisierung nicht mehr fern; so wird neben Bezeichnungen wie "Junger Dulder"[324] u. ä. explizit auf Melchisedech hingewiesen, den der Verfasser des Hebräerbriefes in Parallele zu Christus setzt:

> *"DJESER MELCHISEDECH ABER WAR EIN KÖNIG zu Salem / ein Priester Gottes des Allerhöhesten / Der Abraham entgegen gieng / da er von der Könige schlacht wider kam / vnd segenet jn / Welchem auch Abraham gab den Zehenden aller güter. Auffs erst / wird er verdolmetscht / ein König der gerechtigkeit / Darnach aber / ist er auch / ein könig Salem / das ist / ein König des friedes / on Vater / on Mutter / on Geschlecht / vnd hat weder anfang der tage noch ende des Lebens / Er ist aber vergleicht dem Son Gottes / vnd bleibet Priester in ewigkeit."*[325]

Angesichts so schön herausgearbeiteter Parallelen mögen der Leser und der Interpret nur ungern auf die Erde zurückkehren; liest man aber genauer, so fällt auf, daß der Schluß der meisten Gedichte - gerade in dem Maße, in dem die Texte auf ein endgültiges, fixierendes Wort zur Geschichte Kaspar Hausers dringen und den ermordeten Findling in jenseitige Verklärung erheben - ambivalent bleibt, denn die jenseitig-entschädigende Perspektive wird begleitet von einer diesseitig-strafenden:

"Leucht' in jedes Dunkel, Sonnenfeuer,
Auf den Kerker, auf den Mord! -
Auf, ihr Vögel, eilet fort,
Auf ihr wilden Rachegeier!
Ziehet mit dem stummen Graus,
Flattert hin von Haus zu Haus,
Spähet jeden Winkel aus,
Und entdeckt die Ungeheuer! ...."[326]

Jedoch, auch die diesseitig-strafende Perspektive wird in einer Reihe von Gedichten erneut in eine Schwebe gebracht, da die erhoffte Vergeltung der mythisierten Geschichte anheimgegeben wird:

"Und kann den Mörder keine Macht ergründen,
Wähnt er gerechter Strafe zu entflieh'n,
Die Nemesis, sie wird ihn sicher finden,
Die Eumeniden, sie erreichen ihn."[327]

Abschließend sei noch auf ein fälschlicherweise Heinrich Heine zugeschriebenes Gedicht eingegangen. Es findet sich in einer Heine-Ausgabe, die 1861 in Amsterdam erschienen ist. Lesen wir es zunächst:

"KASPAR HAUSER

Durch die deutschen Lande ziehet
Gleich 'ner Mähr ein schwarz Gerücht,
Will erlöschen; doch kann's sterben
Wie der ew'ge Jude nicht.

Ryno Quehl am Kattegate
Wähnt', das Mährchenlicht erlosch;
Doch es flimmert, flackert, leuchtet,
Wie galvanisch zuckt der Frosch.

Willst erlöschen, kannst nicht sterben,
Ziehst vom Bodensee zum Belt,
Sichtbar spätesten Geschlechtern,
Ew'ger Jude der Mährchenwelt!"[328]

Die Geschichte Hausers wird verglichen mit einem "schwarz Gerücht", der "Mährchenwelt" und dem "ew'ge(n) Jude(n)". Während die beiden ersten Strophen von der "Mähr" bzw. dem "Mährchenlicht" in der dritten Person Singular sprechen, wird das "Mährchenlicht" bzw. der "ew'ge Jude" dann in der dritten Strophe mit der zweiten Person Singular direkt angesprochen. Daß sich hier das Thema mit Begriffen wie "Mähre" und "Mährchen" verbindet, ist bezeichnend, da der historische Abstand bereits gewachsen ist. Die zeitliche Entrückung wird durch die räumliche Bewegung noch intensiviert. Dennoch bleibt subtil eine aktuelle politische Bedeutung spürbar: Das "Mährchenlicht", das Gerücht wird verglichen mit einer überall und immer wieder aufflackernden Flamme, so, wie die Gerüchte um Hausers badisches Prinzentum ständig wiederaufleben. Einerseits wird das Schicksal Kaspar Hausers nicht mehr emphatisch beklagt, andererseits aber belegt das Gedicht jenen langen Atem der Geschichte, den die Texte der 1830er Jahre beschworen.

Wir konnten einige Aspekte der Lyrik der Biedermeierzeit zu Kaspar Hauser verfolgen: Bereits hier, in den frühesten literarischen Bearbeitungen, begegnen wir jenem für die Kaspar-Hauser-Geschichte bis heute grundsätzlich gültigen Phänomen, daß literarisch-poetischer und theoretisch-darlegender Zugriff auffällig nahe beieinanderstehen. Einerseits werden die Gedichte oft von Erläuterungen zum Leben Kaspars begleitet, andererseits versieht man die darlegenden Schriften mit lyrischen Ausführungen. Bereits zu Lebzeiten Hausers (und nicht erst, wie Elisabeth Frenzel annimmt, mit dem Gedicht Paul Verlaines) setzt die poetisierende Überhöhung des Findlingsfalles ein, wobei die Stationenhaftigkeit der Geschichte jeweils besondere Akzentuierungen ermöglicht:

Die Gedichte, die fast alle die Eigentümlichkeit der Gefangenschaft des Jungen durch die Beschreibung dessen konturieren, was ihm in seinem Kerker mangelte, vermitteln eine ambivalente Sicht; die Weltlosigkeit seines Bewußtseins bil-

det die Projektionsfläche, auf der die Autoren die Schönheiten des Erdenlebens leuchten lassen können, gleichzeitig aber scheint die Weltleere des Findlings untergründig auch zu faszinieren. Das Auftauchen Kaspars in der Geschichte, seine Aufnahme durch die Nürnberger Gemeinde, ermöglicht es den lyrischen Darstellungen, das humane Selbstverständnis der Welt gegenüber dem vereinsamten Findling zu preisen. Den Tod Kaspars schließlich feiern die Autoren als die Entrückung aus allen zeitlichen Übeln, der Findling wird darum beneidet, nun in die wahre Heimat zurückkehren zu dürfen. Gleichwohl artikulieren viele der Gedichte den Wunsch nach einer diesseitig-strafenden Vergeltung des Verbrechens am "Seelenleben eines Menschen", die jedoch bezeichnenderweise der Nemesis, dem langen Atem der mythisierten Geschichte vorbehalten bleibt.
Sicher wäre es angezeigt, an dieser Stelle auch auf zeittypische Besonderheiten der Gedichte aufmerksam zu machen; so könnte man z. B. durchaus die Faszination der Weltferne bzw. Weltentrückung des Findlings dem Stichwort des "Weltschmerzes" der Biedermeierzeit zuordnen. In unserem Zusammenhang einer stoffgeschichtlichen Untersuchung wichtiger ist es jedoch zu konstatieren, daß neben der Parallelität von fiktiver und geschichtlich-theoretischer Zugangsweise zur Kaspar-Hauser-Geschichte es vor allem jenes Spannungsverhältnis zwischen den Polen der Welthaltigkeit und Weltlosigkeit ist, das die gesamte Stoffgeschichte bis in heutige Ausläufer hinein durchzieht und das durch den Hinweis auf epochenspezifische Besonderheiten allein kaum zu verstehen ist.

4. Mystificationen

> *"Denn wo die Geschichte, als solche, sich noch immer der Dichtung gegenüberstellt und nicht ganz in den Äther dieser aufgeklärt und aufgelöst ist, da wird weder dieser, noch jener Genüge geleistet, und statt Licht herrscht eine unerfreuliche Nebeldämmerung, in welcher weder für Wahrheit, noch für Schönheit ein reiner Gewinn möglich ist."*[329]

Rücken die zeitgenössischen Gedichte den Findling in eine ätherische Sphäre, so greifen andere Bearbeiter handfester auf das Thema zu. Die Lücken in der Geschichte um Kaspar Hauser rufen die Kolportage nicht nur in der Form einiger kleiner Romane, die den Namen des Findlings als absatzförderndes Aushängeschild im Titel führen, auf den Plan, sondern darüber hinaus in der Form literarischer und mündlicher Gerüchte, die bis in die Ermittlungsarbeit der Behörden im Mordfall Hauser hinein Eingang finden. So klagt Regierungspräsident von Stichaner in einem Schreiben vom 28. Januar 1834 an den Minister des Inneren, Fürst Öttingen-Wallerstein:

"sonderbar genug, als wenn die Sache nicht an und für sich schon überall reges Interesse haben müßte, so gefallen sich die Menschen auch darin, Mystificationen zu versuchen".[330]

Es scheint geboten, parallel zu den kleinen Hauser-Romanen bzw. -Erzählungen Philipp Konrad Marheinekes, Friedrich Seybolds (die beide anonym erschienen), Ferdinand Hoffmanns und Ludwig Scopers[331] von 1834 sowohl die kolportierenden Schriften Joseph Heinrich Garniers, F. S. Seilers und der Gräfin von Albersdorfs[332], als auch jene kleineren Beiträge, die Publikum und Behörden mystifizierten[333], heranzuziehen. Dies erweist sich als ratsam, betrachtet man die Amalgamierung von "Wahrheit und Dichtung", so der programmatische Untertitel bei Scoper, die in den nun zu besprechenden Schriften einsetzt, und die jene "unerfreuliche Nebeldämmerung" erzeugt. Insoweit bilden die Werke der 1830er Jahre ein Beispiel in nuce, da sich auch in späteren Bearbeitungen (z. T. sogar in den jüngsten) das "Licht" nicht so recht einstellen will.
Die in Wien erscheinende "Allgemeine Theaterzeitung und Originalblatt für Kunst, Literatur und geselliges Leben", die in den vergangenen Jahren durch eine Reihe von Beiträgen ihr Interesse am Fall des Nürnberger Findlings bekundet hat, veröffentlicht nach dem Tod Hausers einen Artikel, der für Aufsehen sorgen wird; unter der Überschrift "Der Mord an Kaspar Hauser. (Ein Brief aus Anspach, vom 18. Dezember 1833)" berichtet ein "Dr. Hartmann" u. a. folgendes:

"(...) Wie die That geschehen, wie der arme Hauser von dem Elenden verlockt wurde, dies melde ich Ihnen in diesem Schreiben nicht, haben Sie doch den ganzen Vorgang bereits in den öffentlichen Blättern gelesen, aber mit Wehmuth melde ich Ihnen, daß ich noch am Tage seines Todes mit ihm gesprochen und aus seinem Munde (...) Worte vernommen habe, aus welchen hervorgeht, daß Kaspar Hauser wähnte, daß er am Ziele seiner Ungewißheit und Zweifel sey. Er sagte zwar gegen Niemand ein Wort, daß ein Fremder ihn aufgesucht, um ihn zu sprechen, aber er gab doch einigen Personen Andeutungen, die er in die Erzählung eines Traumes hüllte. So auch mir, und ich will dies hier erzählen. 'Hartmann,' sprach er, 'vielleicht morgen schon, weiß ich, weiß die Welt, wer ich bin! Schon zwei Nächte erscheint mir im Schlafe eine Gestalt, die mir mit Bestimmtheit verspricht, mir eine verläßliche Nachweisung über mein Herkommen zu geben. Reich, sehr reich bin ich! Das ist gewiß, was ich jedoch noch bin, das ist mir noch nicht klar; aber morgen! morgen! kann ich es Ihnen sagen.' Ich entgegnete: 'Wie? ein Traum? Hauser, ein bloßer Traum?' - 'Ach **dieser** *Traum,' versetzte Hauser,* **dieser** *Traum bringt mir Gewißheit. Nur Eins mußte ich meinem Unbekannten schwören: nie meinen Verfolger den Gerichten zu übergeben; ich that's, mit freudigem Herzen that ich's, und ich werde meine Zusage halten - erfahre ich doch endlich, wer mein Vater, meine Mutter waren; ich Armer! wußte ich doch nie, was ein Vater und eine Mutter sind.' Es war zwei Uhr Nachmittags, als er dieß sprach, und er bat mich, ihn zu verlassen. Ach, er drang in mich, um seinen letzten Gang zu thun. Der nämliche Unbekannte, von dem er wie von einem Traume sprach, senkte ihm den Dolch ins Herz. Sein Geheimniß ist ihm nun klar. - Noch vor seinem Ende eilte ich zu ihm, und nach vielen Hindernissen war es mir erlaubt, mich seinem Leidensbett na-*

hen zu dürfen. Er faßte mich an der Hand. 'Lieber Doctor,' stotterte er, 'hätte ich Ihnen doch keine Lüge gesagt, Sie hätten mich gerettet. Sie legten auf den Traum kein Gewicht, die **Wirklichkeit** *hätten Sie gewiß mit noch mißtrauischern Augen betrachtet. Ich ging in eine gräßliche Falle. Gott aber wird richten, mit dieser Zuversicht sterbe ich!' Und er schloß sein Auge und war nicht mehr."*[334]

In seinem Schreiben vom 23. Januar 1834 mißt noch der Minister des Inneren großen Wert bezüglich der Nachforschungen bei, "was H.'s achtbarer Freund, der Arzt Dr. Hartmann, dem Vernehmen nach geäußert hat"[335] -, die am selben Tag durchgeführte Vernehmung des Lehrers Meyer in Ansbach ergibt jedoch:

"Einen D. Hartmann kenne ich nicht. Zu H. kam während seiner Krankheit niemand, der nicht von der Untersuchungskommission die Erlaubnis hatte ihn zu sehen, am wenigsten ein Fremder, auch war H. niemals allein; der Aufsatz kann daher nur Unwahrheit enthalten und mag die Absicht haben, das Publikum mit einer romanhaften Darstellung zu mystifizieren."[336]

In einem späteren Verhör wird dann der Redakteur der "Allgemeinen Theaterzeitung", Adolf Bäuerle, gestehen, daß er "den Namen 'Dr. Hartmann' fingierte" und "aus verschiedenen ihm zugekommenen Notizen über K. H. (...) den Aufsatz ganz willkürlich abfaßte"[337], das Interesse der literarischen Bearbeiter an vergleichbaren Ausgestaltungen der Sterbeszene wird jedoch in Zukunft nicht abreißen.
Neben einer ganzen Reihe kleinerer Zeitungs- und Zeitschriftenbeiträge, die Meldungen über die Hintergründe der Tat, die Abkunft Hausers sowie vermeintliche Erfolge der amtlichen Nachforschungen kolportieren, finden sich zwei Beiträge, die den Fall zwar offensichtlich mit der "licentia poetica eines Romanschreibers"[338] behandeln, die für die Zeitgenossen jedoch auf der Grenze zur Wahrheit zu liegen scheinen. In seiner Vernehmung vom 22. Januar 1834 berichtet der Gendarmerieleutnant Josef Hickel von einem Zeitungsaufsatz, der seines Erachtens mit der Angelegenheit in Verbindung stehe, weil er "gerade so erzählt ist wie man sich die frühere Gefangenhaltung K. H.'s denken muß", und "übergibt ein Exemplar des Frankfurter Konversationsblattes vom 22. Dez. 1833 Nr. 104".[339] Die Geschichte, "Das stille Pfarrhaus. Eine wahre Gespenstergeschichte", "die zwar in etwas romanhaftem Style vorgetragen, jedoch als eine wahre Begebenheit bezeichnet ist"[340], lautet folgendermaßen:

"An einem stürmischen Novemberabend saß der alte Pfarrer von Reinfeld in dem Erkerzimmer des öden Pfarrhauses, das einsam mit der alten Kirche auf einer Anhöhe am Ende des Dörfchens lag. Durch die runden Scheiben des einzigen Fensters fiel der Schein der düster brennenden Lampe und verrieth, daß Menschen in dem unheimlichen Gebäude ihren traurigen Aufenthalt hatten, den die Dorfbewohner nur mit Scheu betraten, seit der Pfarrer, wie man sagte, gemüthskrank geworden, und die Seelsorge der Gemeinde einem Kaplan überlassen war.
Gertrude, die Haushälterin, hatte sich durch ihren bösen Charakter den allgemeinen

Haß zugezogen, der sich durch den Umstand noch vermehrte, daß keiner von den Geistlichen, die nach und nach die Pfarrei bezogen, es lange hier aushalten konnte, und man fürchtete, daß ihre Ränke auch den jetzigen Kaplan, den jungen Paulus, bald verdrängen würden.

Er war noch nicht lange im Orte, und dennoch hatte er sich durch seinen stillen Lebenswandel und die strenge Erfüllung der Pflichten seines Standes, den er aus innerm Beruf und freier Ueberzeugung gewählt, die Liebe und Verehrung seiner Gemeinde erworben.

In dem Dorfe war Alles längst zur Ruhe gegangen; nur in dem stillen Pfarrhause verlöschte die Lampe noch nicht, denn von fürchterlichem Wahnsinn befallen, ras'te [!] der alte Mann, sich und sein Geschick verfluchend, und hörte nicht auf, unter den schrecklichsten Krämpfen zu schreien: 'Ich hab' ihn gemordet - so klein, so zart - ihr findet kein Blut, ihr könnt ihn nicht rufen - namenlos ist er - mein ist er, mein - ich morde ihn noch - ich kann ihn nicht nennen - aber mir, mir ruft er immer - hört ihr ihn rufen - ich komme, ich komme - zur Hölle mit uns Allen!-'

Kraftlos sank er auf seinen Sessel zurück. - Gertrude kauerte, Gebete murmelnd, am Kamin; schneller ließ sie die Perlen des Rosenkranzes durch die hagern Finger gleiten, und Paulus ergriff die Flöte, um mit ihren weichen Tönen, wie einst David durch seine Harfenklänge, die Schauerphantasien des Unglücklichen zu zerstreuen. Es gelang ihm wirklich; er ward nach und nach ruhiger und schlief zuletzt ermattet ein.

'Wollt Ihr Euch nicht auch zur Ruhe begeben? es ist bald Mitternacht, es hat heute schrecklich lang mit ihm gedauert,' sprach endlich Gertrude mit sichtlicher Unruhe zu Paulus, der sinnend in die röthlichen Flammen des Kamin's schaute, und in Gedanken vertieft, das Vorrücken der Zeit unbeachtet gelassen hatte.

'Ihr habt Recht, Gertrude, gebt mir Licht,' und gute Nacht wünschend verließ Paulus das Zimmer, und ging den langen dunkeln Gang hinab zu seinem jetzigen Schlafkämmerchen, weil er, einer nothwendigen Reparatur halber, sein Zimmer im Vorderhause räumen mußte.

Ganz im Hintergrunde eines Seitenganges war eine alte gothische Thüre, durch die das Pfarrhaus in Verbindung mit der Kirche war, die aber, nach Gertrudens Worten, seit Menschengedenken nicht geöffnet worden, und Paulus sah nie ohne eine sonderbare Empfindung die finstre Pforte, von welcher Richtung her sein Ohr schon einigemal klägliche Töne zu vernehmen glaubte, die bald verhallten, bald wiederkehrten, und sich zuletzt zu einem dumpfen, herzzerreißenden Geheul steigerten, das kaum einer menschlichen Brust entsteigen konnte. Er hielt es für Wirkung des Luftzugs in dem alten Gebäude, und überließ sich in dieser Ueberzeugung gewöhnlich bald dem Schlaf, ohne die Ursache dieser Töne näher zu untersuchen.

Doch als sie heute sich wieder vernehmen ließen, wollte ihm dieß nicht gelingen. Die immerwährenden Selbstanklagen des Wahnsinnigen sprachen ihm immer deutlicher von einer ungeheuren Schuld, die wohl hier möge begangen worden seyn, und sein Geist verlor sich in Möglichkeiten, die Wahrheit an das Licht zu bringen.

Da erscholl von neuem der dumpfe Jammerlaut. Paulus sprang empor, zu lauschen, woher der Ton erschalle; doch laut heulte der Sturm, und Regen und Schlossen schlugen prasselnd an die Kirchenfenster, und der Wetterhahn drehte sich, in den rostigen Angeln kreischend, vom Nordwinde gejagt. Und wieder tönte ein leises Wimmern und klägliches Stöhnen, und Paulus vernahm deutlich, daß es von der gothischen Kirchenpforte herschalle, und beschloß fest am andern Tag die Thüre öffnen zu lassen.

Mitternacht war vorüber, es war wieder alles stille. Er löschte sein Licht, und war eben im Begriff einzuschlafen, als etwas auf dem Gange zur Erde fiel, das wie Eisen klang, als es dröhnend auf den Steinplatten wiederhallte.
Rasch sprang er auf, öffnete die Thüre und sah eben noch eine weibliche Gestalt jene Pforte leise öffnen und darin verschwinden.
Schnell warf er einen Mantel um, ergriff eine Waffe und folgte im Nu der Gestalt; dem Druck der kräftigen Faust wich die Thüre, doch, o Entsetzen! welcher Anblick stellt sich seinen Augen dar.
Gertrude, vermummt, eine Blendlaterne haltend, schob durch eine Mauerlücke einen Topf Wasser und ein Brod in einen kleinen, kerkerartigen Behälter, in welchem eine Gestalt war, die außer der aufrechten Stellung, in der sie das Brod in Empfang nahm, keine menschliche Spur mehr an sich trug. Dichte, struppige, wildverwachsene Haare bedeckten Kopf und Schultern; die eckelhaft vermagerten Glieder waren wie mit einem bräunlichen Leder überzogen, und die Nägel an Händen und Füßen des Unglücklichen glichen eher den Krallen eines Raubthiers.
Fest am Arm packte Paulus Gertruden, die bei seinem Anblick, wie vom Blitze getroffen, zur Erde stürzte. Er verschloß die Furie in den Schauplatz des entsetzlichsten Verbrechens, und berief ungesäumt noch in der Nacht die Obrigkeit. Den alten Männern sträubten sich die Haare beim Anblick des mehr als gemordeten, jungen Menschen. Gertrude, wieder zur Besinnung gebracht, gestand, vom Schrecken überwältigt, auf der Stelle, daß es ihr eigner Sohn sey, den sie aus Furcht vor Schande und Strafe und weil sie ihr Gewissen mit keiner Blutschuld habe belasten wollen, mit Vorwissen des Pfarrers, schon 15 Jahre in diesem Kerker eingesperrt halte. Später habe es den Pfarrer gereut, und er sey erst in Schwermuth, dann in Wahnsinn verfallen, und sie habe nur immer gebetet, daß der liebe Gott den armen Jungen zu sich nehmen möge vor ihrem Ende.
Die Verbrecherin erhielt durch die Gesetze die Strafe ihrer Gräuelthat. Den alten Pfarrer traf ein Schlagfluß im Gefängniß, und der Tod entzog ihn dem Arm der weltlichen Gerechtigkeit.
Der unglückliche, zum Thier verwilderte, junge Mensch konnte, trotz aller angewandten Mühe, die veränderte Lebensweise nicht ertragen, und mit seinem Tode erlosch der Zeuge einer That, die barbarischer nie unter den wildesten Horden gefunden worden."[341]

Ebenfalls ein gerichtliches Nachspiel wird ein Beitrag in "Literarischer Hochwächter" vom 2. Januar 1834 haben, da das Ansbacher Kreis- und Stadtgericht den "fraglichen Aufsatz über das Schicksal Kaspar Hauser's in der Absicht" für verfaßt hält, "die Untersuchungsbehörde über die Ermordung wo möglich irre zu leiten"[342]. Unter der stehenden Rubrik "Der Hochwächter in der Unterwelt" werden fiktive, kritische Gespräche über aktuelle literarische und politische Ereignisse entworfen, die von prominenten Personen, die erst vor kurzem verstorben, geführt werden; so wird, neben der "Ankunft des 5ten und 6ten Theils der Börneschen Briefe", Kaspar Hauser zum Gesprächsthema, und wir können den Beitrag als Beispiel in nuce für die im Laufe desselben Jahres erscheinenden Romane lesen:

"Große Sensation hat die Ankunft des **Kaspar Hauser** *gemacht. Das ist eine höchst seltsame Geschichte und obgleich* **unser** *Publikum über das Geheimniß mehr weiß, als das Oberweltliche, so sind wir noch immer nicht ganz im Klaren, da wir noch die Ankunft der dabei betheiligten Hauptpersonen, die noch Alle leben, erwarten müssen. So viel ist indeß heraus, daß* **Hauser** *sein bestialisches Schicksal der teuflischen Rache eines Weibes verdankt, welche von Hausers Vater früher geliebt, entehrt und verlassen war, als der Treulose ein anderes Mädchen, Hausers nachmalige Mutter kennen lernte. Die verstoßene Geliebte, welche einer sehr vornehmen Familie angehörte, rächte sich nun in ihrer Verzweiflung und Eifersucht an dem erstgebornen Sohne der glücklichen Nebenbuhlerin. Man lockte das Kind nachdem man die Aufseherin auf geschickte Weise entfernt hatte, an einen Ort, in dessen Nähe sich ein steiler Abgrund befand, wo man es raubte. Die später suchenden und verzweifelnden Aeltern aber machte man glauben, als sei es in den Abgrund gestürzt, indem man das Mützchen an einen [!] über den Abhang hinausragenden Dornenstrauch befestigte. Der Vater starb bald nachher in zerrütteten Vermögensumständen. Die Mutter mußte arm, wie sie vor ihrer Verheirathung gewesen, die herrlichen Besitzthümer, welche den Gläubigern anheim fielen, verlassen. In diesem trostlosen Zustande erhielt sie ein herzliches Schreiben, worin sie zu der Familie jener verlassenen Geliebten ihres Gemahls eingeladen wird. Sie schwankte lange. Endlich zwingt sie die drückende Noth, die Einladung anzunehmen. Sie begiebt sich also nach dem bezeichneten Schlosse. Hier kaum angekommen, wird sie gewaltsam festgehalten und die Rache jener Verstoßnen, welche unterdeß Gebieterin des Schlosses geworden ist, erreicht die fürchterlichste Höhe. Eines Nachts nämlich wird die unglückselige Mutter von gedungnen Henkerfäusten zu dem Käfig ihres todtgeglaubten Kindes geführt, und man zeigt ir [!] den scheußlichen Zustand desselben. Wahnsinn umnachtete auf der Stelle ihre Sinne und erst nach langen Jahren befreite sie der Tod vom Leben und Gefängniß. So wie der Gegenstand der Rache nicht mehr war, sollte Kaspar Hauser auf Befehl jener Hyäne getödtet werden; aber der Kerkermeister konnte das nicht übers Herz bringen, und so nahm er den Unglücklichen eines Nachts auf den Rücken und brachte ihn in das drei Tagesreisen entfernte Nürnberg. Den bekannten kauderwelschen Brief aber hatte er selbst in der Nacht vor der Flucht geschrieben. Aber wie ein Donnerschlag des ewigen Gerichts traf jene Verbrecherin die Nachricht von* **Hausers** *Flucht und seiner Ankunft in Nürnberg. Sie bot auf der Stelle einem vertrauten und verwegnen Bösewicht die Summe von 1000 Louisdors auf den Tod des Entführers und anderweitig 1000 Goldstücke auf den Tod Hausers. Die ersten verdiente sich jener nur zu bald, da ihm das Geschick den Unglücklichen schon am zweiten Tage in die Hände führte. Mehr Mühe und Verwegenheit kostete ihm aber die Erbeutung der auf Hausers Kopf gesetzten Summe, welches ihm nach dem bekannten mißlichen Mordversuche im J. 1829, erst im vorigen Monat December gelang."*[343]

Die beiden großen Lücken in der Lebensgeschichte Hausers, seine Vorgeschichte und sein unaufgeklärter Tod, rufen die Frage nach der Wahrheit auf den Plan, jedoch, wie wir bereits sahen, in unterschiedlicher Weise. Für die politischen Flüchtlinge des Vormärz bietet der Hauser-Fall willkommene Gelegenheit, an ihm "ein Pröbchen von deutscher Diplomatie und Fürstenpolitik zu geben"[344]. 1834 veröffentlicht Joseph Heinrich Garnier ("der erste unter den Emigranten des Vormärz, der sich mit dem Kaspar-Hauser-Fall befaßte" und sich damit "die Verfolgung aller Instanzen" zuzog[345]) seine Schrift "Einige Beiträge zur Geschichte Caspar Hausers, nebst einer dramaturgischen Einleitung". Nach einer allgemeinen Fürstenkritik in den beiden ersten, kommt Garnier im dritten Kapitel näher auf die Kaspar-Hauser-Geschichte zu sprechen:

> *"An diese fürstliche [!] Familien-Geschichten passe ich das sonderbare Schicksal Kaspar Hauser's gewiß als keinen unpassenden Schlußstein. Im benachbarten Lande Baden geht das Gerücht von einem Ende zum andern: der unglückliche Hauser wäre der eigentliche Thronerbe Badens, ein Sohn des Großherzog Karl's und der Adoptivtochter Napoleon's, Stephanie Tascher."*[346]

Garnier entwickelt im weiteren Verlauf als erster öffentlich die Theorie vom badischen Prinzentum, die sich nicht nur auf Andeutungen Feuerbachs in seinem Kaspar-Hauser-Buch von 1832 berufen kann, sondern auch, was Garnier nicht wissen kann, zu verblüffend ähnlichen Ergebnissen kommt wie das ebenfalls 1832 verfaßte, aber erst knapp zwanzig Jahre später veröffentlichte "Memoire" Feuerbachs.[347] In welcher Beziehung Garnier und andere Emigranten des Vormärz den Fall Hauser aufgreifen, um ihn für ihr Anliegen nutzbar zu machen, wird aus der Einleitung zum Kapitel "Caspar Hauser" deutlich:

> *"Bei der jammervollen Unterdrückung jedes freien Wortes worunter jetzt Deutschland ächzet, schleicht die Wahrheit selbst nur im Verborgenen als furchtsames Gerücht um, während die Lüge in den officiellen Blättern allwärts hin ihre freche schamlose Stirn trägt. Die Wahl ist nicht zweifelhaft: ich erzähle Gerüchte."*[348]

Höchst auffällig und vielfach kommentiert sind die Vehemenz, mit der die badische Regierung auf diese bloßen "Gerüchte" reagiert und die Aktivitäten des badischen Majors Hennenhofer in diesem Zusammenhang, den Garnier als möglichen Mörder Hausers ins Spiel bringt.[349]
Die freie erzählerische Ausgestaltung der Lebensgeschichte Hausers, die nicht nur für die politisch orientierte Kritik maßgebend ist, kann sich auf die Ungewöhnlichkeit der Geschichte selber berufen; bei J. M. Frey, "Geheimnißvolle Geschichte des Caspar Hauser" (1834), heißt es:

> *"Was sind alle Romane, alle Novellen, alle erdichteten Räuber- und Mördergeschichten gegen eine solche Begebenheit, die, ihren Einzelheiten nach, an das Unglaubliche streift, aber durch ihre empörende Wahrheit selbst die herzloseste Gleichgültigkeit erschüttern muß!"*[350]

Dennoch werden die Romanschreiber sich der Geschichte bemächtigen. In einer zeitgenössischen Verlagsanzeige finden wir folgenden Hinweis:

> *"Im Jahr 1834 ist in unserm Verlage erschienen:*
> *Kaspar Hauser oder der Findling.*

Romantisch dargestellt von (Fr. Seybold.)
24 Bogen Belinpapier, 8. geh. Herabgesetzter Preis von
fl. 3 - auf 48 kr.
Durch die Beschlagnahme dieses Werkes, während einer langen Zeit, ist uns eine Partie Exempl. liegen geblieben; um damit aufzuräumen, geben wir das Buch, von heute an, um 48 kr. Der Inhalt desselben ist höchst interessant, der Schauplatz ist an einem deutschen Hofe."[351]

Inwiefern eine direkte Abhängigkeit des Romans von der Garnierschen Broschüre besteht, läßt sich mit Sicherheit nicht ausmachen, wohl aber liegt eine Ähnlichkeit der Prinzentheorie Garniers zur Hintergrundhandlung des Romans vor, den eine Kurzrezension in "Blätter für literarische Unterhaltung" folgendermaßen charakterisiert:

"Der Unglückliche - mit diesem Namen dürfen ja doch Wohl- und Uebelwollende Hausern bezeichnen - selbst erscheint nicht, aber eine der Hypothesen über seine Geburt wird durch einen wollüstigen Fürsten, Kammerjunker und Kammerdiener, so nichtswürdig, wie sie nur in einem Drama des vorigen Jahrhunderts vorkommen, wo deutsche Biedermänner ihnen Grobheiten sagen, abgespielt, wobei verführte Mädchen, Kupplerinnen, schwache, dumme, pedantisch rechtliche Väter, leichtsinnige Dämchen auch ihre Part hersagen, eine unglückselige fürstliche Mutter monologisirt, geheimnißvolle Unbekannte ein bischen den Armenier tragiren, gräßliche Schandthaten enthüllen, aus welchem Allen kein Verständniß, aber ein Buch von 345 Seiten sich ergibt, das dem Verf. und auch den Habitués der Leihbibliotheken die Langweile vertreibt, also nicht ohne Nutzen ist."[352]

Ein anderer Rezensent äußert sich in "Allgemeine Literatur-Zeitung" im Januar 1835 wie folgt:

"Das für Kaspar Hauser sich interessirende Publikum erfährt aus diesem Buche Altes und Neues; aber das Alte reizt den Geschmack nicht mehr und das Neue ist abgeschmackt. K. H. ist nämlich Sohn einer Fürstin, und rechtmässiger Nachfolger des regirenden Herrn, der ein ausschweifender und frömmelnder Bösewicht ist, und die ausgemachtesten Schurken zu Dienern hat. Ein Banditenhauptmann, Cäsar Borelli, oder mit seinem Gesellschafts- und Geschäftsnamen Fra Diavolo genannt, ein natürlicher Sohn des Serenissimus, befreit den K. H. aus seinem Kerker und spedirt ihn nach Nürnberg; spielt die Rolle des Unsichtbaren und Ueberall und nirgends, hat dabei auch eine Physiognomie, welche die Leute beim Anblick derselben erstarren macht. Sein Vater, der Herzog, schändet ihm seine Tochter, die darüber wahnsinnig wird, er aber wird bei der Entdeckung dieser grässlichen Geschichte vom Schlage gerührt. Uebrigens tritt der abteuernde Hauser sehr in den Hintergrund, und die Begebenheiten an dem Hofe, welche mehr oder weniger auf ihn Bezug haben, sind die Hauptsache. Da es nicht an Intriguen, Kabalen, Verführungen, Nichtswürdigkeiten, Geheimniskrämerei, Taschenspielereien und besonders nicht an Bösewichtern fehlt, so wird es dem Buche auch nicht an Lesern fehlen, die aber Rec. dem Vf. nicht beneidet. Druck und Papier sind viel zu gut."[353]

Den Hauptgegenstand der Handlung bildet eine Variante der präsumierten Hintergrundgeschichte des Kaspar-Hauser-Falles, hier die Intrigen- und Mätressenwirtschaft am Hof des Fürsten Ludwig Anton. Sowohl thematisch als auch erzähltechnisch und stilistisch orientiert sich der Roman an den bürgerlichen Trauerspielen des 18. Jahrhunderts. Hierzu gehören die Kontrastierung der Intrigen- und Verführungsränke des Hofes zur Sphäre des Bürgertums, die spannungsgeladenen Kapitelschlüsse, die fast durchgehende Dialogisierung, das Auf- und Abtreten der Figuren, der Schauplatz- und Ebenenwechsel. Dem Findling selber begegnet der Leser nicht; die äußeren Umstände seiner Geschichte erfahren wir nur in kurzen Zwischeneinschüben, so in gedrängter Form im vierten Kapitel, das das Treffen einiger ehrbarer Bürger im Gasthof beschreibt. Im Verlaufe des Abends diskutieren sie verschiedene tagesgeschichtliche Ereignisse, zu denen auch das Auftauchen des Nürnberger Findlings gehört; einer der Anwesenden verliest einen entsprechenden Zeitungsbericht, der acht Seiten des Romans einnimmt und die Findlingsgeschichte in gedrängter Form präsentiert:

> *"Ja, so ist es! erwiederte er, langsam ein Zeitungsblatt entfaltend, eine solche Geschichte ist mir in meinem Leben noch nie vorgekommen. Denken Sie nur, da begegnet einem Nürnberger Bürger auf dem sogenannten Unschlittplatze ein junger Mensch von sechszehn bis achtzehn Jahren und fragt nach der Neuthorstraße. Auf dem Unschlittplatze und fragt nach der Neuthorstraße, sagte der Spaßmacher, das ist eine sonderbare Geschichte! Nur Geduld, fuhr der Erzähler fort, es kommt schon. Der junge Mensch zieht einen Brief aus der Tasche, der an den Rittmeister der 1ten Escadron des Chevauxlegers adressirt ist; der Bürger führt ihn in dessen Wohnung; der Brief ist anonym und von höchst räthselhaftem Inhalt; aus dem jungen Menschen selbst läßt sich nichts Näheres erforschen; kurz, man übergibt ihn der Obrigkeit. Und da findet es sich, daß er ein Landläufer und Betrüger ist, fiel Herr Sebastian Butterwek ein, man kennt diese Geschichten mit solchen anonymen Briefen und dergleichen. - So wird es wohl sein, stimmten Mehrere bei (...). Das ist eine ganz außerordentliche Geschichte! rief die ganze Gesellschaft in höchster Verwunderung. In meinem Leben habe ich nichts Aehnliches gehört und bin doch weit in der Welt herumgekommen, versicherte der Hofsattler; da muß irgend ein großes und wichtiges Geheimniß dahinter stecken. Da ist ein Kinderraub begangen worden, sagte der Hofschlosser, wer nur die armen Eltern sein mögen. Arme und geringe Leute sind es gewiß nicht, meinte der Schlächter, denn denen läßt man ihre Kinder, so viele sie haben mögen. Bei diesem Handel muß etwas zu verdienen gewesen sein, unterbrach ihn der Bäckermeister; der junge Mensch ist gewiß von vornehmen und reichen Eltern da, und da hat ihm ein Anderer sein Erbtheil weggeschnappt. Ja, wenn ich nur hätte, was dem von Rechtswegen gebührt, fiel der Schneidermeister ein, so wäre ich ein geborgener Mann für meine ganze Lebenszeit. Vielleicht ist er gar ein Prinz und man hat einen andern für ihn untergeschoben; es gibt solche Beispiele."*[354]

Erwähnt sei nur noch das 19. Kapitel des Romans, in dem Seybold das Bild einer geheimen Staatsratsitzung entwirft: Nachdem der bisher regierende Fürst gestorben ist, muß entschieden werden, ob man nun den rechtmäßigen Thronerben, Kaspar Hauser, zum Nachfolger ernennen soll oder nicht:

> *"Der Geheimrath war versammelt. Der Präsident von Burnitz führte den Vorsitz und schloß so eben seine Rede mit folgenden Worten: 'Sie wissen also nun, meine Herren, daß ein rechtmäßiger Thronerbe lebt, der auf eine verbrecherische Weise der Nachfolge im Fürstenthum beraubt worden ist. Es liegen dafür die überzeugendsten Beweise vor, es leben noch Theilnehmer und Mitwisser des Verbrechens, deren Aussagen das etwa noch Mangelnde ergänzen werden. Der regierende Fürst hat das Zeitliche mit dem Ewigen verwechselt, und es fragt sich nun, für wen die Erbhuldigung einzunehmen ist (...)'."*[355]

Im Verlaufe der Sitzung gibt dann der Auftritt des Kammerjunkers v. Dangelmann, im Roman einer der Gehilfen und Drahtzieher des dynastischen Verbrechens, den Ausschlag gegen den Findling, indem er im Falle einer Huldigung an den rechtmäßigen Erben mit der Aufdeckung des Verbrechens droht:

> *"In einen einsamen Kerker wollt ihr mich vergraben und glaubt mir dadurch den Mund auf ewig zu stopfen! Ihr irrt euch sehr. Ich bin so klug gewesen, mich auf alle Fälle vorzusehen; es ist sichere Vorsorge getroffen, die ganze ärgerliche Geschichte durch den Druck zur öffentlichen Kunde zu bringen, so wie mir das geringste Leid widerfahren wird."*[356]

Wie merkwürdig die Fäden zwischen Fiktion und Historie in der Geschichte um Kaspar Hauser hin- und herlaufen, wird nicht nur durch das von nun an zähe Weiterleben der geheimen Staatsratsitzung, gerade auch in späteren theoretischen Beiträgen der zweiten Hälfte des 19. Jahrhunderts zum Thema, deutlich, sondern auch durch den Umstand, daß in der Tat die badische Regierung nach dem Tode Hennenhofers, mit dem der Kammerjunker v. Dangelmann bei Seybold gemeint ist, im Jahre 1850 sofort sämtliche Papiere des Majors a. D. beschlagnahmen ließ. Das Rätselraten um die angeblichen Memoiren Hennenhofers hält bis heute an[357] und bescherte uns 1970 noch das Buch Hans Holgards, "Der Mörder des Kaspar Hauser. Roman eines Schurken nach hinterlassenen Papieren aufgezeichnet".

Eine ganz ähnliche Technik, wie sie Seybold anwendet, begegnet uns auch in den Romanen Scopers, Hoffmanns und Marheinekes: In ihnen greifen die Autoren die Leerstellen der Hauser-Geschichte auf, die sie nicht nur durch eine entsprechende Hintergrundgeschichte füllen, sondern in denen die Spekulation um die Herkunft Kaspars und den Mord an ihm sich derart in den Vordergrund drängt, daß die eigentliche Geschichte des Findlings nur noch den Stellenwert eines grellbunten Aushängeschildes erhält. Die Urheber des Schicksals Kaspars wechseln so wie die Anliegen der Autoren: Stellt Seybold noch die Zustände an deutschen Fürstenhöfen zur Kritik, so ist es bei Scoper die katholische Kirche, der das Verbrechen angelastet wird; der Titel seines Romans, "Kaspar Hauser oder: Die eingemauerte Nonne. Wahrheit und Dichtung", hält was er verspricht und erregt bereits den Unmut zeitgenössischer Rezensenten; unter der Überschrift "Literarische Rüge" lesen wir in "Der Komet" vom 4. April 1834 folgende Kritik:

> *"In der Nordhäuser Bücherfabrik bei Fürst ist wieder ein auf literarischen Schwindel gegründetes Machwerk: Caspar Hauser oder die eingemauerte Nonne. Wahrheit und Dichtung von Ludwig Scoper. erschienen. - Wahrheit und Dichtung! Der Dichtung, dem Romane gehört Caspar Hauser erst in 100 bis 200 Jahren an, jetzt aber der Forschung, der Ermittlung seiner Herkunft und seines schaudervollen Todes. Man soll die Leute gewöhnlichen Schlags, welche einen solchen Wisch lesen, nicht noch dümmer machen wollen. Lebendige Zeitgenossen, über die die Acten noch nicht geschlossen, soll man nicht durch die Dichtung verstümmeln! Aber freilich! das war ein guter Titel für das Lesevieh: die eingemauerte Nonne! So etwas zieht. Und es ist ein großer Beruf des Schriftstellers, auf diese Art in den Küchen und Bedientenstuben sein Glück zu machen."*[358]

Adalbertus, der neue Abt von Breitenbruch, wird von Pater Hermanrich mit den Örtlichkeiten des Klosters bekanntgemacht. Man kommt in ein Gewölbe, wo man zum Entsetzen des neuen Abtes in einer Mauer das Skelett einer Frau sieht. Aus einer Urkunde seines Vorgängers erfährt Adalbertus, daß am St. Michaelistage 1814 Emelina von Baumgardt, eine Nonne, wegen Gotteslästerung und Unzucht lebendig eingemauert worden sei. Von Pater Hermanrich muß Adalbertus hören, daß er noch schrecklichere Dinge erfahren werde, zuvor aber müsse er über die Hintergründe der eingemauerten Frau unterrichtet werden, zu welchem Zwecke Adalbertus ein Buch übergeben wird, von dem der Erzähler ausführt, daß er es hier abdrucken wolle und das den größten Teil des Romans ausmacht: Der alte Obrist außer Dienst Balthasar Baumgardt überdenkt den zukünftigen Lebensweg seiner jugendlichen Tochter Emeline. Unter dem Einfluß des Abtes Franziskus und der Äbtissin Gisberta hat er beschlossen, seine Tochter in ein Kloster zu geben. Emeline aber weigert sich, da sie ihren Jugendfreund, Carl von Blumenrode, heiraten möchte. Da der Vater sich nicht erweichen läßt, fliehen die beiden Liebenden, werden jedoch von Abt und Äbtissin, deren Plan es ist, später die reichen Güter von Baumgardts dem Kloster einzuverleiben, wieder eingefangen. Es folgen mehrere Fluchten, Gefangennahmen und Befreiungen Emelines. In ausführlichen Schilderungen erleben wir die grausamen Geißelungen und Folterungen, die sie über sich ergehen lassen muß, da sie sich weigert, das Gelübde abzulegen. Schließlich gelingt es Carl von Blumenrode, seine Geliebte zu befreien. Nach einem Zeitsprung von einem Jahr finden wir die Liebenden an einem Zufluchtsort in der Schweiz, wo sie für ein Jahr die Freuden des Ehe- und Elternglücks genießen dürfen. Unterdessen planen der Abt Franziskus und die Äbtissin Gisberta, die ganze Familie Blumenrode und die beiden jungen Eheleute aus dem Weg zu räumen. In der Folge häufen sich die schrecklichsten Taten der "beiden Menschen, die so viel Gewältthätigkeiten im neunzehnten Jahrhunderte verübten, als nur von ihres Gleichen fünf Jahrhunderte früher ausgesonnen sein können"[359]: Carls Eltern werden vergiftet, der kranke Vater Emelines erschlagen, Carl selber stirbt einen grausamen Hungertod im Kerker des Klosters, und Emeline wird, als sie sich trotz aller Mißhandlungen weiterhin widersetzt, lebendig eingemauert. Ihr Kind, Carl, hält der Abt in einem Kellergewölbe gefangen, und nur ein Angsttraum hält ihn davon ab, einen weiteren Mord zu begehen. Hier endet das Buch, die weitere Entwicklung erfährt Adalbertus durch den mündlichen Bericht Pater Hermanrichs: Der gefangengehaltene Sohn Emelines lebe noch und werde mit Brot und Wasser ernährt. Um das Kloster nicht in Verruf zu bringen und den Jungen von seiner Qual zu befreien, beschließt Adalbertus die Aussetzung, die Pater Hermanrich vornimmt:

"In einer finstern Nacht fuhren in einem bedeckten Wagen der Mönch und der Knabe ab. Schnell ging es fort bis zu der nächsten Stadt, wo der Unglückliche für einen Wahnsinnigen ausgegeben wurde, aber auch ein Rasttag gemacht werden mußte, da die ungewohnte Erschütterung ihn zu sehr angegriffen hatte. Der Mönch saß fortwährend schweigend ihm gegenüber. Die Reise ging nach Italien, und Hermanrich machte seinen Schutzbefohlenen auf die hohen Gletscher der Schweiz aufmerksam. Dann fuhren sie über das adriatische Meer nach Dalmatien, damit er auch über Wasser komme, und seine Erinnerungen gänzlich verwirret würden. Später ging es durch Ungarn und Böhmen nach Baiern. Einige Stunden von Nürnberg verließen sie den Wagen. Der nun sechszehnjährige Jüngling wurde gezwungen zu gehen, so sehr ihn das auch angriff, und bis in die Nähe der Stadt gebracht. Hier gab ihm Hermanrich einen Brief, bedeutete ihm, in die Stadt zu gehen und dort denselben vorzuweisen, und verließ ihn dann so schnell, daß er bald den Augen des nun verlassenen Jünglings entschwunden war. Von jetzt an tritt der junge Karl von Blumenrode als Kaspar Hauser auf, seine Verhältnisse werden öffentlich, und wir enthalten uns daher, etwas Eignes hinzuzufügen, sondern folgen den gedruckten Quellen, welche vor uns liegen."[360]

Abgesetzt von der Vorgeschichte beginnt dann mit einigen Einfügungen und Abänderungen die Geschichte des Auftauchens des Findlings und seines weiteren Schicksals. Vor dem ersten Attentat auf Hauser setzt dann die Hintergrundgeschichte wieder ein: Hermanrich und Adalbertus sind inzwischen verstorben, und der neue Abt Emeritus fürchtet, das Verbrechen an Karl bzw. Kaspar könne doch noch ruchbar werden und beauftragt deshalb einen Bösewicht mit der Beseitigung des Findlings. Das Attentat mißlingt; nach einigen weiteren Bruchstücken der Hauser-Geschichte beauftragt Emeritus erneut den Attentäter, und wir lesen dann vom Gelingen des Plans, dem üblichen Ende der Kaspar-Hauser-Geschichte im Ansbacher Hofgarten.

Generelle Züge dieser wie der anderen frühen Kaspar-Hauser-Gestaltungen sind das große Übergewicht der Hintergrundgeschichte, ein weitgespannter zeitlicher

Rahmen und die additiven Übergänge, d. h. die völlig unzureichende Motivierung bzw. der Zugzwang zu immer neuen Greueltaten, der sich daraus ergibt, daß die Hauptereignisse der Hauser-Geschichte (Gefangenhaltung, Aussetzung, mißglücktes Attentat und Mord) nach einer stimmigen Erklärung verlangen, die jedoch selten gelingt.

Die erfreulich knappe Erzählung Ferdinand Hoffmanns, "Kaspar Hauser, der Findling von Nürnberg", läßt die Findlingsgeschichte bis in die höchsten weltpolitischen Kreise hineinreichen, indem sie eines der umlaufenden Gerüchte aufnimmt, demzufolge Kaspar Hauser ein illegitimer Sohn Napoleons I. sei. Zeitlich erstreckt sich die Handlung von 1795 bis 1833 und umfaßt sechs kurze Kapitel. 1795 kehrt der polnische Graf Boginski von einer Reise nach Paris zurück, wo er vergeblich im Auftrag des polnischen Adels um Hilfe gegen Rußland, Österreich und Preußen gebeten hatte. Angesichts des drohenden Untergangs seines Vaterlandes stirbt der alte Boginski, nicht ohne zuvor seiner Familie auf dem Sterbebett das Geschick Polens ans Herz zu legen, insbesondere seiner kleinen Enkelin Jadwiga. Anläßlich eines Ballfestes des polnischen Adels lernt Napoleon im Winter 1806/07 die nun knapp vierzehnjährige Jadwiga kennen und lieben, und drei Jahre später erreicht er es, daß sie zu ihm nach Paris kommt. Zurück bleibt aber eifersüchtig der junge polnische Adlige Adam von Radomiec, der Jadwiga schließlich nach Paris folgt. Vergeblich versucht er, die Geliebte zur Rückkehr zu bewegen, und als er zusehen muß, wie Jadwiga von Napoleon abgeholt wird, schwört er Rache. Adam verschwindet für längere Zeit und wird für tot erklärt. 1812/13 ist Jadwiga wieder in Polen, wo sie einen Sohn gebiert, als dessen Vater Napoleon gilt. Die junge Frau wird von Kosaken überfallen, unter denen sich auch Adam von Radomiec befindet, der nun verspätete Rache übt, indem er ihren Jungen entführt und ihn einem im Wald lebenden Ehepaar zur Verwahrung übergibt. Jadwiga, die bei dem Überfall verletzt wurde, ist fortan geistig umnachtet, und Adam lebt, nach weiteren Kriegsabenteuern, zurückgezogen auf seinen Besitzungen. Nach einem großen Zeitsprung, 1828, sind die bisherigen Wärter des Jungen verstorben, so daß sich Adam des Jungen entledigen will:

> *"Nach und nach, wie gesagt, reifte der Plan, welcher sorgfältig überlegt worden war. Als Ort, wo er den Knaben aussetzen wollte, ersah er sich eine bairische Stadt, weil der Knabe, soviel von Sprache bei ihm überhaupt die Rede seine konnte, den bairischen Dialekt sprach. Adam ließ sich einen für seine Zwecke geeigneten Wagen bauen, packte den vorher durch Opium betäubten Knaben hinein und trat die Reise an. Am Tage rastend, bei Nacht fahrend, mit einem verschmitzten, alle Schleichwege und alle Kniffe zum Betrügen der Behörden genau kennenden Zigeuner als Kutscher, setzte er langsam und vorsichtig seinen Weg fort und kam im Mai vor Nürnberg an, welches als das Ziel seiner langwierigen Fahrt ausersehen war. Was nun geschah, kennt die Welt zur Genüge. Am 26. Mai 1828 kam Nachmittags auf dem Unschlittmarkt in Nürnberg ein junger Mensch, welcher die Kleider eines Bauernburschen*

trug - eben der von Adam von Radomiec so lange Zeit hindurch gefangen gehaltene Knabe, der Sohn der Comtessa Jadwiga von Boginska und des Kaisers Napoleon."[361]

Nach einem erneuten Zeitsprung, Adam lebt weiterhin zurückgezogen in der Nähe von Jadwigas Gut, erfährt er von ihrer plötzlichen Gesundung, die ihn veranlaßt, nach Ansbach aufzubrechen, um Kaspar Hauser zu ermorden. Nach Polen zurückgekehrt, erfährt er vom plötzlichen Tod Jadwigas; er lebt fortan zurückgezogen und stirbt zwei Jahre später. Durch sein Tagebuch sind die Geschehnisse für den dankbaren Leser überliefert.
Die "Jenaische Allgemeine Literatur-Zeitung" meldet im Juni 1834 unter der Rubrik "Kleine Schriften":

"Vermischte Schriften. Berlin, b. Mylius: Das Leben im Leichentuch. Enthüllung eines argen Geheimnisses. In Briefen. 1834. 148 S. 8. (18 gr.)
Das in diesem schöngedruckten Büchlein enthüllte Geheimnis ist das der Geburt und des Gefängnisses von Kaspar Hauser, worüber uns aber diese Briefe völlig im Dunkeln lassen. Eine junge vornehme Dame hat auf Geheiss einer Tante, die wieder von einem ungeschlachten hartherzigen Bruder genöthtigt wird, einer anderen Tante einen lebenden Knaben gegen ein todtes Mädchen auf sehr unwahrscheinliche Weise vertauscht, um das Erbe einem Nebenzweige der Familie, vielleicht ihren eigenen Söhnen zu gewinnen. Sie macht sich darüber Gewissensbisse, zumal, nachdem sie das Schicksal des unglücklichen Knaben erfährt, wobey sich der Leser zu beruhigen hat. Denn er erfährt weder eine Thatsache, noch eine Hypothese, die er nicht schon irgendwo kräftiger und sinnreicher ausgeführt erfahren hätte."[362]

Wohlwollender äußert sich dagegen ein Rezensent in "Allgemeine Preußische Staatszeitung":

"Nachdem der Reiz, den diese kleine Schrift für die Neugierde des Publikums ausgeübt, bereits als befriedigt und durch mehrfache Stimmen, die sich darüber erhoben, von dieser Seite her für erschöpft anzusehen, scheint es an diesem Orte noch angemessen, auf eine weitergreifende und bezüglichere Bedeutung des Büchleins aufmerksam zu machen, auf die es - und diese Gerechtigkeit muß man ihm zuerst widerfahren lassen, seiner Anlage oder Herausgabe nach ohne Zweifel berechnet ist (...). Jetzt aber, nachdem die Wahrhaftigkeit des Ereignisses wieder mehrfach wankend gemacht, obwohl, unseres Erachten [!], keineswegs durch irgend eine überzeugende Combination erschüttert worden, treten diese, angeblich von den bei dem Geheimniß und Verbrechen betheiligten Personen unter einander gewechselten Briefe mit manchen sehr überraschenden Aufschlüssen für die moralische Seite des Problems hervor, und die Beziehung, die für die innere Glaubwürdigkeit des ganzen Ereignisses daraus entspringt, kann selbst dann nicht an ihrer Kraft verlieren, wenn wir, was gar nicht geleugnet zu werden braucht und aus den Briefen selbst sich erweisen läßt, denselben von vorn herein nur den Werth einer geistreichen Fiction zugestehen. Aber der denkende Geist, der umsichtig alle Gränzen seines Gegenstandes bemißt, der am wenigsten durch zufällige Möglichkeiten zu täuschen ist, weil ihm jede Möglichkeit nur dann gilt, wenn er sie mit einer innern Nothwendigkeit in Verbindung zu setzen ver-

mag, hat herkömmlich das Recht, selbst seinen wie zum Spiel entworfenen Combinationen oft mehr Wahrheit einzuräumen und daraus abzuleiten, als dem nackten und ungewissen Faktum, oder dem bloßen nüchternen Verstande, der ängstlich über Konsequenzen brütet, zugetraut werden darf. Und in solchem Sinne geistigen Schauens ist diese Wahrheit zu nehmen, die in dem Büchlein, das in jeder Hinsicht die achtungswürdigste Hand dabei betheiligt zeigt, enthalten seyn dürfte (...). In diesen Briefen ist die psychologische Möglichkeit des Ereignisses dargethan, und dadurch Alles, was das Schicksal Kaspar Hausers betrifft, in das helle Gebiet der Wahrscheinlichkeit und Wirklichkeit gerückt. Der Verfasser dieser Briefe - denn man geräth sogleich auf die Annahme eines solchen, da manche eingestreute Erörterungen und Gedanken sogar an die neueste und uns hier in Berlin zunächst liegende Philosophie erinnern - hat die vorhandenen Data (...) mit einer feinen und sinnreichen Kunst zu komponiren, in die Gemüthszustände der dabei betheiligten Personen hineinzulegen, und daraus ein zusammenhängendes Ganzes, aus dem Ursach, Wirkung und Folgen klar werden, zu bilden verstanden. Man sieht hier aus den innern und äußern Verhältnissen der Briefschreibenden deutlich das Entstehen, das unter diesen Umständen, wenn auch nicht an Schwärze des ursprünglich beabsichtigten Verbrechens, doch an Unerklärlichkeit der auf diese Weise verübten Handlung immer mehr verliert; gewisse Lebenszustände machen sich geltend, denen die menschliche Schwäche wohl oft noch größere Opfer gebracht hat, und indem gemüthvollere Persönlichkeiten vermittelnd, abwehrend und schonend dazwischen treten wollen, geben sie eben dadurch dem Schicksale des unglücklichen Gegenstandes, unwillkürlich und fast gezwungen, jene abenteuerlich bizarre Wendung, mit der es wie ein unglaubliches Mährchen plötzlich in die Welt hinaustreten mußte. So sind diese Briefe in ihrer wohlberechneten Darstellungsweise, in der kaum noch ein psychologisches Räthsel an der Sache übrig geblieben, zugleich als die triftigste Polemik gegen die Ansicht anzusehen, welche, auf bloße Verstandes-Konsequenzen hin, die ganze Erscheinung Kaspar Hausers als einen Betrug annihiliren möchte."[363]

Autor dieses anonym veröffentlichten Briefromans ist der Berliner Theologe Philipp Konrad Marheineke.[364] Ohne Zweifel hebt sich das Buch Marheinekes von den zeitgleichen Veröffentlichungen Hoffmanns, Seybolds und Scopers ab. Die theologische Perspektive dominiert; große Partien der Briefe Cecilies (der erwähnten Nichte) sind in traktatähnlichem Stil gehalten und reflektieren, ausgehend von den Skrupeln wegen des Verbrechens am Seelenheil des gefangengehaltenen Jungen, über gesellschaftliche, theologische und pädagogisch-psychologische Probleme. Cecilie, eine empfindsame, protestantisch-gläubige Seele, erkennt, daß eine körperliche Unversehrtheit des Kindes nicht ausreicht, daß das Verbrechen an seiner Seele genauso, wenn nicht gar schwerer wiege. Als einziger der Autoren der frühen Romane gestaltet Marheineke einen Moment aus dem Leben des Findlings ausführlicher. Im 13. Brief schildert Cecilie ihrer Tante Kunigunde einen Besuch bei dem gefangengehaltenen Jungen:

"Bei dem Eintritt in den engen, niedrigen Raum hielt ich mich fest mit der Hand an der offenen Seite der Wand, kehrte meinen Blick zunächst von der Gestalt hinweg um mich herum, um mich zu überzeugen, ob ich mich wirklich in der Wohnung eines le-

bendigen Wesens befinde. Ich bemerkte zuerst auf der Erde liegend zwei weiße, hölzerne Pferde und einen Hund aus Holz, dem Spielsachen angehängt waren (...). Ich faßte jetzt Muth und that einen Schritt vorwärts, und ergriff unwillkührlich die Hand meines Führers, der es wohl merken mußte, wie ich am ganzen Leibe zitterte. Er hielt die Lampe nun näher an ihn heran und ich bemerkte, daß er auf seinem Strohsack, mit dem Gesicht auf der einen Seite, unter einer groben Decke lag. Der Schein der Lampe mochte ihn wohl ungewöhnlich berühren und plötzlich, wie wenn er sich aufrichten oder Unwillen ausdrücken wollte, warf er sich herum auf den Rücken und schlug die Augen auf. Ich fuhr zusammen, wie vom plötzlichen Donnerschlag erschreckt. 'Seid ruhig[']. sagte mein Führer, [']er sieht euch nicht, er träumt.' [!] In diesem Augenblick hatte ich nur noch so viel Kraft und Besinnung, daß ich empfinden konnte, wie ich an allen Gliedern erstarrte".[365]

Marheineke bedient sich in der Eingangspassage seines Romans des Topos der Briefherausgabe. Wie selbst so offensichtliche Fiktionen das Publikum in weitere Unklarheit darüber stürzen, was denn nun geschichtlich gesichert, was entstellt oder gar bloß erfunden sei, geht aus einer Bemerkung Welckers, dessen Kaspar-Hauser-Poem wir im vorigen Kapitel kennenlernten, im theoretischen Anhang seines Buches zu den Schriften über den Nürnberger Findling hervor:

"Andere Werke, welche die Romannatur schon durch ihren Titel verrathen, so geistreich auch einige derselben geschrieben seyn mögen, führen den nicht sachkundigen Leser irre und in völlige Dunkelheit. Zu denselben gehört auch die Dichtung: 'Das Leben im Leichentuch. Enthüllung eines argen Geheimnisses,' welche in Berlin in diesem Jahr erschienen ist. Alle Briefe, aus welchen sie besteht, bewegen sich in einem und demselben Zuschnitt der Schreibart, und werden doch für Originalbriefe ausgegeben. Wie sonderbar!"[366]

Auch der Polizeirat Merker meldet sich in diesem Zusammenhang zu Wort; unter der bezeichnenden Überschrift "Phantasie und Wirklichkeit" führt er in "Allgemeine Preußische Staatszeitung" vom 26. Juni 1834 aus:

"Welche Bilder der Phantasie sind nicht schon mit täuschendem Erfolge als eine uns zauberisch ansprechende Wirklichkeit aneinander geknüpft worden! Das ist des Dichters Freiheit und es ist sein hoher Triumph, wenn wir, auf den Fittigen seiner Einbildungskraft getragen, nicht ahnen, wie weit über die Gränzen der Möglichkeit hinaus er uns versetzt hat (...).
Wie kann jedoch das Leben in der Welt der Träume als Zeugniß dienen, wenn es die Auffindung und Feststellung der ernsten Wahrheit gilt?
So unwiderstehlich uns Wieland in seinem Oberon umstrickt, so glücklich Webers Harmonieen den Zauber der, aus dem herrlichen Werke auf die Bühne übertragenen Scenen erhöhen: so giebt es dennoch kein Horn des Oberon, keinen Elfenkönig und keine dienstbaren Geister, welche die Sterblichen durch die Lüfte tragen. Wir würden nur lächeln, wenn ein bis dahin mit dem Zauber der Dichtung, der Musik und mit den Scenerieen der Bühne unbekannter, von Entzücken ergriffener Zuschauer uns die Wirklichkeit der Phantasie-Bilder beweisen wollte, weil er sie mit seinen leiblichen Augen gesehen, mit seinen Sinnen aufgefaßt habe (...).

Wäre nicht mein Bestreben, auf geeignetem Wege zur Enthüllung der Täuschungen mitzuwirken, mit welchem eine ursprünglich höchst unbedeutende Begebenheit umsponnen worden ist, dem Bemühen des Dichters gegenüber gestellt worden, so würde ich (...) ein Unrecht begehen, über 'das Leben im Leichentuche' auch nur ein Wort öffentlich zu äußern. Jedoch (...) fühle ich mich verpflichtet, auf die nachtheiligen Folgen hinzudeuten, die aus jenem Romane hervorgehen können.
Nach dem Vorworte zu demselben muß der nicht näher prüfende Leser glauben, der Verfasser habe nicht einen Roman, sondern eine wahre Geschichte geschrieben, zu deren Kenntniß er auf zuverlässigem Wege gelangt sey (...)."[367]

Einen vorläufigen Abschluß und Höhepunkt erreicht die Amalgamierung von Historie und Fiktion dann in dem 1840 anonym veröffentlichten Pamphlet "Kaspar Hauser der Thronerbe Badens". Verfasser ist der Vormärzemigrant und preußische Justiz-Aktuar Sebastian Seiler.[368] Noch einmal wird die mythisierte Geschichte bemüht: Die Vorbemerkung zu seiner Schrift unterzeichnet der Verfasser mit dem Pseudonym "N. E. Mesis". In elf Kapiteln und einem Anhang entwickelt Seiler die Prinzentheorie einschließlich der dynastischen Hintergründe am badischen Hof. Dabei findet ein atemberaubender Wechsel von teilweise gesicherten Berichten mit offensichtlichen Erdichtungen und Halbwahrheiten statt; wörtliche Übernahmen seitenlanger Passagen aus der Schrift Garniers, den Untersuchungsakten über den Mordfall Lessing in Zürich sowie dem Seyboldschen Roman tragen ein weiteres zur Verwirrung des Lesers bei.[369] Nicht nur der geheimen Staatsratsitzung aus Seybolds Roman begegnen wir wieder, sondern Seiler führt uns zu einem direkten Besuch in den Kerker des Prinzen Kaspar Hauser, skizziert die Verschwörung des Trios Lord Stanhope - Leutnant Hickel - Lehrer Meyer gegen Kaspar Hauser (wie sie sich sowohl als Topos in den literarischen Bearbeitungen bis in den Wassermannschen Roman hinein und darüber hinaus nachweisen läßt, als auch aus historischer Sicht erwogen wird) und weiß bereits von der Abfassung der Memoiren Hennenhofers zu berichten:

"Auf die rechte [!], mörderische Hand gänzlich gelähmt, schreibt er nun mühsam mit der linken seine Memoiren, die einst, der badenschen Ministerialpolizei vielleicht glücklich entronnen, zu der Vervollständigung unserer gegenwärtigen schweren Anklage nicht wenig beitragen dürften."[370]

Von wenigen Ausnahmen abgesehen, setzt die theoretische Diskussion lebhafter erst Ende der 1850er Jahre, nun aber unter veränderten Vorzeichen, wieder ein, und eine Fortsetzung der literarischen und dichterischen Beschäftigung mit dem Thema wird noch etwas länger auf sich warten lassen.
Werfen wir kurz einen Blick zurück: Parallel zur dichterischen Überhöhung des Findlings zur Leidensfigur sub specie aeternitatis verläuft eine zweite, politisch orientierte Linie innerhalb der Biedermeierliteratur zu Kaspar Hauser, die eben-

falls eine generelle Tendenz der späteren Stoffgestaltungen ankündigt: Die ungeklärte Vor- und Hintergrundgeschichte des Falles lädt die Zeitgenossen dazu ein, zahlreiche Vermutungen über Kaspar Hauser in die Welt zu setzen, die bald schon in den Rang ernsthaft diskutierter Thesen und amtlich verfolgter Spuren im Mordfall Hauser geraten. Ebenso bemühen sich einige Romane und Erzählungen darum, die Lücken in der Geschichte um den Findling durch Vermutungen und Erdichtungen zu komplettieren und den absatzträchtigen Namen des Findlings für reißerische Sensationsgeschichten zu nutzen. Dabei steht die Adels-, Fürsten- und Kleruskritik im Zentrum. Wir konnten verfolgen, wie sich hier erstmals jene bis heute fortwirkende Grenzüberschreitung zwischen historisch Gesichertem und fiktional Entworfenem entwickelte: Die in theoretischen Schriften über den Findling mitgeteilten Fakten und Konjekturen werden von den Romanautoren bereitwillig aufgegriffen, und umgekehrt wirken die fiktiven Gestaltungen derart auf die darlegenden Schriften zurück, daß bald schon das Publikum kaum mehr auszumachen weiß, wo die Grenzen zwischen Fiktion und Bericht verlaufen. So sehen wir die Kaspar-Hauser-Geschichte bereits sehr früh auf dem Wege, sich zur Legende zu entwickeln, ohne dabei ihre immer wieder aufflackernde politische Brisanz zu verlieren.

5. Aenigma sui temporis

Eine erste kommentierte bibliographische Erfassung des Schrifttums zur Kaspar-Hauser-Geschichte leistet Julius Petzholdt in den Jahren von 1859 bis 1884. Glaubt Petzholdt 1864, daß die Geschichte "in den Kreisen des grösseren Publikums so ziemlich ganz verklungen" sei, aber dennoch "immerhin einen dauernden historischen und psychologischen Werth behalten"[371] werde, so muß er 1872 einräumen, daß er sich in dieser Hinsicht "getäuscht gefunden"[372], und der Tenor zahlreicher Publikationen in den folgenden Jahren wird lauten: "Kaspar Hauser und kein Ende!"[373]

Von 1857 bis 1888 bemühen sich sechs größere Veröffentlichungen, die These vom badischen Prinzentum zu widerlegen und den Findling als Betrüger zu entlarven, oder aber von ihm als "Idioten oder Schwachkopfe"[374] zu handeln: Daniel Eschricht: "Unverstand und schlechte Erziehung. Vier populäre Vorlesungen über Kaspar Hauser" (1857), Julius Meyer: "Authentische Mittheilungen über Caspar Hauser" (1872) und "Caspar Hauser. Hinterlassenes Manuscript von Josef Hickel (...) nebst einer Selbstbiographie Caspar Hausers" (1881), Otto Mittelstädt: "Kaspar Hauser und sein badisches Prinzenthum" (1876), Antonius van der Linde: "Kaspar Hauser. Eine neugeschichtliche Legende" (1887) und "Zum Kaspar-Hauser-Schwindel" (1888).

Kaum vorstellbar ist die Perfidie und Rabulistik, die die Autoren (zu denen ein

Professor für Physiologie, ein königlich bayrischer Landgerichtsrat, ein Oberstaatsanwalt sowie der Direktor einer Landesbibliothek gehören) aufwenden, um Argumente gegen die Geschichte des Findlings zu sammeln. Daß dabei vor keiner noch so grotesken Verzerrung der Quellen, nachgewiesenen Aktenverfälschungen und erdichteten Augenzeugenberichten zurückgeschreckt wird, hat Hermann Pies minutiös nachgewiesen.[375] Zwar erfuhr jede dieser Publikationen eine Entgegnung durch entsprechende Beiträge der Hauser-Freunde, zu denen als prominentester noch lebender Augenzeuge Daumer gehört, dennoch spiegelt sich in Besprechungen der Werke sowie kleineren Zeitschriftenbeiträgen eine grundlegende Änderung der öffentlichen Meinung zuungunsten des Findlings wider.[376] Die sich betont wissenschaftlich gerierenden Werke Mittelstädts und van der Lindes gelten bald als Autoritäten bezüglich der Kaspar-Hauser-Frage, und so kann 1912 ein Artikel in "Die Gartenlaube", den Zeitgeist gleichsam resümierend, konstatieren, daß die Sage vom badischen Prinzentum seit den Werken Mittelstädts und van der Lindes "für die Wissenschaft endgültig erledigt"[377] sei.
Wie grundlegend sich die Sichtweise bezüglich des Falles, der trotz aller gegenteiliger Beteuerungen nicht zur Ruhe kommt, seit der Mitte des 19. Jahrhunderts ändert, geht aus zahlreichen Zeitungs- und Zeitschriftenartikeln hervor: Es werden Parallelfälle erinnert, die deutlich machen sollen, "wie dergleichen Sagen immer entstehen"[378], der Fall wird zur Belehrung und Unterhaltung in Kuriositätensammlungen über "Wunderbare und räthselhafte Menschen"[379] archiviert, und das Kopfschütteln will kein Ende nehmen über die "Neigung, kritiklos an das Seltsame und Wunderbare zu glauben", die "ja in jener tatenlosen Zeit der Romantik, wo der tierische Magnetismus und die Hellseherei zahllose Gläubiger [!] fanden, besonders stark"[380] gewesen sei. Die Veröffentlichung van der Lindes, so führt ein Rezensent in "Literarisches Centralblatt für Deutschland" aus, gebe ein "vollständiges und anschauliches Krankheitsbild einer geistigen Epidemie, deren Entstehung und Ausbildung jeder Gebildete mit dem wärmsten Interesse verfolgen" werde.[381] Der Historiker Heinrich von Treitschke führt 1885 in "Deutsche Geschichte im 19. Jahrhundert" aus:

> *"Die Hauserlegende diente den Parteien des Umsturzes als ein wirksames Mittel um den Massen die Verderbnis der Höfe zu beweisen (...). Der Glaube an den badischen Prinzenraub blieb lange Zeit so mächtig, daß die ernste Wissenschaft sich nicht gern mit der widerlichen Frage befassen mochte (...). Erst im Jahre 1875 entschloß sich der badische Hof die Urkunden über den Tod jenes Erbprinzen zu veröffentlichen. Seitdem ist durch die Schriften von O. Mittelstädt und A. v. d. Linde das Lügengewebe endlich zerrissen worden, und wenngleich manche Einzelheit noch dunkel bleibt, so hat doch die Frage, woher der Betrüger eigentlich stamme, heute jeden historischen Wert verloren."*[382]

Casparus Hauser, aenigma *sui* temporis, so betonen die Zeitgenossen nun die Grabinschrift in Ansbach. Die Geschichte des Findlings scheint ein ähnliches Schicksal zu ereilen, wie es den Welträtseln, jenem erst seit Anfang des Jahrhunderts bezeugten Begriff, beschieden sein sollte. 1899 formuliert Ernst Haeckel:

"Der ungebildete Kulturmensch ist noch ebenso wie der rohe Naturmensch auf Schritt und Tritt von unzähligen Welträthseln umgeben. Je weiter die Kultur fortschreitet und die Wissenschaft sich entwickelt, desto mehr wird ihre Zahl beschränkt."[383]

Bevor wir diesen Gedankengang später wiederaufnehmen, soll die literarisch-poetische Weiterentwicklung des Stoffes in Augenschein genommen werden. Versuchen wir anhand einiger eher statistischer Beobachtungen einen ersten Eindruck zu gewinnen, so erweist es sich als sinnvoll, die zwischen 1870 und 1917/20 erschienenen Werke gemeinsam zu untersuchen. Neben der symbolisierenden Tendenz, die mit Paul Verlaine einsetzt, kristallisiert sich eine zweite Linie heraus, der wir uns in diesem Kapitel zuwenden wollen, im folgenden summarischen Überblick soll jedoch zuvor der Zeitraum im ganzen abgesteckt werden. Von 1870 bis 1917/20 erscheinen mehr als dreißig literarische Kaspar-Hauser-Werke. Dabei nimmt die Lyrik mit 17 von uns ermittelten Titeln vor den dramatischen und epischen Bearbeitungen den Vorrang ein. Eine Häufung von elf Gedichten treffen wir um die Jahrhundertwende an, wobei sieben Übertragungen des Verlaine-Gedichtes von 1873 bzw. 1881 bilden, zu denen sich später noch die von Klabund, Schoenhals, Wolfenstein und Haug gesellen werden. Folgende Werke stehen nun zunächst zur Diskussion: Karl Gutzkow: "Die Söhne Pestalozzis. Roman in drei Bänden" (1870), Wilhelm Herchenbach: "Der Findling von Nürnberg. Historische Erzählung für Volk und Jugend" ([1]1884, [4]1913), Friedrich Leber: "Kaspar Hauser der Findling von Nürnberg. Historisches Drama in vier Akten" (1885), Carolar von Bendix: "Ein königlicher Findling, oder: Die Geheimnisse eines deutschen Fürstenhauses" (1893), Alwin Mehnert: "Ein indischer Kaspar Hauser. Eine Erzählung aus dem anglo-indischen Volksleben" (1893), Ludwig Berndt: "Kaspar Hauser der Findling von Nürnberg. Großer Volks-Roman" (1896), Konrad Hagedorn: "Kaspar Hauser, ein königlicher Findling? Eine wunderbare, doch wahre Begebenheit aus der ersten Hälfte des 19. Jahrhunderts" (1896), Franz Schäfer: "Ein badischer Richard III. oder Großherzog Ludwig von Baden und Kaspar Hauser. Trauerspiel in 5 Aufzügen" (1896), Kurt Martens: "Kaspar Hauser. Drama in vier Akten" (1903), Victor Curt Bihacht: "Kaspar Hauser. Ein Spiel" (1911), Emil Pirchan: "Ansbach. Ein Dramolett" (1917), Otto Rung: "Der Fall Arnoldi" (1917); auch die Romantrilogie A. Th. Sonnleitners, "Die Höhlenkinder" (1918-1920), ließe sich u. U. zum weiteren Umfeld rechnen. Bei aller Disparität der genannten Werke und der Schwierigkeit, einige nach der Jahrhundertwende erschienenen

Titel dieser Gruppe oder aber der symbolisierenden Linie zuzuordnen, finden sich übereinstimmende Züge, nicht so sehr in formaler und gattungsbezogener, wohl aber in kognitiver Hinsicht. Im Zusammenhang dieser Überlegungen wird sich ein Rückblick auf zeitgleiche theoretische Veröffentlichungen zum Thema als fruchtbar erweisen.

Sehen wir uns aber zunächst im Feld der genannten Texte etwas näher um: Ungeachtet ihrer unterschiedlichen und größtenteils höchst zweifelhaften literarischen Leistung läßt sich allen genannten Autoren eine relativ gute Sachkenntnis nicht absprechen. Ergänzend zu den Schriften Feuerbachs, Daumers, Stanhopes u. a. aus den 1830er Jahren sind zwischenzeitlich veröffentlicht worden: das Feuerbach-Memoire (1852), die Werke Eschrichts, Daumers ("Enthüllungen über Kaspar Hauser", 1859) und Georg Friedrich Kolbs ("Kaspar Hauser. Kurze Schilderung seines Erscheinens und seines Todes", 1859, "Aeltere und neue Beiträge zur Aufhellung der Geschichte des Unglücklichen", 1888); mehr aber als die letztgenannten Werke werden dann die Aktenveröffentlichungen Julius Meyers und die in den 1870er und -80er Jahren hitziger und polemischer werdende Diskussion auch die Erzähler und Dramatiker zu erneuter Produktion anregen.

Fast allen der historisch verbürgten Personen begegnen wir, mit veränderten oder beibehaltenen Namen, wieder; ja, es scheint der seltene Glücksfall für die Autoren eingetreten, auf eine Fülle von Charakteren zu stoßen, die, der Historie entnommen, sich in einer für den gepeinigten Leser der z. T. opulenten Werke erschreckenden Weise zur Typisierung eignen. Der philanthropisch gesonnene, aber auch leicht hilflose Erzieher Daumer und seine herzensgute Mutter und kameradschaftlich-freundliche Schwester bilden den familialen Rahmen, dem eine eminente Bedeutung zukommt. Gottlieb von Tucher, der strenge und kühle Adlige sowie der gütige Pfarrer Fuhrmann und der kleinlich-bornierte Lehrer Meyer gehören zum weiteren Umkreis, der sich durch den gemütvoll-leutseligen Bürgermeister Binder und die, mal platonisch angebetete, mal erotisch begehrte Freundin Kaspars, Caroline von Kannewurff, erweitern läßt. Der Rolle des Lord Stanhope kommt eine besondere Bedeutung zu: Für eine Reihe der Werke ist diese auch historisch schillernde Figur[384] das willkommene Verbindungsglied zwischen der Geschichte Hausers im engeren Sinne und der entworfenen Vor- bzw. Hintergrundgeschichte. Fast alle Verfasser greifen die vermutete vornehme Abkunft Hausers (nicht immer ist die Prinzengeschichte exakt ausgeführt) bereitwillig auf. Hieran ließen sich Überlegungen zur generellen Problematik des Stoffes anknüpfen: Da fast keine der literarischen Bearbeitungen auf die Hintergrundgeschichte als ihres eigentlichen Agens' verzichtet, bildet die Darstellung und Aufklärung der Hintergründe für sie das Zentralstück, oder aber die Prinzentheorie, die ja den Anlaß für die Attentate und den Tod des Helden birgt, muß in Rückblicken und Monologen umständlich nachgeholt werden.

Galten die bisherigen Beobachtungen cum grano salis auch für etliche spätere Werke, so verfolgen wir jetzt, anhand einiger Kurzcharakteristiken, die literarische Gestaltung der Geschichte und der Figur Kaspar Hausers von 1870 bis 1917, die charakteristische Metamorphosen erleidet. Dem 1896 im Selbstverlag des Verfassers in Bern erschienenen Trauerspiel von Franz Schäfer, das 136 Druckseiten umfaßt und sich in fünf Aufzüge gliedert, ist ein umfangreiches Vorwort vorangestellt, in dem der Autor unumwunden den Anlaß für sein Drama nennt:

"Rache hat mich veranlaßt, dies Drama zu schreiben. Ich habe hundertfache Rache zu nehmen für all' das Unrecht, das an mir und unserer ganzen Familie seit Menschenaltern in Baden begangen wurde".[385]

Eine der größten Ungerechtigkeiten, die ihm zugefügt worden, sei der Betrug seiner Familie um eine riesige Erbschaft aus Amerika durch den badischen Hof. Durch die Verflechtung dieser Handlungslinie mit der Hauser-Geschichte - den gemeinsamen Bezugspunkt bilden die Aktivitäten des abgrundtief schlechten badischen Hofes und seiner Helfer - entsteht ein Trauerspiel, das, ähnlich wie das Vorwort, persönliche Wut und politische Kritik zu einem unfreiwilligen Kuriosum verquickt und dessen hochpathetische Sprache an den Schillerschen Dramen sich zu orientieren scheint, so daß wir uns einem papierenen Oberlehrerdrama ausgesetzt sehen. Einleitend nimmt der Verfasser auch zu den Quellen Stellung, aus denen er geschöpft (er folge größtenteils "dem Werk des Barons Alexander von Artins, das 1892 bei Cäsar Schmidt in Zürich unter dem Titel 'Kaspar Hauser', des Rätsels Lösung" erschienen und wonach das Rätsel "allerdings voll und ganz gelöst"[386] sei) und so begegnen wir natürlich auch der geheimen Staatsratsitzung wieder (die wir im vorigen Kapitel kennenlernten), die von Seybold über Seiler und über die 1883 erschienene (und nach einem von Julius Meyer gegen den Verleger Coppenrath geführten Prozeß verbotenen) Schrift "Kaspar Hauser. Seine Lebensgeschichte und der Nachweis seiner fürstlichen Geburt. Aus nunmehr zur Veröffentlichung bestimmten Papieren einer hohen Person" bis zu dem genannten Werk des Barons von Artin tradiert wurde, das wiederum eine leicht veränderte Fassung des verbotenen Werkes von 1883 bildet.[387] Nur am Rande sei erwähnt, daß Schäfer sich in dem Glauben wähnt, mit der geheimen Staatsratsitzung ein historisch verbürgtes Ereignis in sein Drama aufgenommen zu haben.

Die Szenen sechs bis elf des vierten Aufzugs führen uns dann endlich nach Nürnberg zu Kaspar Hauser und den bekannten Personen um ihn. Auf wenigen Seiten erzählt Kaspar während eines Besuchs Feuerbachs seine Schloßträume, teilt der Präsident Daumer und Binder seine Prinzentheorie mit, und wird Kaspar das Opfer des ersten Anschlags:

"Feuerbach: Erzähl' uns, lieber Kaspar, jetzt die Träume,
Die Du gehabt hast.
Hauser: 'Hab zuerst geträumt:
Ich lag in einer schönen gold'nen Wiege,
Die war in einem großen, großen Hause
In einem schönen Zimmer. - In dem Zimmer
War'n viele schöne Sachen auch zu sehn.
Noch viele Zimmer waren in dem Hause.
In einem Zimmer waren lauter Bücher,
Die hab' ich alle, alle lesen können
Und das hat große Freude mir gemacht.
In einem andern waren Silberschüsseln
und goldne Teller, und die glänzten schön.
Vor diesem Hause war ein großer Platz
Und in der Mitte ein sehr schöner Brunnen.
Um diesen schönen Platz war'n alle Zimmer
Herumgebaut! Wenn man in einem Zimmer
Durch's Fenster blickte, sah man viele Straßen.
Die führten alle auf das große Haus zu,
Als wie ein Stern.
Feuerbach: Nun, merkt Ihr nicht daraus,
Daß dies Erinn'rung ist, kein bloßer Traum?
Binder: Es mag wohl sein."[388]

Ist hier die Figur Kaspars blaß und jeder Initiative ermangelnd gezeichnet, so wird dem Findling in dem großen Volks-Roman Ludwig Berndts, der Parallelen zu Karl Mays Fortsetzungsroman "Scepter und Hammer" (1879/80)[389] aufweist, eine aktivere Rolle zugedacht, und Kaspar muß zahllose Abenteuer und Gefahren bestehen. Ein "Prospekt zum Roman" gibt uns folgende Auskunft:

"Eine wahre Begebenheit ist es, die dem vorliegenden Roman zu Grunde liegt: die Geschichte des bekannten, unglücklichen Findlings Kaspar Hauser! **Siebzehn Jahre lang** *gefangen gehalten, hat er weder Licht noch Sonnenschein gesehen (...). Hoch und Niedrig strömt herbei, das menschliche Räthsel zu schauen, die Lösung desselben beschäftigt die ganze civilisirte Welt! Wer ist der geheimnißvolle Findling - wo kommt er her - weshalb hat man an ihm solch' himmelschreiende Sünde begangen? Unser Roman führt dem Leser alle die Leiden und Verfolgungen, welche der Unglückliche erdulden muß, erschütternd vor Augen! Welch' ein Dämon ist diese Lilli Borkheim! In ihrer Hand laufen alle Fäden der Verbrechen zusammen. Sie bringt den Fürsten Ludolf dazu, daß er seine edle Gemahlin verstößt, sie trachtet derselben nach dem Leben, vernichtet ein Glück nach dem anderen - nur um das Ziel ihres Ehrgeizes zu erreichen! Und dieses teuflische Weib besitzt eine Tochter, ein engelreines, edles Mädchen! Während die Mutter Kaspar Hauser verfolgt und ihn zu beseitigen trachtet - wird Hanna - ihre Tochter, sein Schutzengel. Alle Personen unseres Romans sind innig mit Hauser verknüpft (...). So entrollt uns dieser spannende Roman Licht- und Schattenseiten des menschlichen Lebens und gewinnt umso mehr Interesse, da wohl mancher unserer Leser den Namen* **Kaspar Hauser** *kennt!"*[390]

Über mehr als 1600 Seiten verfolgen wir das Schicksal des Helden, wobei jedoch die Mehrzahl der 118 Kapitel die Geschichten zahlloser Nebenfiguren entwickeln (wie auch der ebenso voluminöse Roman von Carolar von Bendix), die, ganz entgegen der Versicherung des Prospekts, keineswegs "innig mit Hauser verknüpft" sind. Wieder entspinnt sich - wie in zahlreichen Bearbeitungen des Stoffes - eine zarte Liebe zwischen Kaspar und einem schwesterlich-liebevollen, jungen Mädchen. Hanna lebt, wie durch einen Zufall, ebenfalls im Hause Daumer:

> *"Und nun traten sie an Kaspar's Lager.*
> *Still und bleich, mit geschlossenen Augen, lag er da, einen herben Zug um den Mund. Als Hanna die Veränderung sah, die mit dem Armen vorgegangen, wie er so schmal und bleich vor ihr lag, mit den tiefeingefallenen Augen, da sank sie, in Thränen ausbrechend, an seinem Lager nieder.*
> *'Kaspar, mein lieber, guter Kaspar, nun haben wir Dich wieder!' stammelte sie erschüttert.*
> *Hatte er ihre Worte vernommen oder war es die zufällige Berührung ihrer Hand, die ihn elektrisirte - er schlug plötzlich die Augen auf. Erst hing sein Blick starr, verständnißlos an ihr, als ob er auch sie nicht kenne. 'Hanna!' klang es leise wie in jauchzendem Ruf von seinem Munde.*
> *Sie wußte es selbst nicht, wie es gekommen. Sie hatte sich plötzlich zu ihm hinabgebeugt und einen Kuß auf seine Stirn gedrückt. Als sie sich wieder emporrichtete, fühlte sie sich von seinen Armen umschlungen und in seligem Glück schmiegte Kaspar seine Wange an die ihre.*
> *'Hanna, liebe Hanna - nun bin ich wieder bei Dir!' hauchte er innig. 'Nun dürfen mir die bösen Menschen nichts mehr thun, gelt, Du wirst mich vor ihnen schützen!'*
> *'Ja, ich werde bei Dir bleiben, Kaspar, ich werde Dich pflegen und hüten! Dir soll und darf nichts Böses geschehen, denn wir haben Dich doch Alle so sehr lieb!'*
> *Die Frau Professor nickte ihrem Gatten tief ergriffen zu und sie verließen Beide geräuschlos das Gemach. Wie froh waren sie nun, daß Hanna hier war, sie stand ja dem Herzen des armen Findlings am nächsten."*[391]

Als Hanna dann mit ihrem Vater, Fürst Ludolf, in den Süden reist, beschließt Kaspar, der sich inzwischen als außergewöhnliches Reitertalent entpuppt hat, zu entfliehen und seiner späteren Verlobten nach Neapel zu folgen:

> *"Trunken vor Lust schauten seine Augen hinaus in die weite Ferne. Jetzt ging es fort in die Welt - der Freiheit entgegen; jetzt erst begann er zu leben. - Ein tiefes Aufathmen hob seine Brust. Bei ihr allein - bei Hanna war seine Heimath - bei ihr fand er sein Glück und seinen Frieden!"*[392]

Zahlreiche Abenteuer bestehend, von seinem Vormund wieder aufgegriffen und erneut entflohen, erleben wir dann mehrere mißlungene Mordanschläge auf Kaspar mit, deren Urheber das "teuflische Weib" ist. Ungläubig liest man auf Seite 1237 die Überschrift des 90. Kapitels, "Der Hölle Sieg":

"Flüchtigen Fußes durcheilte Kaspar die Straßen und bald hatte er die Promenade erreicht. Je näher er seinem Ziele kam, umso stürmischer schlug ihm das Herz in banger Erwartung.
Was würde ihm die nächste Stunde bringen? Würde ihm die ersehnte Klarheit zu Theil werden, würde er nun wirklich erfahren, wer seine Eltern waren?
Seine Gedanken flogen zu Hanna zurück - wenn sie ahnte, welch' bedeutungsvollen Gang er jetzt unternommen hatte, daß vielleicht noch in dieser Stunde Licht in das Dunkel seines Lebens dringen würde!
Während er durch die einsame Promenade schritt, flog sein Blick forschend umher, als könne er hier schon die ihm wohlbekannte Gestalt seines einstigen Gefangenwärters erblicken.
Doch nirgend sah er oder begegnete ihm ein menschliches Wesen. Die Wege waren wie ausgestorben, kein Lüftchen regte sich; nur der Mond warf sein zauberisches Licht über die dunklen Bäume dahin und ein leises Rauschen klang von fern an sein Ohr - das war die Fontäne, die ihre vom Mondlicht silbern beleuchteten Strahlen zur Höhe emporsandte (...).
'Still, Kaspar - nimm' dich zusammen, es darf Niemand wissen, daß ich hier bin. Es ist gut, daß Du pünktlich bist, denn ich hab' nicht lange Zeit mich hier aufzuhalten.'
Kaspar war inzwischen vollends herangekommen und heftete den vor Erregung glühenden Blick gespannt auf seinen einstigen Gefangenwärter.
Gerstner hatte sich doch recht verändert! Die Haltung des Mannes schien gebeugter, seine Stimme klangloser; auch lag etwas so Scheues - Lauerndes fast in seinem Blick, der dem des jungen Mannes offenbar nicht gern begegnen wollte.
'Sie haben mich hierherbestellt,' stieß Kaspar athemlos hervor. 'Sie wollen mir das Geheimniß meiner Geburt enthüllen! O Gott im Himmel! Wenn Sie wüßten, wieviel gerade jetzt davon abhängt, wie ich mich danach sehne, endlich Klarheit zu erhalten, um nicht mehr von der Mildthätigkeit der Menschen abhängig zu sein. Sagen Sie: Haben Sie meine Eltern selbst gekannt?' (...)
'So höre mich an,' nahm Gerstner wieder das Wort.
'Aus den Zeitungen habe ich erfahren, daß man Dir gesagt hat, Du entstammtest einem vornehmen Haus! Das ist die Wahrheit. Dein Vater war ein Fürst - Du bist dessen rechtmäßiger Sohn und Erbe. Doch Diejenigen, die Dir dies Erbe neideten, raubten Dich Deinen Eltern und brachten Dich in jenes unterirdische Gefängniß, damit Du vor der Welt todt seiest und sie Dein Hab und Gut an sich reißen konnten.' (...)
Gerstner hatte sich etwas zur Seite gewendet und kramte in seinen Taschen. Endlich zog er langsam eine Brieftasche hervor und entfaltete sie zögernd. Sein mißtrauischer Blick streifte Kaspar, der vornüber gebeugt vor ihm stand und mit verhaltenem Athem jede seiner Bewegungen verfolgte. In diesem Augenblick, da er seine Papiere entfalten wollte, machte Gerstner eine ungeschickte Bewegung, sodaß eines derselben zu Boden fiel. Hastig bückte sich Kaspar, um das Papier aufzuheben.
Im gleichen Moment aber hob Gerstner den Arm und dann klang auf einmal ein lauter, gellender Schrei durch den Park. Kaspar lag regungslos am Boden."[393]

Zwar erhält Kaspar hier die letzte und tödliche Verwundung, doch mit Schrekken erinnert sich der Leser, daß ja noch knapp 400 Seiten warten, und so lautet auf Seite 1370 die Überschrift des 99. Kapitels bezeichnenderweise: "Giebt es noch Rettung?" Erst nachdem Kaspar und der Leser das ausführliche schriftliche Geständnis des ehemaligen Wärters des Findlings gelesen, das endlich Gewißheit über dessen hohe Abkunft verschafft, entschließt sich der Erzähler in der Überschrift zum 116. Kapitel auf Seite 1600 schweren Herzens zu verkünden: "Kaspar's Tod". Muß der Held schon sterben, darf wenigstens die Bestrafung der Übeltäter nicht ausbleiben: In einem abschließenden Kapitel erfahren wir, daß Lilli Borkheim "wahnsinnig geworden"[394] und daß auch Kaspars Mörder die Vergeltung erreichte.

Das Fernweh, das Aufbegehren und die vergleichsweise aktive Rolle des Helden bilden keine Besonderheit des Berndtschen Romans. Zieht Kaspar hier auf der Suche nach der Geliebten in den Süden, so siedelt Alwin Mehnert, ähnlich wie einige der darlegenden Schriften ihre Berichte über Parallelfälle, seine "Erzählung aus dem anglo-indischen Volksleben" an einem exotischen Schauplatz an. Das in zwei Teile zerfallende Werk schildert zunächst die Ankunft des Ehepaares Carter - Mr. Carter ist ein leitender englischer Eisenbahnbeamter - in Jabbalpur in Indien. Das Ehepaar hat ein Kind, den kleinen Harry, der von einer einheimischen Amme verwahrt wird, die das Ehepaar begleitet. Aya liebt den Jungen so sehr, daß sie ihn schließlich für die Reinkarnation der Seele ihres eigenen, verstorbenen Kindes hält und mit Harry flieht, nachdem sie ihn einer schrecklichen Göttin weihen ließ.

Mit dem sechsten Kapitel setzt der zweite Teil ein: Wir erfahren in einem Gespräch früherer Freunde der Carters, daß beide Eheleute verstorben sind und daß das damals, vor ungefähr 18 Jahren geraubte Kind nicht wiedergefunden worden sei. Dennoch will Stevens, der Freund Carters, an dem Vermächtnis festhalten, sich weiter um das Schicksal des Jungen zu bemühen. Während eines Ausflugs der Freunde finden sie einen weißen Jungen im Palaste des Radschahs, der ihrer Vermutung nach der geraubte Harry sein könnte. Die Männer befreien den Jungen, nehmen ihn mit, und überraschend schnell gelingt es, ihn der europäischen Zivilisation und dem Christentum zurückzugewinnen, so daß er sich schließlich zu einem jungen Muster-Missionar entwickelt.

Der Freude des Erzählers, das an sich schon seltsame Findlingsschicksal in eine exotisch-abenteuerliche Welt zu verlegen, kontrastiert das Bemühen auf der anderen Seite, die Überlegenheit europäischer Zivilisation und christlichen Glaubens vor Augen zu führen. Beide Anliegen bilden jedoch nur zwei Aspekte desselben Themas: Domestiziert werden muß nun nicht mehr der einzelne Findling, sondern die Perspektive hat sich ins Mundane erweitert, und die Kolonialgebiete harren in der Erwartung ihrer Kulturalisation. So hören wir über die missionarische Arbeit Harrys: "Es ist wahrlich kein leichter Beruf, der eines Sendboten des Christentums im finstern Heidenlande!"[395] Und rückblickend können die Freunde feststellen, daß zwar die Geschichte um Kaspar Hauser, an die sie das Schicksal Harrys erinnerte, "niemals recht aufgeklärt" worden sei, aber, so fahren sie erleichtert fort, in "dieser Hinsicht sind wir doch mit unserem Harry besser daran".[396]

Doch auch dann, wenn die Autoren, wie Karl Gutzkow, den Findling nicht in die Ferne ziehen lassen, dominiert die Positivität des Faktischen. So hat Theodor Waldner, wie der Kaspar-Hauser-Held bei Gutzkow heißt, ein sehr durchschnittliches Format, wodurch dem Stoff sein poetischer und märchenhafter Reiz genommen wird.[397] Der Plot ist durch das Nebeneinander verschiedener Handlungsstränge recht verworren: Gräfin Jadwiga Wildenschwert liebt Otto von Fernau, erwartet jedoch von ihrem Mann ein Kind, dem im Falle einer Trennung das von ihr eingebrachte Vermögen zufallen würde. Deshalb beschließt sie, ihre Schwangerschaft zu verheimlichen und das Kind zu beseitigen, wobei ihr der zwielichtige Hennenhöft helfen soll. Jadwiga übergibt ihm den Jungen, damit er ihn als Auswandererkind in Amerika verschwinden lassen soll. Nach einem Zeitsprung von siebzehn Jahren führt uns der Erzähler in das Dorf Steinthal, wo Johann Jacob Nesselborn, der Vater Lienhards, als Dorfschullehrer tätig ist. Nach dem Tod des Försters Hennenhöft entdeckt man den in einem Waldhaus gefangengehaltenen Jungen Jadwigas, der, bald Theodor Waldner genannt, Lienhard Nesselborn zur Erziehung und Pflege übergeben wird:

"Eines aber blieb das Dunkelste, die Antwort auf die Frage: Wem gehört dies Opfer der Hölle an, dieser schon halb der Erde entrückte, weil nie auf ihr gewesene Engel, den die Dämonen der Finsterniß von der Himmelsleiter heruntergerissen und die Flügel zerbrachen, so daß er auf Erden bleiben mußte - nein, nicht auf Erden, sondern in ihrer Gewalt blieb, in dunkler schreckenvoller Unterwelt - wessen, wessen Kind ist es - -? Noch weniger verstanden und völlig seltsam war die Aeußerung des tieferschütterten Lienhard, als er zum Vater gewendet sprach: 'Vater, dieser Knabe ist mein! Das ist der Urmensch - die Tafel, die noch des Lebens verworrene Runenschrift nicht bekritzelt hat mit den Vorurtheilen von Jahrtausenden -! Das ist der Mensch, der neugeborene, der noch nicht das Licht, nicht die Luft erträgt, nicht die Luft der Zeit, nicht das Licht dieser Welt -! Er jammert zurück in den Leib seiner Mutter, in die Nacht des Friedens, in den Traum eines schöneren Dasein -! Vater, Vater, den will ich erziehen zum Muster der Menschheit - zur Glorie unserer Meister Sirach, Socrates, Christus, Baco, Rousseau, Pestalozzi -! Himmlisches, ewiges Licht vom Ursitz der Ideen, gieb mir deinen Segen zu diesem Werke, Vater, gieb Du ihn mir -! O mehr verlange ich ja nicht. Behalte Dein Geld und Dein Gut -! Ich bin gekommen und nehme reichen, reichen Gewinn mit, Gewinn über Alles -! Eine Seelenknospe, einen reinen, unentweihten, vom Leben, von der Schule, vom Staat, von Kirche, Haus, Gesellschaft noch unvergifteten - Begriff -! Den, den werde Ich [!] zum Menschen machen, den werde ich erziehen!'"[398]

Der gesamten weiteren Entwicklung vorgreifend, kann festgehalten werden, daß Lienhards pädagogisches Unternehmen scheitert: Das Institut, das er nach dem Vorbild Pestalozzis gründet, gerät in Schwierigkeiten und die Erziehung Theodors scheitert. Nesselborn mißlingt, behindert durch eine unverständige Umwelt, die natürliche, langsame Anpassung des geistigen Zustands seines Pfleglings an das seinem Alter entsprechende Niveau. Erst Gertrud, die ebenfalls und letztlich erfolgreicher pädagogisch tätige Nichte Lienhards, mütterlich-schwesterliche Leiterin des Findlings, gelingt es, Theodor wirklich alle Stadien der Entwicklung nachholen zu lassen, die dann einen insgesamt recht biederen Verlauf nimmt:

> *"Theodor Waldner war vor fünf Jahren des Lieblingsthema der Zeit gewesen. ein Märchen aus sonnenhellen Tagen der Gegenwart. der Wunderknabe in der Krippe. über dem der Stern einer großen Verheißung zu stehen schien. Aber die Räthsel. die sich um die Erscheinung des mit einem bis zum Fanatismus gehenden Mitleids. besonders seitens der Frauen. begrüßten Jünglings gesponnen hatten. enthüllten nur einen dunklen Familienvorgang. keine große Staatsbegebenheit. keine Verirrung des menschlichen Herzens in der Nähe eines Throns. Wer den Findling zu einem betrogenen Thronerben gemacht hatte und ihm zuliebe die alten Geschichten aus Veit Webers Sagen der Vorzeit (begrabene Puppen mit Wachsmasken) heraufbeschwor. der folgte einem Zuge der Zeit. der die Throne morschgeworden. in der Legitimität überwiegend eine Lüge zu sehen das Bedürfnis hat. Die Persönlichkeit des Findlings machte weder den 'Emil' Rousseau's wahr. noch. nach der Entwickelung seines Verstandes. den Däumling im Märchen."*[399]

Es entwickelt sich eine tiefe Zuneigung zwischen Theodor und Gertrud, die von Seiten des Mädchens in Liebe übergeht, und allgemein werden die beiden als künftiges Paar betrachtet. Theodor jedoch hat sich in Mechthild von Fernau, die Nichte Jadwigas, zwischenzeitlich verliebt. Inzwischen überlegt Jadwiga, die nach einer Zeit im Ausland wieder zurückgekehrt ist und von Gewissensbissen geplagt wird, Theodor öffentlich als ihren Sohn anzuerkennen und die Strafe auf sich zu nehmen. Theodor wird das Opfer mehrerer Mordanschläge, als deren Anstifter sich später Otto von Fernau erweisen wird, der den Vermögensverlust, den seine Frau und er bei einer Anerkennung Theodors erleiden müßten, durch einen Mord abwenden will.

Zwischenzeitlich ist Graf Wildenschwert, der ehemalige Mann Jadwigas, der nach der Enttäuschung über seine Frau sich über ein Jahrzehnt in Asien aufhielt, zurückgekehrt. Gertrud, die Theodor zu seinem angestammten Recht verhelfen will, spricht bei Wildenschwert vor, nimmt ihn durch ihr Wesen ein und erreicht, daß der Graf Theodor öffentlich als seinen Sohn anerkennen lassen will. Gleichzeitig trifft ein Abgesandter Jadwigas bei Wildenschwert ein, der von ihrem Bekenntnis zu ihrem Verbrechen und ihrem Willen zur Wiedergutmachung berichtet. Während ihr Mann nach Amerika geflohen ist, hat sie sich in die Schweiz geflüchtet, zuvor jedoch veranlaßt, daß Theodor sein rechtmäßiges Erbe erhalten soll.

In den abschließenden Kapiteln lesen wir dann von der glücklichen Lösung aller Schwierigkeiten und Verwicklungen: Wildenschwert nimmt sich seines wiedergefundenen Sohnes liebevoll an, die Hintergründe seines Schicksals sowie der

Mordanschläge auf ihn werden aufgeklärt, es finden Mechthild von Fernau und Theodor sowie Graf Wildenschwert und Gertrud zueinander. Auf einer Reise in die Schweiz begegnen Theodor und seine Frau nochmals Jadwiga, die hier in geistiger Umnachtung lebt und so für ihr Vergehen gestraft genug ist. Auf den letzten Seiten des Romans schließlich harrt Theodor, als junger Ehemann, kommender Vaterfreuden.
Ein Artikel in "Die Gartenlaube" wird 1916 dann mit dem Resümee schließen:

> *"Soviel nur ist sicher: 'das Verbrechen am Seelenleben eines Menschen' ist* **nicht** *begangen worden, und ganz Deutschland hat sich jahrzehntelang umsonst aufgeregt. 'Aenigma sui temporis', 'das Rätsel seiner Zeit' nennt die lateinische Grabschrift Kaspar Hauser. Die unsrige, von so ungeheuren Erlebnissen bewegte, würde seine armselige Figur längst vergessen haben, wenn nicht die Romanschreiber das alte Märchen hartnäckig aufwärmten."*[400]

Wie unnötig der Ärger über die "Romanschreiber" jedoch eigentlich ist, wird nicht allein am Beispiel des historischen Dramas von Friedrich Leber (1885) deutlich, das das Nürnberger Lokalkolorit zu betonen versucht und in dem Kaspar, in das Dämmerlicht altfränkischer Gemütlichkeit getaucht, seinen "geliebten Eltern" verspricht, "ein starker Mann, der allen Gefahren und Mühseligkeiten des Lebens zu trotzen weiß", zu werden, seine Empfindlichkeit gegen Alkohol bekämpfen will und sich entschließt:

> *"Wenn es Niemandem gelingen sollte, den geheimnißvollen Schleier, der über meiner Herkunft liegt, zu zerreißen, so wird es mir gelingen, wenn ich erst das bin, zu was meine Retter und Beschützer mich heranbilden, wenn ich erst ein* **Mann** *im vollen Sinne und des Wortes ganzer Bedeutung bin."*[401]

Vielleicht entschuldigt der Leser die Zumutung, daß wir dem Plot des Schauspiels etwas ausführlicher folgen, wenn wir anführen, daß wir so ein Beispiel geben können von der umständlichen und verqueren Motivierung, die für viele Kaspar-Hauser-Dramen bezeichnend ist. Die Handlung setzt kurz vor Erscheinen Kaspars in Nürnberg ein. In den ersten Szenen begegnet uns der Fürst und sein Vertrauter, Major Steinbach. Im Dialog der beiden erfahren wir, daß ein Kind vertauscht und gefangengehalten worden, um dem Fürsten den Thron zu sichern. Durch einen mysteriösen Zeitungsartikel, der auf das gefangengehaltene Kind anspielt, aufgeschreckt, beauftragt der Fürst nun Steinbach, die Sache nach seinem Ermessen ins reine zu bringen. In der dritten Szene des ersten Aktes tritt Prinzessin Leonie auf, die die zurückgelassene Zeitungsmeldung liest, über das furchtbare Verbrechen entsetzt ist und sich entschließt, dem gefangengehaltenen Kind zu helfen. Lord Stanhope, der bei ihr ist, ist zur Mithilfe bereit und wendet sich an einen Pfarrer Dietz, von dem er glaubt, daß er mit der Sache in Verbindung steht. Stanhope, Prinzessin Leonie und Dietz begeben sich in den Kerker des Jungen, wo der Pfarrer dann die Hintergründe des Verbrechens offenbart:

"Leonie. So erzählen Sie. Es wird die Zeit ausfüllen bis zum Erwachen unseres armen Schützlings (...).
Dietz. Der vor drei Jahren verstorbene Fürst Georg bekam im zweiten Jahre seiner Ehe einen Sohn, den die Aerzte allgemein als einen gesunden und kräftigen Knaben bezeichneten. Dieser Erbprinz, die einzige Freude, der Stolz seiner ihn liebenden Eltern, war ein Dorn im Auge seines Oheims, des jetzt regierenden Fürsten. Alles vorhergesehen, Alles im Voraus besprochen mit seiner Maitresse, der Gräfin Berg, und alle Vorbereitungen, wie sich von selbst versteht, auf das Speziellste getroffen, begab sich die Gräfin nach der letzten Unterredung mit dem Fürsten und seinem Helfershelfer, dem Major Steinbach, in der Nacht nach dem Schlosse. Eine Gesellschafterin, die sie gewöhnlich noch spät am Abend bei sich zu sehen pflegte, war diese Nacht abbestellt und gegen 11 Uhr des Abends machte die Gräfin allein und ohne Zuziehung irgend einer Kammerzofe selbst ihre Toilette. Sie zog sich von Kopf bis Fuß weiß an. Ein weißer Schleier überlief Hüften und Schulter, das Gesicht in egyptischer Weise verhüllend. Dadurch lag etwas so Geisterhaftes oder Gespensterähnliches in ihrem Anzuge, daß Durchlaucht gleich sehen werden, aus welch wohl überlegten Gründen sie eben nur diese Kleidung zur Ausführung ihres Planes wählte.
Leonie. Eine Auffrischung des Märchens von der weißen Frau!
Stanhope. Mit noch schaurigerem Endresultat in der Wirklichkeit, als in der Dichtung.
Dietz. Ohne allen Aufenthalt gelangte sie unbemerkt durch die ihr wohlbekannten Gänge des geräumigen Schlosses bis vor eine geheime Tapetenthüre, die in dasjenige Zimmer führte, in welchem die Wiege des kaum drei Wochen alten Stammhalters des Fürstengeschlechts stand. Durch den leisen Druck einer verborgenen Feder öffnete sich geräuschlos diese Thüre und mit unhörbaren Tritten näherte sie sich aus dem Hintergrunde des Zimmers der Wiege des Prinzen. Nur eine gewöhnliche Nachtlampe verbreitete ihren magischen Schein durch das ohnedies dunkel austapezierte Gemach, in welchem, noch von einer Art Lichtschirm geborgen, die wachhabende Kammerfrau neber der Amme des Kindes in einem Lehnstuhl sorglos schlummerte. - Bleich vor Entsetzen und am ganzen Körper zitternd, denn sie wurde doch im entscheidenden Augenblicke von Furcht übermannt, näherte sie sich der Wiege, nahm den schlummernden Knaben behutsam heraus, indem sie gleichzeitig an die noch warme Stelle desselben ein anderes, ungefähr drei Wochen altes, aber schon mit dem Tode ringendes Kind einer ledigen Bauerndirne legte. Kein Schrei der Angst oder des Wehklagens entfuhr den Lippen des Säuglings und in derselben Weise, wie sie gekommen, zog sich hierauf die Gräfin mit dem Kinde wieder zurück, indem sie die geheime Tapetenthüre fest hinter sich zuriegelte. Während dem blieben die beiden Wärterinnen, wie von einem hecateschen Zaubersaft berauscht, in ihrem lethargischen Schlummer.
Leonie. Und nicht eine einzige Person bemerkte etwas von dem Raube?
Dietz. Eine Kammerfrau, die der Gräfin in einem der langen Corridore nach 12 Uhr begegnete, verkroch sich scheu in den verborgensten Winkel. Ohne also auch nur auf das geringste Hinderniß zu stoßen verließ die Gräfin durch eine Seitenpforte das Schloß, woselbst im Garten Major Steinbach auf sie wartete. Dieser empfing das Kind aus ihren Händen.
Leonie (einfallend). Um es hier lebendig zu begraben! In einem Pfarrhof! Die Folter in der Wohnung des Friedens, der Schmerz und die Qual an der Stätte des Trostes und der Liebe! Verdiente dieses Haus nicht um dieser verruchten That willen dem

Erdboden gleichgemacht und sein Schutt von den Winden in allen Richtungen verweht zu werden?
Stanhope. Ha! Den Verstand könnte man darüber verlieren wenn man an die Geschichte dieses Pfarrhofes denkt! - Ein Mord, der schnelle, gewaltsame Uebergang vom Leben zum Tode dünkt Ihnen eine Todsünde, aber ein unschuldiges, hilfloses Kind langsam im Kerker vermodern, absterben zu lassen, ist in Ihren Augen eine weniger grausame That.
Dietz. Erst mit dem heranbrechenden Morgen wurde, durch das fortwährende schmerzvolle Wimmern des untergeschobenen Kindes, die Amme aus dem Schlafe geweckt - und, erstaunt über die auffallend bleiche, fast gelbe Gesichtsfarbe des Säuglings, rief sie dem Arzte. Dieser gab sofort die Erklärung, daß das Kind bereits mit dem Tode ringe. Der [!] Mutter ließ man, trotz ihrer dringendsten Bitten ihren Sohn nicht mehr sehen, und der Vater, Fürst Georg, war seit einigen Tagen bereits zu den großen Jagden nach dem Süden abgereist. Die Leiche des untergeschobenen Kindes wurde nun in der Familiengruft mit allem Pomp beigesetzt, während der todtgeglaubte, junge Erbprinz auf Befehl seines Oheims durch mich gefangen gehalten wurde, und hier (auf Hauser zeigend), vor Ihnen sich befindet."[402]

Unter der Bedingung, sich sofort außer Landes zu begeben, gewährt die Prinzessin Dietz noch einmal Gnade; bezüglich des Jungen entwickelt sie den Plan, daß er in einem fernen Lande das Versäumte nachholen solle, um einst seine Peiniger zur Rechenschaft ziehen und seine ursprünglichen Rechte einfordern zu können. Als Stanhope und Leonie fortgehen, um Männer zum Forttragen des Jungen zu holen, erscheint zwischenzeitlich Major Steinbach und schleppt Kaspar mit sich fort, so daß Stanhope, als er in der folgenden Szene zurückkehrt, nur noch ausrufen kann: "Theuere Prinzessin, unsere Bemühungen sind vergebens. Hier triumphirt die Hölle, denn mit unseren Gegnern ist der Teufel im Bunde!"[403]
Nachdem der zweite Akt das Auftauchen des Findlings in Nürnberg gestaltet, sehen wir uns im dritten Akt in die Wohnung des Professor Daumer versetzt. Aus dem Gespräch Daumers mit seiner Schwester Käthe erfahren wir, daß die Stadt Nürnberg inzwischen Elternstelle an dem Findling vertreten habe, und daß Lord Stanhope sein Freund und Gönner ist. Wir sehen den Lord zusammen mit Kaspar von einem Spaziergang zurückkehren, und im Folgenden gesellen sich Bürgermeister Binder und Baron von Tucher hinzu; die weiteren Szenen gestalten dann eine biedere, mit Lokalkolorit versehene Idylle:

"Stanhope (am Fenster.) Der Abend sinkt wunderschön über die altehrwürdige Noris, nach des Tages Hitze und Schwüle eine angenehme, milde Luft verbreitend. Ich hätte wirklich Lust, einen kleinen Spaziergang zu unternehmen und in einem schattigen Garten ein Glas von dem berühmten bayerischen Braunbier zu trinken.
Tucher. So gestatten mir wohl die Herren, diese günstige Gelegenheit zu ergreifen, Sie sämmtlich zu einem Glase - (lächelnd) doch nein, sagen wir zu einem Fäßchen bayerischen Export-Bieres in meinen Garten einzuladen.

Binder (jovial). Wird acceptirt, Herr Baron, wird acceptirt! Herr Professor, Sie sind doch auch mit von der Parthie?
Daumer. Wer könnte solcher Lockung wiederstehen?
Binder. Das ist schön. In Gesellschaft plaudert und trinkt sich's desto besser.
Stanhope. Und Kaspar?
Daumer. Darf nicht versämen [!], seine französische Lection tüchtig zu memoriren.
Stanhope. Sie gestrenger Herr Professor!
Binder (zu Hauser). Leb wohl, mein Sohn! (Sich zum Gehen wendend.) Wenn es den Herren nun gefällig ist?!
Stanhope (sich verbeugend). Mein werthes Fräulein?
Käthe. Mich rufen die Pflichten der Hausfrau und ich bitte daher, mich für heute zu entschuldigen. Ich habe ohnedies zu viel versäumt und es wird Nacht, ehe man sich versieht. (Mit einem Knix ab).
Tucher (reicht Hauser die Hand). Besuche mich morgen, mein Sohn. Meine Gemahlin erwartet Dich zu Tische.
Stanhope. Da werde ich mich dann wahrscheinlich ebenfalls als Gast einfinden, denn - (Hauser die Hand reichend) wo Kaspar Hauser sich befindet, da ist auch Lord Stanhope nicht ferne. (...).
Achte Secne.
Hauser allein.
Hauser. Wie gut sie Alle gegen mich sind. Welche Theilnahme sie zeigten, als ich meine Lebensschicksale erzählte. Und doch ist das Alles nichts (...). Ich bin gewiß keinem Menschen böse und zürne Niemanden [!], auch Denen nicht, die mich schuldlos einkerkerten; ich habe ihnen längst verziehen - aber Recht thaten sie nicht. [Es wird nach und nach dunkel].
Oh, Du großer, allmächtiger Gott, der Du Dich barmherzig eines jeden Deiner Geschöpfe annimmst, wie ist es möglich, daß es so böse Menschen gibt, Du bist doch der Vater Aller, warum herrscht unter Deinen Kindern so vielfach Haß und Zwietracht. (Streicht sich über die Stirne). Doch nichts da, - sei munter, Kaspar, wie Papa Daumer immer sagt, kein Grübler, kein Kopfhänger! - Es wird schon ganz finster und ich muß doch noch lernen. Ja, Papa sagte es mir noch extra, als er mit dem Grafen fortging. Morgen ist die französische Lektion an der Reihe und ich will ihm folgen, will recht fleißig lernen, damit er sieht, daß er seine Liebe und Güte an keinen Unwürdigen wegwirft. Ja, ich will stets fleißig und sorgsam sein und bleiben."[404]

Unmittelbar nach dem Monolog erfolgt ein Mordanschlag auf Kaspar, der jedoch mißlingt. Auf wenigen Seiten entwickelt der sich anschließende vierte und letzte Akt, der wieder im Schlosse des Fürsten lokalisiert ist, den Schluß der Kaspar-Hauser-Geschichte, die Ermordung des Findlings. Nach einem Zeitsprung von mehreren Jahren berichtet Major Steinbach dem Fürsten nun von der soeben geglückten Lösung des Problems Kaspar Hauser. Stanhope erscheint, führt mit sich die Leiche Kaspars und klagt den Fürsten des Mordes an. Als der Fürst von der Tat seines Vertrauten erfährt, bricht er tot zusammen; und auch Steinbach ist gestraft, da sein rechter Arm seit dem Attentat gelähmt ist.
Hier, ebenso wie im Drama Victor Curt Bihachts, das Kaspar zum jugendlichen Liebhaber und vielbegabten Künstler stilisiert, und in der historischen Erzählung

Wilhelms Herchenbachs, bildet das dynastische Verbrechen zwar das Movens, doch die abschließende Adelskritik gerät zur Affirmation. Die Schlußworte bei Leber lauten:

"Den unrechtmäßigen Fürsten traf sichtbar der Arm Gottes, nicht minder seinen Genossen, er ist gelähmt. - Die letzten Sprossen eines alten Fürstengeschlechts werden zu Grabe getragen und eine jüngere Linie tritt an ihre Stelle. Möge Ihnen vor Allem das Wohl des Volkes am Herzen liegen, Gerechtigkeit ihr erstes Prinzip sein und sie in Frömmigkeit und Tugend als leuchtendes Beispiel vorangehen, dann wird es keinen Kaspar Hauser mehr geben!"[405]

Herchenbachs Erzählung schließt mit dem Wunsch:

"Möge der Himmel die Regierenden auf dem Wege des Gesetzes, der Moral und der Gottesfurcht erhalten! Dieses wünscht der Verfasser und mit ihm gewiß viele Tausende, die mit Verehrung zu ihrem Landesherrn emporschauen."[406]

Oder aber die Autoren fangen eine möglicherweise zuweitgehende bzw. fehlgerichtete Kritik auf andere Weise ab. In Bihachts dreißig Seiten umfassenden "Spiel" (1911), das nur die letzte Lebensspanne des Findlings thematisiert, lebt der Held Kaspar beim "Amtmann", seinem "Vormund und Vorgesetzten"[407]. Seine Eingangsworte lauten:

"Wie lockend lacht die weite Welt;
Und grüßt mich nicht des Berges Rücken?
Indessen mich gefangen hält
Der Zwang, mich in den Staub zu bücken
Gleichgült'ger Schriften, eitel redend
Von Menschen Hassen und Betrug".[408]

Aus seinem Monolog sowie dem folgenden Disput mit dem Amtmann, der ihm seine Träumereien vorwirft, geht hervor, daß Kaspar unzufrieden ist mit seiner Umgebung und seiner Tätigkeit als Schreiber. Kaspar ahnt es "im dunklen Singen" seines "Bluts", daß er "nicht von Euresgleichen", daß er "ein anderer"[409] sei. Wir erfahren, daß er in Liebe entbrannt ist zur Prinzessin Luise, der Tochter des regierenden Fürsten:

"(Die Zofe geht zaghaft an den Ausgang der Allee und sieht unverwandt nach allen Seiten. Während dessen hat Kaspar Hauser mit bewundernder Liebe auf die Prinzessin geblickt und umschlingt sie, nachdem die Zofe gegangen ist, mit all' der zarten Dankbarkeit und Ehrfurcht vor dem Weibe, der ein zwanzigjähriger nur fähig ist.)
Kaspar Hauser
O Zauber meiner reichsten Seele
Ihr reicht nicht aus, daß ich es sage
Daß ich den Klang, das Wort erwähle

Für das, was ich im Herzen trage.
Luise, gnadenreiche Holde,
Du Wunder in dem Leben mein
Wüßt' ich nur, wie den Dank ich zollte
Wie ich Dein Sklave ganz könnt' sein.
Prinzessin Luise
Nur Dich zu sehen, Deiner Augen
Tiefwunderbaren Grund zu schauen,
Du weißt es, kann zum Glück mir taugen;
Ist Wonne, Dir mich zu vertrauen.
Ich trinke Deiner Sprache Klingen,
Das meine Brust mit Jauchzen hebt
Das eben mir erklang wie Singen
Nach dem, was ich mit Furcht erlebt.
Was wollen diese Spukgestalten,
Die selbst mein banglos Herz erschreckt?
Kaspar Hauser
Ein Kerl, der mir es vorzuhalten
Versucht mein Ziel, das ich gesteckt.
Prinzessin
Wieso? Woher? Zu welchem Ende?
Kaspar Hauser.
Vom Hof von Westenland gesandt.
Prinzessin Luise
Mit welcher Absicht und Bewende?
Kaspar Hauser
Mir zu erklär'n, daß eitel Tand
Und fruchtlos all mein Mühen wäre.
Prinzessin Luise
Warum?? Hat man dafür Beweis?
Kaspar Hauser
Man öffnete Prinz Eugens Grab!
Prinzessin Luise
Wozu? Wofür? Daß man es weiß ...
Kaspar Hauser
Daß ich die Welt betrogen hab'.
Prinzessin Luise
O Himmel, was soll nun noch werden?
Nun sank die letzte Hoffnung hin.
Kaspar Hauser
Mit Dir, Geliebte, auf der Erden
Will ich es zeigen, wer ich bin.
Prinzessin Luise
(verändert)
Es sinkt ein Schleier vor mir nieder
- Ich weiß, er wird wie Eisen sein -
O Gott, mir beben alle Glieder
Vor dieser Wand, die sich herein

Geschoben zwischen uns für immer;
Ich stehe hier und Du stehst dort
Und durch sie durchgelangen nimmer
Wir beide; ewig reicht sie fort.
Kaspar Hauser
Was hast Du? Sprich! Was soll die Rede?
Gerade jetzt bedarf ich Dein,
Nun stehe zu mir, daß ich trete
Mit ganzer Kraft erst für mich ein.
Prinzessin Luise
Laß ab! Du kennst sie nicht die Kaste
Und ahnest nicht ihr stolz Verfahr'n -
Wenn ich mit einem Finger taste
Allein nach dir, wird sie gebar'n
Sich rasend und mit allen Kräften
Verhindern, was erschien so süß. -'
Von Anbeginn war es mein Ahnen
Von deiner Abkunft, das mich hieß ....."[410]

Als Kaspar seine Hoffnungen, durch die Aufklärung seiner ebenfalls vornehmen Herkunft ihr ebenbürtig zu werden, zerstört sieht, und er an die alleinige Kraft der Liebe appelliert, glaubt die Prinzessin nicht mehr an die Zukunft ihrer Verbindung. Kaspar, allein gelassen, "bringt sich mit einem Stilette eine tötliche [!] Wunde ins Herz bei und sinkt mit einem letzten Blicke nach dem Schloße zusammen" und der "Vorhang fällt rasch".[411]
Die am 5. Dezember 1904 in München erfolgte Uraufführung des Dramas von Kurt Martens, "Kaspar Hauser" (1903), bespricht der Theaterkritiker Hans von Gumppenberg in "Das litterarische Echo" im Januar 1905 wie folgt:

"*Wie der 'Mann mit der eisernen Maske' aller Welt aus den Leihbibliotheken und Antiquariaten bekannt ist, so auch sein würdiges Pendant, der geheimnisvolle Findling, der unter dem Namen Kaspar Hauser als halbgewachsener, verwahrloster Bursche anno 1828 in Nürnberg auftauchte, ohne daß man seine Identität und Herkunft irgend hätte ermitteln können. Seit den sensationellen Enthüllungen eines gewissen Garnier galt er bekanntlich für den verbrecherisch beseitigten Erben eines süddeutschen Thrones, und hätte vielleicht ernstere politische Verwicklungen hervorgerufen, wäre er nicht bald in Ansbach einer Verwundung erlegen, die ihm nach seiner Aussage ein unbekannter Verfolger meuchlerisch beigebracht hatte. Eigentlich aufgeklärt ist die Affäre auch heute noch nicht, wenngleich sich neuerdings die schon bei Lebzeiten Hausers vielfach vertretene Meinung bestärkte, daß er ein raffinierter Betrüger war. Die Dramatisierung durch Kurt Martens, den begabten Verfasser des 'Romans aus der Dekadence', kam recht überraschend: was konnte ihn, den Modernen, an dem Stoffe reizen, der von sentimentaler Biedermeier-Romantik trieft und höchstens für einen Kolportageroman oder ein grobes Schauerstück geeignet erscheint? Nun, Martens wies (...) selbst darauf hin, daß er in Hauser - den er als ehrlich und 'ausgestattet mit allen Merkmalen einer vornehmen Rasse', wenn auch nicht als er-*

wiesenen Thronerben darstellt - auch ein allgemeines Symbol des Menschendaseins habe gestalten wollen. 'Ich komme, ich weiß nicht von wo? Ich bin, ich weiß nicht was? Ich fahre, ich weiß nicht wohin?' ist das Motto der Buchausgabe (...), und einen guten Pfarrer läßt Martens zum armen, dauernd im Dunkeln tappenden Kaspar sagen: 'Hat nicht im Grunde jeder einzelne Mensch dasselbe Los zu tragen wie du? Die ewigen Gesetze rollen über uns dahin, unabänderlich, ob wir nun klagen oder übermütig thun, reißen den einen hoch, den andern nieder.' Für Hauser ist diese mit ihm spielende höhere Macht der meuchelmörderische Verfolger der Ueberlieferung, der ihn hier als 'fremder Agent' durch Mittelspersonen wie auch persönlich überwacht. Er wird als zum äußersten entschlossener Schützer der durch Hausers Prätendententum bedrohten Dynastie hingestellt, ohne daß aber dabei der rechtmäßige Anspruch des Findlings eine eigentliche Bestätigung oder Widerlegung erführe. Man sieht: Martens hat eine Schicksalstragödie geschrieben, deren pessimistische, bloß traurige und niederdrückende Wirkung dadurch noch undramatischer wird, daß der Held über sich selbst und der Zuschauer über den Helden in Unklarheit bleibt. Gewiß lassen sich Weltanschauungen als solche nicht ästhetisch kritisieren, und Martens mag sich darauf berufen, daß er doch nur den Ignorabimus-Standpunkt des modernen Menschen und die dira necessitas des naturwissenschaftlichen Weltbildes symbolisiert habe; aber ein dramatisches Kunstwerk kann eben auch für modernsten Geschmack nur dann entstehen, wenn dem Helden der Handlung ein hinreichendes Maß von Bewegungsfreiheit wie auch von Klarheit über seine eigene Stellung gelassen ist, ganz abgesehen von der unbedingten ästhetischen Notwendigkeit, den Zuschauer durchaus darüber aufzuklären. Zudem wirkt das ästhetische Mißverhältnis zwischen der individuellen Gestalt Hausers und der ihr aufgebürdeten generellen Symbolik so befremdend, daß die betreffenden symbolisierenden Dialogstellen einfach aus dem Zusammenhange fallen. Kann das Stück nach alledem als Drama überhaupt nicht in Betracht kommen, so zeigt es doch andererseits in manchen Einzelheiten der Ausführung, namentlich in der Zeichnung und Gruppierung der Charaktere, die schriftstellerische Begabung des Verfassers. Ob diese Begabung ihre besten Aussichten just auf dramatischem Schaffensgebiete hat, muß freilich sehr bezweifelt werden, da das Stück durchweg die spezifischen Neigungen des geborenen Epikers zeigt."[412]

Der Uraufführung vorangegangen waren heftige Reaktionen von Julius Meyer (Sohn von Johann Georg Meyer, dem Ansbacher Lehrer und Erzieher Kaspar Hausers), der in Martens Stück das Andenken seines Vaters verunglimpft sah. Wie wenig noch nach siebzig Jahren die Findlingsgeschichte zur reinen Legende geworden und Faktum und Fiktion zu scheiden sind, wird deutlich, wenn die Zeitungen sich nach der Uraufführung so sehr ereifern (es könne die "sogenannte Freiheit der poetischen Lizenz doch wohl unmöglich so weit ausgedehnt werden, daß es gestattet ist, das Andenken ehrenwerter Männer durch Beimessung verächtlicher Handlungen und Gesinnungen zu beschimpfen"[413], heißt es), daß der Verfasser sich genötigt sieht, eine Presseerklärung abzugeben, in der er die poetische von der historischen Figur abzuheben versucht:

"Gestatten Sie mir, bitte, mit einigen Worten auf den in Ihrem geschätzten Blatte veröffentlichten Vorwurf, den Herr Landgerichtsdirektor Meyer in Ansbach gegen die

> *Aufführung meines 'Kaspar Hauser', also auch gegen mich selbst erhebt, öffentlich zu erwidern. - Eine Kränkung irgend welcher lebender oder des Andenkens verstorbener Personen lag mir bei Abfassung meines Dramas selbstverständlich völlig fern, und ich würde eine solche aufs lebhafteste bedauern. Die Empfindung des Herrn Landgerichtsdirektor Meyer mag man vielleicht menschlich begreifen, muß sie aber doch als auf irrtümlichen Voraussetzungen beruhend kennzeichnen. Wer ein dicherisches Werk veröffentlicht, wendet sich an die Gemüter seiner Zuhörer, um sie mit allgemein menschlichen Ideen und Schicksalen zu ergreifen, behauptet jedoch nicht Tatsachen. Mein Drama insbesondere nimmt keinerlei politische oder sonstige Stellung zu dem Kaspar Hauser-Streite ein, sondern beschäftigt sich mit dem Problem der Erkenntnis des Menschen, wie dies ja Ihr Herr Referent in seiner vornehm-sachlichen Kritik ausdrücklich anerkennt. Die Gestalten meiner Tragödie sind in erster Linie keine historischen Personen, sondern Typen für die Gegnerschaft des unter den Menschen heimatlosen Schwärmers, weshalb ich ihnen absichtlich auch keine Namen beigelegt habe. Jeder, der das Werk gelesen oder der Vorstellung beigewohnt hat, wird diesen Eindruck bestätigen; niemand, der die Gestalten des Stückes auf sich wirken ließ, wird deshalb von dem Vater des Herrn Landgerichtsdirektor Meyer oder gar von diesem selbst, der zur Zeit von Hausers Tode noch gar nicht lebte, geringer denken. Ich habe nicht etwa wirkliche Personen 'auf die Bühne gebracht', sondern lediglich typische Charaktere, die mit den genannten höchstens ein paar äußere Berührungspunkte gemeinsam haben, zu rein dichterischer und dramaturgischer Wirkung frei nachgeschaffen. Dies war von jeher das gute Recht eines jeden Schriftstellers, und ich darf wohl überzeugt sein, daß nach dieser Erklärung selbst die Söhne des Verstorbenen, dessen persönliches Andenken wie das jedes Unbekannten ich von vornherein achte, an meiner Gutgläubigkeit nicht mehr zweifeln werden."*[414]

Martens recht umfangreiches Drama, das zeitlich auf einen Dezembertag 1833 fixiert ist und das "Lehrer-Haus und dessen nächste Umgebung"[415] zum Schauplatz hat, thematisiert vornehmlich die bedrückende geistige Enge des Lehrerhauses und das Mißtrauen und Unverständnis, das die Menschen des letzten Aufenthalts Kaspars (besonders Lord Stanhope, der Schullehrer und der Polizei-Offizier) dem Findling entgegenbringen. Von seiner Umgebung bedrängt und von seinem Hoffnungsträger Lord Stanhope enttäuscht, findet Kaspar einzig in "Leonor'", einem jungen Mädchen, eine liebende Verbündete im Kampf um seine rechtmäßige Stellung:

> *"Kaspar (überwältigt von dem Bilde zukünftiger Größe, dann sich aufrichtend in stolzer Entschlossenheit): Man ruft mich! Ist es nicht ein ganzes Volk, das ruft und auf mich wartet? - - - Und weshalb sollt' ich jetzt noch länger mein Ohr dem verschließen! Auf! Den Tausenden entgegen, die mich willkommen heißen! Geradewegs zu ihr, zu - meiner Mutter!*
> *Leonor' (verzückt in Bewunderung): Zur Königin! Zu deiner Mutter - der Königin!*
> *Kaspar: Auf dem Platz, den sie mir weist, der von Tausenden mir angeboten wird, der von rechtswegen mir gebührt!*
> *Leonor': Auf den Thron, der dir gebührt!*
> *Kaspar: Nein, nur fragen will ich sie vorerst, ob sie mich erkennt, als den Sohn, der*

ihr genommen wurde, anerkennt. Ich will hintreten vor sie und ihren Hofstaat und zu ihr sprechen: 'Hier bin ich, von dem du gehört hast und den du zu sehen wünschst! Schau' mich an und forsche in dir, ob du fühlst, daß ich dein Kind bin, ob du's vor aller Welt beschwören kannst!'
Leonor': Vor deinem Bilde schon hat sie das erklärt.
Kaspar: Und wenn sie dabei bleibt, darf ich sie dann Lügen strafen? Dann ist es mein gott-verliehenes Recht, die Krone zu erzwingen, die man mir vorenthält. Dann sollen auch meine Feinde bekennen, daß es niemals einen Prinzen gab, der sich auf den Thron würdiger vorbereitet. Und hab' ich ihn erst errungen - hab' ich ihn! - werd' ich alltäglich wieder hinabsteigen zum Geringsten meines Volkes und werde nicht ruhen, bis ich sie alle durch und durch verstehe und jeden Einzelnen zum Herzensfreund gewonnen habe.
Leonor': Wie herrlich - wie stolz und glücklich mußt du dabei werden! Wie müssen die großen Herren dich umdrängen und dich feiern! - Dann brauchst du freilich keine Leonor' mehr zur Bundesgenossin ....! (Trübselig läßt sie sich am Tische nieder.) Die kann hier im Städtle alltäglich wieder auf Kundschaft gehen, vor jeder Thür fein knixen, wenn die Leut' ihr entgegenschreien: 'für dich giebt's nichts zu thun, heute nichts und morgen nichts! Niemand braucht dich - schau, daß du weiter kommst!' .... die kann froh sein, wenn sie nur in Gedanken den Saum von deinem Purpurmantel heimlich küssen darf ....
Kaspar (legt zärtlich den Arm um ihre Schulter): Ach - du närrisches Mädel, du - herzliebes! - meinst du, ich könnte dich vergessen?
Leonor': Nun, wenn du doch von mir gehst, in andere Länder - meilenweit ...?
Kaspar: So soll es .... soll es noch lange nicht heißen: 'Auf Nimmerwiedersehen!'
Leonor': Oh, ja - mit der Zeit wird auch aus unsrer Freundschaft ein altes, runzliges Weib, das sich nicht mehr von der Stelle rühren mag.
Kaspar: Läuft aber alles glücklich ab, werd' ich wirklich ein - Herr, so könntest du doch leicht mir folgen ....?
Leonor': Später einmal?! Ich allein? - Wie sollt' ich den Weg zu dir wohl finden? Und wenn ich ihn auch fände und würde dann, abgerissen, barfuß und staubig vor dem Palaste stehen, in dem du wohnst - deine Diener kämen heraus und jagten mich als fremde Landstreicherin wieder davon!
Kaspar: Ja, so müßtest du eben - aber das kannst du ja nicht -!
Leonor': Was? - alles - alles kann ich für dich!
Kaspar: Leonor'! ..... müßt' ich dich mit mir nehmen!
Leonor': Oh, Gott! was für ein schrecklicher Einfall!
Kaspar: Nun, sieh! also wär' es dir doch zu schwer!
Leonor': Zu schwer? Das hab' ich nicht gemeint. Aber wenn ich am Ende dir zur Last - zum Überdrusse würde ....?
Kaspar: Du - mir?! Über alle Maßen selig wär' ich ja, hätt' ich die Leonor' an der Seite - meine Verbündete, meinen einzig lieben Freund! - Ach! wie wollt' ich dich behüten, dein Ritter sein! Wahrhaft als Prinzessin solltest du reisen. Eine gar köstliche Fahrt müßte das werden - unbesorgt und tapfer aufs Ziel, und froh - recht wie ein Tanz!"[416]

Die Liebesgeschichte zwischen Kaspar und Leonor', der Freiheitsdrang des Findlings sowie einige sprachliche Anlehnungen lassen vermuten, daß Schillers

"Kabale und Liebe" Martens Drama in gewisser Weise Pate gestanden, ohne daß es dem Verfasser gelingt, einen überzeugenden dramatischen Konflikt zu gestalten: Kaspar erliegt in seinem Kampf um Freiheit und Krone den schon lange im Hintergrund lauernden Mächten des Bösen, die durch des Findlings Ansprüche aufgeschreckt wurden.
Das Kriegsjahr 1917 beschert uns schließlich das "Dramolett" Emil Pirchans, das sich auf drei, aber, so mag der geplagte Leser denken, doch noch zu vielen Seiten auf die Hofgartenbestellung und den Mord an Kaspar Hauser beschränkt. Ein "Fremder", offensichtlich ein Franzose, trifft sich im Ansbacher Hofgarten mit "Gaston", dem "Gärtner", der berichtet, daß er, wie befohlen, Hauser für den Nachmittag in den Hofgarten bestellt habe. Kaspar erscheint, und nachdem der Leser durch ein unfreiwillig-komisches Gespräch der beiden über die historischen und baulichen Besonderheiten Ansbachs eine kleine Lektion fränkischer Heimatkunde genießen durfte, erzählt der Findling dem Fremden, daß er in der letzten Zeit vermehrte Erinnerungen an seinen früheren Aufenthaltsort gehabt habe und nun seiner Herkunft nachforschen wolle, die u. a. auch auf Frankreich und Napoleon deute. Durch diese Andeutungen gewarnt, wird der Fremde in seiner Mordabsicht bestärkt; ein deutsches Fürstenhaus - so die Quintessenz des Dramoletts - steht hier als Schuldiger nicht mehr zur Disposition:

> *"Der Fremde: Nur keine Furcht haben! Es gilt bloß Irreführung. Nichts Böses geschieht Ihnen. Sie können versichert sein ... so (er stößt ihm plötzlich das Messer zwischen die Rippen) .... War doch nicht arg?*
> *Hauser: Jesus! Wie weh, wie weh's tut ... War tief. Blutet.*
> *Der Fremde: Schnell, nehmen Sie den Beutel ...*
> *Hauser (brüllt): Ich sterbe! Hilfe! Hilfe! War tief. Tief. (Er läuft schreiend davon.)*
> *Der Fremde springt in die Schneefläche, legt den Beutel hin. Da stürmt der Gärtner auf ihn zu: Monsieur? Monsieur!*
> *Der Fremde: Gaston, mein Freund Gaston! Es ist geglückt. Bald stirbt auch dieser Napoleonide ... Alle, alle von der verhaßten Brut müssen so sterben, wenn unser Frankreich, wenn Europa, leben soll!*
> *Der Gärtner (begeistert): Es lebe Frankreich!*
> *Der Fremde (beschwichtigend): Es lebe Europa!*
> *Sie entfernen sich rasch nach verschiedenen Richtungen.*
> *Im ununterbrochen ruhigen Schneegestöber knackt ab und zu ein Ast unter der schweren Flockenfracht. Mit ihren vielteiligen Fensteraugen starrt die Orangerie zu dem mit Blutstropfen gezeichneten Weg."*[417]

Kehren wir nach dieser tour d'horizon der dramatischen und epischen Gestaltungen kurz zum Spektrum der theoretischen Diskussion zurück. Neben den bereits erwähnten Autoren Mittelstädt und van der Linde wird sich der Sohn des Ansbacher Lehrers und Erziehers des Findlings, Julius Meyer, unrühmlich auszeichnen. Nachdem er dem Publikum 1872 vermeintlich "Authentische Mittheilungen über Caspar Hauser" vorgelegt hat, tritt er 1881 als Herausgeber mit der

Schrift "Caspar Hauser. Hinterlassenes Manuscript von Josef Hickel nebst einer Selbstbiographie Hausers" an die Öffentlichkeit. Das Manuskript enthalte, so führt Meyer im Vorwort aus, "in Form von an einen Freund gerichteten Briefen - 53 in der Zahl - eine vollständige, gedrängte Geschichte des Hauser'schen Falles".[418] Die Briefe des am Hauser-Fall beteiligten Gendarmerieleutnants reichen vom 2. Juni 1828 bis zum 19. Mai 1834, umfassen also die Lebensspanne Hausers unter Menschen sowie die gerichtlichen Nachforschungen nach seinem Tode, und sie verfolgen das Ziel, den Findling als Betrüger erscheinen zu lassen. Bereits Kolb meldet 1883 erste Zweifel an der Authentizität der Briefsammlung an, doch den detaillierten Nachweis der Fälschung durch Meyer wird erst Pies in seiner Veröffentlichung von 1926 und dann erneut und ausführlicher 1973 leisten, wobei die Diskrepanz zwischen den tatsächlichen Ansichten des Gendarmerieleutnants zum Hauser-Fall, wie sie in den Gerichtsprotokollen zum Ausdruck kommen, und der Tendenz des fiktiven Briefschreibers, augenfällig wird. Lesen wir nur einen kleinen Auszug. Im zweiten Brief, vom 20. Juni 1828, heißt es über einen angeblichen Besuch Hickels bei dem Findling auf dem Luginsland-Turm:

> *"Der junge Morgen brachte bald durch geschäftige und geläufige Zungen die Erscheinung eines Wilden, der sich verirrt habe, in Umlauf, bis Mittag nannte man ihn einen Halbwilden, und Abends hieß es endlich, der Gefangene sei ein Mensch, der stets von menschlicher Gesellschaft fern gehalten, körperlich und geistig mißhandelt worden sei, und den kein Bewußtsein von seiner ersten Kindheit bis zu seiner Hieherkunft beglücke. Diese Nachricht lieferte Besucher genug. Sein Aufenthaltsort wurde in eine Wunderkapelle verwandelt, zu der nicht allein Neugierige und Mitleidtragende, sondern auch Gelehrte aller Fächer zogen (...). Das regte nun auch meine Neugierde an und setzte mich in Bewegung; aber ich fand nicht einen Wilden noch Halbwilden, sondern einen Menschen gewöhnlicher Art, einen Bauernburschen, der da lachte, plapperte und seine Lage behaglich zu finden schien."*[419]

Nicht verschwiegen bleibe, daß auch auf seiten der für den Findling votierenden Schriften sich die absonderlichsten Verzerrungen und Fiktionen angeblicher Quellen finden. So überliefert uns der bereits erwähnte Fischer von Karlsruhe (neben Auszügen aus den angeblichen Memoiren Hennenhofers und der geheimen Staatsratsitzung) Nachforschungen, die ein "Gewährsmann"[420] am Ort der vermutlichen Gefangenschaft Hausers, in Triesdorf, angestellt und einen Besuch bei dem mutmaßlichen Wärter des Findlings, dem Aufseher des Lustschlosses Falkenhaus:

> *"Unser Forscher, begierig, Weiteres zu erfahren, drang alsbald darauf, zu dem Alten gebracht zu werden, und fand ihn zu Bette als einen verwildert aussehenden Mann, der mehr stöhnte als die gestellten Fragen beantwortete, und als vollends Kaspar Hausers Name ausgesprochen wurde, sich nach der Wand zukehrte und schwieg".*[421]

Bereits ein Jahr später wird Herchenbach den Topos der späteren Nachforschungen eines Interessierten über die vermutete Gefangenhaltung des Jungen in Triesdorf für seine historische Erzählung fruchtbar machen, und das Motiv wird den Leser, über die Novellen Sophie Hoechstetters u. a. hinaus, bis zur Erzählung Wilhelm Pültzs aus dem Jahre 1963 begleiten.
Daumer, dem es vergönnt war, das Nachleben der Geschichte seines früheren Pfleglings noch mehr als vierzig Jahre lang verfolgen zu können, charakterisiert 1873 auf hellsichtige Weise, unter welchem Signum die Diskussion des Falles zu diesem Zeitpunkt steht:

"Der Hausersche Fall ist von einer viel ausgedehnteren, umfassenderen Bedeutsamkeit, als er dem nur oberflächlich darum Wissenden erscheinen mag. Weit entfernt, auf sich selbst, als dies dunkle und, wo möglich, durch ein glückliches Vermuten, Erraten oder Beweisen aufzuhellende historische Rätsel und Geheimnis, beschränkt zu sein, berührt er sich zugleich mit den universellsten, tiefgehendsten Interessen, Problemen, Tendenzen und Streitfragen der Gegenwart und der Menschheit überhaupt. Die Gegner setzen ihre Berechtigung zu Unglauben, Negation, Herabsetzung und Verspottung der sich affirmativ Verhaltenden vorzugsweise und mit großem Nachdrucke darein, daß sie, ihrer Behauptung nach, auf dem durch die progressive Geistesarbeit des Zeitalters erreichten Standpunkte heutiger Wissenschaft, Kritik und Einsicht stehen, wobei sie ganz nur den vulgären Rationalismus und Materialismus, die apriorische Abweisung von allem was irgendwie den Charakter oder Anschein des Außerordentlichen und Wundersamen hat, im Sinne haben. Diese in extremem Grade negative Denk- und Beurteilungsweise herrsche zur Zeit in solchem Grade und mit solchem Rechte, daß irgendein Widerspruch damit schon einfach hinreiche, eine Sache oder Person der kritischen Verdammnis zu überliefern."[422]

In der Diskussion um Kaspar Hauser focussiert sich für Daumer ein Antagonismus, so Karlhans Kluncker[423], der über den gegenwärtigen Stand der Auseinandersetzung, in die sich Daumer miteinbezogen sieht, weit hinausreicht und den er von Goethe in "Noten und Abhandlungen zu besserem Verständnis des West-Östlichen Divans" vorformuliert sieht:

"Das eigentliche, einzige und tiefste Thema der Welt- und Menschengeschichte, dem alle übrigen untergeordnet sind, bleibt der Konflikt des Unglaubens und Glaubens. Alle Epochen, in welchen der Glaube herrscht, unter welcher Gestalt er auch wolle, sind glänzend, herzerhebend und fruchtbar für Mitwelt und Nachwelt. Alle Epochen dagegen, in welchen der Unglaube, in welcher Form es sei, einen kümmerlichen Sieg behauptet, und wenn sie auch einen Augenblick mit einem Scheinglanze prahlen sollten, verschwinden vor der Nachwelt, weil sich niemand gern mit Erkenntnis des Unfruchtbaren abquälen mag."[424]

Falle dieser Glaube, so meint Daumer, gehe "der Weg der Menschheit - trotz all der äußeren Vorteile der Technik, Industrie und materialistisch-rationalistischen

Richtung und Rührigkeit - zur Barbarei, zur Vernichtung der menschlichen Totalität, zum Verluste aller höheren Menschenwürde".[425]
Ergreift eine große Zahl der darlegenden Schriften in diesem Sinne die Partei des Unglaubens, so stehen die dramatischen und epischen Gestaltungen des Hauser-Stoffes in der zweiten Hälfte des 19. Jahrhunderts nur auf den ersten Blick auf der Seite des Glaubens. Auch in ihnen dominiert die Positivität des Faktischen. Nunmehr sind nicht nur Kaspar die Rätsel gelöst, wie es Binder seinem Kuranden nachrief, sondern er selber, das Rätsel, findet seine Annihilation in den an der Weltfülle gar nicht zweifelnden und nur affirmativ kritisierenden literarischen Bearbeitungen - bis zum völligen Verlust der Positivität der Leere, die die Zeitgenossen Hausers noch faszinierte und zugleich irritierte. In Erfüllung gegangen scheint nun die Vorhersage Hegels von der Entpoetisierung der bürgerlichen Welt.
Wir resümieren: Mit dem Ende der Biedermeierzeit scheint zunächst auch das Interesse an der Findlingsgeschichte zu verlöschen, um dann, jedoch unter veränderten Vorzeichen, ab den 1870er Jahren desto heftiger wieder aufzuleben. Die im Umkreis der Vormärzemigranten entworfene These von Hausers badischem Prinzentum wird durch das erst 1852 postum veröffentlichte "Mémoire" von Feuerbachs an die Königin Caroline von Bayern um einen überzeugenden Indizienbeweis vermehrt und führt ab 1870 zu einer hitzig und polemisch ausgetragenen Diskussion über den Fall, der vorübergehend in Kuriositätensammlungen der Kinder- und Jugendliteratur zum erbaulichen Unterhaltungsfall zu verkommen schien. Seitens der Kritiker der Kaspar-Hauser-Geschichte bemühen sich umfangreiche Veröffentlichungen, das "Kind von Europa" als Betrüger zu entlarven, oder aber von ihm als Idioten zu handeln. Dabei wird vor keiner noch so grotesken Verzerrung der Quellen, nachgewiesenen Aktenverfälschungen und erdichteten Augenzeugenberichten zurückgeschreckt. Es entsteht die seltsame Situation, daß die vorgeblich auf Aufklärung dringenden Schriften so ungewollt einen neuen Mythos generieren, doch auch auf seiten der für den Findling votierenden Schriften lassen sich die absonderlichsten Entstellungen und Quellenfiktionen ausmachen.
Daß eine monarchisch orientierte Geschichtsschreibung die Gerüchte um Hausers badisches Prinzentum mindestens bis zum Ende des Ersten Weltkriegs zu unterdrücken suchte, bietet jedoch noch keine zureichende Erklärung für jenen auf theoretischem und literarischem Gebiet erbittert geführten Kampf um Kaspar Hauser. In der Diskussion um den Findling focussiert sich vielmehr in der zweiten Hälfte des 19. Jahrhunderts jene zeittypische Geisteshaltung, die allein dem Empirisch-Faktischen Glauben schenkt und sich von der Warte der exakten Wissenschaften aus über die Leichtgläubigkeit vergangener Zeiten mokieren und eine Erscheinung, die sich dem positivistischen Zugriff entzieht, diskreditieren zu können glaubt.

Im Bereich der literarischen Gestaltungen des Themas, die entscheidenden Anstoß durch die Aktenveröffentlichungen Julius Meyers und Antonius van der Lindes, die sich später als Entstellungen bzw. Fälschungen erwiesen, in den 1870/80er Jahren erfuhren, läßt sich für den Zeitraum von 1870 bis 1917 eine Gruppe von zwölf Werken ausmachen. Die Textgruppe steht in engem Zusammenhang mit der soeben skizzierten Diskussion, denn die Bearbeitungen basieren nicht nur auf dem präsumierten dynastischen Hintergrundgeschehen, sondern sie sind zudem darum bemüht, selbst dann, wenn ein der Findlingsgeschichte wohlgesonnener Blickwinkel eingenommen wird, die in den frühesten zeitgenössischen Quellen und Darstellungen erkennbare weltverneinende, jenseitsorientierte Tendenz in der Findlingsgeschichte zugunsten einer positivistisch ausgerichteten Konzentration auf das Faktische zu eliminieren, so daß selbst die gelegentlich anklingende Adelskritik ihnen zur Affirmation gerät.
Die Autoren verstehen es, die an dem historischen Fall beteiligten Personen in einer gleichförmig typisierenden Weise für ihre Bearbeitungen nutzbar zu machen, wobei dem familialen Rahmen sowie einer sanktionierten Gesellschaftsordnung eminente Bedeutung zukommen. Alle Texte zeichnen sich durch eine relativ gute Quellenkenntnis aus, die jedoch darin mündet, daß der poetische Gehalt der Kaspar-Hauser-Geschichte hinter den historischen Versatzstücken zurücktritt, d. h., den Verfassern gelingt es nicht, eine poetische Wahrheit der Geschichte sichtbar zu machen, die durch die historische hindurchscheint. Es geht ihnen vielmehr darum, durch die Verknüpfung mit einem Hintergrund- bzw. Nebengeschehen die Geschichte als durchsichtig und in ihren entscheidenden Gelenkstellen durch äußere Handlungslinien motiviert erscheinen zu lassen, wobei die Autoren jedoch gleichsam dem Diktat der Geschichte unterliegen und zu umständlichsten Motivierungen (dies gilt besonders für die Dramen) greifen müssen.
Ebenso wie der poetische Gehalt, wie er in den frühesten lyrischen Gestaltungen noch spürbar war, verlorengeht, büßt der Stoff in der besprochenen Textgruppe jedoch auch seine politische Sprengkraft ein, denn die herrscherliche Autorität darf - anders als noch in den Kaspar-Hauser-Romanen der 1830er Jahre - nicht wirklich angetastet werden. Vielmehr wird größter Wert auf ein lokales, alltägliches Ambiente der Schauplätze gelegt, auf eine typisierende Zeichnung der Hauptfiguren und auf eine heile Familien- und Gesellschaftsordnung, die jedoch eher der der Verfasser, als derjenigen entspricht, aus der der Kaspar-Hauser-Stoff stammt.

6. Zum Symbol wird die Gestalt

Fast zeitgleich mit der Linie der epischen und dramatischen Bearbeitungen, die wir soeben verfolgten, setzt mit dem Gedicht Verlaines eine ganz andere, sehr viel weiterreichende Entwicklung ein. Im Gegensatz zu dem im vorhergehenden Kapitel charakterisierten Spektrum - das sich durch den Hilfsbegriff der Positivität der Welthaltigkeit unter einen gemeinsamen Blickpunkt stellen ließ - steht dieser Teil der symbolisierenden Linie untergründig in Verbindung mit der Entwicklung des Stoffes in den 1830er Jahren, wobei wir an den Begriff der Positivität der Leere erinnern.
In welcher Weise sich auch der Roman Jakob Wassermanns, neben dem Gedicht Verlaines der am nachhaltigsten wirkende literarische Text, den Selbstäußerungen des Autors zufolge als symbolisierend kennzeichnen läßt, untersucht der zweite Abschnitt dieses Kapitels. Stärker noch als der Verlaines wird sich der Einfluß Wassermanns in den zahlreichen Veröffentlichungen geltend machen, die in den 1920er Jahren erscheinen und auf die wir das Interesse im dritten Abschnitt lenken wollen.

a) Gaspard Hauser chante

Das während der Inhaftierung Verlaines im August 1873 entstandene Gedicht erhält zunächst den Titel "La Chanson de Gaspard Hauser"; 1881 wird es dann im Zyklus "Sagesse" unter der Überschrift "Gaspard Hauser chante" veröffentlicht:

"Je suis venu, calme orphelin,
Riche de mes seuls yeux tranquilles,
Vers les hommes des grandes villes:
Ils ne m'ont pas trouvé malin.

A vingt ans un trouble nouveau,
Sous le nom d'amoureuses flammes,
M'a fait trouver belles les femmes:
Elles ne m'ont pas trouvé beau.

Bien que sans patrie et sans roi
Et très brave ne l'étant guère,
J'ai voulu mourir à la guerre:
La mort n'a pas voulu de moi.

Suis-je né trop tôt ou trop tard?
Qu'est-ce que je fais en ce monde?
O vous tous, ma peine est profonde:
Priez pour le pauvre Gaspard!"[426]

In den ersten drei Strophen, deren Satzstruktur perfektivisch bestimmt ist, berichtet das lyrische Ich rückblickend von seiner Ankunft in den "grandes villes", seinen Wünschen sowie der Zurückweisung, die es erfährt. Erst in der vierten und letzten Strophe wendet sich das 'singende' lyrische Ich, das durch den Titel als "Gaspard" ausgewiesen ist, mit zwei Fragen und einer abschließenden Bitte an die nicht näher bestimmten anderen ("vous tous") und kehrt so, durch die Bitte bis in die Zukunft vorweisend, in die Gegenwart zurück. Neben der besonderen Polysemie einiger Wörter (wie "malin", "vers", "trouver"), die sich in den differierenden Übertragungen ins Deutsche niederschlagen wird, ist das Gedicht in augenfälliger Weise durch eine Negationsstruktur bestimmt. Die beiden einzigen in Position verwandten Begriffe, durch die sich "Gaspard" selbst ausweist, besitzen (auch) die Bedeutung des Mangels: er ist ein "*calme* orphelin" und sein Reichtum besteht in seinen "yeux *tranquilles*"; das richtungsanzeigende "vers" deutet zugleich - im Sinne von 'contra' - auf die Absetzung des "calme orphelin" von den "grandes villes" hin, zu denen "Gaspard" gelangt.
Die Schlußverse der beiden ersten Strophen lassen die Wünsche des lyrischen Ich Ablehnung erfahren; dabei ist auffällig, daß die Passivität des 'Singenden' sich von der zweiten zur dritten Strophe nur scheinbar verringert: Es ist ein "trouble nouveau", der das lyrische Ich "Gaspard" veranlaßt, "trouver belles les femmes". Die Ablehnung spitzt sich dann in der dritten Strophe zu, in der der erste explizite Wunsch ("j'ai voulu") sich auf den Tod richtet, der "Gaspard" aber, in einer Potenzierung und Kristallisation aller Negationen des Gedichts, verweigert wird: "La mort n'a pas voulu de moi".
Derart aller Zeitlichkeit enthoben, oder anders: gleichsam zu ihr verdammt, verschärft sich die Außenseiterstellung des singenden "Gaspard" in den letzten Versen nochmals: Er ist mit seiner "peine" gegenüber "vous tous", die er anruft, allein, ja er empfiehlt sich (in einer Art Selbstdistanz nicht mehr, wie der erste Vers, das Personalpronomen "je" verwendend, sondern von sich in der dritten Person sprechend) ihrem Gebet: "Priez pour le pauvre Gaspard!"
Erinnern wir uns an die Anfänge der Kaspar-Hauser-Geschichte:

> *"Als reifer Jüngling, der seine Kindheit und Jugend verschlafen, zu alt, um noch als Kind, zu kindisch unwissend, um als Jüngling zu gelten; ohne Altersgenossen, ohne Vaterland, ohne Aeltern und Verwandte; gleichsam das einzige Geschöpf seiner Gattung: erinnert ihn jeder Augenblick an seine Einsamkeit mitten im Gewühl der ihn umdrängenden Welt".*[427]

Die Melancholie der Spätzeitlichkeit Kaspars, die bereits die Augenzeugen faszinierte, scheint bei Verlaine nochmals anzuklingen. Die Frage, durch welche Quellen der Autor mit der Kaspar-Hauser-Geschichte bekannt wurde, ist, soweit es sich überblicken läßt, bisher nicht untersucht worden. Der poetischen Überhöhung des Themas, von der Elisabeth Frenzel im Zusammenhang des Verlaine-Gedichts spricht[428], begegneten wir - genaugenommen - bereits in den

Augenzeugenberichten sowie den Gedichten der 1830er Jahre, in denen die Autoren nicht nur ihrer Hoffnung Ausdruck gaben, daß Kaspar in einer anderen "Heimat" Entschädigung und Aufnahme finden werde, sondern von denen einige den Findling bereits in Analogie zu Christus sahen. Standen jedoch die Verfasser der frühen Gedichte noch innerhalb der Gemeinschaft der Zurückgebliebenen und beklagten gleichsam stellvertretend für alle Mitfühlenden das Los des Findlings, so hat bis zu Verlaine und den Autoren des 20. Jahrhunderts die Kluft zwischen Autor und Publikum, die spätestens seit der Goethe-Zeit größer wird, sich radikalisiert: Das Schicksal Kaspars, reduziert auf die ihm eigene Passivität und Außenseiterstellung, wird zur Chiffre der dichterischen Existenz. In einer Briefäußerung spricht Trakl von sich als armem Kaspar Hauser, mehrfach erinnern die Literaturwissenschaftler an einen Vergleich Rimbauds mit Kaspar, und Tucholsky wird sich des Namens des Findlings als Pseudonym bedienen.[429]
Entkleidet aller historischen Gewandung setzt mit Verlaine (sehen wir hier von den frühen Gedichten ab) nicht nur die poetische, sondern mehr noch die interpretatorische Überhöhung durch die späteren literaturwissenschaftlichen Exegeten forciert ein, die, von der Sprachlosigkeit Kaspars Linien über den Chandos-Brief Hofmannsthals bis zur Metapher des "Sprachgitters" bei Paul Celan, von seiner Heimatlosigkeit solche zu Ahasver und dem Fliegenden Holländer ziehen zu können glauben[430]; bezüglich entfernter motivischer Verwandtschaften läßt sich darüber hinaus erinnern an Herman Melvilles Erzählung "Bartleby the Scrivener" (1853), an Stifters frühes Erzählfragment "Julius", an die Volkslieder "Das Schloß in Österreich" und "Halewyn en het kleyne kind" (wie sie uns in Erks "Deutscher Liederhort" überliefert wurden) sowie an Brechts Gedichte "Vom armen B. B." und "Apfelböck oder Die Lilie auf dem Felde". Ganz ähnlich bemerkten bereits die Zeitgenossen Kaspars, daß seine Geschichte u. a. Parallelen aufweise zu den Überlegungen Diderots in seinem Essay "Lettre sur les aveugles à l'usage de ceux qui voient" (1749), zu dem Gefangenen in der platonischen "Politeia", zu Sigismund in Calderóns "La vida es sueño", zur Geschichte Josephs am Ende der Genesis und zur Horazischen Ode "Diffugere nives".[431]
Anders als die fast zeitgleichen deutschsprachigen Romane und Dramen kann Verlaine auf eine Logik der Geschichte und den Willen zur Erklärung verzichten, und erlaubt es die Ambiguität der Verse - gerade indem sie nicht alles sagen - von dem zu reden, was wir anhand der Augenzeugenberichte als die Positivität der Leere bezeichneten. Zugleich muß aber jener eigentümliche Kontrast, der in den Berichten der Zeitgenossen zwischen der Melancholie Kaspars und der Begeisterung seiner Beobachter für die Naturschönheiten, die sie gleichsam stellvertretend durch seine Augen unverbraucht wie am ersten Schöpfungstag zu sehen versuchten, im Gedicht Verlaines in dem Maße verloren gehen, in dem es auf die metaphorische Evokation dieser Natur verzichtet.

"Gaspard Hauser chante" betitelt Verlaine sein Gedicht. In seiner Nachfolge werden auch die Übertragungen Georges und anderer Kaspar Hauser singen lassen, und wird Trakl sein Gedicht unter dem Titel "Kaspar Hauser Lied" präsentieren. Zum einen wird der Findling so verstärkt in die Nähe des Dichtenden gerückt; darüber hinaus mögen die Autoren die Sphäre des Begrifflosen und Emotiven als der ätherischen und einsamen Gestalt Kaspars am besten entsprechend aufgefaßt haben. Nicht nur auf das ja tatsächlich vertonte Gedicht Hülles läßt sich verweisen, will man diesen Gedanken, über die Topoi des Singens und des Liedes bei den Autoren der Jahrhundertwende hinaus, verfolgen: Neben seinem Gedicht verfaßt Verlaine 1886 ein "Scénario pour Ballet", in dem "Gaspard Hauser" mit musikalischer Begleitung und pantomimischen Einlagen auftritt[432]. In einer ganzen Reihe von Bearbeitungen des Stoffes spielt die Einflechtung von Liedern oder auch die rein musikalische Untermalung eine auffällige Rolle. Die erste bezeugte dramatische Bearbeitung, "Der Wahn und seine Schrecken", aus dem Jahre 1830 (wir kamen bereits darauf zu sprechen), wird als "Melodram" ausgewiesen, dessen musikalische Begleitung von "Vinzenz Kugler" stamme, und als 1837 in Edinburgh das Drama "Caspar Hauser, Or the Wild Boy of Bavaria" aufgeführt wird, macht die Theaterankündigung nicht nur einmal mehr das Neben- und Ineinander von Historie und Fiktion deutlich, sondern auch, daß hier ebenfalls das stimmungsweckende Repertoire bühnentechnischer Möglichkeiten ausgenutzt wird:

> *"To conclude with, for the First Time in this City, a New and Interesting Melo-Drama, in Two Acts, founded on fact, entitled Caspar Hauser, Or The Wild Boy of Bavaria. Written by - Moncreiff, Esq. author of 'Monsieur Tonson,' 'Giovanni in London,' and a variety of other popular Dramas. With appropriate Music, Scenery, Machinery, Dresses, and other Decorations. The mysterious history of Caspar Hauser will ever remain one of the most interesting and enigmatical narratives of our times. It has occupied the pens of many of the most eminent writers; but its true solution will, most likely, still continue to be involved in doubt, which will, it is trusted, justify the liberty taken with the subject to adapt it to a dramatic form. The Works of Von Fewerback, Professor Daumer, Schmidt, Von Luber, and Hauser himself, have been most chiefly consulted, and used in the Piece. The more recent Publication of Earl Stanhope, not coming within the scope of the Dramatist, has not been referred to (...)."*[433]

Auch das am 6. Juni 1838 im "théâtre de la Gaité" in Paris uraufgeführte Drama von Désiré-Charles Dupeuty und Louis-Marie Fontan, "Le pauvre Idiot ou Le Souterrain d'Heilberg", greift auf musikalische Untermalung zurück. In den beiden französischen Dramen von 1838 spielt die auch hier adlige Herkunft des Findlings sowie die Frage nach den Schuldigen eine weitaus geringere Rolle als in den zeitgleichen deutschen Bearbeitungen. Beide Dramen favorisieren den rührenden vor dem sensationellen Aspekt; der Held begegnet uns als fast ausschließlich passiv, leidend an einer vergeblichen Liebeshoffnung, die sich strekkenweise gar zum Weltschmerz, zum Los des völlig Vereinsamten steigert. Sowohl bei Dupeuty / Fontan als auch bei Auguste Anicet-Bourgeois und Adolphe Philippe Dennery - deren "Drame en Quatre Actes", "Gaspard Hauser", am 4. Juni 1838 im "Théâtre de l'Ambigu Comique" uraufgeführt wurde - verliebt sich der Held nach seiner Befreiung in ein junges Mädchen, das zwar freundschaftlich, nicht aber liebend für ihn empfinden kann. Dem Drama von Anicet-Bourgeois und Dennery ist eine kurze Einführung zum Schicksal des Findlings, das in ganz Europa in aller Munde ist, vorangestellt, wobei wir bereits erkennen, daß der gefühlvoll-sentimentale vor dem reißerischen Aspekt betont wird:

> *"Toute l'Allemagne, et plus tard l'Europe entière, ont rententi des malheurs et de la cruelle captivité de Gaspard Hauser. Dès sa naissance, arraché des bras de sa mère, il fut jeté dans un cachot où s'écoulèrent ses dix-huit premières années. Là, privé d'air et de soleil, n'ayant pour se couvrir que quelques lambeaux de vêtemens, et pour apaiser sa faim qu'un peu de pain quelui jetait de temps en temps son gardien, il endura pendant ce long espace de temps des tortures inouïes. Et quand plus tard, rendu à la liberté par un miracle, il semblait qu'une existence plus heureuse lui fût promise, quand déjà son intelligence promptement développée lui faisait goûter les charmes de la vie, lui faisait admirer les merveilles de la création auxquelles, pauvre prisonnier, il était demeuré étranger, ses persécuteurs se réveillèrent plus nombreux et plus acharnés (...). Le drame qu'inspira Gaspard Hauser a été fait, appris et joué en dix-neuf jours. C'est dire assez tout ce que les auteurs doivent de reconnaissance aux artistes qui les ont secondés de leur talent et de leur zèle, aux peintres habiles qui ont improvisé la délicieuse décoration du duexième acte, aux directeurs enfin, qui, en prenant les rênes de l'administration, ont tout aussitôt fait preuve d'une infatigable activité."*[434]

Von der ursprünglichen Kaspar-Hauser-Geschichte übernommen ist das Motiv der Gefangenhaltung eines Kindes. Gaspard, so erfahren wir, wurde vom "Comte de ***" zur Tötung bestimmt, vom Diener Schwartz jedoch heimlich versteckt und gefangengehalten. Die Schloßbewohner Frédéric, Fritz und Mina entdecken den Gefangenen und beschließen, ihn frei zu lassen:

> *"Gaspard, aubruit de la voix de Mina, ouvre les yeux, la clarté l'éblouit; il se lève tout-à-coup, reste tout étonné de voir. La violence de ce mouvement, l'étrangeté de son regard effraient Mina qui se cache derrière Clauss. Quant à Gaspard, il cherche à soutenir la vue du ciel. Il montre avec joie les rayons du soleil qui éclaire le parc. Il admire tout ce qui l'entoure...il touche avec la curiosité d'un enfant les arbres, le feuillage...puis, apercevant Mina, il pousse un cri de surprise, il la regarde, l'admire et court à elle (...)."*[435]

Der dritte Akt führt uns in ein Dorf, Gaspard lebt nun bei einem Pastor, wo ihn die Freunde besuchen; der Held hat inzwischen eine rasche Entwicklung durchgemacht, so daß er sich mit Mina über Gott und die Liebe bewegend austauschen kann:

"Gaspard. C'est hier que je me suis senti véritablement libre. Un moment j'ai eu peur cependant: oui, le feuillage touffu de ces grands arbres m'avait caché la vue du ciel, je croyais être retombé dans la nuit de mon tombeau; un rocher se trouvait devant moi, je le gravis pour me rapprocher de ce ciel que je ne voyais plus. Oh! Mina, Mina, arrivé à la pointe de ce rocher, ces arbres qui m'emprisonnaient étaient sous mes pieds; au-dessus de ma tête, plus rien, rien! et devant moi, tout un monde, un espace infini qu mon regard dévorait! Je voudrais pouvoir te dire tout ce qui se passa dans mon ame; mais je ne sais pas, moi: les mots qui rendent la pensée, je les connais à peine. Des cris de joie s'éclaincaient de ma poitrine, des larmes roulaient dans mes yeux: oui, je pleurai; et pourtant j'étais heureux, bien heureux de vivre! enfin je tombai à genoux.
Mina. Pour prier?
Gaspard. Non, car je ne sais pas prier, moi mais parce que devant cet espace immense, devant ces merveilles inconnues, je n'osais plus rester debout.
Mina. Eh bien! Gaspard, ces merveilles, ce monde, tout cela, c'est l'oeuvre de Dieu.
Gaspard. (...) Ce matin Frédéric était près de toi, comme me voilà; de là (...) je vous ai vus tous deux: tu paraissais bien heureuse en l'écoutant, et moi, j'étais bien heureux de ton bonheur. Frédéric te disait: Mina, ma récompense est dans votre amour. Mina, que voulait dire Frédéric? je ne l'ai pas compris.
Mina. Vous le lui demanderez.
Gaspard. C'est la première fois que Mina refuse de répondre à Gaspard!
Mina. J'ai tort, Gaspard, j'ai tort! L'amour est un sentiment chase et pur que nous devons avouer, car c'est Dieu qui nous le met au couer. L'amour vrai est la richesse du pauvre, la consolation de l'orphelin, par lui le passé le plus triste s'oublie, l'avenir le plus sombre s'embellit; l'amour c'est une seconde vie dans la vie."[436]

Auch der Comte erscheint bei Gaspard und sorgt dafür, da er Aufsehen befürchtet, daß der Junge wieder aufs Schloß gebracht wird, wo er die Hintergründe seiner Herkunft erfährt: Er ist der illegitime Sohn der Tochter des Comte, den ihr Vater um der Familienehre willen nicht anerkennen und deshalb beseitigen lassen wollte. Auf dem Schloß kommt es schließlich zu einem ergreifenden Wiedersehen von Mutter und Sohn, doch hat zwischenzeitlich der Comte beschlossen, daß Gaspard das Land verlassen soll. Gaspard, der sich verraten und vereinsamt fühlt, muß eine weitere Enttäuschung erfahren, als sein Liebesgeständnis gegenüber Mina nicht erwidert wird. Verzweifelt über seine Einsamkeit tötet er sich in der letzten Szene des vierten Aktes.
Dem "Drame en cinq Actes et en huit Tableaux", "Le pauvre idiot, ou le souterrain d'Heilberg", von Dupeuty / Fontan liegt folgende, in Heilberg, Nürnberg und München angesiedelte Handlung zugrunde: Der alte Job Hauser und sein Sohn Tony versehen seit sechzehn Jahren ihren Dienst im Schloß d'Heilberg. Wir erfahren Andeutungen eines schrecklichen Geheimnisses, das die beiden bewahren. Frédérich, Sohn der duchesse d'Heilberg, besucht mit Freunden das Schloß. Job Hauser, der im Sterben liegt, offenbart Anasthasius, dem früheren Lehrer Frédérichs, daß er - wie wir später erfahren auf Weisung der duchesse, um ihrem Sohn die Thronfolge zu sichern - ein Kind habe gefangen halten müs-

sen. Die Freunde suchen den Kerker und befreien den Gefangenen; im zweiten Tableau des ersten Aktes sehen wir den Gefangenen in seinem Kerker:

> *"(Musique. Air: Lorsque dans une tour obscure.)*
> *Rever du rideau, il est accroupi sur la natte, les yeux tournés vers la fenêtre, et donne de temps en temps des marques d'impatience; puis il se lève, et court à la fenetre: à l'aide des plantes rampantes, il grimpe et s'attache aux barreaux, cherchant à percer l'obscurité de son regard: il reste un moment ainsi, puis se laisse tomber et revient prendre sa première position sur la natte, les yeux toujours tournés vers la fenêtre; son impatience augmente, et ses mouvements expriment l'attente la plus vive. Il prend et place à côté de lui une fleur, la compagne de sa solitude, qui pousse dans un débris de vase de terre. Il semble plaindre cette pauvre fleur du retard que le jour met à paraître: lui-même il a froid; ses dents claquent, tout son corps tremble; enfin, les premiers rayons du soleil pénètrent à travers la grille de sa fenêtre. Il se lève vivement à mesure que l'obscurité disparait; il saute, il bondit de joie et fait entendre quelques sons inarticulés: 'Ah! ah! ah!...' puis il va se placer devant les rayons bienfaisants, et sa pantomime exprime le bien-être qu'il ressent de la chaleur du soleil. Ensuite, il prend sa fleur, l'apporte devant la lumière du jour, et la regardant avec amour, il semble dire qu'ainsi que lui, cette pauvre plante prisonnière se ranime et prend une force nouvelle. Dans sa rêverie, il se demande d'où viennent ce jour et ce soleil: i montre la voute de son cachot, qui lui cache le ciel. Ensuite, par un mouvement de piété reconnaissante, il désigne l'image sainte qui est attachée au pilier, s'en approche, et, les mains jointes, il a, pour ainsi dire, une révélation de Dieu, et prie pour lui et pour sa fleur. (Musique. Air: Ave Maria, de Loïsa Puget.) (...) Une espèce de guichet s'ouvre alors dans la porte, une main passe par cette ouverture, et présente à l'enfant un flacon dont il s'empare avec avidité; la main se retire, le guichet se referme, et tout rentre dans le silence. L'enfant regarde le flacon, puis avale d'un seul trait l'opium qui'il contient; après, il se jette sur sa natte, met sa fleur à côté de lui, comme pour lui servir de compagne pendant son sommeil, (Musique. Air: Dormez donce, mes chères amours.) et il s'endort par degrés (...)".*[437]

Edgar, so wird der Junge genannt, wird in die Obhut von Anasthasius nach Nürnberg genommen, wo die Zivilisationsbemühungen sich jedoch als fruchtlos erweisen, es gelingt nicht, ihn aus seiner Opiumabhängigkeit, womit man ihn früher ruhig zu halten wußte, zu befreien. Anasthasius geht der Herkunft des Jungen und den Hintergründen des Verbrechens weiter nach und wühlt dabei eine verwirrende Familienintrige auf. Edgar, während der ganzen Zeit zwischen einer kurzzeitigen Entwicklung zum Positiven, seiner alten Opiumabhängigkeit und dem Wunsch, seine Herkunft aufgeklärt zu sehen, hin- und hergerissen, verliebt sich dann recht überraschend in Amélie, die Verlobte Frédérichs. Als er sich um seine Hoffnung einer Anerkennung seiner rechtmäßigen Herkunft gebracht sieht, durch die allein er Amélie erringen zu können glaubt, wählt er - wie der Held bei Anicet-Bourgeois / Dennery - den Freitod. Seine Abschiedsworte lauten:

"Oh! oh! ... (Regardant sa fleur.) Pauvre amie du prisonnier! ... flétrie ... et brisée ... comme moi ... déja plus rien de toi ... bientôt plus rien de moi ... pas même un souvenir laissé à ma mère ... oh! si, si ... le portrait de mon père ... (A Wilhelmine.) Tiens ... tiens ... tu me les rendras au ciel, où nous nous reverrons toas ... au ciel où sont les anges, où l'on n'enferme pas les pauvres enfants dans un cachot ... Mère ... Frédérich ... ami ... dormir ... dormir ...

(Il meurt.)

(Tout le monde jette un cri déchirant. - La toile baisse.)"[438]

Während der Text von Dupeuty / Fontan sowohl Jungmann als auch Stern nicht zugänglich war, wird der Titel des Dramas von Anicet-Bourgeois / Dennery in den literaturwissenschaftlichen Studien zum Thema zwar häufig genannt (und fälschlicherweise in die Nähe der deutschen Romane und Erzählungen von 1834 gerückt), der Text selber aber offensichtlich nicht gelesen. So scheint bis heute nicht bemerkt worden zu sein, daß sich zwischen dem Drama und dem Gedicht Verlaines einige auffällige, zum Teil wörtliche Entsprechungen finden lassen, die darauf hinweisen, daß Verlaine das Drama bekannt war. Folgende kleine Übersicht stellt die Zitate des Dramas den Versen Verlaines gegenüber; nicht aufgeführt sind Ähnlichkeiten in motivischer Hinsicht, so das Beten bzw. Nicht-Beten-Können (z. B. S. 31), der Lärm der Stadt gegenüber der Stille des Findlings (S. 45) sowie insbesondere, in Entsprechung zur zweiten Strophe des Gedichts, die Zurückweisung von Gaspards Liebesverlangen (Akt III/8):

"Je suis venu, calme orphelin":

"Gaspard sort de la maison: ce n'est plus le Gaspard de l'acte précédent: un costume simple, mais gracieux, a remplacé les lambeaux de vêtemens qui le couvraient, son regard est plus calme" (S. 29).
"Mina: (...) L'amour vrai est la richesse du pauvre, la consolation de l'orphelin (...)" (S. 31; vgl. auch S. 51 u. 53).

"Bien que sans patrie et sans roi":

"Le Comte: (...) Gaspard n'a pas de patrie, tu n'as plus de famille (...)" (S. 39).

"Suis-je né trop tôt ou trop tard?
Qu'est-ce que je fais en ce monde?"

"Gaspard, bas: Ainsi plus rien, plus rien dans ce monde pour le pauvre Gaspard! (...) Mon Dieu, que voulez-vous donc que je fasse sur cette terre (...)" (S. 52 f.).
"Gaspard: Maintenant, Gaspard n'a plus de mère, plus de famille, Gaspard est seul au monde (...)" (S. 53).

"Priez pour le pauvre Gaspard!"

"Gaspard: (...) Priez tous pour Gaspard (...)" (S. 54; vgl. auch S. 31, 35, 37, 51).

Erwähnen wir nur kurz die weiteren lyrischen Bearbeitungen; die Rezeption des Verlaine-Gedichts im Fin de siècle schlägt sich in zahlreichen Übertragungen nieder, von denen keine, auch nicht die Georges, die stilistische Höhe der Vorlage erreicht: Franz Evers: "Kaspar Hausers Lied" (1899), Otto Haendler: "Kaspar Hauser spricht" (1903), Stefan George: "Kaspar Hauser singt" (1905), Richard Dehmel: "Lied Kaspar Hausers" (1906), Wolf Graf von Kalckreuth: "Caspar Hauser singt" (1906), Richard Schaukal: "Kaspar Hauser singt" (1906), Joseph Jaffé: "Kaspar Hauser singt" (1908). Drei Gedichte, die von Sophie Hoechstetter ("Kaspar Hauser", 1906, "Johannistag in Ansbach", 1907) und Toni Schwabe (1908), lassen sich darüber hinaus dem Spektrum mit Gewißheit hinzurechnen. Offengelassen werden muß dagegen die Entscheidung, ob auch das Gedicht Rilkes aus dem Winter 1902/03, "Der Knabe", in den Bereich der Kaspar-Hauser-Dichtung fällt.
Ähnlich wie später in ihren Novellen, stellt Sophie Hoechstetter auch in ihrem Gedicht "Johannistag in Ansbach" Kaspar Hauser in ein heimatlich-landschaftliches Ambiente, und es ist das schmerzlich-anteilnehmende Erinnern des Findlingsschicksals, das im Vordergrund steht:

"Die Straßen ruhn in vornehm-stillen Weiten,
Der alte Lindenpark wird unser Herzgenoß,
Und hier, wo Kaspar Hausers Blut entfloß,
Dünkt alles Wollen uns Entgleiten.

Zum Friedhof ging ich hin - zu Kaspars Grab.
Es war Johannistag, die Grüfte voller Blüten,
Ein Baum will des Verschollnen Ruhe hüten

Und streut sein gelbes Gold auf ihn herab -
Seltsamstes schaue ich - in schmerzlichem Ermüden
Liegt hier ein Rosenkranz - weiß keiner, wer ihn gab."[439]

Kaspar Hauser, der in Feuerbachs Bericht nicht zuletzt dadurch faszinierte, daß sich in ihm der melancholische Hauch einer Spätzeit wiederfinden konnte, woran Verlaine anknüpfte, ist derart allen Ausdeutungen offen, daß er sich auch in die morbide Atmosphäre der Jugendstil-Lyrik einfügt. Toni Schwabe läßt ihr erfreulicherweise nur zwei kurze Strophen umfassendes Gedicht, "Der Tod des Kaspar Hauser" (1908), mit den Versen enden:

"Du vielgeliebtes Leben zwingst mich nieder
Treibst mich nach jenem Land, wo keiner frägt,
Und wo ein stiller Strom das Unerfüllte wieder
Zu seinem Ursprung trägt.
Fern, wo der Tag sich hebt, verhallen deine Lieder."[440]

Versuchen wir abschließend, uns dem Gedicht Georg Trakls zu nähern:

"KASPAR HAUSER LIED

Für Bessie Loos

Er wahrlich liebte die Sonne, die purpurn den Hügel hinabstieg,
Die Wege des Walds, den singenden Schwarzvogel
Und die Freude des Grüns.

Ernsthaft war sein Wohnen im Schatten des Baums
Und rein sein Antlitz.
Gott sprach eine sanfte Flamme zu seinem Herzen:
O Mensch!

Stille fand sein Schritt die Stadt am Abend;
Die dunkle Klage seines Munds:
Ich will ein Reiter werden.

Ihm aber folgte Busch und Tier,
Haus und Dämmergarten weißer Menschen
Und sein Mörder suchte nach ihm.

Frühling und Sommer und schön der Herbst
Des Gerechten, sein leiser Schritt
An den dunklen Zimmern Träumender hin.
Nachts blieb er mit seinem Stern allein;

Sah, daß Schnee fiel in kahles Gezweig
Und im dämmernden Hausflur den Schatten des Mörders.

Silbern sank des Ungebornen Haupt hin."[441]

Angesichts der bereits erwähnten Briefäußerung Trakls liegt es nahe, daß die Interpreten sich bemühen, autobiographische Bezüge zur Kaspar-Hauser-Figur herauszuarbeiten; ähnlich wie bei Verlaine werde die dichterische Gestalt des Findlings zum "Medium der Selbstbegegnung"[442] für Trakl, ja sie sage zugleich etwas über das dichterische Dasein überhaupt sowie das allgemeinmenschliche Schicksal der Verlassenheit aus.
Bei einer Gliederung des Gedichts fällt rasch eine Zweiteilung auf: Die beiden ersten Strophen bzw. Versgruppen entwerfen das Bild eines Zustandes der Unschuld und Ursprünglichkeit, dem in den folgenden Versgruppen, als zweitem Gedankenschritt, der Verlust und die Unhaltbarkeit dieses nunc stans kontrastiert. Die Verben, die im "Lied" über Kaspar Hauser den Findling charakterisieren ("lieben", "sein", "finden", "bleiben", "sehen", "sinken") sind eher statischer Natur, während diejenigen, die auf ihn Bezug nehmen ("folgen" und "suchen")

Aktivität bezeugen. "Er", Kaspar Hauser, tritt uns im Kontext einer sakralen bzw. biblischen Diktion entgegen ("wahrlich", "Antlitz", "Gott sprach", "der Herbst des Gerechten", "Flamme"), und während sich der Zustand der Unschuld in den beiden ersten Versgruppen durch eine Zeitlosigkeit auszeichnet (das Bild der hinabsteigenden Sonne im ersten Vers indiziert eher eine Kreisbewegung denn eine temporale Bestimmung), verbindet sich mit dem Eintritt in die "Stadt" zugleich der in die Zeitlichkeit: "Stille fand sein Schritt die Stadt am Abend", heißt es, und wenig später wird der Jahreszeitenlauf angedeutet ("Frühling", "Sommer, "Herbst", "Schnee").

In Übereinstimmung mit den Ansätzen Walther Killys bemüht sich Suzanne Marey - mit Blick auf das Gesamtwerk Trakls und in den Grundgedanken überzeugend - das in "Kaspar Hauser Lied" zentrale Thema als das des verlorenen Paradieses herauszuarbeiten:

> *"Trakl s'interroge sur le destin de l'homme occidental et ce séjour à l'ombre de l'arbre représente cette étappe de l'humanité où Dieu ne s'est pas encore détourné des hommes, où l'union de Dieu et de la nature n'a pas été détruite, où la réceptivité de l'homme à la nature est encore intacte (...). C'est l'harmonie, l'unité cosmique qui existait dans cet âge d'or mythique où apparaissent les images du paradis terrestre caracterisé par une existence bucolique et pure placée sous le signe de la couleur d'or (...). 'O unser verlorenes Paradies!' Cette exclamation est la constation que l'homme s'est détaché de l'ordre originel, d'une existence plus pure et plus parfaite. Kaspar Hauser s'éloigne lui-aussi de sa forêt, il quitte son séjour pour aller à la ville."*[443]

Wir sahen - dies sei hier nur kurz erinnert - auf welche Weise bereits die zeitgenössischen Berichte ähnliche Überlegungen an die Geschichte Kaspar Hausers knüpften. Marey wertet die Waise am Schluß des Gedichts schließlich als die Einsicht, daß der Mensch, der aus dem natürlichen, paradiesischen Zustande heraustrete, praktisch zu sterben verurteilt sei. Dies mag auf thematischer Ebene zutreffen; aber als Frage und Ausblick zugleich sei aufgeworfen, ob das Gedicht nicht gleichsam von anderer Seite her den Eingang ins verlorene Paradies wiederzufinden trachtet, indem es die Bilder des Verlustes, von denen es auf referentieller Ebene spricht, auf dem "Spielfeld des Gedichtes" in ständig neuen "Austausch und Verwandlung"[444] treten läßt.

Ein letzter Hinweis führt uns zugleich zum nächsten Abschnitt: Weitaus bestimmender als das Gedicht Verlaines war für Trakl, zumindest was die Quellenfrage betrifft, der Roman Jakob Wassermanns. Gottfried Stix ist den in der Tat sofort ins Auge springenden Parallelen zwischen Gedicht und Roman nachgegangen. So interessant und überzeugend der Nachweis eines Einflusses Wassermanns auf Trakl ist, der sich laut Stix auch über "Kaspar Hauser Lied" hinaus verifizieren läßt, müssen dennoch die Folgerungen Stix', das Gesamtwerk Trakls aus der Begegnung des Autors mit dem Wassermann-Roman zu deuten, bezweifelt werden. Die folgende kleine Übersicht beschränkt sich auf die deutlichen Entsprechungen; die etwas umfangreicher gewählten Romanzitate machen jedoch zugleich den fundamentalen Unterschied deutlich. Die Romanpassagen erreichen, trotz oder gerade wegen der angestrebten atmosphärischen Ausgestaltung, nicht jene fast beklemmende Dichte des Traklschen Textes, der in wenigen Versen dem poetischen Potential der Kaspar-Hauser-Geschichte näher kommt als Jakob Wassermann auf den mehreren hundert Seiten seines Romans:

"Er wahrlich liebte die Sonne, die purpurn den Hügel hinabstieg":

"Caspar schaute hin. Es war ein Schöner Anblick: die purpurne Scheibe rollte herab, als zerschnitte sie die Erde am Rand des Himmels; ein Meer von Scharlachglut strömte ihr nach, die Lüfte waren entzündet, blutiges Geäder bezeichnete einen Wald, und rosige Schatten bauschten langsam über die Ebene. Nur noch wenige Minuten, und schon zuckte die Dämmerung durch den sanften Karmin des Nebels, in den die Ferne getaucht war, einen Augenblick lang bebte das Gelände, und grünkristallene Strahlenbündel schossen über den Westen, der versunkenen Sonne nach."

"Ernsthaft war sein Wohnen im Schatten des Baums":

"(...) Hill selbst war es, der Caspar nach langem Suchen und als er schon höchlichst besorgt wurde, zuerst wieder erblickte. Er sah ihn kniend am Fuß einer mächtigen Eiche, er sah, wie er die Hände aufhob, und hörte ihn mit einer leidenschaftlich flehenden Stimme rufen: 'O Baum! O du Baum!' Nichts weiter als diese Worte, und mit solchem Gefühl, wie man ein Gebet spricht, wenn der Geist in höchster Bedrängnis ist."

"Und rein sein Antlitz":

"Ach, wenn er die stillen Stunden mit Caspar verbrachte und dieses Antlitz ihm zugeneigt war, in dem der reine Glanz des Menschen wohnte, da fühlte er, daß auch er noch ein Mensch war, und er konnte in unermeßlicher Wehmut vor sich hintrauern."

"Gott sprach eine sanfte Flamme zu seinem Herzen:
O Mensch!":

"Sei es nun, daß Blick und Lächeln Daumer an einer Stelle seines Innern trafen, wo er sich unsicher und schuldig fühlte, sei es, daß die Nacht, die Einsamkeit, die quälenden Zweifel, das wunderliche Gespräch, das er eben geführt, seinen Geist zu übertriebener Inbrunst entzündeten, er blieb stehen, umarmte Caspar noch fester und rief mit emporgewandten Augen: 'Mensch, o Mensch!' Das Wort ging Caspar durch Mark und Bein. Ihm war, als eröffne sich ihm auf einmal, was dies zu bedeuten habe: Mensch!"

"Ihm aber folgte Busch und Tier":

"Es gab eine Stunde, wo Daumer eines paradiesischen Bildes gewahr wurde: Caspar im Garten, auf der Bank sitzend, ein Buch in der Hand; Schwalben ziehen ihre Zick-

zackkreise um ihn, Tauben picken vor seinen Füßen, ein Schmetterling ruht auf seiner Schulter, die Hauskatze schnurrt an seinem Arm. In ihm ist die Menschheit frei von Sünde, sagte sich Daumer bei diesem Anblick, und was wäre sonst zu leisten, als einen solchen Zustand zu erhalten? Was wäre hier noch zu enträtseln, was zu verkünden?"

"Haus und Dämmergarten weißer Menschen":

"Am andern Tag durfte Caspar das Bett verlassen. Daumer führte ihn in den Garten. Damit das grelle Tageslicht seinen Augen nicht schade, band er ihm einen grünen Papierschirm um die Stirn. Späterhin wurden die Dämmerungszeit oder die Stunden bewölkten Himmels für diese Ausgänge vorgezogen."

"An den dunklen Zimmern Träumender hin":

"Aber als er angelangt war, als er am Gittertor stand und zu den erleuchteten Fenstern hinaufschaute, schwand ihm alle Lust und er fürchtete sich vor den hellen Zimmern. Sah er sich doch schon droben; hörte er doch schon die Worte, die ihm nichts waren und nichts galten; er kannte sie alle, er hätte sie auswendig an der Schwelle hersagen können. Ja, er kannte nun die Worte der Menschen, er erfuhr nichts Neues durch sie, sie fielen in das unermeßliche Meer seiner Traurigkeit wie kleine trübe Tropfen, deren Aufschall die Tiefe verschlang."

"Nachts blieb er mit seinem Stern allein":

"In Nächten, wo der Mond am Himmel stand, verlöschte er die Lampe früher als sonst, setzte sich ans Fenster und verfolgte unverwandt die Bahn des Gestirns. An Vollmondtagen ward er häufig unwohl, es fror ihn am ganzen Leibe, erst der Anblick des Mondes selbst nahm den Druck von seiner Brust. Er wußte, von welchem Dach oder zwischen welchen Giebeln die helle Scheibe emporsteigen müsse, hob sie wie mit Händen aus der Tiefe des Himmels heraus, und wenn Wolken da waren, zitterte er davor, daß sie den Mond berühren könnten, weil er glaubte, das strahlende Licht müsse befleckt werden."

"Und im dämmernden Hausflur den Schatten des Mörders":

"Caspar fröstelte, und es war doch warm. Er wandte sich wieder gegen das Haus. Als er das Pförtchen geöffnet hatte, machte ihn der leer daliegende Flur betroffen. Ein breiter Streifen Sonne, der über die Steinfliesen kam und zitternd die weißen Stufen der Wendeltreppe hinauflief, verstärkte den Eindruck der Verlassenheit. Hinter einer Tür des Flurs, aus der Wohnung des Kandidaten Regulein, tönten Geigenklänge; der Kandidat übte. Den einen Fuß schon auf der Treppe, blieb Caspar stehen und lauschte. Da! Da war es! Da kam er! Ein Schatten erst, dann eine Gestalt, dann eine Stimme. Was sagte die Stimme, die tiefe Stimme? Eine tiefe Stimme sprach hinter ihm die Worte: 'Caspar, du mußt sterben.' Sterben? dachte Caspar erstaunt, und seine Arme wurden steif wie Hölzer."[445]

b) Das Blut und die Worte

Die Verlagsanzeige, mit der die Buchausgabe von Jakob Wassermanns Roman "Caspar Hauser oder Die Trägheit des Herzens" (zuerst 1907/08 in der Zeitschrift "Über Land und Meer" publiziert) angekündigt wird, verdeutlicht nicht allein die Absatzerwartungen des Verlags, sondern zugleich auch etwas von den hochgesteckten Intentionen des Verfassers:

"Das Andenken an Caspar Hauser, den rätselhaften Findling, dessen unerklärtes Auftauchen und geheimnisvolles Ende einst die ganze gebildete Welt beschäftigte und aufregte, ist auch heute nicht ganz erloschen. Noch immer fesselt sein Name die Neugier und die Phantasie der Menschen, und es darf deshalb angenommen werden, daß diesem großangelegten, in alle Tiefen des Problems hinabreichenden Roman von vornherein das lebhafte Interesse weitester Kreise gesichert ist. Dem Dichter ist jedoch das rein Stoffliche des Gegenstands nicht die Hauptsache, er will das äußere Geschehen nicht sensationell aufbauschen, sondern psychologisch und ethisch vertiefen. Er geht von der heute noch vielfach geteilten Voraussetzung aus, daß Caspar Hauser ein durch Verbrechen seinen Eltern geraubter Fürstensohn gewesen sei; aber die hohe Abkunft wird ihm zum Symbol für das edle, Hohes ansprechende Menschentum seines Helden und damit zugleich gewissermaßen zum äußern Maßstab für den Unbestand, die Gleichgültigkeit, den argwöhnischen Kleinsinn, den tückischen Neid, womit die Welt sich dem Hohen und Reinen, das sie nicht begreift, gegenüberzustellen pflegt.
Wenn die Handlung, aus unheimlich dunkelm Untergrund hervorwachsend, von verhüllten bösen Mächten zum nächtlichen Ende gelenkt, den Leser in Bann hält, so muß er dabei die schöpferische Kunst des Dichters bewundern, die in all den in die Handlung verflochtenen Menschen eine Reihe völlig lebendiger, individuell durchgeführter und doch typisch bedeutsamer Charaktere mit sichrer Hand vor uns hinstellt. Und wie in der Menschendarstellung hat Wassermann auch in der Schilderung der Umwelt, des Nürnberg und Ansbach jener Jahre, der ganzen Zeitstimmung, der landschaftlichen Hintergründe die volle Meisterschaft seines aus innerster Anschauung herausgebildeten Stils bewährt.
Jakob Wassermann hat mit seinem 'Caspar Hauser' **ein Volksbuch edelster Art** *geschaffen; wir stehen nicht an, den Roman als die reifste, beste Arbeit des Verfassers der 'Geschichte der jungen Renate Fuchs' und anderer weit verbreiteter Werke zu bezeichnen (...). Bestellen Sie reichlich. - Mit einer Partie riskieren Sie bei Büchern von solcher Bedeutung tatsächlich nichts."*[446]

Ähnlich wie angesichts des Dramas von Kurt Martens, werden sich aber die Kritiker zunächst befremdet zeigen:

Seit dem Tode Hausers im Jahre 1833, so führt 1909 Albert Becker in "Pfälzisches Museum" aus, sei "eine reiche Literatur über den 'Findling von Nürnberg' entstanden, dessen Herkunft und Persönlichkeit immer mit einem romantisch geheimnisvollen Schleier umgeben scheint." Obwohl "alle ernsthaften Forscher in Hauser einen dummdreisten **Betrüger** *sehen (...): trotz alledem gibt es immer noch Leute, die das vielerörterte Hauser'rätsel' glauben lösen zu sollen", meint Becker. Wassermann, so* *fährt er fort, halte sich an die Darstellungen Feuerbachs und Kolbs. "Hier wird jene Ansicht verfochten, die von der Geschichte längst als irrig erkannt ist. Aber wie nach Lessing der Dichter Herr der Geschichte ist, so brauchte Wassermann diese romantisch-geheimnisvolle Atmosphäre mit all ihren erregenden Einzelheiten zur künstlerischen Ausgestaltung des Stoffes".*[447]

Und selbst wohlwollendere und differenziertere Besprechungen vermitteln einen zwiespältigen Eindruck, der auch die erzähltechnischen Qualitäten des Romans und dessen Bezug auf die Quellen betrifft; so äußert sich Stefan Hock in "Neue Freie Presse" am 17. 5. 1908 unter dem Titel "Kaspar Hauser redivivus":

"(...) Der moderne Dichter, der diesen Stoff sich zur Behandlung vorsetzt, sieht zwei Wege offen. Entweder gilt ihm Kaspar Hauser als Betrügr; dann ist es seine Aufgabe, die psychologische Entwicklung des Jünglings von dem ersten geplanten Betrug bis zu dem Seelenzustand klarzulegen, in dem er unter dem Einfluß unausgesetzter Suggestion seiner Umgebung, unter dem Zwang der Autosuggestion den Selbstmord begeht; dann liegt der besondere Reiz darin, unter Ausschaltung aller äußerlichen Momente dieses Schwanken von Betrug zu Selbstbetrug, von pfiffiger Ruhe zu grimmiger Seelenangst zu schildern (...). Oder der Dichter glaubt an Hausers Wahrhaftigkeit; da droht eine andere Gefahr: die äußeren Umstände, die Intrigen und Mordanschläge bringen den Stoff in die bedenkliche Nähe des Kolportageromans. Andererseits freilich lockt die Schilderung eines Menschen, der, fern von Natur und Kultur aufgewachsen, in vorgeschrittenen Jahren sich plötzlich in die menschliche Gesellschaft und in das rauschende Leben der Erde versetzt sieht - ein Thema, das Jean Paul gerne behandelt hat.

Wassermann hat den zweiten Weg beschritten und seine Gefahren zu meiden gesucht, indem er Kaspars Herkunft und alles damit Zusammenhängende völlig im Dunkeln läßt, jeder romantischen Erfindung aus dem Wege geht und durchaus aktenmäßig Kaspars urkundlich beschriebenes Leben nacherzählt. Auf die erste Hälfte dieses Lebens fällt natürlich der Hauptakzent, und Wassermann hat dieses Erwachen einer betäubten Seele mit feinen, geistreichen Zügen ausgestattet. Aber wie in Kaspar Hausers Leben, so erlahmt auch in diesem Roman das Interesse der Teilnehmenden in der zweiten Hälfte, und Leben und Dichtung verrinnen im Sand. Die Trägheit des Herzens, das tragische Moment in dieser Geschichte eines vergeblich gegen ein mächtiges Schicksal Ringenden, verstumpft nicht nur den Helden des Romans, sondern auch den Leser, und mit einem dumpfen Gefühl der Hilflosigkeit nimmt er Abschied von dem ungelösten Rätsel dieses Lebens.

Wassermann hat die Menschen, die in Hausers Leben eine Rolle spielen, hie und da mit leicht veränderten Namen, in seinen Roman herübergenommen; aber auch sie bleiben uns fremd, weil wir sie nur kennen lernen, insoferne sie mit Kaspars Schicksalen verknüpft sind. Wassermann ergreift entschieden Partei, färbt alle Ungläubigen tiefschwarz und umgibt vor allem den Professor Daumer und Frau v. Kannawurf mit einer strahlenden Gloriole. Einzelne Gestalten entarten zur Karikatur, und Lord Stanhope tritt wie aus einem Kriminalroman dunkelster Sorte, geheimnisvoll und schicksalsschwanger, in die sonst gutbürgerliche Gesellschaft. Nur die Zeichnung des leidenschaftlichen, wahrheitssuchenden, majestätischen Feuerbach ist dem Verfasser durchaus gelungen.

Mit bewunderungswertem Fleiß und großem Geschick hat Wassermann die Akten studiert und benützt; die besten Wirkungen gehen gerade von den Partien aus, die fast wörtlich aus den Quellen geschöpft sind. Veränderungen, Auslassungen und Hinzufügungen erforderte die Tendenz des Buches, und es ist staunenswert, wie sicher die eigene Erfindung mit dem Ueberlieferten in Zusammenhang gebracht ist. Im ganzen ein durchaus lesenswertes Buch mit einer eigenartigen, stillen, fast an wissenschaftliche Darstellung gemahnenden Technik, in einer gebildeten, knappen, sicheren Sprache. Ein Buch vor allem, das - wenigstens in seiner ersten Hälfte - uns in dauernder Spannung erhält. Es kommt damit einem Bedürfnisse des Publikums entgegen, das der ewigen Schilderungen und Reflexionen müde, von einer bewegten Handlung angenehm aufregende Wirkungen erwartet."[448]

Neben den Bemerkungen in seiner autobiographischen Schrift "Mein Weg als Deutscher und Jude" aus dem Jahre 1921 wird Wassermann sich 1924 anläßlich der wieder lebhafter werdenden Diskussion in einem Zeitungsartikel erneut "Zum Caspar-Hauser-Problem" äußern und sich rückblickend an die Reaktionen auf das Erscheinen seines Romans erinnern:

"Eine ganze Reihe von Provinzzeitungen fiel wie im Chorus über mich her und behandelte mich wie einen gefährlichen Uebeltäter (...). Es fehlte auch nicht an anonymen Briefen, an literarischer und persönlicher Verächtlichmachung, an anitsemitischem Hohn, sogar an bedenklichen Drohungen nicht (...). Alles dies war sehr auffallend, (...) um so mehr, als es sich ja nicht um eine Prozeß-Angelegenheit handelte, sondern um Dichtung, in der ich außerdem alles, was sich auf die geheimnisvolle Abkunft des Helden bezog, mit Absicht und aus künstlerischen Gründen völlig im Dunkel gelassen hatte." Er sei, fährt Wassermann fort, "damals von außen und von innen gezwungen" worden, "die gedichtete Figur mit der geschichtlichen zu idemifizieren [! identifizieren?, B. W.]. Es blieb mir schließlich gar nichts anderes übrig, denn ich sah, wie die mythischen und die faktischen Elemente ineinander und gegeneinander wirkten, und wie den Zeitgenossen der Roman in manchem Bezug zum Dokument wurde, obschon zum mißverstandenen, so wie vordem alle Dokumente zum Roman geworden waren."[449]

Die wechselseitige Beziehung von Poesie und Historie, die die Kaspar-Hauser-Geschichte seit ihren Anfängen begleitete, scheint ungebrochen: Auch der Roman Wassermanns gerät bei seinem Erscheinen in die Mühlen jener, die die Geschichte des Findlings um ihrer möglichen politischen bzw. dynastischen Bezüge willen zu denunzieren versuchen oder aber vom Richterstuhl der exakten Wissenschaften aus mitleidig auf jene wundergläubige Zeit herabschauen, in der Kaspar Hauser auftauchte; und so verwundert es nicht, daß Wassermann nach dem Erscheinen des Romans von der Familie Stanhope fast in einen Gerichtsprozeß wegen der kritischen Darstellung der Figur des Lord Stanhope verwikkelt wurde.[450]

Wassermann, dem die Gestalt Hausers "ein entscheidendes Jugenderlebnis", ja "eine Vision seit dem Erwachen des Bewußtseins beinahe"[451] gewesen, berichtet rückblickend, daß der Niederschrift des Romans ein "jahrelanges Studium" vorausging, "bis in alle Ecken und Winkel der einschlägigen Akten und Literaturen"[452]. Bei einer Lektüre des Textes vor dem Hintergrund der damaligen Quellenlage werden dann auch rasch zahlreiche, zum Teil wörtliche Übernahmen aus den Berichten Feuerbachs, Daumers, Johann Georg Meyers und anderer augenfällig. In einer seiner zahlreichen Stellungnahmen zum Roman äußert sich Wassermann 1928:

"Bei der Konzeption des Romans und der Vision der Caspar-Hauser-Gestalt mußte mir die historische Grundlage schließlich ebenso gleichgültig werden, wie die kriminalistischen und genealogischen Forschungsergebnisse. Denn auch ohne die dynastische Legende blieb genug übrig: ein Menschenwunder, nicht mehr und nicht weniger. Um nicht mehr und nicht weniger ging es: Darstellung einer Menschwerdung und die Schuld der unbegreifenden Welt an der Zerstörung einer Seele. Diesen Vorgang konnte ich allerdings fast in seiner ursprünglichen Pragmatik aus der Geschichte in die Dichtung übertragen, selten gibt einem die Wirklichkeit solches Material in die Hand, auch die neuere psychologische Wissenschaft hat oft genug Anlaß gehabt, auf die tiefe innere Wahrheit der seelischen Verfassung und Entwicklung Caspar Hausers hinzuweisen (...)."[453]

Signifikanter jedoch als die Anleihen aus den historischen Quellen - aufgrund derer Marianne Thalmann Wassermanns Eigenleistung gar auf eine "Zeitungsredaktion mit den Randbemerkungen des Berichterstatters"[454] herabzuwürdigen versucht - sind die Änderungen, die der Verfasser hierbei teilweise vornimmt, bzw. die Kontexte, in die er die Versatzstücke stellt. Wir kontrastieren zwei kleine Ausschnitte (der erste ist Daumers Veröffentlichung von 1873, der zweite dem Roman entnommen) um von dort, nach einigen formalen Befunden, auf den zentralen Aspekt des Romans überzuleiten:

"Als er [Kaspar, B. W.] jemanden eine Birne aufschneiden sah, in der zufällig ein Wurm war, kam er mit der Birne und dem Wurm zu uns in den Garten herunter und erzählte mit Ekel und Abscheu, wie jemand habe etwas essen wollen, worin so garstige Tiere seien. Es war ihm nicht bloß die ganze Gestalt des Tieres widerwärtig; er bemerkte auch, wie garstig es innen sei, wobei er den schwarzen Saft meinte, den er in dem durchsichtigen Körper wahrnahm. Als man ihn aufforderte, es zu töten, weigerte er sich und legte es in das Gras hinein."[455]

"Es fiel ein Apfel vom Zweig und rollte ein Stück des abschüssigen Weges entlang. Daumer hob ihn auf, und Caspar fragte, ob der Apfel müde sei, weil er so schnell gelaufen. Mit Grauen wandte er sich ab, als Daumer ein Messer nahm und die Frucht entzweischnitt. Da ward ein Wurm sichtbar und krümmte seinen dünnen Leib gegen das Licht. 'Er war bis jetzt im Finstern gefangen, wie du im Kerker', sagte Daumer. Das Wort machte Caspar nachdenklich; es machte ihn nachdenklich und mißtrauisch. Wie vieles war da im Kerker, wovon er nicht wußte! Alles Innen war ein Kerker. Und in wunderlicher Verworrenheit knüpfte sich an diesen Gedanken die Erinnerung an

den Schlag, den er damals erhalten, nachdem ihn der Du gelehrt, wie man das Pferdchen frei bewegen könne. In allen fremden Dingen lauerte der Schlag, in allen unbekannten wohnte Gefahr."[456]

Die Beobachtung Ludwig Feuerbachs steht in der Daumerschen Veröffentlichung relativ unverbunden neben anderen; daß demgegenüber Wassermann sich bemüht, solche und ähnliche Versatzstücke in den Gesamtverlauf des Romans zu integrieren, ist verständlich und naheliegend. Ebenso wie frühere und spätere Bearbeiter des Stoffes versucht auch er, die Elemente der Kaspar-Hauser-Geschichte miteinander zu verknüpfen und die Lücken erzählerisch zu füllen. So begegnen wir selbstverständlich Lord Stanhope wieder, der - horribile dictu - die Zuneigung und Arglosigkeit Caspars mißbrauchend, ein doppeltes Spiel treibt und mit den Mächten des Bösen in Verbindung steht, die ständig im Hintergrund drohen. Ein allgegenwärtiger Erzähler läßt uns Einblick nehmen in die geheimsten Gedanken der Guten und der Bösen und leitet den Leser an sicherer Hand:

"Nun, Caspar, sollst du in ein kleines Städtchen gehen und in ein kleines Haus, sollst in Verborgenheit leben, und die Wände der Welt sollen sich verengen, bis sie wieder zum Kerker werden. Gewalt hat sich der List verbrüdert; der Richter wird richten, was er sieht, und nicht wissen, was er fühlt. Niedrig sollst du werden, damit die Freunde sich in Feinde verwandeln und deine Einsamkeit leichtere Beute des Verfolgers sei. Das Blut soll gegen sich selber zeugen, Licht soll verweslich werden, Frucht soll nicht mehr wachsen, die Stimme des Himmels soll verstummen, und auf die Nacht, denn Nacht wird sein, soll keine Frühe folgen."[457]

Sorgen bezüglich der richtigen Zeichnung der Personen sind unbegründet. Zwar waren die Beteiligten der Geschichte, den Quellen nach zu urteilen, keineswegs "beinahe alle so, wie" Wassermann sie "macht" - wie Golo Mann in seiner eklatanten Fehldeutung des Romans ausführt[458] -, wohl aber entspricht ihr Bild den in darlegenden und darstellenden Schriften üblich gewordenen Typisierungen: Kaspar ist "der schweigsame, sanftherzige Knabe"; die Mutter Daumers ist eine "alte Dame"; Feuerbachs "Imperatorenblick" schaut "düster sinnend ins Leere"; der "kühle Blick, die Tadellosigkeit in Kleidung und Manieren" von Tuchers kennzeichnen "ganz und gar sein Inneres".[459] Auch das zeitgenössische Ambiente ist treffend gestaltet: In den ersten vier Sätzen zu Beginn des zweiten Teils des Romans lesen wir, daß es in Strömen: regnet, die Kalesche: donnert, die Pferde: scheuen, der Hund: trottet, der Kutscher: flucht, der Wirt: tänzelt und der Lord: schreitet.[460]

Thomas Mann, der sich bereits in einer Rezension aus dem Jahre 1908 mit "Caspar Hauser oder Die Trägheit des Herzens" auseinandersetzt, kann trotz aller lobender Worte eine gewisse Distanz zum Roman nicht verbergen; bezüglich des Stils merkt er an, daß er "aus dem Gegenstande geboren", daß der "romantische Vortragston" dem "Zeitgeist" angemessen sei. Dennoch, so schränkt er ein, gebe es "Stellen", die "altmodisch blaß" wirkten.[461] Klaus Mann, der sich als Dritter der Familie zu Wassermann und zur Kaspar-Hauser-Geschichte geäußert hat, bezeichnet den Roman als "Chronik", die ihm, "mehr noch ihres Gegenstandes als ihres eigentlich künstlerischen Wertes halber, sehr am Herzen" liege.[462]

Verlassen wir jedoch diese Überlegungen, und erinnern wir uns der Darstellung des 'Apfelerlebnisses', bei der Wassermann sich auf Daumer beziehen konnte. Der Wurm, der "seinen dünnen Leib" aus dem Apfel heraus "gegen das Licht" krümmt, wird zum expliziten Sinnbild: "'Er war bis jetzt im Finstern gefangen wie du im Kerker', sagte Daumer", woran Caspar dann tiefsinnige und weitreichende Reflexionen über sein Schicksal anknüpft. In "Mein Weg als Deutscher und Jude" schildert Wassermann, wie ihm der entscheidende Durchbruch bei der Arbeit am Roman gelungen sei:

"Doch bei all dem Probieren und Verzagen, Graben und Verzweifeln wuchs mir die Figur des Nürnberger Findlings unerwartet hoch empor, und sein Schicksal ward mir zum Schicksal des menschlichen Herzens überhaupt. Das Menschenherz gegen die Welt; als ich diese Formel gefunden hatte, hoben sich die Schleier."[463]

Wenige Seiten später expliziert er die "Formel" des Romans weiter:

"Die Idee des 'Caspar Hauser' war, zu zeigen, wie Menschen aller Grade der Entwicklung des Gemüts und des Geistes, vom rohesten bis zum verfeinertsten Typus (...), wie sie alle vollkommen stumpf und vollkommen hilflos dem Phänomen der Unschuld gegenüberstehen (...). Der zuletzt den Stahl führt, ist nur ausübendes Organ; gemordet hat ihn jeder in seiner Weise: die Liebenden so gut wie die Hassenden, die Lehrenden wie die Verklärenden; die ganze Welt ist an ihm zum Mörder geworden; so schreit es ja auch schließlich aus der gequälten Brust der Clara von Kannawurf."[464]

Nicht allein der Untertitel wird lehren, wo der Schlüssel zum angemessenen Verständnis des Romans nach der Absicht des Autors zu finden ist: Der Wille zur symbolischen Überhöhung und bedeutungsvollen Aufladung durchzieht das ganze Werk. So verwundert es nicht, daß den Rezipienten die tiefere Bedeutung des dargestellten Schicksals auffällt, und ähnlich wie später seinem Sohn Klaus, dem sich die Figur Caspars mit dem Bild "des Nazareners" vereinigt[465], entgeht auch Thomas Mann die Christus-Stilisierung nicht:

"Wassermanns Heldenideal ist offenbar der Mensch in seiner ursprünglichen Reinheit, der Heilige, der Erlöser. Nur auf eine Weise könnte ich mir den Caspar überboten denken, nämlich durch einen Helden, der bei seinem Tode nicht aufhört, ein Prüfstein der Herzen zu sein, dessen Wirken nicht untergeht, der die Trägheit des Herzens sterbend besiegt ... Wie, wenn der Jude von Zirndorf uns eines Tages mit einem Jesus-Roman beschenkte?"[466]

Das ständig spürbare Bemühen des Autors, die überzeitliche Bedeutung der Kaspar-Hauser-Geschichte herauszuarbeiten, führt dazu, daß sich in das Negativ der vieldeutbaren 'Form Kaspar Hauser' eine Welle von Sentiment ergießt, die dennoch sich zu keiner "Gestalt" formen will. Das dem Roman vorangestellte Gedicht Wassermanns lautet:

"Es ist noch dieselbe Sonne,
die derselben Erde lacht;
aus demselben Schleim und Blute
sind Gott, Mann und Kind gemacht.
Nichts geblieben, nichts geschwunden,
alles jung und alles alt,
Tod und Leben sind verbunden,
zum Symbol wird die Gestalt."[467]

Nicht zufällig werden diese Verse in Besprechungen und Charakterisierungen des Romans gerne herangezogen. In ihnen kündigt sich neben der angedeuteten Symbolisierung eine weitere Linie an, die die Struktur des Romans entscheidend prägt, und die zu dem bekundeten Willen des Autors, die "Gestalt" zum "Symbol" werden zu lassen, parallel, wenn nicht gar entgegengesetzt verläuft, die Tendenz des 'Zerfließens', die ihren Ursprung wohl auch in den epochengeschichtlichen Einflüssen des literarischen Jugendstils hat. Die Gestalt Caspars, so Thomas Mann in seiner Rezension, vermittle "eine Welt von Gefühl", und der beste "Wert" Wassermanns scheine "in seinem ahnungsvollen, dichterisch dunklen Weltempfinden zu beruhen".[468] Die zerfließende Tendenz drückt sich in einer Reihe von erzählerischen Aspekten aus, so etwa in den atmosphärisch-andeutenden Beschreibungen der Aufenthalte Caspars in den Häusern Behold und von Tucher, in den Erinnerungen und Visionen des Helden, in dem unbestimmten Sehnsuchts- und Erwartungsthema, das den Roman durchzieht und sich erst allmählich in der Hoffnung Caspars auf die Wiedervereinigung mit der vermißten Mutter konkretisiert, in Naturbeschreibungen, die uns vom "Regen und Raunen der Welt"[469] berichten, sowie in der Schilderung einiger bedeutsamer Augenblicke, in denen der Held über sein Schicksal reflektiert. Eine der zentralen Passagen des Romans, in der einige dieser Aspekte unter dem Signum des 'Zerfließens' kulminieren, finden wir in dem Kapitel "Anbetung der Sonne". Die Übersiedlung in das Haus des Lehrers Quandt steht unmittelbar bevor, und Caspar befindet sich im Gasthof des Ortes, gemeinsam mit Stanhope, von dem er weiß, daß er sich, nach einer Zeit der längeren Trennung, innerlich bereits von ihm abgewandt:

"Auch Stanhope war aufgestanden; er trat nahe vor Caspar hin und fuhr mit eigentümlich näselnder Stimme fort: 'Es hilft nichts; in diesem Zeichen bist du eben geboren; in diesem Zeichen hat dich deine Mutter geboren. Das ist das Blut. Es richtet dich und rechtfertigt dich; es ist dein Führer und dein Verführer.'

Und nach einer Weile: 'Laß uns schlafen gehen, es ist spät. Morgen früh wollen wir in die Kirche und beten. Vielleicht schickt uns Gott eine Erleuchtung.'
Caspar schien nicht zu hören. Blut! das war das Wort. Das war die Kraft, die alle Poren seines Wesens durchdrang. Schrie nicht sein Blut aus ihm, und von fernher wurde der Schrei erwidert? Blut trug aller Erscheinungen Grund, verborgen, wie es war, in Adern, im Gestein, in Blättern und im Licht. Liebte er sich nicht in seinem Blut, spürte er nicht die eigne Seele wie einen Spiegel aus Blut, in dem er sich ruhend beschauen konnte? Wieviel Menschen in der Welt, so nahe beieinander, so reich bewegt, so fremd und stumm, und alle durch einen Strom von Blut wandelnd, und sein Blut doch besonders rauschend, ein besonderes Ding, in einsamem Bette fließend, voll von Geheimnissen, unbekannter Schicksale voll!
Auch als er den Blick wieder gegen den Grafen kehrte, war es, als wandle er durch Blut, eine Vorstellung, die freilich durch die scharlachfarbene Tapete begünstigt, wenn nicht erzeugt wurde. Wenn man die Kerzen verlöschte, dachte Caspar, wird alles tot sein, das Blut und die Worte, er und ich; ich will nicht schlafen diese Nacht, nicht sterben (...).
Ungeachtet seines Vorsatzes schlief Caspar bald ein und nahm sein aufgewühltes Gemüt in den Schlummer hinüber. Er mochte vier bis fünf Stunden geschlafen habe, als sich sein bleiernes Daliegen in ein ruheloses Herumwälzen verwandelte (...).
Er ertrug es nicht mehr im Bett. Es war, als sei ihm der Körper mit tausend Fäden umschnürt, und als er aufstand, geschah es nur, weil er sich vergewissern wollte, ob er sich noch frei bewegen könne. Er schlug die Wolldecke um die Schultern und trat barfüßig ans Fenster.
Das ganze große All war angefüllt mit den gesprochenen Worten, die wie rote Beeren in der Dunkelheit hingen. Überall Gefahr; bloß zu denken, war schon Gefahr; jeder Anhauch aus fremdem Munde Gefahr.
Er fing an zu zittern. Die Knie saßen loser in den Gelenken, es war ihm so leicht und schwer zugleich; sein Nachdenken hatte eine andre, nährere Folge, auch alle Gegenstände waren näher, und das Ganze der Erde und des Himmels, Wolken, Wind und Nacht hatten etwas eingebüßt, etwas unbegreiflich Flüchtiges und Wandelbares. Alles ist nun so wunderlich wahr (...).
Da tönte das ungeheure Wort des Grafen neuschallend in die Nacht: 'In diesem Zeichen hat dich deine Mutter geboren.'
Dich geboren! Welcher Laut! Was war darin beschlossen! Caspar legte beide Hände vors Gesicht; ihm schwindelte.
Da hörte er ein Geräusch von Schritten. Jäh drehte er sich um, es war ein Emportauchen aus finsterer Flut; der Graf stand im Schlafrock vor ihm. Wahrscheinlich hatte Caspars nächtliches Wachsein ihn aufgeweckt, er hatte einen leisen Schlummer.
'Was treibst du?' fragte Stanhope mürrisch.
Caspar machte einen Schritt auf ihn zu und sagte dringlich, atemlos, drohend und flehend: 'Führ mich zu ihr, Heinrich! Einmal laß mich die Mutter sehen, nur einmal, nur sehen; nicht jetzt, später vielleicht. Einmal, nur einmal! Nur sehen! Nur einmal!'"[470]

Golo Mann stellt als das eigentliche Anliegen Wassermanns die Idealisierung eines historischen Stoffes im Sinne Schillers heraus, wobei es dem Autor "nicht um den Stoff", vielmehr "um das aus ihm zu Gewinnende, um Gleichnis und Idee" gegangen sei. In der Idealisierung aber, so fährt Mann wenige Sätze wei-

ter fort, dürfe "das Reale nicht verschwimmen", sondern müsse im Gegenteil "so stark, lebenstreu und genau" erscheinen, daß der Leser darüber vergesse, "worum es denn eigentlich geht".[471] Daß diese "Verschmelzung", wie Golo Mann glaubt, Wassermann gelungen sei, muß gerade bestritten werden: Neben einer bis zur Penetranz gesteigerten Häufung bedeutungsvoller Zeichen stehen die erwähnten Passagen, in denen Romanfiguren den Sinn und die Absicht nochmals explizieren, so daß der Leser keineswegs vergessen kann, "worum es denn eigentlich geht". Oder anders gewendet: Worum es eigentlich geht, weiß er nie so recht. Bevor Thomas Mann in seiner Rezension schließt, es sei wohl die Nähe zur Christus-Gestalt, durch die sich Wassermanns Caspar auszeichne, fragt er etwas ratlos: "Was ist Caspar? Das Kind? Der Dichter? Der Mensch schlechthin? Es wäre essayistisch sehr schwer zu umreißen."[472]
Je weiter Wassermann seinen Erzähler ausgreifen läßt, um so mehr zerfließen die Konturen der Gestalt Caspars, um die sich die Worte wie Nebelschwaden zu legen scheinen. Das "Blut und die Worte" - nicht zufällig lasen wir diese Verknüpfung. Die eigentliche Formel des Romans scheint hier ihren angemessenen Ausdruck zu finden; wortreich verabschiedet sich Wassermann von der Luzidität und Poesie der Augenzeugenberichte:

> *"Piepsendes Geplärr bestätigte die Anwesenheit der neuen Weltbürgerin. Nach einer Weile kam trällernd die Magd, und Caspar sah, daß sie eine Schüssel voll Blut trug (...). Wie betrunken entkleidete er sich, wühlte sich in die Betten und vergrub das Gesicht. Er konnte nichts dawider tun: aus der Nacht erhob sich gleich einer purpurnen Scheibe die Schüssel voll Blut. Er konnte nichts andres sehen als dies: aus einem blutigen Schlund krochen junge Wesen und wurden Menschen genannt (...), wurden geboren, ja geboren, so wie die Mutter ihn geboren. Das ist es also, dachte Caspar. Er spürte das Band, begriff den Zusammenhang, fühlte seine Wurzeln tief in der blutenden Erde, alles starre Leben regte sich, das Geheimnis war entschleiert, die Bedeutung offenbar. Doch Mitleid und Grauen, Sehnsucht und Furcht waren nun eines, Leben und Sterben zu einem Namen verschmiedet."*[473]

c) Ultima ratio

Klaus Mann, dessen kleinen Beitrag in "Die Weltbühne" wir bereits kennenlernten, äußert sich 1925 auch in poetisch-literarischer Weise zum Thema. In der sieben Jahre später veröffentlichten autobiographischen Schrift "Kind dieser Zeit" erinnert er sich dann an die Entstehung seiner "Kaspar-Hauser-Legenden" und charakterisiert dabei die "irrationale Strömung der Zeit", die er "mit gieriger Seele" auffing, da sie "nur zu sehr" seinem damaligen Zustand "entsprach"[474]: "Kaspar Hauser, der Fremdling der Erde, das Waisenkind, l'enfant de l'Europe, wird das meistgeliebte Symbol dieser Zeit".[475]
Wie sehr diese persönliche Stimmungslage Manns auch einer allgemeinen Zeitströmung entspricht, ist in der Tat auffällig, und neben dem äußeren Anlaß des

Centenariums von Kaspars Erscheinen ist es wohl dieser Hang der Zeit zum Aufregenden und Irrationalen wie zum Heimatnahen und Erdverbundenen, der zu einer neuen Publikationsflut zum Kaspar-Hauser-Thema führt. Das 1924 erschienene Buch Klara Hofers, "Das Schicksal einer Seele. Die Geschichte vom Kaspar Hauser", löst eine virulente Diskussion um den Fall aus, die in ihrer Intensität und relativen Geschlossenheit an die ersten Auseinandersetzungen der Zeit um 1830 erinnert. Wie damals erörtern die theoretisch-darlegenden Schriften den Fall pro und contra, wobei sich zu populären Darstellungen spezialwissenschaftlich ausgerichtete gesellen[476], deren Ertrag sich jedoch zum großen Teil in Sentimentalitäten, Parteiengezänk oder offenkundiger Profilierungssucht der Autoren erschöpft. Auch jene Grenzüberschreitung von theoretischem zu literarischem Bereich und vice versa setzt sich, wenn auch nicht mehr so dominant wie noch 1834, weiter fort. So beabsichtigt der Arzt Richard Rahner, der 1925 mit dem Titel "Kaspar Hauser. Des Rätsels Lösung. Nach medizinischen und historischen Studien" an die Öffentlichkeit getreten war, sich auch aus literarischem Blickwinkel zum Thema zu äußern, wie eine Verlagsankündigung uns lehrt:

> *"Der Untergang einer Seele. Kaspar Hauser oder Durch fremde Schuld. Roman ca. 300 Seiten. Hier wird 'der Kaspar-Hauser'-Roman vor uns liegen. Nicht mehr Prinz, nicht mehr Gefängnis und Mord, kein dämonischer Engländer stehen hier im Mittelpunkte des Interesses. - Der von Geburt aus weder böse noch verbrecherisch veranlagte Mensch muß zu Grunde gehen durch die Schuld der Anderen, die ihn nicht verstanden. Es ist der Untergang einer Seele, für welche mit Rücksicht auf ihre konstitutionelle Abnormität das allzu große Wohlwollen ihrer Freunde zur Katastrophe werden mußte im Selbstmorde. Große Pflichten erwachsen der Sozietät gegenüber solchen psychischen Abnormalien. Hauser hat nicht umsonst gelebt; war er bald 100 Jahre lang ein Stück Romantik und Sensation, so wird er im Romane Rahners zu einem 'Quousque tandem' für die menschliche Gesellschaft in ihren Verpflichtungen gegenüber den krankhaften Seelenanlagen, die oft genug bei einer glücklichen Entwicklung und Entfaltung im wertvollsten Menschen sich offenbaren können."*[477]

Der Literaturwissenschaftler Eduard Engel versieht seine vermeintlich neuen Erkenntnisse, "Kaspar Hauser. Schwindler oder Prinz?" (1931), mit dem verführerischen Untertitel "Ein urkundlicher Roman"[478]; Karl Röttger betont das intensive Quellenstudium, das der Niederschrift seines dokumentarischen Romans vorausgegangen sei, und Herbert Lewandowski tritt als fiktiver Herausgeber des wiedergefundenen Tagebuchs Kaspars auf; in den populären Darstellungen der Lebensgeschichte des Findlings durch Klara Hofer und Sophie Hoechstetter schließlich verschwimmen die Konturen zwischen Fiktion und Bericht in ungewöhnlichem Maße, indem die Autorinnen uns jeweils mit einer einfühlsamen Lebensdarstellung Kaspars, versehen mit eigenen Vermutungen und der freien erzählerischen Gestaltung einzelner Ereignisse im Leben des Findlings, beehren.[479]

Wenden wir uns dem engeren Bereich der literarisch-poetischen Bearbeitungen zu, so präsentiert uns eine Gesamtübersicht der zwischen 1912 und 1936 erschienenen Titel folgendes Bild: Kurt Rupli: "Caspar Hauser. 5 Bilder aus dem mysteriösen Leben des Findlings" (1917); 1917 und 1919 erscheinen insgesamt vier Novellen Sophie Hoechstetters, die sich im Umfeld des Kaspar-Hauser-Themas bewegen: "Die Damen von Irmelsleben", "Epilog" (1912 u. 1917), "Die weiße Stunde" und "Gedächtnis" (1917, 1919); Kurt Tucholsky verfaßt zwei Gedichte, in denen er seine "Namensänderung" ankündigt (1918 und 1920); Hans Arp: "Kaspar ist tot" (1912/19); Klabund: "Kaspar Hauser. Nach Verlaine" und "Der arme Kaspar" (beide 1922); ebenfalls 1922 erscheinen zwei anonym veröffentlichte Puppenspiele von Jörg Mager mit den Titeln "Kaspar Hauser. Die entartete Prinzeß" sowie "Kaspar Hauser. Kasperle als Spitzel" in der Reihe "Proletarisches Kasperle-Theater"; Sophie Hoechstetter: "Das Kind von Europa. Die Geschichte des Kaspar Hauser" (1924); Klara Hofer: "Das Schicksal einer Seele. Die Geschichte vom Kaspar Hauser. Unter Berücksichtigung der neuesten Feststellungen" (1924); Karl Franke: "Pythius und Kaspar Hauser" (1924); Otto Goldmann: "Lilith. Roman eines modernen weiblichen Kaspar Hauser" (1925); Sophie Hoechstetter: "Ansbach" (1925); Helene Hirschmann: "Kaspar Hauser" (1925); Klaus Mann: "Kaspar-Hauser-Legenden" (1925); Karl Hannemann: "Kaspar Hauser" (die Textvorlage des 1925 uraufgeführten Dramas war nicht mehr erhältlich); Richard Rahner: "Der Untergang einer Seele. Kaspar Hauser oder Durch fremde Schuld" (unseren Recherchen zufolge gelangte der 1925 angekündigte Roman nicht zur Veröffentlichung); Helene Hirschmann: "Kaspar Hausers erstes Weihnachtsfest" (1926); Bernhard Trinius: "Kaspar Hauser" (1926); Friedrich Wölfling: "Kaspar Hauser. Drama in fünf Aufzügen" (1926); Erich Ebermayer: "Kaspar Hauser. Dramatische Legende in zehn Bildern" (1927); Maria Mathi-Friedberg: "Kaspar Hauser" (1927); Hans Lindenmeyer: "Kaspar Hauser. Historische Ballade im Moritatenstil" (1927); Octave Aubry: "L'Orphelin de l'Europe. Gaspard Hauser" (1928)[480]; Alfred Kittner: "Kaspar Hauser-Lied" (1928); Herbert Lewandowski: "Das Tagebuch Kaspar Hausers. Eine Gabe für einsame Menschen" (1928); Ad. Lübbers: "Kaspar Hauser, das Welträtsel seit 100 Jahren. Ein historisches Filmdrama in 24 Bildern" (1928); Josy Schäfer: "Kaspar Hauser, das Kind Europas. Zum hundertsten Gedenktag seines Erscheinens in Nürnberg. Sonett an Kaspar Hauser" (1928); Helene Hirschmann: "Kaspar Hauser. Dramatische Legende" (die Textvorlage des 1928 uraufgeführten Schauspiels war nicht mehr greifbar); Walter Erich Schäfer: "Richter Feuerbach. Schauspiel" (1929); Karl Röttger: "Kaspar Hausers letzte Tage oder Das kurze Leben eines ganz Armen. Ein dokumentarischer Roman" und "Nachschrift zum 'Kaspar Hauser'" (1933); Sophie Hoechstetter: "Lied des Kaspar Hauser zu seinem 100. Todestag am 17. Dezember 1933" (1933); Herbert Eulenberg: "Kaspar Hauser singt (Zu

seinem hundertsten Todestag). Nach Paul Verlaine" (1933); Franz von dem Bussche: "Kaspar Hauser. Drama" (1934) (der bibliographisch ermittelte Titel war über den Fernleihverkehr nicht mehr zu beschaffen[481]); Johannes Bobrowski: "Kaspar Hauser" (1936); Ruth Schaumann: "Ansbacher Nänie" (1936; ²1962); Wilhelm Kunze: "Das Kaspar-Hauser-Hörspiel" (ca. 1925-1939); zwei weitere Dramen, vermutlich aus der Mitte der 1920er Jahre, von den Autoren Georg N. Felke und Eduard Stucken, waren ebenfalls nicht mehr greifbar[482].
Es scheint geboten, angesichts dieses Defilees vielversprechender Autoren und Titel, möglichen Befürchtungen des Lesers entgegenzuwirken: Nur vereinzelt werden wir in diese "unerfreuliche Nebeldämmerung" eintauchen, um Orientierungslichter anzuzünden, mit deren Hilfe wir hoffentlich sicher zur nächsten Etappe gelangen. Neben dem Hauptleitfaden der bisherigen Überlegungen, der Beziehung zwischen literarisch-poetischer Bearbeitung und theoretischer Darlegung, werden dabei die in den beiden vorhergehenden Abschnitten herausgearbeiteten Beobachtungen von Nutzen sein.
Bezüglich des Romans "Caspar Hauser oder Die Trägheit des Herzens" bleibt nachzutragen, daß Wassermann in seinem Rückblick von 1921 hervorhebt, daß er als "Jude ein so eigentümlich deutsches Buch"[483] geschrieben habe; die Hoffnungen jedoch, die er an dieses Romanprojekt gebunden, seien enttäuscht worden:

> *"Der Vorgang nun steht in der Landschaft, die ihm bereits von der Geschichte gegeben war; innerste deutsche Welt und (...) gültige deutsche Menschen. Deutsch die Stadt, deutsch der Weg, deutsch die Nacht, deutsch der Baum, deutsch die Luft und das Wort (...). Die andern, denen ich Jude war und blieb, wollten mir (...) zu erkennen geben, daß ich ihnen nicht genug tun konnte, als Jude nämlich; daß ich, als Jude, nicht fähig sei, ihr geheimes, ihr höheres Leben mitzuleben, ihre Seele aufzurühren, ihrer Art mich anzuschmiegen (...). Was half die stille oder auch geäußerte Überzeugung, daß ein Buch wie dieses, aus dem Herzen des Volkes entstanden und durch alle ihm beschiedene Zeit hindurch als volksmäßig ansprechbar, wäre es von einem Namenlosen oder Unbekannten ausgegangen, vielleicht sogar für Deutschtümler ein Fanal geworden wäre, sie sich's wenigstens als solches hätten aufreden lassen wie manches minder bezeichnende und flachere (...)".*[484]

Wie immer man auch das spezifisch "Deutsche", von dem die Rede ist, umreißen will, die Langzeitwirkung seines Romans betreffend behält Wassermann *nicht* recht: Neben der expliziten Formel der "Trägheit des Herzens" wird auch die implizit erkennbare Tendenz des Werkes - die sich durch irrationale, mystifizierende sowie stilisiert-legendenhafte Züge ausweist - für die literarische Weiterentwicklung des Stoffes von Bedeutung sein.

> *"Nein, dieses Irre, Bewußtlose, Erfaßte, das ihn gelenkt haben muß, hatte nichts mit dem Verstand zu tun: es ist Gefühl, Schrei des Bluts, Schrei des Heimatlosen nach Heimat, nach Mutter. Sein Herz sagt: dies Blut wird sie rufen, uraltes Wissen aus Urzeiten her, ultima ratio, die von Vernunft nicht weiß ..."*[485]

Gefühl, Heimat, Mutter, Herz und Blut: nicht zufällig begegnen wir in wenigen Zeilen diesen bedeutungsgeladenen Begriffen bei Klara Hofer, deren Buch eine Verlagsankündigung in folgender Weise charakterisiert:

> *"Zum ersten mal, nachdem die Welt und eine Anzahl ihrer bedeutendsten Geister sich seit 100 Jahren an der Lösung des Kaspar-Hauser-Rätsels gemartert haben, ist durch die Auffindung von Hausers Kerker im Schloß zu Pilsach, i. d. Oberpfalz die Grundlage geschaffen, auf der dem Unglücklichen eine gerechte Beurteilung gewährt werden kann. In* ***durchaus kritischer Weise*** *und mit Benützung jedes kleinsten Zuges der bekannten und neuerschlossenen Quellen - denn das Interesse ganz Deutschlands hat an dem Buch mitgearbeitet - wird das beispiellose und rührende Schicksal einer Seele gezeigt, das zuvor nur in phantasievollen Romanen, die sich von der Wahrheit entfernten, oder in gehässiger Verzerrung der Welt bekannt [ge]worden [!] ist, so daß das prophetische Wort des genialen Kriminalisten Anselm von Feuerbach wirklich Wahrheit wird: Was verbirgt die dunkle Mitternacht, wird endlich, wenn es tagt ans Sonnenlicht gebracht".*[486]

Die Lebensdarstellung Hofers oszilliert zwischen historischem Bericht und Fiktion, indem der Text von zahlreichen literarischen Anspielungen und Zitaten durchwoben ist und die Verfasserin ihre historisch-kriminalistischen Recherchen mit zahlreichen Landschafts- und Naturbeschreibungen sowie Hinweisen auf die Umstände und ihre persönliche Betroffenheit bei der Beschäftigung mit dem Thema versieht, eine Tendenz übrigens, die in fast allen theoretischen Beiträgen bis heute, so z. B. noch in Ulrike Leonhardts Biographie (1987), spürbar ist:

> *"So viel und tief das Problem mich beschäftigt hatte, so war es doch eigentlich nie das Tatsächliche, nicht Kaspar an sich gewesen, was mich anrührte, sondern Kaspar in der Spiegelung, das Vergängliche als Gleichnis. Ich konnte nicht beurteilen, wo Wahrheit aufhörte, wo Dichtung begann, und ich hatte, getreu meiner persönlichen Auffassung der Kunst, die Gewesenes und Vergangenes lebendig macht, auch auf Treu und Glauben hingenommen, was der Dichter sagte. Nun kamen die nüchternen Zeugnisse des Lebens ins Haus, das Bild verschob sich, die Vergangenheit rückte ins Greifbare, und gerade das, was an Kaspars Bericht unglaublich war, wenn schon durch ärztlichen Befund und wohlüberlegte Aussagen derer, die ihn zuerst aus der Nähe beobachten konnten, gestützt, und woraus der schnellfertige und kurze Verstand des Geschlechtes, das nie ausstirbt, triumphierend den Nachweis seines Betrügertums herleitet: gerade dies ward durch den stummen Kronzeugen, den Ort seiner Verbergung, als die klare Wahrheit erwiesen."*

> *"Hier ist nichts phantasiert und zurechtgemacht, die Tatsachen sprechen für sich, Hypothesen sind als solche kenntlich gemacht und entsprechend belegt, auch die sagenhaften Züge anzudeuten war im Interesse der Volkspsychologie nötig (...). Wenn man aus der Tatsache, daß epische Werke historischen Inhalts, die nicht rein wissenschaftlicher Natur sind, unter der Rubrik 'Roman' erscheinen, mir etwa die quellende Phantasie der Frau Courts-Mahler andichten will, so nehme ich das mit Gleichmut als Beweis entsprechender literarischer Urteilsfähigkeit zur Kenntnis."*[487]

Neben dem Buch Klara Hofers sind es die Veröffentlichungen Sophie Hoechstetters, die in den zwanziger Jahren populär werden. In einer ausführlichen Besprechung zu ihrem Roman "Das Kind von Europa. Die Geschichte des Kaspar Hauser" berührt der Rezensent Emil Reicke u. a. zwei charakteristische Punkte der Publikation, die zum einen die im Zusammenhang der Kaspar-Hauser-Literatur grundlegende Frage betreffen, wo die Grenzen zwischen Roman und Bericht bezüglich des historischen Stoffes verlaufen, zum anderen die sentimentale und heimatverbundene Atmosphäre des Buches andeuten:

"(...) Es fragt sich überhaupt, ob es sich empfiehlt, aus Kaspar Hausers Geschichte einen Roman zu machen. Ist ja doch diese ganze Geschichte, so weit sie urkundlich verbürgt ist, an sich ein Roman, angesichts dessen man lebhaft daran erinnert wird, daß für manche Menschen das Leben in der Tat romanhafter verläuft, als sich die üppigste Phantasie eines erfindungsreichen Dichters auszudenken vermag. Aber das Malen in der Seele des Helden, das Schildern seines Charakters und des der andern zu ihm in Beziehung tretenden Personen, wo bliebe denn dieses? Nun, nach meiner Ansicht bleibt es einem Historiker, der sich an die Darstellung eines psychologisch interessanten historischen Stoffes heranmacht, unverwehrt, auch das Seelenleben seines Helden zu schildern, so wie er es zu sehen und nachzufühlen vermeint (...). In diesem Sinne verstehe ich die Aufgaben, die sich ein Geschichtsschreiber, der kein Romanschreiber sein will, bei der Darstellung des Kaspar Hauserstoffes wohl stellen könnte. Es bleibt eben hier für das Nachsinnen über die Geschicke, das Nacherleben der Begebnisse, das Einfühlen in die Psyche dieser rätselhaften Persönlichkeit so viel zu tun übrig, daß man des Rahmens eines Romans gar nicht bedarf, um seine Gedanken darüber zu Papier zu bringen (...).
Wenn ich mich nach diesen prinzipiellen Erörterungen, die noch viel weiter geführt werden könnten, wieder zu Sophie Hoechstetters Roman hinwende, so stehe ich nicht an, die Lektüre desselben allen jenen, die an dieser seltsamen Begebenheit Interesse nehmen, vor allem aber allen kritischen Lesern aufs wärmste zu empfehlen. Sie werden alle etwas Neues daraus zu gewinnen wissen. Am meisten bringt uns die Dichterin ihren Helden nahe, wo sie Empfindungen und Gefühle schildert, wie sie aus Stimmungen, sei's der Natur, des Jahreslaufes, sei's der eigenen Seele erwachsen, die ja in dem jugendlichen Alter, in dem Kaspar Hauser damals stand, eine oft die Brust fast zersprengende Stärke zu haben pflegen. Wie fein, wenn sie Kaspar seinen ersten Schnee, sein erstes Weihnachten und Ostern erleben läßt. Oder den Eindruck, den eine liebenswürdige, vornehme, junge Frau auf sein leidenschaftlich der großen Welt zugewandtes, von der Liebe aber bis dahin noch kaum berührtes jugendlich-empfängliches Gemüt hervorzurufen vermag. Gerade in dem Nachempfinden und im Ausmalen solcher Stimmungen ist Sophie Hoechstetter ja eine anerkannte Meisterin. Daß gerade das fränkische Land, ihre Heimat, ihr hier die stärksten und tiefsten Anregungen gegeben hat, sei nur nebenbei bemerkt (...)."[488]

Zahlreiche historische Quellen hinzuziehend und tagesaktuelle Bezüge aufnehmend, bildet auch die Erzählung Hoechstetters, die sie den "Bewohnern ihrer fränkischen Heimat" widmet, ein seltsames Konglomerat von Tatsächlichem und

Erdachtem. Das "Schlußwort" des Buches charakterisiert zugleich die Erzählhaltung und den Duktus des Vorangegangenen:

> *"Sie begruben ihn in fränkischer Erde. Wer an ihm teilgenommen, behielt für sein Leben lang Unruhe im Herzen um seinetwillen. Es sind neun Jahrzehnte vergangen, seit er seinen Tod starb. Wer heute die alte Stadt besucht, die für Kaspar Hauser das letzte Ziel seiner kurzen Wanderung im Lichte wurde, findet im Hofgarten ein graues gotisches Denkmal mit den Worten Stichaners: Hic occultus occulto occisus est 1833. (Hier endete geheimnisvoll der Geheimnisvolle.) Auf dem Kirchhof zu Ansbach steht ein kleiner Grabstein, ebenfalls von Stichaner beschriftet:*
> *Hic jacet Casparus Hauser*
> *Aenigma sui temporis*
> *ignota nativitas / occulta mors.*
> *(Hier ruht Kaspar Hauser, ein Rätsel seiner Zeit, unbekannter Geburt, dunklen Todes.)*
> *Ein Goldregenbaum beschattet die stille Stätte, Pfingstrosen, die Blumen des Festes, an dem er vor den Menschen auftauchte, wachsen aus dem Gras des Hügels. Man hat mir oft in Ansbach erzählt, daß immer am Sonnenwendtag ein Rosenkranz sein Grab schmückt, gegeben von unbekannter Hand. Im Dunkel lag sein Kommen, sein Gehen. Von Geschlechtern zu Geschlechtern erbt sich die Kunde von seinem seltsamen Dasein fort und wird erzählt wie ein altes Märchen. Sein Schicksal steht als eine Mahnung da, die Herzen achtsamer zu machen gegen ihres Nächsten Ohnmacht und verschwiegenes Leid. Denn, ach, in einem Sinn sind wir alle dem Kaspar verwandt: Ungewißheit liegt über unserer Zukunft, in Dunkelheit das Kommen und Gehen der Erdenmenschen (...). Die Jahrzehnte gingen und Kaspar Hauser blieb unvergessen und umdacht bis heute. Denn sein kleines Schicksal war ein allertiefstes: das der leidenden, in der Welt verlorenen Seele. - Wenn heute fränkische Landsleute einander irgendwo in der Welt treffen und von ihrem Stolz, dem alten und immer jungen Nürnberg und von Ansbachs unzerstörbarer Schönheit sprechen, vergessen sie wohl nie, an Kaspar Hauser zu denken. Und dann werden die Worte stiller, Erinnerungen steigen auf, und Jeder [!] weiß etwas Besonderes zu erzählen von der Wirkung des Geschickes dieser Sache auf seine eigene. Denn wir lieben ihn und tragen ihn unvergeßlich im Herzen. Und so ist er zum Mythos des fränkischen Landes geworden, zu der schwermütigen Sage eines Erdstrichs und seiner Bewohner."*[489]

In betont auktorialer Erzählweise verfolgt Hoechstetter die Stationen der Hauser-Geschichte, wobei sie das Mutterthema leitmotivisch begleitet:

> *"'Laß dir nur Zeit, Kaspar', sagte der Bürgermeister. Und er fragte ihn wieder gütig und herzlich, woher er käme. 'Wie sagten die andern von dem Ort, wo du warst? Du weißt es nicht? War es wie hier? Weißt du noch, wie die Mama ausgesehen hat? [']* *[!] Mama. Ein Zucken ging über Kaspars Gesicht. Das Wort durfte er doch nicht sagen, das hatte ihm der Mann verboten. 'A söchtener Reuta hat ka Mama -' Er machte eine hilflose Gebärde. Es war ihm, als wisse er, was das Wort sei und müsse doch schweigen. 'Mutter', antwortete Binder. 'Mutter besser als Brot und Wasser.' Binder wandte sein Gesicht zur Seite. Aber es war nicht seine Amtspflicht, hier gefühlvoll zu werden."*[490]

In Hoechstetters Roman verläßt diese Sehnsucht Kaspar selbst auf seinem Sterbebett nicht:

"Pfarrer Fuhrmann kam. Da lächelte Kaspar. Bürgermeister Binder stand vor seinem Bett. Da wurde es Kaspar leichter. Nürnberg, altes Nürnberg! Der Bürgermeister fragte ihn flehentlich, warum er denn auf den Ruf eines Fremden in den Hofgarten gegangen sei. Wie sehr habe er ihn gewarnt, im Sommer, in der Fränkischen Schweiz. 'Weil ich g'mußt hab,' sagte Hauser. 'Wo ist meine Mutter? Meine Mutter wollte doch kommen.' Binder stiegen die Tränen auf."[491]

In den fünf "Bildern" Kurt Ruplis verfolgen wir die Stationen des Findlings von seinem Auftauchen (erstes Bild), seinem eineinhalbjährigen Aufenthalt bei Daumer (zweites Bild) und bei Baron von Tucher (drittes Bild), bis zur letzten Station im Hause des Lehrers Quandt (fünftes Bild) in Ansbach. Die dramatische Gelenkstelle bildet wieder einmal Lord Stanhope (viertes Bild), der zunächst mit den im Hintergrund lauernden Bösen (Major von Hennendorf, Leutnant Hickel und dem "Vermummte(n)") gemeinsame Sache zu machen scheint, dann aber, durch Kaspars unschuldiges Wesen fasziniert, die von höchster Stelle aus geplante Intrige vergeblich zu verhindern sucht. Wie so oft durchlebt auch hier diese Figur einen unvermittelten Sinneswandel, der in einigen Dramen zur Forcierung des drohenden Schicksalsschlages beiträgt, in anderen (wie in diesem Fall) ein retardierendes Moment bildet und die einzige Grauzone in der stereotyp schwarz-weißen Zeichnung des Opferlamms Kaspar und seiner Nürnberger Freunde auf der einen und den Zweiflern und Verfolgern auf der anderen Seite darstellt, ähnlich, wie sich auf theoretischem Feld Hauser-Gläubige und -Ungläubige unversöhnlich gegenüberstanden und -stehen.
Auch in dem Drama Kurt Ruplis, das sich sowohl durch die Handlungslinie als auch durch zahlreiche, zum Teil wörtliche Übernahmen als peinliche Bühnenbearbeitung des Wassermannschen Romans erweist, ist die Frage nach seiner Mutter für den Helden äußerst wichtig:

"Caspar: O, Herr Professor Daumer war gut zu mir, bei dem ich früher gewesen bin. Er hat mich verstehen können. Er hat mir immer so schön zugeredet, wenn ich nach meiner Mutter gefragt habe. Sagen hat er es mir freilich auch nicht können. Aber wenn er zu mir gesprochen hat, das hat gut getan. - Der Herr Baron macht so ein finsteres Gesicht, wenn ich ihm einmal sage, daß ich eine Sehnsucht nach fort habe, Sehnsucht nach meiner Heimat und meiner Mutter.
Stanhope: Deiner Mutter?
Caspar: Aber ja. Jeder Mensch hat doch eine Mutter und liebt sie und möchte gern zu ihr hin. - Mir ist es immer, als fehlte mir das halbe Herz, weil ich meine Mutter nicht habe."[492]

Lesen wir ein Beispiel zu diesem Aspekt aus dem Roman Karl Röttgers, "Kaspar Hausers letzte Tage oder Das kurze Leben eines ganz Armen", von dem der Klappentext zu berichten weiß:

"Als erster aus neuen, authentischen Quellen schöpfend, hat Karl Röttger Gestalt und Geschick Kaspar Hausers, des zum Symbol gewordenen Opfers menschlicher Kleingläubigkeit, neu aufgebaut und eine Dichtung von packender Lebendigkeit und dramatischer Kraft geschaffen, einen Roman, der alle Herzen zutiefst bewegt."[493]

Bewegt zeigen sich auch viele Rezensenten, und ihr Jargon der Ergriffenheit kommt dabei der Stillage des besprochenen Romans recht nahe. Die Berliner "Deutsche Zeitung" schreibt am 29. April 1934:

"(...) Röttger nennt sein soeben bei Paul Zsolnay erschienenes Buch 'Kaspar Hausers letzte Tage' einen dokumentarischen Roman. Das bedeutet zunächst, daß der Dichter die authentischen Zeugnisse und das sämtliche bisher veröffentlichte Material zur Hauserfrage in emsigem Forscherfleiß zusammengetragen und benutzt hat. Das bedeutet darüber hinaus, daß dieser Roman selbst ein wertvoller Beitrag zur Hauserfrage sein möge und es zweifellos ist. Der Dichter behält das dünne, eiserne Gerippe der Geschichte streng bei. Alle Namen und Daten sind authentisch. An diesem dünnen, wahrhaftigen Gerippe rankt sich der Roman empor; die poetische Wahrheit, die Innengeschichte, die ja noch viel erschütternder ist als das, was die Menschen sehen, und die, schamhaft verborgen, nur die Künstlerhand erfassen kann. Wie Dichtung und Wahrheit zusammenfließen, ist immer Geheimnis des Künstlers.
Auf diese Innengeschichte eben kommt es Röttger an. Und deshalb darf sein Buch Anspruch auf ein Kunstwerk erheben. Während der 1931 erschienene Roman von Ed. Engel nichts anderes ist als der Versuch einer Lösung des Gegensatzes 'Betrüger oder Prinz' in Form eines Romans, stellt Röttgers Buch einen wirklichen Roman, ein Kunstwerk dar, die künstlerische Verdichtung eines Menschenschicksals. Dem Künstler Röttger ist nicht die juristische Frage von primärer Bedeutung. Das Prinzentum Hausers und sein unverschuldeter Tod sind ihm 'moralische Gewißheit', und jeder unvorhereingenommene Leser wird die Ueberzeugung gewinnen, daß sich das Schicksal dieses Einsamsten aller Einsamen so und nicht anders vollendet hat. Dem Dichter kommt es zunächst und vor allem auf den Menschen Hauser selbst an, auf das Erfassen eines Wesens, das von seiner Sendung überzeugt ist, an welche aber die Menschen, die wie eine wilde Meute alles Seltsame, Heilige, Unbegreifliche, alles, was nicht ihresgleichen ist, zu Tode hetzen und zertrampeln müssen, in ihrem blinden Wahn nicht glauben wollen, eines Wesens, das da leidet an dem Rätsel aller Sternenmenschen.
Mit dem Hauser-Roman hat Röttger wieder einmal das Thema und die Sprache seines Herzens gefunden. Er ist der deutsche Dichter der Gegenwart, der mit unendlichem Feinsinn und liebevollem psychologischem Versenken den Wegen jener nachgeht, die nicht heimisch sind auf dieser Erde. Ausnahmenaturen, das Kind, der Heilige, das Genie, sie sind es, die er mit seiner Liebe umstellt. Grenzzustände, Höhepunkte der Seele, Fieberträume totmüder Seelen, die Oelbergsqualen Sterbender, Gesichte, das ganze Chaos des Unbewußten weiß Röttger mit Meisterschaft zu verdeutlichen. Er ist der große Künder menschlicher Einsamkeit. Wer hätte so wie er die Pein seelischer Verlassenheit, die Ruhelosigkeit im Leid, die Sehnsucht von Mensch zu Mensch, nach der Leibes- und Blutnähe eines anderen, die Ruhe in einer geliebten Gegenwart, kurz nach der Heimat, dem Urmütterlichen so erschütternd und überzeugend zu gestalten vermocht wie er!

> *Die ganze furchtbare Lebensweisheit dieses Jünglings von 20 Jahren, und der doch erst, seit der Entlassung aus dem Kerker, fünf Jahre im Leben ist, dem das Einmaleins unsägliche Mühe macht, ist begriffen in diesen Worten: 'I woaß net, aber dees woaß i: i bin net dahoam.' Wenn er nur wüßte, wo die Mutter wär'! Um diese Frage dreht sich das ganze Denken dieses zerquälten Gehirns, das ganze Fühlen dieser früh verwüsteten Seele. Die Sehnsucht nach der Mutter treibt den Findling in die Arme des Verräters, jenes gemeinsten Seelenmörders seines Jahrhunderts, des Grafen Stanhope, sie treibt ihn ruhelos durch die Gassen der liebeleeren Stadt, auf die rauschenden Feste der wenigen Wohltäter, die aber die Dornenhecke des Mißtrauens, die er um den Garten seiner Seele aufrichtete, nicht zu durchdringen vermögen, sie treibt ihn immer wieder wie ein gehetztes Wild in seine Kammer hinauf, sie treibt ihn endlich in die Hände des Mörders."*[494]

Der Verfasser beschränkt sich, wie der Titel indiziert, auf die letzte Lebensspanne des Findlings, in der seine Vereinsamung im Hause des Lehrers Meyer im Vordergrund steht. Ähnlich wie Wassermann beruft sich Röttger auf ein intensives Quellenstudium, aber ebenso wie dort verlieren auch hier die Versatzstücke der Augenzeugenberichte ihren eigentümlichen Reiz, da sie in den Duktus eines bekenntnishaften Erzählers geraten, für den der "Mord am reinen Menschen - sei's Christus, Sokrates - oder an namenlosen Kindlein (...) das Schlimmste"[495] ist. Häufig begegnen wir Selbstgesprächen und Gedankenmonologen der Romanfiguren sowie Auszügen aus dem "Tagebuch" Kaspars, die zum Teil lange Zitate der Quellenberichte abwandeln. Geleitet von einem Erzähler, der nachdrücklich Partei ergreift für den Romanhelden, werden wir Zeugen einer Leidensgeschichte, wobei die erzählerische Abwandlung der historischen Versatzstücke den Gesamtzug des Romans zu unterstreichen hilft, die innere und äußere Vereinsamung Kaspars als einen schicksalhaften Ablauf erscheinen zu lassen, der dazu führt, daß Hauser, auf eine Begegnung mit seiner Mutter hoffend, den Verschwörern in die Falle läuft. Es gehört zu den fatalen Eigentümlichkeiten des Stoffes, daß die Bearbeiter bis heute immer wieder auf jenen Humanitätsaspekt zurückgreifen, der schon in den Quellen angelegt war, in den literarischen Ausgestaltungen jedoch dazu führt, uns mit der Larmoyanz einer Bekenntnisschrift zu beehren. Anhand der Gegenüberstellung eines Quellenauszugs (Pfarrer Fuhrmanns Beschreibung einer Religionsstunde) und der erzählerischen Ausführung bei Röttger sehen wir, wie dabei das historische Versatzstück, das gerade durch die Differenz zwischen der recht nüchternen Beschreibung und dem naiv-anrührend Beschriebenen seinen gewissen Reiz auf uns ausübt, sich in der Gestaltung fast zwangsläufig zum nur noch Rührseligen verwandelt; ja man kann behaupten, daß die Quellenberichte, indem sie die rührenden Szenen um Kaspar gerade nicht ausführlich, eher nur punktuell beschreiben, bereits derart auf der Grenze zum Poetischen liegen, daß jede weitere Ausschmückung diesen Rahmen sprengt und im Gefühligen mündet. Fuhrmann schreibt:

"Gerade hier sprach Hauser das meiste, das erhabenste Gefühl aus, gerade hier zeigte er eine Rührung und einen Eifer, der jedem, der ihn so sah, wie ich, zur Bewunderung hingerissen hätte. Seine Thränen flossen unzählig bei der Erzählung der Geschichte Jesu Christi, sein Wort und seine Gebehrde drückten die tiefste Ehrfurcht, die heiligste Bewunderung gegen den leidenden Erlöser aus (...). Zwar meinte er einmal, Gott hätte ja auch ohne den grausamen Tod des unschuldigen Jesu Christi uns Menschen von der Sünde lossprechen, und mit der verlorenen Seligkeit wieder beschenken können, ein Bedenken, das sich im natürlichen Menschen so oft und vielfach ausspricht. Allein, da ich mich bei meinem Schüler weder in weitläufige philosophische Deduktionen, noch in dogmatische Demonstrationen einlassen durfte, denen sein geistiges Ich nicht gewachsen war, so mußte ich, auf eine künftige weitere Entwicklung seiner Geisteskräfte bauend, mich nur auf Weniges beschränken, was ihm sein Bedenken heben könnte, ohne dabei seine Ehrfurcht vor Gott zu schwächen, oder etwa gar in den Schein zu kommen, ihm etwas aufzudrängen, was sich mit seiner Ueberzeugung durchaus nicht vereinen könne. Ich schlug daher folgenden Weg bei ihm ein, daß ich ihn zurückführte in die Lehrstunde, wo wir mit einander von Gottes Weisheit, Gerechtigkeit, Gnade gesprochen hatten (...). 'Aus eben diesem Grunde, sobald wir einmal die Weisheit Gottes für erhabener, als die unsrige erkennen, müssen wir aber annehmen und einsehen lernen, daß das, was er thut, gerade so, wie es geschehen ist, und nicht anders geschehen konnte. Wollen Sie aber auch hier ein in die Augen fallendes Beispiel, so denken Sie sich Christum als denjenigen, der eine fremde Schuld zur Bezahlung freiwillig für den Fall übernommen hat, als der Schuldner nicht zahlen kann, oder als einen Bürgen. Der Schuldner ist das Menschengeschlecht, der Gläubiger ist Gott, die Schuldenlast, der Tod ist durch die Sünde bewirkt. Wenn wir sie bezahlen, dann sind wir ewig verloren. Da sendet uns Gott aus lauter Erbarmen in Jesu Christo seinem eingebornen Sohne einen Bürgen zu, der unsere Schuld zahlt. den Tod erleidet, ohne demselben zu erliegen, weil er, wie Sie wissen, am dritten Tage wieder auferstanden ist!' Diese Worte sind indessen nur das Resumee einer weitläufigen Unterhaltung, die ich mit Hauser über diesen Gegenstand hatte, aber aus mancherlei Gründen hier ausführlich weder geben kann, noch will. Es wird aber jeder Unbefangene aus den bisherigen Mittheilungen ersehen, daß es dem nun vollendeten Unglücklichen um religiöse Belehrungen sehr angelegentlich zu thun war, und aus der Art und Weise seiner Einwürfe ein Gemüth entnehmen, welches voll kindlicher Gefühle war, und einen Geist, der so ziemlich stark mit den Schwierigkeiten seiner Entwicklung zu kämpfen hatte."[496]

Die zugleich naiv-anrührende wie auf philosophische Tiefen vorweisende Frage Kaspars in Fuhrmanns Bericht, warum es denn Leid geben müsse, versucht Röttger dahingehend auszugestalten, daß sie sich dem Gesamtzug des Romans, der Kaspar als einen Nachfolger Christi stilisiert, als eines von vielen Vorzeichen einfügt. Immer wieder, dies sei hier angemerkt, berühren die Quellenberichte und Selbstzeugnisse Kaspars auf ebenso verblüffende wie Mitgefühl weckende Art punktuell Fragen, die man wohl zu den ewig-menschlichen, damit aber auch zu den genuin poetischen rechnen darf: Woher kommen wir und wohin gehen wir, Leben und Tod, Liebe und Leid, das Ich und die anderen, wer sind wir u. ä. Angesichts der sinnbildhaften Bündelung dieser Themen in der Findlingsfigur ist es kein Wunder, daß kaum eine der literarischen Bearbeitungen die gleichsam mythische Intensität der Quellen formal umzusetzen vermag. So wie Röttger stürzen auch fast alle anderen Bearbeitungen aus dieser Höhe ab:

> *"'Wenn man's liest, ist es schier nit zu ertragen. I hab' es die Woch' gelesen; es hat mich brennt, bis in'n Leib.' 'Was meinen Sie, Hauser?' 'Das in Gehtsemane und am Kreuz. Das Gräßliche! Kann Gott so tun am Menschen? Er hat's doch in der Hand gehabt, ob's auch anders ging...' 'Kann Gott so tun, fragen Sie. Er tut so am eigenen Sohn. Aber Sie übersehen: eigentlich nicht er, sondern die Menschen. Was bleibt denn da? Sollte er alle Welt, alle Menschen zusammenhauen zu einem Haufen Scherben und Brei? Kaspar, was meinen sie?' 'Ah nein, das net.' 'Indem Sie das sagen, bestätigen Sie - das Opfer.' 'Was meinen Sie, Herr Fuhrmann?' 'Dies meine ich: Gott mußte wählen zwischen nochmaliger Vernichtung der Welt, wie erstmals in der Sündflut, oder dem Opfer. Er selbst opferte sich den Menschen.' 'Opfer, Opfer', sann Hauser. Fuhrmann sah sein Mühen. Er half: 'Da ist einer in Schulden, er kann nicht zahlen. Ein anderer zahlt für ihn. - Ein Mann hat ein Weib krank, jahrelang; er sitzt am Bett die freie Zeit, die ihm seine Arbeit läßt; er geht nicht zu Bier und Freunden: - Opfer! - Ein Kind gibt einem Armen die Spargroschen, davon es sich eine Freude hat kaufen wollen: Opfer! -' Hausers Augen leuchteten. 'Versteh, Herr Pfarrer.' Gleich darauf sank er wieder ins Grübeln. 'Derart Opfer sind gut, und der Mensch kann sie leisten. Aber muß ein guter Mensch sterben. Als i gelesen hab' - das in Gethsemane - hat's mich geschüttelt. Ganz allein - ist der Mensch.' 'Und doch war da nicht das äußerste Leiden und äußerste Überwinden. Das kam am Kreuz, als er sprach: 'Vergib ihnen, denn sie wissen nicht, was sie tun.' 'Ah, nein!' schrie Hauser. 'Das nicht. Vielmehr als er sagte: 'Warum hast du mich verlassen?' - Vielleicht hat er's gesagt, weil er gemerkt hat, daß alleweil kein Vater nicht da ist.' Fuhrmann saß erstarrt. Es war eine große Pause; darin hörte man beider Atem gehen (...). Hauser sage aus gepreßter Brust: 'Wann i wüßt', ob er, der Jesus am Kreuz, net hat gezweifelt - als er das gesagt hat - weil er gemerkt hat: es hilft gar niemand.'"*[497]

Kehren wir aber zu den für Klara Hofer, Sophie Hoechstetter, Karl Röttger und auch für die anderen (sowohl die theoretischen als auch die fiktionalen) Bearbeitungen symptomatischen Begriffen (Gefühl, Heimat, Mutter, Herz, Blut) zurück, und lesen wir ein letztes Beispiel aus dem Roman Röttgers:

> *"Aber was er als Einsamkeit fühlte, das war dies gewesen: daß dieser von aller mütterlichen Liebe entfernt gewesene Mensch nie eines andern Menschen Blutwärme als bescheidenen Ersatz der fehlenden Mutterwirklichkeit gewahr geworden war. Denn es ist nicht nur des Leibes Nahrung, auch nicht allein des Auges Blick, des Mundes Wort, das wachsen macht, sondern ebensosehr des Mundes Atem, des Leibes nahe Blutwärme, des Angesichtes Duft, der Arme und Hände sanftes Umschließen."*[498]

Angesichts der ergreifenden Sehnsucht Kaspars nach seiner Mutter verwundert es nicht, daß die Autorinnen und Autoren es sich nicht nehmen lassen, ihre Leserschaft auch mit dem dazugehörigen Pendant, der kindlichen Freude des Jungen und der Freude seiner Umgebung an dieser Kindlichkeit, bekannt zu ma-

chen. So dürfen wir in der Erzählung Helene Hirschmanns den 24. Dezember 1828, "Kaspar Hausers erstes Weihnachtsfest" im Schoße der Familie Daumer, miterleben: "Die Lichter in den alten Türmen" Nürnbergs sehen "unter den dikken Schneekappen hervor wie freundliche Augen unter weißen Zipfelmützen"; und während "die alte Frau Daumer, deren frisches, gütiges Gesicht gar würdig unter dem weißen Scheitel" hervorsieht, und Katharine, die Schwester Daumers, die letzten Vorbereitungen treffen, arbeitet Kaspar noch "kindlich hingerissen" an "zierlichen Pappschächtelchen, welche er zum Fest verschenken" will.[499] Am meisten wird Kaspar an diesem Abend der Weihnachtsbaum beeindrucken: "'Der Glanz, der Glanz', stammelte er", und die Daumers können alle drei "den Blick nicht abwenden von Kaspar Hausers verklärtem Gesicht. Reinste Kinderseligkeit stand darauf".[500]
Aber nicht nur der familiale, auch der weitere, heimatliche Rahmen nimmt ihn, der "zum Mythos des fränkischen Landes geworden, zu der schwermütigen Sage eines Erdstrichs und seiner Bewohner", auf. "Denn wir *lieben* ihn"[501], der "einer Heimat, Verwandter, eines Bettes bei Geschwistern oder Kameraden, des Bildes der schönen Welt, die wir alle so lieb haben"[502], wie Sophie Hoechstetter meint, beraubt wurde. Den Büchern und Novellen Hoechstetters und Hofers, dem Gedicht Helene Hirschmanns und der Erzählung Ruth Schaumanns ist gemein, daß sie sich der Kaspar-Hauser-Geschichte aus einer Seitenperspektive heraus nähern und sie mit den Attributen einer heimatnahen, volkstümlichen Legende versehen, deren schicksalsschwerer Bedeutung eine stilisiert-altertümelnde Prosa korrespondiert. In Sophie Hoechstetters kurzem Prosastück "Epilog" der Novellensammlung "Mein Freund Rosenkreutz" (1917) z. B. sehen wir den Erzähler zusammen mit seinem "Freund Rosenkreutz" auf einem Spaziergang durch die alten Gassen Ansbachs:

> *"In unserem alten Ansbach habe ich Freund Rosenkreutz zuletzt getroffen. Wir wanderten durch den schweigenden Ort, vorüber an all den Häusern mit der Grazie kleiner Schlösser, über die weiten Plätze und durch ruhevolle Straßen. Und wir dachten der Zeiten und Menschen, die gingen und nur noch im Tabernakel des Herzens wohnen, dachten der Zeiten, die vielleicht noch sein können, bis der Genius die Fackel senkt. Ein Sommernachmittag war. Es blühten die Linden von Ansbach. In den Vorgärten wucherten, wie zu der Mütter Tage, alte Blumen, der Kirchhof war übersponnen von Grün. Ja, wir hatten so viel zu besuchen gehabt in Ansbach. Gräber und Häuser, Tote und Lebende. Und wir gingen an den Stätten der Jugend, der eigenen und solcher, die wieder jung gemacht ist in erinnernden Herzen."*[503]

Vor einem drohenden Unwetter suchen die beiden Schutz im Museum, wo sie in einem abgelegenen Teil auf einige Gegenstände aus dem Besitz Kaspar Hausers treffen, worunter sich auch das "Totenhemdlein des Kaspar Hauser"[504] befindet. Betroffen über den Anblick des Hemdes verfallen die Besucher in Gedanken und sinnieren tiefgründig über des Lebens Sinn:

"Armes, kleines Gebilde, das einst über einem unruhigen Herzen lag, über dem verirrtesten Herzen der Erde vielleicht. Armes, kleines Gebilde, das plötzlich die Tragödie wach werden ließ von einem trübe gesunkenen Leben - die Tragödie des Menschen, der aus dem Unbekannten in die Verlassenheit ging, und an dem alles Irrsal des Seins zum dunklen Symbol wurde. Das Nichts des Erdenwallens steigt grell auf aus des Kaspar Hausers alter Geschichte. Das Hiflose der gebundenen Seele und des zeitlichen Schicksals wird zum Ereignis. Und jene Ironie, die über allen Menschenfragen steht, hebt ihre schmale Hand."[505]

In "G. Grote's Almanach" kündigt Ruth Schaumann Weihnachten 1936 ihre Publikation, "Ansbacher Nänie", mit einer "Selbstanzeige" an:

"Wunderlich haben sich die Menschen mit diesem einen Menschen, der nicht wie alle schien, aufgeführt. Sie haben ein Stück aufgeführt, von dem man nicht sagen kann, war es eine Komödie, eine Tragödie, eine Groteske? Begonnen hat es grotesk zu Nürnberg, tragisch hat es zu Ansbach geendet (...).
Und seltsam, über seinen armen Tod geschah noch ein wüstes Geschrei. War er getötet worden und von wem? Oder hatte er sich selber umgebracht? Klar ist nichts in seinem Leben gewesen, Klarheit ist nirgends in seinem Tod (...).
Nein, auch mir ist's nicht gleich. Es ist mir auch nicht gleich gewesen, daß die Verstrickung, in der sich der historische Hauser zeit seines kurzen Lebens befand, als eine von ihm selber verschuldete, ja sogar gesuchte, gesehn wird. Die seelischen Leiden dieses Knaben sind die wenigen äußeren Gaben, die man ihm für kurze Frist in die Hände zwang, niemals wert. Gegriffen hat er nach keinem Besitz dieser Welt. Vergriffen haben sich alle um ihn in dem Maß, mit dem sie ihn, koste es, was es wolle, zu messen versuchten. Wie ihr eigenes Spiegelbild mit all ihren Fehlern und Mängeln haben sie ihn zertrümmert und gingen hinweg. Ergriffen ward er endlich von der Macht über alle Mächte, die guten und die bösen, und hinweggenommen durch einen schmerzlichen Tod in ihr Reich.
Nichts habe ich weiter mit der Dichtung gewollt als einem einsamen Kinde, einem namenlosen Knaben, eine 'Nänie' sagen, eine Totenklage. Röschen und Gottlieb, Vater Boll, die Magd, Knötterlein, der Wirt und die Mädchen im Walde, die Mutter über dem Bettchen des Kindes, der Seetiger des Kastulus Feichtmayr, die armen Lichtchen des armen Geburtstags, die drei Tücher mit Rose, Krone und Kreuz, das Tagebuch, sie alle habe ich nur darum erfunden, daß sie mir helfen möchten, die Totenklage, diese Nänie von Ansbach, zu Ende zu singen. Um einen klagen aber ist ein Geschenk des Herzens, ist Vertrauen; Vertrauen schenkt Mitleid, Mitleid ist Liebe. Immer habe ich den armen Kaspar, oder hieß er doch Stefan?, geliebt, und er, der nur ein Mensch war, war es als solcher wohl wert."[506]

In der 1884 angesiedelten Erzählung ist der Student "Georg" Erzähler der altertümelnden Rahmenhandlung: Georg ist zu Besuch in Ansbach bei seinem alten Onkel Gottlieb. Bei einem Spaziergang außerhalb der Stadt begegnet ihnen eine geisterhafte Reitererscheinung. Zunächst gewillt, den Vorfall auf natürliche Weise zu erklären, muß sich Georg von seinem Onkel überzeugen lassen, daß ihnen der Geist Kaspar Hausers begegnet sei. Wieder zu Hause erzählt Gottlieb seinem Neffen die Geschichte von Kaspar Hauser, die er in seiner Jugend aus nächster Nähe verfolgen konnte. Gottlieb arbeitete als Buchbinder beim Meister Boll und hatte sich in Röschen, dessen junge Tochter, verliebt. Als jedoch Kaspar eines Tages in den Laden kommt, nimmt Röschen Anteil an ihm und im folgenden verbinden sich die Lebenswege der drei jungen Leute für eine Zeitlang. Gottlieb, der einige Papiere aus dem Nachlaß Hausers besitzt, liest gemeinsam mit Georg im Tagebuch Kaspars, das über den Zeitraum vom 2. Mai bis zum 13. Dezember 1833 berichtet. Vergeblich versucht der Erzähler, den naiven Tonfall der Hauserschen Selbstzeugnisse nachzuempfinden:

"Ich aber schlug nun das erste Blatt des Hefts in dem verblichenen 'Alexander' auf. 'Verse, Ohm?' fragte ich erstaunt. 'Nur eins, ein einziges Gedicht, Georg. Lies nur. Oder ist es dir nicht so ergangen wie mir? Ein neues Schulheft begann unsereins zu unserer Zeit immer mit der allerschönsten Handschrift und den gewähltesten Worten. Hernach ließ die Schönheit wohl nach, wie alle guten Vorsätze. Ja! Dem armen Schelm aber mochte das Gereimte als das einzig Passende für sein schönes, neues, selbstgebundenes Tagebuch erscheinen.' Und ich las:

Ansbach, 2. Mai

Ein neues Buch beginn ich, ich wollte gern
Ein neues Leben auch, alt sein ist schwer,
Wenn wer nicht weiß, wie jung sein ist. Beim Herrn
Ist alles gut, bei uns doch nicht so sehr.
Das dunkle Licht macht Kummer, helles nicht.
Der Lehrer spricht:
Lügst du, geht es dir schlecht!
Es geht auch so nicht gut.
O Gott, nimm mich in Deine Hut,
Will gern verzeihen, was man an mir tut.
Weil heut die Sonne scheint.

Ich hatte vorgelesen, als ob der Ohm diese Reime nicht kenne, dabei wurde mir die Stimme leiser, schließlich fühlte ich nur noch, daß sich meine Lippen bewegten. Und aus den ordentlichen, gewissenhaft geschriebenen Buchstaben sah mich wieder das Antlitz gemischt aus Furcht und Hoffen an, dasselbe, darin der junge Ohm unverhohlene Todesangst und das wunderschöne Lächeln gesehn. 'Weil heut die Sonne scheint.' Ich wiederholte es scheu, aber nur hörbar. Die Augen des Ohms und meine trafen sich auf einem kleinen Sonnenkringel, der von jenseits der Gasse über die niedrigen Dächer auf den Bauch unserer Kaffeekanne fiel und, von dort an die Decke geworfen, über uns schwebte, emsig und beweglich wie ein kleines namenloses Tier. 'Ja, Georg', der Ohm deutete nun mit dem Finger empor, 'auch an dem Anblick, dem goldigen Gekringel da droben, wäre der Ärmste schon glücklich, wäre er zufrieden gewesen, Zufriedenheit ist ja Glück. Er war ja von der Bescheidenheit der Kreatur, nicht von der Begier, die wir Menschen haben.'"[507]

Die kurzen Aufzeichnungen bestehen zum Teil aus den bekannten Versatzstücken der Hauser-Berichte (den Erlebnissen bei Daumer, den Traumaufzeichnungen, den Religionsgesprächen mit Fuhrmann u. ä.). Diese Tagebuchaufzeichnungen werden immer wieder durchbrochen von der Rahmenerzählung, in der der Ohm in kurzen Partien vom weiteren Geschehen berichtet. Neben den bekannten Elementen der Hauser-Geschichte verfolgen wir die Erzählung der Zuneigung zwischen Kaspar und Röschen, die sowohl aus der Perspektive des Tagebuchs als auch aus der raffenden Erzählung des Onkels geschildert wird. Höhepunkt der Liebesgeschichte ist der Versuch Kaspars, der zu größerem Selbstbewußtsein gelangt, bei Meister Boll um die Hand seiner Tochter anzuhalten, die ihm jedoch mit Hinweis auf seine unbekannte Herkunft verweigert wird. Als Kaspar sich anläßlich eines Volksfestes im August 1833 in Nürnberg aufhält, wird ihm von einem Unbekannten Auflösung seiner Herkunft für den 14. Dezember in Ansbach versprochen, und so sind die letzten Aufzeichnungen ganz von der Vorfreude über die bevorstehende Klärung seiner vermutlich hohen Herkunft geprägt. Vor dem verabredeten Treffen mit dem Unbekannten, der ihn zu seinen Eltern führen will, übergibt Kaspar seine Aufzeichnungen Röschen, die, durch den Tod Kaspars gebrochen, vor ihrem eigenen Ende die Aufzeichnungen an Gottlieb weitergibt.

Obwohl schon 1830 zum "Kind von Europa" avanciert, haftet dem Findling von Nürnberg dann ein Jahrhundert später (besonders im Zeitraum von 1917 bis 1936) ein stark heimatkundlicher Zug an, d. h., besonders das Frankenland, die Städte Ansbach und Nürnberg, tun sich mit Veröffentlichungen und Veranstaltungen zum Kaspar-Hauser-Jubiläum hervor. So findet anläßlich der Ansbacher Heimatwoche am 4. Juli 1928 auch die Aufführung eines neuen Kaspar-Hauser-Dramas statt. In einer Zeitungsnotiz führt die Autorin, Helene Hirschmann, zu ihrem textlich nicht mehr greifbaren Schauspiel, "Kaspar Hauser. Dramatische Legende", aus:

> *"Schon durch meine Jugend glitt wie ein Schatten die Gestalt des geheimnisvollen Nürnberger Findlings; meine Urgroßmutter hat ihn noch gekannt, hat ihn im Tuchergarten spazieren gehen sehen und alles, was an Sage und Schicksal ihn umwittert, ist durch Erzählung zu mir gekommen. Viel später dann hat er mich wieder ergriffen und lange Jahre hat mich die Hauserliteratur beschäftigt; freilich nie so sehr die Frage 'Wer war Kaspar Hauser', sondern immer und immer wieder die Trauer um das Zugrundegehen einer Menschenseele an der Verständnislosigkeit und Härte seiner Mitmenschen. Unerreicht, fast seherisch, hat Wassermann dies Problem, das mich schon so lange gepackt hatte, in seinem Roman 'Kaspar Hauser oder die Trägheit des Herzens' gestaltet. Und plötzlich wußte ich: Kaspar Hauser soll noch einmal lebendig werden, er soll uns sagen von seinem harten, dunklen Los, von seiner Unschuld und Güte, von der Unzulänglichkeit alles menschlichen Tuns, von dem unentrinnbaren Schicksal eines Menschen, der außerhalb aller Grenzen des bürgerlichen Daseins war. Ehe ich eine Zeile geschrieben, stand das Schauspiel lebendig vor mir. Die Hand konnte fast den Bildern nicht folgen, die sich formten, einer inneren Stimme gehorchend, die mir mit unentrinnbarer Deutlichkeit sagte: so muß alles gewesen sein. Ich weiß, daß andere anders über den Findling denken, ich kenne den ganzen Wust von Vermutung, Lüge und Verleumdung, der um ihn ist, für mich aber ist seine Gestalt das*

Bild der Unschuld und reinen Güte, das fallen mußte, weil die Mitwelt 'den Spiegel reinen Menschentums' nicht ertragen konnte. Und wenn aus dem Drama zu dem Hörer ein Hauch dieser Güte und Unschuld dringt und ihr Herz noch heute in Mitleid erzittert, dann hat mein Werk getan, was es tun sollte."[508]

Zur Uraufführung am 4. August bemerkt der Kritiker Theodor Hampe in "Fränkischer Kurier":

"(...) Helene Hirschmann hat ihr Werk eine 'Dramatische Legende' genannt, und sie hat damit wohl andeuten wollen, daß bei aller nach Möglichkeit wahrheitsgetreuer Wiedergabe der Hauptmomente aus der nur wenige Jahre umfassenden Geschichte des Findlings, 'den das Geheimnis wie eine Mauer umgibt', doch zugleich auch der Versuch gemacht werden sollte, Ereignisse und Charaktere in eine höhere Sphäre zu heben, im Einmaligen das Ewige zu erkennen (den 'Jammer der Menschenseele, die ihre Heimat sucht'). Das geht schon aus den vier Strophen des Prologs hervor, der, von dichterischer Kraft erfüllt, gleich die richtige Stimmung für die sich nun auf der Bühne entwickelnden merkwürdigen Geschehnisse erzeugt. Ein kurzes Vorspiel führt uns sodann in den dunklen Kerker, in dem Kaspar die ersten 17 Jahre seines Lebens verbringen mußte und aus dem er nun erst durch das Machtwort des 'Fremden', des 'schwarzen Mannes', an das Licht gebracht und mitten hineingestellt wird in die Welt. Die Rolle dieses Fremden wird von der Dichterin als die eines eigensüchtigen Ausnutzers aufgefaßt, der seinen Vorteil darin erkennt, den fürstlichen Auftraggebern zwar durch das Verschwindenlassen des erbberechtigten Sprossen zu Willen zu sein, sie aber doch auch wieder durch dessen Auftauchen in Atem zu halten und erneut in Kontribution zu setzen ('Es ist berauschend, Macht zu haben über die Mächtigen.'). Daß dem Drama der Gedanke an den geraubten und widerrechtlich ferngehaltenen badischen Prinzen zugrunde liegt, geht bereits aus den letzten Worten des Vorspiels hervor, die der 'Fremde' spricht: 'Gut so, nun erst ist Stephan gestorben, aber zu leben beginnt Kaspar Hauser.' Auch Lord Stanhope erscheint in dem nun folgenden eigentlichen Drama als eins der Werkzeuge dieser Hofkabale.
Aber abgesehen von dieser aus den geschichtlichen Vorgängen und den uns erhaltenen Akten keineswegs sicher nachzuweisenden Voraussetzung, die den Lebensnerv für die dramatische Handlung abgibt, entspricht der Inhalt der fünf Aufzüge im wesentlichen dem äußeren Hergang, wie er ja aus der umfangreichen Kaspar-Hauser-Literatur zur Genüge bekannt ist. Mit großem dramatischen Geschick ist dabei eine sich von Akt zu Akt steigende [!] Spannung erreicht worden; auch sind die Hauptcharaktere, der arme 'Held' selbst, Professor Daumer, Staatsrat von Feuerbach, Lord Stanhope und der Lehrer Meyer mit seiner Frau gut durchgeführt, wodurch im Verein mit dem der Biedermeierzeit angepaßten Stil in Technik, Sprache und Diktion 'der Weg eines Heimatlosen', wie der Untertitel lautet, zu einer unmittelbaren und starken Bühnenwirkung gelangt.
Die Mitglieder der dramatischen Vereinigung (...) taten ihr Bestes, um dem Drama der Frau Helene Hirschmann zu einem un[be]strittenen Erfolge zu verhelfen. In der Deutlichkeit des Sprechens waren sie sogar den meisten der heutigen Berufsschauspieler voraus, so daß also das Wort voll zu seinem Recht kam. In Bewegung und Spiel dagegen mußte manch kleine liebenswürdige Unbeholfenheit mit in den Kauf genommen werden. Zum Schluß mag auch noch gesagt sein, daß die hübschen Bühnenbilder, zu denen der Ansbacher Privatbesitz schöne echte Möbel und sonstige

Stücke der Zeit beigesteuert hatte, nicht wenig zum schönen Gelingen beigetragen haben."[509]

So "schwermütig" wie die Sage ihnen erscheint, so schwermütig gestalten die Verfasser das landschaftliche Ambiente, in dem sie ihre Geschichten ansiedeln, und ebenso tiefsinnig und erdenschwer geraten ihre Überlegungen zur überzeitlichen Bedeutung des Findlingsschicksals: ob Sophie Hoechstetter in ihren Novellensammlungen die Verfallsatmosphäre der Lustschlösser der Ansbacher Markgrafen in Triesdorf oder die stillen Gassen Ansbachs nutzt, um ihre Hintergrund- und Nachgeschichten um Kaspar Hauser ranken zu lassen, ob die Naturschilderungen Klara Hofers von zahllosen alten Weiden, versunkenen Stümpfen, dunkelnden Büschen und knackenden Weihern bevölkert werden, ob Helene Hirschmann auf die Frage: "Warum wir immer noch an seinem Wesen deuteln / und eine Welt ob seinem Schicksal sann" die Antwort weiß: "Weil unsere Sehnsucht nach des Lebens Ursprung / in ihm Gestalt, doch keine Lösung fand"[510], oder ob das lyrische Ich "Kaspar Hauser" in dem Gedicht Bernhard Trinius' schließlich verkünden kann:

"In meinem Blute schwingt es schwer
Vom Wissen um das Sein ...
So wachs ich fahl und tatenleer
In meinen Tod hinein."[511]

Mit dem Gedicht Trinius' sowie den Werken Klaus Manns, Erich Ebermayers und Herbert Lewandowskis begegnen wir einer nur prima vista ganz anders gearteten Linie in der Bearbeitung des Stoffes; den gemeinsamen Fluchtpunkt der Werke bildet hierbei die Konzentration auf die Außenseiterthematik im Sinne Verlaines, die von einer bewußten Ästhetisierung im Gewande der Décadence begleitet wird.
In der einspinnenden Atmosphäre des Stifts Neuenburg, dem Wohnsitz Alexander von Bernus', entstehen die "Kaspar-Hauser-Legenden" Klaus Manns, die aus zwei Gedichten sowie sechs kurzen Prosastücken bestehen. Als der Autor die "Legenden" im Rahmen einer Matinee im Hessischen Landestheater am 24. Januar 1926 zu Gehör bringt, ist es wohl auch die morbide Fin-de-siècle-Stimmung der Texte, die die Kritik ablehnend reagieren läßt:

"(...) Klaus Mann ist heute 22 Jahre und ist sehr alt. Er resigniert. Wie er mit müder, leiser, wenn auch nicht ausdrucksloser Stimme las, so war der Inhalt seines literarischen Bekenntnisses im Grunde genommen müde Resignation. Klage über die Zerrissenheit, über das Krankhafte der Zeit. Ein Sehnen ohne Ziel und ohne Ausgangspunkt, ein Klammern an Dichter, die ihm seelenverwandt oder Vorbild (...).
Arme Jugend! Armes junges literarisches Deutschland, wenn Klaus Mann recht hat, wenn der 22jährige, der sich selbst zu den Führern des jungen literarischen Deutschland zählt, das tatsächlich ist.

Wie in 'Anja und Esther', diesem durch und durch kranken Werk, das nur insoweit ernst zu nehmen ist, als seinem Schöpfer zuerkannt werden muß, daß er in schmerzvoller Erkenntnis mit seiner Zeit rang, ohne in der Lage zu sein, ihr aus der Wirrnis den Weg ins Licht zu zeigen, so war sein literarisches Bekenntnis müde und krank, zeigte eine Einstellung zum Leben, die das stolze Selbstbewußtsein des jungen Dichters, Führer sein zu können, nicht rechtfertigt.
Caspar Hauser, der aus dem Nichts kam und urplötzlich als junger Mensch in das Leben gestellt wurde, der dieses Leben lebte und in das Nichts versank, ist Klaus Mann in gleichem Maße beneidens- wie bedauernswert. Er beschäftigt seine dichterische Phantasie und regte ihn zu Legenden an, die er im zweiten Teil der Matinee las. Gut gemeinte, aber schwache Arbeiten, denen auch die nur scheinbare Gedankentiefe nicht zu fühlbaren Werten verhalf.
Deutschlands Jugend braucht heute mehr denn je Führer, die ihr freudige Lebensbejahung predigen. Mit philosophischen Fragen nach dem Sinn des Lebens, die den Menschen beschäftigen sollen, wenn er ein Leben erfüllt hat, bringen wir die Jugend nicht weiter."[512]

Losgelöst von jeder historischen Vorlage, gestaltet der Verfasser Begegnungen Kaspars mit Figuren, deren gemeinsames Merkmal ihr Außenseitertum bildet: Eine blinde alte Frau, eine reisende Hure, ein irres kleines Mädchen sowie ein Toter sind es, denen Kaspar auf der Landstraße, auf den Feldern oder im Wald begegnet. "Zwischen den Büschen, am Saume des Waldes"[513], findet Kaspar in dem Prosastück "Kaspar Hausers Freund" einen Toten. Er betrachtet die Leiche, stellt Überlegungen zum Leben des Fremden an und legt sich schließlich zu ihm ins Gras:

"Das Antlitz des Toten schimmerte, wie in eigenem Licht, weißlich im dunklen Gras. Vorgebeugt und aus nächster Nähe forschte Kaspar in diesen Zügen. Er konnte noch nicht gar zu alt sein, sein regloser Freund, nicht sehr lange hatte er auf Erden gelebt, achtundzwanzig vielleicht oder dreißig Jahre. - Aber schön - schön war er wohl gewesen. Ein Büschel schwarzen Haares hing ihm in die elfenbeinerne Stirn. Wie blaß sein Mund war, - aber wie edel gezeichnet. Die Nase sprang ziemlich stark vor. Ihre knabenhafte Linie brachte in dieses unendlich friedvolle Antlitz einen fast verwunderlichen Einschlag von Anmut und Hübschheit.
Kaspar überlegte, ob er wohl sehr viel Freunde gehabt hatte im Leben. Wie er ihn vor sich sah - den Blick aufgeschlagen, schwarz blitzend unter dem Haarbüschel. Schlank stand er zwischen vielen Menschen - schlank wie ein junges Tier. Er war ein Tänzer von Eitelkeit, anmutig hielt er das Antlitz ins Profil gewandt, er gestikulierte, er sprach und lachte mit hochgezogenen Schultern (...).
Da ihm die Stellung des Kniens auf die Dauer zu unbequem ward, streckte er sich, wie um einzuschlafen, der Länge nach neben den Toten ins Gras. Es war so kühl und feucht, wie er es eigentlich nicht erwartet hatte. Schwarz stand der Himmel über ihnen. Böse Geräusche knackten aus dem dunklen Wald. - So lagen sie nebeneinander.
Ganz sachte - ganz langsam begann er dann das seidige Haar der Leiche zu kosen - dieses köstliche Haar, dieses leblose. Leis knisternd, wie ein teurer Stoff, war es zwischen seinen streichelnden Fingern".[514]

Wenige Seiten nach diesem nekrophilen Abenteuer aber bildet die Christus-Analogie in der letzten Legende, "Der tote Kaspar Hauser", das Kernstück:

"Der Deckel aber zu Kaspars Sarg war aufgesprungen, und der Knabe lag auf der samtenen Decke, so schön, wie man im Leben ihn nie hatte sehen dürfen, strahlend rein, wie Kinder sind, und lächelnd (...). Ein tiefinnerstes 'Es ist vollbracht' ließ des Fremdlings Antlitz so über alle Maßen lieblich scheinen (...). Was aber war es, das die Menge in die Knie zwang, als trüge der Bischof den Leib des Herrn an ihnen vorbei? Und was zwang sie, die Hände zu falten und in tiefer Freude wie in tiefem Schmerz das Gesicht zu senken, als weile des Menschen Sohn in ihrer armseligen Mitte?"[515]

Anhand des Erzählbandes "Vor dem Leben", in dem die "Kaspar-Hauser-Legenden" veröffentlicht wurden, erläutert Klaus Mann in "Kind dieser Zeit" (1932) sein damaliges Bestreben, dem "geschlossenen Block" der "Geistesleistung" seines Vaters etwas eigenes entgegenzusetzen:

"Deshalb liebte ich es, das Katholische vor dem Protestantischen zu betonen; das Pathetische vor dem Ironischen (...)", das "Extravagante, Exzentrische, Anrüchige gegen das maßvoll Gehaltene; das irrational Trunkene gegen das von der Vernunft Gebändigte und Beherrschte".[516]

Doch auch in "Das Tagebuch Kaspar Hausers" (1928) von Herbert Lewandowski begegnen wir der Verbindung von Religiosität und Erotik wieder. Hochgespannte Erwartungen weckt die Verlagsanzeige, in der die Publikation angekündigt wird:

"Vor 100 Jahren Pfingsten 1828 erschien Kaspar Hauser in Nürnberg. Wer war er? Warum wurde er ermordet? Was fühlte das Herz dieses Knaben, der wie von einem fremden Stern in unsere Welt verschlagen war? Herbert Lewandowski, der Verfasser des 'Sexualproblems in der modernen Literatur und Kunst', der Dichter der 'Ungeweihten Ehe', der gern bedeutsamen Rätseln und ewigen Fragen nachspürt, gibt mit diesem Buche von der Seele eines einsam, verängstigt durch eine gefühllose Welt irrenden Jünglings wohl die bedeutendste Kaspar-Hauser-Publikation seit Wassermanns Roman von der Trägheit des Herzens."[517]

Das Buch zerfällt in zwei etwa gleichlange Partien, in deren erster der Erzähler die Lebensgeschichte Hausers mit leichten Abwandlungen und unter Einflechtung eigener Reflexionen wiedergibt:

"Nur fünfundeinhalb Jahre lebte Kaspar Hauser. Er hat nichts geleistet, nichts getan, er war bloß da, - fünfundeinhalb Jahre - und seltsam - diese kurze Spanne Zeit hat genügt, die Schuld der Menschen an ihren Brüdern wieder zu erhellen, die lässige Verstocktheit und Kälte ihrer Herzen, ja letzte Trübseligkeit der menschlichen Existenz überhaupt. Und wie von der kurzen Wanderschaft des demütigen und menschenliebenden Rabbis im Lande Palästina, geht auch von diesem Leidensweg eines

fremden und namenlosen Knaben eine laute Mahnung in die Welt zur Demut, Güte und tätigen Nächstenliebe."[518]

In einer Schlußbetrachtung führt der Erzähler aus, er könne das "lang vermißte Tagebuch Kaspar Hausers heute der Welt vorlegen"[519] und jongliert daran anschließend, wir wiesen bereits darauf hin, mit dem Topos der Authentizitätsfrage, um abschließend zu der Feststellung zu gelangen:

"Ich aber stehe auf dem Standpunkt, daß meine Freunde den Kern der Sache ebensowenig erfaßt haben wie die Zeitgenossen des Kaspar Hauser, die über der Diskussion der badischen Erfolge-Legende vollkommen das psychologische Problem vergaßen. Was würde es wirklich ausmachen, wenn das Tagebuch Kaspar Hausers im zwanzigsten statt im neunzehnten Jahrhundert geschrieben wäre, da es doch **dem Geiste nach** *unzweifelhaft echt ist."*[520]

Das "Tagebuch" selber nun setzt sich aus zwanzig Aufzeichnungen zusammen, wobei kurze Reflexionen in Prosa mit lyrischen Stücken alternieren. Leitmotive sind die Einsamkeit und Außenseiterstellung Kaspars, der die Kälte und Durchschnittlichkeit der menschlichen Beziehungen beklagt und schließlich, nach dem Erlebnis einer keuschen und ätherischen Liebe zu einer "Frau von K.", in Todessehnsucht verfällt (wir denken an Caroline Kannewurff, Hausers Nürnberger Bekanntschaft vom August 1833). Wäre die Entdeckung dieses Tagebuchs nicht erst 1928, sondern ein Jahrhundert früher gelungen, mit welchem Befremden hätten Daumer und Feuerbach die Ergüsse ihres Zöglings gelesen:

"Es ist seltsam, daß die Menschen ihren Kindern das Schönste an der Beziehung zu ihnen verschweigen. Daß das Kind einmal warm behütet im Leib der Mutter schlief und wuchs, suchen sie zu verbergen und erzählen, daß ein Tier - der Storch - das Kind gebracht habe. Wollen sie damit andeuten, daß sie selbst es eigentlich nicht hätten verantworten können, ein neues Wesen in dieses Leben zu entsenden? Oder wollen sie damit bezeugen, daß es etwas Tierisches sei, was den Menschen zum Leben bringe, da sie die Heiligkeit der lebenschaffenden Kraft so verachten? Für mich allerdings paßt dies sehr gut. Ein fremdes Tier, ohne Sprache und menschliches Empfinden, stieß mich in diese Welt, in der ich Schutz des Vaters und Liebe der Mutter nicht finden sollte."[521]

Eines der lyrischen Stücke lautet:

"Wir lernen beide nicht das täuschende
Spiel,
Wir süß Vertrauten, uns fremd zu
begegnen.
Heißt es nun Abschied nehmen?
Dem andern gehörst du, ein aufge-
fangner Blick

Ruft das Verhängnis aus düstern
Schicksalswolken. -
So keusch war unsere Liebe.
Nie besaß ich den süßen, weißen,
schwellenden Leib,
Den ich im Traume entblößt mir
träumte (...)".[522]

Unschwer lassen sich ähnliche Züge expressiver Affektivität auch anhand des thematisch ganz anders orientierten Prosatextes Otto Goldmanns, "Lilith. Roman eines modernen weiblichen Kaspar Hauser", sowie des Theaterstücks Erich Ebermayers verfolgen. Der Kriminalroman Goldmanns - in dem sich zu einer mondän-lasziven Atmosphäre ein ebenso aufgeregter Stil gesellt, der vor Gedankenstrichen, Anakoluthen und Ausrufezeichen strotzt - lehnt sich nur entfernt an die Kaspar-Hauser-Geschichte an. In dem in den 1920er Jahren angesiedelten Kriminalroman wird ein junges Mädchen, das keine Identität zu haben scheint, vor dem Haus des Polizeipräsidenten in einer Kleinstadt aufgegriffen, und alle Umstände erinnern die Beteiligten an die Kaspar-Hauser-Geschichte. Wenig später wird ein Mordfall gemeldet, in dem die geheimnisvolle Fremde, Lilith, eine Schlüsselrolle zu spielen scheint. Ähnlich wie im Fall des Nürnberger Findlings werden, als ein englischer Lord auftaucht, Vermutungen über eine vornehme Abkunft der jungen Frau laut, Lilith entwickelt somnambule Kräfte und wird entführt. Bei der Auflösung des Falles erfahren wir dann jedoch, daß Lilith, weil sie so auf ein Auskommen hoffte, anfänglich den weiblichen Kaspar Hauser nur spielte, dann aber, nachdem sie Zeugin des erwähnten Mordes geworden, durch den Schock in einen hypnoseähnlichen Zustand verfiel, so daß ihre nur angenommene Rolle im folgenden eine eigene Dynamik entwickelte:

"'Nicht wahr, das alles war doch nur ein böser Traum?' seufzte Lilith und lächelte den Staatsanwalt müde an. 'Ich muß geschlafen haben, seit ich mich auf die kalten harten Treppenstufen niederlegte, bis zu dem rauschenden Fluß in dieser fremden Gegend, wo ich Ihnen das Leben retten durfte. Nun werden Sie auch nicht mehr so böse blikken. Oder sind Sie noch traurig, weil ich die kleine Not-Lüge gebrauchte, mein blondes Haar färbte und den Kaspar Hauser spielen wollte, um nicht zu verhungern?'
Ulrich stöhnte, konnte jetzt nicht sprechen.
'Ich stand ja ganz allein auf der Welt,' fuhr sie bittend fort. 'Mit Handarbeiten kann sich eine unbekannte Professorentochter nicht durchschlagen. Als 'Hauserin', geheimnisvoll und nächtlich auftauchend, würde ich sicher mehr Glück haben, war mein Plan. Impulsiv wie ich bin, hatte ich mir die Sache als Scherz für die Anfangszeit gedacht, weiter nichts -'
'Aus dem Scherz wurde bitterer Ernst - -' Ulrich hob langsam den Kopf.
Da barg sie schluchzend das Gesicht in beide Hände. 'Der Scherz verflog in jener kalten Oktobernacht, als ich frierend eine hell erleuchtete Villa vor der Stadt gewahrte. Dort würde es warm sein - - - Ich stieß die Gartenpforte auf und sah - -' ihre Stimme sank zu einem Flüstern herab, '- - sah, obwohl ich noch im Garten stand,

wie in einem Zimmer auf der Rückseite der Villa ein Kerl in Pelz und Automantel eine schreiende Frau vor einem geöffneten Geldschrank würgte.'
Ulrich zog ihr die Hände von dem erblaßten Gesicht und suchte in ihren todestraurigen Augen. Gott sei Dank! Sie hatten nicht mehr den starren Blick der Somnabulen - - eine Träne glänzte in ihnen. Lilith wußte noch, aber der Bann war gewichen - -
'Weiter!' bat er mit rauher Stimme (...).
Rein und makellos erschien ihn nun auch Lilith. Nur jugendlicher Uebermut hatte sie die Rolle des geheimnisvollen Findlings beginnen lassen. Als in der ersten Nacht ihre maßlos erregten Sinne die Ermordung der Frau Herzog durch den Diener Jean wahrnahmen, brach sie zusammen und Sabine fand in der Entnervten eine leichte Beute. Liltih kam gar nicht mehr dazu, die Rolle des 'Findlings' zu spielen, sie war von Stund an die hypnotisierte Puppe, das Werkzeug einer großen Betrügerin. Mochte die 'Welt' glauben, was sie wollte!
An unsichtbaren Fäden dirigierte Frau Sabine ihre Marionetten - - - Ulrich ballte die Fäuste: Auch er war eine Marionette! Wie vorzüglich paßte es in den Plan dieser Betrügerin, den Herrn Staatsanwalt in ihren 'Schützling' verliebt zu sehen! (...)
Man mußte sich wieder fassen, klar denken, Pläne machen - - Kaspar Hauser - - wie war das gleich? Dieser Betrüger vor 100 Jahren brachte sich selbst eine Wunde bei, um interessant zu bleiben. Lilith warf sich vor den Dolch des Dieners Jean, um einem Staatsanwalt das Leben zu retten.
Weil sie ihn liebte - - -!
Weil in diesem Augenblick die hypnotische Lähmung von ihr wich."[523]

Goldmanns Kriminalroman macht deutlich, wie zugkräftig der Findlingsname auch einhundert Jahre nach den Romanen der Restaurationszeit eingesetzt werden kann. Auch die beiden im Dienste des proletarischen Klassenkampfes gegen die reaktionären Kräfte eingesetzten Puppentheaterstücke aus den politisch aufregenden frühen Zwanziger Jahren, "Kaspar Hauser. Die entartete Prinzeß" und "Kaspar Hauser. Kasperle als Spitzel" (1922), nutzen - ähnlich wie auch Kurt Tucholsky - den Findlingsnamen als aufsehenerregendes Mittel, ohne daß der Text sich auf den Kaspar-Hauser-Stoff bezieht; eine entfernte Anlehnung mag darin begründet sein, daß Kaspar Hauser, ähnlich wie der ursprüngliche Kasperle des Puppentheaters, allein schon mit seinem Namen und der mit ihm in der Tradition verbundenen Obrigkeitskritik, eine subversive Tendenz repräsentiert, die sich jeder herrschenden Denkweise widersetzt. Die Einleitung zu "Proletarisches Kasperle-Theater" führt aus:

"Wir sind verpflichtet, unserem Kampfe alle nur erdenklichen Hilfsmittel zur Verfügung zu stellen; ein wirksamstes haben wir noch nicht in Aktion gesetzt: das Kasperltheater!
Seit dem Mittelalter schon übt Kasperl - trotz Theater- und Kinokonkurrenz - auf Jugend und Volk immer noch seine starke Wirkung aus. Leider hat sich das herkömmliche Jahrmarkts-Kasperltheater verflacht zu wirklicher Albernheit und stumpfsinniger Einförmigkeit (...). Hauchen wir diesem uralten Proletenkult wieder Proletsinn und Gegenwartsbedeutung ein; damit erreichen wir auf einen Schlag zweierlei:

wir bringen dieses volksurwüchsigste aller Theater wieder zu hohem Kulturwert und geben gleichzeitig unserer Propaganda ein amüsantes, bildendes und billigstes Aufklärungsmittel!
Kasperl ist der Naturbursche, der Proletarier aus gesundem Instinkt; in seiner naiven Gutmütigkeit vertraut er den reaktionären Gewalten erst blind, merkt aber bald, daß sie ihn betrügen und ausbeuterisch mißbrauchen; er setzt sich nun mit den Wahrheitsverdrehungskünsten auseinander und tritt dann entrüstet und kampffreudig für die also geschändete Wahrheit und Gerechtigkeit ein. Die Forderungen unserer proletarischen Weltanschauung empfindet er bald als Selbstverständlichkeiten, die nur Nutznießer des Kapitalismus und eine durch jahrhundertealte Verdummung und Qual entartete Volksmasse nicht mehr als Selbstverständlichkeiten erkennt."[524]

In einem Klappentext zum Drama Erich Ebermayers findet Stefan Zweig die lobenden Worte:

"**In diesem außerordentlichen Stück** *ist für mein Empfinden* **zum erstenmal** *eine der merkwürdigsten deutschen Menschentragödien* **seelisch erschütternd** *und* **dramatisch wirksam gestaltet** *und dies ohne jede Verstärkung durch* **theatralische Erfindungsmomente**, *sondern einzig aus der inneren Architektur des Problems heraus."*[525]

"Dramatische Legende in zehn Bildern": Es mag mit diesem Untertitel zusammenhängen, daß Zweig glaubt, Ebermayer habe den Stoff "aus der inneren Architektur des Problems heraus" gelungen bewältigt. Der Stationenhaftigkeit der Kaspar-Hauser-Geschichte korrespondiert der Versuch zahlreicher Bearbeiter, sich dem Stoff in Aspektierungen zu nähern und auf die erzählerische Schließung der Lücken à tout prix gerade zu verzichten. Diese Linie setzt spätestens mit dem "Spiel" Victor Curt Bihachts und den "5 Bilder(n)" Kurt Ruplis ein; aber nicht nur die Lockerung der geschlossenen Dramenform wäre hier zu nennen, sondern ebenso die Versuche Hoechstetters, Klaus Manns, Lewandowskis und Walter Erich Schäfers, sich durch Wechsel der Präsentationsform, durch die Konzentration auf Nebenfiguren oder durch eine Reihung von Einzel- oder Nebengeschichten der Kaspar-Hauser-Figur zu nähern.
Der Untertitel von Erich Ebermayers Theaterstück, "Dramatische Legende in zehn Bildern", verdeutlicht exemplarisch eine Schwierigkeit der Dramenbearbeitungen des Kaspar-Hauser-Stoffes, die darin besteht, daß keine dramatische Spannung aufgebaut werden kann, zum einen, da die Fabel, die Legende in ihrem tödlichen Ausgang bereits vorgezeichnet ist, mehr aber noch deshalb, weil dem passiven Helden keine wirklichen Handlungsalternativen gestellt sind, also auch nicht jene im Drama zentrale Reflexion über Handeln oder Nicht-Handeln einsetzen kann. Auch Versuche, diese Klippe zu umschiffen, scheitern zumeist: Versieht man den Helden mit einem weniger passiven Charakter, wird der Bezug auf die historische Figur obsolet, knüpft man an die Stationenhaftigkeit des Falles an und nähert sich dem Stoff in "Bildern", so vermag sich keine überzeugende Spannung aufzubauen.

Trotz dieser Schwächen, die auch dem Ebermayerschen Schauspiel anhaften, wird die "Dramatische Legende in zehn Bildern" 1927 ein Theatererfolg: Aufgeführt auf zahlreichen deutschen Bühnen, in andere Sprachen übersetzt und 1931 schließlich für den Hörfunk bearbeitet[526], fällt die Kritik zumeist zustimmend aus, während ein Rezensent in "Bayerische Staatszeitung" am 17. Februar 1927 auch auf die neuralgischen Punkte aufmerksam macht:

> *"(...) So wie uns Kaspar Hauser hier nüchtern und sachlich geschildert ist, kann ihn kein Dramatiker brauchen. Woher also diese Anziehungskraft? Weil es eben ein Rätsel auch noch für unsere Zeit ist, weil sich heute noch Gelehrte und Ungelehrte seinetwegen streiten, und man ihm also jedweden romantischen Schimmer im Roman wie auf der Bühne zu verleihen vermag. So hat denn auch Dr. Erich Ebermayer seine dramatische Kaspar Hauser-Legende geschaffen (...). In zehn Bildern zeigt uns der Dichter Kaspar Hauser in seinem dumpfen Kerkerloch, im Sommer 1828 und 1829 in Nürnberg, im Herbst 1833 in Ansbach und läßt in seiner Umgebung alle seine Beschützer, Pfleger und Feinde, mit ihren wirklichen Namen, aber in oft stark verändertem, ja manchmal der Wirklichkeit entgegengesetzten Charakter auftreten. Für ihn ist er ein geheimnisvolles Fürstenkind, ja er läßt zur dramatischen Steigerung das erste Attentat auf ihn ausüben, als Hauser unter dem Schutze des Grafen Stanhope nach England fliehen zu dürfen glaubt, das zweite, tödliche, als sein einziger und bester Freund Peter ihn seiner geheimnisvollen, vermeintlichen Mutter, die eben angekommen ist und ihn erwartet, zuzuführen im Begriff ist. Daran stirbt er, mit den historischen Worten: 'Hoam will i - Reita wern...'Der junge Autor hat mit seinem 'Kaspar Hauser' ein unleugbares dramatisches Talent bewiesen, denn er hat mit Geschick alles hervorgesucht, vieles dazugedichtet, was nur immer dieser Legende dramtisches Leben verleihen konnte. Aber der Stoff selbst bleibt eben immer eine Legende, die wenig Dramatisches in sich hat. Wenn der anwesende Dichter gestern sein Publikum beobachtet hat, wird er unschwer bemerkt haben, daß es die ersten vier Bilder, also fast die Hälfte des Stückes lautlos und wie gequält an sich vorüberziehen ließ. Es sind das jene Bilder in denen uns Kaspar Hauser im Kellerkäfig eines Bauernhauses und in den ersten acht Wochen seines Nürnberger Aufenthaltes nur als lallender Kretin vorgeführt wird. Das fünfte Bild spielt ein Jahr später in Kaspars Stube bei Professor Daumer in Nürnberg, und vor uns steht ein intelligenter, wenn auch schüchterner junger Mann, der spricht, schreibt und arbeiten kann - ein schier unwahrscheinlich großer Sprung. Aber von hier an ging das Publikum mit Interesse mit, wenn auch die Uebergänge zu den einzelnen Bildern und Wandlungen in Hausers Leben nicht weiter motiviert erscheinen. Es sind eben nur lose aneinandergereihte Bilder. Die Charaktere der Hauptpersonen hat der Verfasser so ziemlich so nachzuschaffen gesucht, wie sie uns überliefert sind, mit Ausnahme zweier. Aus dem englischen Gönner Hausers, dem Grafen Stanhope, ist ein Vertreter jener ungenannten fürstlichen Macht geworden, die Hauser um jeden Preis beseitigen will, und aus dem Nürnberger Polizeileutnant Hickel sein Werkzeug, der eigentliche zweimalige Attentäter auf Hauser. Warum? Den Hintergrund zu diesen Intrigen gibt eine lebhafte Komparserie von Nebenpersonen, Bauern, Hochzeitern, Musikanten und Neugierigen. Der leidende Mittelpunkt für alle bleibt immer Kaspar Hauser. Mehr war aus diesem widerspenstigen Stoff wohl nicht zu machen. Das Drama läßt die Frage nach Herkunft und Ende Kaspar Hausers ebenso offen wie alles, was ihm vorausging. Alles ist - Legende. Die*

Aufführung unter Kurt Stielers einfühlender Regie war vortrefflich. Er selbst repräsentierte mit Grazie die problematische Natur des Grafen Stanhope, der im Grunde ja eine undankbare Rolle ist. Am meisten überraschte uns Herr Fischel in der Titelrolle. Das hätten wir ihm, offen gestanden, nicht zugetraut, denn sie liegt eigentlich nicht in seiner Rollenspähre. Als lallender Findling wie als erwachender und verstehender, zuletzt rührender Mensch traf er immer den richtigen Ton, und auch in der Maske näherte er sich, soweit dieses möglich, den Bildern, die wir von Kaspar Hauser haben (...). Die zehn Bilder der Legende wurden klugerweise mit nur einer Pause möglichst rasch vorgeführt, trotz den vielen Verwandlungen. Vom fünften Bild an setzte, wie schon gesagt, der Beifall des gut besuchten Hauses ein, der den Hauptdarstellern wie dem anwesenden Dichter galt, der mit seinem 'Kaspar Hauser' ein schönes Versprechen für die Zukunft abgelegt hat."[527]

Das Stück Ebermayers, dessen Bildern genaue und ausführliche Bühnenanweisungen vorgeschaltet sind, ist in seinen sieben ersten Stationen 1828 und 1829 in Nürnberg, in seinen drei letzten im Herbst 1833 in Ansbach angesiedelt. Die drei ersten Bilder spielen vor der Ankunft des Findlings, sie zeigen uns Kaspar, in recht enger Anlehnung an die Protokolle, während seiner Gefangenschaft und bei seiner Aussetzung vor Nürnberg. Im vierten Bild wechseln wir dann den Schauplatz und erleben, wie Kaspar an seinem ersten Aufenthaltsort bei dem Gefangenenwärter Hiltel Objekt sensationslüsterner Besucher wird, deren übertrieben-sentimentale Anteilnahme karikiert wird, wobei das im weiteren Verlauf leitmotivische Mutterthema bereits angeschlagen wird:

"Kaspar (unter Stöhnen, wimmernd): Heimweisen - heimweisen - zu meine Pferd' - zu dem Mann, bei dem i immer g'wesen bin ...!
Professor Busch (die Handmuschel am Ohr): Was bedeuten diese klagenden Kehlkopflaute?
Baron: Verstehe auch nicht. Wo will er hin?
Lehrer Findeisen (sehr mild und langsam, fast feierlich): Zurück will er, - dorthin, wo er herkam.
Siedhopf: In den Käfig? - Ja, wos net gar. So ein Dummkopf! -
Hiltel (ein wenig traurig): Ja, warum willst denn jetzt auf einmal wieder in den Käfig zurück? He, Bub'? Sind mer denn net gut zu dir?
Kaspar (sieht ihn voll und leuchtend an, ergreift seine Hand): Gut - gut seid's mit mir! Alle seid ihr gut. Ich hab' euch lieb, alle - alle!
Gräfin: Oh, - er liebt uns. Diese wunderbare Seele, sie liebt uns ... Auch ich liebe dich, schöner Knabe ... (Will ihn berühren; Kaspar wendet sich jäh ab und birgt sein Gesicht in Hiltels Schoß.) Er ist noch scheu wie ein Reh im Walde ... Wir haben Mitleid mit dir, Kaspar Hauser, weil du arm bist und ohne Eltern ..."[528]

Um die innere Verfassung Kaspars und dessen Pläne dem Zuschauer vor Augen führen zu können, stellt Ebermayer seinem Helden einen jungen Freund, "Peter", zur Seite, mit dem gemeinsam er seine Zukunftspläne schmiedet, deren Zielpunkt das erhoffte Wiedersehen mit der Mutter ist:

"Ein Jahr später. Kaspars Stube bei Professor Daumer in Nürnberg. Schiefe Wände, Blick auf Dächer und Türme. Bescheiden und sauber, eng und klein, Frieden atmend. Am Fensterchen der Arbeitsplatz Kaspars, ein Schreibpult, wie es Knaben haben. Es geht gegen Abend. Auf den Dächern liegt letzte Sonne, später dunkelt es. Das Fenster steht offen. Es ist ein warmer, düfteschwerer Sommerabend (...).
Kaspar (sich aufrichtend, glühend, bald völlig hingerissen): Sie ist wahr, Peter! Sie ist wahr! Ich fühl's in mir. Alles. Seit dem ersten Tag fühl' ich's. Weißt, es läßt sich ja nicht sagen, wieso und warum, und die anderen alle glauben mir's ja nicht, die lachen mich aus oder ärgern mich noch mehr als bisher, wenn ich's ihnen sag'. Aber du mußt mir's glauben, darfst nicht lachen darüber: Es rauscht in mir, es quillt, es kreist, es sprengt mich fast. Oft ist mir's, als wenn ein Vorhang auf einmal vor mir reißen tät' - und ich plötzlich alles, alles ganz klar, ganz deutlich vor mir säh'...
Peter (nun auch ganz dabei): Was denn, - was siehst denn, Kaspar?
Kaspar: Alles! Wie's war, wie's sein müßt', wie's bald sein wird! Die Mutter - schön, still und traurig - - schneeweiß das Haar - und die Augen, so müd' und rot vom vielen Weinen ... Das Schloß. Mitten in einer hellen, weiten Stadt, weiß versteckt unter schweren Bäumen ... Die Auffahrt, rechts und links ein Löw' und drin, im Treppenhaus, alles voll von Geweihen und Gemälden, alten Bildern, Männern und Frauen, die mich anschauen, fragend, ernst und ganz stumm ...
Peter: Weiter - weiter! Was siehst noch, Kaspar!
Kaspar (hat sich erhoben, steht im Licht des Mondes am Fenster; entrückt, leise, wie im Traum): Mich seh' ich. Auch mich, Kas-par Hau-ser. Wie ich zurückkomm'. Es ist Sonntag. Sehr früh noch. Alles duftet und blinkt im Tau. Die Sonn' ist grad' über'm nebligen Gebirg' aufgegangen. Da reit' ich am Schloß vor. Ein weißer Schimmel mit silbernem Zaumzeug trägt mich. Du sitzt auf dem schwarzen Rappen neben mir. Nur wir zwei - mitten in der Stille. Im Schloß schläft noch alles. So still ist es rings, so still ... Nur ein Vögerl singt aus dem Gebüsch. Und wie frisch es duftet, so nach Nacht und Kühle! Wir halten vor dem Schloßtor, pochen, pfeifen, rufen ... Endlich kommt der Kastellan heraus (...). Ich sag's ihm, wer ich bin. 'Der Prinz bin ich, der vor siebzehn Jahr' g'storben ist.' (...). Sie [die Mutter, B. W.] schläft, sie atmet tief. Hat nichts gehört. Es ist ja noch sehr früh, kaum vier Uhr. Auf der Decke liegt ihre Hand, weißer noch als das weiße Linnen, blau geädert und zerbrechlich. Ihr Gesicht ist noch müder, verhärmter, als ich mir's gedacht hab'. Was muß die ausg'standen haben, in den siebzehn Jahr'! Wieviel Sorg', wieviel Kummer, wieviel Demütigungen! Aber nun ist's ja gleich zu End'. Nun braucht sie nur noch die Augen aufzuschlagen, dann sieht sie mich, und alles ist gut ...'Mutter,' sag' ich ihr leis' ins Ohr, 'Mutter - ich - bin's -!' Da öffnet sie groß und herrlich die Augen und sieht mich an, daß ich zittern muß am ganzen Körper und die Tränen mir nur so aufschießen. Sie aber ist gar nicht erstaunt, daß ich da bin, sie lächelt nur und nimmt meinen Kopf zwischen ihre blassen weichen Händ' und küßt mich auf die Stirn und sagt, ganz dünn und zart und langsam: 'Mein Sohn, - mein lieber, - lieber Sohn.' (Stille. Kaspar verharrt reglos, wie im Krampf.)
Peter (andächtig): ... und dann, Kaspar, was g'schieht dann?
Kaspar (erwachend, flüchtig): Dann? - Dann werd' ich anerkannt und dem Volk vorg'stellt und gekrönt, und alles jubelt mir zu ..."[529]

Nach dem ersten, mißlungenen Attentat begegnen wir Kaspar in den drei letzten Bildern im Hause des Lehrers Meyer wieder, wo der Findling, wie bekannt,

mißtrauischen und übelwollenden Menschen ausgesetzt ist und schließlich in die Falle der Bösen tappt, als er erneut auf ein Wiedersehen mit seiner Mutter hoffen kann.
Zur Nürnberger Uraufführung des Schauspiels "Richter Feuerbach" (1929) von Walter Erich Schäfer (eine Hörspielbearbeitung folgte 1949) meldet am 24. November 1930 die "Bayerische Volkszeitung":

"Es scheint mir [mit] der Kaspar-Hauser-Literatur ähnlich zu sein wie mit den wirtschaftlichen Konjunkturen: bei beiden fällt eine gewisse Periodizität auf. Wenigstens war es bisher so, daß alle 20 bis 30 Jahre eine Schrift über diesen Sonderling erschien, der dann mehrere Gegenschriften folgten, bis dann auf zwei oder drei Dezenien wieder Ruhe eintrat. Gegenwärtig, ein Jahrhundert nach jener Affaire, scheinen wir auf einem 'Wellenberg' in der Hauserkonjunktur angelangt zu sein. Seit drei bis vier Jahren beschäftigten sich nicht nur die Historiker mit der Hauserfrage, auch ins Licht der Bühnenlampen hat man Hausers Geheimnis gezerrt. Das jüngste Kind der Hauserkonjunktur ist ein Schauspiel von Walter Erich Schäfer, 'Richter Feuerbach', das am letzten Samstag im Schauspielhaus seine Uraufführung erlebte.
Anselm Feuerbach, der Verfasser des bayerischen Strafgesetzbuches, Appellationsgerichtspräsident in Ansbach, hat von dem 'Fall Kaspar Hauser' erfahren. Seine Beweiskette, daß es sich hier um den badischen Erbprinzen handelt, der dem Ehrgeiz einer Frau (Hochberg) auf dem Throne weichen mußte, scheint fast lückenlos. Und nun soll ihm sein vom Monarchen akzeptiertes Strafgesetzbuch die Waffe in die Hand geben, soll ihm die Möglichkeit verschaffen, das 'Recht' dieses Menschen zu verfolgen. Und da ergibt sich nun das Dilemma: der Fall Hauser kann nicht vor einem Gericht aufgerollt werden. Das hieße den Monarchen, in dessen Interesse das Recht dieses Einzelnen zertreten wird, vom Throne stoßen.
Auf dieser Fragestellung ist die Tragik Feuerbachs fundiert: ist das Recht eine Sache außerhalb des Staates? Und da er das nicht bejahen kann, ist ihm der Fall Hauser die große Verschwörung der Machthaber gegen das Recht. Nicht anders wie diesen Feuerbach als Revolutionär erscheint. Er hat mit seinem Gesetzbuch die Freiheit und Gleichheit für jedermann dokumentiert; nach diesem Grundsatz sprechen die Richter von sieben deutschen Staaten Recht. Und gegen diesen Rechtsweg hat der Monarch nur die Möglichkeit der Begnadigung: das war die erste Revolution, ein Bastillesturm 'von oben!' Zum zweiten Male war Feuerbach Revolutionär, als er gegen Napoleon für die deutsche Freiheit das Wort ergriff. Und die dritte Verschwörung ist der Prozeß Hauser, bei dem es nicht um den Fürsten, um Richter oder um Hauser, sondern letztlich um einen Zustand geht, in dem ein Fall Hauser einfach nicht mehr möglich ist. Und der Zustand ist der, daß über die Freiheit eines Menschen nicht der Richter Gewalt hat, sondern daß der einzelne das Mittel ist zum Zweck der herrschenden Macht. In diesem Konflikt aber muß das Recht der Macht weichen.
Das war also wohl der Stoff, aus dem ein Dichter ein großes Drama hätte gestalten können. Was ist aber daraus unter der Feder Walter Erich Schäfers geworden? Die ganze Problematik erschöpft sich schon in den ersten beiden der sieben Bilder. Am Ende des zweiten Bildes weiß der Hörer ebensogut wie der Held des Dramas, wie dieses und wie dieser endet; die Motive sind so straff gekennzeichnet, daß kaum eine wesentliche Steigerung noch zu erwarten ist. Wozu eigentlich dann der große Rest? Und doch ist es nicht so, daß der Stoff von da ab nun mühsam durch den langen Darm ge-

zwängt würde. Das wäre zu viel gesagt! Wenn auch mit jeder neuen Person der Konflikt wieder von vorne beginnt - und immer wieder den gleichen Weg gehen muß, so tritt doch an die Stelle der dramatischen Spannung hier wenigstens ein mitunter sehr packendes Interesse, ein Verdienst, das aber sicher - Kunststück im Fall Hauser! - mehr in der Sache als in der Gestaltungskraft des Verfassers begründet wäre.
Dieser [ver]mag mitunter sehr interessant zu verhandeln, wird an manchen Stellen sogar etwas geistreich, vor allem aber - und darin ist Schäfer sicher am stärksten - vermag er seine Charaktere sehr typisch zu zeichnen. Wo ihm sein Held Verpflichtungen auferlegt, tritt diese seine Eignung noch am stärksten zutage; wo dies aber nicht der Fall ist, wie gerade bei den beiden Nürnberger Szenen, vermag er sich jedoch kaum über das Niveau eines mittelmäßigen Detektivgeschichtlers zu erheben.
Und dabei hatte er doch immer wieder die Klinke zu einem richtigen Drama in der Hand. So etwa beim Auftreten Stanhopes; warum besaß Schäfer nicht den Mut, das freilich etwas heikle Stanhope-Hauser-Problem in seinen Rahmen mit aufzunehmen? Warum läßt er überhaupt immer nur von Hauser reden? Wäre es nicht schon rein psychologisch reizvoll gewesen, den Hauser unmittelbar mit Feuerbach in Verbindung zu bringen? Das nur, um anzudeuten, welche Stützen sich angeboten hätten. So unterscheidet sich der Eindruck, den 'Richter Feuerbach' unter den Dramen macht, leider sehr wenig von dem, den etwa Kaspar Hauser am Neutor in Nürnberg erweckt haben muß (...)."[530]

Möglicherweise aufgrund der schon erwähnten dramentechnischen Schwierigkeiten läßt Walter Erich Schäfer die Hauptfigur, Kaspar Hauser, um die die Aktionen sich drehen, nicht auftreten, sondern konzentriert sich auf eine der Nebenfiguren. Nach dem ersten Attentat auf Hauser, das Stück setzt "um 1830" ein, erleben wir, wie Feuerbach an einer Veröffentlichung über Kaspar Hauser (gemeint ist das zunächst geheimgehaltene, erst 1852 veröffentlichte "Mémoire") arbeitet, die die politischen Hintergründe des Falles publik machen soll. Feuerbach, der zum unbestechlichen Kämpfer für das Recht stilisiert wird, sieht sich bald Drohungen des Münchener Hofes ausgesetzt, der die politischen Konsequenzen fürchtet:

"Major: Sie sind hier deplaziert. Gehen sie nach Frankreich.
Feuerbach: Sie sind Offizier, Sie waren dreizehn dabei. Wissen Sie nicht, wer damals den Kaiser aus Deutschland hinausgejagt hat? Da marschierten die Bauern und die Studenten und sahen aus wie Soldaten. Bloss die Herren Fürsten hatten Rheinbundkongress. Anno dreizehn war mehr als eine patriotische Sache, das war eine Revolution, Herr Major.
Major: So eine Unordnung muss man im Krieg hinnehmen. Wir haben seither Ordnung geschafft.
Feuerbach: Metternich hat Ordnung geschafft, er hat die Proklamation über die Freiheit zu den Akten gelegt und die deutschen Studenten in die Festung. Die Leute stehen stramm, Caspar Hauser wird eingesperrt und die Justiz ist bloss für die Landstreicher da.
Major: Sie werden das kaum ändern.
Feuerbach: Sie vergessen, dass ich Revolutionär von oben bin, ich habe Verschwore-

ne, die das selber wissen. In meinem Gesetzbuch steht ein Grundsatz: Jeder Mensch ist frei und gleich vor dem Gesetz.
Major: Ich verstehe Sie nicht. Die alte Pariser Phrase.
Feuerbach: Mein Gesetzbuch ist von sieben deutschen Regierungen acceptiert, und alle die braven Richter, die nach diesem Gesetzbuch Recht sprechen, marschieren alle in meiner Revolution.
Major: Ihre Revolution wird nicht länger leben als Sie. Ueberlassen Sie das nur uns.
Feuerbach: Ich habe das auch gefürchtet, aber ich fürchte es nimmer. Sie haben dafür gesorgt, Sie haben mir einen Fall gegeben, einen unsterblichen Fall. Dieser Hauser ist meine beste Propaganda, über den Hauser werden die Frauen heulen, bis die Männer aufstehen und die Bastille stürmen. Den Hauser wird man als Brosche tragen, man wird ihn da hinhängen, wo jetzt der König hängt, wenn ich schon mit meinen Nekrologen verfault bin, dann wird der Hauser der richtige Volksheld sein. Ich danke Ihnen, Major.
Major: Es ist jetzt fünf Uhr.
Feuerbach: Vielleicht gelingt es Ihnen, vielleicht wird meine Arbeit von Kommisstiefeln in Dreck getreten. Aber es lohnt sich doch, dafür zu sterben, dass es ein bisschen anständiger in der Welt wird."[531]

Den Kaspar-Hauser-Fall dennoch weiter verfolgend, fällt Feuerbach dann wirklich einem Giftanschlag zum Opfer, wobei Schäfer ein nach dem Tod des historischen Appellationsgerichtspräsidenten kursierendes Gerücht aufgreift. Für den Fall seiner Ermordung hat Feuerbach jedoch seinen Sohn Ludwig damit betraut, sein Manuskript an sich zu nehmen und zur Veröffentlichung zu bringen, so daß der Kaspar-Hauser-Fall auch weiterhin seine politische Sprengkraft entfalten kann.
Das Drama Friedrich Wölflings - um unsere Übersicht zu den Kaspar-Hauser-Gestaltungen der 1920er Jahre damit zu schließen - läßt sich als Komödie wider Willen spezifizieren, weiß der Leser angesichts zahlreicher dramentechnischer Blindgänger doch kaum, wo die Grenze zwischen freiwilliger und unfreiwilliger Komik verläuft. Muten wir es dem Leser noch einmal zu, die krausen Motivierungen eines Kaspar-Hauser-Dramas zu verfolgen, die eher unfreiwillig dazu führen, daß sich die geschlossene Dramenform lockert. Das Schauspiel, das sich durch zahlreiches Personal, den Einsatz musikalischer Untermalung, die Dialektverwendung sowie lustspielhafte Züge auszeichnet, fügt die verschiedensten Theorien und Versatzstücke der Hauser-Geschichte auf etwas mehr als fünfzig Seiten oft derart unvermittelt aneinander, daß der Leser schon eine gewisse Kennerschaft in Sachen Kaspar Hauser besitzen muß, will er noch folgen: Der Waldhüter Dichum hält in einem geheimen Raum im Keller seines Hauses, ohne Wissen seiner Frau, seit siebzehn Jahren ein Kind gefangen. Ein "Herr" kommt zu Besuch, der geheime Auftraggeber Dichums, der nun die Beseitigung des Jungen fordert, die der Waldhüter, gegen die ursprüngliche Abmachung und trotz jährlicher Geldzahlungen, unterlassen hatte. Es kommt zu einem Handgemenge, während dessen Verlauf die Frau des Waldhüters, Fannerl, die nun von

dem Gefangenen erfährt, dem Herrn in den Arm schießt. Im zweiten Akt sehen wir den Waldhüter wieder zu seinem alten Soldatenberuf zurückgekehrt; während seine Kameraden noch schlafen, schleppt er Kaspar herein, der untersucht, befragt und zum Objekt der rohen Späße der Soldaten wird, bevor man ihn der Polizei überliefert, so daß der Plan des Waldhüters, Kaspar werde gemäß dem Empfehlungsbrief ins Regiment aufgenommen, mißlingt. Im dritten Aufzug haben der Waldhüter und seine Frau erneut den Beruf gewechselt: Sie sind nun die Wärter Kaspars auf dem Vestner-Turm, wo Kaspar die Attraktion zahlreicher Neugieriger ist. Unter anderem besuchen ihn drei Geistliche und versuchen ihn zu katechisieren; es kommen der König in Begleitung Feuerbachs sowie der "Herr" auf den Turm. Es entsteht eine Verwirrung der verschiedensten Versatzstücke der Geschichte, u. a. trägt Feuerbach dem König seine Prinzentheorie vor, der der "Herr" widerspricht, worauf sich der Waldhüter zu einem plötzlichen Geständnis entschließt, auf den fliehenden "Herrn", den er bedrohte, schießt, bevor er die Waffe gegen sich selbst richtet und tot zu Boden fällt. Im vierten Aufzug ist Fannerl mit Kaspar zu den Daumers übersiedelt. Während sie im Gespräch mit Lena, Daumers Schwester, sitzt, beobachtet der Zuschauer den "Herrn", an seinem ungelenken Arm als der Verfolger Hausers kenntlich, der sich in der Holzkammer des Hauses versteckt. Als Kaspar Holz holen geschickt wird, wird er von dem "Herrn" verletzt:

> "*Lena* oben: *Fannerl, ich hab' schon das ganze Anmachholz verbrannt. Das Feuer geht gleich aus! Ist er fort, der verrückte Engländer?*
> *Fanny: Der Kaspar wär' uns bald untreu wor'n!*
> *Lena: 'S ist ja gar net wahr, gelt Kaspar?*
> *Kaspar: Doch es is scho wahr. I wär' scho mitgange nach Großbritannien! I kann ja nix dafür! I bin ja ein Prinz!*
> *Fanny: Du ein Prinz? A Dummerl bist! Schämst di net, so was zu sag'n!*
> *Kaspar: Er hat mir ja kei Ruh' lassen! Immer hat er's gesagt, bis i 's glaubt hab! I hab' ihn scho' lieb! O Fannerl, i hab di doch auch lieb! Sehr lieb!* Fällt vor ihr auf die Knie. *I weiß ja, daß d' nur für mich sorgst und alles tust und mir hilfst! Gelt, bist mir net bös? Gelt, net?*
> *Fanny* streichelt ihm die Haare aus der Stirn: *I bin dir net bös, Kaspar! I weiß ja scho! Aber jetz mueßt mir du helfe! A Holz mueßt mir holen, wenn d' a a Prinz wärst! (...).*
> *Kaspar: I paß schon auf, Fannerl, daß 's nix zu flicken gibt.* Er summt vor sich hin, legt Rock und Weste ab und geht in den Raum links. Er kommt nochmal heraus und ruft nach oben: *Wieviel Holz soll i denn bringen?*
> *Fanny: Halt an Korb voll!*
> *Kaspar: Scho recht!* Singt *Nach England geht die Reise, tralala, tralala!* Er geht hinein. Eine Stille. Unterdrückter Schrei. Dumpfer Fall. Aus der offenen Tür schwankt Kaspar, hinter ihm der Herr, der ihn vor sich herschiebt und ihm den Mund zuhält. Er hat den Kopf mit einem schwarzen Tuch, das die Augen freiläßt, verhüllt. Kaspar wird ohnmächtig, sinkt zu Boden.
> *Herr* reißt das Kopftuch ab. Er gleicht Hauser im Anzug. Er läuft zum Tor, schaut vor-

sichtig hinaus, kommt zurück, als wolle er Kaspar noch einen Streich versetzen, wird aber plötzlich aufgehalten durch

Fannys Stimme: Kaspar? Wo bleibst denn? Die Turmuhr schlägt zwölf.

Herr eiligst zurück und zum Tor hinaus. Pause.

Kaspar liegt am Boden.

Fanny: oben am Geländer: *Kaspar! Kaspar!* Sie verschwindet und kommt eiligst die Treppe herab, sieht Kaspar: *Jesses, Maria un Jospeh! Lena! Lena! Schnell hol an Doktor!*

Lena noch auf der Treppe: *Ja was is denn?*

Fanny: Schnell! Schnell! Kaspar! hörst mi?

Lena: Ach Gott im Himmel! was -

Fanny: Schnell, schnell! Fort zum Doktor!

Lena läuft hinaus.

Fanny zerreißt in höchster Eile ihre Schürze, bindet sie Kaspar um die Stirn. Hebt Kaspar mit Mühe hoch und trägt ihn zur Treppe, die sie mit ihm besteigt. Glockenspiel 'Ueb immer Treu und Redlichkeit bis an dein kühles Grab'."[532]

Nach einem Zeitsprung von vier Jahren finden wir uns im fünften Aufzug in Ansbach wieder, wo der Lehrer Meyer Kaspar abfängt, der gerade den Hofgarten betreten will. Zur gleichen Zeit wartet beim Uzschen Denkmal "Marietta", eine junge Dame, von der wir die pikante und zugleich neue Variante erfahren, daß sie von Kaspar ein uneheliches Kind erwartet. Der "Herr" tritt hinzu, der Marietta vor einer Verbindung mit dem Findling warnt, da Hauser ein Bettler bleiben werde. Kaspar trifft auf Marietta, berichtet ihr von einem geplanten Treffen mit einem Boten seiner Mutter, Marietta läuft fort, der "Herr" kommt hinzu und gibt sich als der erwartete Bote zu erkennen. Da seine Verwundung in Nürnberg vor vier Jahren am Hofe Bewunderung erregt habe, schlägt er Kaspar nun vor, er solle ein erneutes Attentat vortäuschen und dann von einem Unbekannten sprechen, der ihn habe ermorden wollen. Kaspar setzt das dargereichte Stilett an und der "Herr" schlägt "mit der linken auf den Dolch". Der verletzte Kaspar erkennt die Täuschung, "springt auf, zieht den Dolch aus der Wunde, stößt ihn seinem Peiniger in die Brust und läuft nach links davon"[533]. Der "Herr" wird von zwei herbeieilenden Helfern fortgeschleppt. Im Sterbezimmer Kaspars erleben wir dann schließlich noch den Streit zwischen dem todkranken Findling und Lehrer Meyer um das Tagebuch Kaspars, bevor der Verwundete, unter den Orgelklängen der nahegelegenen Gumbertus-Kirche, die Worte "Mutter! Mutter! - Ich - komme!"[534] auf den Lippen, verstirbt und wir den Buchdeckel erleichtert schließen.

Nachzutragen bleibt schließlich noch der Hinweis auf ein Drama Karl Hannemanns, das bibliographisch nicht mehr zu ermitteln war, über das uns aber ein Rezensent in der "Nürnberger Zeitung und Korrespondent" am 2. Januar 1926 zu berichten weiß:

"Ein Kaspar-Hauser-Drama. Aus Frankfurt a. M. wird uns geschrieben: Der Nürnberger Findling hat nun auch Karl Hannemann gereizt, zu der Buchliteratur ein Bühnendrama hinzuzufügen. Von der Hauserschen Legende ist wenig mehr als die Tatsache seiner geheimnisvollen Auffindung geblieben und der Inhalt des Dramas ist nun, das große Unbekannte dieses Schicksals mit einer Schicksalsidee auszufüllen, menschlich möglich, menschlich begreifbar. Kaspar Hauser ist von einem Manne dieses Namens an Stelle eines eigenen Kindes geraubt, die Mutter getötet worden. Dieses Kind hält der Alte 20 Jahre lang wie einen Gefangenen, denn es ist wie im Traum über ihn gekommen, durch Absperrung dieses Menschen vor der bösen Welt ihn zu einem guten Menschen heranreifen zu lassen, zu einem Wesen, das eine neue Welt verkünden wird. Der verborgen Gehaltene aber sprengt durch einen Zufall seine Kammertüre, lernt die Verderbtheit dieser Welt kennen, verführt und tötet die Tochter seines Adoptivvaters und wird von diesem selber getötet. - Diese Idee ist für einen Anfänger, der Hannemann offenbar ist, nicht übel erfunden. Ihre Ausführung aber ist im Stile so schwankend, daß das Werk eine gewisse Diskrepanz zwischen Wollen und Können verrät. Da mischt sich ältester Gerhart Hauptmann und Strindberg (Traumszenen) mit überwundenem Expressionistischem und mit der Handwerklichkeit eines Kriminalstückes (die Szenen mit den Kindern und dem Bösewicht). Dazu die düsteren Farben des Gesamtbildes und der unerlösende Ausklang, daß der Mensch nur ein Tier ist - das alles konnte die Zuhörer nicht hinreißen und nicht überzeugen, den Offenbarungen eines unbedingten Kunstwerkes zu lauschen. Doch riefen die Tapferen der Kammerspielgemeinde, der das Stück als Uraufführung vorgesetzt wurde, den Verfasser lebhaft mit den Darstellern hervor, unter denen die Herren Taube und Schiller hervorragten. Fritz Peter Buch als Spielleiter hatte das Beste an dem Stück, eine kurze, knappe Dialogisierung, mit richtigem Instinkt besonders herausgearbeitet."[535]

Zusammenfassend kann festgehalten werden: Wir betrachteten ein recht großes Spektrum verschiedenster Werke, das darin eine übereinstimmende Tendenz aufweist, daß der Kaspar-Hauser-Stoff nun - cum grano salis - unter einem zeitübergreifenden, eher symbolischen Zusammenhang gesehen wird. Dabei ließen sich folgende Einzelschritte verzeichnen:
Fast zeitgleich mit den im fünften Kapitel vorgestellten Texten setzt mit dem Gedicht Verlaines eine zweite, jedoch sehr viel andere und weiterreichende Entwicklungslinie ein: Die Gestalt Kaspar Hausers wird hier in ihrer Einsamkeit und Außenseiterstellung gesehen, und Verlaine schlägt das noch lange nachwirkende Thema 'der Einzelne gegenüber der Gesellschaft' an, Gaspard wird gar zum Symbol für die moderne dichterische Existenz. Durch die auf formaler Ebene erkennbare Negationsstruktur des Gedichts knüpft Verlaine an das in den frühen Zeugnissen über den Findling erkennbare poetische Potential an, das wir mit dem Hilfsbegriff der Positivität der Leere umrissen haben. Deutlich wurde zudem, daß das Verlaine-Gedicht beeinflußt wurde durch die beiden französischen Dramen von 1838, die die Einsamkeit Gaspards und sein Leiden in der Welt bereits gefühlvoll-rührend gestalteten. Auch für Georg Trakl bietet die Findlingsfigur die Möglichkeit zur dichterischen Selbstidentifikation, ja für die

Gleichsetzung von Kaspars Schicksal mit dem seit der Moderne fühlbar gewordenen allgemeinmenschlichen Los der Verlassenheit. Wie Verlaines Versen gelingt es auch Trakls Gedicht, das poetische Potential des Kaspar-Hauser-Stoffes noch einmal zu wecken bzw. zu erneuern, indem als das Strukturprinzip des Gedichts das bereits in den zeitgenössischen Quellen mit Kaspar Hauser oftmals in Verbindung gebrachte Poetologem des Goldenen Zeitalters wirksam wird. Es kann sein Potential jedoch nur dadurch entfalten, daß Trakls Gedicht - anders als der Roman Jakob Wassermanns, der es beeinflußte - auf eine atmosphärische, Sinnbilder bemühende Ausfüllung der lückenhaften Kaspar-Hauser-Geschichte nicht angewiesen ist, sondern die gleichsam erratischen Verse, indem sie nicht alles sagen, gerade das erneut evozieren, dessen Verlust das Gedicht auf referentieller Ebene beschreibt: die Einheit des Ursprungs.

Neben dem Gedicht Verlaines hat der Roman Jakob Wassermanns am nachhaltigsten auf die späteren Bearbeitungen des Themas gewirkt. Auf der Grundlage autobiographischer Äußerungen Wassermanns und anderer Zeugnisse vermochten wir die weiterhin anhaltende Verquickung und gegenseitige Beeinflussung von historischen Quellen und literarischer Gestaltung zu verfolgen, entzündete sich nach dem Erscheinen des Romans doch sofort ein Streit an der Frage, ob die Deutung durch den Autor die Grenze zwischen Historie und Fiktion nicht unzulässig verwische. Wir beleuchteten in exemplarischer Weise Wassermanns Arbeit mit den Quellen, die dahingehend zusammenfassend charakterisiert werden kann, daß der Autor sich auf formaler Ebene bemüht, eine Volkslegende zu schaffen und die z. T. wörtlichen Quellenbezüge derart zu variieren, daß eine überzeitliche Sinnhaftigkeit der Findlingsgeschichte hervortritt. Hierzu dient ihm die einfühlende und atmosphärische Beschreibung der Personen und Schauplätze, die das Faszinosum der Ursprünglichkeit, das in den Kaspar-Hauser-Quellen erkennbar war, durch einen antiquiert-blassen, stilisiert-legendenhaften Ton überdeckt und die Luzidität der Augenzeugenberichte durch ein wortreich ahnungsvolles Raunen ersetzt. Während die Kaspar-Hauser-Figur in Verlaines Gedicht dadurch zum Symbol wird, daß das poetische Potential der Quellenberichte wiedereingeholt und zur Chiffre des Dichterischen überhaupt neu gestaltet wird, ist in Wassermanns Roman ständig der vorgängige Gestaltungswille spürbar, das auf eher moralischer Ebene Ergreifende des Kaspar-Hauser-Falles zu verdeutlichen, das der Autor im Untertitel mit der Formel von der "Trägheit des Herzens" explizit macht.

Für den Zeitraum zwischen 1920 und 1936 wird Kaspar Hauser zur Leitfigur - es gibt Kaspar-Hauser-Ausstellungen, -Vorträge und -Diskussionen, und kaum ein Tag vergeht ohne eine Zeitungsmeldung zum Fall -, und ganz ähnlich wie in der Biedermeierzeit erweist sich der Findlingsname als zugkräftiger Titel für zahlreiche Veröffentlichungen. Wie in den von uns in den vorangegangenen Kapiteln abgesteckten Großzeiträumen (von 1834 bis 1850 und von 1850 bis etwa 1920) folgen auch hier die literarischen Produktionen einer z. T. vorgängigen, z. T. zeitgleichen theoretischen Beschäftigung mit dem Fall, die angesichts neuer Quellenrecherchen sowie anläßlich des bevorstehenden Centenariums von Hausers Erscheinen eine neue Publikationsflut ins Leben ruft. Zudem ist es wohl auch ein genereller Zug der Zeit, der Hang zum Aufregenden und Irrationalen wie zum Heimatnahen, der zur vermehrten Beschäftigung mit dem Thema anregt.

Im Bereich der Literatur im engeren Sinne entstehen mehr als dreißig Werke, die hier erstmals umfassend gesichtet wurden, wobei dreizehn epischen zehn lyrische und neun dramatische Zeugnisse gegenüberstehen, hinzu kommen der Entwurf eines Hörspiels und eines Filmdramas sowie weitere Filmprojekte und Dramentitel, über deren Realisation meist nichts mehr auszumachen war. Daß die Anzahl der Dramen dabei gegenüber den epischen Bearbeitungen zurücktritt, anders als noch in dem im fünften Kapitel charakterisierten Spektrum, mag mit den von uns aufgezeigten dramentechnischen Schwierigkeiten einer Umsetzung des Kaspar-Hauser-Stoffes zusammenhängen.

Auch für die hier behandelten Texte bleibt jenes grundsätzliche Neben- und Ineinander von Darlegung und Darstellung wirksam: Die Autoren greifen dezidiert auf die historischen, z. T. neu erschlossenen Quellen zurück, sie spielen mit dem Authentizitätstopos, Gesamtlebensdarstellungen werden erzählerisch frei gestaltet und ergänzt, und wir begegnen theoretischen Beiträgen, die durch ihre ungesicherten Konjekturen ins Fiktive abdriften.

Obwohl es problematisch ist, innerhalb der hier vorgestellten Werkgruppe Unterscheidungen vorzunehmen, lassen sich zwei Haupttendenzen ausmachen: Zum einen betrachteten wir jene kleine Gruppe von Werken (Klaus Mann, Bernhard Trinius, Herbert Lewandowski, auch Erich Ebermayer ist hierzu zu rechnen), die unter dem Einfluß der symbolistischen Interpretation Verlaines steht und sich auf die ästhetisierende Gestaltung der Außenseiterthematik konzentriert, wobei im thematischen Bereich eine Verbindung von Erotischem und Religiösem auffällig ist. Daneben existiert jedoch eine zweite, deutlicher erkennbare Linie, die in ihren Ursprüngen auf den Einfluß von Jakob Wassermanns Roman verweist und die sich durch die Betonung irrationaler, mystifizierender sowie stilisiert-legendenhafter Züge auszeichnet. Thematisch treten hier das Mutterthema, die Gestaltung eines heimatlich-erdverbundenen Ambientes sowie die Stilisierung der Findlingsfigur zum unschuldigen Opferlamm in den Vordergrund.

Beiden Hauptlinien gemein ist schließlich der Rückgriff auf den in den historischen Quellen bereits spürbaren Humanitätsaspekt und die sinnbildhafte Bündelung ewig-menschlicher Fragen in der Findlingsfigur (die sich in der Häufung bedeutungsschwerer Begriffe wie Heimat, Herz, Gefühl, Blut, Mutter niederschlägt). Dies führt dazu, daß die Autoren den auf thematisch-begrifflicher

Ebene gestellten Anspruch formal nicht einzulösen vermögen, sondern daß alle Bearbeitungen bei der Realisation, der Sichtbarmachung der überzeitlichen Bedeutungstiefe des gedanklich Entwickelten in der historisch-konkreten Findlingsfigur in ein falsches Pathos abstürzen, das im Kontrast zur Simplizität der Kaspar-Hauser-Figur besonders kraß auffällt.
Dem weiteren Problem, der Stationenhaftigkeit der Hauser-Geschichte (die sich zudem über weite Zeiträume erstreckt), versuchen die Autoren dadurch zu entgehen, daß sie zum einen - anders als noch die Bearbeiter in der zweiten Hälfte des 19. Jahrhunderts - auf die Ausführung der dynastischen Hintergrundgeschichte verzichten (der ohnehin nun nicht mehr eine so dominante Rolle zukommt), zum anderen dadurch, daß sie sich dem Stoff in Aspektierungen und gleichsam von Seitenansichten aus zu nähern suchen und auf die Schließung der Lücken in der Kaspar-Hauser-Geschichte gerade verzichten. In diesem Sinne beginnt der Stoff von nun an sich aus der Umklammerung der historischen Vorgaben zu lösen, worin eine - wie wir hier nur andeuten können - notwendige, jedoch noch nicht hinreichende Bedingung für die wenigen gelungenen Kaspar-Hauser-Gestaltungen zu erblicken ist.

7. Die Geschichte des Satzes und der letzte Satz der Geschichte

Zwei Gedichte - Arps "Kaspar ist tot" und Klabunds "Der arme Kaspar" - sperrten sich gegen eine Zuordnung zur symbolisierenden Linie. Von der kurzen Betrachtung der beiden Texte aus wird die Untersuchung einen größeren Zeitsprung machen, bis in die 1960er Jahre zu Ernst Jandl und Peter Handke. Bereits hier sei darauf hingewiesen, daß die Sondierung von Werkgruppen, wie sie für die 1920er Jahre noch gelang, für den darauffolgenden Zeitraum bis zur Gegenwart lediglich eingeschränkt möglich ist.
Das 1912 entstandene und 1919/20 erstmals publizierte Gedicht Hans Arps, das in drei unterschiedlichen Fassungen überliefert ist, läßt sich dem Kaspar-Hauser-Thema nicht eindeutig zuordnen; trotz dieser Schwierigkeit wollen wir es heranziehen:

"KASPAR IST TOT

weh unser guter kaspar ist tot.
wer verbirgt nun die brennende fahne im wolkenzopf und schlägt täglich ein schwarzes schnippchen.
wer dreht nun die kaffeemühle im urfass.
wer lockt nun das idyllische reh aus der versteinerten tüte.
wer schneuzt nun die schiffe parapluies

windeuter bienenväter ozonspindeln und entgrätet
die pyramiden.
weh weh weh unser guter kaspar ist tot. hei-
liger bimbam kaspar ist tot.
die heufische klappern herzzerreissend vor
leid in den glockenscheunen wenn man seinen vor-
namen ausspricht. darum seufze ich weiter seinen
familiennamen kaspar kaspar kaspar.
warum hast du uns verlassen. in welche ge-
stalt ist nun deine schöne grosse seele gewandert. bist
du ein stern geworden oder eine kette aus wasser an
einem heissen wirbelwind oder ein euter aus schwar-
zem licht oder ein durchsichtiger ziegel an der stöh-
nenden trommel des felsigen wesens.
jetzt vertrocknen unsere scheitel und sohlen
und die feen liegen halbverkohlt auf dem scheiter-
haufen.
jetzt donnert hinter der sonne die schwarze
kegelbahn und keiner zieht mehr die kompasse und
die räder der schiebkarren auf.
wer isst nun mit der phosphoreszierenden
ratte am einsamen barfüssigen tisch.
wer verjagt nun den sirokkoko teufel wenn
er die pferde verführen will.
wer erklärt uns nun die monogramme in
den sternen.
seine büste wird die kamine aller wahrhaft
edlen menschen zieren doch das ist kein trost und
schnupftabak für einen totenkopf."[536]

Hinter der scheinbar ungeordneten Abfolge der Zeilen läßt sich folgendes Gliederungsprinzip erkennen: Auf die einleitende Klage (V 1) folgen Fragen, die sich auf die Lücke beziehen, die der Tod "kaspars" hinterlassen hat, und die in formaler Hinsicht das Schema "wer (...) nun" variieren (V 2-9). Die Jeremiade um den guten "kaspar" wird wiederaufgenommen und intensiviert (V 10-15) und durch Gedanken zur möglichen Metamorphose des Verstorbenen abgelöst (V 16-21). Es folgt eine Bestandsaufnahme der "jetzt"-Zeit (V 22-27), und vor einem abschließenden Ausblick in die Zukunft (V 34-36) lesen wir weitere Klagen über die von "kaspar" hinterlassene Lücke (V 28-33).
Das Spiel mit dem "familiennamen kaspar" (V 15) sowie die Wendung "unser guter kaspar" (V 1 u. 10) deuten auf den Bezug zur historischen Gestalt hin. Wichtiger jedoch und signifikanter angesichts der Entwicklung des Stoffes, die sich bis jetzt verfolgen ließ, sind die gleichsam kosmischen Bezüge, in die die Figur gestellt wird, und die sich dadurch auszeichnen, daß sie jede Sinngebung negieren. Auf dem Hintergrund der so sehr um Symbolik und Tiefe bemühten

Autoren in der Tradition entfaltet der Text Arps seine besondere Pointe: "kaspar", über dessen Metamorphosen nach dem Tode nur spekuliert werden kann, wird zur maßgebenden Instanz innerhalb eines Systems aufgelöster Sinnbezüge. Die eigentümliche Mischung zwischen Ergriffenheit und ironisiertem Pathos bringt ihn darüber hinaus in eine Schwebe, die zu der spöttisch-ärgerlichen Schlußsentenz kontrastiert, die für die Zukunft die Erhebung seiner "büste" auf die "kamine aller wahrhaft edlen menschen" befürchtet.

"Der arme Kaspar

Ich geh - wohin?
Ich kam - woher?
Bin aussen und inn,
Bin voll und leer.
Geboren - wo?
Erkoren - wann?
Ich schlief im Stroh
Bei Weib und Mann.
Ich liebe dich,
Und liebst du mich?
Ich trübe dich,
Betrübst du mich?
Ich steh und fall,
Ich werde sein.
Ich bin ein All
Und bin allein.
Ich war. Ich bin.
Viel leicht. Viel schwer.
Ich geh - wohin?
Ich kam - woher?"[537]

Ähnlich wie bei Arp läßt sich anhand des Titels, "Der arme Kaspar", das Gedicht Klabunds nicht exakt zuordnen, andererseits erinnert gerade die Titelformulierung nur allzu deutlich an den entsprechenden Topos in der Stoffgeschichte; hinzu kommt, daß sich auf Seite 29 desselben Bandes eine Übertragung des Verlaine-Gedichtes findet. Hauptmerkmal des Textes ist die durchgehend antithetische Struktur, die sowohl einzelne Zeilen als auch die Beziehungen zwischen den Versen bestimmt. Auch hier gerät die Figur "Kaspar" bzw. das lyrische Ich des Gedichts in eine Schwebe der völligen Unfixiertheit, zwischen Sentiment und Absurdität, die nicht zuletzt durch den ständigen Wechsel aller drei Zeitebenen entsteht. Die durchgehenden Paradoxien ("voll und leer", "aussen und inn"), die zum Teil in wortspielerische Ironie umschlagen ("Viel leicht. Viel schwer"; "Ich trübe dich, / Betrübst du mich?"), erlauben keinerlei Festlegung, sondern der Fluß von Bestimmungen läßt das Gedicht an seinem Schluß zur

Ausgangsfrage zurückkehren. Klabund verwendet kurze, zweihebig-jambische Verse, deren gedanklich-inhaltlicher Antithetik auf formaler Ebene eine Zäsur in der Versmitte entspricht, die häufig durch Gedankenstrich oder Punkt hervorgehoben wird. Der derart abgehackte Rhythmus, so läßt sich spekulieren, mag zugleich an die Sprachnot des Findlings erinnern.
Ebenso spielt in dem Gedicht Ernst Jandls, "16jahr", das 1966 in dem Lyrikband "Laut und Luise" erscheint, die verfremdete Sprechweise eine Rolle:

"16jahr

thechdthen jahr
thüdothdbahnhof
thechdthen jahr
wath tholl
wath tholl
der machen
thüdothdbahnhof
thechdthen jahr
wath tholl
wath tholl
der bursch
wath tholl
der machen
wath tholl
wath tholl
der machen
thechdthen jahr
thüdothdbahnhof
wath tholl
der machen
der bursch
mit theine
thechdthen jahr"[538]

Alle S-Laute ersetzt der Text durch die Buchstabenkombination "th", die (bei einem Vortrag im Sinne des Englischen) die Sprechweise eines Sigmatikers evoziert. Neben dieser 'Sprachschwierigkeit' sowie der Altersangabe "16jahr", lassen sich weitere Gründe anführen, die den Bezug auf die Kaspar-Hauser-Figur erlauben: Nach drei vergeblichen Ansätzen (vgl. die Anakoluthe in den Versen 4-6, 9-13 und 14-16) gelingt es dem Sprechenden erst in einem letzten Anlauf, den zugleich einzigen Satz des Gedichts durchgängig zu formulieren (V 17-23). Die hier angesprochene Grundsituation ließe sich wie folgt 'übersetzen': 'Sechzehn Jahre, Südostbahnhof. Was soll der machen, der Bursche, mit seinen sechzehn Jahren?' Der Topos "thechdthen jahr / thüdothdbahnhof" läßt an Ankunft oder Abschied denken. Daran schließt sich eine Frage an, die sich sowohl auf die Ungewißheit der Zukunft bezieht als auch, ihrer Form nach, an Alltagswendungen erinnert. Verstärkt wird diese Wirkung durch die Formulierung "*mit theine* / thechdthen jahr" (V22 f.), die leichte Abschätzigkeit und Mitleid zugleich enthält. Die Gestalt des "bursch(en)" (übrigens ein weiteres Indiz, das auf die Kaspar-Hauser-Gestalt hindeutet) ist angesiedelt auf der Grenze zwischen überzeitlicher Bedeutung einerseits, im Sinne der menschlichen Grundsituation von Ankunft und Abschied, und Alltagsbanalität andererseits.

Von der bis heute sowohl in theoretischen als auch literarischen Kaspar-Hauser-Veröffentlichungen geübten Praxis, Verlaines "Gaspard Hauser chante" als literarisches Motto zu wählen, weicht Peter Handke bezeichnenderweise ab, als er 1967 der Textausgabe seines Theaterstücks "Kaspar" das Gedicht Jandls voranstellt. Diese Abweichung indiziert bereits ein verändertes Interesse: Nicht mehr das Historisch-Sensationelle, noch die überzeitliche Symbolik des Findlingsschicksals interessieren den Autor, sondern das Exempel der Manipulation durch Sprache. Die ersten Sätze der einleitenden Bühnenanweisungen wurden dementsprechend von zahlreichen Interpreten als Bestätigung solcher Deutung durch Handke betrachtet:

> *"Das Stück 'Kaspar' (...) zeigt, wie jemand durch Sprechen zum Sprechen gebracht werden kann. Das Stück könnte auch 'Sprechfolterung' heißen".*[539]

Sicherlich zutreffend ist somit ein Hauptgesichtspunkt des Stückes begrifflich fixiert, der von interpretatorischer Seite bereitwillig aufgegriffen wird. In nur kurzen Zügen soll dieser Aspekt angedeutet werden, der sich auch als die Geschichte des Initialsatzes "Kaspars" verstehen läßt. In der Tat aber wäre es "ein Mißverständnis, Handkes Texte auf Sprachkritik zu fixieren"[540]; so vermag eine lectior difficilior einen zweiten Aspekt des Theaterstückes zu erkennen, der in der Szene 64 besonders deutlich wird, und den unsere Kapitelüberschrift unter dem Rubrum 'Der letzte Satz der Geschichte' zu fassen sucht. Für beide Aspekte spielt der Bezug auf die Historie der Hauser-Geschichte eine größere Rolle als man zunächst vermuten könnte. Wenn Handke, dies sei nur en passant erwähnt, das Ausssehen "Kaspars" als "pudelnärrisch"[541] beschreibt, zeugt dies von einer genaueren Bekanntschaft des Autors mit den historischen Quellen: Der Schuhmachermeister Beck, einer der beiden ersten Augenzeugen, gibt 1834 zu Protokoll, Hauser habe, als er auf dem Nürnberger Unschlittplatze erschien, "wirklich pudelnärrisch"[542] ausgesehen. Unschwer ließen sich zahlreiche, teilweise wörtliche Bezugnahmen Handkes auf die Quellen nachweisen; neben eher äußeren Merkmalen, wie Gang und Sprache des Theater-Kaspars, betrifft dies auch seinen Initialsatz sowie Begriffe wie "Ordnung" und "Schmerz", die für das Stück von zentraler Bedeutung sind.[543] Neben der in unserer Einleitung zitierten Selbstäußerung Handkes zu seiner Rezeption des Feuerbach-Buches weist "Der

Spiegel" in einem Artikel anläßlich der Uraufführung von 1968 darauf hin, daß Handke das "Feuerbachsche Psychogramm des Findlings (...) stark für die Seelenmechanik seines Helden" genutzt habe. "Bei öffentlichen Auftritten las er das alte Schriftstück zuweilen vor, ohne den Autor zu erwähnen; als Handke-Text wurde es sehr beklatscht".[544]
Anhand der Destruktion von "Kaspars" erstem Satz, "Ich möcht ein solcher werden wie einmal ein andrer gewesen ist"[545], können wir die "Sprechfolterung" der Bühnenfigur verfolgen. Die Geschichte des Satzes ist zugleich die Geschichte einer Erziehung, die "den Erzogenen vernichtet", *weil* sie gelingt.[546] Dominiert in "Kaspars" Satz am Beginn noch die futurische Dimension, ist er Ausdruck noch unbegrenzter Möglichkeiten, so zeitigen die Eingliederungsbemühungen schon bald ihren Erfolg:

> *"Sein endgültiges Eingeständnis 'ich bin, der ich bin' verzichtet auf jede zukünftige Möglichkeit und findet sich mit dem ab, was* **ist**, *d.h. mit dem, was die Einsager aus ihm gemacht haben. Daher sagt Kaspar: 'ich möcht jetzt kein andrer mehr sein'".*[547]

Es wäre ein leichtes nachzuweisen, daß bereits in den Darstellungen Feuerbachs und Daumers - auch die des letzteren muß Handke rezipiert haben - sowie in weiteren zeitgenössischen Berichten die Schmerzen intensiv beschrieben werden, die Kaspar Hauser durch die Neuigkeit der Sinneseindrücke und nicht zuletzt durch das heftige Einreden der Inquirenten auf ihn erfuhr.[548] Ebenso naheliegend wie auch selbstverständlich ist es, auf die Unterschiede hinzuweisen, die zwischen den zeitgenössischen Darlegungen sowie den Selbstaussagen Hausers und der Thematisierung der "Sprechfolterung" in "Kaspar" bestehen: Handke radikalisiert das Erlebnis des physischen Schmerzes zur grundsätzlichen Kritik sprachlicher Sozialisation, die "Kaspar", durch die Selbstbewußtwerdung hindurch, zur Deckungsgleichheit mit normierten Gesellschaftsmaximen führt, letztlich also in eine Identitätszerstörung mündet. Wir werden jedoch sehen, daß Handke sich, über eine thematische Anlehnung und Ausgestaltung hinaus, eine grundsätzliche strukturelle Eigenschaft der Kaspar-Hauser-Geschichte nutzbar macht.
Ebenso wie in seinem 1967 verfaßten Aufsatz "Ich bin ein Bewohner des Elfenbeinturms", in dem er die Methode des Geschichtenerzählens in der Literatur als obsolet charakterisiert[549], weist der Autor in den einleitenden Bühnenanweisungen zu "Kaspar" darauf hin, daß "keine Geschichte vor sich gehen wird" und sich die Zuschauer auch keine "Nachgeschichte vorstellen"[550] könnten. Zwischen dem 'geglückten' Abschluß der Erziehung "Kaspars" in Szene 63 und der abschließenden Szene 65 blickt der Theater-Kaspar noch einmal auf seine "Geschichte"[551] und die Bedeutung seines ersten Satzes zurück. Handke greift hier in besonderem Maße - neben weiteren Stellen aus Feuerbach - auf Kapitel 9 des ersten Heftes der Daumerschen "Mittheilungen" zurück, das die Überschrift

"Hausers erstes Auftreten zu Nürnberg, von ihm selbst beschrieben" trägt. Hören wir nur einen kurzen Abschnitt:

"Jetzt fieng die Uhr an zu schlagen, welches mich unendlich erfreute, so daß ich immer meine Schmerzen vergaß, und meine Sehnsucht war nach diesem Aufenthalts-Ort. Jetzt kommt der Gefängnißwärter Hiltel, brachte das Brod und Wasser, welches ich gleich erkannte und sagte zu ihm: 'I möcht ah a söchana Reiter wern, wie Vater is' damit sagte ich zu dem Brod: jetzt du nicht mehr fortgehen, und mich nicht mehr so plagen lassen. Er legte das Brod neben mich hin; ich nahm es gleich in die Hand; das Wasser schüttet er in den Krug hinein, stellte ihn auf den Boden hin. Jetzt fieng er mich auszufragen an. Er fragte mich mit so rascher Stimme, welche mir viele Schmerzen verursachte im Kopf, ich fieng an zu weinen und sagte 'I möcht ah a söchana Reiter wern, wie Vater is' (...)".[552]

Handke übernimmt die in Hausers Aufsatzfragment durchgängig verwandte Technik, die vielfältigen Bezüge des ersten Satzes in der Retrospektive zu erläutern, und ebenso behält er in einigen Passagen den utopischen, gleichsam naturmagischen Charakter des Initialsatzes sowie der ersten Welterfahrungen Kaspar Hausers bei:

"Ich habe den Schnee gesehen und den Schnee angegriffen. Darauf habe ich den Satz gesagt: ich möcht ein solcher werden wie einmal ein andrer gewesen ist, womit ich ausdrücken wollte, warum der Schnee mich denn in die Hände beiße (...). Dann sah ich einmal ins Freie, wo es sehr grün leuchtete, und ich sagte zu dem Freien: ich möcht ein solcher werden wie einmal ein andrer gewesen ist? - und mit diesem Satz wollte ich das Freie fragen, warum mich denn die Füße so schmerzten (...). Weil der Schnee weiß gewesen ist und weil der Schnee das erste Weiße gewesen ist, das ich gesehen habe, habe ich alles, was weiß war, Schnee genannt (...). Schließlich habe ich das Wort Schnee aus Neugier sogar für etwas nicht Weißes gebraucht, um zu sehen, ob daraus Schnee würde, dadurch, daß ich das Wort Schnee sagte (...)".[553]

Unmerklich jedoch gerinnt dem Theater-Kaspar der erste Satz selber, der die Gegenstände noch nicht unter das Diktat einer Geschichte brachte, zum Problem:

"(...) und endlich sagte ich zu mir selber: ich möcht ein solcher werden wie einmal ein andrer gewesen ist, und wollte damit wissen, was denn der Satz, den ich zu mir sagte, überhaupt **bedeute**".[554]

Bereits mit seinem ersten Satz, so utopisch frei er zunächst war, gerät "Kaspar" in die Geschichte. Der Retrospektive der wechselnden Bezüge seines Satzes geht ein kurzer Abriß vorauf, der beschreibt, wie sich die Intentionen veränderten, die er mit dem ersten und den folgenden Sätzen seiner Geschichte verband. Mit jedem weiteren Satz instrumentalisiert "Kaspar" die Sprache immer mehr zur Unterdrückung der Sätze anderer. Und "erst mit dem letzten Satz der Geschichte" habe er angefangen "zu fragen, was denn die ANDEREN gesprochen hatten, die überhört wurden, während" er seinen "Satz sprach".[555] Zu spät erkennt "Kaspar", daß er bereits mit seinem ersten Satz "in die Falle gegangen"[556]. Unversehens gerät ihm sein Satz zur Geschichte, an deren Ende erst wiederum, mit der Frage nach den gleichzeitig überhörten Sätzen, die Möglichkeit einer ganz anderen, noch nie gehörten Geschichte aufscheint, und "Kaspar" für einen Moment noch aus seiner weltvergessenen Subjektzentrierung erwacht. Mehrfach wiesen wir im Verlaufe der Erörterungen auf die Stationenhaftigkeit der Geschichte Hausers hin, die, konzentriert man sich wie Handke auf die Augenzeugenberichte und die frühesten Selbstaussagen des Findlings, sich zu einer wirklichen Geschichte nicht fügen will. Handke, dem eine literarische Methode bereits dann zur unerträglichen Manier wird, wenn sie nur ein zweites Mal sich wiederholt, kann den Fall des Findlings, den die Biedermeierzeit als so unerhört empfand, mit offenen Armen empfangen:

> *"Immer mehr Vehikel fallen weg, die Geschichte wird unnötig, das Erfinden wird unnötig, es geht mehr um die Mitteilung von Erfahrungen, sprachlichen und nicht sprachlichen, und dazu ist es nicht mehr nötig, eine Geschichte zu erfinden."*[557]

Möglicherweise beginnt hinter dem letzten Satz der Geschichte eine ganz andere Erfahrung, eine nicht-sprachlicher Art. Vor seiner abschließenden Destruktion konstatiert "Kaspar":

> *"Ich bin zum Sprechen gebracht. Ich bin in die Wirklichkeit übergeführt. - Hört ihr's?* **Stille** *Hört ihr?* **Stille** *Pst.* **Stille**.*"*[558]

Diesem Hinweis auf Textebene entspricht die Interpretation des Stückes in der vielbeachteten Neuaufführung von "Kaspar" durch Roberto Ciulli im Theater an der Ruhr in Mülheim (1987), die sich durch die Gesamttendenz auszeichnet, "ein Widerspruch zum Sprechstück zu sein", und die "nach der Pause eine neue Geschichte beginnen" läßt, "die die Vorlage hinter sich läßt: ein stummes, grandios inszeniertes Spiel erzählt von einer debilen, sprachlosen Gesellschaft, die Kaspar zum Idol ihres mißlungenen Aufbruchs erklärt."[559]

Wir fassen kurz zusammen: Drei Gedichte (die von Hans Arp, Klabund und Ernst Jandl) heben sich von der Tradition der Stoffgeschichte insoweit ab, als sie weder den sensationellen noch den rührend-sentimentalen Aspekt aufgreifen, sondern von einer eher sprachspielerischen Warte aus die Kaspar-Hauser-Figur thematisieren und durch einen ironischen Tonfall der poetischen Überhöhung entgegenarbeiten. Dennoch können auch sie auf einen (wenngleich ursprünglich nebensächlichen) Aspekt der historischen Geschichte, die Sprachnot des Findlings, zurückgreifen.

In dieser Linie steht Peter Handkes Theaterstück, für das die Sprachproblematik

von zentralem Interesse wird. Auch Handkes Stück, das sich bis zur Kenntlichkeit von der historischen Fabel entfernt, greift auf die Quellen zurück, wozu neben äußeren Merkmalen auch die für das Stück zentralen Begriffe "Ordnung" und "Schmerz" gehören, die Handke zur grundsätzlichen Kritik sprachlicher Sozialisation generalisiert. Anhand der Destruktion von Kaspars Initialsatz ("Ich möcht ein solcher werden, wie einmal ein andrer gewesen ist") - der die historische Vorlage ("Ich möcht ein solcher Reiter werden, wie mein Vater einer gewesen ist") in solcher Weise generalisiert, daß der obstruktive, gleichsam utopische Charakter verschärft wird - verfolgten wir die "Sprechfolterung" "Kaspars", die die Figur zur Deckungsgleichheit mit normierten Gesellschaftsmaximen führt und so in eine Identitätszerstörung mündet.
Neben diesem häufig erkannten Hauptaspekt des Stückes vermochten wir auf einen zweiten Grundzug aufmerksam zu machen, der darin besteht, daß Handke sich eine strukturelle Eigenschaft nutzbar macht, die u. a. für die von uns häufiger erwähnte Poetizität der Kaspar-Hauser-Geschichte verantwortlich ist: Handke, ständig auf der Suche nach neuen Ausdrucksformen, gelingt es, jenes Faszinosum der Ursprünglichkeit des historischen Findlings, nach Feuerbach eines "Wundermenschen, wie ihn die Welt noch nie gesehen", zu erneuern. Ähnlich wie sich die Zeitgenossen des Biedermeier darüber enthusiasmierten, daß in Kaspar Hauser Poesie und Wirklichkeit endlich zur Deckung gebracht erschienen, ist auch Handke in "Kaspar" und darüber hinaus bis heute auf dem Weg, gegen jene Grenze anzuschreiben, und ähnlich, wie die Weltleere die Zeitgenossen des Biedermeier nicht nur abschreckte, sondern fast mehr noch faszinierte ob ihrer nach Phantasie heischenden möglichen Ausfüllung, stellt sich der Theater-"Kaspar" Handkes nach dem letzten Satz der Geschichte, unter deren Diktat er geraten ist, die Frage nach einer ganz anderen, noch nie geschriebenen und noch nie gehörten Geschichte. Wie vor ihm nur Verlaine und Trakl, gelingt es somit Handke, indem er sich äußerlich wie sonst kaum eine Realisation in der Stoffgeschichte von der historischen Figur zu entfernen scheint, zur zentralen Poetizität des Stoffes vorzudringen. Und vielleicht ist die Grenze zwischen den frühen Stücken Handkes und seinen späteren Werken, die man zu ziehen pflegt, bereits für "Kaspar" obsolet, befindet Handke sich doch bereits hier (wenngleich erst in ansatzhafter Weise) auf dem Weg zu seiner Ausarbeitung der Poetizität der Wirklichkeit.

8. Chronogramm

Neben dem bereits erwähnten Gedicht Jandls und Handkes "Kaspar" können wir für den Zeitraum von 1945 bis heute über fünfzig Kaspar-Hauser-Bearbeitungen ausmachen. Einschränkend muß jedoch hier schon gesagt werden, daß uns in dem nun zu betrachtenden Zeitraum sehr wahrscheinlich weitere Texte entgangen sind (besonders hinsichtlich der Gedichte ist man auf Zufallsfunde angewiesen); nur eingeschränkt sind übergreifende Gestaltungslinien auszumachen, und wir werden uns nicht allen Werken ausführlich referierend zuwenden. Vorgreifend kann zudem gesagt werden, daß die nun zu besprechenden Gedichte, Prosatexte sowie Dramen und Hörspiele in den meisten Fällen sich recht weit von der historischen Fabel entfernen; dennoch sind die im Vorangegangenen entwikkelten Leitgedanken auch hier noch nützlich, so behält z. B. die symbolistische Interpretation in den meisten Gedichten die Oberhand, und auch im dramatischen Bereich entdecken wir Spuren der frühen Gestaltungslinien. Muten wir dem Leser zum letzten Mal eine Bestandsaufnahme in Form einer Titellitanei zu: Gerhart Haug: "Das Lied Kaspar Hausers" (1944); Albrecht Schoenhals: "Lied Kaspar Hausers" (1948); Hanns Otto Münsterer: "Kaspar Hausers Testament" (1951); Kurd E. Heyne: "Kaspar Hauser. Das Rätsel seiner Zeit, ein Hörspiel nach authentischen Quellen" (gesendet am 30. 3. 1954); Walter Höllerer: "Gaspard" (1955); Peter Härtling: "kasper" (1958); Hans Holgard [d. i.: Paul Weymar]: "Der Mörder des Kaspar Hauser. Roman eines Schurken nach hinterlassenen Papieren aufgezeichnet" (1958, Buchveröffentlichung 1970); Hans Scholz: "Kaspar Hauser. Eine Folge tönender Bilderbogen" (das Hörspiel wurde gesendet am 21. 7. 1958); Artur Müller: "Kaspar Hauser - Prinz oder Schwindler. Eine historische Kriminalgeschichte in Dokumenten" (zwischen 1950 und 1965); Ingrid Wegener: "Kaspar Hauser Seelenspiegel" (1960); Carl Schmidt-Rogge: "Es ist nicht gut, dass der Mensch allein ist. Das Schicksal Caspar Hausers. Hörbild" (gesendet wurde das Hörspiel am 29. 4. 1961); Peter Härtling: "Nachricht von Kasper" (1962); Wilhelm Pültz: "Der alte Garten. Erzählung um Caspar Hauser" (1963); Christian Høgsberg: "kasper-hauser" (1967); Reinhard Mey: "Kaspar" (1969); Meret Oppenheim: "Ohne mich ohnehin ohne Weg kam ich dahin" (1969); Manfred Taut / Horst Wolf: "XY löst den Fall Kaspar Hauser" (1969); Geneviève Serreau: "Kaspar. Stück in 13 Bildern" (die französische Uraufführung fand 1971, die deutsche 1985 statt); Deborah Eibel: "Kaspar Hauser in Nuremberg" (1972); Javier del Amo: "El canto de las sirenas de Gaspar Hauser" (1973); John Robert Colombo: "The Child of Europe" (1974); Werner Herzog: "Jeder für sich und Gott gegen alle" (1974); Peter Abraham: "Kaspar oder Das Hemd des Gerechten" (1976); 1976 erschien ein Kaspar-Hauser-Zyklus von neun Gedichten von Emma Krell-Werth; Joachim Minnemann: "Kaspar (für Elisabeth)" (1976); Erich Fried: "Klage über die Doppeldeutung" (1977); Franz Hodjak: "Kaspar Hauser Lied" (1977); Marcia Southwick: "Kaspar Hauser" (1977); Richard Wagner: "kaspar hauser" (1977); Elke Oertgen: "Kaspar Hauser" (1978); Dieter Forte: "Kaspar Hausers Tod. Ein Theaterstück" (1979); Bernd Lampe: "Kaspar Hauser in Treblinka. Schauspiel in drei Teilen" (1979); Guntram Vesper: "Ein blinder Passagier steigt zu"

(1979); Laurence Lerner: "Kaspar Hauser" (1980); Conrad Ceuss: "Kaspar Pfeifen Menschenskinder" (1981); Robin Fulton: "The Story of Kaspar Hauser" (1983); Carlo Pietzner: "... and from the night, Kaspar. A play in seven scenes" (1983); Manfred Streubel: "Kaspar H." (1983); Carlos Trafic / Wolfgang Trevisany: "Kaspar Hauser" (1983) (die Textvorlage des Bühnenstückes war nicht mehr greifbar); 1984, 1985 und 1986 wird die Hörspiel-Trilogie von Thomas Lehner gesendet: "Der rätselhafte Kaspar Hauser oder Schwierigkeiten beim Entziffern der Welt" (1984), "Major M. - Der Mörder? oder Warum Kaspar Hauser sterben mußte" (1985), "Tief im Herzen wühlt Verzweiflung - Kaspar Hauser: Letzter Akt" (1986); Hermann Pies: "Wir Kaspar Hauser" (1984); Swami Alok Chinmayo [d. i.: Hermann James Schmitz]: "Kaspar Hauser 1984. Fragmente" (1984); Jürg Amann: "Ach, diese Wege sind sehr dunkel" (1985); Matis Hönig [Prisma Ensemble]: "'Kaspar Hauser' das Kind von Europa" (1985) (die Textvorlage des Bühnenstückes war nicht mehr greifbar); Achim von Lorne: "Spiegelbilder um Kaspar Hauser" (1985); Bill Sewell: "Kaspar Hauser" (1985); Wolf Biermann: "Kaspar Hauser singt" (1986); Peter Härtling: "Kaspar Hauser" (1987); Meret Oppenheim: "Kaspar Hauser oder Die Goldene Freiheit. Textvorlage für ein Drehbuch" (1987/1970); Suzanne Vega: "Wooden Horse (Caspar Hauser's Song)" (1987); Oskar Ansull: "Kaspar Hauser" (1988); Katja Lange-Müller: "Kasper Mauser - Die Feigheit vorm Freund. Erzählung" (1988); Berthold Weckmann: "Kaspar Hauser" und "Wiederbegegnung mit Kaspar" (1988); Sibylle Gielen: "Ein Mensch wie Kaspar Hauser. Performance-Theater" (1990)[560]; Theater Thikwá: "Im Stehen sitzt es sich besser" (1990); Sabine Dahrendorf / Alfonso Ordóñez: "Y quedaré delante de los muros inmensos esperando que por fin venga alguien a buscarme. A Kaspar" ["Und da stehe ich vor den riesigen Mauern und warte, daß mich jemand endlich abholt. Für Kaspar"] (1991); Reinhard Febel / Lukas Hemleb: "Sekunden und Jahre des Caspar Hauser. Libretto. Oper in drei Akten und neun Bildern" (1991, Uraufführung 1992); Theater der euphorischen Lustlosigkeit [Horst und Werner Brenner]: "Tollwut. Visionen zu Kaspar Hauser. Ein Theaterstück für fünf Clowns" (1991); Antagon. Theater auf Rädern: "Caspar Hauser - vom Dunkeln ans Licht" (1992); Jürgen Wönne: "Das Tagebuch des Caspar Hauser. Psychogramm einer geschundenen Seele frei nach historischen Quellen und Motiven von Jakob Wassermann" (1992).

Bevor wir den Leser zu einer tour d'horizon paraphrasierender Kurzcharakteristiken einladen, seien einige wenige Leitlinien abgesteckt, die sich im Feld der recht verschiedenartigen Texte ausmachen lassen: Nur noch drei Werke, die aber bezeichnenderweise auch eine Seitenperspektive wählen, bemühen sich um eine geschlossene erzählerische Ausgestaltung (Hans Holgard, Achim von Lorne und Wilhelm Pültz). Auch die symbolhafte Sicht, die weiter wirksam bleibt, tritt eher in den Hintergrund (hier sind u. a. die Gedichte Hanns Otto

Münsterers, Elke Oertgens und Hermann Pies' zu nennen), erfährt aber im Gedicht Walter Höllerers auch eine gewisse Weiterentwicklung. Bis auf einige Sonderfälle (Katja Lange-Müller und Peter Abraham beispielsweise wählen den Findlingsnamen für ihre Prosaarbeiten nur noch als anspielungshaftes Zitat), ist den übrigen Werken gemein, daß sie den Kaspar-Hauser-Stoff facettieren, von wechselnden Blickpunkten aus beleuchten und auf einen geschlossenen Zugang dezidiert verzichten. Innerhalb dieser Werkgruppe nun kristallisieren sich zwei Hauptrichtungen heraus: Neben Texten wie denen von Dieter Forte, Hans Scholz und Geneviève Serreau, die nachdrücklich auf den zeitgeschichtlichen Kontext der Kaspar-Hauser-Geschichte abheben, stehen jene - von Jürg Amann, Bernd Lampe, Carlo Pietzner und Swami Alok Chinmayo z. B. -, die die Überzeitlichkeit der Kaspar-Hauser-Figur herauszustellen versuchen.
Für die Zeit nach 1945 wird die Kaspar-Hauser-Gestalt zunächst im Rahmen einer Standortbestimmung bedeutsam. Dem theoretischen Befund Alexander Mitscherlichs, der den Begriff des "Kaspar-Hauser-Komplexes" entwirft, um die "Verlassenheit" und "absolute Vereinsamung" des "modernen Massenmenschen"[561] zu kennzeichnen, korrespondiert in dieser Hinsicht auf poetischer Ebene das Gedicht Hanns Otto Münsterers, "Kaspar Hausers Testament", das die resignative Einsicht "Kaspars" in die "Mondkälte" zwischen den Menschen als Vermächtnis hinterläßt und die Rückkehrsehnsucht der Kaspar-Hauser-Gedichte der 1830er Jahre noch einmal aufnimmt:

"Die Äcker liegen brach im harten Wind,
die Früchte an den Bäumen sind verdorrt
und keiner denkt mehr an das große Wort,
daß wir hier alle Gottes Kinder sind.

Drum glaub ich, Kaspar, dies, es lohnt sich kaum.
Ich bin kein Rufer in der Wüste. Nein,
ich wecke euer Herz nicht aus dem Stein
und fülle ihn nicht aus, den leeren Raum.

Klar wurde mir, daß hier im toten Tag
Mondkälte ist, vereist und leergebrannt.
Ich, Kaspar, brenne, und in jenes Land
will ich zurück, das vor dem Kerker lag."[562]

Auch Elke Oertgen und Hermann Pies nehmen die zeitenübergreifende Symbolhaftigkeit der Findlingsfigur zum Anlaß für ihre Gedichte; in neuer und besonderer Weise schließlich knüpft Walter Höllerer an die durch Verlaine vorgeprägte symbolhafte Interpretation an, dessen Gedicht "Gaspard", dem der Schlußvers des Verlaine-Gedichts als Motto vorangestellt ist, sich durch eine Häufung von Negativa ("Ohnesieg, "nichts erflehn", "Ohne Zäume", "Strand Ohneland" u. ä.), durch die leitmotivische Verwendung der Lokalisation ("Wo") sowie die auffällig häufige Verwendung von Bewegungsmetaphern ("fliegen", "Strom", "stürzen", "Rosenkaskade", "Brücke", "Hinziehn", "Fahrt") auszeichnet, die im letzten Vers, "Fortgang, Gaspard", kulminieren.[563] Höllerers Essay, "Fortgang", im selben Jahrgang der Zeitschrift "Akzente" wie das Gedicht veröffentlicht, unternimmt in Anknüpfung an den lyrischen Versuch grundsätzliche poetologische Überlegungen. Der Autor erinnert zunächst an die Vieldeutigkeit "Gaspards" in der Literatur und in der mythologischen Tradition, indem er den König Caspar der Weihnachtsgeschichte, Kaspar Hauser sowie den Kaspar des Puppentheaters heranzieht:

> *"Gaspard war von jeher ein Waisenknabe, der schwarze König abseits von den weißen. Denn selbstverständlich, und gegen alle Überlieferung, hieß der schwarze der drei Könige Caspar. Er stand immer etwas mehr beschwert als die anderen beiden, die glänzenden, vor der Krippe, so als müsse er sich für seine Schwärze entschuldigen, und er war es auch, der nicht Gold hatte, nicht Weihrauch: sondern Myrrhen (...). Jede echte Kaspar-Puppe war Gaspard: Sie schlug gewissenhaft alles tot, was ihr in den Weg kam; aber man sah bald, daß sie es nur tat, weil sie von Anfang an nicht mit anderen rechnen konnte. Sie blieb allein übrig, und verschwand dann langsam hinter dem Vorhang. Natürlich war Kaspar Hauser Gaspard. Als die Fabel von ihm zu uns kam, wunderte sie uns nicht. Inzwischen war die Schar der Gaspards angewachsen, von den Hinzugekommenen ist schwer zu berichten, denn sie sind nicht allgemein bekannt. - Kaspar Hauser, der Urwaise: zwischen gelbem Teufelskraut mit ätzendem Milchsaft und den warzigen, eingerollten, kranken Blättern einer Ulme steht sein Todesstein im Ansbacher Park. Sein Tod war eine Falschmeldung. Dieser Gaspard vereinigte sich nur mit den vorhandenen, und sie nahmen nach und nach seine schräge Gestalt an."*[564]

Im folgenden verdeutlicht Höllerer, daß Fortgang der entscheidende Zustand "Gaspards" sei. "Gaspard" nun, so kristallisiert sich im Verlaufe der Ausführungen heraus, ist eine Chiffre für das Wesen der Dichtung:

> *"Nichts ist mehrgestaltiger als Gaspard und das Land, das Gaspard kennt, und nichts ist doch genauer zu bestimmen als Gaspard und dieses Land. - Gaspard kennt den Fortgang. Fortgang ist im Raum, ein entschiedenes Gehen. Fortschritt wäre nur eine dürre Strecke, der Weg der weißen Könige: Fortgang ist mehr als ein Schritt: er ist Gaspards Zustand (...). Die Dichtung kann ja nicht anders als eine Bewegung zwischen vorhandenen, bezeichneten Dingen stiften, um dorthin zu treffen, wohin sie trifft. Das Andere, im Augenblick möglich Gewordene, kann nur so in die Grenzen dessen hereinkommen, was sagbar ist. Das Gedicht trifft, wenn es gelingt, durch bedeutende Dinge auf einen nichtbedeutbaren Zustand."*[565]

Der bei Verlaine in Gang gesetzte Prozeß, die dichterische Selbstidentifikation mit dem Außenseiter Kaspar, bildet für Höllerer den Ausgangspunkt, wenn er mit dem Verlaine-Zitat an das berühmte Gedicht anknüpft; dort bleibt der Autor jedoch nicht stehen, sondern er treibt die Abstraktion der historischen Figur und der mit ihr verbundenen geschichtlich-mythologischen Konnotate weiter, indem für ihn "Gaspard" zur Chiffre, zum Poetologem des Dichterischen überhaupt wird, dessen Wesen für ihn gerade im "Fortgang", in der Bewegung, im Vollzug zu bestehen scheint. Indem Höllerer auch die Findlingsfigur als Charakterisierung "Gaspards" heranzieht, stellt er, über die Außenseiterproblematik hinaus, jenen Zug heraus, daß "Gaspard" ebenso wie Kaspar Hauser begrifflich so schwer zu fassen ist und daß sein Wesensmerkmal in den theoretischen und poetischen Interpretationen darin besteht, eine fast ständige Metamorphose und Aspektierung zu erleiden.

Stellen wir nun aber zwei Prosabearbeitungen vor, die sich als einzige im abgesteckten Zeitraum um eine ausführliche erzählerische Ausgestaltung bemühen: Die Ereignisse von Wilhelm Pültz' "Erzählung um Caspar Hauser" spielen in Triesdorf, der verlassenen Residenz der Markgrafen von Ansbach-Bayreuth in 20er Jahren des 19. Jahrhunderts. Der junge Maler Hans Christian Horndasch gerät auf seiner Wanderung durch Franken nach Triesdorf, und schon nach kurzem Aufenthalt ahnt er, daß jeder der wenigen Bewohner des Ortes ein Geheimnis verbirgt oder eine seltsame Vergangenheit besitzt: der Apotheker Fabricius mit seiner Tochter Hortense, Madame d'Egmont und Lord Clifford, der Archivar "Lothario", Lothar Ruckdeschel im weißen Schloß und der ausgediente französische Oberst Michael de Gaston. Nach kurzen Begegnungen mit den Personen beginnt Hans Christian sehr rasch Licht in ihre Vergangenheit zu bringen. Dabei erfahren wir u. a., daß die Gräfin d'Egmont, eine ehemalige Hofdame am Karlsruher Hof, im Keller des Falkenhauses in Triesdorf einen Jungen versteckt hält:

> *"Ein Laut in der Stille der Nacht wie Weinen und Stöhnen? Wo kam er her? Hans Christians Pulse hämmerten. Narrte ihn ein Traum? Äffte ihn Spuk? Erlag er einer Einbildung überreizter Sinne? Er war nicht sicher, ob der Laut von einem Menschen oder einem Tiere kam. Aber er war Wirklichkeit, er war da. Er drang aus der Erde, kam aus dem Unterirdischen, kam - Schrecken aller Schrecken! - aus dem Keller des Falkenhauses. Es war der Laut eines Kindes, eines Knaben, der, um sich Mut vor den Gespenstern der Verlassenheit zu machen, mit sich selbst sprach und unverständliche Laut lallte. Täuschung war ausgeschlossen. Im Triesdorfer Falkenhaus war ein Knabe verborgen, von dem niemand wußte. Wahrscheinlich wurde er gefangengehalten. Wenn er aber ein Gefangener war: wer konnte seine Bewacherin sein als Madame d'Egmont, die allen Menschen aus dem Wege ging und offenbar Grund hatte, daß ihr Geheimnis unentdeckt blieb? Wie ein Blitzschlag erhellte die Entdeckung, die er machte, das Denken Hans Christians, so daß er das lange gesuchte Bindeglied fand, das in der Kette seiner Vermutungen fehlte."*[566]

In einem Gespräch mit der Gräfin vermag der Held, der überraschend schnell das Zutrauen der Menschen gewinnt, diese zu einem Geständnis ihres Geheimnisses zu bewegen. Während Hans Christian noch bezüglich der dunklen Flekken in der Vergangenheit der anderen Personen (die z. T. ebenfalls mit dem gefangengehaltenen Jungen in Verbindung stehen) in Triesdorf recherchiert, überschlagen sich die Ereignisse, und Madame d'Egmont reist zusammen mit Lord Clifford und dem Jungen ab. In einem zurückgelassenen Brief wird der Leser über die Hintergründe der Geschichte aufgeklärt: Madame d'Egmont beobachtet, wie der neugeborene Erbprinz am badischen Hof vertauscht und statt seiner ein sterbendes Kind untergeschoben wird; die Gräfin bemächtigt sich des wahren Prinzen, um ihn vor weiterer Verfolgung zu schützen und flüchtet mit ihm. Lord Clifford, ein abenteuernder englischer Adliger, kommt hinter ihr Geheimnis und drängt sie vergeblich, den Jungen endgültig zu beseitigen. Zusammen mit Clifford, der in Wirklichkeit Stanhope heißt, ihrem "Dämon", muß sie nach der Aufdeckung des Geheimnisses durch Hans Christian fliehen. Und in skurriler Vorwegnahme läßt es sich der Erzähler nicht nehmen, im Brief Loudovice Egmonts auch auf die kommenden Ereignisse um Kaspar Hauser vorzuverweisen:

> *"Die Welt wird in den kommenden Jahren ein Schauspiel erleben, wie sie es nie erlebt hat. Clifford, den es im Sinne seiner Karlsruher Freunde drängt, einen Schlußstrich unter die Affäre zu ziehen (...), will den Versuch unternehmen, die Gefangenschaft des Knaben zu beendigen, will ihn der Welt vorstellen, freilich nicht unter dem Signum der Geburt, unter der er zur Welt kam. Stanhope wird der Welt ein ungewöhnliches Theater vorspielen, wird ihr Sand in die Augen streuen und den Gefangenen der Öffentlichkeit in harmloser Maske, als Findling, als Unbekannten, als Niemand präsentieren, der von irgendwoher ins bürgerliche Leben tritt. Dabei wird er alle Spuren der Tat verwischen, will, wenn der Knabe in der Öffentlichkeit steht - ich ahne schon geheimnisvolle, irreführende Zettel und Spiegelschriften -, im Hintergrund verbleiben und durch Mittelsleute, unter denen ein gewisser Hennenhofer hervorsticht, alles, was geschieht, im Auge behalten (...). Mißlingt der Versuch, dann bleibt als einziges Mittel, die Öffentlichkeit zur Ruhe zu bringen und die Sache endgültig zu bereinigen, nur noch das der gewaltsamen Tat. Mir schaudert bei dem Gedanken, daß vielleicht schon der Stahl geschliffen ist, der dem Gefangenen an irgendeinem Orte der Erde in die Brust fährt (...)."*[567]

Wie wir es so oft im Verlaufe des Schicksals des Kaspar-Hauser-Stoffes erleben konnten, erhebt auch der "Roman eines Schurken nach hinterlassenen Papieren aufgezeichnet" von Hans Holgard (zuerst 1958 als Illustriertenroman erschienen) mehr als nur Anspruch auf poetische Wahrscheinlichkeit. Das Vorwort unterrichtet uns:

> *"(...) Überall im badischen Volk war die Überzeugung eingewurzelt, daß der älteste Sohn von Stefanie Beauharnais, der Erbprinz, kurz nach der Geburt mit einem sterbenden Kind ausgetauscht worden war. Dieser Erbprinz soll Kaspar Hauser gewesen sein. Den übel beleumundeten Major H. bezeichnete man als seinen Mörder. Als er verstarb, soll sein gesamter Nachlaß behördlich versiegelt und nach Karlsruhe geschafft worden sein.*

War Kaspar Hauser jener vertauschte badische Erbprinz (...)? War jener übel beleumundete Offizier der Mörder Kaspar Hausers? In 130 Jahren sind die Geheimnisse um das Auftauchen Kaspar Hausers und um seinen Tod nicht gelöst worden (...). So wird sich ein Beweis für das badische Prinzentum Kaspar Hausers nie mehr führen lassen.
Der Verfasser des Romans hat mit ungeheurem Fleiß und großer Geschichtskenntnis alle bekannten Vorkommnisse aufgezeichnet, die für diese Theorie sprechen. In der vorliegenden Erzählung hat er den hauptsächlichen Figuren andere Namen gegeben, schon um damit auszudrücken, daß die Vorgänge um sie nicht historisch belegte Tatsachen sind. Eine hohe Wahrscheinlichkeit spricht dafür, daß der plötzlich aus dem Unbekannten in Nürnberg aufgetauchte junge Mann beiseite geschafft worden war, um dem Sohn der abenteuerlustigen Adeligen die Erbschaft des Thrones der Zähringer zu verschaffen. Und damit wird auch weiter wahrscheinlich, daß alles andere sich so oder ähnlich zutrug, wie es der Verfassser uns im vorliegenden Roman schildert."[568]

Gleichsam in Felix-Krull-Manier wird das Lebenspanorama des Mörders des Kaspar Hauser entworfen, wobei amouröse Abenteuer neben blutigen Taten, die mit entwaffnender Offenheit geschildert werden, großen Raum beanspruchen, und nicht selten die Busen der Damen "stürmisch auf und ab" wogen[569]. Erbost über die abschlägige Antwort des badischen Hofes auf sein Gesuch um Erhöhung seiner Pensionsbezüge, beschließt der Major a. D. Karl von Brandegger, seine Lebensgeschichte zu verfassen, durch die er den Hof belasten will:

"Etwas pfeifen werde ich Euch, Königliche Hoheit! Ich will keinen Strick nehmen, sondern ich will auspacken! Ich will alles erzählen, was ich in diesen achtundvierzig Jahren gesehen und erlebt habe. Ich will die Toten heraufbeschwören, denen man Krone und Leben stahl! Jeder von ihnen wird bezeugen, daß er sterben mußte, um Platz zu schaffen für den Bastard, der sich heute auf Badens Thron breitmacht. Der letzte im blutigen Zug war jener blasse Knabe, den ich mit eigener Hand im Schloßpark von Ansbach niederstieß: Kaspar Hauser, Schreiber am Königlich Bayerischen Appellationsgericht in Ansbach, in den Augen der nüchternen Umwelt ein romantisch-verstiegener Schwärmer oder gar ein phantastischer Betrüger, doch in Wahrheit der letzte Zähringer, der einzig legitime Anwärter auf Euren Thron.
Oh, ich weiß, Eure Königliche Hoheit Großherzog Leopold haben mit dem frühzeitigen Sterben Kaspar Hausers nicht das mindeste zu tun! Eure Königliche Hoheit können eine Waschschüssel kommen lassen und sich vor allem Volk die weißen Hände in Unschuld waschen."[570]

Der Major schildert, nach kurzem Vorgriff auf die entscheidenden Ereignisse um Kaspar Hausers Tod, seine Lebensgeschichte, die 1769 beginnt. Brandegger ist das Kind eines Lehrers, aber bald stellt sich heraus, daß er der außereheliche Sprößling des Markgrafen ist. Nach dem Tod der Mutter kommt Brandegger mit 15 Jahren in die Pagenschule und macht in der Folge Karriere am badischen Hof in Karlsruhe. Wechselvolle Intrigen, Morde und die lebenslange Beziehung zur Baronesse Sibylle Falk von Falkenberg, der späteren Markgräfin und Initiatorin der Mordserie, stehen im Mittelpunkt. Auch an der Prinzenvertauschung wirkt Brandegger mit:

"In dieser Nacht sollte die Vertauschung des Erbprinzen gegen den todkranken Säugling des Arbeiters Blochmann vorgenommen werden. Trotz vieler Bedenken hatte ich mich entschlossen, an der Aktion teilzunehmen. Die Böttcher war in den letzten Tagen immer ängstlicher und nervöser geworden (...).
Die Uhr vom Turm der Schloßkirche schlug halb zwölf, als die Hebamme vor mir aus der Dunkelheit auftauchte. Ich rief sie an: 'Böttcherin!'
Sie fuhr zusammen, als wäre ihr der Leibhaftige erschienen. 'Mein Gott', stammelte sie, 'Sie haben mich aber erschreckt, Herr Major!'
'Wo ist der kleine Blochmann?'
'Hier in meiner Tasche!' Sie ließ mich in ihre schwarze Hebammen-Tasche hineinsehen. Im Flackerschein der Laterne erblickte ich, aus der Umhüllung wollener Tücher heraus, das gerötete Gesicht eines schlafenden Säuglings.
'Ist er schon tot?' fragte ich erschrocken.
'Nein, aber es kann nur noch Tage dauern.' (...)
Nach wenigen Minuten standen wir vor dem Schloß. Der Posten trat aus seinem Wachhäuschen.
'Halt, wer da!'
Er erkannte mich und nahm Haltung an.
Ich tippte an die Hutkrempe. 'Und dies ist Frau Böttcher ...'
Er unterbrach mich: 'Ich weiß Bescheid, Herr Major. Die Wachen haben Anweisung erhalten, Frau Böttcher jederzeit ungehindert passieren zu lassen.'
Sibylle hatte, wie nicht anders zu erwarten, auch hier vorgesorgt. Schon vor Tagen hatte mir die Böttcher erzählt, die Gräfin Hoffpach habe veranlaßt, daß sie sich mit der Nähr-Amme Schindler abwechselnd die Wache im Zimmer des prinzlichen Säuglings teilen sollte.
Ich ging noch ein Stück neben der Böttcher her. Als wir außer Hörweite des Postens waren, blieb ich stehen:
'So, hier trennen sich unsere Wege. Machen Sie's gut! Es ist jetzt bald Mitternacht. Wenn Sie die Frau Schindler abgelöst haben, warten Sie noch eine halbe Stunde, vertauschen dann die Kinder und verlassen das Zimmer durch die Terrassentür zum Garten. Klinken Sie die Tür nur ein! Nicht abschließen! Am Fuß der Terrassen-Treppe erwarte ich Sie. Ich werde sie bis zum Haus der Blochmanns begleiten und Sie dann wieder zum Schloß zurückbringen. Das alles ist in zwanzig Minuten bequem zu schaffen, und es müßte mit dem Teufel zugehen, wenn ausgerechnet während dieser zwanzig Minuten jemand Ihre Abwesenheit bemerkte.'
Als ich gehen wollte, griff sie nach meinem Unterarm wie eine Schiffbrüchige nach der rettenden Planke.
'Ich habe solche Angst, Herr Major!'
'Quatsch!' fuhr ich sie an. 'Reißen Sie sich zusammen! Kein Mensch wird etwas merken, und fünfhundert Taler sind schließlich auch nicht zu verachten.'
'Nein', flüsterte sie.
'Also los, Böttcherin!'
Stumm tauchte ihre plumpe Gestalt in die Dunkelheit ein. Gleich darauf hörte ich die kleine Pforte im Schloßportal in den Angeln knirschen. Dann war es still."[571]

Nach der gelungenen Kindesvertauschung ist Brandegger auch an den weiteren Geschehnissen um den Erbprinzen beteiligt, bis er ihn für die Dauer von etwa acht Jahren aus den Augen verliert. Als der Prinz als Kaspar Hauser 1828 in Nürnberg auftaucht, ist Brandegger inzwischen in der Gunst des Hofes gesunken, so daß er sich entschließt, Hauser als Druckmittel einzusetzen und ihn zu diesem Zwecke zu entführen. Als Kaspar bei dem im Hofgarten verabredeten Treffen sich jedoch unerwarteterweise sträubt und um Hilfe ruft, tötet der Major a. D. den Findling. Die Aufzeichnungen kündigen die Aufdeckung der Verbrechen des Hofes an und brechen dann unvermittelt ab. In einem angefügten Brief vom 3. 3. 1836 erfahren wir vom plötzlichen Tod des Majors und der Sicherstellung seiner Papiere.
Das gleichfalls im kriminalistisch-sensationellen Milieu angesiedelte Werk von Manfred Taut und Horst Wolf, "XY löst den Fall Kaspar Hauser", stellt noch einmal eine Kompilation aus Bericht und Fiktion dar und versucht, den Authentizitätstopos zu parodieren. Die Autoren bemühen sich um eine kriminalistische Recherche des Falles Kaspar Hauser, wobei sie neben das Quellenmaterial auch fiktive Passagen stellen, so daß eine Art dokumentarische Kriminalcollage entsteht:

> *"Mysteriöse und ungeklärte Mordtaten, denen bedeutende Persönlichkeiten zum Opfer gefallen sind, haben von jeher Faszination auf das Publikum ausgeübt und immer wieder zu einer Vielzahl von Spekulationen über den tatsächlichen Sachverhalt geführt (...). So erscheint auch der Fall Kaspar Hauser, der im Jahre 1833 zu Ansbach seinen grausamen Höhepunkt und Abschluß fand, uns von gleichbleibender Aktualität. Über dieses 'Verbrechen des 19. Jahrhunderts', begangen am 'Kinde Europas' - die Appositionen zeugen von der Bedeutung, die dieser Begebenheit zugemessen wird - ist bisher eine Flut von Hypothesen und Theorien publik geworden. Sie haben trotz ihrer Vielfalt eines gemeinsam: Sie bleiben den endgültigen und unanfechtbaren Beweis für ihre Richtigkeit schuldig. Dem soll ein Ende bereitet werden. Die Verfasser des vorliegenden Werkes sind überzeugt, die endgültige Lösung des Rätsels gefunden zu haben. Sie werden dies durch wissenschaftlich erarbeitete Fakten, die hier erstmalig veröffentlicht werden, beweisen (...). Was das Formale der Arbeit anbelangt, so liegt es in ihrer Natur, daß sich authentische Dokumente, wie Protokolle, Pressemeldungen, amtliche Bekanntmachungen usw. mit Einblicken in den Verlauf der Forschungen und den daraus gefolgerten Schlüssen abwechseln. Desgleichen erscheint es den Verfassern unerläßlich, romanhafte Passagen und dramatische Szenen einzufügen. Sie sind zwar nachempfunden, aber trotz aller dichterischen Freiheit mit größtmöglicher dokumentarischer Treue gestaltet."*[572]

Der kurzen, protokoll- oder zeitungsnotizähnlichen Vorstellung einzelner Fakten zu Hausers Leben, seiner Vorgeschichte, seinem Tod und den folgenden amtlichen Nachforschungen folgt jeweils eine aktualisierende, mit Versatzstücken aus der Gegenwart versehene Ausgestaltung, wobei die Nachforschungen des Kriminalleutnants "Hickella" den Leitfaden bilden:

"Dossier über einen Findling
Personalia: Akta Reg. No. 1238
Name: Hauser, Kaspar (nach eigener Angabe)
Konfession: ursprünglich nicht bekannt, seit seinem 18. Lebensjahr protestantisch unterwiesen (...).
Am Tatort
Kriminalleutnant Stefan Hickella hat die Mordstelle im Hofgarten durch ein Seilgeviert absperren lassen. Drei Streifenkaleschen parken an dem langestreckten Gebäude der Orangerie. Ihre Blaulaternen blitzen rhythmisch herüber. Hickella und vier Dektektive seines Reviers sichern die ersten Spuren. Der kalte Nordost pfeift durch die Bäume, langsam bricht die Dämmerung hernieder. Die Männer frösteln bei ihrer Arbeit. Im Mittelpunkt des Gevierts, am Fuße einer achteckigen Säule, liegt regungslos ein menschlicher Körper. Hickella, der neben dem Toten kniet, richtet sich auf, sein Gesicht ist ernst. 'Hast du ihn gekannt, Steve?' fragt Kriminaldetektiv Majus Meier. 'Na klar, habe ihn ja oft genug vernommen. War ein schrulliger Kerl, immer ein bißchen herausgeputzt, aber harmlos. Und jetzt liegt er da, mit einem Loch in der Weste.' Majus Meier: 'Raubmord?' Hickella: 'Schwer zu sagen, ich glaube aber nicht, daß etwas fehlt.' Er entdeckt, daß unter der Hüfte des Toten ein Band hervorschaut. Vorsicht hebt er die Leiche etwas an und zieht einen kleinen Beutel hervor. Es ist ein sackartiges Stofftäschchen von violetter Farbe und wie ein Tabaksbeutel mit einer Zugschnur verschlossen. Hickella öffnet den Beutel und holt einen Zettel heraus, den er auseinanderfaltet (...). Hickella, stockend den Zettel vom Spiegel ablesend: 'Hauser wird es Euch ganz genau erzählen können, wie ich aussehe und woher ich bin. Dem Hauser die Mühe zu ersparen, will ich es Euch selber sagen, woher ich komme. Ich komme von der bayerischen Grenze am Fluß. Ich will Euch sogar den Namen sagen: N.L.Ö.' Hickella läßt den Zettel sinken. 'N.L.Ö.? N.L.Ö.? ... Klingt wie eine radikale Partei in Österreich. Meier, laß alle Ausfallstraßen sperren, besonders die Chaussee nach Windsbach und Roth zur Autobahn München-Salzburg. Hier, der Beutel und der Zettel kommen ins Labor', ordnet Hickella an."[573]

Verlassen wir jedoch das parodistische Spielfeld und wenden wir uns einem eher unfreiwillig-komischen Phänomen im Bereich der vielgestaltigen Kaspar-Hauser-Literatur zu. Hellsichtig führte Heinrich Laube in seiner Rezension der Kaspar-Hauser-Schriften von Schmidt von Lübeck, Feuerbach und Daumer in "Blätter für literarische Unterhaltung" am 21. 5. 1832 aus:

"Der Fall hat übrigens Deutschland in Ermangelung politischer Merkwürdigkeiten eifrigst beschäftigt; auf allen Thronen, in manchen Schlössern, zuletzt in Bürgerhäusern hat man Kaspars Wiege gesucht. Alle menschlichen Leidenschaften, die purpurverbrämten am meisten, haben handelnde Ursachen abgeben müssen. Es war in den dürren lüneburger Jahren 1828 u. 1829 den Zeitungsschreibern ein kleiner nürnberger Messias im Kaspar erschienen; die wilde neue Zeit hat ihn etwas hinter die Coulissen geschoben; die Herren aber verdienen Dank, welche seine Schicksale geordnet wie das Räthsel Homerischer Blindheit der Welt vorlegen und der Forschung und Folgerung Raum gewähren. Eine Seite dieser Begebenheit hat ein weites Feld geöffnet, und ich sehe die Zeit kommen, wo man den Namen Kaspar Hauser zu allerlei Warnungstafeln benutzen und darunter schreiben wird: 'Hier liegen Fußangeln.' Wie

soll ich das Feld mit einem Worte bezeichnen? Soll ich sagen des Tastens, des Ahnens, des Schauens? Unruhig seh' ich das ganze Völkchen der Jenseitsfühler, der Himmelsritter, ich sehe den Mesmerismus, die Homöpathie, die Naturphilosophie, die Seher und Seherinnen sich darauf herumbewegen. Kaspar Hauser wird noch eine mathematische Formel, eine Art Lehrsatz der halbirdischen Fühlbarkeit - ich seh' es kommen."[574]

Mehr als ein Jahrhundert später sehen wir diese Voraussage bestätigt, wenn wir den Verlagshinweis zu Wolfgangs Wegeners Veröffentlichung "Die okkulte Mission des Kaspar Hauser. Band I" (1958) aufschlagen und feststellen, daß auch die Esoterik sich den Findling zum Lieblingsgegenstand auserkoren hat:

"Eine erschöpfende esoterische Betrachtung des vielumstrittenen 'Kindes von Europas [!] aus bisher unveröffentlichten Tatsachen.
Aus den [!] umseitigen Inhaltsverzeichnis ist die Vielseitigkeit dieses Problems ersichtlich. Kaspar Hauser, der vielumstrittene Nürnberger Findling (...) war ein großer atlantischer Eingeweihter, der sich inzwischen kaum verkörpert hatte, um nunmehr in der Kultur des Abendlandes wesentliche Aufgaben zu verrichten. In seiner eigentlichen Mission der Verkörperung im 19. Jahrhundert sollte er unmittelbar zur Einleitung des esoterischen Michaelszeitalters eine ausschlaggebende Rolle spielen. Seine zentrale politische Stellung, u. a. als rechtmäßiger Sohn Napoleons, war von der geistigen Welt ausersehen, um im Verein mit Goethe, Schiller und Humboldt ein Kulturzentrum zu schaffen, welches mit dem Abschluß des Kali-Yuga Zeitalters im Jahre 1899 das 20. Jahrhundert als ein starkes ätherisches Zeitalter eingeleitet hätte. Diese Aufgabe ist in verbrecherischer Art von der niederen geistigen Welt wie auch von der materiellen Welt verhindert worden. Kaspar Hauser ist damit die Tragik der europäischen Kuktur [!] des 19. Jahrhunderts schlechthin (...)."[575]

Zu einer der vielen Arabesken des Falles gehört es, daß man es sich auch von anthroposophischer Seite nicht nehmen läßt, die Kaspar-Hauser-Geschichte zu kommentieren: Die z. T. bereits vom Jahrhundertanfang stammenden Bemerkungen Rudolf Steiners über das Kind von Europa fielen auf so fruchtbaren Boden, daß sich aus diesem Samenkorn ein kleiner Baum anthroposophischer Kaspar-Hauser-Literatur entwickeln konnte, der gerade in den letzten Jahren die schönsten Früchte bescherte.[576] Der Grundgedanke sowohl der theoretischen als auch der literarischen Interpretationen auf diesem Feld stellt sich - sofern hier begriffliches Verstehen noch Ansatzpunkte finden kann - für den Exoteriker wie folgt dar: An die Erkenntnis der besonderen zeitgeschichtlichen Stellung Hausers knüpft sich eine Geschichtsspekulation *post festum* an, die Kaspar Hauser als neuen Salvator Mundi betrachtet. Mit seinem Tod sei eine zuvor noch mögliche Wende der kommenden schicksalhaften Entwicklung in Deutschland und Mitteleuropa verspielt worden. Kaspar, die Inkarnation des Guten, fällt den Mächten des Bösen zum Opfer, und von diesem Ereignis aus lasse sich, so glauben die Interpreten, eine direkte kausale Linie über den Materialismus und Nationalismus des 19. Jahrhunderts bis zum nationalsozialistischen Regime und

seinen Verbrechen ziehen, ja, im Leidensweg des Findlings präfiguriere sich gar das Schicksal der Opfer. Ohne ihnen die Ernte auf dem 'Feld Kaspar Hauser' zu mißgönnen, sei doch auf das Ärgernis hingewiesen, daß die betreffenden Autoren fatalerweise gerne auf Daumer als vermeintlichen Kronzeugen solcher Exegese verweisen; eine Lektüre der Kaspar-Hauser-Schriften Daumers macht jedoch deutlich, daß es ihm vielmehr um die "Konstatierung" und argumentative "Verteidigung" einer, wenngleich wunderbaren und einzigartigen, so doch im Rahmen der Immanenz bleibenden Erscheinung ging. "Für alle (...) Spielarten einer späteren und kühneren Ausdeutungsmystik hätte Daumer vermutlich wenig Verständnis gezeigt".[577]
Auf dem Gebiet der Dramatik bescherte uns die anthroposophische Kaspar-Hauser-Deutung bis heute das "Schauspiel in drei Teilen" von Bernd Lampe, "Kaspar Hauser in Treblinka" (1979), sowie den englischsprachigen Titel "Who was Kaspar Hauser? An essay and a play" (1983) von Carlo Pietzner, in dem uns signifikanterweise wieder die Doppelperspektive von theoretischer und literarischer Präsentationsform begegnet. Beiden genannten Stücken liegt, ebenso wie den Variationen auf theoretischer Seite, das oben skizzierte gedankliche Schema zugrunde. Die Schwierigkeit der dramentechnischen Umsetzung der weitreichenden Zeitbezüge versuchen die Autoren dadurch zu meistern, daß sie verschiedene Handlungs- und Bühnenebenen nebeneinander plazieren oder aber, darüber hinaus, die Orts- und Zeitangaben in einem vagen Ungefähr halten. "Ort und Zeit" seines Schauspiels umreißt Lampe wie folgt:

> *"Die Rahmenhandlung (erste Spielebene), mit der die Darstellung beginnt, spielt längere Zeit nach dem sogenannten Zweiten Weltkrieg in Treblinka (Polen). Der Dialog wandelt sich aber bald in eine Erinnerung an Vorgänge im Vernichtungslager Treblinka und in eine Darstellung der Geschichte des Lageraufstandes 1943 (zweite Spielebene). Dieser Handlung ist als Spiel im Spiel ein Maskenspiel um Kaspar Hauser (dritte Spielebene) eingefügt."*[578]

Als sich im ersten Teil des Schauspiels frühere Lagerinsassen in Treblinka wiedersehen, stoßen sie auf Theatermasken, die sie an ein Stück erinnern, das sie in der Gefangenschaft spielten und das einen Lageraufstand entzündete:

> *"Yarik: Warum habt ihr die Masken aufgehängt?*
> *Anka: Das Spiel zu diesen Masken hast du bei deiner Bewerbung wohl nicht erwähnt.*
> *Yarik: Die Literatur geht heute andere Wege. Das Stück ist damals im Lager entstanden. Es ist von einem Gefangenen für Gefangene geschrieben. Der Tod stand vor uns allen, da kann man ein Pathos, das heute nur abstoßen würde, nicht immer vermeiden.*
> *Anka: Du Schwätzer. Wo hast du nur dieses elende Geschwätz gelernt. Yarik, dein Stück hat das Lager entzündet! Es war für uns alle das Fanal des Aufstandes, der Freiheit. Und sie haben gekämpft, deine Spieler, gekämpft um ihr nacktes Leben. Einige haben aus dem Lager fliehen können. Wenige haben überlebt. Wie wir. Weißt*

du noch, wie wir geschworen haben, nie zu vergessen. Und wie uns Freund und Feind in den Rücken gefallen ist. Wie die Flüchtenden noch auf der Flucht, noch nach dem Kriege verraten worden sind? Wer lebt von ihnen heute noch? Wer? Du?"[579]

Im Folgenden überlagern sich dann die Spielebenen, indem die Erinnerungen an die Lagerzeit aktualisierend vorgestellt werden:

"Yarik: Masken und Menschen, Tatsachen und Träume sind die Wirklichkeit von Treblinka. Und unser Spiel, das den Aufstand tarnen sollte, war ebenso Treblinka, wie die Gaskammern, die Morde. 'Die schönsten Jahre meines Lebens'-, schauen wir uns doch diese schönsten Jahre einmal an. Überdeutlich steht der Abend vor mir, an dem meine Flucht mißlang.
Der Beschreibung gemäß verändert sich die Szene, die Darstellung geht in die zweite Spielebene über.
Lokomotiven pfeifen. Schon wieder kommt ein Zug. Personenzüge enthalten 3000 Menschen, Güterzüge 6000. Die Gaskammern sind klein. Das bedeutet harte Arbeit. Wachen rennen hin und her. Scheinwerfer kreisen. Das Empfangskomitee sortiert. Bewaffnete treiben Gefangene herein.
1. Bewaffneter: Weiter. Weiter. Nicht stehen bleiben! Ist bald genug Zeit zum Ausruhen.
2. Bewaffneter: Die Lock [!] pfeift. Das ist schon der nächste Zug.
3. Bewaffneter: Los! Los!
4. Bewaffneter: Gafft nicht so herum. Ist doch keine Besichtigungsreise.
Lucia: Vater. Vater.
2. Bewaffneter: Mensch haltet die Bälger fest.
3. Bewaffneter: Willst du laufen, du Krüppel.
1. Bewaffneter schießt in die Luft: Herhören. Ihr werdet jetzt sortiert. Wir wollen Neuland besiedeln und da ist es wichtig, daß jeder gleich an den Platz kommt, auf dem er am meisten leisten kann. Verstanden? Also: Handwerker vortreten. Pech gehabt. Brauchen keine mehr. Ab zur Baracke fünf. Jetzt Mädchen unter vierundzwanzig!"[580]

Als sinnbildhafte Spiegelung der Lagerereignisse dient dann auf der dritten Spielebene das im Lagertheater aufgeführte Maskenspiel um Kaspar Hauser, in dem einige der am Kaspar-Hauser-Fall Beteiligten figurieren (Stephanie de Beauharnais, Daumer, Feuerbach, Lehrer Meyer, Stanhope) und das als Fanal für einen Aufstand dienen soll:

"Maske Daumers: Ich habe viel um unsres Kaspar Los
gesonnen. Jetzt,
wie damals unsrem Freunde Feuerbach,
will es mir scheinen,
es war und ist der frevelnde Versuch,
das Wesen eines Menschen zu verändern.
Maske Stanhopes: Er war ein abenteuerlicher Geist,
der Feuerbach,
und wußte nicht, an welchem Abgrund
gedankenlos er spekulierte.

Solche Philosophen
verstören politische Gedanken
für mehr als ein Jahrhundert.
Maske Daumers: Es ist im Sinne Kaspars nicht,
daß die Erinnerung an ihn noch mehr
entzweit als schon sein Leben.
Sein letztes Wort war ein
umfassendes Verzeihen. Lernen könnten wir
an ihm, wie man in jeder Lebenslage
noch ganz ein Mensch ... (...).

Maske des Kurt Franz: Meine Maske ist aber kein Spiel, sie ist tödlicher Ernst. Ihr habt Theater spielen wollen und wart doppelt maskiert. Ich weiß alles. Ihr seid maskiert, um eine Rolle zu spielen und diese Rolle ist selber wieder die Maske, unter der ihr einen Aufstand vorbereitet habt (...). Wir stehen an einem Leichenfeld. Ich habe euch hierher geführt. Hinter uns, vor uns, neben uns ist der Tod. Euer Aufstand ist verraten worden. Der, der ihn geplant hat, hat ihn auch verraten. Yarik. Aber euer Aufstand ist so gut vorbereitet, daß trotzdem jeden Augenblick das entsetzliche Morden losbrechen kann. Keiner wird ihm entgehen, ihr nicht, wir nicht. - Noch hält die Zeit den Atem an. Entfesselt unter uns nicht die Mächte, die Menschen nicht mehr aufhalten können. - Hört mir doch bitte zu. Gönnt mir noch etwas Zeit! - Denkt an Kaspar Hauser. Hat er verziehen? Hat er seinen Mörder gekannt und das Geheimnis mit in den Tod genommen? Ihr seid die Kinder Kaspar Hausers. Ihr seid die Enterbten des Leibes und der Seele. Ihr habt Verbrechen wahrnehmen müssen, die vor euch die Menschheit nicht ahnen konnte (...). Als Maske des Kommandanten frage ich euch, habt ihr das Spiel von Kaspar Hauser nur gespielt oder seid ihr seiner Freiheit fähig? Ich meine nicht, daß ihr vergessen solltet. Vergessen solltet ihr nie! Aber verzeihen? Nein, auch nicht verzeihen! Aber dulden!"[581]

Auch dem "play in seven scenes" Carlo Pietzners, "... and from the night, Kaspar", liegt ein anthroposophisches Deutungsmuster zugrunde; entsprechende Passagen im Essay Pietzners deuten bereits darauf hin:

"In conversation with some friends during the later years to his life, Rudolf Steiner, founder of anthroposophy, spoke of the world mission of Central Europe as essential for the development of both East and West. He suggested trying to imagine what could have been and what ought to have been in history, and showed two remarkable personalities into whose hands, at least for a time, vital responsibilities had fallen. These were Bismarck (1815-1898) and Ferdinand von Lasalle (1825-1864), one of the great social reformers of his age, who met an untimely death in a duel. Rudolf Steiner pointed out that if these two personalities could have worked together, as they were actually meant to do, and had been able to channel their powers and potential towards the only throne in Central Europe which might have given them the setting they needed, an entirely different course of history would have been possible. Other social conditions could have come about, perhaps without such experiments as the introduction of Communist practices into the East and elsewhere. The throne to which their powers might have been directed was that which should have been occupied by Kaspar Hauser."[582]

Die anthroposophische Auslegung erlaubt es dem Verfasser, die Kaspar-Hauser-Geschichte zu einem Konglomerat überzeitlicher und quasi-mystischer Bezüge einerseits sowie weltgeschichtlich-politischer andererseits zu gestalten, so, wie es bereits die örtliche und zeitliche Lokalisation des Schauspiels verdeutlicht:

> *"Although the costumes (except for THE FIVE) indicate Central Europe between 1820 and 1840, the play has no time and no place."*[583]

Die Bühnenanweisung zeigt uns die gleichsam kosmischen Bezüge, die das Stück in der Kaspar-Hauser-Geschichte erblicken zu können glaubt:

> *"The stage has a division at about two thirds of its depth, allowing a second floor at the back of the stage, sufficiently wide to allow the players to move without fear of falling, of sufficient height to permit them to stand upright. On its lower rim a curtain can be moved freely; curtains can also conceal both sides of the upper level, one set transparent, the other a nondescript blue-grey opaque. The lower curtain is divided into panels to be opened at, or to conceal, different locations.*
> *On the whole the stage is rather dark. It should be as if the scenes are part of a galaxy which - once here, once there - is lit up to reveal a single star or a constellation."*[584]

Neben dem historischen Personal der Kaspar-Hauser-Geschichte, Figurationen der nationalsozialistischen Zeit - Lord Stanhope und "Hitler's voice"[585] koinzidieren plötzlich - sowie dem Personal der Jetzt-Zeit begegnen wir dem Mirakel von "Kaspar's Higher Being"[586]. Glaubt der Verfasser innerhalb eines so weitgesteckten und in diffusem Licht gehaltenen Raumes seine Phantasie besonders gut schweifen lassen zu können, so vermag das Dämmerlicht der Bühne die mangelhafte dramentechnische Bewältigung nicht zu verhüllen. Die Tendenz der Dramen Lampes und Pietzners, Historie, Gegenwart und Überzeitlichkeit neben- und ineinander zu schieben, trägt zu keinem kognitiven Gewinn bei: Die Kontamination aller Zeitebenen erhellt weder die zeitgeschichtliche Situation der 1830er Jahre, noch weckt sie das Verständnis des Lesers oder Zuschauers für die 'überzeitliche Bedeutung' des Findlingsschicksals. Das 'Chronogramm Casparus Hauser', das die Autoren zu erblicken glauben, bleibt unaufgelöst. Gingen die Kürzungsmöglichkeiten, die der Autor für eine Bühnenaufführung vorschlägt, nur weit genug, so wären wir bald einer weiteren Skizzierung enthoben, so aber müssen wir uns nolens volens auch um eine kurze inhaltliche Charakterisierung des von Beliebigkeit geprägten Schauspiels bemühen; ziehen wir auch hier den Klappentext zu Rate, so werden wir belehrt:

> *"(...) In 1833, Kaspar was stabbed to death at the hand of an unknown assassin. His mission was obstructed by sinister and secret ways, even at work behind governments and thrones. Hitler, one hundred years later, was able to assume political power in Germany, driven and backed up by the same forces which oppressed and murdered this 'Child of Europe'.*

The author approaches his theme from two sides: first in an essay he summarizes the social-political significance of Kaspar's life and death and brings a new interpretation to bear on his mission and sacrifice. The play, unfolding backwards from the murder, weaves into his life the search of identity of five young people of our time."[587]

Die sieben schlaglichtartigen Szenen beleuchten, vom Tod Kaspars anhebend bis zu seinem Erscheinen 1828 rückschreitend, die bekannten Stationen im Leben des Findlings (von den Protokollen der Sterbestunden, den Sektionsbefunden, Daumers Bericht vom ersten Nürnberger Attentat bis zu den frühesten Welteindrücken des Findlings), die begleitet und dialogisiert werden von "The Five" (fünf jungen Leuten unserer Zeit), in deren Gesprächen und Kommentaren die überzeitliche und allgemeinmenschliche Bedeutung von Kaspars Leidensweg hervorgehoben wird. Seltsame Parallelen werden gezogen zwischen dem nationalsozialistischen Terror und Kaspars Leiden; so lesen wir in der fünften Szene folgende Passage:

"Five: Now that I have heard this, his Lordship's voice echoes even louder - through decades, through centuries ... into our day ...
Three: ... and Kaspar's echoes in the memory of my father's voice when he told with inconsolable fatigue of his work at the assembly line, year after year after year ...
Two: I know of these voices ...
One: ... hear them ... hear them ...
Four: I dreamt of them last night and every night ...
[Darkness]
Commentator: [Drumroll all the time in the background]: In autumn 1933, Hitler, when told about the as yet unaccustomed horrors of concentration camps, shouted:
Hitlers voice (His Lordship's): Terror is the most potent of political means. Whosoever is such a poltroon that he cannot stand it if next to him someone has to endure punishment and pain, he shall join the wailing praying-sisters but not become a party comrade ...
Commentator: In the letter which the foundling had carried in his hand when in 1828 he first appeared in Nürnberg, one could read the following:
Voice behind the stage (Teacher Meyer's): I have educated him in the Christian manner and not allowed him for twelve years to make one step outside the house.
Commentator: And further:
Same voice (Teacher Meyer): If you don't want to keep him you must slaughter him or hang him into the chimney.
[Darkness. Then again a little light.]
Four: ... not make any step outside the house ... he, who is in the house, who is housed in the house, is Kaspar in the house ...
Three: Kaspar ...
Two: Melchior ...
One: Balthazar ... such priestly kings come from afar ..."[588]

Das Schauspiel endet schließlich in einer quasi-religiösen Sequenz, die noch einmal die Erlöserfigur Kaspar glorifiziert:

"[Teacher Meyer and His Lordship disappear. It becomes dark, except for the centre upper level, where Kaspar Hauser stands.]
Speech-Chorus [of all voices behind the scene]:
Here we stand:
Enigma of our time,
of unrecognized birth,
our secret in death,
speaking with new recollection:
In our hearts shall dwell good will
and men on earth shall know peace.
[quietly] Shall know peace ...
[Gradually the light, and with it Kaspar Hauser, disappears. Curtain.]".[589]

Jürg Amann läßt in seinem "Kaspar Hauser-Stück" ausschließlich die Hauptfigur selber auftreten. Der Titel des Dramas, "Ach, diese Wege sind sehr dunkel", dies sei nur am Rande erwähnt, ist ein wörtliches Zitat: Hauser äußerte diesen Seufzer gegenüber Fuhrmann kurz vor seinem Tod.[590] Das "Stück" Amanns gliedert sich in 15, zum größten Teil kurze, schlaglichtartige Szenen, denen Versatzstücke der historischen Berichte über den Findling zugrundegelegt werden, die der Autor jedoch teilweise dergestalt verändert und pointiert, daß sie sich im Duktus der Szenenabfolge zu einer "Art Kreuzweg des Menschen-Kindes" fügen. "Die historischen Personen und Orte" der drei Stücke Amanns, die die Buchausgabe vereinigt, so der Klappentext, "können nicht darüber hinwegtäuschen, daß (...) Themen zur Sprache kommen, die *zeitlos* sind".[591] Die lakonische Bühnenanweisung, die dem Stück vorangestellt ist, lautet: "Wie ein Fragment zu spielen."[592] Eine Auflistung der Szenenüberschriften verdeutlicht diesen gewollt-fragmentarischen Charakter: "Die Einkleidung. Die Erschaffung der Figur", "Im Bauch. In der Höhle", "Ans Licht. In den Schmerz", "In die Sprache", "Der Brief", "Die Gefangenschaft", "Das Geburtstagsgedicht", "Die Schule des Lebens", "Der Traum vom Schloß", "Die Zerstörung der Puppe", "Das Reiterlied", "Die Selberlebensbeschreibung", "Der Gekreuzigte", "Der Gekrönte", "Die Entkleidung. Die Zerstörung der Figur":

"VI
Die Gefangenschaft.
In einem Kinder-Laufgitter mit Holzstäben Kaspar, der mit ausgestreckten Beinen auf dem Boden sitzt. In einem Winkel des Geheges ein Schaukelpferd. Eine Puppe. Die aber beide nicht benutzt werden.
Kaspar: Warum heißt warum warum?
Warum ist die Welt bunt?
Warum ist das Gras grün?
Warum ist die Luft blau (...)
Wer hat die Blätter an die Bäume gehängt?
Warum beißt mich der Schnee in die Hand (...)
Warum ist diese Schrecklichkeit der Wälder und Wiesen?

Warum bin ich hier und nicht dort?
Warum sagt Gott kein Wort (...)
Warum ist die Wirklichkeit flach?
Wo habe ich meine Flügel verloren?
Warum ist die Wirklichkeit nicht die Wahrheit?
Warum heiße ich du?
Warum heiße ich er?
Warum heiße ich Kaspar?
Warum bin ich ein anderer?
Warum ist der Vater an einem anderen Ort?
Warum sagt Gott kein Wort?"

"XIII
Der Gekreuzigte.
Kaspar. Vor einem großen Kreuz. An das einer mit einer Dornenkrone genagelt ist.
Kaspar: Ich weiß ja, daß es nicht wirklich ist. Und ein Bild. Und ein Gleichnis. Und lange vorbei. Und vielleicht ein Gerücht. Aber er. Er hat es erlitten.
Dunkel."[593]

Neben Szenen wie der letzten deuten bereits einige der Überschriften die Bemühung an, die Überzeitlichkeit herauszuarbeiten, die das Schicksal des Findlings nach Auffassung des Autors enthält, und die, wie seit den Anfängen der literarischen Gestaltung des Themas, in der Christus-Analogie gesehen wird; indem Amann die Stationen des Leidensweges Kaspars mit Versatzstücken und Requisiten aus der Kinderwelt versieht ("Kinderweinen", "Kinder-Eßstuhl", "Kinder-Laufgitter", "Schaukelpferd"), wird das Bemühen deutlich, die individuelle Leidensgeschichte Kaspars zum Leidensweg einer jeden menschlichen Sozialisation zu erheben. Lehnt sich der Sprechtext sehr eng an die historischen Vorlagen an, so kommt bei der interpretierenden Variation dem stummen Spiel eine besondere Bedeutung zu. Die Bühnenanweisung zur ersten Szene lautet:

"Der Darsteller des Kaspar steht nackt oder im Lendentuch auf der Bühne. Um ihn herum, ausgebreitet, die Kleidungsstücke und Gegenstände, mit denen er sich im folgenden antut. Die Insignien seiner Figur."[594]

In den Anweisungen zur letzten Szene lesen wir:

"Der Darsteller des Kaspar steht in den Kleidern, mit denen er sich am Anfang bekleidet hat, auf der Bühne. Neben ihm, auf dem Boden, säuberlich zusammengestellt, Stiefel und Hut. Indem er die Kleider jetzt, Stück für Stück, ablegt, bis er nackt oder im Lendentuch dasteht, zeigt er die Stichstellen in ihnen vor. Der Körper darunter ist heil."[595]

Gelingt es Jürg Amann noch ansatzweise, in der Abfolge fragmentarischer Versatzstücke einen überzeitlichen Aspekt der Kaspar-Hauser-Geschichte auch formal umzusetzen, birgt der aspekt- und fragmenthafte Zugriff auf den Stoff auch die Gefahr der bloß wortreichen Beliebigkeit. Der Künstler und Autor Swami Alok Chinmayo [d. i.: Hermann James Schmitz] bescherte uns zum Orwell-Jahr 1984 eine zur Aufführung bestimmte Textcollage, "Kaspar Hauser 1984. Fragmente", in der in sechs Abteilungen kurze lyrische und prosaisch-reflektierende Segmente zusammengestellt sind. Der Autor sieht sich veranlaßt, seiner etwas mehr als dreißig Seiten umfassenden szenischen Collage eine "Nachbemerkung" folgen zu lassen, die nicht nur die Intentionen des Vorangegangen zu präzisieren sucht, sondern durch ihren unfreiwillig-bekenntnishaften Ton zugleich auch den moralisierend-appellativen Charakter der "Fragmente" noch einmal vor Augen führt:

"(...) Die erste Begegnung wurde vermittelt durch Jakob Wassermann und seinen Roman 'Kaspar Hauser oder die Trägheit des Herzens'. Das Moment der Trägheit des Herzens, das sich wie ein roter Faden durch Wassermanns Roman zieht, prägte das Leben Kaspars und es prägt unser Leben. Wir alle werden von Kindheit an über Sprache mit der Welt vertraut gemacht, wir alle werden mehr oder weniger derart mit Sprache traktiert, das [!] ES in uns ständig redet und wir die Welt nur noch im Rahmen der Beschreibung wahrnehmen, die uns vermittelt wurde (...). Im Dialog mit Kaspar Hauser wurden verschiedene Erfahrungen meines Lebens wieder lebendig. Als ein Ergebnis meiner Beschäftigung mit Kaspar Hauser und seinem Leben entstanden 'Die Kaspar Hauser Fragmente'. Kaspar Hauser erscheint mir wie ein wertvoller Spiegel (...). Das für mich Zentrale bei Kaspar Hauser ist sein Scheitern an der kopforientierten Gesellschaft, ist sein Scheitern an der Trägheit des Herzens. Wenn man an Minderheiten denkt, erscheint dieses Thema von besonderer Aktualität."[596]

Die "Fragmente" kreisen in moralisierend-kritischer Weise vornehmlich um das Thema der verlorengegangenen Mitmenschlichkeit im Sinne der Wassermannschen Formel, garniert mit einigen kritischen Anmerkungen zur welt- und umweltpolitisch sich anbahnenden Katastrophe sowie mit klischeehaften Anklagen gegen die Unterdrückungs- und Entfremdungsmechanismen sprachlicher Sozialisation. Näherte sich Handke, gerade indem er sich äußerlich von der Kaspar-Hauser-Geschichte zu entfernen schien, dem poetischen Potential der Quellen neu, so ergießt sich nun wieder einmal ein Wortschwall in die vieldeutbare Form Kaspar Hauser und gestaltet noch einmal in scheinkritischer Weise den bis zur Unkenntlichkeit entstellten Humanitätstopos:

"So leichtfüßig mein Wort
bist du heute
dem schönen Spielzeug Kopf entlaufen
rennst du herum
hängst in der Luft
findest deinen Platz nicht
Worte nichts als Worte
riesige Kopflager
angefüllt mit Worten

verwirrend
Wirf nur dein Wort gegen meines
Worte gibt es genug
Am Anfang war das Wort
Das Ende wird schrecklich sein".[597]

Besser ein Ende mit Schrecken als ein Schrecken ohne Ende, so mag der Leser denken, hat er das letzte Segment der Collage erreicht:

"Ist nicht der Wandel das einzig Wirkliche
ist nicht alle Wiederholung Tod
heißt Religion nicht ins Unbekannte gehen, ins Ungebahnte
ist nicht dies Unbekannte Gott und wohnt es nicht in dir
und wartet auf dich
warum glaubt ihr wenn ihr viel habt viel zu sein
warum verleugnet ihr eure Träume
warum fangt ihr nicht an hier und jetzt lebendig zu sein
warum wehrt ihr euch nicht
gegen die Seuche der Trägheit des Herzens

Mein Schatten will endlich Ruhe haben

hört ihr".[598]

Der übergreifende Blickpunkt auf eine große Zahl der Bearbeitungen nach 1945 besteht darin, daß sich jene Lösung von der stringenten erzählerischen Füllung der lückenhaften Findlingsgeschichte, wie sie bereits für den Zeitraum zwischen 1920 und 1936 sich ankündigte, fortsetzt, daß zugleich aber zwei verschiedenartige zeitliche Aspekte besonders bedeutsam werden: Zum einen betrachtet man, wie wir sahen, Kaspar Hauser unter geschichtsspekulativen, z. T. auch gleichsam zeitlosen Gesichtspunkten, die an die frühe Entwicklung 'sub specie aeternitatis' in der Biedermeierzeit erinnern; dem steht zum anderen eine Reihe von Werken gegenüber, die das historische, soziale und geistesgeschichtliche Umfeld stärker zu berücksichtigen suchen und für die man in der politischen Fraktion des Biedermeier (deren Texte wir im vierten Kapitel behandelten) einen historischen Vorläufer erblicken kann. Das Gemeinsame beider Teilrichtungen ist darin zu sehen, daß sich neben den soeben behandelten Autoren auch die Gestaltungen von Hans Scholz, Geneviève Serreau und Dieter Forte um den Einsatz anderer, in der Geschichte des Stoffes neuer formaler Mittel bemühen, um so dem Facettenreichtum der Kaspar-Hauser-Fabel besser gerecht werden zu können.

Durch Wechsel der Präsentationsform versuchen drei Bearbeiter, das Thema neu vorzustellen: Nachdem in den 1930er Jahren bereits Wilhelm Kunze neben einer Populärdarstellung zum Findling ("Mythos, Gestalt und Schicksal von

Kaspar Hauser", 1931) auch den Entwurf zu einem "Kaspar-Hauser-Hörspiel" vorgelegt hat, verfaßt 1954 Kurd E. Heyne das Hörspiel "nach authentischen Quellen", "Kaspar Hauser. Das Rätsel seiner Zeit", vier Jahre später sendet der Südwestfunk "Kaspar Hauser. Eine Folge tönender Bilderbogen" von Hans Scholz und 1961 der Westdeutsche Rundfunk das "Hörbild" von Carl Schmidt-Rogge, "Es ist nicht gut, dass der Mensch allein ist. Das Schicksal Caspar Hausers". Das 107 Seiten umfassende Manuskript der Hörspielbearbeitung Scholz', das wir hier exemplarisch betrachten wollen, zeichnet sich zunächst durch ein zahlreiches Personal aus, das über die historisch beteiligten Figuren hinausreicht und sowohl Personen der dynastischen Hintergrundgeschichte als auch solche aufnimmt, die das zeitgeschichtliche Umfeld zu charakterisieren helfen: So begegnen wir u. a. Bänkelsängern, Gendarmen, einem Pariser Zeitungsausrufer, dem Fürsten Metternich und einem Nürnberger Wirt. Durch ein volkstümliches Ambiente gewährt uns der Verfasser einen panoramatischen Blick auf die geschichtliche Situation, in der die Kaspar-Hauser-Geschichte steht:

"Stimmen: (einer um das Sängerpodium versammelten Menge in die entstehende Pause und unter der folgenden Strophe hin) Hui, das Hauserlied, das verbotene! Das wird einmal was geben, alle Wetter! Heda! Aufhören! Aufhören? Lasst sie doch singen, ihr Philister! Komm weg! Aufruhr ist nit unsre Sach! Weitersingen! Wahrheit ans Licht! Burschen heraus! (...).
Bänkelsänger: (wiederholt nunmehr zur Orgel) Spötter kühn der Menschenrechte ... (...)
Kecker Lästrer der Natur,
(beide) du verbirgst dein Treiben schlechte,
du verwischst nicht jede Spur.
(er allein) Du regierst mit frechem Mute,
wo dir nicht zu herrschen frommt;
(beide) Denn der ist von edlerm Blute,
der sein Eigen heischen kommt.
(er allein) Aber Ansbach ach dein Garten
muß der Untat Zeuge sein
(beide) Niemand mocht des Prinzen warten,
der in letzter Stund allein (...).
Ein Chor sich nach und nach versammelnder Turner und Studenten fällt mit ein.
Stimmen: (nach Beendigung der Strophe) Was gibt's? Man tut das Hauserlied singen. Mitbürger, Freunde ...! Maul gehalten, Sansculotte!
Gendarmen nebst Offizier: Aufhören! auf der Stelln wird aufg'hört! Sö, das is fei net die Litanei, wo hier zu beten wär, Sö! Sie san verhaftet! Leistens kaa Widerstand net, Sie wern aa ohnedem ins Loch einig'stochn! Will Er wohl! Platz da! Zerstreuts euch, Mitbürger! Scherts Eahna net um dera Demagogien! (...)
Der Singsang ist staatsgefährdend! Aufhören, kreuzbombenelement! Daß er wohl will Ordre parieren, Hundling ausg'schamter! Verhaftet im Namen des Gesetzes! (...)
Bänkelsänger: (ohne Orgel über alles Getöse hin)

Kaspar Hauser, edler Jüngling,
ach man hat dir schlecht gelohnt!
Wie mag der vor Gott einst treten,
der an deiner Stelle thront!"[599]

Als das "Vorspiel", in dem das Bänkelsängerlied angesiedelt ist, 1835 einsetzt, ist Kaspar Hauser bereits zum politischen Stichwort geworden. Die folgenden "Bilderbogen" parallelisieren dann im ständigen Wechsel die Vorstellung der Kaspar-Hauser-Geschichte durch die Dialogisierung ausgewählter Quellenberichte mit der Entwicklung der Konjekturen über die Hintergrundgeschichten (der Prinzentheorie und der vermuteten Aktivitäten des badischen Hofes), wobei es fraglich bleibt, ob der Hörer angesichts des weitgesteckten geschichtlichen Umfeldes nicht die Orientierung verliert. Der Erzähler kann abschließend resümieren:

"Dies war in großen Zügen die Geschichte Kaspar Hausers, eines jungen Menschen, der eines Tages aus nur vermutbarer Verborgenheit und nicht vollständig gewisser Herkunft in Nürnberg auftauchte und fünf Jahre später, am 14. Dezember 1833, zu Ansbach aus nie ganz aufgeklärten Gründen und von nicht überführter Hand ermordet wurde; Exponent einer spätromantischen Vorstellungswelt von eisiger Glut, für welche Selbstmord wie politischer Mordanschlag heimlich vertraute Gefühlsentladungen waren; Prototyp ungezählter Menschenhektakomben, die 100 Jahre nach ihm zwischen den Mühlsteinen der Politik zermalmt wurden, weil eine ebenso romantische wie fanatische Umwelt sich zur Meinung verstieg, für sie keinen Platz zu haben. Aber Menschen verteidigen sich."[600]

Auch in dem "Stück in 13 Bildern" von Geneviève Serreau, das im März 1971 in Choisy-le-Roi und dann am 26. 5. 1985 in deutscher Bearbeitung im Theater Essen uraufgeführt wurde, stehen das Zeitkolorit und die geschichtlich-politische Dimension des Falles im Vordergrund; wir begegnen auch hier, wie im Hörspiel von Hans Scholz, einem erweiterten Personal. So treten Bürger, Polizisten, Bauern, Handwerker, Bettler, Adlige, Schausteller, eine Prostituierte und ein Universitätskurator auf. Das Anliegen ihres Stückes umreißt die Autorin in einer Vorbemerkung so:

"Die Geschichte von Kaspar Hauser ist bekannt. 1828 tauchte er als Sechzehnjähriger in Nürnberg auf, nachdem er etwa zwölf Jahre völlig isoliert in einer Art Bierkeller gefangengehalten worden war. Er wird aufgenommen, gepflegt und erzogen von einigen guten Seelen; unter ihnen ist auch Anselm Feuerbach, Gerichtspräsident in Ansbach und Vater des berühmten Philosophen Ludwig Feuerbach. Fünf Jahre später, 1833, wird Kaspar von einem Unbekannten im Ansbacher Hofgarten erstochen. Schluss, Punkt. Ein so dunkles Schicksal lässt aufhorchen.
Dieses Schicksal aber hatte in Wirklichkeit einen Namen und ein Gesicht; und einen Sinn. Obwohl nie ein Beweis erbracht werden konnte, gibt es historische Fakten, die auf die Identität dieses Kaspars und seiner Verfolger schliessen lassen. Ich habe diese Identitäten als sicher betrachtet. Was jedoch ausser Frage steht, sind die vielen Wir-

ren jener Epoche; ist die Rücksichtslosigkeit, mit welcher die kleinen deutschen Fürsten dank Metternich ihre Macht wiederherstellen konnten, die durch die Französische Revolution ins Wanken geraten war; und ist im weiteren die Nostalgie der Liberalen, die sich auf Geheimbünde und steriles Geschwätz beschränkt fanden, jedoch fasziniert blieben von den revolutionären Philosophen (...).
Ueber dem unschuldigen Kaspar spitzt sich die Konstellation der verschiedenartigen und zum Teil entgegengerichteten Interessen zusammen, die alle folgerichtig zu seinem Untergang beitragen. Er selber, mit einer gleichsam verbohrten Einsicht, die recht erstaunlich ist in einem Geist, der in dumpfer Roheit belassen wurde - will nichts anderes, als zu leben versuchen. Gehen zuerst, sprechen, sich mitteilen, all diese beglückenden Kindheitserrungenschaften, die er so schnell wie möglich nachholen muss; mühsam, in Angst und Hast, unter der Drohung, zu dauernder Nacht verurteilt zu bleiben. Ich habe Kaspar ein Mädchen gegenübergestellt, das weit besser als Andere zwischen ihm und der Welt vermitteln kann, weil ihr alles leichter fällt, und weil ihre Zuneigung für Kaspar echt und uneigennützig ist.
Die Geschichte erschien mir an sich schön genug, um symbolischer Interpretation entbehren zu können; aber sie lässt uns doch an die Zerbrechlichkeit eines jeden menschlichen Individuums denken, das sich heute einer Welt gegenübersieht, die mehr und mehr auf ihre eigene Zerstörung hin arbeitet, und worin der Einzelne hoffnungslos der Gesellschaft, die ihn umgibt, verhaftet ist. Es bleibt dem Menschen überlassen, für eine Welt zu kämpfen, in der es nicht mehr möglich sein wird, Geist zuerst so zu ersticken und dann zu töten. Anselm Feuerbach hat dies wohl verstanden, als er seinem Buch über Kaspar (erschienen 1832) den Titel gab: 'Kaspar Hauser, Beispiel eines Verbrechens am Seelenleben des Menschen'."[601]

Formal verfolgt Serreau ein sogenanntes "kontrapunktisches" Spiel, d. h. wir begegnen auch hier, wie bei Lampe und Pietzner, der simultanen Überlagerung verschiedener Szenen:

"Dieses Stück ist in einem offenen Bühnenraum uraufgeführt worden: Die Zuschauer sassen auf stufenweise erhöhten Sitzplätzen rund um das Spielgeschehen. In der Mitte stand ein erhöhtes, quadratisches Podium, auf welchem sich ein zweites, wiederum etwa mannshohes und ebenfalls quadratisches Podium befand, das im Grundriss etwas kleiner war, so dass auf dem unteren Podium ein Umgang entstand, in welchem sich, kontrapunktisch zum Spiel auf dem oberen Podium, ein anderes Geschehen abwickeln konnte (...).
Die beschriebene Gestaltung des Raumes hat zudem eine sehr kühne Ueberlagerung der einzelnen Szenen erlaubt. Dergestalt, dass z. B. eine an dem einen Ort angefangene Szene plötzlich unterbrochen wurde durch den Beginn der folgenden Szene an einem anderen Ort, welche ihrerseits wieder unterbrochen wurde durch die erste Szene, die in der Schwebe gelassen worden war, und so weiter. Diese Alternanz war sicher von grossem Vorteil für das Stück, sie hat ihm zeitliche Dimension gegeben und die Komplexität der Epoche, in welcher das Stück spielt, bildhaft gemacht, was wohl eine 'ebenerdige' Inszenierung kaum leisten könnte (...).
Bei der Uraufführung haben zehn Schauspieler die zirka vierzig vorgesehenen Figuren dargestellt. Diese sparsame Besetzung (...) war der Wirkung des Stückes jedoch alles andere als abträglich, sondern hat, im Gegenteil, grosse Vorteile gebracht. Es

ermöglichte jedem Schauspieler, 'Distanz zu halten' zu den Figuren, die er zu verkörpern hatte, und dem Zuschauer gab es die Möglichkeit, sich mehr auf den objektiven Gang der Ereignisse zu konzentrieren als auf die persönlichen Probleme jeder Figur. Diese Probleme existieren, und es ist nicht die Rede davon, sie in ihrer Intensität zu unterbinden: die Figuren sind weder Roboter noch Vorführpuppen. Aber es war wichtig zu zeigen, wie ihre Verhaltensweisen tiefer bedingt sind durch ihre Epoche und ihre Klassenzugehörigkeit - Gegebenheiten, über die sich die Figuren selbst nicht klar sein können, die jedoch der Zuschauer deutlich beobachten können soll.
Allein Kaspar, der während des ganzen Stückes anwesend ist, ist von einem Schauspieler gespielt worden, der keine andere Figur übernommen hat."[602]

Wir erleben dann in wechselnden Szenen gemäß dem kontrapunktischen Spiel die Entwicklung der Hintergrundgeschichte am Karlsruher Hof, Dialoge über die zeitbewegenden sozialen und geistigen Umbrüche, die Geschichte der Gefangenschaft des Findlings, seine Freilassung, seine Sozialisation sowie die Attentatsplanung.
Kaspar Hauser tritt im Theaterstück Dieter Fortes nicht auf; seine geschichtliche Bedeutung bzw. Symbolfunktion erhellt sich nur durch die unterschiedlichen Aspekte, die in den Dialogen zur Sprache kommen. Auch Fortes Drama konzentriert sich auf den Aspekt der zeitgeschichtlichen Situation der 1830er Jahre, in der sich weitreichende politische und soziale Veränderungen ankündigen, die der dem Drama beigefügte dokumentarische Anhang mit Quellen zur Restaurationszeit dann noch einmal explizit macht. Das Stück, das "1833 in Ansbach"[603] spielt, gliedert sich in fünf Akte; zu den dramatis personae gehören neben dem Wirt und dem Schankburschen (die Nachfeier zu Hausers Beerdigung, die den äußeren Rahmen der Handlung absteckt, findet im Wirtshaussaal statt) die meisten der uns bekannten Hauptpersonen der Kaspar-Hauser-Geschichte: Hickel, Dr. Horlacher, Hiltel, Pfarrer Fuhrmann, von Tucher, Daumer sowie die Ehepaare Stichaner, Binder und Meyer, und selbst Feuerbach begegnen wir noch. Die gute Quellenkenntnis des Autors, die übrigens auch den anderen Verfassern attestiert werden muß, schlägt sich in zahlreichen Zitaten aus den Augenzeugenberichten nieder. Die Vorbemerkung zur Buchausgabe charakterisiert das Stück wie folgt:

"Kaspars Hausers Tod am 17. 12. 1833 in Ansbach ist für Dieter Forte ein Beispiel für Tod durch politische Einflußnahme. Im Hinblick auf Hausers Ermordung ist das wörtlich zu verstehen. Aber nicht weniger konkret ist damit die Unterdrückung der freien Persönlichkeit durch Zensur und Polizeiwillkür gemeint.
Die Zeit, um die es in diesem Stück geht, ist ein Spannungsfeld biedermeierlich-konservativer und jungdeutsch-liberaler Kräfte. Ermutigt durch die Pariser Juli-Revolution, breitet sich eine wachsende Unruhe in allen Bevölkerungsschichten aus, die sich 1832 im Hambacher Fest artikuliert. Als Gegenmaßnahme wird in den 42 souveränen Staaten des Deutschen Bundes der restaurative Druck verschärft. Jedes Aufbegehren der unteren Stände und jede progressive Tendenz des liberalen Bürgertums wird im

Keim erstickt. Die Reaktionen der Menschen sind unterschiedlich: Rückzug ins Private und politische Inaktivität, Engagement für fortschrittliche Ziele, Konzentration auf wirtschaftlichen Profit oder Hoffnung auf eine freieres Leben im Ausland. Dieter Forte bedient sich zum erstenmal in einem Theaterstück der geschlossenen Form und gewinnt damit eine Ausdrucksebene hinzu: die Form als Metapher für sein Thema. Situationen und Denkhaltungen, eingeengt durch die Restauration, sprechen in ihrer Aktualität für sich selbst.
Das Stück setzt ein mit der Beerdigung Kaspar Hausers. In den Gesprächen der Personen, die ihn näher gekannt haben, wird deutlich, wie sehr sie ihn zu einem der Ihren gemacht haben. Seine Ermordung erschüttert sie in dem Glauben, ihre positivistischen Wertvorstellungen produktiv verwirklichen zu können. Sein Tod macht ihnen die Fragwürdigkeit ihrer Sinnbegriffe deutlich. Sie denken über Parallelitäten zwischen ihrer eigenen Existenz und der Kaspar Hausers nach. Sie stehen ratlos vor dem Neuen wie er. Ihr Welt- und Selbstverständnis ist erschüttert. Sie haben Schwierigkeiten, die Zeit mit ihrem technischen Fortschritt, ihren politischen Problemen und der Veränderung des Wertgefüges zu verstehen und zu beeinflussen. Welches Thema sie auch anschneiden, sie landen immer im Umstrittenen, Ungesicherten, Verbotenen. Einen Ausweg aus dieser Situation finden sie in der Legendenbildung um Kaspar Hauser. So entsteht, von der Obrigkeit geduldet und gefördert, die Geschichte seiner Geschichten. 'Ein Thema konnte dieser Kaspar Hauser nur werden, weil es ein so märchenhaftes Wunder ist, daß ein Lebendigbegrabener zu einem intelligenten Menschen gemacht wird, und weil es verboten ist, über die vielen tausend intelligenten Menschen zu reden, die zu gleicher Zeit lebendig begraben wurden' (Forte)."[604]

Eine der Rezensionen der Uraufführung in Wiesbaden im April 1979 bemerkt die "funktionale" Anlage und damit eine auffällige Besonderheit des Stückes, in der man zugleich eine Schwäche erkennen kann:

"Im Ende April uraufgeführten neuen Schauspiel Fortes (...) gibt der Titelheld nurmehr Anlaß für die Bühnenhandlung, er ist bloßes Symptom für Vorgänge ganz anderer Art (...). Im Unterschied zu den vorhergehenden Stücken mit ihren ausladenden epischen Bilderbögen beschränkt sich Forte diesmal auf eine prägnante Begebenheit (...). Die geschlossene statische Situation entfaltet sich nur über den Dialog, auch die Beziehungen zwischen den Figuren entwickeln sich nicht. Sie treten nur zutage, sind nicht persönlich, sondern funktional bestimmt. Soziologische Typisierung ersetzt wie bei Forte üblich die Charakterzeichnung: Vertreter von Bürgerhaltungen im Deutschland Metternichs. 'Kaspar Hausers Tod' ist, so betrachtet, eine durchgängige Exposition, Geschichtsunterricht am lebenden Beispiel. Und man erfährt viel über die Zeit: kritisch engagierte Publizisten und Schrifsteller haben Berufs- und Druckverbot, gehen außer Landes wie Heine, Büchner oder Börne, verkommen in den mit politischen Gefangenen überfüllten Gefängnissen. Die schweigende gutbürgerliche Mehrheit fügt sich derweil ins beschauliche Biedermeier."[605]

Die Unterhaltungen der Trauergesellschaft kreisen, neben Erinnerungen an den Verstorbenen, um die technischen, sozialen und politischen Veränderungen der Zeit. Es wird deutlich, wie weit die Unterdrückung der geistigen Freiheit durch

Zensur und Überwachung in der Restaurationsphase reicht, wenn die lakonischen Gespräche in ängstlichen Andeutungen steckenbleiben und sich dadurch verwirren:

> *"Tucher: Er hatte mal einen Traum von einem Schloß mit einem Wappen.*
> *Hickel: Wer?*
> *Tucher: Der Kaspar.*
> *Hickel: Na sehen Sie, das ist schon wieder ganz unwichtig. Das bringt die Ermittlungen gleich in eine falsche Richtung. Daraus entstehen nur wieder Gerüchte.*
> *Feuerbach: Die Juristen zählen auch Gerüchte zu den Indizien von Verbrechen. Es gibt Zeiten, in denen nur Gerüchte die Wahrheit weitergeben.*
> *Stichaner: Also das gehört nun wirklich nicht hierher. Ich verstehe Sie nicht.*
> *Kolb: Wechseln wir das Thema. Ich glaube, der Punsch ist wirklich ganz gut."*[606]

Im Schicksal des Verstorbenen spiegeln sich für die Trauergäste ihre eigenen Zeitnöte, die sie jedoch nur ansatzweise zu artikulieren vermögen:

> *"Manchmal kommt man sich wirklich vor wie ein Kaspar Hauser. Keine Erklärung stimmt mehr. Nichts ist von Bestand. Alles, was besteht, soll verändert werden. Und alles geht gegen den Staat. Wie diese Welt sich weiterdrehen soll, ist mir ein Rätsel."*[607]

Die sich anbahnenden technischen, sozialen und politischen Veränderungen (thematisiert werden u. a. der Eisenbahnbau, das Hambacher Fest, der Umbruch von der Manufaktur zur industriellen Produktion) finden ihren sinnfälligen Ausdruck darin, daß sich gleichzeitig mit der bürgerlichen Trauergesellschaft eine Gruppe von Arbeitern im benachbarten "Schankraum" versammelt hat, und als "Gelächter aus der Schankstube" dringt, bemerkt Frau Stichaner - das Gespräch kreist gerade um die veränderten Reisebedingungen, die der Eisenbahnbau mit sich bringen werde - im zweiten Akt:

> *"Und die vierte Klasse macht sich schon ganz schön bemerkbar. Sie sitzt einem ja geradezu im Nacken."*[608]

Als die Gesellschaft abends das Wirtshaus verlassen will, sieht sie sich von den Arbeitern eingeschlossen: Sie ist gezwungen, das Lokal durch die Kellertür zu verlassen.
Betrachten wir zum Abschluß noch die Prosatexte von Peter Abraham und Katja Lange-Müller. Der in der früheren DDR 1976 veröffentlichte Roman Peter Abrahams, "Kaspar oder Das Hemd des Gerechten", nutzt wie so viele Veröffentlichungen zuvor den Vornamen des Findlings zur Interessenweckung. Eine Lektüre vermag nur noch vage Anklänge an den Kaspar-Hauser-Stoff zu entdecken. Was uns dennoch an die Findlingsfigur denken läßt, ist der Topos der Identitätsfrage, das Spiel mit dem Übergang zwischen Fiktion und Wirklich-

keit sowie die gesellschaftlich-politische Sprengkraft, die dem Roman-Kaspar innezuwohnen scheint.
Der Schriftsteller Wenzel Ploch schreibt gerade an seinem neuen Roman, als er erfahren muß, daß die Hauptperson, "Kaspar", seinem bloß papierenen Leben entsprungen und in die Realität übergewechselt ist, die er in der Folge gleichsam subversiv in Verwirrung zu setzen weiß:

"Ploch wollte in das Haus gehen, da berührte ihn der Wachtmeister am Arm. - 'Ich muß sie sprechen, Genosse Schriftsteller', sagte er mit einem Seitenblick auf Kaspar. 'Es geht um dieses Phantom.'
'Phantom?'
'Nun ja', sagte der Wachtmeister, 'ich meine das ganz und gar außerdienstlich. Ich versichere Ihnen, Genosse Schriftsteller, daß ich durch und durch materialistisch eingestellt bin. Sehen Sie, ich nehme, soweit es mein Dienst erlaubt, immer an den philosophischen Belehrungsstunden meiner Dienststelle teil. Aber dieser, dieser ...', er suchte verzweifelt nach einer passenden Bezeichnung für Kaspar. Mensch, Individuum, Herr, Person schienen ihm Begriffe, die auf Kaspar nicht zutrafen, 'Dokumentarlose', fiel ihm schließlich ein, 'dieser Dokumentarlose hat uns vor unfaßbare Rätsel gestellt. Er entwich nämlich aus der Sammelzelle, ohne die geringste Spur von Gewaltanwendung am Schloß und an den Eisenstäben zu hinterlassen. Außerdem ist er elektrisch ...'
'Wenn es gegen die Gesetze verstößt, elektrisch zu sein', sagte Ploch, 'dann verhaften Sie ihn doch.'
'Das hätte überhaupt keinen Zweck', sagte der Wachtmeister. 'Er würde wieder entkommen. Sehen Sie, und es ist noch niemals vorgekommen, daß jemand als eingeliefert ins Wachbuch eingeschrieben, aber ohne Auslieferungsvermerk entlassen wurde. Denken Sie, was werden die leitenden Genossen sagen, wenn sie das Wachbuch inspizieren! Wir benötigen eine handfeste Erklärung (...).'
'Was erlauben Sie sich!' sagte Ploch, 'und was geht mich dieser Mann an!'
'Aber lieber Genosse! Er beruft sich doch auf Sie. Es steht doch in unserem Protokoll! Er gibt Sie als Vater oder Vormund oder so etwas an ...'
Ploch war außer sich. 'Lüge!'"[609]

Kaspar eckt in einer durchorganisierten und verwalteten Welt bald an, als man bemerkt, daß der seltsame Fremde, der, einem Phantom gleich, durch Wände zu gehen vermag, an Speisen nur zu riechen braucht und bei Berührungen elektrische Schläge austeilt, keine aktenmäßige Identität besitzt:

"'Ich bin dennoch entschlossen. Wann kann ich mit der Arbeit bei Ihnen als Triebwagenführer beginnen?'
'Sobald Ihre Akte vom vorigen Betrieb bei uns eingetroffen ist.'
'Ich war niemals in einem Betrieb, und ich besitze keine Akte.'
Frau Zahlbaum mußte über so viel Naivität schmunzeln. 'Sie sind also nicht beim Militär gewesen? Sie sind auch niemals geimpft worden?' Ohne eine Antwort abzuwarten, fuhr sie fort: 'Sehen Sie, und all diese Fakten befinden sich in Ihrer Akte.' 'Ich war weder beim Militär, noch habe ich mich einer Impfung unterzogen.'

'Ich verstehe, ich verstehe.' Frau Zahlbaum kannte sich mit den Menschen aus. Da konnte so vieles geschehen! - 'Kaspar', sagte sie, ihn unbewußt beim Vornamen nennend, 'was auch in Ihrer Vergangenheit geschehen sein mag, wir werden Ihnen Verständnis entgegenbringen. Und ganz persönlich sage ich Ihnen, bisher hat uns keiner der ehemaligen Strafgefangenen enttäuscht (...).'
'Sie sollen wissen', sagte Kaspar, 'ich habe niemals bewußt gegen die Gesetze verstoßen. Ich habe nur keine Akte.'
Frau Zahlbaum schwieg verstimmt. Schließlich stand sie auf und zog sich die Uniformjacke der Straßenbahner an (...).
'Ja, aber ...', sagte Kaspar.
'Kommen Sie wieder, wenn sich das mit Ihrer Akte geklärt hat', sagte sie. 'Ohne Akte sind Sie ein Wunder, das sich im Wanderzirkus sehen lassen kann.'"[610]

Bald schon begehrt der seltsame Fremdling, die "zur Wirklichkeit gewordene Literatur"[611], der sich nun "Kaspar Gerecht" nennt, gegen seinen geistigen Erzeuger auf, indem er dessen frühere theoretische Ideale beim Wort nimmt und beim Versuch ihrer praktischen Umsetzung ein ganzes System in Gefahr zu bringen droht:

"'Du weißt, lieber Papa, daß Kaspars Idee von der Gerechtigkeit die Abschaffung des Geldes zugrunde liegt!'
Ploch nickte.
'Nun, in der kommenden Woche werden Löhne und Gehälter ausgezahlt', sagte Jörg. 'Die Landstraßen sind am Sonntagabend leer. Darum, lieber Papa, bewegen sich heute abend aus der Wertpapierdruckerei unserer Stadt vier Speziallastzüge, um in alle vier Himmelsrichtungen auszuschwärmen.'
'Leider handelt es sich nur um einen Bruchteil der Gesamtsumme, die in Umlauf ist. - Knappe zwei Milliarden', sagte Jens.
'Was habt ihr damit zu tun?' Ploch ahnte Furchtbares.
'Nun', sagte Jens, 'das Geld wird niemals am Bestimmungsort ankommen.'
'Diesen Überfall wollt ihr allein ausführen?'
'Nein', sagte Jörg, 'Josepha und Kaspar sind dabei.' (...)
'Ihr seht', sagte Ploch, 'alles, was dieser Kaspar anzettelt, ist Schnickschnack. Kaspar ist ein Scharlatan. Was mich so enttäuscht, ist, daß ihr euch von ihm habt blenden lassen. Ich rate euch, legt diese dreckigen Kleidungsstücke ab und zieht euch sauber an. Und in der Schule gebt ihr euch ein wenig Mühe ..., dann wird alles wieder gut!'
'Ist Kaspar nicht deine Erfindung, Papa? Warum verleumdest du ihn?' Jörg schien empört.
Ploch trank, um Zeit zu gewinnen. - 'Ich hab von einer Zeit geträumt, als ich große Ideale hatte.'"[612]

Dennoch unterliegt auch der seltsame Kaspar bald den Eigengesetzlichkeiten der Macht und gelangt trotz oder gerade wegen seiner aufsehenerregenden Aktionen bis zum Amt des Oberbürgermeisters, bis ihn schließlich die Macht der Liebe in solche Verwirrung stürzt, daß er freiwillig wieder aus der Realität verschwindet.

Die Erzählung der früheren DDR-Autorin Katja Lange-Müller, "Kasper Mauser - Die Feigheit vorm Freund", die ebenfalls den Findlingsnamen in anspielungshafter Weise nutzt, charakterisiert der Klappentext kurz so:

> *"Katja Lange-Müllers Erzählung (...) ist eine Groteske der Entwurzelung in drei Stimmen: Rosa (im Osten lebend) und Anna (nach dem Osten im Westen lebend) und Amica, der vom Osten in den Westen wechselt und unter dem Namen Kasper Mauser vergeblich eine stumme Identität zu verteidigen sucht."*[613]

In ihren Beiträgen gehen die Rezensenten dann natürlich auch der Frage nach, welche interpretatorischen Aufschlüsse der Titel bietet. Walter Hinck führt in seiner Besprechung der Erzählung aus:

> *"Nicht den Betonwall selbst, sondern die 'Mauer im Kopf', nämlich eine merkwürdige Bewußtseinsspaltung, beschrieb Peter Schneider in seiner Erzählung 'Der Mauerspringer' (1982) als das eigentliche deutsche Trauma. In Katja Lange-Müllers Erzählung (...) wird die Sprache selbst zum Indikator der widersinnigen Situation (...). Die Erzählerin verweigert eine kontinuierlich entwickelte Geschichte und springt respektlos mit den gestanzten Fertigteilen der Alltags- und der öffentlichen Sprache um. Die Erzählung verteilt sich auf drei Stimmen. Zugrunde liegt aber nicht ein Dreiecksverhältnis, sondern eine doppelte Zweierbeziehung, in deren Schnittpunkt Anna Nass steht: Ehemals in Ost-Berlin Lektorin eines Schreibzirkels, lebt sie jetzt in einer West-Berliner Kellerwohnung. Sie hält durch Telefongespräche ihre Freundschaft mit Rosa Extra aufrecht, die im Ostteil geblieben ist. Und sie begibt sich auf die Suche nach dem Freund Amigo Amica alias Kasper Mauser, der nach der Einreise nach West-Berlin für einige Zeit Zuflucht bei ihr gefunden hat. Der Name Kasper Mauser gibt nichts für interpretatorische Tiefbohrungen her, er ist ein Gemenge aus luftigen Assoziationen zu dem historischen Caspar Hauser und dem Roman Jakob Wassermanns, 'zur Kasper-Puppe, zum Suppen-Kasper, zu Müller/Brechts 'Mauser', der Mauser der kanarischen Vögel, der Pistole gleichen Namens ...'. Konkrete Sinnerwartungen läßt die Erzählerin leerlaufen."*[614]

In der Tat sind die direkten Anlehnungen an die Kaspar-Hauser-Geschichte über die 90 Seiten der Erzählung spärlich verteilt:

> *"Gibt es keinen Plural von Heimat (auch ein Wort bloß, das nichts verbirgt), sagte sich, nur mit den Augen (an) sie richtend den fragwürdigen Satz, Kasper Mauser, einziger deutscher Mythos, der noch nicht in die (stumme?) Hauptrolle einer Oper verwickelt, Adopstiefssohn einer Mulattin und eines Mestizen, schlitzäugiges Schlitzohr, sprachlos, schwarz, schwul, linkshändig und aus dem Osten ..., kurz, der mit den besten Karten."*

> *"Jürgen-Amica Hermann wußte nicht - wohin damit, mit einem Stück eines Briefes, das er, wo nur gleich?, - aufgeklaubt und erst mal in der Hand behalten hatte. Die - vermutlich mit dem Namen des Schreibers oder der Schreiberin versehene - Fortsetzung fehlte, war abgerissen, und so, von allein, erinnert sich Amica nicht. Wie andere übernachhaltig sind, laut Professor Karl Leonhards 'Charakteranalyse', bin ich über-*

vergeßlich, in den Dingen der Wirklichkeit, dachte Amica ohne Bedauern und legte den Fetzen Fragment, den wegzuwerfen er sich nun doch nicht traute, wie ein Lesezeichen zwischen die Seiten eines Buches, in dem er oft blätterte, Jakob Wassermanns 'Caspar Hauser oder Die Trägheit des Herzens.'"

"In des dunklen Mannes rechter Manteltasche aber steckte noch ein großformatiger, vielmals zusammengefalteter Zettel, worauf, in kantiger und dennoch kindlicher Schrift - die des Mannes war's wohl nicht - geschrieben stand: Kaspers Mauser, Kasper Mauser, will nicht ein Reiter werden wie sein Vater keiner war. Mensch, dem er begegnet, sei gleich - einem vom Mongolenvolke, gibt ihm so Du's hast, wonach er verlangt, weniger nicht und eher mehr, und laß ihn gehn, wann er will, und frage ihn nichts, und erwarte keinen Dank, denn im Mongolischen existiert kaum erst ein Wort dafür, und ohnehin ist er stumm und taub und niemand mehr als Kasper Mauser Kasper Mauser (...). Er nur wußte noch und wollte - o wie bald schon - es vergessen, daß je er jener andere gewesen, der 'gebohren' einst in Weimar und dessen Held war und Idol und Star ... der historische Caspar Hauser (und der eines Jakob Wassermann) den er so sehr bewunderte, wie andere Mimen oder Schlagersänger, und der nun sich nannte: Kasper Mauser (...). Und derart idento-infiziert mit Caspar Hauser, war der selbsternannte Kasper Mauser - nach Antrag auf die - und schließlich der Ausreise, und daraus der Konsequenz: Papierevernichtung - 'völlig losgelöst ... 'spurenlos -, überzeugt, einzig diese Rolle noch spielen zu müssen. Doch ehemals Jürgen-Amica Hermann spielte nicht; mit Caspar zum Kasper verwachsen, und noch bedingungsloser als seine Vorlage, war er dem Lauf der Zeiten - von Hauser bis Mauser - gefolgt, und wollte sein: ein zur Vollendung, dem Mauser, verkommener Hauser, der nicht zu stammeln begann oder das Schreiben und nicht lernte, ein ge- oder vermauserter Hauser am Fuße des zwanzigsten Jahrhunderts."[615]

Sicher erlauben es die spärlichen Texthinweise kaum, die Erzählung unter die Kaspar-Hauser-Gestaltungen einzureihen; dennoch ist die ja keineswegs zufällige Anlehnung an die historische Findlingsfigur und den Roman Wassermanns nicht völlig beliebig, bedenkt man zudem, daß auch die Identitätsproblematik, um die es der Autorin vorrangig geht, zu jenen verschiedenartigsten Aspekten zählt, unter denen man den Kaspar-Hauser-Stoff in der Tradition zu sehen versuchte.

Wir blicken kurz zurück: In dem untersuchten Zeitraum von 1945 bis in die 1990er Jahre bleibt die symbolistische Interpretation (wie auch die erzählerische Ausgestaltung) nur noch in Ausläufern wirksam; sie erfährt eine Weiterentwicklung durch Walter Höllerer, der die Abstraktion der historischen Figur weitertreibt, indem sie ihm zur Chiffre des dichterischen Wesens wird. Auch die Parallelität von historisch-theoretischer und poetischer Beschäftigung setzt sich nur noch vereinzelt fort (Colombo, Forte, Höllerer, Pies, Pietzner, Taut / Wolf).

Das übereinstimmendste und auffallendste Merkmal der Mehrzahl der Werke besteht darin, daß sich jene bereits in den 1920er Jahren ankündigende Tendenz fortsetzt, sich dem Kaspar-Hauser-Stoff in Facetten und Aspekten zu nähern und man auf einen geschlossenen erzählerischen Zugang verzichtet. Nicht zuletzt ist hier der (besonders in jüngster Zeit) deutlich hervortretende Zug zu "Performances" und anderen - z. T. neuen, "offenen" - Kunstformen zu nennen, deren Vielfalt - eine Tanz-Theater-Aufführung, ein Behindertenprojekt, Songs und Videos sind hier zu nennen - nicht nur einer allgemeinen Entwicklung entspricht, sondern auch symptomatisch für die Gestaltungsmöglichkeit des Kaspar-Hauser-Stoffes zu sein scheint.

Im Bereich der Literatur, wo die erneute Häufung von Schauspielen auffällig ist, konnten wir zwei Hauptrichtungen ausmachen: Eine Reihe von Dramen konzentriert sich auf einen überzeitlichen, gleichsam geschichtlich-eschatologischen Blickwinkel, eine andere Textgruppe betont dezidiert den zeitgeschichtlichen Kontext des Stoffes. Die erste Hauptlinie theoretischer wie poetischer Texte betrachtet die Kaspar-Hauser-Figur aus esoterischer, anthroposophischer und geschichtsspekulativer Sicht, die ihren Wurzeln nach auf die naturphilosophisch orientierten Interpretationen der Biedermeierzeit, direkt aber auf die Ausführungen Rudolf Steiners zum Findling von Nürnberg zurückzuführen ist. Die zweite erkennbare Hauptlinie verfolgt einen betont zeitgeschichtlichen Zugang, sie versucht, parallel zur Vorstellung der individuellen Kaspar-Hauser-Geschichte, das soziale, historische und geistesgeschichtliche Umfeld zu vergegenwärtigen.

Beide Linien treffen sich darin, daß an die Stelle der logischen Verknüpfung und chronometrischen Abfolge die Präsentation von Einzelaspekten tritt, die Beleuchtung der Figur aus verschiedenen Positionen, die zum Teil, wie bei Forte, epochenspezifische Entwicklungen in nuce zu zeigen vermag, zum Teil jedoch auch dem Dilettantismus ad libitum zur Verfügung steht. Durch neue formale Mittel versucht man, den Facettenreichtum der Kaspar-Hauser-Geschichte nutzbar zu machen; so verfolgen einige Schauspiele (und das Hörspiel Scholz') die Technik, durch die simultane Überlagerung verschiedener Szenen, sowohl die individuelle Findlingsgeschichte einerseits, wie auch die geschichtlichen Hintergründe oder aber die überzeitliche Bedeutungshaftigkeit des Stoffes andererseits sichtbar zu machen.

Dadurch aber entsteht eine gleichsam nahe Ferne zum historischen Findlingsfall: Einerseits agieren die meisten Bearbeiter mit ganz konkreten Quellenbezügen, andererseits wird Kaspar Hauser in so weit abgesteckte Sinn- und Zeitbezüge gestellt, daß die Poetizität der frühen Quellen nicht mehr wiederentsteht, sondern dadurch, daß die zwei Blickpunkte (der individuell-persönliche auf die Kaspar-Hauser-Figur und der überpersönliche auf die Zeit- und Sinnbezüge) geschieden bleiben, ein eigentümliches Netz zeitlich-überzeitlicher Koordinaten den Kaspar-Hauser-Stoff überzieht und perspektivisch verzerrt.

9. Dies Bildniß ist bezaubernd schön

Unseren leitenden Interessen gemäß, fassen wir das bisher Gesagte in zwei Hauptpunkten zusammen. Nach der kurzen Rekapitulation der Stationen der Stoffgeschichte im engeren Sinne, wenden wir uns noch einmal einigen übergreifenden Leitfragen zu:

Wir blicken auf mehr als einhundertfünfzig Werke zurück, die sich dem Thema eindeutig zuordnen lassen. Hinzu kommt eine kaum zu benennende Zahl von Werken, die in den weiteren Umkreis des Stoffes bzw. des Motivs ("Die unbekannte Herkunft") fallen. Wenn wir über den deutschsprachigen Raum hinausgehen zählen wir unter den uns zugänglichen Werken (die Angaben dienen nur dazu, da sich die Grenzen nicht immer exakt ziehen lassen, die Verteilung innerhalb der "Gattungen" zu verdeutlichen) über zwanzig dramatische, dreißig epische und achtzig lyrische Werke, daneben einige Hörspiel- und Filmvorlagen, Videos, Chansons, Performances und eine Oper.

Die frühesten Quellen über Kaspar Hauser und seine Selbstzeugnisse lassen erkennen, daß die ungeklärte Vorgeschichte und die umstrittenen Berichte über seinen Tod gleichsam natürlich vorgegebene Leerstellen der Phantasie sind, die nach entsprechender Ausfüllung heischen. In Hausers weltferner Gefangenschaft, so konnten wir im ersten Kapitel weiterhin feststellen, wird das Theorem des Goldenen Zeitalters für die Biedermeierzeit noch einmal lebendig, verbunden aber mit der zeittypischen Erkenntnis, daß das verlorene Paradies nicht wieder zu erreichen ist.

In der frühen Diskussion um Kaspar Hauser, die das zweite Kapitel beleuchtete, sind bereits die späteren literarischen Gestaltungslinien präfiguriert, so daß wir einen Mythos im status nascendi verfolgen konnten. Spezifische Tendenzen im Feld der frühen Publikationen sind die gefühlvoll-anteilnehmende Darstellung, die Jenseitsverklärung des ermordeten Findlings sowie der kolportagehafte Zugriff.

Die Kaspar-Hauser-Lyrik der Biedermeierzeit, der sich das dritte Kapitel widmete, zeugt bereits von jener auch darüber hinaus gültigen Nähe zwischen literarisch-poetischem und theoretisch-darlegendem Zugriff auf das Thema, indem oft poetischer Text und historische Ausführung nebeneinandertreten. Die Gedichte vermitteln eine ambivalente Sicht: Sie konturieren die Eigentümlichkeit der weltfernen Gefangenschaft des Findlings durch die Beschreibung dessen, was Kaspar in seinem Kerker mangelte, wobei die Weltlosigkeit seines Bewußtseins die Projektionsfläche bildet, auf der die Autoren die Schönheiten der Welt leuchten lassen können, zugleich aber zeigen sich die Verfasser auch untergründig fasziniert von der Weltleere des Findlings. Bereits hier wird jenes Spannungsverhältnis zwischen den Polen der Welthaltigkeit und Weltlosigkeit sichtbar, das die Stoffgeschichte über weite Strecken bestimmen sollte.

Neben die dichterische Überhöhung des Findlings sub specie aeternitatis tritt eine zweite, politisch orientierte Linie in der Biedermeierzeit: Die Lücken in der Geschichte führen dazu, daß zahlreiche Konjekturen und Mystifikationen über den Findling in Umlauf geraten; zusammen mit den Romanen und Erzählungen über Kaspar Hauser, die die Leerstellen der Geschichte zur Gestaltung ihrer Fürsten- und Kleruskritik mit Fiktionen anfüllen, führen sie dazu, daß sich jene bis heute fortwirkende Grenzüberschreitung zwischen historisch Gesichertem und fiktiv Entworfenem entwickelt, und die Kaspar-Hauser-Geschichte sich früh auf dem Weg zur Legende befindet.
Jene in der zweiten Hälfte des 19. Jahrhunderts vorherrschende Geisteshaltung, die allein dem Empirisch-Faktischen Glauben schenkt, versucht den Findlingsfall von der Warte der exakten Wissenschaften aus zu diskreditieren und als Ausgeburt einer wundergläubigen Zeit zu disqualifizieren. Durch ihre z. T. abenteuerlichen Quellenfiktionen und Entstellungen tragen sie jedoch zugleich dazu bei, wie das fünfte Kapitel zu zeigen vermochte, das Legendengespinst um Kaspar Hauser weiter zu verdichten. In den theoretischen wie auch den literarischen Zugriffen spielt die dynastische Hintergrundgeschichte eine entscheidende Rolle; das politisch Brisante des Falles wird jedoch dahingehend abgeschwächt, daß sowohl die weltverneinende, jenseitsorientierte Tendenz des Blickwinkels sub specie aeternitatis, als auch die antifeudale Linie der Biedermeierzeit umgewandelt werden zu einer positivistisch ausgerichteten Konzentration auf das Faktische wie zu einer grundsätzlich affirmativen Darstellung einer sanktionierten Gesellschaftsordnung.
Vom Kaspar-Hauser-Gedicht Paul Verlaines, das in Anklängen an die Positivität der Leere der frühen Gedichte anschließt, geht eine neue, weitreichende Wirkung aus: Die Findlingsfigur wird, so konnten wir im sechsten Kapitel feststellen, in der Stellung des Außenseiters gegenüber der Gesellschaft gesehen und ermöglicht es so, sie zum Symbol für die moderne dichterische Existenz zu stilisieren.
Anhand der Arbeit Jakob Wassermanns mit den Quellen zu seinem Kaspar-Hauser-Roman und der widerstreitenden Reaktionen darauf, verdeutlicht sich nochmals jene Verquickung und gegenseitige Beeinflussung von historischen Quellen und literarisch Gestaltetem. Auf formaler Ebene bemüht sich Wassermann, eine Volkslegende zu schaffen und die überzeitliche Sinnhaftigkeit der Kaspar-Hauser-Figur hervortreten zu lassen. Es geht dem Verfasser dabei darum, das auf moralischer Ebene Ergreifende zu verdeutlichen, die Figur steht ihm in parabolischer Weise für jene im Untertitel des Romans explizit gemachte Formel von der "Trägheit des Herzens".
Besonders produktiv auf dem Gebiet der theoretischen wie literarischen Kaspar-Hauser-Diskussion erweist sich die Zeit von 1920 bis 1936, in der das Neben- und Ineinander von Darlegung und Darstellung weiter wirksam bleibt. Die von

Verlaine und Wassermann ausgehenden Einflüsse machen sich bemerkbar und lassen zwei Gestaltungslinien entstehen: Eine unter dem Einfluß Verlaines stehende symbolistische Interpretation konzentriert sich auf die ästhetisierende Gestaltung der Außenseiterthematik, während eine zweite Linie, die an Wassermann anknüpft, sich durch die Betonung gefühlsgeladener sowie stilisiert-legendenhafter Züge ausweist. Beiden Linien gemein ist die Konzentration auf ewig-menschliche Fragen, die sich in der Findlingsfigur sinnbildhaft bündeln. Dies führt dazu, daß die Autoren den auf thematischer Ebene gestellten Anspruch formal nicht einzulösen vermögen, sondern in ein falsches Pathos abstürzen. Gemeinsam ist den Linien ferner, daß sie sich dem Stoff in Aspektierungen nähern und auf eine Schließung der lückenhaften Kaspar-Hauser-Geschichte verzichten, so daß sich der Stoff von nun an aus der Umklammerung der historischen Vorgaben im engeren Sinne zu lösen beginnt.
Peter Handkes Ansatz, der kaum eine Fortführung in der weiteren Stoffgeschichte erfahren hat, verfolgt primär einen sprachkritischen Ansatz, neben den das von uns herausgestellte, vielleicht eher zweitrangige Interesse des Verfassers tritt, jenes Faszinosum der Ursprünglichkeit sowie der Grenzüberschreitung von Fiktion und Wirklichkeit neu zu beleben.
Für die Texte von 1945 bis zur Gegenwart, die wir im achten Kapitel untersuchten, läßt sich als herausstechendstes formales Kennzeichen festhalten, daß sie auf einen geschlossenen erzählerischen Zugang verzichten und sich dezidiert in Facetten und Aspekten dem Stoff nähern. Dabei ließen sich auf thematischer Ebene zwei Hauptrichtungen ausmachen: Während eine Reihe von Texten sich auf einen überzeitlichen, gleichsam geschichtlich-eschatologischen Blickwinkel konzentriert, betont eine zweite dezidiert den zeitgeschichtlichen Kontext.
Ohne die Struktur des Stoffes zumindest ansatzweise zu beleuchten, bliebe die bloße Präsentation der literarischen Bearbeitungen vielleicht unbefriedigend; es ging uns neben der Vorstellung der Texte auch darum, die Faszinationskraft zu verstehen, die sowohl für die literarisch-poetischen als auch die historisch-wissenschaftlichen Texte, gelegentlich explizit, meist jedoch unausgesprochen, von der Findlingsthematik im ganzen, der Hauser-Geschichte aber im besonderen, auszugehen scheint. Erst auf diesem Hintergrund wird verständlich, warum überhaupt der Stoff so häufig bearbeitet wurde, und warum dabei zugleich so viele Texte in auffälliger Weise ins Rührselige oder ins Sensationelle abglitten. Stellen wir nun einige übergreifende Gedanken und Beobachtungen zusammen:
Als Findlings- und Herkunftsgeschichte steht der Kaspar-Hauser-Stoff in einer weit zurückreichenden Tradition, die wir im ersten Hauptkapitel skizzierten, und als deren übergreifender Gesichtspunkt die Ursprungsfrage gelten kann. Von der Antike bis in die naturgeschichtliche Diskussion der Aufklärung um die Stellung des Menschen in der Schöpfungsordnung bildet die Frage nach dem

Ursprung, der Herkunft (des einzelnen oder der Gattung) ein durchgängiges Thema, dessen epochenübergreifenden wie zeittypischen Aspektierungen in der Kaspar-Hauser-Geschichte wiederkehren und bestimmend werden auch für das spätere Schicksal des Stoffes. Die historische wie wissenschaftlich-fiktive Suche nach dem Ursprung wird für die Aufklärung zu einem Leitmotiv, und in diesem Zusammenhang zieht man in naturgeschichtlicher Sicht das Paradigma der wilden Kinder heran. In charakteristischer Weise verbindet sich dabei die Ursprungsfrage mit einer zivilisationskritischen Freude an allem Ursprünglichen, Konventionsfernen und Naturnahen. Dabei lassen sich Übergänge zwischen hypothetisch-logischer, heuristischer Rekonstruktion, Kolportage und poetisch-fabulösen Berichten verzeichnen, die auf der Grenze zwischen Historie und Fiktion liegen. Als der Findling Kaspar Hauser 1828 erscheint, hat sich jene bis dahin gültige Verbindung von Literatur und Naturgeschichte zu lösen begonnen, und die Findlingsgeschichte gerät, als Kulminations- und Abschlußpunkt zugleich, ins Kräftefeld zwischen dem Ausklang spätromantischer, naturspekulativer Tendenzen und sich emanzipierender Naturwissenschaft. Daß in der Kaspar-Hauser-Geschichte bis in heutige Ausläufer hinein jenes Neben- und Ineinander von poetisch-literarischer Darstellung und wissenschaftlich-historischer Darlegung wirksam geblieben ist, hat seinen Hauptgrund sicher darin, daß der Streit um den historischen Kriminalfall Kaspar Hauser rasch einsetzte, sowie darin, daß sich die Geschichte Hausers in den frühesten Veröffentlichungen zum Thema bereits durch Ungenauigkeiten und Übertreibungen, z. T. durch gezielte Kolportage verwirrte, weshalb bereits einige der frühen Schriften poetische und historische Präsentationsform nebeneinander stellten, um die Bereiche zu sondern, doch beide Formen beeinflußten sich derart, daß der Fall immer mehr zum Mythos geriet. Nicht zuletzt aber indiziert dieser Tatbestand gleichsam als Menetekel das Auseinanderbrechen der Einheit von Literatur und Naturgeschichte, das sich in Deutschland gerade vollzog, als der Nürnberger Findling in die Geschichte trat.

Die Kaspar-Hauser-Geschichte birgt für die Zeitgenossen des Biedermeier noch einmal jene schillernde Anziehungskraft, die von allen Ursprungsgeschichten und der von ihnen bezeugten goldenen Zeit ausgeht. Zugleich aber trägt die Begeisterung der Zeitgenossen Kaspars den melancholischen Hauch der Spätzeitlichkeit: Die Genesis des Kaspar-Hauser-Mythos, der in die Nähe zum Poetologem des "Goldenen Zeitalters" gerückt wird, entsteht zu einer Zeit, in der sich die Mythengestaltung in der Literatur (speziell die des "Goldenen Zeitalters") schon nahezu verabschiedet hatte. Daher erklärt es sich, daß die Geschichte Kaspars in dieser Hinsicht wie ein später Nachklang erscheint, auf den keine gleichartige Tradition mehr folgen konnte. Dennoch bleibt das Interesse am Mythischen, die Sehnsucht nach dem Mythos weiterhin virulent und mit ihr auch die Faszination, die Kaspar Hausers Geschichte gleichsam als letzter moderner

Mythos ausübt, die ihren Ausdruck in der Folge jedoch nur noch in den vielen Einzelgeschichten zu finden vermag.

Das Spezifikum aber der goldenen Zeit Kaspars liegt gerade in der Weltverneinung, der bewußtlosen, zeitlosen Zeit. In der folgenden stoffgeschichtlichen Entwicklung waren dann für die literarischen Gestaltungen die Pole von Positivität (Welthaltigkeit) und Negativität (Weltlosigkeit) von entscheidender Bedeutung: Der Spiegel der Findlingsgeschichte wird zum Instrument der Standortbestimmung der verschiedenen Epochen, wobei wir in historischer Abfolge Wellenbewegungen von Zustimmung und Ablehnung verfolgen konnten. Durch seinen negativen, gleichsam 'nichtenden' Zug (der Weltverneinung) scheint der Stoff - so deuten wir hier spekulierend an - zugleich auch das in poetologischem Zusammenhang zentrale Spannungsverhältnis von Da- und Nicht-Dasein, von Sein oder Nichts zu berühren, was ein weiteres Merkmal für die sublime 'Poetizität' der Kaspar-Hauser-Geschichte sein mag.

Ebenso wie der Verfasser wird auch der Leser, der durch das oft gruselige Kabinett der Kaspar-Hauser-Gestaltungen geführt wurde, bemerkt haben, daß in auffälliger Weise die Mehrzahl der Bearbeitungen scheiterte. Nach den Gründen für dieses Scheitern gefragt, bieten sich folgende Antworten an:

Angesichts des reichhaltigen Quellenmaterials scheint sich der Stoff der literarischen Bearbeitung nahezu zwanglos anzubieten. Dennoch scheitern die meisten Werke, indem sie den rührenden oder den sensationellen Aspekt aufgreifen und so kaum der Gefahr zu entgehen vermögen, ins Sensationelle oder ins Rührselige abzugleiten. Darüber hinaus geraten viele Bearbeitungen gerade aufgrund des überbordenden Materials und der in ihm enthaltenen Widersprüchlichkeiten unter das Diktat der logischen Rechtfertigung. Beim Versuch, mit den faktischen Daten frei gestaltend umzugehen, schlagen die Unwägbarkeiten der gleichzeitig theoretisch diskutierten Fakten zurück und zwingen die Gestalter, die Gelenkstellen der Geschichte in einen plausiblen Zusammenhang zu bringen, wodurch ein produktives Spiel der Phantasie unterbunden wird. In gleicher Weise birgt auch die seit den 1920er Jahren erkennbare Gegenrichtung, der aspekthafte Zugang, eine Gefahr, nämlich die der Beliebigkeit.

Wir wollten, wie wir in der Einleitung ausführten, begreifen, was uns ergreift, als auch das, was uns *nicht* ergreift. Zusammen mit dem Faszinosum der Spätzeitlichkeit war es vor allem jene Freude an den zwischen Wirklichkeit und Fiktion changierenden Farben der frühen Menschheitsgeschichte, an die die Kaspar-Hauser-Geschichte erinnerte, die die Biedermeierzeit so enthusiasmiert auf den Findling reagieren ließ. Neben dem Aspekt der Ursprünglichkeit birgt die Geschichte Kaspars ebenso wie der Mythos des "Goldenen Zeitalters" aber auch die gefährlichen Tiefgang signalisierende Frage nach dem, was der Mensch sei. Von Kaspar Hauser zu reden, hieß tatsächlich, vom Menschen zu handeln. Neben dem kriminalistisch-sensationellen und dem rührenden Grundzug des Stof-

fes stand immer schon jener, der sich auf überzeitliche Sinnfragen des menschlichen Daseins richtete, von Beginn an trägt die Kaspar-Hauser-Geschichte einen sinnbildhaften Zug. Sie verweist auf ewig-menschliche Fragen, denen dann auch kaum eine der literarischen Gestaltungen zu entkommen vermag, so daß ihnen die Gestaltung der Figur zum Sinnbild gerät, die *für etwas* anderes steht und nach außerliterarischer Übertragung heischt. Angesichts der sinnbildhaften Bündelung gedankentiefer Themen in der Findlingsfigur ist es kein Wunder, daß kaum eine der literarischen Bearbeitungen die gleichsam mythische Intensität der Quellen neu formal umzusetzen vermag, sondern sie aus der metaphysischen Höhe abstürzen, wobei hinzukommt, daß spätestens seit der Moderne parabolische Dichtung im traditionellen Sinne obsolet geworden ist.
Auch der Film hat sich des Kaspar-Hauser-Stoffes bemächtigt. Es ist fast symptomatisch für den verwirrenden Fall, daß über einige frühe Filmprojekte, von denen uns Zeitungsmeldungen überliefert sind, heute kaum noch etwas zu erfahren ist[616], oder aber sie nicht zur Realisation gelangten, wie das "historische Filmdrama in 24 Bildern" von Ad. Lübbers mit dem Titel "Kaspar Hauser, das Welträtsel seit 100 Jahren" (1928), dessen Manuskript uns heute noch vorliegt.[617] Unter weitreichendem Verzicht auf sprachliche Elemente bemüht sich das "Filmdrama", in rascher und loser Folge und in enger Anlehnung an die Quellenberichte, die Stationen des Findlingsschicksals vorzustellen, ohne daß das Manuskript uns filmtechnische Hinweise auf die genauere Art der Realisation gibt und auf zwanzig Seiten nur raffende Paraphrasen aus den Piesschen Quellenberichten kompiliert.
Überliefert ist uns auch die "Textvorlage für ein Drehbuch" von Meret Oppenheim, "Kaspar Hauser oder Die Goldene Freiheit", dessen Vorarbeiten bis 1942 zurückreichen und das 1970 in die 1987 veröffentlichte Form gebracht wurde. Die nur wenige Seiten umfassende, an ein Märchen gemahnende Textvorlage folgt in vagen Anklängen den Hauptstationen der Kaspar-Hauser-Geschichte, indem sie uns nach der Gefangenschaft Kaspars in loser Weise verbundene Bilder vorstellt, die mit der Ermordung des Findlings enden. Wir sehen zunächst Kaspar in seinem Kerker, wobei die in der ganzen Textvorlage weitgesteckten Zeiträume verschwommen bleiben und der gleichsam rhythmische Wechsel von Jahres- und Tageszeiten eine stillstehende, traumhafte Atmosphäre entstehen läßt, die durch 'romantisch' anmutende Landschaftsblicke unterstrichen wird:

> *"Eine Hochebene, hügelige Bergketten in der Ferne. Ein nebliger Abend. Am Rand eines hohen Tannenwaldes steht ein sehr altes, von Holunder und wildem Wein überwachsenes Bauernhaus. Hinten angebaut ein kleiner, niedriger Schopf, wie ein Hühnerhaus. Innen ist es ganz dunkel. Es sitzt darin, mit dem Rücken an die schmälere Wand gelehnt und mit ausgestreckten Beinen - ein menschliches Wesen (...). Kaspar Hauser sitzt ruhig. Ein Türchen öffnet sich, eine Hand (die des Bauern) schiebt eine Schüssel hinein, darin ist Brei, in dem ein Holzlöffel steckt. Ein Krug Wasser. Kaspar*

Hauser nimmt die Schüssel, nimmt den Löffel in die andere Hand. Draussen ist Nacht. Weit weg im Tal zwei oder drei schwache Lichter in einer Gruppe von sechs bis zehn Häusern. Ein Herbstmorgen. Kühe grasen, Blätter fallen (...). Die Hochebene. Der Schnee ist fast geschmolzen. Die Hühner scharren im Gras. Vögel fliegen. Der kleine Stall. Darin Kaspar Hauser. Er trommelt mit den Fersen auf den Boden."[618]

Unterstrichen wird die verzauberte, besonders am Beginn des Textes noch dichte atmosphärische Gestaltung zudem durch ein anonymes, nahezu zitathaft anmutendes Personal und Ambiente, wie es uns in der Fortbringungsszene begegnet:

"Ein früher Morgen. Nebel, Sonnenaufgang. Vor dem Bauernhaus eine Kutsche. Der Bauer und ein schön gekleideter Herr führen Kaspar Hauser, jetzt mit Hemd und Hose bekleidet (Stil: Anfang des 19. Jahrhunderts). Sie stützen ihn unter den Armen, da Kaspar Hauser überhaupt nicht gehen kann. Der Kutscher springt vom Bock, und hilft, Kaspar Hauser auf den Innensitz der Kutsche zu setzen. Der Herr gibt dem Bauern einen Beutel mit Münzen. Die Fahrt geht hinunter ins Tal. Es ist ein wunderbarer Maimorgen."[619]

In einer Sequenz surrealer Bilder durchläuft Kaspar Hauser in der Folge mehrere Stationen und Metamorphosen. Nach seiner Fortbringung figuriert er in einer Art Schloßgarten als lebende Marmorstatue, wobei der fast vollständige Verzicht auf sprachliche Äußerungen (neben wenigen Sätzen begegnen wir im Text nur Sprachgesten) den rätselhaften, geheimnisvollen Schleier, der über dem Geschehen lagert, verdichtet:

"Ein Sommertag. Ein grasiger kleiner Platz im Park, dicht umgeben von Büschen und Bäumen. Es kann in der Mitte des Labyrinthes sein. Auf einem hohen Sockel mit schönen Profilen sitzt Kaspar Hauser als Statue. Am Fusse des Sockels wächst Efeu. Einige Ranken haben den oberen Absatz des Sockels erreicht. Ein Zweig hat sich an die Beine der Statue geheftet (...). Der Herr und zwei Gäste, Herr und Dame, gehen durch den Park. Auf einem schmalen Pfad nähern sie sich der Statue Kaspar Hausers. Sie betrachten sie, sprechen darüber (ihren Mundbewegungen und Gesten zu entnehmen, man hört keine Laute). Der Herr geht auf die Statue zu. Er setzt den Mechanismus (...) in Bewegung. Erneute bewundernde Ausrufe und Gesten."[620]

Als Kaspar Hauser sein Postament verläßt und die Freiheit wählt, tritt er in die Zeitlichkeit und damit zugleich auch in das Verhängnis ein:

"Er lässt sich vom Sockel herunter. Er geht um den Sockel, kommt in groben Schuhen mit Hemd und dunkler Hose bekleidet hervor, normale Haut, also nicht mehr weiss. Er folgt dem Hündchen durch den Park. Man sieht ihn durch den Nebel gehen, bis er vor dem Weidenbaum steht (...). Kaspar Hauser schaut hinauf. Die Frau im Baum (seine Schwester) fragt leise: 'Wo hast Du Deine goldene Maske gelassen?' Kaspar Hauser antwortet auch leise: 'Ich habe sie für die Freiheit eingetauscht.' Die Frau im Baum macht eine leichte Bewegung mit dem Kopf, hebt die Hand ein wenig, wie zum Abschied. Kaspar Hauser wendet sich zum Gehen. Er wandert durch das Tal."[621]

Nach weiteren Stationen (so verwandelt er sich in eine Raupe, bis er von einem kleinen Mädchen erlöst wird) entführt eine moderne Fee Kaspar in einem Auto und bringt ihn in ihre mit märchenhaften Zügen ausgestattete Felsenwohnung. Als Kaspar sie verläßt und in den Wald geht, ereilt ihn im Schlußabsatz das Verhängnis, das ihm schon in den vorangegangenen Partien aufgelauert hatte:

> *"Hinter einem Gebüsch tritt der dunkle Mann hervor. Er schiesst. Kaspar Hauser sinkt um (...). Er stirbt. Vom Horizont her sieht man einen goldig glänzenden Gegenstand heranschweben, über Täler und Höhen. Es ist die Maske. Sie senkt sich herab über die Bäume, unter denen Kaspar Hauser hingesunken ist. Sie legt sich auf sein Gesicht."*[622]

Wenige Tage nach der Uraufführung seines Kaspar-Hauser-Films "Jeder für sich und Gott gegen alle" wird Werner Herzog im November 1974 zu seinem Fußmarsch nach Paris aufbrechen, und noch während er durchs Eis geht, begleiten ihn einzelne Formulierungen der Kaspar-Hauser-Geschichte.[623] Eine filmphilologische Aufarbeitung, wie sie wünschenswert wäre, so sehr "der absolut verblasene akademische Quark"[624] von Herzog grundsätzlich verabscheut wird, erwiese u. a., wie genau der Regisseur die zeitgenössischen Quellen sowie die Selbstaussagen Kaspars studiert, oder besser: verinnerlicht haben muß. Ähnlich wie in der Geschichte um den Findling die Linien von Historie und Poesie ineinanderflossen, interessieren Herzog die Trennstriche zwischen Leben und Film, Fiktion und Wirklichkeit, Dokumentar- und Spielfilm nicht mehr.
Nicht nur hinsichtlich des grenzüberschreitenden Ansatzes, dies sei nur kurz erwähnt, erinnert der Regisseur, trotz grundsätzlicher Unterschiede, an den Autor Peter Handke: In vergleichbarer Weise wie dieser unterliegt Herzog bis heute oft wiederholten Fehldeutungen, die sich in Schlagwörtern wie Mystik, Irrationalität und fehlendes sozial-politisches Engagement äußern, sowie darüber hinaus in dem Vorwurf, er spekuliere mit den physischen und psychischen Defekten seiner Helden. Fraglos zu Recht, so hält Hans C. Blumenberg solchen falschen Einschätzungen entgegen, könne sich Herzog als "Humanist" verstehen, "der Manifestationen einer verzweifelten Menschlichkeit dort aufspürt, wo man sie gemeinhin nicht vermutet: in Charakteren und Situationen abseits üblicher Normen und Vorstellungen"[625]; und es ist m. E. nicht unberechtigt, wenn angesichts einer Dokumentation Herzogs über Taubblinde, des Films "Land des Schweigens und der Dunkelheit", angemerkt wird, daß der Film "zahlreiche Sequenzen" enthalte, "deren poetische Realkraft, unprätentiös und aus dem Augenblick entwickelt, an nichts heranreicht, was der Film, die Literatur, die Kunst überhaupt (...) bisher erfunden oder gefunden haben".[626]
Innerhalb der Reihe der bis 1974 entstandenen Filme bildet "Jeder für sich und Gott gegen alle", nicht nur den Selbstäußerungen des Regisseurs zufolge, eine Art Resümee sowie (dies sei in Klammern bemerkt) den m. E. bis heute nicht

wieder erreichten Höhepunkt seines Filmschaffens. Wie in allen Filmen ist der Held ein Außenseiter, ja in Herzogs Kaspar Hauser scheint uns der Außenseiter schlechthin zu begegnen. Nicht zufällig spart der Regisseur den Erziehungsprozeß im engeren Sinne (wie er etwa in Truffauts "Der Wolfsjunge" im Zentrum steht) bewußt aus; am Ende des Films ist die Kluft zwischen Kaspar und den 'anderen', so bemüht im positiven Sinne sie auch sind, nicht geschlossen. Die Geschichte des Titelhelden und das grundsätzliche, anthropologische und existentielle Interesse, das alle Filme Herzogs durchzieht[627], koinzidieren. Herzog selber jedoch - für den seine Filme und seine Existenz ineinsfallen, der das Gefühl braucht, jede Rolle Film sei die letzte, die er zu belichten habe - wehrt sich bis heute vehement gegen solche und ähnliche begriffliche Fixierung, und so verwundert es nicht, wenn seine Sympathie für Kaspars alle Logik sprengende Sichtweise (wie sie nicht nur für den filmischen, sondern auch für den historischen Helden gilt) bis zur Identifikation führt.[628]
In den Filmen Herzogs sehen wir Bilder befremdlicher Schönheit, die sich von "den verfügbaren Landschaften" absetzen, "worin Ungesagtes und Ungesehenes nicht mehr erscheint"[629]. Eines dieser Bilder ist das wogende Weizenfeld eingangs von "Jeder für sich und Gott gegen alle", auf das ein abgewandelter Satz aus Büchners "Lenz" projiziert wird, und wozu - auf einmal überwältigend - Pachelbels Streicherkanon einsetzt:

> *"Hören Sie denn nicht das entsetzliche Schreien ringsum, das man gewöhnlich die Stille heißt?"*[630]

Indem man erkenne, so Jürgen Theobaldy, "ein Weizenfeld noch nie so gesehen zu haben", werde "auch dessen Fremdheit bewußt".[631] Mit der Präsentation noch nie gesehener, schmerzlich-schöner Tableaus - wie sie für Herzogs Arbeit konstitutiv ist, und wie sie die kongeniale Bearbeitung der stationenartigen Geschichte des historischen Falles ermöglicht - dringt der Film bis in jene Bereiche vor, in denen das Schweigen beginnt; und nicht unberechtigt wird gelegentlich die geistige Verwandtschaft des Regisseurs zu einem anderen "Caspar" der Biedermeierzeit betont, zu Caspar David Friedrich. Eine der Anfangssequenzen des Films unterlegt Herzog mit einem Ausschnitt der Bildnisarie Taminos aus Mozarts "Zauberflöte":

> *"Dies Bildniß ist bezaubernd schön,*
> *Wie noch kein Auge je geseh'n!"*[632]

Erinnern wir uns der Faszination, die für die Zeitgenossen von der Vorstellung ausging, daß Kaspar in die Welt tritt wie am ersten Schöpfungstag? Das *ganz Andere*, das u. a. Kaspars Vision vom blinden Seher in der Wüste Sahara am Ende des Films gleichnishaft formuliert, läßt Herzog konkret werden "in Bildern von befriedeter, traumhaft schöner Natur, die Kaspars Leidensweg durchsetzen wie Chiffren der Erlösung"[633]. Und fast will es scheinen, als hätten seit den Tagen Daumers und Feuerbachs die Geschichte Kaspars und ihr Bearbeiter Werner Herzog aufeinander gewartet.

IV. Textdokumentation

Die Textdokumentation versucht möglichst alle in Erfahrung gebrachten und noch bzw. noch rechtzeitig zugänglichen Texte der Stoffgeschichte in Auszügen zu dokumentieren. Weil sich jedoch einige Werke nicht eindeutig dem Kaspar-Hauser-Stoff zuordnen lassen, ist der eine oder andere im dritten Hauptkapitel genannte Titel ausgelassen worden.
Die Datierungsfrage war nicht immer eindeutig zu klären: Die Angaben hierzu beziehen sich in der Regel auf das Publikationsjahr; nur dann, wenn ein verifizierbares Entstehungsdatum sich finden ließ, wurde von dieser Regelung abgewichen.
Die biographischen Daten zu den Verfassern sind knapp gehalten; besonderes Gewicht wurde auf die älteren, nur noch schwer in Erfahrung zu bringenden sowie die unbekannten jüngeren Autoren gelegt.

Seite

1. Johann Jacob Lewerer: Lied. 1828.

Johann Jacob Lewerer, Volksdichter aus Zirndorf.

Melodie: O Gott du frommer Gott

1. Wie glücklich ist der Mensch wenn er in früher Jugend,
Zur Thätigkeit, zum Fleiß, zur Gottesfurcht und Tugend
Früh angewiesen wird, durch Eltern und Freund,
Oder auch fremde Leut, wer es gut mit ihm meint.

2. Hingegen wenn ein Kind, von Menschen bleibt entfernet,
Und nie die Muttersprach noch andere Sachen lernet,
Wie viele Müh und Fleiß muß man nicht wenden dran,
Bis ein Kind sprechen lernt und was begreifen kann.

3. Wie erst nach Nürnberg kürzlich ein junger Mensch gekommen,
Um den die Obrigkeit vor All'n sich angenommen,
Wer ihm durch Geistes-Bildung und Wohlthun Freud' macht hier,
Bekommt vor Gott gewieß auch großen Lohn dafür.

4. Drum sey als Mensch und Christ, ihm jedermann gewogen,
Und danke Gott, daß er wurd' christlich auferzogen,
Ein jeder trage bei, daß der junge Mensch als Mann,
Was lernt und einst als Christ, auch seelig sterben kann.

5. Wenn dieser junge Mensch und Christ, lernt Lesen, Rechnen, Schreiben,
Wenn er einst eine Kunst oder Handwerk würde treiben,
Wenn er einst durch die Tauf und heiligen Abendmahl,
Auch aufgenommen wird, zur wahren Christenzahl.

6. O wie wird sich sein Herz, Geist und Gemüthe freuen,
Das Gott ihm so viel Gnad durch Menschen that verleihen,
O Vater, Mutter, - wenn ihr noch am Leben seyd,
Ich bitt euch macht euch doch theilhaftig solcher Freud,
So wirds euch wohlgeh'n hier und dort in Ewigkeit!

Fürbitte.

7. Du großer Menschenfreund, du Heiland aller Sünder.
Wie liebreich schlug dein Herz, dort gegen jene Kinder,
Als sie die Mutter dir, zum segnen dargebracht,
Ach hab' auch auf dies Kind, den guten Jüngling Acht.

8. Du hast auch ihn zum Heil, zum Leben auserkohren,
Bist als ein Menschen-Kind, zu Liebe ihm gebohren,
Ach such' dieß Schäflein auch, als ein getreuer Hirt,
Daß sich hat ohne Schuld, von deiner Herd verirrt.

9. Rühr auch der Eltern Herz, wenn sie noch sind am Leben,
Das sie dieß arme Schaaf, zu suchen sich bestreben,
Noch hier in dieser Welt, daß sie mit ihm all' Beid'
Ererben dort das Reich, der ew'gen Seeligkeit.

10. Und o welch' Freude wird dort seyn bei allen Frommen,
Wen [!] Vater Mutter, Sohn, dereinst zusammen kommen,
Da sie, wer weiß nicht was, von einander getrennt,
Wenn sie einst ihren Lauf, in dieser Welt vollendt.

11. Dort werden alles sie im höhern Licht erkennen,
Was unbegreiflich hier, war in der Welt zu nennen,
Dort sehen wirs erst ein, worums Gott so gedacht,
Und sprechen Herr du hast, doch alles wohlgemacht.

12. Ja Vater du wirst hier, noch manches Herz regieren,
Und den verlohrnen Sohn, zu deiner Heerde führen,
Wo Menschen Liebe herrscht, bei Christ' Religion,
Hat jeder Menschenfreund, zu hoffen großen Lohn.

2. Hedwig Hülle: Caspar Haußer's Klage. 1829.

Hedwig Hülle, geb. Hoffmeier. 1794-1861. Pseudonym Ludwig März. Übersetzerin, Erzählerin und Lyrikerin. Prosa- und Lyrikveröffentlichungen zwischen 1822 und 1850 (u. a. Freie Nachdichtung der Odyssee in 24 Gesängen, 1826).

Wo schlägt das Herz, das grausam es vermocht,
Mich, Säugling noch, der Wiege zu entreißen?
Wo webt [!?] die Hand, die Dornen für mich flocht,
Da Blüthen doch der Himmel mir verheißen?

Wo ruht der Arm, der mich dem Thal entführt,
Wo mich zuerst der Sonne Licht beschienen,
Und wo so kurz von Mutterlust gerührt,
Das treuste Herz beglückt war, mir zu dienen.

Ich sah sie nicht, die mich der Erde gab,
Ich hörte nicht den Wohllaut ihrer Rede,
Mir war des Vaters Arm kein sichrer Stab,
Mein Herz war brach, gleich einer sand' gen Oede.

An Allem arm, was nur die Kindheit schmückt,
Empfing ich nie der Eltern Liebesgaben;
Kein Christfest hat mein junges Herz entzückt;
Ich ward im Frühroth lebend ja begraben!

Kein fröhlich Spiel auf blumenreicher Au'
Beseeligte die jugendlichen Sinne;

Ich schaute nicht des Aethers klares Blau,
Daß ahnend ich des Schöpfers Spur gewinne.

Kein still Gebet erwärmte je die Brust
Und hob den Geist empor zum Sternenraume
Der Himmelsabkunft nimmer mir bewußt,
Schwand mir die Zeit dahin in düster'm Traume.

Kein heit'res Wort sprach mild zu meinem Ohr;
Kein rührend Lied ist je zu mir gedrungen;
Ich durfte nie mich mischen in den Chor,
Wenn Seelen sich in Andacht aufgeschwungen.

Mir strömte nie des Maies Blüthenduft;
Mir lachte nicht des Sommers goldne Fülle!
Es trennte grausam eine große Kluft
Von Allem mich: - der Menschen böser Wille!

Zwar fühlt' ich's lange nicht, was mir gebrach,
In Stumpfheit war der Himmel mir verborgen;
Doch ahnt' ich dunkel wohl den lichtern Tag,
Brach mir heran der grauverhüllte Morgen. -

Die mir den Lenz geraubt, wo find' ich sie?
Das höchste Glück, das einz'ge dieses Lebens
Erkannte ich in öder Zelle nie;
Den Rosenmond verlebte ich vergebens!

Wohl schwand die Nacht, die lange mich umgab,
Es wurde Licht den Sinnen und der Seele,
Ich bin hervorgegangen aus dem Grab
Und kehre nicht zurück zur Leidenshöhle;

Doch meine Jugend giebt mir keine Macht,
Kein Fleh'n zurück und keine Erdengüte,
Und wie mir auch die Welt entgegenlacht,
Ein tiefer Mangel bleibt mir im Gemüthe! -

Wo weilet Ihr, die Alles mir entrissen
Was einzig für des Lebens Opfer lohnt!
Fand Euer Haupt wohl je ein Ruhekissen,
Seit ich des Kerkers dunkeln Raum bewohnt?

Schlug ruhig wohl das Herz in Eurem Busen,
Wenn, furchtsam, Ihr gedachtet meiner Schmach? -
O nein! Euch drohten rächende Medusen,
Gewissensbisse wurden schreiend wach!

Sie werden auch nicht ruhen und nicht rasten
Bis daß verrinnt der Sand im Stundenglas;
D'rum soll mein Fluch Euch rächend nicht belasten,
Mein frühgeprüftes Herz kennt keinen Haß.

Nur Schmerz um die verlornen Wonnetage
Erfüllet tief die schwache Menschenbrust;
Doch einst, am Ziel, verstummt auch diese Klage,
Und droben winkt mein Lenz voll Himmelsluft!

3. Johann Jakob Schnerr: An Caspar Hauser. 1829.

Johann Jakob Schnerr. 1788-1860. Buchbinder, Dichter und Lehrer an der Dittmar-Hermannischen Erziehungsanstalt zu Nürnberg. Magistratsherr in Nürnberg. Mitglied des Pegnesischen Blumenordens. Bekanntschaft mit Heinrich Zschokke.

In ein, demselben zum Christfest 1829 geschenktes Exemplar des Neuen Testaments geschrieben.

Dir, der so manche Kinderfreuden
In dunkler Klause lang entbehrt,
Dir sei an diesem Kinderfeste
Von mir dies kleine Buch beschert.-
Du hast die Kinderzeit verloren;
Doch blieb dir reiner Kindersinn.-
Lies oft in diesem heil'gen Buche!
Es weiset dich zum Vater hin,
Zu ihm, der dich nach seinem Rathe
In unsre gute Stadt gesandt,
Zu ihm, der dir so nah, als ferne
Unzähl'ge Herzen zugewandt,
Zu ihm, der gnädig dich erhalten,
Zum Vater, der bei Tag und Nacht,
Trotz böser Menschen argen Planen,
Noch über deinem Haupte wacht.-
Er wird dein Leben ferner wahren,
Der Schwache schützet und erhält,
Der Vater, ohne dessen Willen
kein Sperling auf die Erde fällt!

4. Anonymus [d. R......n.] [von Rechtern?]: In Obitum Casparis Hauser. 1833.

Ediderat genitrix me in dias luminis auras,
Abripior scelere occulto, tunc carcer opacus
Accepit puerum; sic dumque reclusus alebar

Vix memini videsse hominem, solusque relictus,
Cogebar prudens animal, ratione superbum,
Degere sub testa angusta velut ostrea muta.
Mox juvenis factus, subito detrudor in orbem,
Nescius unde aderam. Sed quae miracula magna
Naturae aspiciens, quae quantaque gaudia scusi!
Vivifici radii solis, nocturnaque luna,
Majestas cocli percellunt astraque mentem,
Blandaque sic hominis facies, propriam quidem in illa
Agnovi speciem, per agros et adorca laeta
Irrigui fontes, gaudentes murmure rivi,
Arborei foetus, silvae viridantia prata
Quae pecora atque ferae persultant, pennigerarum
Concentus avium, vix tanta ego gaudia mente
Continui compos animi composque loquelae
Tunc homicida manus filum rescindere vitae
Ausa est defigens crudele in pectora ferrum.
Nunc adigor fatale iterum tolerare sepulcrum.
Quo merui dirae quod sic succumbere sorti
Debuerim, nasci crimen fuit, aut mea culpa?
Huic fidei innixi casus solemur amaros:
Numen quod mundum summa ratione gubernat,
Prospiciet melius. quam si disponere fata
Pro lubitu nobis fas esset; vita peracta
Innocue, pandet portas in amoena vireta,
Quae me lacta manent, divina perennia tandem
Prodigia aspiciam, nunc degustata relinquens.

5. Anonymus: Caspar Hauser's Ermordung im Schloßgarten zu Ansbach am Denkmal des Dichters Uz, am 14ten December 1833. [1833].

Die Angabe des Einblattdrucks ("Nürnberg bei P. C. Geißler") bezieht sich auf den Drucker und nicht auf den Verfasser.

Gleich einer Unthat aus vergangnen Zeiten,
Vor der zurück die Seele schaudernd bebt,
Siehst Du herein den finstern Frevel schreiten
In unsre Zeit, die sich so hoch erhebt!

Unglücklicher, dem keine Jugend blühte,
Dem man im Kerkergrabe sie vergällt,
Den ein geheim Verbrechen sich bemühte
Zum Thier zu stempeln, zu entziehn der Welt!

Du hast umsonst, umsonst Dich nur entfaltet,
Als sich Dein Geist entrang der dunkeln Nacht.

Caspar Hauser's Ermordung

im Schlossgarten zu Ansbach, am Denkmal des Dichters Uz,

am 14ten December 1833.

Gleich einer Unthat aus vergangnen Zeiten,
Vor der zurück die Seele schaudernd bebt,
Siehst Du herein den finstern Frevel schreiten
In unsre Zeit, die sich so hoch erhebt!

Unglücklicher, dem keine Jugend blühte,
Dem man im Kerkergrabe sie vergällt,
Den ein geheim Verbrechen sich bemühte
Zum Thier zu stempeln, zu entziehn der Welt!

Du hast umsonst, umsonst Dich nur entfaltet,
Als sich Dein Geist entrang der dunkeln Nacht
Ein Unglückstern hat über Dir gewaltet,
Und Du erlagst als Opfer seiner Macht!

Und warst Du Stadt, die du ihn aufgenommen,
Mit mütterlicher Sorgfalt ihn gepflegt,
Nicht Zeugin, wie die Rache fortgeglommen,
Die schwarze Plane wohl im Busen trägt?

Du edler Mann, der Du sein Glück beschlossen,
Der seinem Schutz dem Jüngling zugewandt —
Was Du gehofft, hast Du nicht mehr genossen,
Es sank der Arme durch verruchte Hand.

Nach Aufschluß haschend, der ihm nie geworden,
Hat ihn des Unbekannten Wort umgarnt,
Dann konnt er wohl es wagen, den zu morden,
Der ihm zur Einsamkeit folgt ungewarnt!

Vergib, o Jüngling, was so vielgeschäftig
Der Argwohn gegen Dich hat ausgestreut!
Enthülle das Geheimniß, furchtbar kräftig,
Als Nemesis, in deinem Fortgang, Zeit!

Du bleibst ein Ort der Wehmuth, schwer entweihet
Du Denkmal, das des Dichters Bildniß ziert!
Es zollt Erinnrung, die an Dich sich reihet,
Die Thräne ihm, dem sie mit Recht gebührt!

Ein Unglücksstern hat über Dir gewaltet,
Und Du erlagst als Opfer seiner Macht!

Und warst Du Stadt, die du ihn aufgenommen,
Mit mütterlicher Sorgfalt ihn gepflegt,
Nicht Zeugin, wie die Rache fortgeglommen,
Die schwarze Plane wohl im Busen trägt?

Du edler Mann, der Du sein Glück beschloßen,
Der seinem Schutz dem Jüngling zugewandt,
Was Du gehofft, hast Du nicht mehr genoßen,
Es sank der Arme durch verruchte Hand.

Nach Aufschluss haschend, der ihm nie geworden,
Hat ihn des Unbekannten Wort umgarnt,
Dann konnt er wohl es wagen, den zu morden,
Der ihm zur Einsamkeit folgt ungewarnt!

Vergib, o Jüngling, was so vielgeschäftig
Der Argwohn gegen Dich hat ausgestreut!
Enthülle das Geheimniss, furchtbar kräftig,
Als Nemesis, in deinem Fortgang, Zeit!

Du bleibst ein Ort der Wehmuth, schwer entweihet,
Du Denkmal, das des Dichters Bildniss ziert!
Es zollt Erinnrung, die an Dich sich reihet,
Die Thräne ihm, dem sie mit Recht gebührt!

6. Anonymus [W. v. B.]: Dem Andenken Kaspar Hausers. 1833.

Du fandest Ruhe nun im Todenschlummer
Nach einem vielbewegten düstern Leben,
Ach wenig Freuden hat es Dir gegeben,
Es reichte Dir die Schale voll von Kummer,
Betrogen wardst Du um der Kindheit Glück,
Kein freundlich Bild blieb Dir aus ihr zurück.

Ein Fremdling warst Du auf der weiten Erde,
Nicht konntest Du an Mutter Brust erwarmen;
Kein Vater hielt Dich in den treuen Armen,
Du wußtest nichts vom heimathlichen Heerde,
Und der Geschwister Liebe heilig Band,
Dir, dem Verstoßnen, blieb es unbekannt.

Als Du nun endlich ein Asyl gefunden,
Wo gute Menschen liebend Dein gepflogen,
Als Ruhe in Dein krankes Herz gezogen.

Und Du der Freundschaft süßes Glück empfunden,
Da trifft vernichtend, wie des Blitzes Strahl,
Von Meuchlers Hand Dich mörderisch der Stahl.

Dein Schicksal ist erfüllt! - Du ruhst in Frieden[.] [!]
Wir weinen nicht! Es schweigen unsre Klagen;
Denn was Du hier gelitten und getragen,
Wird Gottes Vater Liebe dort vergüten;
Und was hienieden dunkles Räthsel war,
Ist Dir, Verklärter! jenseits offenbar.

Erlangen, den 20. Decbr. 1833

7. August Schilling: Kaspar Hausers Tod. 1834.

Augustin Friedrich Wilhelm Schilling. Geboren 1781, gestorben nach 1834. Pastor in Grüßau, Preußen, Hauslehrer und Gelegenheitsschriftsteller (Gedichte, Erzählungen, Romanzen und Balladen).

In des Friedhofs Schauerdunkel,
Wenn die zwölfte Stunde schlägt,
Leer die Nacht von Sterngefunkel
Und kein Laut die Luft bewegt;-

Schreitet aus des Grabes Trümmern
Die Erscheinung bleich und bang,
Und beginnt mit leisem Wimmern,
Wie allnächtlich - ihren Gang.

"Wesen mit dem düstern Grausen
Sprich, was störst du uns're Ruh?"
Stöhnt es, wo die Todten hausen,
Um die Geisterleiche zu.

Aber auf die Schreckensfrage,
Die aus jenen Gräbern ruft,
Zittert des Gespenstes Klage
Von Entsetzen durch die Luft:

"Ach, mich brennt die Todeswunde,
Die der Dolch des Mörders stieß,
Der mir langersehnte Kunde
Von der Heimath Nacht verhieß!"

Und es schweigt die Schaar der Brüder,
Aber des Verblichnen Schmerz

Stöhnet leises Wimmern wieder
Uiber das verwaiste Herz.

Und noch immer sucht die Seele;
Doch den Mörder fand sie nie;
Die geheimnisvolle Helle,
Nur ein Gott entschleiert sie.

8. J.[oseph] Pirazzi: Kaspar Hauser. 1834.

Joseph Pirazzi. 1799-1868. Musikalienhändler in Offenbach. Stifter der deutsch-katholischen Gemeinde in Offenbach, erster Bürgermeister-Stellvertreter. Literarische Veröffentlichung 1847, "Deutsch-katholische Glockentöne. Ein Sonettenkranz".

So hast Du dennoch untergehen müssen,
Du Sohn des Unglücks und der Finsterniß,
So ist Dein Lebensfaden nun zerrissen,
Getroffen von der Schlange gift'gem Biß,
So bist Du nur der Grabesnacht entstiegen,
Um Dich zu zeigen als ein Jammerbild,
Um abermals dem Dämon zu erliegen,
Der seinen Haß noch nicht genug gestillt.

So kamst Du nur, um Kunde uns zu geben
Von einer ungeheuren Frevelthat,
Von einer Sünde in dem Menschenleben,
Wofür die Sprache keine Worte hat.
Zum Opfer eines Höllentriebs erkoren,
Hat Dir die Bosheit mitleidslos gegrollt,
Und zweymal wurdest, Armer, Du geboren,
Weil sie Dich zwiefach schändlich morden wollt'.

In dunklem Kerker thierisch auferzogen,
Mit karger Speise kümmerlich genährt,
Hat man um Deine Jugend Dich betrogen,
Und jeden Geistestrieb im Keim zerstört.
Wird einst die Nachwelt das Gescheh'ne glauben?
Säugt doch die Wölfin ihre wilde Brut,
Und wer dem Tieger will die Jungen rauben,
Der reizet ihn zu fürchterlicher Wuth.

Du ruhtest nie auf einer Mutter Schooße,
Dich pflegte niemals ihre treue Hand,
Nie labte Dich der Eltern sanft Gekose,
Dich fesselte kein zartes Liebesband.
Dir strahlte nicht das heit're Licht der Sonne,
Nicht spielen durftest Du auf grüner Flur,

Gestohlen ward Dir jede Kindeswonne,
Verstopft die Freudenquelle der Natur.

Halb Thier, halb Mensch, ein Jüngling schon an Jahren,
Und doch an Geist noch weniger als Kind,
Kamst Du zur Welt und nie hat man erfahren,
Wer Deine fluchbelad'nen Schänder sind.
Dem blinden Zufall schutzlos preisgegeben,
Hinausgestoßen in den öden Raum,
Erwachtest Du zum freudenlosen Leben
Aus einem düstern, unheilvollen Traum.

Mit Staunen hört man überall die Kunde
Von der Erscheinung, schrecklich - wunderbar;
Durch alle Welt geht sie von Mund zu Munde,
Doch keiner Forschung wird das Dunkel klar.
Empört von dem barbarischen Vergehen
Ergreift ein banges Schaudern jedes Herz;
Die Menschenwürde so verletzt zu sehen,
Erfüllt mit Abscheu jede Brust mit Schmerz.

Der Sonnenschein des Mitleids und der Liebe
Erwärmte nun mit seinen Strahlen Dich,
Doch weckt' er spärlich nur die todten Triebe,
Und nie erholt' die welke Pflanze sich.
Ein unheilbarer Zwiespalt der Naturen,
Ein niebesiegter Mißstand folgte draus;
Die Liebe löschte nicht des Hasses Spuren
Und seine tiefen Grabesfurchen aus.

Sie machte nur des Dämons Mißgunst rege,
Der wie ein finst'rer Schatten Dich umschwebt
Und tückisch lauernd, auf verborg'nem Wege,
Mit Höllenlist Dich zu vernichten strebt.
Er fürchtet der Entwickelung Erfolge,
Der Schuldbewußte zittert vor Verrath,
So naht er sich mit scharfgeschliff'nem Dolche
Und ihm gelingt die grauenvolle That. -

Europa nannte schützend Dich den Seinen,
Du warst sein vielgeliebter Pflegesohn,
Doch schützen konnt' es nicht Dich gegen Einen,
Und triumphirend sprach er Allen Hohn.
Mit Flammenzügen steht die That geschrieben
Im Buche der Geschichte uns'rer Zeit,
Und weh' uns, wenn sie ungerächt geblieben,
Wenn dieser Makel spurlos sie entweiht.

Doch Dir ist wohl! - Dir lächelt süßer Frieden,
Dein banges Leben war ja mehr als Tod!
Die Erdennacht ist nun von Dir geschieden
Und Dich umstrahlt des Himmels Morgenroth,
Und kann den Mörder keine Macht ergründen,
Wähnt er gerechter Strafe zu entflieh'n,
Die Nemesis, sie wird ihn sicher finden,
Die Eumeniden, sie erreichen ihn.

Offenbach a. M. im Januar.

9. J. J. Hannusch: Nachruf an den europäischen Findling. 1834.

J. Joseph Hannusch. 1790-1855. Expeditionsdirektor und Schriftsteller in Wien. Veröffentlichte in österreichischen Unterhaltungsblättern und Almanachen.

Dem Haß' verfallen, wo du liebtest;
Dem Mord' gesunken vor der Zeit
Und aus der Welt geschieden, eh' du dir bewußt:
Worüber du dich freutest, dich betrübtest? -
Umschließt die Urne - deine Asche heut' !
Dir schweiget nun des Lebens heit're Lust.
Das Herz hat ausgeschlagen in der Brust.
Nun gehst du rüstig eine neue Bahn,
(Ein holder Engel dir zu Seite)
Befreit von jedem ird'schen Leide
Und strebst zu einem höher'n, schöner'n Ziel' hinan!
Auf diesem Stern war - Unglück deine Habe,
Europa's Mitleid - deine Morgengabe!

Ein Kind noch - war'st du, als in Lebensfülle
Der Körper schon - der Seele vorgeeilt,
Kaum fünfzig Worte - deine Sprache waren.
Mein war dein Herz, und unbefleckt der Wille,
Weil, zwischen Gut und Böse ungetheilt,
Die Brust empfänglich war dem Guten, Wahren,
Bereit, dem Leben noch - das Schönste zu bewahren.
Der Deutsche nahm dich auf an's treue Herz.
Das edle Nürnberg nannt' dich seinen Sohn.
(Das Edle findet in sich selbst den Lohn.)
Dort lerntest du empfinden Freud' und Schmerz.
Europa folgte deinen kind'schen Schritten.
Du blühtest nun an Herz und Geist und Sitten.

Wo aber hast den Ursprung du genommen? -
Wo stand die Wiege, die dich einst getragen,
Und welche Brust hat einst wol dich genährt? -

Woher bist, Fremdling! du zu uns gekommen? -
Hat dein Gedächtniß gar nichts uns zu klagen? -
Wie lang war die Mutter dir verwehrt? -
Wann hat man grausam deinen Tod begehrt? -
Entsetzlich Leben! - Fürchterlich betrogen
Um Liebe, Treue, Zärtlichkeit und Freude!
Fielst du dem Stolze, Haß', der Zwietracht oder Neide?
Denn, wie das meergeborne Kind der Wogen
Das scheiternde Seeschiff nennt sein - Vaterland:
Wardst du geworfen an des Lebens Strand!

Weh' dir, wenn nicht Vergeltung thronet',
Wo dort die Sterne auf- und untergeh'n;
Der Herr des Lebens, dem man nicht kann lügen,
Vor dem die Herren, wie die Knechte, wiegen:
Weh' ihnen dann, die ihre wilden Hände
In deines Herzens warmes Blut getaucht,
Das - Rache fordernd - gen die Wolken raucht!
Dann steht es schlimm wol um ein gutes Ende.
Du aber schaust schon heute jene Schranken
Und hör'st den Spruch des Richters ohne Wanken.

10. Anonymus [Friedrich Wilhelm Güll]: Caspar Hauser. 1834.

Friedrich Wilhelm Güll. 1812-1879. Volksschullehrer in Ansbach und Verfasser von Kinderliedern.

Wie schlagen die Dohlen die Flügel so schwer,
Schau doch an den Kirchthurm hinüber!
Die Glocken verkünden mir traurige Mähr',
Die Sonne blickt trüber und trüber!
Und wie so schauerlich eigen
Fliegt Rabe und Elster den Reigen!

Und weit in der Ferne ertönet so bang
Ein Glöckchen in einsamer Klage. -
Das deutet kein Fest, das ist Grabesgesang,
Schon lößt sich die zweifelnde Frage:
Die schwarzen Gäste begraben
Den meuchlings ermordeten Knaben!

Mich führen die Schritte zum friedlichen Hain;
Da harret die schweigende Menge;
Ein Todtenlied singen die Knaben gar fein
Vom Gesang ach, und schau'n in die Enge
Des düsteren Grabes hinunter;
Kein Auge blickt freundlich und munter.

Noch ist die Gruft durchschimmert und leer;
Da schweigen die traurigen Lieder;
Schwermüthig wallen sechs Träger einher.
Und lassen die Bahre sanft nieder.
Jedweder Blick thät sich neigen,
Und ringsum herrscht heiliges Schweigen.

Und wieder ertönen, wie Geistergesang,
Von ferne der Flöten Akkorde:
Der Priester blickt segnend die Menge entlang,
Und redet ergriffen die Worte:
"So laßt uns denn würdig begraben
Den armen, verlassenen Knaben.

Ihn, den ein frevelnder Vater gezeugt,
Eine herzlose Mutter geboren;
Den Leiden gewieget, und Schmerzen gesäugt,
Den Sohn, jeder Freude verloren,
Der, kaum den Grüften entstiegen,
Bei Todten schon wieder muß liegen! -

"Noch dringt in dieß Dunkel kein sterblicher Blick;
Es wachen wohl finstere Mächte
An schauriger Pforte, und scheuchen zurück
Die Göttin der Wahrheit und Rechte.
Wo Sonnen auf Sonnen sich bauen,
Da nur enthüllt sich das Grauen.

Jetzt wohnt er in sternendurchleuchtetem Höh'n,
Hat Vater und Heimath gefunden.
Gott wollte bei reineren Geistern ihn seh'n,
Drum ist er uns ewig entschwunden."
So segnet der Priester die Runde,
Und verläßt sie zur düsteren Stunde.

Und tief setzt der Gräber den Spaten ein,
Daß ringsum die Wehren entrollen:
"Da schlummerst du sanft, lieber Knabe mein,
Gar wohl ruht sich's unter den Schollen."
So schaufelt er höher den Hügel,
Und Friede schwingt ewig die Flügel.

Und wieder ertönet, wie Geisterlaut,
Ein Chor von Flöten und Saiten,
Ein Schlummerlied singen die Knaben gar traut,
Und fern hört ein Glöckchen man läuten. -
So haben sie weinend begraben
Den zum Engel erkorenen Knaben.

11. H. C. F. Schlemmer: Mausoleolum memoriae Caspari Hauseri - Grabmal dem Andenken Kaspar Hauser's. 1834.

Ausgelassen ist die parallel gedruckte lateinische Fassung.

(...)

Grabmal, dem Andenken Kaspar Hauser's, des unglücklichen, durch sein unerhörtes Schicksal und seine grausame, von ganz Europa, betrauerte Ermordung leider! so berühmt gewordenen Jünglings, errichtet von H. L. F. Schlemmer, Hofrath. - Hanau, im Februar 1834.
Unaussprechlichen Schmerz zu erneuen befiehlt mir die Muse;
Wer kann davon erzählen, und wer kann solches vernehmen,
Und sich der Thränen enthalten? (Nach Virgil)
Ohne Vater - ohne Mutter - ohne Geschlechts-Abstammung - ohne Anfang seiner Tage - ohne (erkennbaren) Zweck) seines Lebens.
Paulus an die Hebräer, C. 7. V.3.

Himmelan strebet die Klage, sie tönet durch Dörfer und Städte;
Ja! ein Frevel, so schändlich, wie nimmer, so lange die Welt steht,
Teuflischer Sinn ihn ersann, geübt in der Grausamkeit Künsten, -
Tief mit Schauder erfüllt er fast jegliches menschliche Herz jetzt!

Jener unschuldige Jüngling, so fromm als verfolgt vom Verhängniß,
Plötzlich in Nürnbergs Mauern; als wär' er gefallen vom Himmel,
Drauf erkoren zum Sohn' und beschützt von edelem Britten -
Ach! vom Dolche getroffen des Frevlers ist nun er gefallen;
Schandthat, nimmer durch Opfer, nimmer durch Bitten zu Sühnen!

Armer Hauser! wohl hat, verhängt durch das Schicksal, am Tage
Deiner Geburt Dir ein feindlich Gestirn, todtkündend, geschienen!

Unser Schiller zwar sang - wer kennt's nicht? das edele Wort uns:
"Friede der ganzen Welt! nicht gebe es fortan mehr Hölle!"
Aber nicht denke auch ich so! denn wäre das Tartarus Gluth auch
Längst schon erloschen, und frei schon der schaurigen Finsterniß Knechte

Wahrlich! Jupiter schüfe, der Donn'rer, von Neuem die Hölle,
Daß er, ein Rächer des Frevels, die Schuldigen alle bestrafe,
Die zu so teuflischer That sich fühllos zusammen gesellten,
Deren Bosheit verdiente in ewigen Flammen zu flackern.

Doch nicht hinab stieg Hauser zu Pluto's schattigem Reiche -
Nein! von Mercur geführt eilt freudigen Flugs er nach Oben:
Sieh! und es öffnen sich schnell ihm die Pforten des hohen Olympos -
Und er tritt ein - da grüßen ihn Götter und Göttinnen freundlich,
Heißen als ewigen Gast willkommen beim himmlischen Mahl' ihn,
Er, der mit Brod und Wasser so kümmerlich nährte sein Leben

Hier auf Erden, in Kerkers Nacht so enge verschlossen:
Jetzt in des Aethers Höh', umkreiset von zahllosen Sternen,
Nur Ambrosia kostend und Nectar, genießt er inmitten
Seeliger Götter, ein Sel'ger des Himmels unnennbare Wonne,
Nimmer der Leiden gedenkend, der irdischen, die er geduldt,
Und so hört denn wohl auf des grausen Geschickes Verfolgung.

Doch es tritt aus dem Dunkel ein hämischer Ritter, ein zweiter
Mörder: daß gleich dem Zahne des Hund's zerfleische des Jünglings
Ruf, auf sein friedlich Grab Schmähworte ihm lügnerisch strenend [! streuend, B.W.] -
Aber den eigenen Namen, nur ihn hat er ewig gebrandmarkt.
Denn wer wäre so thöricht, ihm mehr zu glauben, als was uns
Feuerbachs Blick enthüllte, im vielfach gelesenen Büchlein?
Daß doch der treffliche Mann noch heute unter uns lebte!
Wahrlich! es würde nicht wagen so albern Gerede zu führen
Unser Ritter: er scheute die Streiche der strafenden Ruthe. -
Aber genug hiervon! Schon sträubt sich, unwillig, die Feder.

Die das Verruchte begonnen, der Schandthat blut'ge Erfinder,
Ihn auch, des Jünglings Mörder, der Höll'ngeist, der ihn umschwebte -
Möge ihr schuldiges Herz sie foltern bei Nacht und bei Tage,
Mögen sie, in sich gehend, die Qualen der Reue empfinden,
Und den Nacken einst beugen dem blutigen Beile des Henkers!
Auf, daß sie Hausers Geist und den zürnenden Himmel versöhnen,
Willig mit ihrem Tode die Strafe bezahlend der Blutschuld:
Ob etwa Gott dereinst von den Frevlern erflehen sich lasse.

Gern wird, wer menschlich fühlt, mit Lorbeer und mit Cyressse
Schmücken des Jünglings Grab, es feuchtend mit Thränen der Rührung.
Doch wer das Herz sich befleckt hat - nicht nah' er der heiligen Stätte!
Ach! des Armen Geschick, das traurige, das uns bezeugt, wie
Tief wohl das menschliche Herz mag versinken in finsterer Bosheit -
Ewig soll es uns bleiben ein Denkmal innigster Wehmuth.

12. Anonymus [Philipp Konrad Marheineke]: Das Leben im Leichentuch. Enthüllung eines argen Geheimnisses. In Briefen. 1834 (S. 66 ff.).

Philipp Konrad Marheineke. 1780-1846. Protestantischer Theologe. Seit 1811 Professor an der Berliner Universität. Prediger an der Dreifaltigkeitskirche und Konsistorialrat. Bedeutendster Vertreter der sogenannten Hegelschen Rechten.

Wir sehen, daß der gute Sinn in Rücksicht des Geistes und Herzens sich selbst durch eine schlechte Erziehung hindurcharbeiten kann, sich dadurch nicht unterdrücken läßt, wie wir auch finden, daß selbst die beste Erziehung oft einem Menschen nichts hilft, dessen Verstand schwach und dessen Herz zu allen schlechten Streichen aufgelegt war - aber ich schaudere, geliebte Tante, wenn ich denke, daß ein Mensch ohne alle Erziehung bleiben soll, und sehe, daß selbst die schlechteste besser ist, als gar keine (...) Die Welt müßten wir mitten in der Welt dem Aermsten aller Menschen verschließen, dem wir die Wohlthat aller Erziehung vorenthalten wollten. Erlöschen würde gar bald alles Menschliche an ihm und er selbst thierisch verwildern. Starr und seelenlos würde sein Auge uns anblicken, sein Mund seine Sprache, sein Herz keinen Gott haben; ja selbst sein Gang würde mir der der Thiere auf allen Vieren seyn. Welch ein menschlich Herz könnte den Anblick aushalten, welch ein Volk dergleichen in seiner Mitte dulden? Mir bebt die Feder in der Hand, indem ich denke, daß mitten in dem gebildeten Europa so etwas vorkommen sollte. Daß es dahin kommen könnte mit demjenigen, den ich, von Furcht und Angst gejagt, nicht in böser Absicht, Gott ist mein Zeuge, und doch in einem unseligen Augenblick, seinem frühen Untergange entriß, habe ich mir nicht gedacht. So sollte denn das Leichentuch, worin ich zuerst ihn hüllte, die fürchterliche Vorbedeutung für sein ganzes übriges Leben seyn? Nein, geliebte Tante, ich beschwöre Sie, lassen Sie ab von diesem verderblichen Beginnen. Nehmen Sie zurück, was sie angeordnet haben. Noch ist es vielleicht Zeit, ehe alles über uns zusammenbricht. Meine Brust thut mir so wehe und vollends das Herz dahinter! Und doch möchte ich es ausschreien mit meiner schwachen Stimme in alle Welt, daß ein ungeheures Verbrechen sich vorbereitet an einem schuldlosen Kinde. Ach! lassen Sie ihm eher das Leben nehmen, als eine Welt, in der er leben und glücklich seyn könnte. Behält er aber sein Leben, so behält er auch den Anspruch an eine Welt, die ihm aufgehen muß, wie die Sonne am Himmel, die der allliebende Vater aufgehen läßt über Gute und Böse. Ich kann nicht mehr; ich bin erschöpft. -

13. Ludwig Scoper [d. i.: Georg Karl Ludwig Schöpfer]: Kaspar Hauser, oder: die eingemauerte Nonne. 1834 (S. 180 ff.).

Georg Karl Ludwig Schöpfer. Geboren 1811, Todesdatum unbekannt. Bediente sich zahlreicher Pseudonyme. Gymnasiallehrer, seit 1838 Privatgelehrter und Unterhaltungsschriftsteller. Verfasser zahlreicher Romane im Stil der schwarzen Romantik.

Er schritt nach der Thüre und öffnete sie, um den Pochenden hereinzulassen. Dieser war ein Mann von hohem und kräftigem Wuchse. Ein breiter Lockenbart beschattete sein Antlitz, die grauen Augen blitzten tückisch zu beiden Seiten der kühn gebogenen Nase, und der etwas breite Mund trug an beiden Enden höhnische Züge. Ein blauer Mantel hüllte seine Gestalt ein.
'Nun, hochwürdiger Herr!' begann der Fremde, 'jetzt müßte man dem Kaspar recht gut beikommen können; er selbst ist unbesorgt, die ganze Welt hat ihn vergessen und ahnt nichts Böses." Der Abt schwieg und blickte gedankenlos vor sich hin. "Ueber dies," fuhr der Fremde fort, "habe ich mich in der letzten Zeit sehr vervollkommnet. Ich stoße gewiß, und verwette hundert gegen eins, daß ich das Herz nicht verfehle." "Schrecklicher!" rief der Abt aus, und trat einen Schritt zurück. "Pah! Narrenspossen; was uns nährt, ein Jeder begehrt. Wie viel zahlt Ihr?" "Hundert Louisd'or," entgegnete halb gedankenlos der Abt. "Und freie Zehrungskosten auf der Reise," fuhr der Fremde fort, "wie sich's von selbst versteht." "Ich gewähre es," entgegnete der Abt wieder. "Wohl!" sagte der Fremde, "noch heute trete ich die Wanderung nach Ansbach an, und trete nicht eher wieder vor Eure Augen, bis des armen Wichtes Tod durch alle Zeitungen bestätigt ist." (...)
Hauser versprach Alles, was der Fremde verlangt hatte, und eilte dann fröhlich zu Tische. Es war der Einzige Wunsch gewesen, den er gehegt hatte, seine Eltern kennen zu lernen, und dieser Wunsch sollte nun endlich erfüllt werden. Hastig verzehrte er sein Mahl, mit Ungeduld darauf harrend, daß er hinweg eilen könnte. Und als endlich die Tafel aufgehoben

war, die ihm so lange, so unendlich lange gedauert hatte, da flog er zu seinem Hute und rannte mit auffallender Hast aus dem Hause und nach dem Schloßgarten (...).
Da war Kaspar bei dem Monumente an der bezeichneten Stelle angekommen und sah den Fremden hinter einem Baume hervortreten. Froh schlug sein Herz diesem entgegen, Freude leuchtete aus seinen unschuldsvollen Augen, Verklärung schien über seine ganzen Züge zu schweben. Er sollte ja mit einem Male erfahren, wer sein Vater, wer seine Mutter gewesen wäre, das Räthsel seines Daseins sollte ihm ja gelöst, die dunkeln Ahnungen, welche ihm geblieben waren, erhellt werden und nun eine bestimmte Gestalt annehmen. Wer hätte in einem solchen Augenblicke seines Lebens kalt und ruhig bleiben sollen? wem nicht vor froher Erwartung das Herz bang in der Brust klopfen? Und Hauser, der kindliche, gute Hauser konnte am wenigsten der wichtigsten Stunde seines Lebens gleichgültig entgegensehen. - Aber er ahnte nicht, wie arg seine Hoffnungen zertrümmert, wie die schönen Luftgebilde, die er sich gemacht hatte, zerstört werden sollten. Er ahnte nicht, welche schwarze Niederträchtigkeit noch immer ihn verfolge, und wie so nahe das Ende seines Lebens sei.
"Schön, daß Sie gekommen sind!" redete ihn der Fremde an, als Beide zusammen gekommen waren. "Nun, mein Herr!" bat Kaspar, "wenn Sie wirklich die Geheimnisse meines Daseins kennen, dann verhehlen Sie mir dieselben nicht länger, dann erhören Sie mich und theilen Sie mit, was Sie wissen! Sehen Sie, wie alle Kinder einen Vater haben, nach welchem sie sich nennen können, eine Mutter, von der sie sich rühmen können, geboren zu sein. Nur ich kenne dieses Glück nicht, und wenn auch eine dunkle Erinnerung mich bisweilen zurückführt zu der Zeit, wo ich noch Eltern hatte, so sind das doch nur eitle Seifenblasen, die bei der geringsten Berührung zerspringen." "Sie sollen Alles erfahren," sagte der Fremde, indem er eine Brieftafel hervorzog und langsam nach dem abgelegensten Theile des Gartens fortschritt. "Wunderbare Verkettungen haben mich in den Besitz des Geheimnisses gesetzt, und ich brenne vor Begierde, es Ihnen mitzutheilen."
Während nun der Fremde seine Brieftafel durchsuchte und ein ziemlich gleichgültiges Gespräch dabei anknüpfte, näherte er sich immer mehr dem abgelegensten Theile des Gartens, wohin ihm Hauser nachfolgte, der beständig in gespannter Erwartung war und mit Ungeduld den Augenblick herbeiwünschte, wo er das Geheimniß erfahren würde.
"Ach, ich entsinne mich!" sagte da plötzlich der Fremde, schlug die Brieftasche zu, steckte sie bei und nahm dagegen einen kleinen Beutel aus der Tasche; der Brief, den ich suche, und der Ihre Geheimnisse enthält, steckt in diesem Beutel."
Hauser ergriff hastig den Beutel, welchen ihm der Fremde darreichte, und dieser benutzte den Augenblick, in welchem sich der Unglückliche bemühte, den Knoten zu lösen, mit welchem der Beutel geschlossen war, um ihm einen Dolch in die Brust zu rennen. Kaspar stieß einen lauten Hülferuf aus, als er sich verwundet fühlte, ließ den Beutel fallen, und der Mörder entsprang. Mehrere Leute, welche auf den nahen Wegen gewesen waren, hatten den lauten Ruf gehört, waren sogleich nach dem Schloßgarten geeilt und hatten dort den Verwundeten angetroffen, ohne eine Spur des Mörders finden zu können.

14. Anonymus [Friedrich Seybold]: Kaspar Hauser oder der Findling. Romantisch dargestellt von x.x.x. 1834 (S. 327 ff.).

Ludwig Georg Friedrich Seybold. 1783-1843. Nach anfänglicher Militärkarriere Studium in Tübingen. Redakteur und Herausgeber kritischer Blätter. Aufgrund politischer Aktivitäten Emigration nach Paris von 1830 bis 1836.

Der Geheimerath von Dangelmann entfernte sich mit einer Verbeugung, und der Kammerjunker wurde eingeführt. Er trat mit gewohnter Ruhe, fast mit Gleichgültigkeit, herein und warf einen kalten, spöttischen Blick auf die Versammlung.
Ist Ihnen von einem Individuum bewußt, fragte der Präsident mit einiger Verlegenheit, das neuerdings in Nürnberg unter dem Namen ..... - Caspar Hauser aufgetreten ist, fiel der Befragte ruhig ein, und eine große Celebrität erlangt hat. Freilich kenne ich dieses Individuum, wie Sie es zu nennen belieben, und Sie scheinen es auch zu kennen. Dieses Individuum, um es Ihnen mit einem Worte zu sagen, ist Ihr legitimer Souverän, der um seine Krone bestohlene und todtgeglaubte Sohn der verwittweten Fürstin Eugenie. Was wollen Sie weiter wissen? Betroffen von dieser Keckheit, verstummte der Präsident einen Augenblick und die Mitglieder des Geheimenraths warfen sich ungewisse Blicke zu. Der Prinz stund aufrecht und betrachtete den Kammerjunker mit einer Mischung von Staunen und Verachtung. Sie sprechen mit solcher Bestimmtheit, fuhr der Präsident nach einer Pause fort, von einem großen, an dieser Person begangenen Verbrechen, daß Ihnen nothwendig das Nähere davon bekannt sein muß. Allerdings weiß die näheren Umstände Niemand besser, als ich. Solche Dinge sind in ihrem kleinsten Detail gewöhnlich nur den Theilhabern des Verbrechens selbst bekannt. Haben Sie demnach an diesem Verbrechen Theil genommen? Ein Verbrechen nennen Sie es, erwiederte der Befragte lächelnd; das ist eine sonderbare Bezeichnung eines gewöhnlichen Staatsstreichs, der in der Geschichte tausendmal vorkommt. In der That, es wimmelt in der Geschichte von Prinzen, die den Nächsten am Throne auf irgend eine Weise entfernt und bei Seite geschafft haben, um sich selbst an dessen Platz zu setzen. Das Nämliche nun hat unser höchstseliger, in Gott ruhender Souverän gethan. Daß er dazu Gehilfen brauchte, ist sehr natürlich, und es gereicht mir zur Ehre, einer derselben gewesen zu sein. Ein Verbrechen ist das nicht, sondern ein wohlgelungener Staatsstreich, der Anerkennung und Belohnung findet. Die habe ich nun auch gefunden, und die Orden, welche meine Brust zieren, sind das Wenigste, was er mir eingetragen hat. Belieben Sie noch mehr zu wissen?

15. Anonymus: Kaspar Hauser. Das ungelöste Rätsel von Nürnberg. 1834.

Könntet Leute, ihr doch sagen,
Wer dieses Kind, wer Kaspar Hauser war!
Laßt euch alle, alle fragen,
Damit die Untat werde offenbar!

Wer war's, die er Mutter nannte?
Wenn dieses Weib man Mutter nennen darf,
Das den eignen Sohn verbannte
Und ihn in den finstern Kerker warf.

Pfingsten traf das arme Wesen
In Nürnberg anno 28 ein,
Trug 'nen Brief, darin zu lesen,
Daß Schwolisché er gerne wollte sein.

Ach, so viel man sich auch mühte
Um den Findling, der so blaß und stumm war,
Traurig blieb er im Gemüte,
Wenn er auch durchaus nicht stumpf und dumm war.

Flüsternd sprach man, daß seine Stirne
Bestimmet sei für einer Krone Zier,
Doch mit teuflischem Gehirne
Macht man aus diesem Knaben fast ein Tier.

Später stach ein ungenannter
Kerl in Ansbach unsern Kaspar tot.
Er starb als ein Unerkannter,
Sein blaues Blut färbt dort die Erde rot.

Hat kein Fürst 'ne Trän' vergossen,
Durch die vielleicht der Menschheit werde klar,
Weshalb denn dieses Blut geflossen,
Und wer der arme Junge wirklich war?

Fünfundzwanzig Silbergroschen
Gern zahl ich dem, der mir den Namen nennt,
Doch andere werden Gold für geben,
Daß keiner jenen Kaspar Hauser kennt.

16. Anonymus: Kaspar Hausers letzte Worte. [1834].

Der 1928 als "badisches Kaspar-Hauser-Lied" entdeckte und publizierte Text ist zum großen Teil identisch mit einer 1926 gefundenen Fassung unter dem Titel "Kaspar Hausers Abschied vom Leben".

Schuldlos und rein trat ich ins Leben,
Ich sah so lang kein Tageslicht.
Und wer das Leben mir hat gegeben,
Das weiß ich Aermster selber ja nicht.
Ich war glücklich und fühlte
Nichts von Jammer, Elend und Not,
Da ich mit hölzernem Pferde noch spielte
Und mich ernährte mit Wasser und Brot.

Dank euch, die ihr mein Herz verehret!
Ja, euch werde himmlischer Lohn!

Ihr habt mich Lesen und Schreiben gelehret,
Ja, ihr lehrtet mich Religion.

Gut war mein Herz und unbefangen,
Keiner Sorge war ich bewußt,
Als ich, kaum in den Garten gegangen,
Wo mir der Mörder durchbohrte die Brust.

Meinem Mörder hab' ich verziehen.
Denn er kömmt auch einst vor's Gericht.
Ach, Herr Doktor, all ihr Bemühen
Ist vergebens, rettet mich nicht.
Ach, wie sticht mich die tödliche Wunde,
Die mich so frühe dem Grabe zugewandt.
Ja, zum letztenmal in dieser Stunde
Reicht Ihnen Kaspar dankbar die Hand.

Ach, wie schön ist doch das Leben!
Ja, auch droben muß es schön sein,
Wo mich die Engel des Himmels umschweben,
Wo alle Guten himmlisch sich freu'n,
Wo sich das große Rätsel wird lösen,
Das ja dem König selbst noch nicht klar.
Wer meine Mutter, wer Vater gewesen
Und wer der Mörder des Lebens mir war.

[...]

Grüßen Sie mir den geliebten Binder
Und Stanhope, den edlen Mann!
Grüßen Sie alle und nicht minder
Jeden, der mir Gutes getan!

17. Ferdinand Hoffmann: Kaspar Hauser, der Findling von Nürnberg. 1834 (S. 46 f.).

Mit wüsten, wilden Mienen hatte Adam zugehört. Als der Diener geendet hatte, warf er ihm ein Goldstück zu, sprach kein Wort, machte Kehrt und jagte in wildester Gangart, rasch, rasch, nach Schloß Radom.

Noch in derselben Nacht ist er abgereist, ohne Kutscher und Diener, ganz allein. Wohin seine Reise gehen mochte, das hat er ebenfalls keinem Menschen gesagt, sondern nur seine schriftlichen Aufzeichnungen über die ganze Angelegenheit - welche mehr durch einen Zufall an's Licht kamen - enthalten die Nachricht, daß Herr von Radomiec kein anderes Reiseziel hatte, als die Stadt Ansbach in Baiern, wo Kaspar Hauser damals in einem Bureau des Appellationsgerichts arbeitete und wo Adam von Radomiec am 14. December eintraf.

Sogleich setzte er sich mit Kaspar in Verbindung. Gold spielte bei dem polnischen Edelmanne gar keine Rolle, wenn es sich in irgend einer Weise um Kaspar oder Jadwiga handel-

te. Genug, es gelang ihm, Kaspar ein Briefchen zuzustellen, worin er ihm versprach, er wolle ihm über seine Abstammung sichere Mittheilungen machen und er solle zu diesem Zwecke sich Abends um fünf Uhr im Schloßgarten einfinden.

Kaspar ging hin. Aber gegen Mitte Decembers ist es um fünf Uhr schon vollkommen dunkel. Er fand nur mit Mühe den zur Zusammenkunft bezeichneten Ort, wo freilich ein Mann auf ihn wartete und ihm sofort eine tiefe Stichwunde in die linke Seite beibrachte, eine Wunde, an welcher Kaspar drei Tage später starb!

Adam von Radomiec blieb in Ansbach, bis Kaspar Hauser gestorben war.

Wenn er sogleich wieder abgereist wäre, so würde das Verdacht erweckt haben, und so schob er denn seine Rückreise so lange hinaus, obschon ihm der Boden, wie man zu sagen pflegt, unter den Sohlen brannte. Denn wenn während seiner Abwesenheit Comtesse Jadwiga wirklich zu Verstande kam und wieder Erinnerungskraft besaß, dann hätte sie ihn doch als den Räuber ihres Kindes bezeichnet, und wer weiß, was dann noch wurde!

So athmete denn Adam auf, als er mit guter Manier aus Ansbach hinaus konnte, und fuhr so rasch als möglich nach Hause.

18. M. v. Meiller: Blume, gelegt auf Caspar Hauser's Grab. [1834].

Es fand an einem heitern Frühlingsmorgen,
Ein Gärtner einst ein edles Samenkorn;
Im Steingestrippe tief lag es verborgen,
Erquickt kaum durch des Thaues Thränenborn.

"Wer trug dich wohl," spricht er, "an solche Stätte,
Wo Erdreich, wo des Lichtes Strahl dir fehlt,
Rieß Geiers Klaue dich aus sicherm Beete,
Hat Nordwinds Brausen dich hierher verschnellt?"

Er nimmt es heim und weiht ihm sanfte Pflege,
Setzt mit des Kenners kunstgeübter Hand -
Auf daß der lang verschloß'ne Trieb sich rege -
Das Körnlein ein in fettes Erdenland.

Und sieh'! Ein Bäumchen sproß frisch aus dem Keime,
Verwunderlich, wie's keiner je geschaut:
So zart, als nur im Gauckelspiel der Träume
Oft Phantasie sich Ideale baut!

Bald zieht die Sage fort von Mund zu Munde,
Von nah und ferne strömet man herbei,
Doch keiner gibt die allersehnte Kunde,
Weß Namens wohl die selt'ne Pflanze sei.

Der Herbst entflieht; schon schmückt der Alpen Gipfel
Sich mit des Eises hellkristallner Pracht,
Der erste Nord durchpfeift der Tannen Wipfel,
Und übt am Bäumchen nutzlos seine Macht.

Doch ach! des zweiten Sturmes grauses Wehen
Zerknickt mit einem Mal des Stämmchens Haupt:
Der Gärtner sieht - er will vor Gram vergehen -
Des liebsten Kleinods sich so bald beraubt!

"Nicht hier," ruft er, "ist's dir vergönnt zu blühen,
In dieser Zone nicht! - Weit übern Bergesrand,
Wo einer wärmern Sonne Strahlen glühen,
Wölbt sich, gebrochner Stamm, dein Vaterland!"

19. G. Scheuerlein: Kaspar Hausers Grab zu Ansbach. 1834.

In Ansbach auf der Höhe
Da steht ein einsam Grab.-
Wem brach in Leid und Wehe
Wohl hier der Wanderstab?

Vier Schritte in der Runde -
Sieh da den ganzen Raum
Für manche Todeswunde,
Für manchen Lebenstraum!

Wen ruft vom hohen Thurme
Der Glocken dumpfer Ton?
Ha, ihn - geknickt im Sturme -
Den ungehaßten Sohn.'-

Sie laden ihn zum Feste
An seines Schlosses Thor,
Da tragen schwarze Gäste
Die goldne Kron' ihm vor.

In seiner Väter Erbe
Zieht er, der Fremdling, ein,
Da wird das Leid, das herbe
Ihm wohl vergangen seyn.

Da halten bange Schmerzen
Nicht mehr das blut'ge Mahl!
Und nach dem stillen Herzen
Zuckt nicht des Mordes Stahl.

Ihn hat - dem Tod verschworen -
Nicht Weibesbrust gesäugt,
Keine Mutter ihn geboren,
Kein Vater ihn gezeugt.

Er fand am fremden Herde
Verwaist das fremde Brod
Und ach, auf fremder Erde
Den unversöhnten Tod!
Die Hand, die ihn zum Hohne
Ins nackte Leben trug,
Weh, wenn sie selbst dem Sohne
Die Todeswunde schlug!

Nun schwankt auf schwarzem Wagen
Hinaus der schwarze Sarg,

Kaspar Hausers Grab
ZU ANSBACH.

Zu Ansbach auf der Höhe
Da steht ein einsam Grab. —
Wem brach in Leid und Wehe
Wohl hier der Wanderstab?

Vier Schritte in der Runde —
Sieh da den ganzen Raum
Für manche Todeswunde,
Für manchen Lebenstraum!

Wen ruft vom hohen Thurme
Der Glocken dumpfer Ton?
Ha, ihn — geknickt im Sturme —
Den ungekannten Sohn! —

Sie laden ihn zum Feste
An seines Schlosses Thor,
Da tragen schwarze Gäste
Die goldne Kron' ihm vor.

In seiner Väter Erbe
Zieht er, der Fremdling, ein,
Da wird das Leid, das herbe
Ihm wohl vergangen seyn.

Da halten bange Schmerzen
Nicht mehr das blut'ge Mahl
Und nach dem stillen Herzen
Zuckt nicht der Mörders Stahl.

Ihn hat — dem Tod verschworen —
Nicht Weibesbrust gesäugt,
Keine Mutter ihn geboren,
Kein Vater ihn gezeugt.

Er fand am fremden Herde
Verwaist das fremde Brod
Und ach, auf fremder Erde
Den unversöhnten Tod!

Die Hand, die ihn zum Hohne
Ins nackte Leben trug,
Weh, wenn sie selbst dem Sohne
Die Todeswunde schlug!

Nun schwankt auf schwarzem Wagen
Hinaus der schwarze Sarg,
Darein vor bangem Zagen
Der Gute sich verbarg.

Es sinkt die finstre Truhe
Hinab in tiefe Nacht. —
„Schlaf, Bester, schlaf in Ruhe,
Dein Gott, dein Rächer wacht!" —

Nun wechseln Tag und Stunden,
Es rauschen Sturm und Wind,
Und ruhig schläft da unten
Das elternlose Kind.

Doch nächtens ob der Klause
Da lucket sich das Moos,
Und von dem Bretterhause
Wird Band und Fuge los.

Es weichen Brett und Riegel,
Es hebet sich der Sand,
Und aus dem Grabeshügel
Huscht weißliches Gewand.

Und um dieselbe Stunde
Steht vor dem Mörder schon —
Den Stahl in blut'ger Wunde —
Der mordgefallne Sohn.

Und hebet auf die Falte
Und lüftet das Gewand
Und zeigt die Todesspalte
Mit kalter Geisterhand.

Und schlingt die eis'gen Glieder
Um ihn — der todte Gast:
„So kehr' ich nächtlich wieder,
„Bis du gesühnet hast!" —

Und als das Bild verschwunden,
Schließt sich des Grabes Schacht
Bis um die stillen Stunden
Der nächsten Mitternacht.

Nürnberg in der J. A. Endterschen Kunsthandlung

1834

Darein vor bangem Zagen
Der Gute sich verbarg.

Es sinkt die finstre Truhe
Hinab in tiefe Nacht:-
"Schlaf, Bester, schlaf in Ruhe,
Dein Gott, dein Rächer wacht!"-

Nun wechseln Tag und Stunden,
Es rauschen Sturm und Wind,
Und ruhig schläft da unten
Das elternlose Kind.

Doch nächtens ob der Klause
Da lucket sich das Moos,
Und von dem Bretterhause
Wird Band und Fuge los.

Es weichen Brett und Riegel,
Es hebet sich der Sand,
Und aus dem Grabeshügel
Huscht weißliches Gewand.

Und um dieselbe Stunde
Steht vor dem Mörder schon -
Den Stahl in blut'ger Wunde -
Der mordgefallne Sohn.

Und hebet auf die Falte
Und lüftet das Gewand
Und zeigt die Todesspalte
Mit kalter Geisterhand.

Und schlingt die eis'gen Glieder
Um ihn - - der todte Gast:
"So kehr' ich nächtlich wieder,
Bis du gesühnet hast!"-

Und als das Bild verschwunden,
Schließt sich des Grabes Schacht
Bis um die stillen Stunden
Der nächsten Mitternacht.

20. Georg Friedrich Singer: Stumm und taub ist's in dem engen Hause [ohne Titel]. 1834.

Stumm und taub ist's in dem engen Hause:
Tief der Schlummer der Begrabenen!
Hauser! ach! in ewig tiefer Pause
Feiern alle Deine Hoffnungen!

Aber wohl! Dir! tröstlich ist der Schlummer,
Ruhig schläft sich's in dem engen Haus!
Mit der Freude stirbt hier auch der Kummer;
Röcheln auch der Menschen Qualen aus.

Fahre wohl! Du Trauter unsrer Seele!
Eingewiegt von unsern Segnungen;
Schlummre ruhig in der Grabeshöhle,
Schlummre ruhig bis auf Wiedersehn!

21. Philipp Heinrich Welcker: Irgendwo, doch ach! auf deutschen Auen [ohne Titel]. 1835.

Karl Philipp Heinrich Welcker. 1794-1871. Lehrer, Bibliothekar und Schriftsteller.

Irgendwo, doch ach! auf deutschen Auen,
Liegt ein Kerker, tiefversteckt,
Ist ein Kerker noch bedeckt
Von geheimnißvollem Grauen.
In dem Käfig, stillbewacht,
Wird in jeder Mitternacht
Brod und Wasser dargebracht;
Doch kein Quäler ist zu schauen.

(...)

Irgendwo, wohin kein Licht gedrungen
Und kein Frühlingsduft, kein Schall,
Wo des Donners Wiederhall
Tief im Abgrund nie geklungen;
Wo kein Engel Trost verlieh,
Kein Gebet erscholl und nie,
Spät des Abends, oder früh,
Eine Mutter hat gesungen:
Dort, - und Seelenmord beginnt
Langsam mit dem Opiumbecher, -
Dort im Dunkel, schwach und schwächer,
Seelentodt und geistesblind,
Saß, auf faules Stroh gebettet,

An ein kurzes Band gekettet,
Saß, von keinem Gott gerettet,
Dreizehn Jahre lang ein Kind!

(...)

Zum verlaßnen Kind in Qualbedrängniß,
Das, der Welt verborgen, litt,
Sieh! ein Unbekannter tritt
Einst in's niedrige Gefängniß;
Steht gebückt und traulichnah
Vor dem Schreckerfüllten da,
Der den ersten Menschen sah
In dem Kerkernacht-Verhängniß;
Zeigt im engen Zwingergrund
Auf das Spiel des armen Knaben,
Auf zwei Rößlein, - seine Gaben, -
Gibt sich als Ernährer kund.
Und der Hehler vom Verbrechen,
Das die Jahre werden rächen,
Lehrte Worte sinnlos sprechen
Seinen sprachentwöhnten Mund.

Und dann wird der Kerkersclave
Einst um Mitternacht entrissen
Seinem träumelosen Schlafe;
Wird in langen Finsternissen
Treppenaufwärts fortgetragen,
Bis er freie Lüfte trinket,
Und, betäubt von neuen Plagen,
Wie zum Tod, zum Schlummer sinket.

Und wer ist zu Nürnberg dort der Knabe,
Plötzlich an das Licht der Welt
Als ein Räthsel hingestellt?
Ach, ein Brief ist seine Habe,
Armuth, unerhörtes Leid,
Oede Geistesdunkelheit! -
Ohne Sprache, Gang und Zeit
Stiegst Du zitternd aus dem Grabe,
Den nach langer Todesruh
Schmerzlich nun der Tag berührte,
Den die müde Bosheit führte
Endlich noch dem Leben zu,
Angestaunter, vielbefragter
Junger Dulder! Du verzagter,
Von Europa lautbeklagter,
Unglücksel'ger Hauser Du!

(...)

Klagend blicket nach dem Sternenbogen
Nun der arme Fremdling auf,
Daß ihm freien Lebenslauf
Hat ein Tigerherz entzogen;
Daß er schaut in Nacht zurück,
Daß er um des Aermsten Glück,
Um die Kindheit, um den Blick
Nach dem Himmel, - ward betrogen ....
Doch es sinkt des Geistes Flor,
Freude röthet seine Wangen;
Und, gepflegt und liebumfangen,
Richtet er sich froh empor,
Eine späterweckte Blüte;
Steht mit kindlichem Gemüthe,
Mit der rührendmilden Güte
Hoffend nun am Lebensthor.

(...)

Ansbach! - nun sein Zufluchtsort, - beschütze
Den Verfolgten vor dem Sturm! -
Himmel, schonst du Blum' und Wurm?
Sey dem Bangen Schild und Stütze!
Laß ihn ruhig sinnen nur!
Eine fürchterliche Spur
Auf der frühsten Kindheit Flur
Zeigen ihm Erinn'rungsblitze,
Und es leuchtet ihm schon nah. -
Fremder Sprache traute Töne
Klingen ihm in Zauberschöne,
Daß er Längstvergeßnes sah.
Haus und Amme lacht ihm wieder,
"Mutter!" "Vater!" hallt's, wie Lieder;
Nur zwei Worte noch, Du Müder,
Such'! - Dein Räthsel löst sich da! ....

Hülle dich in tiefe Trauer,
Erde, frisch vom Blut geröthet!
Dort in Ansbach's Kirchhofsmauer
Liegt Europa's Kind getödtet!
Sonne, flieh zur tiefsten Wolke! -
Von dem Mörderdolch durchstochen,
Heißbeweint von allem Volke,
Ist das ärmste Herz gebrochen!

Deutschland, hör'! Es saß ein Kind begraben,
Ohne Leben, doch nicht todt,

Nur bei Wasser und bei Brod,
Und nicht kannt' es - seinen Raben.
Stets allein im Erdenschoos
Und vergiftet, wuchs es groß,
Stummgemacht, erinn'rungslos! -
Hör'! und dem bestohlnen Knaben,
Einem unglücksel'gen Haupt,
Einem heimathlosen Pilger,
Haben teuflische Vertilger, -
Einem Zweige, frühentlaubt,
Einer kaumerweckten Leiche,
Einem Bettler haben - Reiche,
Daß der Tod sein Antlitz bleiche,
Noch den Tropfen Zeit geraubt!

(...)

Wilde Leuen, blutbefleckte Tiger,
Mordlust habt ihr euch erwählt
Und ihr würgt; doch - langsam quält
Und dann mordet euer Sieger,
Ach, der Mensch! - Der übertrifft
Euch durch Bosheit, Dolch und Gift
Und verfälschet Wort und Schrift,
Der erbärmliche Betrüger!
Heulend in des Mondes Schein
Schweift die gräßliche Hyäne
Und sie plagt des Hungers Pein! ...
Hungernd kann sie nimmer harren;
Sie durchbricht die Gräberbarren,
Um die Todten auszuscharren;
Doch - sie gräbt kein Leben ein!

Kriech' aus deiner Felsenkammer
Kühn hervor, erzürnte Schlange!
Du verstehst ja nicht den Jammer
Und die gramgebleichte Wange! ...
Steinern Deine Brust und erzig,
Flieh, o Mensch, Du wuthentbrannter!
Lämmer noch vor Dir, - barmherzig
Sind der Schakal und der Panther!

Ach, in welchen teuflischen Geweben
Lagst Du, bleicher Unglückssohn? -
Hatten feile Mönche schon
Schuld und Mord voraus vergeben? -
Mutter! kennst Du nicht Dein Blut?
Unterm Herzen hat's geruht! ....

Welcher Erde hat sein Gut
Ihm geraubt und Glück und Leben?
Bleiches Weib, erbebst Du nicht?
Sieh, das ist des Kindes Schatten!
Mann, das sind die Kerkermatten! ....
Euch, Euch selbst entflieht Ihr nicht
Tief im Schlamm der Meereswelle,
Unter schwarzem Berggerölle!
Denn Gedanken sind die Hölle
Und Gedanken das Gericht! -

Berg und Thäler, habt ihr Stimmen,
Nächte, sprecht ihr eine Sprache,
Wege, könnt ihr auch ergrimmen,
Ruft zum Mörderhaus die Rache!
Mond und Sternenhimmel, suche,
Die noch jetzt im Dunkel schleichen,
Die Beladnen mit dem Fluche,
Mit dem großen Kainszeichen!

Leucht' in jedes Dunkel, Sonnenfeuer,
Auf den Kerker, auf den Mord! -
Auf, ihr Vögel, eilet fort,
Auf, ihr wilden Rachegeier!
Ziehet mit dem stummen Graus,
Flattert hin von Haus zu Haus,
Spähet jeden Winkel aus,
Und entdeckt die Ungeheuer! ....
Und Du findest sie gewiß,
Wär's auch in der Kluft der Berge,
Wär's auch in der Nacht der Särge,
In dem Bett der Finsterniß;
Durch die Wachen zu der Schande
Dringst Du, bis zum Meeresstrande,
Bis hinauf zum Sternenlande,
Fürchterliche Nemesis! --

Wär's auch auf dem Krankenbette,
Wär's auch in den Sterbestunden,
Zeig' den Mördern Hausers Kette,
Zeig' den Mördern Hausers Wunden;
Wenn sich Leib und Seele trennen,
Wecke sie vom Todtenschlafe,
Daß sie noch die Schuld bekennen,
Grausend vor der ew'gen Strafe! ....

Blasser Schläfer mit der Leichenrose,
Frieden Gottes Dir und Ruh! -

Nun im Licht erkennest Du,
Ach, von welchem Mutterschoose
Du zum Jammer warst gesandt,
Und das frühzerrißne Band,
Vater, Brüder, Heimathland,
Du, der Stille, Freudenlose.
Und Ihr Alle, die so gern
Sind gefolgt mit Lieb' und Klage
Seiner Spanne trüber Tage,
Seinem leidensvollen Stern,
Seht! wo Fromme nicht mehr trauern,
Nicht vor Mord und Kerkermauern
Und entmenschten Herzen schauern,
Ist er nun von Qualen fern.

Aermrer Bruder des Gefangnen
Frankreichs mit der Eisenlarve,
Hauser! Dir, dem Frühvergangnen,
Scholl das Lied der Trauerharfe.
Jüngling, der kein Heil gefunden,
Opfer, tausendfachmißhandelt,
Gott nun heilt Dir Deine Wunden,
Und - die Rachegöttin wandelt!

22. Johann Jakob Schnerr: Nach Caspar Hausers Tod. 1835.

1835.

Es birgt das Grab den selt'nen Unbekannten.
Kurz war sein Weg durch dieses Erdenthal. -
die, denen man ihn allernächst empfahl,
Sie machen nun, wo möglich, ihn zu Schanden. -

Sollt' ich mich scheu'n, sollt' ich vielleicht mich schämen,
Zu tadeln sie, die rücklings ihn verschrei'n? -
Er ist nun todt und schuldlos kann er seyn;
Das ist genug, mich seiner anzunehmen.

23. Auguste Anicet-Bourgeois / Adolphe Philippe Dennery: Gaspard Hauser, Drame en Quatre Actes. 1838 (S. 47).

Auguste Anicet-Bourgeois. 1806-1871. Seit 1825 populärer Verfasser von Melodramen. - Adolphe Philippe Dennery (auch D'Ennery). 1811-1899. Populärer Theaterautor in Paris.

LA BARONNE
Oui ... oui!c`est bien lui ... regarde, Gaspard! ... des cheveux forment ces deux bracelets ... ces cheveux sont ceux de ton père ... c'était son unique héritage ... et moi ... moi, ta mère! je l'ai partagé avec mon enfant.
GASPARD
Ah! ma mère! ...
LA BARONNE
Oui ... oui! je suis ta mère!
GASPARD
Ah! ah! ma mère!
Il tombe dans ses bras.
LA BARONNE
Mon enfant! ... mon enfant! Malheureuse! lorsqu'il parlait de ses longues douleurs, je l'écoutais presque sans effroi; je sentais une larme rouler dans mes yeux ... une larme, et rien de plus ... une larme, et mon coeur ne s'est pas brisé; non, je l'ai plaint comme on plaint un étranger, un malheureux qu'on oubliera bientôt ... et c'était mon fils! mon pauvre fils qui avait souffert tout cela ... et pourtant il semble que mon ame ait deviné tes tortures, mon fils ... car pendant dix-huit ans je me mourais ici, moi, tandis que tu mourais là-bas ... et ce n'est qu'il a six mois ... ce n'est qu'au jour de ta liberté que je suis revenue à la vie ... Oh! c'est que j'étais une bonne mère! c'est que dix-huit ans mon coeur éprouvait tes douleurs ... c'est qu'il y a six mois, je te sentais vivre enfin! ...
GASPARD
Oh! ma mère! que je suis heureux! ... Je ne suis plus seul, abandonné dans le monde ... j'ai une mère! ...

24. Désiré-Charles Dupeuty / Louis-Marie Fontan: Le Pauvre Idiot, ou Le Souterrain d' Heilberg, Drame en Cinq Actes et Huit Tableaux. 1838 (S. 161 f.).

Désiré-Charles Dupeuty. 1798-1865. Herausgeber und seit 1821 populärer Theaterautor in Paris. - Louis-Marie Fontan. 1801-1839. Populärer Theaterautor in Paris.

Edgard.
Ah! c'est vous?
Athanasius.
Oui, c'est moi, votre vieux professeur.
Edgard.
Avez-vous de l'argent á me donner, pour retourner au jeu?
Athanasius.

LE PAUVRE IDIOT,

OU

LE SOUTERRAIN D'HEILBERG,

DRAME EN CINQ ACTES ET HUIT TABLEAUX,

PAR

MM. CH. DUPEUTY ET L. M. FONTAN;

Représenté pour la première fois, à Paris, sur le théâtre de la Gaité, le 6 juin 1838.

DISTRIBUTION DE LA PIÈCE:

L'IDIOT	M. Laferrière.
FRÉDÉRICH	M. Fillon.
ATHANASIUS	M. Firmin.
TONY	M. Deshayes.
ULRIC	M. Charlet.
OSCAR	M. Brazier.
RANTZAU	M. Adrien.
Un Conseiller aulique	M. Edouard.
Un Officier (personnage muet).	
LA DUCHESSE	Mlle Stéphanie.
WILHELMINE	Mme Gautier.
AMELIE	Mlle Jenny.
Dame WOLFRUG	Mme Firmin.
ARNOLD	M. Fonbonne.
Un Domestique	M. Thiébaut.

De l'argent! ... vous auriez plutôt besoin de mes conseils.
Edgar.
Des conseils ... toujours des conseils! ...
(Impatienté, il va s'asseoir et se prend la tête à deux mains.)
Athanasius.
J'ai passé bien des nuits à vous attendre; à chaque nuit a succédé le jour, puis une nouvelle nuit, et je vous attendais encore.
Edgar.
Je n'avais pas pris d'opium ... vous me l'avez défendu ... je ne dormais pas ... le plaisir m'appelait ... comme une fièvre qui dévorait mon sang! ... (Se levant.) Où est la duchesse, vous dis-je? ... la duchesse qui me prodigue ses richesses! ... oh! je l'aime! ... car elle seule m'a fait connaître ce monde qui m'enivre et me fascine; elle seule ma fait connaître le honheur! ...
Athanasius.
Edgar, mon enfant!
Edgar.
Ah! c'est que ce jeu, ces fêtes brillantes,c'est l'existence, voyez-vous! ... je le sens bien.
Athanasius.
Calmez-vous, calmez-vous! ...

Edgar.
Eh! croyez-vous donc que je suis comme les autres, moi,qui n'ai pas eu d'enfance! ... non! ... les passions se sont élevées en moi, fortes et violentes ... il faut que je me livre à elles sans réserve! ... il faut que j'épuise goutte à goutte les délires de l'orgie! c'est une jouissance qui me tue, je le sens bien ... Mais que m'importe la vie ... (tristement.) elle est venue trop vite ... elle s'en ira bien vite aussi! ...
Athanasius.
Mon cher élève! mon enfant ... Dieu vous protégera.
Edgard, amèrement.
Dieu ... où est-il? ...
Athanasius.
Vous blasphémez!
Edgar.
Où est-il pour moi? ... quels bienfaits lui dois-je? quelle part m'a-t-il faite? Il m'a pris au berceau, faible et souriant pour m'ensevelir au fond d'un cachot qui m'étouffait! ... pas d'air! ... pas de soleil! ... à peine un triste et pâle rayon! puis il m'à laissé là seize années; et quand il m'a retire de ce cachot, quand l'air et le soleil m'ont eté rendus, quand j'ai cherché autour de moi, pour trouver une famille à aimer et à bénir ... rien ... je n'ai rien trouvé ... la solitude, le silence, l'abandon! J'avais un père ... sur un portrait ... je m'en souviens, j'ai contemplé ses traits adorés: on l'a assassiné lâchement [Ak. über A!]; et ce Dieu qui sait tout, lui, pour que je venge mon père?
Athanasius, levant les mains au ciel.
Pardonnez-lui, vous qu'il outrage!
Edgar.
Je n'ai pas même un nom!
Athanasius, à part.
Il m'épouvante! ...
Edgar.
Hier, j'ai vu un homme jeune comme moi, presser une femme entre ses bras, aves des transports d'ivresse ... cette femme le couvrait de caresse et de baisers; cette femme, c'était sa mère! ai-je une mère, moi?
Athanasius, à part.
Je tremble de tous mes membres.
Edgard.
Et si elle existe, pourqoi Dieu ne l'envoiet-il pas vers moi? ... Si elle existe, pourquoi me prive-t-il des caresses et des baisers de ma mère? ...
Athanasius.
Oh! oh! c'est affreux!
(Il pleure et se cache le visage avec ses mains.)
Edgard, s'élancant vivement vers lui.
Vous pleurez! je vous afflige ... Vous le savez, je ne suis pourtant pas méchant ... (il lui essuie les yeux.) je ne vous parlerai plus ainsi ... allons, allons ...dites que vous me pardonnez ... ami.
(Il prononce cette dernière parole d'une voix douce et caressante: Athanasius lui sourit.)
Athanasius.
Ami! ... Il y avait long-temps que vous n'aviez prononceé ce mot-là ... vous l'aviez oublié! ...
Edgard, avec affection.
Je le retrouverai toujours dans mon coeur.

Athanasius.
Bien, bien! vous voilà raisonnable, et vous changerez de conduite, n'est-ce pas? ... faute de sommeil, voyez-vous, vous vous tuez, et vous me tuez aussi, moi, en me montrant mon ouvrage qui périt entre mes mains.
Edgard.
Qui, vous avez raison, je renoncerai à toutes ces folles passions qui me dévorent ... oh! une exceptée, cependant ... I'amour!

25. Heinrich Heine [Anonymus]: Kaspar Hauser. 1861.

Das in einer Amsterdamer Ausgabe von 1861 veröffentlichte Gedicht ist fälschlicherweise Heine zugeschrieben; die historisch-kritischen Ausgaben verzeichnen es nicht.

Durch die deutschen Lande ziehet
Gleich 'ner Mähr ein schwarz Gerücht,
Will erlöschen; doch kann's sterben
Wie der ew'ge Jude nicht.

Ryno Quehl am Kattegate
Wähnt', das Mährchenlicht erlosch;
Doch es flimmert, flackert, leuchtet,
Wie galvanisch zuckt der Frosch.

Willst erlöschen, kannst nicht sterben,
Ziehst vom Bodensee zum Belt,
Sichtbar spätesten Geschlechtern,
Ew'ger Jude der Mährchenwelt!

26. Karl Gutzkow: Die Söhne Pestalozzis. Roman in drei Bänden. 1870. (Bd. 2, S. 30 f.).

Indessen hatte Lienhard Nesselborn versucht, sein feierlich gegebenes Wort zu bewahrheiten. Er hatte den Findling mit sich genommen und machte sein Haus zum Tempel eines Cultus, der von allen Gegenden Menschen herbeiströmen ließ, die das Wunder der Zeit sehen wollten, und seinen Namen mit einem glänzenden Nimbus umgab. Nesselborns Beredsamkeit, die ihm im Gespräch und mit der Feder nicht versagte, riß alle Hörer und Leser hin. Es wurden Summen aufgebracht, um sein Erziehungswerk zu unterstützen.
Letzteres galt denn also jenem Menschen, den Rousseau nur künstlich, als ein Problem der Philosophie, aufgestellt hatte. Auch Pestalozzi, der hochherzige Begründer der neuen Erziehungs- und Unterrichtsmethode, hatte diesen Menschen gesucht. Unter den Verwilderten hatte er den Urmenschen nicht aus der Hand der Natur bekommen. Er mußte ihn hinnehmen, wie er war, befleckt mit den Lastern der Verwahrlosung, entstellt durch körperlichen Unflath, durch Krankheiten und körperliche Gebrechen. Wie würde der edle Schweizer gejubelt haben, hieß es in manchen Berichten, über die reine unentweihte Psyche, die seine Menschenliebe erst aus jenen hundert Schreckgestalten verwahrloster Kinder, den Ueber-

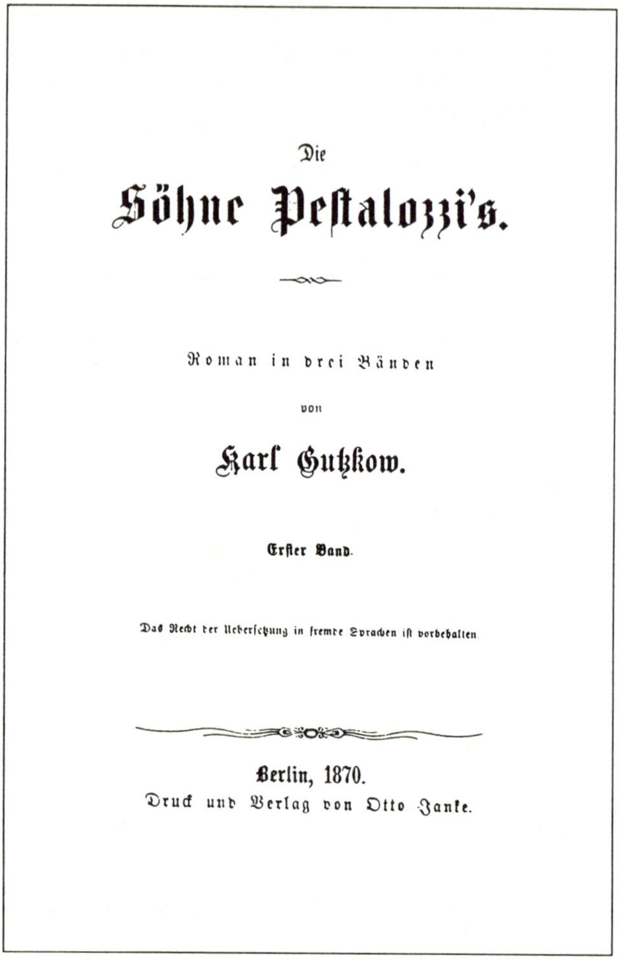
Die

Söhne Pestalozzi's.

Roman in drei Bänden

von

Karl Gutzkow.

Erster Band.

Das Recht der Uebersetzung in fremde Sprachen ist vorbehalten.

Berlin, 1870.

Druck und Verlag von Otto Janke.

bleibseln der im Kampf der Urkantone gegen die Franzosen am Ende des vorigen Jahrhunderts gefallenen Landleute mühsam heraussuchte und die jetzt Lienhard Nesselborn unmittelbar gegeben fand in einem, wie von den Aerzten bekundet wurde, urreinen, gesunden, lediglich nur unentwickelten Körper -! Da ließen sich Weihestunden der Erziehung feiern. Geist und Leib noch unverdorben, Phantasie und Urtheil erst zu leiten, zu bilden! Das Nachdenken und Vergleichen erst zu wecken -! Da hatte keine Amme schon mit ihren ersten Liedern das Ohr des Säuglings ebenso mit dem verfänglichen Reiz für Wohllaut, wie mit Vorstellungen von Gut und Böse, Schwarz und Weiß, Vertrauen und Schrecken erfüllt. Da war kein Finger, wenn es donnerte und blitzte, gen Himmel gehoben worden und hatte von einer erzürnten Gottheit über uns gesprochen. Da war die Seele noch wie eine unbeschriebene Tafel, auf welcher kein Wahn zum Glaubenssatz gestempelt, keine Verabredung der Civilisation die angeborene Mitgift der menschlichen Natur genannt wurde, keine untergeschobene Lesart als der von Gott gewollte Text zu lesen war -!

27. Georg Friedrich Daumer: Zu Ende geht mein Erdenlauf [ohne Titel]. 1873.

Georg Friedrich Daumer. 1800-1875. Gymnasialprofessor, Religionsphilosophischer Schriftsteller und Dichter (u. a. Herausgabe der orientalischen Gedichtsammlung "Hafis").

Zu Ende geht mein Erdenlauf,
Bald wird die letzte Kraft ermatten;
Da steigt noch einmal vor mir auf,
Du armes Kind, dein blut'ger Schatten.

Dein Geistermund, er haucht mir zu:
"O Du mein Freund zu allen Zeiten,
Mein Kämpfer und mein Schützer Du
In allen noch so harten Streiten!

Ich war - das ist Dir tief bewußt -
Gräu'lhaft zu handeln nie im Stande;
Der Eine traf mich in die Brust,
Die Andern deckten mich mit Schande.

Du strittest hier, Du strittest dort;
Der Sieg der Unschuld war entschieden;
Und ich in meinem dunklen Wort
Schlief wiederum in tiefem Frieden.

Doch nimmer ruht der Hölle List,
Der Hölle Grimm auf dieser Erden;
Auf's Neue nach so langer Frist
Soll ich beschimpft, zertreten werden.

Laß Deine Lieb' und Deinen Muth
Mich auch in diesem Kampf erproben;
Nimm mich auch jetzt in Deine Hut!
Nicht fehlen wird die Kraft von oben."

Du sprichst es und ich bin zur Hand;
Ich und mein Schwert, wir sind die alten,
Und heilig ist der Treue Band;
Wir werden unser Amt verwalten.

28. Paul Verlaine: Gaspard Hauser chante. 1873.

Je suis venu, calme orphelin,
Riche de mes seuls yeux tranquilles,
Vers les hommes des grandes villes:
Ils ne m'ont pas trouvé malin.

A vingt ans un trouble nouveau
Sous le nom d'amoureuses flammes
M'a fait trouver belles les femmes:
Elles ne m'ont pas trouvé beau.

Bien que sans patrie et sans roi
Et très brave ne l'étant guère,
J'ai voulu mourir à la guerre:
La mort n'a pas voulu de moi.

Suis-je né trop tôt ou trop tard?
Qu'est-ce que je fais en ce monde?
O vous tous, ma peine est profonde:
Priez pour le pauvre Gaspard!

29. Paul Verlaine: Scénario pour Ballet. 1883 (S. 97 ff.).

Un tout jeune homme robuste et de bonne mine arrive sur la place principale d'une grosse ville d'Allemagne. C'est du temps des houppelandes à huit pelerines et des derniers manchons pour messieurs d'âge.
Bien entendu, il y a kermesse. Sortie d'eglise; chant d'orgue à la cantonade. Puis pas de deux successifs signifiant l'allegresse publique, d'honnêtes amours, et une pointe de bonne chère qui va s'emousser en crevailles. La ribote déjà lurde ne tardera pas à dégringoler jusqu'a l'ivresse pure et simple. Parallèlement, l'amour degenere, et ce sont bientôt des filles et des gamins dissolus qui brûlent les planches de trépignements immodestes.
Comme de juste, c'est vers eux que se dirige l'étranger. Comme il tient un papier à la main, plus d'une danseuse et d'une marcheuse croit que, c'est un billet (de combien?) à son adresse. Et moues adorantes, et gestes enguirlandeurs. L'une d'entre elles - le premier sujet - s'elance sur les pointes et la main droite en poire avec l'auriculaire dresse, chipe le papier, puis se sauve en trois bonds et rit sans bruit aux éclats après lecture faite, en multipliant, à travers un éblouissement de ronds-de-jambe, le geste de donner à lire à ses compagnons et compagnes et de leur souligner le texte à peu près suivant: "Enfant abandonné. Parents trop pauvres. Ne sait rien de rien, pas même parler. Prenez pitié du pauvre Gaspard".
Une pirouette polissonne des filles rassure l'un peu ahurr jouvenceau sur l'épaule de qui frappent en cadence les garcons, cordiaux - car il a de beaux yeux, l'innocent, et sa carrure promet un solide luron. L'innocent sourit, rit, baise les garcons sur la joue, les filles sur la nuque, - voyez-vous ca? - et s'élance, premier sujet mâle, élégant, fort, plein de naivetés grivoises, en tête-à-tête avec le premier sujet de l'autre sexe, dans un ballet où toute la troupe donne. La toile tombe dans le sous-entendu d'une nuit de brutales amours et d'amitiés orgiaques qui ne peuvent que mal tourner.
Ce qu'il convenait de craindre arrive. Gaspard est un garcon perdu! Ses moeurs plus que deplorables n'ont d'égales que les pires du monde. Tout cela, par exemple, candidement. La chair et le sang sont seuls forts en lui, - mais très forts, et si logiques! C'est pourquoi il se fait entretenir par le premier sujet de l'autre sexe (que nous nommerons Frédérique) une pas trop grosse blonde fraiche et ferme, - sans y entendre malice, ô non! mais il trouve cela bien bon, bien bon, et d'autant meilleur que la belle n'a eu pour lui, dès la première rencontre, pas plus de rigueurs qu'elle n'avait fait de manières, et l'aime comme aiment ces femmes-là

quand elles s'y mettent, sans pensée de derrière la tête ou d'autre part, les bras grands ouverts, à pleines lèvres, de tout corps.
Et pour comble de mauvaise conduite, Gaspard persiste à fréquenter les jeunes gens dépravés dont il a éte question plus haut, tous jolis, gais, amicaux, mais joueurs comme les dés et coureurs comme des dieux. Quelle mauvaise compagnie que cette bande joyeuse! Chacun de ces petits débauchés a une maîtresse qu'il change contre celle du prochain sans plus de gêne ni de mystère que s'il s'agissait de se battre en duel. Et ce pauvvre Gaspard, - outre la Frédérique qui est pour lui la soupe et le boeuf et un peu le dessert, - pratique aussi largement et plus que ses camarades la promiscuité des coeurs. C'est du propre.
De leur côté les filles, tout en chérissant leurs hommes comme si chacun d'eux était un gentil pain au lait, les trompent, eux le sachant parfaitement et y consentant très volontiers, avec de riches imbéciles dont le principal est un milord anglais qui protège Frédérique. Le hasard providentiel des ballets fait se rencontrer ce haut insulaire et Gaspard, et le premier, reconnaissant dans le second le vague fruit d'anciennes amours, adopte celui-ci, qu'il ne peut reconnaître légalement, étant très marié dans l''île aux Cygnes', en lui offrant son héritage pécuniaire avec cent mille livres sterling de rente pour attendre sa mort prochaine. Gaspard accepte, sur un signe de Frédérique, en dépit des conditions fâcheuses qu'on va voir, et qui amèneront le funeste dénouement que l'histoire rapporte.
L'illustre corégraphe qui parfera cette humble esquisse rendra sensibles et agréables aux yeux les péripéties que voilà iniquées. Une mise en scène splendide, de nombreux et contrastés changements à vue devront encore dramatiser l'action qu'accompagnera de l'excellente musique.

30. Wilhelm Herchenbach: Der Findling von Nürnberg. Historische Erzählung für Volk und Jugend. 1884 ([4]1913, S. 65 ff.).

Wilhelm Herchenbach. 1818-1889. Lehrer in Pempelfort bei Düsseldorf, Internatsleiter und seit 1852 Verfasser zahlreicher Volks- und Jugendschriften.

Er hatte so oft "Roß, Roß" gesagt, daß einer der Polizeisoldaten ihm eines Tages ein weißes hölzernes Pferd mit auf die Wachstube brachte. Da verwandelte sich seine Teilnahmslosigkeit plötzlich in Freude. Mit strahlendem Gesichte näherte er sich demselben, setzte sich zu ihm auf den Boden, streichelte es und erwies ihm alle Zeichen der Freundschaft. Alles, was er an Bändern, Bildern und sonstigen Kleinigkeiten erhalten hatte, kramte er jetzt aus seinen Taschen und suchte es an dem Pferde zu befestigen. Sein ganzes Denken und Fühlen schien auf das Pferd gerichtet zu sein.
Als Hiltel kam, um ihn in sein Turmstübchen zu bringen, wollte er das Roß mitnehmen, aber es war ihm zu schwer, und er konnte es nicht tragen. Da fing er bitterlich an zu weinen und schaute mit einem wehmütigen Blicke nach seinem Lieblinge zurück. So oft er in die Wachstube kam, setzte er sich zu dem Pferde und kümmerte sich um niemand.
"Vater," sagte eines Tages der kleine Sohn des Gefängniswärters, "Kaspar liebt die Rosse so sehr, gib ihm doch eines in sein Stübchen."
Die andern Kinder vereinigten sich mit seinen Bitten und baten, ihm ein oder zwei Pferde zu kaufen. Es geschah, und Hiltel sagte: "Bringt sie ihm, er wird weniger Langweile haben."
Mit jubelnder Freude packten sie die Rößlein aus und trugen ihm dieselben in die Stube. Mit dankbarem Blicke nahm er sie in Empfang. Hiltel, seine Frau und Kinder beobachteten ihn durch ein Loch in der Tür und sahen, wie er sie mit großer Zärtlichkeit behandelte. Mit aus-

Kaspar Hauser's Ermordung.

gestreckten Füßen hatte er sich auf den Boden gesetzt und beschäftigte sich unablässig mit den hölzernen Tieren, indem er sie mit Papierfetzen, Glöckchen, Goldflittern und Bändern schmückte. Zuweilen führte er sie auch, ohne seine Lage zu verändern, um sein Lager herum. So ging es einen Tag wie den andern. Niemals nahm er einen Bissen Brot zu sich, ohne daß er ihnen denselben vorher an den Mund hielt; vor dem Trinken tauchte er ihnen stets den Mund in den Becher.

Es kamen viele Menschen, um ihn zu sehen, aber er merkte nicht auf sie, sondern beschäftigte sich nur mit seinen Pferden. Hier und dort aber lernte er ein neues Wort und dessen Bedeutung, was ihn in tiefes Nachdenken versenken konnte. Fiel ihm beim Fahren eines der Rößlein um, so machte er ein trauriges Gesicht, hob es auf, streichelte es und bewies ihm große Zärtlichkeit. Einmal war er ganz untröstlich, weil eines seiner Pferde ein Bein gebrochen hatte. Hiltel nahm einen Nagel und verbesserte den Schaden; aber nun weinte er helle Tränen, wahrscheinlich weil er vermutete, dem Pferdlein sei Schmerz bereitet worden.

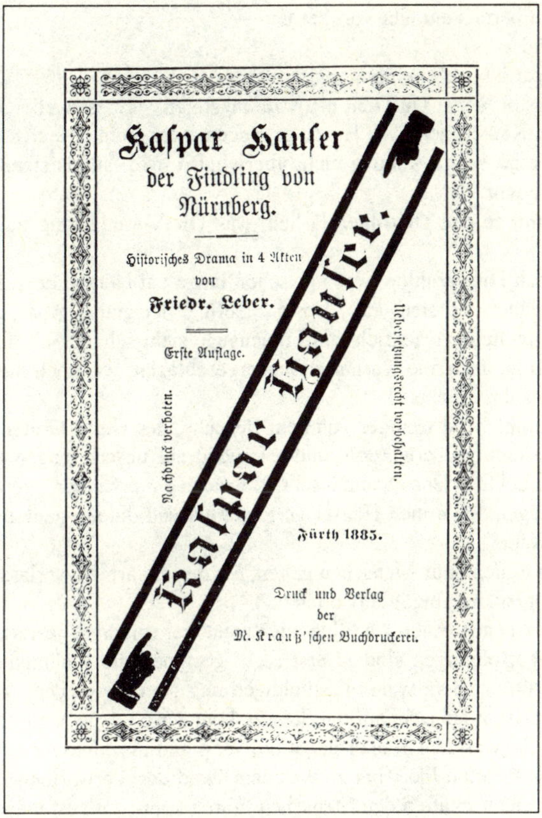
Kaspar Hauser
der Findling von
Nürnberg.

Historisches Drama in 4 Akten
von
Friedr. Leber.

Erste Auflage.

Nachdruck verboten.

Uebersetzungsrecht vorbehalten.

Kaspar Hauser.

Fürth 1885.

Druck und Verlag
der
M. Krauß'schen Buchdruckerei.

31. Friedrich Leber: Kaspar Hauser, der Findling von Nürnberg. Historisches Drama in vier Akten. 1885 (S. 29 ff.).

Friedrich Leber. 1849-1923. Journalist, Verfasser von Stadtführern in Nürnberg und Bühnenautor.

Dritter Akt.
Wohnzimmer im Daumer'schen Hause.
Im Hintergrund ein Fenster.
Erste Scene.
Professor Daumer. Käthe.
Käthe (mit einer weiblichen Handarbeit beschäftigt). Lieber Bruder, nun sind bereits zwei Stunden verstrichen - - !
Daumer (sitzt am Schreibtisch, emsig schreibend). Hm!
Käthe. Welche seltsame Unruhe mich befangen hält. - Ich kann mir selbst keine Rechenschaft davon ablegen. (Nach einer kleinen Pause, in der sie erwartet, ob Daumer antwortet). - Lieber Friedrich, störe ich Dich?
Daumer (ohne aufzusehen). Nein!

Käthe. Es ist jetzt bereits ein Uhr vorüber und -
Daumer. Nun, und -
Käthe. Und Kaspar ist noch immer nicht zurück.
Daumer. Deßhalb brauchst Du Dich nicht zu ängstigen. - Er ist vielleicht nach Schluß der Klasse mit einem Kameraden nach Hause gegangen, oder tummelt sich auf dem Spielplatz.
Käthe. Ich kann eine bange Ahnung nicht überwinden. Mir ist, als stände dem armen Kaspar ein Unglück bevor.
Daumer. Es ist mir in der That unerklärlich, was Dir Veranlassung zu solcher Besorgniß geben kann.
Käthe. So laß mich Dir erzählen, was mir schon lange am Herzen liegt. (Daumer legt seufzend die Feder nieder und steht auf.) Unser Liebling, der gute Kaspar, fühlt sich unglücklich. Ja glaube mir, lieber Friedrich, ein Frauenauge sieht scharf. Seit dem letzten Besuche des Herrn Grafen ist der arme Kaspar so niedergeschlagen, wie noch nie. Es ist, als ob ein geheimer Kummer ihn drücke.
Daumer. Das kommt wohl weniger von dem Besuche, des Herrn Grafen, denn die Freundschaft des Lords kann nur erheiternd und erfreuend auf unsern jungen Freund wirken, als vielmehr von der Lektüre jener Schmähschrift, welche ein erkaufter, literarischer Freibeuter von Berlin aus gegen den armen Hauser gerichtet hat und die auf ganz unerklärliche Weise in seinen Besitz kam.
Käthe. Wie kann es denn nur Menschen geben, die diesem armen, verlassenen, und dabei so überaus gutmüthigen Jüngling, übelwollen (...).
Daumer (achselzuckend). Auch ich fühle mich nicht frei von einer gewissen Unruhe.
Käthe. Erneute Verfolgungen sind ja erst recht geeignet, die schlummernde Nemesis aus dem Schlafe zu rütteln, dem wahren Schuldigen und dem Herde der Verschwörung gegen das unschuldige Dasein Hausers auf die Spur zu kommen.
Daumer. Theure Schwester, Du beurtheilst die Welt und die Menschen von Deinem Standpunkte aus. Du hast keine Idee, bis zu welchem Grad der Verworfenheit und Niedertracht die entfesselten Leidenschaften den Menschen führen können. Es ist manchmal ein gefährliches Raubthier dieses sogenannte Ebenbild Gottes, die Krone der Schöpfung - der Mensch.
Käthe. Es gibt aber zum Glück auch Personen, die das grade Gegentheil von denen sind, die Du eben geschildert. Ich habe wohl nicht nöthig, Dich an das erhabene Beispiel von Menschenliebe und aufopfernder Freundschaft des edlen Lord Stanhope zu erinnern.
Daumer. Es ist eine schöne Tugend, die Du besitzest, liebe Schwester, und ich lobe Dich darum. Aber es ist auch eine speziell weibliche Tugend, die, so schön sie dem Weibe ansteht, beim Manne meist schlecht angebracht ist. Ich meine, das Vertrauen in die Aufrichtigkeit der Menschen. Dem Manne ist es Pflicht, streng zu forschen und genau zu prüfen. Wer darf dem Scheine übertünchter Höflichkeit und Freundschaft trauen. Ich habe große Achtung vor dem Herrn Grafen von Stanhope, ich kann mir mit Gründen der Vernunft, der kalten Überlegung, die Hingebung des Lords für unseren armen Schützling nicht anders erklären, als den Ausdruck einer edlen Seele, eines für uneigennützige Liebe empfänglichen Herzens, und doch kommen Stunden, in denen Zweifel an mich heranschleichen, bitterer, als ich mir selbst gestehen mag.
Käthe. Bruder!
Daumer. Hast Du schon von den Jesuiten und ihrem finsteren Treiben gehört? Sieh, ich thue ihm vielleicht Unrecht, aber ich fürchte immer, Lord Stanhope ist einer von dieser gefährlichen Sorte, ist ein Jesuit!
Käthe (erschrocken). Seine Herrlichkeit, Lord Stanhope, Pair von Großbritannien.
Zweite Scene.

Vorige. Stanhope. Hauser.
Dann Steinbach.
Stanhope (Hauser an der Hand führend, bei den letzten Worten eintretend, fortfahrend): Hat das Vergnügen, seine ergebenste Aufwartung und speziell Ihnen, mein gnädiges Fräulein, seine pflichtschuldigste Huldigung darzubringen. (Küßt Käthe's Hand). - Herr Professor, da ich, wie Sie sehen, unsern Schützling mitbringe, so rechne ich auf Verzeihung wegen meines plötzlichen unerwarteten Eintretens.
Daumer. Ich bitte, überzeugt zu sein, Herr Graf, daß Sie uns stets willkommen sind.
Stanhope (verbeugt sich und spricht leise mit Käthe).
Daumer. (Hauser zärtlich die Hand drückend.) Wo warst Du denn heute so ungewöhnlich lange, mein lieber Junge? Schwester Käthe hat sich sehr um Dein Ausbleiben geängstigt.
Hauser (in seinem Aussehen völlig verändert, in kleidsamer Tracht nach damaligem Schnitt mit angenehmen, etwas kindlichen Manieren, in der Sprache frisch und fröhlich.) Verzeihung, theuerste Mutter! Zürnen Sie mir nicht, liebster Vater, ah, ich bin so glücklich, ich bin so reich.

32. Carolar von Bendix: Ein königlicher Findling, oder: Die Geheimnisse eines deutschen Fürstenhauses. Sensations-Roman. [1893] (S. 330 f.).

Rückerinnerungen und Uebergang.

Viele, viele Jahre waren seit den Ereignissen, die wir im letzten Kapitel dem geehrten Leser mitgeteilt haben, verflossen.
Prinz Friedrich ruhte tief betrauert von den Seinen in der altertümlichen Familiengruft, noch ein zweiter Sohn des regierenden Fürsten war ihm, ein Jahr alt, dahin gefolgt.
Auch dieser Sprosse des alten Herrscherstammes starb plötzlich, fast ohne Krankheit. Der Würgeengel, Tod genannt, räumte mit seiner scharf geschliffenen Sense unter den männlichen Familienmitgliedern des fürstlichen Hauses auf - - oder war es nicht Gotteshand, die schwer und strafend auf dieser Dynastie ruhte? Waren es nicht vielmehr verbrecherische Hände, die ausgesandt wurden von einer geheimen Verbindung, die in ihrem eigenen Interesse, sowie in Rücksicht auf ein ehrgeiziges Weib, welches nach der höchsten Macht für sich und ihre Nachkommen strebte, dahin wirkten, allen männlichen Nachkommen jenes alten, deutschen Fürstenstammes den Untergang zu bereiten.
Wem, wie uns, die geheimen Archive mit ihren alten Dokumenten, die schon oft der Zahn der Zeit benagt hatte, zu Gebote standen, der wird klar erkennen, welche systematischen Handlungen, oder sagen wir noch besser, welche gewaltige Kette von Verbrechen verübt worden, um diesen Zweck - dieses furchtbare mit Blut befleckte Ziel zu erreichen.
Und es war erreicht - durch Verleumdungen und Mord. Verbrechen jeder Art mußten verübt werden, um diesen blutigen Weg zurückzulegen, doch noch in allen Zeiten haben gewissenlose Menschen, denen jedes Mittel recht war, wenn es nur zum Ziele führte - gepflegt - und so ist es auch hier geschehen, ein alter deutscher Fürstenstamm war von der Erde vertilgt, verweht.
Unter diesem grausigen Schicksal haben viele Unschuldige mitgelitten, haben ihr Dasein in grenzenlosestem Unglück dahingeschleppt - dies dem geneigten Leser wahrheitsgetreu zu erzählen, ist der Zweck unseres historischen Romans. -

Vorstehende Worte sollten den freundlichen Leser über die Kluft von einer Reihe von Jahren hinwegführen und nehmen wir nun unsere Geschichte dort wieder auf - wohin der rote Faden leitet, der die Lebensgeschichte des sagenumwobenen - Findlings eines deutschen Herrscherhauses umgiebt.

33. Alwin Mehnert: Ein indischer Kaspar Hauser. Eine Erzählung aus dem anglo-indischen Volksleben. 1893 (S. 68 ff.).

Alwin Mehnert. Geboren 1855, Todesdatum unbekannt. Hilfslehrer in verschiedenen Orten, Musik- und Sprachlehrer in England und Indien, seit 1892 Lehrer in Sachsen.

Die seltsame, lebende Jagdbeute der zurückkehrenden Jäger erregte das größte Aufsehen unter den Gästen in Mahableschwar. Mit Erstaunen vernahm man die wunderbare Geschichte des als Hindu aufgezogenen jungen Engländers. Alle drängten sich danach, den hübschen, schüchternen Burschen mit den aufgeweckten, angenehmen Gesichtszügen zu sehen. Der arme Harry aber, der in seinem von der Welt bis jetzt so abgeschlossenen Dasein kaum ein einziges fremdes Gesicht zu sehen bekommen hatte, fühlte sich von dem neugierigen Anstaunen sehr bedrückt, und Stevens hielt es daher für ratsam, ihn ein wenig mehr zurückgezogen zu halten und ihm Zeit zu gönnen, die vielen neuen Eindrücke in sich aufzunehmen. Dennoch fiel es Harry sehr schwer, sich in der fremden Lebensweise zurechtzufinden (...). Mit ganz besondrer Teilnahme wurde Harry von den Herren der Jagdgesellschaft behandelt; waren sie doch alle bei seiner Auffindung beteiligt gewesen, so daß sie ihn fast wie ihr gemeinschaftliches Eigentum ansahen! Sehr oft bildete sein seltsames Wesen den Gegenstand ihrer Unterhaltung. So sagte der General eines Tages zu den Herren:
"Harry erinnert mich lebhaft an jenen geheimnisvollen Findling Kaspar Hauser, dessen Geschichte unser Landsmann Lord Stanhope in seinem 1835 herausgegebenen Werke ausführlich behandelt. Auch an diesem Knaben war ein ähnliches Verbrechen verübt worden. Wie unser Harry ist er bis zu dem gleichen Alter von jeder Berührung mit der Außenwelt in einer Art Gefängnis abgeschlossen worden, so daß, als der junge Mensch im Jahre 1828 plötzlich in Nürnberg auftauchte, niemand wußte, ob man es mit einem Idioten oder einem Betrüger zu tun hatte, so unwissend und unerfahren mit der Welt zeigte sich der im übrigen wohlgebaute und gesund aussehende Mensch. Erst als sich Lord Stanhope zum Beschützer dieses armen Burschen aufwarf, gelang es, ihn einem einigermaßen menschenwürdigen Dasein zurückzugeben." "Ist das Dunkel seiner Herkunft niemals gelichtet worden?" fragte einer der Herren. "Bis jetzt nicht", versetzte der General, obwohl sich eine ganze Literatur gebildet hat, die bemüht war, Aufklärung über den Ursprung Kaspar Hausers zu verschaffen. Es ist aber noch niemand imstande gewesen, überzeugende Beweise über seine wirkliche Abstammung, die man von einem deutschen Fürstenhause ableiten will, zu bringen, und ich vermute, die Sache wird niemals recht aufgeklärt werden. In dieser Hinsicht sind wir doch mit unserm Harry besser daran. Was gedenkst du, lieber Stevens, mit ihm anzufangen? Er kann doch nicht hier bleiben!" "Ich gedenke schon morgen mit ihm und Wilson, welcher wieder auf seinen Posten nach Bombay zurückkehrt, abzureisen und ihn in einer der besten Missionsschulen dort unterzubringen," teilte der Gefragte dem General mit.
So geschah es denn auch. Die Geschichte von der Auffindung Harrys war durch die Tagesblätter in den weitesten Kreisen bekannt geworden, und so empfing denn auch der Vorsteher der Missionsschule, Reverend Gilder, den ihm persönlich bekannten Stevens und seinen Schützling mit warmer Teilnehme. Er unterzog Harry einer genauen Prüfung, und da er mit

Köhlers illustrierte Jugend- und Volksbibliothek.

Volkserzählungen.

XII.

Ein indischer Kaspar Hauser.

Eine Erzählung
aus dem anglo-indischen Volksleben
von
Alwin Mehnert.

Mit Titelbild von R. Trache.

3. Tausend.

Dresden und Leipzig.
Verlag von Alexander Köhler.

den verschiedenen Dialekten der Hindusprache bekannt war, gelang es ihm bald, das wenige, was Harry selbst von seinem bisherigen Leben wußte, aus ihm herauszubringen.
"Ich habe alle Ursache, anzunehmen", teilte er Stevens mit, "daß man den Knaben zu einem Thagpriester bestimmt hat. Diese müssen ihr ganzes Leben einsam in der Nähe des Götzentempels verbringen, und so glaubte man ihn vor einer etwaigen Entdeckung am besten gesichert. Früher hat man ihn wohl auch mit einem unschädlichen Pflanzensafte dunkel gefärbt, was, da es in regelmäßigen Zwischenräumen geschehen mußte, durch Arilals Gefangennahme und die Krankheit der Aya aber unterblieben ist, wesentlich zu seiner Auffindung beigetragen hat (...). Es soll mir eine angenehme Aufgabe sein, diese junge Seele der christlichen Gemeinschaft zuzuführen!"

34. Ludwig Berndt: Kaspar Hauser der Findling von Nürnberg. Großer Volks-Roman. 1896 (S. 298 f.).

Kaspar schwieg. Hanna schmiegte sich zärtlich an ihn an und streichelte ihm die Wange. "Armer Kaspar," flüsterte sie schmerzlich bewegt, "was haben sie Dir gethan! Möchtest Du jetzt wieder nach Deinem alten Kerker zurück?"
"Nein, o nein - niemals!" murmelte er erschauernd. "Jetzt erst hab' ich erkennen gelernt, welch' ein entsetzliches Schicksal ich durchlebte! O Hanna - wann wird der Tag kommen, wo ich erfahren werde, weshalb man mir das gethan! Wenn ich zuviel war auf der Welt, weshalb haben sie mich als kleines Kind nicht getödtet? Sieh'," fügte er leise hinzu, während er heftig erbebte, "ich weiß es ja doch, daß ich nicht alt werde, ich werde wohl eines frühen Todes sterben!

"Kaspar! Um Gottes willen, wie kommst Du auf solche Gedanken?" rief Hanna fassungslos. "Siehst Du, das kommt davon, wenn Du soviel im Dunkel sitzest und grübelst!"
"Und doch ist mir dann leichter, wenn ich so vor mich hingedacht hab'! Ach, Hanna, an Eines darf ich nur nicht denken: wieviel Jahre meines Lebens dahingegangen sind, ohne daß ich etwas gelernt habe! In manchen Dingen bin ich doch noch wie ein unwissendes Kind und da schäm' ich mich so vor den Leuten, sie lachen mich doch Alle im Stillen aus!"
"Nein, Kaspar, das ist nicht wahr, das bildest Du Dir nur ein!"
"Ach, Hanna," seufzte er bekümmert, "es ist doch ein so niederdrückendes Gefühl, wenn man von Almosen leben muß! Ich werde hier von der Stadt Nürnberg unterhalten, sie bestreitet meine Erziehung! Und dabei komme ich mir immer wie ein Schaustück vor! Kommen Fremde nach Nürnberg, sehen sich das Haus von "Hans Sachs" und andere Sehenswürdigkeiten an, dann heißt's auch: "Haben Sie den Kaspar Hauser schon gesehen?" "Nein! Noch nicht!" "O, da müssen Sie unbedingt hingehen, die ganze Welt spricht ja von diesem lebenden Räthsel." Und da kommen sie, die Fremden, starren mich an, quälen mich mit ihren Fragen nach meiner Vergangenheit und ich kann ihnen doch nichts sagen - o Hanna, das ist eine Pein, die ich meinem ärgsten Feind nicht wünsche!"
"Armer Kaspar, ich glaub' Dir's! Ich will einmal mit dem Herrn Professor reden, vielleicht kann er es ändern!"
"Nein, Hanna, das kann er nicht, denn der Magistrat hat es ja erlaubt! Sag' nichts davon, hörst Du, sie könnten mich am Ende noch für undankbar halten, das will ich nicht. Sie passen ja sowieso schon auf mich auf, weil Einige meinen, ich sei ein Betrüger, der sie Alle nur zum Narren hält, um seinen Vortheil daraus zu ziehen. O, wenn ich nur erst etwas Ordentliches gelernt habe, Hanna, dann zieh' ich von hier fort, nach irgend einem stillen Winkel und lebe dort von meiner Hände Arbeit! Kommst Du mit mir, Hanna?"
"Ueberall, wohin Du willst! Du weißt ja, Kaspar, daß ich Dich nicht verlassen werde!"

35. Konrad Hagedorn: Kaspar Hauser, ein königlicher Findling? Eine wunderbare, doch wahre Begebenheit aus der ersten Hälfte des 19. Jahrhunderts. [1896] (S. 18 ff.).

Es war am Morgen des 26. Mai des Jahres 1828.
Der Rittmeister von Wessenig der 4. Eskadron des 6. Chevauxlegersregiments, welches sich damals in Nürnberg in Garnison befand, hatte sich eben vom Lager erhoben (...).
Der Traum aber, der ihn gepeinigt hatte, war folgender:
Er befand sich auf seinem Zimmer, als plötzlich eine hoheitsvolle Dame ihm gegenüberstand, anmutig, von seltener Schönheit und hoher Würde in ihrem Benehmen. Auf ihrem reichen goldenen Haar thronte ein königliches Diadem. In ihrer Rechten hielt sie ein mit wertvollen Perlen geschmücktes Scepter.
Ueberwältigt von ihrer Hoheit, von ihrer Schönheit und Anmut wollte er der schönen Gebieterin zu Füßen sinken und um ihre Liebe flehen, da aber wich sie mit einer gebieterischen, majestätischen Bewegung zurück.
"Wage es nicht, mir zu nahen," gebot sie, "denn wisse, ob auch eine Krone mich schmückt, auf meiner Seele lastet eine schwere Schuld (...).
Schon seit Jahren suche ich vergeblich einen fühlenden Menschen zu finden, der sich meiner erbarmt und sich dessen, der mir nahe steht, annimmt, um so meine Schuld zu sühnen. Wolltest Du es, wackerer Mann, mein Dank würde unermeßlich sein, denn wisse, der, an dem ich mich vergangen, den ich von mir stieß, welcher meinem Herzen der Nächste, ein

hilfloses Kind, das der Mutterhilfe dringend bedurfte, er führt jetzt ein menschenunwürdiges Leben.
Ihn gilt es der Menschheit wiederzugewinnen, für einen besseren Stand vorzubereiten, denn ehe er noch länger ein solches Dasein führt, würde ich ihm selber den Tod geben.
Nun frage ich Dich, wackerer Edelmann, willst Du Dich des Verstoßenen annehmen und Dir so eine Anwartschaft erwerben auf meine Liebe und Dankbarkeit, so gieb mir Bescheid."
"Ich will es, Du Hoheitsvolle," rief der Rittmeister begeistert, während er ein Knie beugte und die Rechte zum Schwur erhob.
Da plötzlich erschrak er lebhaft, denn wie aus dem Boden gewachsen stand neben der wahrhaft königlichen Erscheinung ein unbeholfener junger Mensch von 17 bis 18 Jahren in zerschlissener Kleidung und mit einem derart stupiden Gesichte, daß auch nicht die kühnste Fantasie eine entfernte Aehnlichkeit zwischen beiden herauszufinden vermochte.
"Nun denn, so nimm Dich jenes Unglücklichen an," gebot die holdselige Frau, "und der Dank einer königlichen Mutter wird wahrhaft königlich sein."
Hier war der Traum zu Ende (...).
Jean, der Diener des Rittmeisters, war zurückgekehrt, aber in der Begleitung eines jungen Menschen, dessen Anblick hinreichte, den wahrlich unerschrockenen Offizier mit Entsetzen zu erfüllen.
Wenn hier nicht ein fast unerklärlicher Zufall sein Spiel getrieben hatte, dann allerdings mußte der doch von jedem Aberglauben freie Offizier an eine übernatürliche Verkettung der Verhältnisse glauben.
War es denn möglich? Der junge Mann mit dem stupiden Gesichtsausdruck in den alten abgetragenen Kleidern mit dem zarten Körperbau, der zu dem unförmlichen Kopf und Gesicht in fast gar keinem Verhältnis stand, er glich aufs Haar dem jungen Menschen, den er im Traum neben der königlichen Frauengestalt gesehen und den diese seiner Fürsorge so warm empfohlen hatte, ihm einen Dank verheißend, an den er nicht zu denken vermochte, ohne daß sein Blut heißer zu wallen begann (...).
Jean berichtete:
"Ein Polizeibeamter hat ihn eben hierhergeführt und mir anbefohlen, dem Herrn Rittmeister sofort Mitteilung zu machen. Der Polizist erzählte, der Bursche hätte sich auf den Straßen umhergetrieben und wäre durch sein sonderbares Aussehen aufgefallen. Ganz besonders dadurch, daß er Kleider trug, die für seinen kleinen Körper viel zu groß waren. Als man ihn aber fragte, wo er denn her sei und was er in Nürnberg wolle, da hatte er auf die erste Frage nur die Antwort: "Das weiß ich nicht," und auf die zweite: "Ich will ein Reiter werden!"
Dieses sonderbare Verlangen in Verbindung mit dem schwächlichen Aussehen des Burschen erregte nicht nur das Mitleid, sondern auch den Humor des übrigens gutmütigen Offiziers derart, daß er den peinlichen Eindruck, den das Erscheinen des Traumbildes auf ihn gemacht, schnell überwunden hatte.
"So, und da schickt ihn mir die hochlöbliche Polizei ins Haus, damit ich ihn in meine Eskadron stecke," rief er heiter, "da hätten die ihn aber zu dem Herrn Oberst schicken sollen, da er allein die Macht hat, Leute ins Regiment einzustellen."
"Herr Rittmeister," nahm Jean das Wort, "die Leute hätten ihn auch nicht hierhergeschickt, hätte er nicht einen Brief in der Hand getragen, dessen Adresse die des Herrn Rittmeisters war."
"Einen Brief an mich?" fragte der Rittmeister erstaunt und blickte nun erst auf das Schreiben, welches der Fremdling immer noch in der Hand hielt.

Schnell griff der Offizier nach dem Brief und war nicht wenig erstaunt, als er die Adresse desselben überflog. Die Adresse lautete:
Herrn von Wessenig,
Rittmeister der 4. Eskadron
des kgl. baierischen 6. Chevauxlegerregiments zu Nürnberg.

36. Franz Schäfer: Ein badischer Richard III. oder Großherzog Ludwig von Baden und Kaspar Hauser. Trauerspiel in 5 Aufzügen. 1896 (S. 114 ff.).

Ludwig.
So ist's mißlungen?
Hennenhofer.
Leider ja, er lebt noch. Nur unbedeutend wurde er verletzt.
Ludwig.
Ich bin's von Euch gewöhnt nicht, Hennenhofer,
Daß Ihr so schlechte Arbeit mir geliefert.
Hennenhofer.
Es war ein großes Wagestück, Eu'r Hoheit.
Der Junge wird vortrefflich dort bewacht,
Er lebt im Hause des Professors Daumer.
Es war nun schwer, am hellen lichten Tage
In dieses Haus zu dringen, noch viel schwerer,
Den Burschen auch allein dort anzutreffen.
Ludwig.
Wer hat's gewagt?
Hennenhofer.
Ich selber, Euer Hoheit.
Ich hatt' im dunklen Hausflur mich versteckt,
Und mußte eine Stunde lang da warten,
Bis so durch Zufall Hauser kam herab.
Als er in meine Nähe nun gelangt,
Versetz' ich ihm eins, und er brach zusammen.
Ich konnte nicht erst lange untersuchen,
Ob er auch wirklich tot, ich mußte machen,
Daß aus dem Haus ich kam. Wir hielten uns
Den andern Tag nur noch in Nürnberg auf
Und so erfuhren wir, daß unbedeutend
Er an der Stirne nur verletzt ist worden.
Es ist nicht meine Schuld, daß es mißlang.
Ludwig.
Was habt Ihr sonst in Nürnberg noch erfahren?
Hennenhofer.
Man scheint der Sache auf die Spur zu kommen.
Der Bürgermeister Binder und besonders
Der Präsident Anselm v. Feuerbach
Aus Ansbach lassen alle Minen springen,

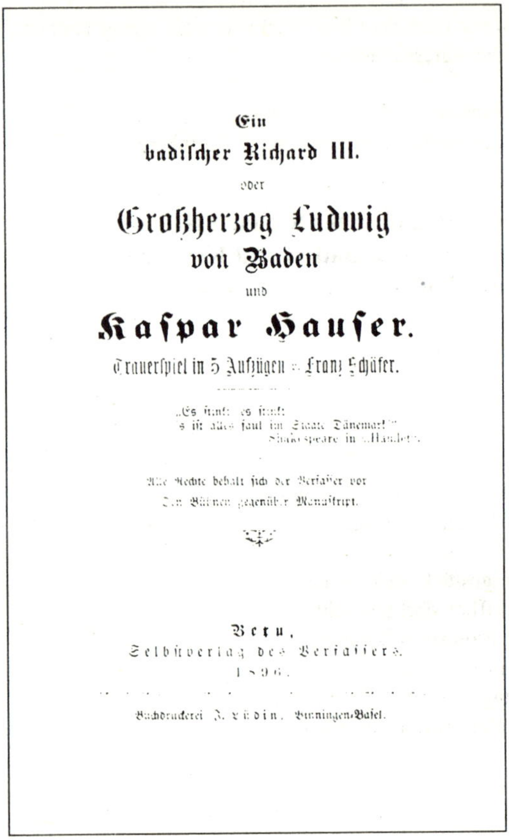

Ein
badischer Richard III.
oder
Großherzog Ludwig
von Baden
und
Kaspar Hauser.
Trauerspiel in 5 Aufzügen v. Franz Schäfer.

„Es stinkt, es stinkt:
's ist alles faul im Staate Dänemark!"
Shakespeare in „Hamlet".

Alle Rechte behält sich der Verfasser vor
den Bühnen gegenüber Manuskript.

Bern,
Selbstverlag des Verfassers.
1896.

Buchdruckerei J. Lüdin, Binningen-Basel.

Um Licht in dieser Sache zu verbreiten.
(...)
Ludwig.
Die beiden, Feuerbach und Binder, müssen
Beseitigt werden. - Ihr, mein lieber Lord,
Wollt Ihr mir das besorgen?
Stanhope.
Herzlich gern.
Wie soll's gescheh'n?
Ludwig.
So wie wir's immer machen,
Durch Gift. Nehmt auch den Pfarrer Dietz in Hochsal
Dazu noch, denn auch der bemüht sich eifrig,
Skandalgeschichten unter's Volk zu bringen.
Stanhope.
Die Drei will ich zur Hölle bald befördern,
Und jeden Andern, der es ähnlich macht! -

Ludwig.
Doch Kaspar Hauser, dieser Kaspar Hauser!
Stanhope.
Woll'n Hoheit mir die Sache überlassen?
Ludwig.
Wißt Ihr ein Mittel, das zum Ziele führt?
Stanhope.
Ich denke, daß ich eins gefunden habe.
Ich geh' nach Nürnberg, tret' dort auf als reicher
Englischer Lord - besuche Hauser erst
Und suche mich bei ihm recht einzuschmeicheln,
Indem ich mit Geschenken ihn belade.
Dann spreng' ich aus, ich woll' ihn adoptieren,
Woll' väterlich für seine Zukunft sorgen.
Gelingt's mir, ihn von Nürnberg fortzubringen,
Dann reis' ich nach Italien mit ihm
Und dort verschwindet er.
Ludwig.
Ein guter Plan.
Und glaubt Ihr, daß er auszuführen sei?
Stanhope.
Ich bin sogar fest überzeugt davon.
Ludwig.
Versucht's! Befreit Ihr mich von dieser Last,
Will ich mit Gold den Dienst Euch reichlich lohnen.
Stanhope.
Schlau und bedächtig handeln führt zum Ziel.
Ich wage nichts, und Ihr gewinnet viel!
(Der Vorhang fällt.)

37. Franz Evers: Kaspar Hausers Lied. 1899.

Franz Evers. 1871-1947. Lyriker, Buchhändler und Herausgeber der Zeitschrift "Pan".

Bin einst, ein armes Waisenkind,
mit meinen Augen, den stillen und frommen,
zu den Leuten der Stadt gekommen:
die fanden mich nur bös und blind.

Mit zwanzig Jahren lernt ich verstehn,
wie Einen die Flammen der Liebe verzehren,
nach holden Frauen trug ich Begehren:
aber sie fanden mich nicht schön.

War ohne König und Vaterland
und bin kein besonderer Held gewesen,

doch hab ich im Feld mir den Tod erlesen:
aber der Tod gab mir nicht seine Hand.

Zu früh geboren oder zu spät,
was soll ich auf dieser Welt beginnen?
Ein wilder Kummer verzehrt mich tief innen..
Sprecht für den armen Kaspar ein Gebet!

38. Rainer Maria Rilke: Der Knabe. [1902/03].

Ich möchte einer werden so wie die,
die durch die Nacht mit wilden Pferden fahren,
mit Fackeln, die gleich aufgegangnen Haaren
in ihres Jagens großem Winde wehn.
Vorn möcht ich stehen wie in einem Kahne,
groß und wie eine Fahne aufgerollt.
Dunkel, aber mit einem Helm von Gold,
der unruhig glänzt. Und hinter mir gereiht
zehn Männer aus derselben Dunkelheit
mit Helmen, die, wie meiner, unstät sind,
bald klar wie Glas, bald dunkel, alt und blind.
Und einer steht bei mir und bläst uns Raum
mit der Trompete, welche blitzt und schreit,
und bläst uns eine schwarze Einsamkeit,
durch die wir rasen wie ein rascher Traum:
Die Häuser fallen hinter uns ins Knie,
die Gassen biegen sich uns schief entgegen,
die Plätze weichen aus: wir fassen sie,
und unsre Rosse rauschen wie ein Regen.

39. Otto Haendler: Kaspar Hauser spricht:. [1903].

Otto Haendler. 1851-1929. Landgerichtsrat in Koblenz, Lyriker und Übersetzer.

Ich kam, ein scheuer Waisenknab',
Zur Stadt: da hat man bald gefunden,
Daß ich, in meinen Mußestunden, -
Das Pulver nicht erfunden hab'.

Und als ich zählte zwanzig Jahr',
Erlebt' ich was, das war noch schlimmer:
Schön fand ich jedes Frauenzimmer,
Doch - keine fand, daß ich es war.

Dann, ob auch Fremdling hier wie dort
Und kein Geld, ließ ich mich anwerben

Und wollt' als Held im Kriege sterben:
Der Tod, - der nahm mich nicht beim Wort.

Kam ich zu früh, zu spät ans Licht?
Kann Kaspar denn noch ärmer werden?
Was tut der Aermste hier auf Erden?
Ihr Leute, betet für den Wicht!

40. Kurt Martens: Kaspar Hauser. Drama in vier Akten. 1903. (S. 22 ff.).

Kurt Martens. 1870-1945. Jurist, seit 1895 freier Schriftsteller in Leipzig, München und Dresden. Mitbegründer und Vorsitzender der "Literarischen Gesellschaft" in Leipzig. Seit 1892 Veröffentlichung zahlreicher Novellen und Dramen (u. a. "Roman aus der Décadence", 1898).

Fünfte Scene.
Kaspar. Der Lehrer.
Lehrer: Hauser, wie können Sie sich unterstehen, Einladungen anzunehmen ohne meine Erlaubnis?
Kaspar: Sie haben mir - in Gegenwart des Herrn Professor - nichts verboten.
Lehrer: So verbiete ich es Ihnen jetzt!
Kaspar: Ich werde aber dennoch gehen! Herr Lehrer, Sie schließen mich ab von allen Leuten. Keinen Kameraden gönnen Sie mir mehr. Wen ich gern habe, den treiben Sie aus dem Hause. Niemanden soll ich besuchen, mit niemanden [!] reden dürfen. Jedes Wort, das ich in meinem Zimmer spreche, belauschen Sie hinter der Thür ... Gehöre ich nicht auch zu den Menschen und möchte dabei sein, wo es fröhlich zugeht ...? Nein, ich bin nicht Ihr Gefangener! Und wenn Sie mich bis heute so gehalten haben, wird es ein Ende nehmen durch den Lord.
Lehrer: Soo? Dazu wünsch' ich Ihnen alles Glück. Meinen Sie wirklich, daß Seine Lordschaft mit Extra-Post fünf Tagereisen weit hierhergefahren ist, bloß um Ihnen Gefälligkeiten zu erweisen? Sehen Sie sich vor! Die Sachen stehen jetzt für Sie sehr übel. Wenn Sie außerdem noch wahnsinnig genug wären, sich in die Machenschaften Ihrer sogenannten Freunde einzulassen, so gebe ich für Ihre Zukunft keinen Heller mehr.
Kaspar: Was aus mir wird, das liegt in meinen Kräften.
Lehrer: Ach? Schau! - Mit einem Male? Was für ein mächtiger Herr der Kaspar Hauser geworden ist! - Verhalten Sie sich um Himmels willen ruhig, mein Verehrtester! Mucken Sie nicht! Seien Sie froh, wenn Sie die Null bleiben dürfen, die Sie nun einmal sind! Dabei fahren Sie noch am allersichersten. - Und jetzt her an Ihre Hefte! Gleich nach Tisch wird Seine Lordschaft da sein, Rechenschaft zu verlangen über die Lektionen. (Kaspar tritt zu ihm an den Tisch.) Wird nette Augen machen, wenn er Ihre Sudeleien sieht. (Wühlt unter den Heften.) Bringen Sie mir das Zeug gefälligst in Ordnung! Da! Die Schreibhefte übereinander! Daneben die Rechenhefte ... und die Zeichenhefte - nennt man das Zeichnungen? He? - Geschmier ist es - elendes Geschmier! Sie könnten schon ... aber Sie wollen nicht. Der Herr von Hauser hat halt keine Lust, ist zu vornehm für solche Arbeit - möchte die Wissenschaften treiben, Historie, Politika und wohl gar noch Latein ...! Nur immer bescheiden, mein Herr Schreibergesell!
Kaspar: So nehmen Sie es mir doch weg, das Letzte, was noch freundlich zu mir redet: die

Kaspar Hauser

Drama in vier Akten

von

Kurt Martens

Ich komme, ich weiß nicht von wo?
Ich bin, ich weiß nicht was?
Ich fahre, ich weiß nicht wohin?
(Alter Spruch.)

Berlin W
F. Fontane & Co.
1903

Bücher, aus denen ich lerne - können Sie mir nicht auch die Augen nehmen, mit denen ich in die Welt und auf die Menschen sehe und die Gedanken, die mir daraus kommen ...!
Lehrer: Sie meinen: Gedanken sind zollfrei. Jawohl! Niedergeschrieben aber können sie konfisziert werden. - (Ihn scharf fixierend.) Hauser, Sie führen ein Tagebuch, ein Memorial oder dergleichen? Nun, wie steht es damit? Heraus mit der Sprache! Denn jetzt wird reiner Tisch gemacht.
Kaspar (den Blick erwidernd): Und wenn ich eins führte, wäre es dann für Sie bestimmt?
Lehrer: Weichen Sie mir nicht aus! Der Herr Graf hat Sie früher einmal darum gebeten, und Sie haben es ihm zugesagt.
Kaspar: Dann werde ich vielleicht dem Grafen antworten, Ihnen aber nicht. Ihnen gehört von mir nur so viel, als Sie sich nehmen. - Ebensogut könnten Sie mich fragen, ob ... ob ich bete, wen ich lieb habe oder ob ich noch auf irgend etwas hoffe.
Lehrer: Gut, dann weiß ich jetzt bestimmt, was man von Ihnen zu halten hat - darauf kam es mir nur an. Nun kann ich wenigstens dem Herrn Grafen mit gutem Gewissen bestätigen ... (hält drohend inne.)

Kaspar: So sprechen Sie es doch aus! Und wiederholen Sie es mir in Gegenwart des Grafen! Warum scheuen Sie sich vor dem hilflosen Kaspar Hauser?
Lehrer: Das Wort soll Ihnen noch früh genug in die Ohren gellen. Zuvor aber werden wir den sichtbaren Beweis verschaffen. Ist das Tagebuch vorhanden, dann wehe Ihnen! Es giebt schon Mittel, Sie kirre zu machen! (rechts ab.)
Sechste Scene.
Kaspar (allein): Versuchen Sie es! - Versuchen Sie an mir auch das noch! - - Beschimpft, zertretet mich, reißt mir das Herz aus dem Leibe! - - Und jetzt noch länger stille halten? Immer und ewig der Gehorsame, der Geduldige ... ins Unbestimmte immer weiter ...! (sich besinnend; milder:) Aber er ist ja da! - Gleich wird mein Vater bei mir sein! Nur ein paar Stunden noch ... Aushalten! Aushalten, nur bis du bei mir bist. (Gleichsam sich überredend.) Ja, du wirst bei mir sein, Vater, bei mir bleiben - - - mich anhören ... mich zu dir nehmen ...?

41. Stefan George: Kaspar Hauser singt. 1905.

Sanften blickes ein stiller waise
Zu grosser städte getös
Kam ich auf meiner reise -
Niemand nannte mich bös.

Im zwanzigsten jahre ein grauen
(Man heisst es auch liebesglut)
Gab mir die schönheit der frauen -
Sie waren mir nicht gut.

Wenngleich ohne heimat und erben
Wenngleich ich für tapfer nicht golt,
Im kriege wollt ich sterben..
Der tod hat mich nicht gewollt.

Kam ich zu spät, zu frühe?
Ich weiss nicht wie mirs ergeht.
O ihr all! schwer ist meine mühe -
Sprecht für mich ein gebet!

42. Richard Dehmel: Lied Kaspar Hausers. Nach Verlaine. 1906.

Ich kam so fromm, ein Waisenkind,
das nichts als seine stillen Augen hat,
zu den Leuten der großen Stadt;
sie fanden mich zu blöd gesinnt.

Mit zwanzig Jahren ward ich klug
und fand die Frauen schön und gut;

Kaspar Hauser singt:*)

(Paul Verlaine - Stefan George)

Abgedruckt mit besonderer Genehmigung des Verlages Ries & Erler G. m. b. H., Berlin

Bernhard Blau, op. 21 Nr. 5

*) Aus Bernhard Blau, op. 21: Sieben Gesänge nach Dichtungen und Umdichtungen von Stefan George für eine Singstimme mit Klavier. Im gleichen Verlage erschienen von demselben Komponisten op. 22: Fünf Lieder nach Dichtungen von Walther Heymann, und op. 23: Sechs Lieder nach Texten verschiedener Dichter für eine Singstimme mit Klavier

sie nennen das die Liebesglut.
Ich war den Fraun nicht schön genug.

Ohne Vaterland und Königshaus,
und wohl auch kein sehr tapfrer Held,
wollt ich den Tod im Ehrenfeld;
der Hauptmann schickte mich nach Haus.

Kam ich zu früh, kam ich zu spät
in diese Welt? was soll ich hier!
Ach Gott, ihr lieben Leute ihr,
sprecht für den Kasper ein Gebet!

43. Sophie Hoechstetter: Kaspar Hauser. 1906.

Sophie Hoechstetter. 1878-1943. Verfaßte zwischen 1896 und 1937 zahlreiche Erzählungen und Romane, angesiedelt zumeist im fränkischen Raum.

Woher du kamst, sollt'st du zu wissen wagen!
Du aber ahntest nicht, welch' Irrsal dich geboren -
Du Armer löstest nicht die letzten Menschheitsfragen,
Du standst wie wir vor strengverschlossenen Toren.

Als ich ein Kind war, hatt' ich unter allen Sagen
Die deines Lebens mir als schönste auserkoren -
Und heute klingt aus ihr mir noch das Klagen
Der Menschen, die sich in die Welt verloren.

All unser Wissen schläft im dunklen Grunde -
Was sollen wir als Ziel und Herkunft nennen?
In deiner Todesnacht sprachst du mit bleichem Munde
Von einem Weg, den sie hier nicht mehr kennen -
Den letzten Menschheitsschmerz, der noch die letzte Stunde
Umnachtet, seh' ich in dem deinen brennen.

44. Wolf Graf von Kalckreuth: Caspar Hauser singt. 1906.

Wolf Graf von Kalckreuth. 1887-1906. Sohn des Malers und Graphikers Leopold von Kalckreuth. Lyriker und Übersetzer. Beging als Einjährig-Freiwilliger der Artillerie Selbstmord. Rilke verfaßte darauf das "Requiem für Wolf Graf von Kalckreuth".

Als schlichter Waise, reich genug
An meiner Augen stillem Scheine,
Kam ich zur Stadt, fremd und alleine,
Die Männer fanden mich nicht klug.

Mit zwanzig Jahren wurde ich
Im Feuer der verliebten Sinne
Der Weiber süßer Schönheit inne:
Doch freilich schön fand keine mich.

Wenn auch in keines Königs Sold,
Ich Heimatloser Ruhm erworben,
Wär gern ich doch im Krieg gestorben,
Doch hat der Tod mich nicht gewollt.

Kam ich zu früh, kam ich zu spät
In diese Welt voll herber Trauer?
Was soll mir, ach, des Lebens Dauer?
Denkt an mich Armen im Gebet!

45. Richard Schaukal: Kaspar Hauser singt. 1906.

Richard Schaukal. 1874-1942. Österreicher Jurist, Lyriker und Kulturschriftsteller. Veröffentlichung zahlreicher Gedichtbände zwischen 1893 und 1933.

Ich bin, eine Waise sanft und stumm,
zu den Menschen gekommen der Städte:
sie sahn, daß ich Augen hätte,
sonst nichts - und wandten sich um.

Als ich zwanzig ward, kam's über mich,
als ob eine Flamme mich triebe,
und ich flehte die Frauen um Liebe:
sie aber versagten sich.

Ich hab keinen König und Vaterland,
bin kaum sehr tapfer gewesen,
doch hatt ich den Tod mir erlesen:
er hat mich nicht erkannt.

Bin ich zu früh geboren, zu spät?
Was tu ich hier auf Erden?
Was soll denn aus mir werden?
Sprecht, Leute, für mich ein Gebet!

46. Sophie Hoechstetter: Johannistag in Ansbach. 1907.

Die Grazie der charmantesten der Zeiten
Macht jedes Haus beinah zum kleinen Schloß.
Das Leben schläft - der Strom, der hier sich einst ergoß,
Ist Ahnung nur noch, gleich uns fremden Leiden -

Die Straßen ruhn in vornehm-stillen Weiten,
Der alte Lindenpark wird unser Herzgenoß,
Und hier, wo Kaspar Hausers Blut entfloß,
Dünkt alles Wollen uns Entgleiten.

Zum Friedhof ging ich hin - zu Kaspars Grab.
Es war Johannistag, die Grüfte voller Blüten,
Ein Baum will des Verschollnen Ruhe hüten

Und streut sein gelbes Gold auf ihn herab -
Seltsamstes schaue ich - in schmerzlichem Ermüden
Liegt hier ein Rosenkranz - weiß keiner, wer ihn gab.

47. Joseph Jaffé: Kaspar Hauser singt. 1908.

In Städte voller Lug und Trug,
Zu Menschen kam ich, eine Waise
Mit stillen Augen, scheu und leise,
Die Männer fanden mich nicht klug.

Im Frühling ließ der warme Föhn
Des Herzens kalte Decke tauen,
Schön fand mit einmal ich die Frauen,
Die Frauen fanden mich nicht schön.

Kein König zahlte je mir Sold,
Kein Vaterland hat meine Wiege
Geschirmt, trotzdem sucht ich im Kriege
Den Tod, er hat mich nicht gewollt.

Kam ich zu früh, kam ich zu spät?
Weshalb bin ich auf dieser Erde?
Wie drückt mich meines Seins Beschwerde ...
Sprecht für den Kaspar ein Gebet.

48. Toni Schwabe: Der Tod des Kaspar Hauser. 1908.

Toni Schwabe. Geboren 1877, Todesdatum unbekannt. Erzählerin und Lyrikerin. Übersetzung der Novellen Jens Peter Jacobsons, 1912.

Mir war zu sehr, als winkte schon
Ereignislosen Sterbens welke Hand.
Und zu mir kam der erste ferne Ton
Von jenem wünscheunbetretnen Land,
In dem der Jugend Fackeln nimmer lohn.

Du vielgeliebtes Leben zwingst mich nieder
Treibst mich nach jenem Land, wo keiner frägt,
Und wo ein stiller Strom das Unerfüllte wieder
Zu seinem Ursprung trägt.
Fern, wo der Tag sich hebt, verhallen deine Lieder.

49. Jakob Wassermann: Caspar Hauser oder Die Trägheit des Herzens. Roman. 1908 (Ausgabe 1924, S. 50 f.).

Nach oftmaligem kurzen Rasten ward am Rand einer Wiese haltgemacht, und alle ließen sich im Gras nieder. Caspar schlief sogleich ein; Anna breitete ein Tuch über sein Gesicht und packte sodann einige mitgebrachte Eßwaren aus einem Körbchen. Schweigend begannen alle vier zu essen. Ein natürliches Schweigen war es nicht: der lieblich vergehende Tag, das sommerliche Blühen forderten eher zu heiteren Gesprächen auf, aber um den Schläfer lag ein eigner Bann, jeder spürte die Gegenwart des Jünglings jetzt stärker als vorher, und es hatte bei einigen gleichgültigen Redensarten sein Bewenden, die leiser klangen als selbst die Atemzüge des Schlummernden. Weit und breit war kein Mensch zu sehen, da man absichtlich einen selten begangenen Weg gewählt hatte.
Die Sonne war am Sinken, als Caspar erwachte und, sich aufrichtend, die Freunde der Reihe nach dankbar und etwas beschämt anblickte. "Sieh nur hinüber, Caspar, sieh den roten Feuerball," sagte Daumer; "hast du die Sonne schon einmal so groß gesehen?"
Caspar schaute hin. Es war ein schöner Anblick: die purpurne Scheibe rollte herab, als zerschnitte sie die Erde am Rand des Himmels; ein Meer von Scharlachglut strömte ihr nach, die Lüfte waren entzündet, blutiges Geäder bezeichnete einen Wald, und rosige Schatten bauschten langsam über die Ebene. Nur noch wenige Minuten, und schon zuckte die Dämmerung durch den sanften Karmin des Nebels, in den die Ferne getaucht war, einen Augenblick lang bebte das Gelände, und grünkristallene Strahlenbündel schossen über den Westen, der versunkenen Sonne nach.
Ein geisterhaftes Lächeln glitt über die Züge der beiden Männer und der zwei Frauen, als sie Caspar mit einer Gebärde stummer Angst hinübergreifen sahen gegen den Horizont. Daumer näherte sich ihm und ergriff seine Hand, die eiskalt geworden war. Caspars Gesicht wandte sich erzitternd ihm zu, voller Fragen, voller Furcht, und endlich bewegten sich die Lippen, und er murmelte schüchtern: "Wo geht sie hin, die Sonne? Geht sie ganz fort?"
Daumer vermochte nicht gleich zu antworten. So mag Adam vor seiner ersten Nacht im Paradies gezittert haben, dachte er, und es geschah nicht ohne Schauder, nicht ohne seltsame Ungewißheit, daß er den Jüngling tröstete, ihn der Wiederkunft der Sonne versicherte.
"Ist dort Gott?" fragte Caspar hauchend, "ist die Sonne Gott?"
Daumer deutete mit dem Arm weit ringsum und erwiderte: "Alles ist Gott."
Indessen mochte ein solches Diktum pantheistischer Philosophie für die Auffassungsgabe des Jünglings ein wenig zu verwickelt sein. Er schüttelte ungläubig den Kopf, dann sagte er mit dem Ausdruck dumpf-abgöttischer Verehrung: "Caspar liebt die Sonne."

50. Victor Curt Bihacht: Kaspar Hauser. Ein Spiel. 1911 (S. 7 ff.).

Das Zimmer Kaspar Hausers.
Rechts und links im Vordergrunde Fenster. Am linken steht ein großer Schreibtisch, welcher mit Akten und Papieren bedeckt ist. Durch den Hintergrund führt eine Tür in ein kleineres Zimmer. Rechts davon ein hohes Büchergestell. Links, halb in der Ecke ein Spinett. Wenige Bilder an den Wänden. Die Möbel sind im Geschmackc des beginnenden 19. Jahrhunderts. Durch die Fenster strömt das Licht eines hellen Sommernachmittags. Kaspar Hauser spielt am Spinett, das er beim Aufgehen des Vorhanges verläßt. Er tritt an das linke Fenster mit dem Rücken gegen den Schreibtisch gewandt.
Kaspar Hauser
Wie lockend lacht die weite Welt;
Und grüßt mich nicht des Berges Rücken?
Indessen mich gefangen hält
Der Zwang, mich in den Staub zu bücken
Gleichgült'ger Schriften, eitel redend
Von Menschen Hassen und Betrug,
Statt daß auf jenen Matten betend
Ich atme - und genieß' den Flug,
Den meine Seele, freudig schweifend,
Ins Land des Nieerfüllten nimmt,
Auf daß ich fühle, was begreifend
Und kämpfend mich im Tal verstimmt.
Strahlt nicht zu lieblich, sanfte Wiesen,
Auf denen hingestreckt am Quell
Mir endlos dünkten jene süßen
Und bittren Stunden, die zu schnell
Mir doch enteilten und mich trieben
Zurück in Frondienst, eingespannt
In Zwangesarbeit ohne Lieben,
In Menschentum und Unverstand!
Nutzlose Träumer wollen schelten
Sie alle uns, die wir verlacht
Des zweckbedachten Daseins Kälten
Und jenen Kampf, der Männer macht.
(...)
(Es klopft: der Amtmann, Kaspar Hausers Vormund, tritt ein. Hauser hört und bemerkt ihn nicht.)
Der Amtmann
Untätig? Träumend? (Hauser dreht sich um und will sich am Schreibtisch zu schaffen machen.) Guten Tag!
Kaspar Hauser
Guten Tag. Was wollen Sie wieder? Sie stören mich! Ich werde meine Arbeiten schon allein erledigen.
Der Amtmann
Das tun Sie eben nicht - und deswegen komme ich. Ihr Pflegevater hat mir übrigens geschrieben und sich nach Ihrer Tätigkeit erkundigt. Was soll ich ihm antworten? Was kann ich ihm denn Gutes vermelden? Nichts!

Kaspar Hauser
Schreiben Sie ihm nur die Wahrheit meinetwegen. Verhehlen Sie ihm nicht, daß ich ein Undankbarer bin, daß ich alle die Wohltaten, die man dem armen Findling erwiesen hat, nicht verdiene.
Der Amtmann
Das werde ich auch tun, wenn Sie es in Ihrem anmaßenden Unverstande sogar wünschen. - Aber bedenken Sie auch, daß man einmal die Geduld mit Ihnen verlieren - daß man die Hand von Ihnen ziehen kann.
Kaspar Hauser
Ach meinetwegen auch das! Denn lieber ein Bettler, wirklich ein Bettler sein, als dieses halbe Leben führen. Konnte der Lord, mein Pflegevater, nicht einen ganzen Menschen aus mir machen? Mir die wahren Quellen der Schönheit und Wahrheit erschließen? Wenn er das nicht wollte, warum ließ er mich dann nicht lieber bei jenen Köhlern, zu denen man mich ausgesetzt hatte, als mir die "Gnade" zu erweisen, ein kümmerlicher, besserer Schreiber zu werden?

51. Hans Arp: Kaspar ist tot. 1912.

weh unser guter Kaspar ist tot.
wer verbirgt nun die brennende fahne im
wolkenzopf und schlägt täglich ein schwarzes schnippchen.
wer dreht nun die kaffeemühle im urfass.
wer lockt nun das idyllische reh aus der ver-
steinerten tüte.
wer schneuzt nun die schiffe parapluies
windeuter bienenväter ozonspindeln und entgrätet
die pyramiden.
weh weh weh unser guter kaspar ist tot. hei-
liger bimbam kaspar ist tot.
die heufische klappern herzzerreissend vor
leid in den glockenscheunen wenn man seinen vor-
namen ausspricht. darum seufze ich weiter seinen
familiennamen kaspar kaspar kaspar.
warum hast du uns verlassen. in welche ge-
stalt ist nun deine schöne grosse seele gewandert. bist
du ein stern geworden oder eine kette aus wasser an
einem heissen wirbelwind oder ein euter aus schwar-
zem licht oder ein durchsichtiger ziegel an der stöh-
nenden trommel des felsigen wesens.
jetzt vertrocknen unsere scheitel und sohlen
und die feen liegen halbverkohlt auf dem scheiter-
haufen.
jetzt donnert hinter der sonne die schwarze
kegelbahn und keiner zieht mehr die kompasse und
die räder der schiebkarren auf.
wer isst nun mit der phosphoreszierenden
ratte am einsamen barfüssigen tisch.
wer verjagt nun den sirokkoko teufel wenn

er die pferde verführen will.
wer erklärt uns nun die monogramme in
den sternen.
seine büste wird die kamine aller wahrhaft
edlen menschen zieren doch das ist kein trost und
schnupftabak für einen totenkopf.

52. Sophie Hoechstetter: Die Damen von Irmelsleben. Eine verschollene Kaspar-Hauser-Geschichte. 1912 (S. 188 f.).

Am 5. Februar.
Unsere Ehrendame ist angekommen. Und heute werden noch die Reisenden aus Ansbach eintreffen. Seit vielen Jahren hat die Gräfin Hackerode das Stift nicht mehr mit ihrem Besuch beehrt.
Nun bildet sie das Interesse des Tages: Meine gute Hackerode, haben Sie schon gehört? Meine teure Gräfin, wissen Sie schon - - so umschwirrt es sie, und sie erfährt auf diese Weise offiziell vom Kaspar Hauser. Das ist mir lieb, die nichtsahnenden allures sind mir nicht gegeben (...).
Es ist Abend. Vor einer Viertelstunde ist die Post hereingefahren mit dem Hickel und dem Kaspar Hauser. Gott steh mir bei - ich freue mich auf das Mittagessen wirklich nicht.
Gegen Mitternacht. Meine Hand zittert - und in meinem Kopf ist es ganz desperat. Ich wünsche den Kammerherrn herbei, ja, wenn es nicht eine so unschickliche Stunde wäre, ich ließe ihn rufen.
Ich muß mich fassen - beim Schreiben gelingt mir das am besten.
Also, die Irmelsgrün (die schon wieder, als der Kaspar Hauser auf dem Tapet war, bei Tisch gerufen hatte, ein Gesicht habe doch Züge und aus Zügen müsse man Abkünfte ableiten können) stürzt, nachdem ich den Damen kurz gesagt, der Fremde käme morgen mit seinem Begleiter zu Tisch, und mich zurückgezogen hatte - stürzt hierher in mein Zimmer.
Und stürzt mir zu Füßen, ehe ich nur irgend etwas begreife und schluchzt und schreit: Ihr Herz lasse ihr keine Ruhe - Anno 13 - ihr Bräutigam sei ins Feld und die Stunde des Abschieds war ihre heilige Ehe. Und der Geliebte, der vom Vater nie anerkannte Verlobte, sei bei Leipzig gefallen - und hätte das Knäblein nicht mehr schützen können. Ihr Vater aber habe die Heirat mit einem Bürgerlichen für null und nichtig erklärt und als eine Schurkerei von einem Feldpriester - er habe die Tochter ins Stift verstoßen, und das Kind, ja, das solle später gestorben sein, aber das wäre eine Lüge, es lebe, und ohne Zweifel sei es der Kaspar Hauser.
Ich fand keine Worte. Desto mehr fand sie. Ich nötigte sie, wenigstens sich zu setzen, ich sagte endlich: "Baronesse von Irmelsgrün, gehen Sie auf Ihre Zimmer. Ich habe nichts gehört. Ein Dämon ist über Ihnen. Sie rasen. Ihre Phantasie ist krank. Verlassen Sie Ihre Zimmer nicht, bis ich morgen komme, und sprechen Sie mit niemand."
Dann bin ich noch in den Garten - ich brauchte Luft, Luft. Wenn nur der Kammerherr da wäre, so etwas darf es doch nicht geben, bei uns, im Stift - ich zittere am ganzen Körper - das mit dem Feldprediger - der alte Baron wird schon im Recht gewesen sein, daß es keine Kopulation war - o Gott, mein Gott - das in unserem Stift! Und wenn nun wirklich, wenn der Kaspar Hauser der Sohn der unseligen Irmelsgrün wäre, welch ein Affront! Wie stünde unser Stift da! Keine Dame von Rang möchte es mehr beziehen, wir wären der Lächerlichkeit, wo nicht der Verachtung preisgegeben. Und ich, als die Oberin dieses Stiftes!

53. Georg Trakl: Kaspar Hauser Lied. 1913.

Für Bessie Loos

Er wahrlich liebte die Sonne, die purpurn den Hügel hinabstieg,
Die Wege des Walds, den singenden Schwarzvogel
Und die Freude des Grüns.

Ernsthaft war sein Wohnen im Schatten des Baums
Und rein sein Antlitz.
Gott sprach eine sanfte Flamme zu seinem Herzen:
O Mensch!

Stille fand sein Schritt die Stadt am Abend;
Die dunkle Klage seines Munds:
Ich will ein Reiter werden.

Ihm aber folgte Busch und Tier,
Haus und Dämmergarten weißer Menschen
Und sein Mörder suchte nach ihm.

Frühling und Sommer und schön der Herbst
Des Gerechten, sein leiser Schritt
An den dunklen Zimmern Träumender hin.
Nachts blieb er mit seinem Stern allein;

Sah, daß Schnee fiel in kahles Gezweig
Und im dämmernden Hausflur den Schatten des Mörders.

Silbern sank des Ungebornen Haupt hin.

54. Sophie Hoechstetter: Die weiße Stunde. 1917 (Buchausgabe 1919, S. 70 ff.).

Er lächelte weder in Ironie noch in Selbstgefälligkeit, als er nach wenig Schritten, am Kastanienrondell, die Prinzessin traf. Das waren ebenso banale, wie ewige Gesetze, daß sie kam. Auch wenn sie es fünf Minuten vorher noch fest beschlossen, nicht zu den Wasserrosen zu gehen.

Er begrüßte sie und merkte sofort: sie war erregt. Ihr schön gekanteter Mund, dessen linke Oberlippe ein wenig höher stand, in demselben hochmüthigen Affekt, den die Augenbrauen alter Geschlechter haben, zitterte leicht, als sie fragte: "Wer ist denn Kaspar Hauser? Ein Toter, das weiß ich - aber - -" Sie zögerte ein wenig. "Man kann einem Toten nichts mehr tun, ich habe eine törichte Furcht, das weiß ich -"

Wallerstein sah Schrecken über dem schmalen Gesicht. Er sagte nachdenklich: "Wir wähnen manchmal, daß wir einem Toten noch Gutes tun können - wir wissen zu wenig, aber auch dieses Gefühl, diese Vorstellung gäbe es nicht in uns, wenn sie nicht einen Sinn besäße, denn daß wir selig-sinnlos handeln können, ist ein holder Wahn - - Doch wenn ich fragen darf, wie kommen Durchlaucht auf Kaspar Hauser?" Er lächelte über sich, als er ihre Titulatur aussprach. Der Abend war so weich - so licht noch. Und von den Wiesen herüber zirpten die Grillen.

"Wer war Kaspar Hauser?" wiederholte Antoinette. "Er ist der Mythos des ansbachischen Landes." Antoinettes Augen verdunkelten sich. Sie sah fast böse aus - "Herr von Choiseul redete diesen ganzen Abend zornig von Kaspar Hauser. Was hat dieser Kaspar getan, daß man ihn nicht bei den Toten läßt?" "Oh, wenn Durchlaucht befehlen, will ich des Kaspar Hauser Geschichte erzählen - aber nicht hier unter den Bäumen - nicht an den Wassern. Draußen auf den Wiesen - - "

Die Prinzessin folgte ihm wortlos. Noch lagen die Wiesen im Abendschein - und draußen, hingeworfen wie Botschaften oder sehnlich Wartende, sah man die seltsam überdachten kleinen Lusthäuser, Passagen. Sonderbares Land. Es war Wallerstein, als stiege eine Trostlosigkeit aus den Gründen der Erde. Das Lied vom frühen Tod oder von einem endlosen Sein, das in seinen Herzenskammern klaglos und unbegreiflich sich immer wieder nach der Jugend sehnt - über ein bitteres Leben hinüber, über ein Strömen irren Leides, das uns von der Jugend scheidet - - Sie ging an der anderen Seite des Wiesenwegs, Wallerstein ein wenig fern. So grazil und so plastisch. Er überschritt den Weg, fühlte Antoinettes Nähe und fühlte den Geruch des blühenden Grases.

Und dann erzählte er ihr den Mythos des ansbachischen Landes, die Geschichte des Findlings Kaspar Hauser (...).

Antoinette fragte: "Und warum läßt dieser Tod noch heute die Menschen Unruhe fühlen? Ist nicht das Rätsel um aller Menschen Kommen und Gehen?" Wallerstein lächelte. Ja, vielleicht war auch Rätsel um diesen Abendweg über stille Wiesen hin - in denen die verödeten Lusthäuser standen. Vielleicht war es auch Rätsel, was ihn trieb, zu diesem jungen Mädchen sanft und leise heute zu sein. "Ich weiß keine Antwort. Warum gibt es Erinnerungen? Warum trägt irgendwo die Erde Schwermut, irgendwo Luft? Warum sind Weiher unter den Alleen wie Becken der Traurigkeit? Wir fühlen es nur - das muß uns genug sein. Das Rätsel um eines Menschen Kommen und Gehen ist der Mythos des ansbachischen Landes. Die Tragödie der Menschheit ist hier in einem Einzelnen rein, hilflos in plastische Erscheinung getreten - Aber spüren Sie nicht, wie herüber vom Wald der Duft der Lindenblüten streicht - -" Sie hob halb erwartend das Gesicht - - und er hörte die Grillen zirpen - fühlte Stille - unsägliche Stille - - -

55. Sophie Hoechstetter: Epilog. 1917 (S. 241 ff.).

Ich weiß nicht, wie es kam, wir traten plötzlich zusammen von den toten Bildern fort an eine kleine Lade, ein altes Eichenschränklein, und öffneten wie gedankenlos seine Türen.

Da lag allerlei: Schreibbücher und ein steifer Hut, von Alter braunrot geworden, Stiefel und Kleider, und ein kleiner weißlich-vergilbter Fetzen von Leinwand. Und es war, daß wir dieses dünne, alte Gewebe in den Händen hielten - und auf ein paar rotfarbige Flecke sahen und einen Schnitt, wie von einem Stich. Und wir lasen auf einem alten Papier: Das Totenhemdlein des Kaspar Hauser! Da wurden wir wunderlich betroffen von einem fernen Schauer -

Armes, kleines Gebilde, das einst über einem unruhigen Herzen lag, über dem verirrtesten Herzen der Erde vielleicht. Armes, kleines Gebilde, das plötzlich die Tragödie wach werden ließ von einem trübe gesunkenen Leben - die Tragödie des Menschen, der aus dem Unbekannten in die Verlassenheit ging, und an dem alles Irrsal des Seins zum dunklen Symbol

wurde. Das Nichts des Erdenwallens steigt grell auf aus des Kaspar Hausers alter Geschichte. Das Hilflose der gebundenen Seele und des zeitlichen Schicksals wird zum Ereignis. Und jene Ironie, die über allen Menschenfragen steht, hebt ihre schmale Hand. Mir wurde sonderbar benommen, als sähe ich ein Gespenst aus unbegreiflichen Zeiten - als stiegen zugleich all die alte Armut, die schmerzlich-wohlbekannten Dinge von Kämpfen vergangener Gestalten, von Heimat und schwerem Schicksal vor mir auf. Aber Georg Rosenkreutz starrte das vergilbte Hemdlein an, als sei es ein schönes Wunder. Wir sprachen nichts. Wir legten es leise wieder an seinen Platz und schlossen die Türen des Schreins und gingen still aus dem Raum. -
Wir wanderten noch lange schweigsam durch die alte Stadt und ihren großen Garten, bis der Mond hinter den melancholisch-steilen Lindenalleen kam - der Mond, der uns sagte, dieser Tag nahm nun seinen Abschied und wir mußten jeder seinen Weg fortgehen aus dem alten Ort. Fremd sah Rosenkreutz aus. Ich fühlte, seine Gedanken gingen in Weiten, zu Namenlosem hin. Vielleicht suchte er nach dem Urheber all der Dinge und Geheimnisse und Leiden, die das Herz lebt in diesem schmerzlich-armen, reichen Leben. Denn all die Schwermut und Vergangenheit und Liebe dieser alten Stadt lasteten auf uns im Wehen des Abends.
Da sagte Georg Rosenkreutz im Schutze einer dunklen Gasse: "Ich will an dieses Totenhemdlein denken, wenn ich traurig bin. Wenn ich glaube, alles verrinnt. Ein armseliger Fetzen Leinwand ließ uns heute fast um einen weinen, den wir nie gekannt. Der nie etwas Großes gewollt hatte, den man nur liebt um seiner grenzenlosen Einsamkeit willen. Wir dachten seine Spur von der Erde verwischt, und suchten ihn nicht, und fühlten plötzlich an unseren Händen die Male seines verronnenen Blutes. Warum sollen wir nicht glauben dürfen, daß auch unser Herz noch berühren kann über Zeit und Fremde hinweg? Glauben, daß durch Nacht und Finsternis und selbst Vergessen die Spur nicht erlischt, die von unserem Herzen hinaus will - in die Unendlichkeit ----------"

56. Emil Pirchan. Ansbach. Ein Dramolett. 1917 (S. 379).

Emil Pirchan. 1884-1957. Gründung einer Kunstschule für Bühnenbild, Graphik und Plakatgestaltung 1913 in München. Bedeutender Bühnenbildner des deutschen Expressionismus.

Im Hofgarten zu Ansbach am 14. Dezember 1833 gegen 5 Uhr nachmittags. Dichtes Schneegestöber. - Eine breitgerade Allee hoher Lindenbäume zieht durch den kleinen Park. An dem Marmorpostament, das die überlebensgroße Bronzebüste des Ansbacher Dichters Peter Uz trägt, lehnt der Fremde. Ein Gärtner eilt auf ihn zu.
Der Gärtner: Monsieur! Monsieur!
Der Fremde: Gaston! Hat Er alles richtig besorgen können?
Der Gärtner: Beide Parkeingänge sind von gedingten Leuten unauffällig bewacht. Störende Besucher, die jedoch bei diesem Wetter nicht zu erwarten sind, werden von den Männern wie verabredet angezeigt (...).
Der Fremde: Gut, Gaston. - Ob Er wohl kommen wird? Hab ihn heut Mittag angesprochen und unter verschiedenen Vorspiegelungen hierher gebeten.
Der Gärtner: Um seiner vollends sicher zu sein versprach ich ihm, zu gleicher Stunde den artesischen Brunnen vorzuführen.
Der Fremde: Trefflich, bester Gaston! Frankreich wird Euch Dank wissen!

Der Gärtner: Dort, mein Herr, naht schon der einfältige Junge. (Indem er sich vorsichtig zurückzieht): Es lebe Frankreich!
Kaspar Hauser winkt von weitem dem Fremden zu, der wie harmlos auf tiefverschneitem Weg hin und her tappt.
Der Fremde (überaus höflich): O wie lieb von Ihnen, das gegebene Versprechen zu halten.
Hauser: Ihre verheißende Aussag hat mich gelockt: - soll - durch Sie - mich kennen lernen! ....
Der Fremde: Um Kaspar Hauser, das allgenannte "Kind Europas" zu sehen und zu sprechen, bin ich nach Ansbach gekommen.
Hauser: Hiebevor war ich "das Kind Europas". Bin anitzt bloß - armseliger Gerichtsschreiberling.
Der Fremde: Wie bedauerlich! Und dazu mußten sie das gerühmte Nürnberg verlassen!
Hauser: Nit daß ich drumb trauern tät. Zumalen mir gegen dessen harbe [!] altdeutsche Art Ansbach baß lieber ist. Sicher haben auch Sie das Frankenstädtl tändelnd einschmeichlerisch funden, so sanftig in die ruhige Landschaftslinie hingelehnt.
Der Fremde: Um solches zu beurteilen bin ich zu kurze Zeit hier. Bei meinem ersten Rundgang haben sich mir bloß augenfällig betonte oder als sehenswert angepriesene Dinge gezeigt: An den aufgelassenen Basteien der hochgeschossene Herrenriederturm, ein echt trutzigtypisches Tor zur Stadt. Und mitten in ihr als Wahrmal 'drei Türm ohne Dach', die durchbrochenen pyramidenspitzen Steinhelme der Gumbertuskirche. In deren Chorapsis das unberührte Denkmal der Zollernherrschaft, die Schwanenordenskapelle - welch treuliches Herzstück romantischen Mittelalters!

57. Otto Rung: Der Fall Arnoldi. 1917 (S. 131 f.).

Otto Rung. 1874-1945. Dänischer Jurist. Verfasser von Schauspielen, Novellen und kriminalistischen Romanen.

So gewann Friedel endlich den Ausgang. Und da sein späteres Leben eine Sache für sich ist, so erübrigt hier noch, die, die ihn zuerst fanden, von jenem Sommermorgen im Jahre 1883 erzählen zu lassen.
Der Maler Stephan Myers, der später Friedels Erzieher und Lehrer wurde, saß auf einer Böschung oberhalb der Aare vor seiner Staffelei und malte den Fluß, die steilen Ufer und die Wolken. Einige Kinder spielten auf dem abschüssigen Uferrasen ihren Ringelreihen mit großen Löwenzahnkränzen, und er nahm sie in sein Bild auf. Da sah er aus einer Villa, die abseits mitten in einem kahlen Garten auf dem Abhang lag, einen etwa zwölfjährigen Knaben, jedoch mit langem Mädchenhaar, das dichtumkraust seinen Kopf umgab, in weißem, knappem Leinenanzug und mit nackten Beinen des Weges kommen. Er lief eher, als er ging, kam taumelnd näher, mit den Händen tastend. Seine Augen waren unter dem grellen Sonnenlicht zusammengekniffen, sobald er in den Schatten kam, aber weitgeöffnet. Er hob die Hände, wie um zu greifen, wie um Luft und Licht zu umklammern. Über die Wiese ging er langsamer, suchte sich seinen Weg zwischen den Milliarden gelber und weißer Blumen. Aus seiner Brust kam ein langer, heller Ton, wie ein Gesang oder ein Ruf.
Die spielenden Kinder blieben stehen und sahen ihm nach, erstaunt und verlegen. Er lief auf sie zu, sah ihnen einem um den anderen ins Gesicht und lächelte. Aber seine Augen - so erzählt Myers - drückten eine tiefe überlegene Klugheit, eine teuer erkaufte Lebenserfahrung aus, und seine stummen Lippen trugen einen Zug fast übermenschlichen Wissens.

Langsam, wie grübelnd, löste er sich von dem Spiel der Kinder und wanderte dem fremden Manne zu, der sich von seinem Sitz erhoben hatte. Und Myers, der noch nichts von alledem begriff, nickte und lachte in seinen großen, gelben Bart und reichte dem zögernden Kinde die Hand hin. Da sank Friedel, überwältigt von dem Licht und dem ungeheuren Raum, vor seinen Füßen zusammen. Myers hieß eines der Kinder frisches Wasser aus der Aare bringen und badete Friedels Antlitz. Die anderen Kinder standen in dichtem Kreis um sie her und sahen verwundert zu. Zwei von den Kleinsten waren bange geworden, und sie liefen, laut weinend, Hand in Hand heim. Selbst Myers empfand ein seltsames Grauen vor diesem wachsbleichen Kinde, das sich nun langsam auf den Knien aus dem hohen Grase erhob. Und die Frage an den Knaben, wer er denn sei, erstarb auf seinen Lippen.

58. Kurt Rupli: Caspar Hauser. 5 Bilder aus dem mysteriösen Leben des Findlings. 1917 (S. 14 ff.).

4. Auftritt
(...)
v. Tucher (nach einer Pause): Herr Staatsrat Feuerbach hat in seinem Schreiben um einen ausführlichen Bericht über Ihre Inhaftierung am Pfingstmontag nachgesucht. Verschweigen Sie nichts. Reden Sie die Wahrheit. Es liegt in Ihrem eignen Interesse die Verhandlungen nicht in die Länge zu ziehen. Antworten Sie mir auf meine Fragen. - Woher kommen Sie und wer sind Ihre Eltern? Der Fremdling bleibt verständnislos.
Hickel (nach einer Pause, brüllt ihn an): Kerl, hat Er keinen Schnabel?! Gefragt wird, wo er herkommt. Spiel Er uns da kein Theater vor. Dummsack! Meint Er denn, daß wir darauf reinfallen!? (Reißt dem Knaben das Pferdchen unter seinem Arm weg und wirft es zur Erde.) Fort mit dem albernen Zeug. Er ist kein Kind mehr. Wag Er nicht es wieder anzurühren.
Der Fremdling hebt sein Pferdchen auf. Kauert an der Türe links vorne. Bebt am ganzen Körper. Das Pferdchen preßt er mit beiden Händen an sich.
(Daumer ist dazwischen getreten. Streicht dem Knaben beruhigend über das Haar): Nicht doch, Herr Polizeileutnant! Mit Geduld werden wir weiter kommen ... Nimm dein Roß, Junge.
Der Fremdling (mit dankbarem Blick zum Professor, lallend): Roß ... Duuu ... (Das "Du" muß klingen als rufe er jemanden. Er stammelt unverständige Worte.)
Hill (führt den Knaben wieder zur Mitte): Kein schlechter Junge Herr Baron. Ein armer Teufel, mit dem man Erbarmen haben muß ... Komm' Junge, komm ... bleib' schön da stehen ... Sooo ...
v. Tucher: Sie können mir also nicht sagen: Woher Sie kommen und wer Ihre Eltern sind? Aber wie Sie hierher gekommen sind, das müssen Sie doch wissen.
Hickel: Natürlich muß er das wissen. (Es dämmert. Das Rotgold der untergehenden Sonne auf den benachbarten Ziegeldächern.)
Der Fremdling achtet nicht auf die Fragen. Stürzt in Ekstase zum Fenster im Hintergrund. Mit dem Ausbruch größten Wonnegefühls: Duuu ... Duuu ... Möcht' so reiten können wie mein Vater ... (Mit ausgestreckten Armen bleibt er stehen. Rücken gegen den Zuschauer, als wolle er die Farbenpracht anfassen.)
(Regungslose Pause.)
(...)
v. Tucher: (Mit Geduld): Ihren Namen werden Sie aber sagen können?

Hickel: Das wäre doch anzunehmen ...Wie heißt Er? Heraus mit der Sprache!
Der Fremdling bleibt verständnislos.
Hickel: So schreib' Er ihn auf! (Reicht ihm Schreibmappe und Feder vom Schreibtisch)
(Der Fremdling nimmt unbeholfen die Feder. Hill hält die Mappe zum Schreiben. Ein geisterhaftes Lächeln umspielt die Züge des Knaben. Er schreibt mit großen Buchstaben. Ist er fertig, so läßt er die Feder zur Erde gleiten. Alles steht erwartungsvoll.)
Hickel nimmt hastig das Stück Papier, entziffert: Caspar Hauser.
Daumer (ist hinzugetreten) Sein Name!
Hickel: Haben wir den Schlingel. Wo ist der Brief, Herr Baron ... der Brief ...?
v. Tucher: Welcher Brief?
Hickel: Den man bei der Verhaftung vorfand. Der Brief an den Rittmeister.
v. Tucher: Hier lag er eben noch. (Gibt ihm den Brief.)
Hickel: Er hat ihn sicher selbst geschrieben. Es ist die selbe Schrift.
Daumer (mit Energie): Er hat ihn nicht geschrieben. Den Jungen umgibt ein wunderliches Geheimnis.
Hickel: Er ist ein Simulant, das ist klar bewiesen.
Hill (treuherzig): Das ist nicht wahr, Herr Leutnant.
Magistratsdiener tritt mit einem Leuchter brennender Kerzen auf. An Caspar vorüber nach dem Schreibtisch.
Caspar Hauser stößt einen Freudenschrei aus. Mit dem Körper macht er tanzbärenhafte Bewegungen und greift mit der Hand in die Lichter. Der Freudenschrei wandelt sich in schmerzliches Weinen. Er sinkt zur Erde und bleibt regungslos liegen. Alles gebannt.
Daumer (sichtlich gerührt) Meine Herren, geben Sie mir den Jungen in mein Haus. Ich will die Wurzeln dieses Daseins ausgraben.
Der Vorhang fällt langsam.

59. Kurt Tucholsky: Namensänderung. 1918.

Ich muß mir einen neuen Namen geben.
Mein Gott, wer ändert nicht in großer Zeit!
Man kann ja auch als Kaspar Hauser leben,
wie er war ich von aller Welt so weit.

Ich Menschenfremdling dacht in meiner Klause:
Ist ein Professor einmal Monarchist,
weht einmal Schwarz-Weiß-Rot von seinem Hause,
dann, dacht ich, bleibt er eben, was er ist.

Ich Kind! Da lebt ich so im frommen Wahne.
Der hat ja gar nicht jenen Thron gemeint!
Sein Banner ist die kleine Wetterfahne:
Zahlst du Pension? Wenn nicht, bist du der Feind.

Und flugs und flink hat er sich umgewandelt.
Man ändert seinen Namen, nicht das Herz.
Man lernt die neuen Worte, und man handelt
die Überzeugung nunmehr anderwärts.

So zeigt sich denn beim Leben und beim Schreiben:
die Reaktion ist alt - die Phrase neu.
Ich aber will gern euer Alter bleiben,
als Kaspar Hauser.
Bleibt mir weiter treu!

60. Sophie Hoechstetter: Gedächtnis. 1919 (S. 233 ff.).

Es war wieder August und der Sommer verstreute seine Wärme über den ganz verlassenen Garten hin. Lord Henry ging auf den Wegen und suchte die Prinzessin. Seine schmalen, langen Hände streichelten die Levkoyen, spielten mit den Rosen, er lehnte an der alten Säule und wartete. Als die Dämmerung über den Garten sank, betrat er das Schloß. Dort war der Leibarzt, und auch er hatte gewartet mit der Geduld des Alters und des Rächers.
Lord Henry sah ihn kalt an und fragte nach der Prinzessin. Und nun kamen die Worte. Lord Henry hob eine hochmütig abwehrende Hand. Und erfuhr doch, was er erfahren mußte: daß er eine unsühnbare Schuld gegen die Gastfreundschaft begangen, und daß nur des Leibarztes unaussprechliche Ergebenheit für das hohe Haus es vor Schande und Lächerlichkeit bewahrt habe, die Prinzessin aber vor einem Eklat, schlimmer als Not und Tod. Tonlos murmelte der junge Lord: "Aus dem unirdischen wurde Materie?" Aber der Leibarzt verstand ihn nicht und die Worte für ein Stammeln der Reue. Doch das genügte jener großen Gerechtigkeit nicht, die Leid will für Lust, und Last für Leben. "Das Falconbridgechen, das Eure Lordschaft hervorzubringen geruhten, lebt!" "Wo?" rief Lord Henry. "Ich gab ihn einer Landstreicherin mit", antwortete der Arzt und kostete jedes Wort aus, als schmecke seine Zunge die köstlichsten Gerichte. "Und wo das Kind der Landstreicherin jetzt herumvagiert, das weiß ich nicht. Eure Lordschaft können's ja suchen! Ich gab dem Büblein auch einen Namen mit. Einen so braven Namen, als sei er ehrlich geboren. Wenn der Name einmal in ganz Europa von sich reden machen sollte, werden Eure Lordschaft sich ja an Dero sentiment paternel erinnern!" Der alte Leibarzt legte alles, was sein pflichttreues Herz während langer Monate mit Wut und Zorn erfüllt hatte, in seine Stimme. Wie ein teuflischer Hohn klang es: "Suchen Sie doch, Lord - er heißt Kaspar Hauser." Lord Henry starrte voll Grauen auf den pergamentnen Mann, als wäre von den dünnen, grausamen Lippen ein Fluch über ihn gesprochen. - -
Lord Henry stürzte hinaus in den ganz verlassenen Garten. Die Levkoyen dufteten, die Sterne zogen herauf. Steil stand der junge Mensch. Aus einer Nacht, so ganz entrückt, so spielerisch süß, so unirdisch, wurde Materie? Aus dem Tönen der Sterne die Schuld? Ihn ekelte vor dem Wort. Er scheuchte es weg. Aber dann überfiel es ihn schauernd: Ein Leben floß von mir ab. Floß zu der kleinen Blume, die eine Nacht lang an meinem Herzen lag, eine unirdische Nacht lang, wo ich ferner Ewigkeiten dachte. Ein Leben. Ein erdgebundenes Schicksal. Und das irrt nun durch die Verlassenheit? Waren wir nicht wie unschuldige Vögel, die über weite Meere fliegen? Waren wir nicht hell und licht, ein holder Gedanke der Einsamkeit, ein schuldloses Lächeln? Und nun gab es da ein armes Leben, aus dieser Stunde entsprungen, sein und ihr Kind, und das zog wie ein Bettler, ein Einsamer, Heimatloser, mit einer Landstreicherin durch die Welt - ohne Wissen von Ursprung und Ziel? Geängstigt sagte er vor sich hin: Kaspar Hauser? Und er verließ in Hast den Garten, als habe er den Namen eines Gespenstes gehört, das ihn sein Leben lang verfolgen sollte.

61. Kurt Tucholsky: Namensänderung. 1920.

Ich darf nun wieder Theo Tiger heißen.
Die Maske fällt: kein nürenberger Kind
bin ich - laßt mich in Menschen beißen,
die gut genug zu meiner Fütterung sind.

Die Politik hat ihre Frühjahrsmoden.
Zur Zeit trägt man sich demokratisch - nicht zu knapp.
Man steht im Dress auf jenem Hängeboden
der Wirklichkeit und weiß nichts mehr von Kapp.

Der Tiger knurrt. Er spuckt die Emballage
der Opfer gähnend in sein Raubtierhaus.
Er sieht den Knaben gern in die Visage
und zieht sie alle splitternackend aus.

Nackt will ich sie. So kann ich sie verdauen.
Nackt will ich sie. Ich pfeif auf Uniform.
Nackt will ich Militärs und Kinofrauen -
ich weiß: die Tünche lügt enorm.

Sieh den Professor an! Er gibt sich fachlich
und spricht von Ramses und vom Erbschaftsstreit
und täglich infiltriert er, scheinbar sachlich,
den jungen Herrn die alte Kaiserzeit.

Sieh die Beamten! Sieh die Landratsbande!
Sie tun nur so. Dreht sich einmal das Rad?
Nackt will ich sie. Dann lieg ich still im Sande
und wünsche träumend diesem deutschen Lande . . .
Da knirscht die Tür.
Ich werde niemals satt.

62. Klabund [d. i.: Alfred Henschke]: Der arme Kaspar. 1922.

Ich geh - wohin?
Ich kam - woher?
Bin aussen und inn,
Bin voll und leer.
Geboren - wo?
Erkoren - wann?
Ich schlief im Stroh
Bei Weib und Mann.
Ich liebe dich,
Und liebst du mich?
Ich trübe dich,

Betrübst du mich?
Ich steh und fall,
Ich werde sein.
Ich bin ein All
Und bin allein.
Ich war. Ich bin.
Viel leicht. Viel schwer.
Ich geh - wohin?
Ich kam - woher?

63. Klabund [d. i.: Alfred Henschke]: Kaspar Hauser. Nach Verlaine. 1922.

Ich kam, ein armes Waisenkind,
Zu den Menschen der großen Städte.
Sie sagten, daß ich tiefe Augen hätte,
Doch war ich den Menschen zu blöde gesinnt.

Mit zwanzig Jahren ohne Lug und Trug
Hieß es mich gehen zu schönen Frauen.
Sie nennen es Liebesgrauen.
Doch war ich den Frauen nicht schön genug.

Kein Vaterland, in keines Sold,
Ließ ich mich vom Hauptmann werben.
Ich wollte im Kriege sterben.
Der Tod hat mich nicht gewollt.

Ward ich zu früh geboren, zu spät?
Was tu ich auf der Welt noch hier?
Mein Leid ist ja so brunnentief. O Ihr,
Sprecht für den armen Kaspar ein Gebet!

64. Karl Franke: Pythius und Kaspar Hauser. 1924.

Es war nicht leicht, in das Heiligtum Pythius', des Hellsehers vorzudringen. An der Gartenpforte wurden mir von einem schwarzen Diener die Augen verbunden, dann führte er mich über endlose Stufen durch endlose Gänge, in denen unsere Schritte schauerlich von den anscheinend feuchten Wänden widerklangen, und in denen es nach Molchen und Unken roch.

Als mir die Binde von den Augen genommen wurde, stand ich Pythius gegenüber. Welch ein denkwürdiger Augenblick! Der Meister saß in einer Rotunde auf einem dreifüßigen Stuhle, dessen Beine die dreifache Länge sonstiger Stuhlbeine hatten. Vor dem Dreifuß kauerte eine schwarze Katze.

"Verehrter Meister der Hellseherkunst, ich komme, um aus Ihrem erlauchten Munde etwas

Befreiendes über das jetzt wieder aufgerollte Kaspar Hauser-Problem zu hören. Ziehen Sie möglichst rasch den Schleier von dem Geheimnis, sonst macht der Jakob Wassermann das Rennen!"
Pythius, der Kriminalpsychologe, zwirbelte seinen schwarzen Mikosch-Schnurrbart; die schwarze Katze schnurrte geheimnisvoll; der schwarze Diener rollte die Augäpfel, daß sie Monden in pechfinsterer Nacht glichen.
"Ich habe den Schleier bereits gelüftet", begann Pythius, und seine Stimme glich der des Erdgeistes im "Faust". "Ich habe die Entschleierung dieses Rätsels zu meiner Lebensaufgabe gemacht, und seit gestern nachmittag drei Uhr 15 Minuten kann ich sagen: "Ich habe nicht umsonst gelebt!"
"Anbetungswürdiger Meister! Seit rund 100 Jahren trotzt der Deckel über dem geheimnisvollen Kaspar Hauser-Topf allen Versuchen, ihn zu heben."
"Jawohl, und ich habe ihn gehoben!" "Aahh! Es war natürlich doch ein badischer Prinz ...?" "Nein!" dröhnte die Stimme des Erdgeistes. "Also ein gewöhnlicher Betrüger, der irgendetwas auf dem Kerbholz hatte, eine Schiebung oder ein verkrachter Theaterdirektor, der untertauchen wollte, um den Gegenforderungen zu entgehen?" "Nein!" dröhnte der Erdgeist-Ersatz (...).
"Hören Sie", begann er, "Kaspar Hauser war["] ... neues Leben rieselte durch meine gelähmten Glieder ... "Kaspar Hauser war der Sohn Ludwigs des Ersten von Bayern und der Lola Montez." (...) "Dieser grandiose Schwindel!" schrie ich, "die Lola hat ihr erstes Bier in München erst um 1846 herum getrunken, während der Kaspar bereits um 1830 als Zwanzigjähriger aufgetaucht ist! Von Ludwig garnicht zu reden!" (...) "Hier lügt eben, wie so oft, die Geschichte. Glauben Sie doch diesen Zahlen nicht. Wer hat die Zahlen aufgeschrieben? Armselige Menschen, die jeder Lufthauch hinwegfegen kann."

65. Sophie Hoechstetter: Das Kind von Europa. Die Geschichte des Kaspar Hauser. 1924 (S. 94 ff.).

Im Juli 1830 fand diese Uebersiedlung statt. "Der Herr Kaspar wird nun ein Aristokrat", sagten die Nürnberger. "Und weil der Herr von Feuerbach das Fürstenschloß, in das er gehört, noch nicht gefunden hat, zieht er einstweilen ins Tucherschlößlein."
Es tat Kaspar wohl, in dem schönen, stillen Gebäude zu sein. Er mußte nun nicht mehr ins Gymnasium gehen, sondern bekam zu Hause Unterricht wie einst bei Daumers. Doch es war so still hier. Der Baron Tucher ließ nur im Ausnahmefalle Fremde vor und war auch nicht für lärmende Ausflüge und Landpartien wie Frau Biber. Der Garten war groß genug, daß sich Kaspar darin ergehen konnte. War es doch eine schöne regelmäßige Anlage mit Rasenplätzen und Buschwerk und Steinfiguren, die in einen Park überging, dessen alte Bäume bis zum Stadtgraben reichten. Kaspar war sehr gern in diesem Garten. Von dem etwas tiefer liegenden Hof führten durch ein Mauerpförtchen alte Stufen hoch zu den Rasenflächen hin. Wandte man den Blick rückwärts, so hatte man die reichgegliederte Gartenfront des Schlößchens vor sich. Seine gotische Grundform verschwand fast unter der reichen Ornamentik aus Renaissancezeiten.
Kaspar blieb gerne stehen und blickte nach den Fenstern. Die alte Baronin von Tucher saß da oft: Ach sie war nicht wie Mutter Daumer, sondern stolz und fern. In diesem stillen, vornehmen Hause lebte Kaspar ein Jahr dahin. Er sah Binder und Daumer zuweilen, wurde unterrichtet und war sehr viel allein. Ging er einsam durch den alten, etwas feierlichen

Garten, so dachte er wohl oft, es müsse doch einmal der Augenblick kommen, wo ihm die Erinnerung bisher verschlossene Tore auftun würde.

Denn er begriff nun ganz seine Stellung im Leben: er besaß nicht Eltern, nicht Geschwister, nicht Wissen, nicht Vaterland. Er war das Kind von Europa, und ein bitteres Lächeln kam ihm; er besaß nicht einmal das Stück Brot, das er aß, als Eigentum. Gnade oder Güte wies es ihm zu. Er besaß auch nicht mehr, wie einst das Vertrauen der Menschen. Es war ihm wohl bewußt, daß er sich oft in Angaben irrte. Es war ihm sogar schmerzlich bewußt, daß er zuweilen Falsches sagte, um nicht die langwierigen Erklärungen geben zu müssen, die er übersatt hatte. Er sollte immer seine Gedanken und Gefühle beschreiben, er sollte genau noch wissen, was er jemand am Sonntag oder Mittwoch geantwortet hatte. Er sollte sich erinnern, wie lange er zur Anfertigung eines Pappkästchens, eines Lichtschirms, eines Briefes gebraucht. Und dies war ihm doch so gleichgültig. Gab er dann eine verlorene törichte Antwort, so hieß es, er lüge. Und er hatte doch Wichtigeres zu denken als solche Dinge.

Wie eine Qual hatte ihn die Frage nach seiner Herkunft, nach seiner Vergangenheit, nach seiner Zugehörigkeit ins Leben überfallen. Er wußte nicht, daß die Frage, woher der Mensch kommt und wohin er nach diesem Erdendasein geht oder zurückkehrt, eine ewige ist. Er wußte nicht, daß die größten und edelsten Geister der Menschheit daran gerätselt haben und eingestehen mußten, ihre Erkenntnisse darüber seien letztlich nicht mehr als die Träume von einer größeren Weisheit über uns und der Glaube an diese größere Weisheit. Wie alle Religion aus Traum und dem Glauben und dem ahnenden Erlebnis von einer sittlichen Macht über uns erwachsen ist. Er nahm sein Schicksal als ein außerordentliches, und es war doch in seiner Dunkelheit das Gleichnis des Menschenlebens an sich.

66. Klara Hofer: Das Schicksal einer Seele. Die Geschichte vom Kaspar Hauser. 1924 (S. 14 f.).

Klara Hofer (eigentlich Klara Höffner, geb. Gutsche). 1875-1955. Romanautorin und Verfasserin volkstümlicher biographischer Darstellungen. Veröffentlichungen vornehmlich aufgrund geschichtlicher Quellen zwischen 1912 und 1952.

So viel und tief das Problem mich beschäftigt hatte, so war es doch eigentlich nie das Tatsächliche, nicht Kaspar an sich gewesen, was mich anrührte, sondern Kaspar in der Spiegelung, das Vergängliche als Gleichnis. Ich konnte nicht beurteilen, wo Wahrheit aufhörte, wo Dichtung begann, und ich hatte, getreu meiner persönlichen Auffassung der Kunst, die Gewesenes und Vergangenes lebendig macht, auch auf Treu und Glauben hingenommen, was der Dichter sagte. Nun kamen die nüchternen Zeugnisse des Lebens ins Haus, das Bild verschob sich, die Vergangenheit rückte ins Greifbare, und gerade das, was an Kaspars Bericht unglaublich war, wenn schon durch ärztlichen Befund und wohlüberlegte Aussagen derer, die ihn zuerst aus der Nähe beobachten konnten, gestützt, und woraus der schnellfertige und kurze Verstand des Geschlechtes, das nie ausstirbt, triumphierend den Nachweis seines Betrügertums herleitet: gerade dies ward durch den stummen Kronzeugen, den Ort seiner Beherbergung, als die klare Wahrheit erwiesen.

67. Otto Goldmann: Lilith. Roman eines modernen weiblichen Kaspar Hauser. 1925 (Buchausgabe 1927, S. 5 ff.).

Otto Goldmann. 1884-1947. Jurist und seit 1918 Verfasser zahlreicher Kriminalromane.

Die Stadt hatte ihre kleine Sensation. Schön war das junge Mädchen, wunderschön, das im frostigen Morgengrauen der Schutzmann Lehmann II vor der Haustür des Polizeipräsidenten fand. Gewachsen wie eine Venus; doch wies der schlanke Körper unbarmherzige Spuren der Entkräftung auf. Sanft war der Ausdruck des blassen Gesichtes mit den geschlossenen Augen; als ob eine Madonna ihr müdes Haupt zum Schlaf auf die harten Steinstufen niedergelegt habe. Die kleinen, weichen Hände waren schlaff und weiß, als habe der Tod sie gezeichnet. Nur ein nervöses Zucken der Finger verriet, daß noch Leben die zarten Glieder durchpulste. Die Kleidung des jungen Mädchens war abgetragen und an vielen Stellen zerrissen, doch sauber und mußte einst elegant gewesen sein. Ein dunkler Rock, ein langschößiges blaues Jackett. Ein Hut war nicht da. Hatte das junge Mädchen ihn auf einer eiligen Flucht verloren? Denn wirr und gelöst umrahmte lockiges schwarzes Haar die bleiche Stirn, die schmalen Wangen der Schlafenden.

Eine Schlafende? Lehmann II hatte erst die Schulter des jungen Mädchens berührt. Jetzt ergriff er die kleine kalte Hand, zog an ihr: "Sie - - he da! Wollen Sie nicht aufstehen?"

Doch nur ein tiefes, schmerzliches Stöhnen war die Antwort. Betroffen richtete er sich hoch. Ein Unfall? Schnell eilte er die paar Treppenstufen hinauf und setzte die Hausklingel in Bewegung.

Hans Joachim Brand, der Polizeipräsident, ein wohlkonservierter Fünfziger, mit den gutmütigen, etwas unsicheren Augen des Kurzsichtigen, war voller Mitleid, aber nicht allzu erbaut über das Geschenk, das eine stürmische, naßkalte Oktobernacht auf seine Schwelle gelegt hatte.

Ein Geschenk; denn der Schutzmann, der noch zur Hand ging, das junge Mädchen auf das Sofa seines Vorgesetzten zu betten, machte auf den Brief aufmerksam, der aus dem Jackett der Unglücklichen geglitten war. Mit unbeholfenen Schriftzügen und in ungelenker Ausdrucksweise war nur kurz berichtet, daß das junge Mädchen nach dem Krieg ohne Sprache aufgefunden worden sei, bisher "bei die ganze Arbeit" willig mitgeholfen habe, jetzt aber wieder "weiter wolle", da sie "ihn" doch finden müsse. Ohne Adresse und Herkunftsangabe war das Schreiben (...).

Seine Blicke trafen sich mit den nachdenklichen Augen des Schutzmanns. "Hm - - Krankenhaus - -". Das war zunächst wohl das Richtige.
"Oh!" tönte da von der Schwelle der Ausruf melodisch-weiblichen Bedauerns. "Haben Sie hier eine Kranke, Herr Präsident?" Die beiden Männer fuhren herum und verneigten sich, als sie den Besuch erkannten, dessen Klopfen überhört worden war. Der Hausherr errötete leicht und rückte an seiner Brille. Noch mehr als das Auffinden des fremden jungen Mädchens beunruhigte ihn der unerwartete Besuch der hohen, schlanken Frau mit dem schneeweißen Haar, dem vornehmen, auffallend jugendlichen Gesicht und den großen dunklen Augen, in denen so oft das Feuer einer Zwanzigjährigen stand. "Frau Baronin - - -" "Herr Präsident - -!" beantwortete sie lächelnd seinen stockenden Gruß und trat mit graziösen Bewegungen beinahe schwebend näher. Unbekümmert um ihre kostbare Toilette aus dunkelrotem Samt kniete sie an dem Sofa nieder, hob mit beiden Händen den Kopf der Bewußtlosen, musterte das blasse, erschöpfte Gesicht, hob behutsam wie ein Arzt mit der Fingerspitze erst das eine Augenlid, dann das andere, wandte schnell das Gesicht nach der Stube und murmelte unsicher: "Was ist das? Ich verstehe da etwas nicht - - -" Die beiden Herren erzählten abwechselnd, was sich vor wenigen Minuten zugetragen hatte. Auch das seltsame Begleitschreiben legte der Polizeipräsident nach kurzem Zögern der Baronin vor. Diese las einmal, zweimal. Ihre Augen schlossen sich und eine tiefe Falte erschien zwischen ihnen. Dann schüttelte sie halb beunruhigt, halb ungläubig den vornehmen Kopf, lachte leise und warf das Schreiben nachlässig auf den Tisch. "Ich wünsche Ihnen Glück, Herr Präsident. Sie werden es die nächste Zeit nicht leicht haben. Sie verstehen mich nicht? Alles war schon einmal da. Auch ein Kaspar Hauser. Nur ein weiblicher noch nicht - -"

68. Helene Hirschmann: Kaspar Hauser. 1925.

Ein grüner Zweig, der Dunkelheit entsprossen,
ein Wesen, elternlos und aller Kind zugleich,
geliebt, verwöhnt, verspottet und verlassen,
ein König in der Träume weitem Reich!

So schritt der Findling einst durch unsre Gassen
arm, ohne Heimat, aller Macht beraubt,
und dennoch flocht des Volkes Kinderglaube
die unsichtbare Krone um sein Haupt.

Geheimnisvoll sein Kommen und sein Gehen,
in undurchdringlich düstre Nacht gehüllt, -
sein kurzer Weg von Streben nach dem Lichte
von Angst und Grauen bis zum Rand gefüllt.

Warum wir immer noch an seinem Wesen deuteln
und eine Welt ob seinem Schicksal sann? -
Weil unsere Sehnsucht nach des Lebens Ursprung
in ihm Gestalt, doch keine Lösung fand.

69. Sophie Hoechstetter: Ansbach. 1925.

Du liebe Stadt! Geheimnis webt den Schleier
Um deine Wirklichkeit. Kein Mißklang bricht
Die Stille einer ewigen Gedächtnisfeier.

Dein Wesen ist vom Tag, vom Alltag nicht.
O schweige, wer Vergangnes will ergründen:
Hier spricht der Dinge edles Traumgesicht,

Erlöst von Irrsal und von Not und Sünden.
Zum Spiegel und zum Spiele wird die Zeit,
In die des Lebens volle Ströme münden.

Geh zur Kapelle, wo im Schwanenkleid
Die Ritter schlafen, die sich einst Marien
Zu frommem Dienste jugendlich geweiht,

Und laß im Schloß all deine Sorgen fliehen!
Sieh, wie aus Glanz und Macht ein Lächeln ward
Ein fröhlich-schönes Leuchten und Erglühen.

Ein stiller Garten aber offenbart
Dir in dem wehen Rauschen alter Linden,
Geliebter Schatten kurze Lebensfahrt.

Von schmerzensreichem, schwerem Überwinden
Spricht Platens, spricht des Hausers früh Geschick.
Sie kannten nur das Suchen, nie das Finden.

Sie starben, um im unerlösten Blick
Den Freund noch und die Mutter zu umfassen,
Und ließen ihres Weges Spur zurück -

Du liebe Stadt, wes Herz kann dich verlassen?
Im Mythos deiner Brunnen singt verwehtes Leid
Und trägt den Klang durch rätselvolle Gassen.

Von Unvergeßlichkeit zu Unvergeßlichkeit,
Von Einst zu Einst bist du geliebt
Und ruhst im Pathos der Erlesenheit.

Du liebe Stadt, vor deinem Bild zerstiebt
Der Gram, der unsre Seele möcht' begatten,
Wir fühlen, daß es noch die Ruhe gibt.

Werd' ich zum Kind, bin ich mein eigner Schatten?
Die sanfte Schwermut deiner Stille legt
Den Schimmer selbst noch über das Ermatten.

Was ist's, das uns so tief an dir bewegt?
Wir schreiten durch unendliche Gedächtnisfeier -
Die ihre Toten noch wie Träume trägt.

70. Klaus Mann: Kaspar-Hauser-Legenden. 1925 ([2]1925, S. 165 ff.).

Kaspar Hauser und die Blinde Frau

An einem sehr heißen Tag ging Kaspar Hauser durch das sommerliche Land. Da sah er eine blinde, alte Frau am Saume der Landstraße sitzen. Er sprach sie an und trat zu ihr, um mit ihr zu sprechen.
"Mein lieber Sohn," sagte die Alte und hob ihr blindes Antlitz zu ihm, "wie freue ich mich,

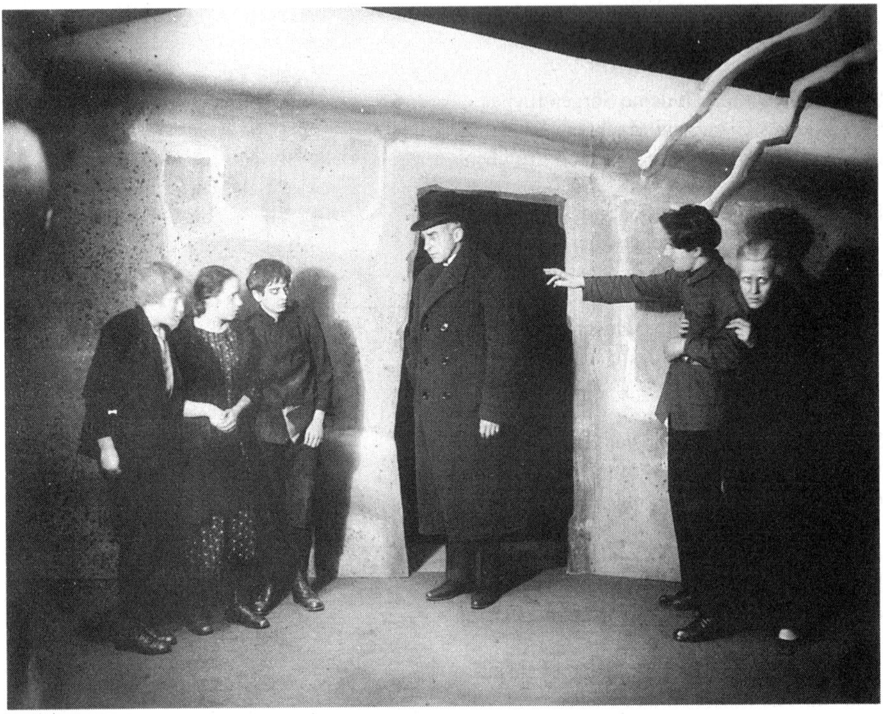

daß du kommst, um mich zu besuchen." Und Kaspar lächelte ihr zu. Sie lächelte wieder, ohne daß sie doch hätte sehen können, was auf seinem Gesicht vorging. So gut verstanden sie sich schon, Kaspar Hauser und die Blinde.
"Erzähle mir doch," sagte die Alte, "erzähle mir's doch, mein lieber Knabe, woher du kommst und wohin du wohl gehst - - " Und Kaspar lächelte wieder, setzte sich zu ihr ins Gras am Rande der Landstraße und sagte: "Ach, Mutter - das weiß ich nicht mehr, wohin ich zu gehen habe. - Einmal hat man mir's ja gesagt, das Reiseziel, aber ich habe das Wort vergessen. Und nun muß ich wohl heimfinden, ohne den Weg zu wissen, denn hierzulande werde ich kaum einen Führer finden -" "Aber wo du zu Hause bist," sagte die Alte, "das weißt du doch noch - - " "Ja", sagte Kaspar und seine Stimme bekam jenen seltsamen Klang, der sich zuweilen wie ein Schleier über sie legte und den sie immer hatte, wenn die Leute meinten, er löge. "Wo ich zu Hause war - das weiß ich wohl noch - -"Und langsam erzählte er in die zitternde Hitze des Sommertags. "Ich wohnte damals in einem großen Palaste - dieser Palast stand an einem Wasser. Über dem Wasser flatterten schwarze Vögel. Sie schlugen ganz schwer mit ihren großen Flügeln, sie kamen auch an mein Fenster geflogen, wo ich stand, um das Meer zu sehen. Ich fütterte sie mit goldenen Körnern." "Du füttertest sie mit goldenen Körnern", wiederholte die Blinde und wiegte den Kopf ganz sacht und wie nach einer Melodie. "Meine Mutter aber", erzählte Kaspar und hielt die Augen halb geschlossen, vielleicht weil das Licht sie so blendete, "meine liebe Mutter saß immer bei mir. - Sie hatte so dunkle Haare, mit denen wusch sie mich jede Nacht - das heißt", sagte er und schloß die Augen zu einem tiefen, seligen Lächeln, "Nacht war es ja immer - wo ich zu

Hause bin." - Und die Alte saß still, die Hände im Schoß. "Sie wusch dich mit ihrem Haar -" sagte sie leise, "und nun hast du sie verloren - mein armer Prinz -" Kaspar Hauser aber, von dem niemand wußte, woher er stamme und der ein Fremdling war, saß, den Kopf ein wenig schief gehalten, im Gras und erzählte der blinden Frau: "Eine Schwester hatte ich auch. - Sie besaß zehntausend schwarze Tauben, in deren Mitte saß sie und sang. - Sie sang immer das gleiche Lied, die Melodie, die meine Schwester sang, war immer die nämliche. - Aber ich habe sie vergessen." Und er ließ, wie in einer tiefen Traurigkeit, die Hände sinken. Und wieder sagte die Alte - und jetzt streichelte sie mit ihren uralten Händen sein Haar -: "Du hast die Melodie vergessen - mein armer Prinz -" "Ich suche sie," sagte Kaspar Hauser, "ich suche die Melodie, die meine Schwester sang - in aller Menschen Augen suche ich nach ihr. - Aber zuweilen, wenn es dunkel wird und wenn ich einschlafe - dann höre ich sie, dann höre ich sie beinah - und noch etwas gibt es, da ist auch etwas darin, von der Melodie. - Aber ich weiß es nicht, was das ist -" Und Kaspar Hauser lächelte, wie er im Gedenken an sein dunkles Zuhaus gelächelt hatte.

71. Alfred Wolfenstein: Kaspar Hauser singt:. 1925.

Ein Waisenkind, das garnichts hat
Als stille Augen unentweiht,
Stand ich auf einmal in der Stadt:
Die Männer fanden mich nicht gescheit.

Mit zwanzig Jahren wieder geschah
Mir etwas: durch mein Herz flog Föhn,
Daß ich die Schönheit der Frauen sah:
Die Frauen fanden mich nicht schön.

Und tapfer (wenn ichs auch nicht war)
Und ohne Fürst und Vaterland
Ging ich in Krieg und suchte Gefahr,
Wo mich der Tod doch nirgends fand.

Was soll ich hier, in dieser Zeit?
Kam ich zu frühe oder zu spät?
Ihr alle, schaut mein wirres Leid,
Denkt an den Kaspar im Gebet.

72. Helene Hirschmann: Kaspar Hausers erstes Weihnachtsfest. 1926 (Buchausgabe 1929, S. 10 ff.).

Ein paar Minuten lag die Stille der Erwartung über dem traulichen Raum. Dann erklang der dünne, helle Ton einer kleinen, silbernen Glocke, die schmale Tür zum Studierzimmer des Professors ging auf und im Glanz ihres bunten, glitzernden Schmuckes und vieler, dünner Kerzchen stand die dunkelgrüne Tanne auf dem weißgedeckten runden Nußbaumtisch. Wie erstarrt blieb Kaspar unter der Tür stehen, der Schein der Lichter fiel auf ein blaß gewordenes Kindergesicht.

Kaspar Hausers
erstes Weihnachtsfest
und andere Geschichten

Von

Helene Hirschmann

1929

Verlag C. Brügel & Sohn A.G. Ansbach

"Der Glanz, der Glanz", stammelte er, und fuhr sich mit der Hand über die Augen. als sollten sie noch klarer werden um die ganze Fülle des Lichts zu trinken. Katharina faßte seine Hand und zog ihn freundlich über die Schwelle. "Nur näher, Kaspar, komm nur herein, und schau dir den Baum von allen Seiten an, und darunter liegt auch noch allerlei Schönes für dich." Abwehrend, abwesend schüttelte Kaspar den Kopf: "Nichts, nichts mehr, nur den Baum, nur das Helle, Glänzende." "Laßt ihn", sagte Frau Daumer, und faßte Sohn und Tochter an den Händen. "Laßt ihn ganz stille das Weihnachtswunder in sich aufnehmen, wir dürfen ihn jetzt nicht stören; kommt, wir wollen derweil unsere Sachen besehen." Aber sie konnten alle drei den Blick nicht abwenden von Kaspar Hausers verklärtem Gesicht. Reinste Kinderseligkeit stand darauf und ein großes, stilles Staunen. Endlich seufzte Kaspar tief auf und sagte leise: "Daß es so etwas Schönes gibt auf dieser Welt! so was, das so leicht und fröhlich macht und das Herz so lebendig und warm, man kann's nicht verstehen." "Nein, Kaspar, man kann's nicht verstehen, man muß an Weihnachten nur glauben, glauben an das Wunderbare; du weißt doch die Weihnachtsgeschichte und daß der Baum nur ein Abglanz sein soll des Lichts, das von oben hergekommen ist", sagte Daumers fromme Mutter. "Ja, der Herr Professor hat erzählt, der beste von allen Menschen ist heute nacht geboren, aber der Herr Kandidat und die Mutter haben gesagt, der Sohn Gottes ist ein Kindlein worden und auf die Welt gekommen, damit wir fröhlich werden; frohe Botschaft haben sie gesagt, ich hab' es schon gemerkt, aber verstanden hab' ich es nicht, es war zu schwer; jetzt aber seh' ich, was sie gemeint haben: ja, ja, es hat schon einer von oben her, vom Himmel, kommen müssen, daß es so hell und leicht hat werden können auf der Welt - es ist nur" - er wendete sich ein wenig zur Seite - "die Augen tun ganz weh, man muß es erst gewöhnen das viele Licht." "Ja, Kaspar", sagte Daumer bedeutungsvoll, "du warst zu lange im Dunkeln, Kaspar, nun aber soll es immer lichter um dich werden." "So lange, so lange im Dunkel, kein Licht, keinen Baum gesehen, nichts, gar nichts - nur das kleine, weiße Pferdchen." Ein Schatten flog über Kaspars Kindergesicht; aber dann entdeckte er in den grünen Zweigen einen kleinen, gelben Kanarienvogel aus Wachs, der sich leise hin und her schaukelte. Da jubelte er auf und rief: "Herr Professor, der Vogel möcht' ich sein, der hat's gut, da in dem Baum sitzen, den Duft riechen und die Kerzen spüren, das muß das Schönste sein was es gibt."

Professor Daumer und Katharina lachten, die Mutter nahm Kaspar an der Hand und zeigte ihm die hübschen Sachen, die sie ihm geschenkt hatten, aber sie machten gar keinen Eindruck auf ihn. Immer wieder kehrten seine Augen zu dem Baum zurück, dessen Lichter mit leisem Knistern allmählig herunterbrannten. Katharina hatte inzwischen das Zimmer verlassen, den Tisch in der Wohnstube gedeckt, auf dem nun statt der Öllampe zwei alte silberne Leuchter mit Wachskerzen still und feierlich brannten. "Der Karpfen ist fertig, kommt, ihr Leut, zu Tisch!" rief sie fröhlich. Kaspar aber faßte die Hand der Mutter und bettelte: "Gelt, Frau Mutter, ich muß heut keinen toten Fisch und keine Suppe essen, ich darf von meinem Teller einen Apfel und einen Lebkuchen nehmen und hier sitzen, bis die Lichtlein gar heruntergebrannt sind." Freundlich lächelte die alte Frau und strich Kaspar über das bräunliche Haar: "Nun, weil heute Weihnachten ist, darfst du es ganz halten, wie es dich freut."

73. Bernhard Trinius: Kaspar Hauser. 1926 [Anthologie-Fassung 1927].

Es warf mich Eine blind ins Licht
Aus süßer Nichtseinsnacht,
Vor Tages Wüstenangesicht, -
Ich wollt' es nicht. -

Ich berg in mir ein müdes Mark,
Das vor der Welt nicht hält ...
Nah' auf mein Leben harrt der Sarg,
Eh' es in Blüten schwellt.

In meinem Blute schwingt es schwer
Vom Wissen um das Sein ...
So wachs ich fahl und tatenleer
In meinen Tod hinein.

Gott greift mit gnadenlosem Griff
In meinen kranken Bau
Und schleift mich wie ein scheues Schiff
Durch Lebenswogengrau.

74. Friedrich Wölfling: Kaspar Hauser. Drama in fünf Aufzügen. 1926 (S. 50 ff.).

Pfarrer Fuhrmann von rechts: Guten Abend, lieber Herr Hauser! Er fängt den Umsinkenden in seinen Armen auf und trägt ihn aufs Bett.
Kaspar hält das Heft fest: Lieber Herr Pfarrer, danke, daß Sie gekommen sind! Hier ist mein Tagebuch - niemand darf es sehen!
Fuhrmann: Wie geht es Ihnen denn? Konnten Sie schlafen?
Kaspar: Hier steht es drin, wie alles gekommen wäre: Sie wären Hofpfarrer geworden! Aber alles vorbei - vorbei - weint Bitte verbrennen!
Fuhrmann: Gut, ich verbrenne es! Geht zum Ofen, steckt das Heft hinein, die Flamme schlägt hoch.
Kaspar streckt die Arme danach aus und schluchzt: Da verbrennt mein Leben!
Fuhrmann: Weinen Sie nicht! Sobald Sie gesund sind, beginnt wieder ein neues Leben für Sie!
Kaspar: Nein, ich muß sterben! Schmerzen! O Schmerzen! Wo bleibt Fannerl?
Fuhrmann: Sie ist unterwegs zu Ihnen. Sie kann jeden Augenblick da sein.
Kaspar: Fannerl is gut, nie schimpfen, immer helfen, helfen, helfen! Warum sind nicht alle Menschen so gut wie Fannerl! Horch! Horch! Ihr Wagen kommt! Er richtet sich auf.
Fuhrmann: Bleiben sie liegen. Hören Sie? Die Orgel! Man hört einen leisen Choral.
Kaspar beugt sich zum Bett heraus, blickt durchs Fenster: O schön! Schön! Leben schön! Ich hätte noch viel sehen und hören und lernen können! Sehen Sie, wie schön dunkelblau der Himmel ist! Gott hat das schönste Haus in der ganzen Welt! Sehen Sie drüben in der Kirche, im Turm Licht - für mich! Wollen sie einem die Totenglocke läuten? Mir nicht! Mir nicht! Horch! Horch! Sie kommt! Sie kommt! Ich will noch nicht sterben! Fannerl, Fannerl!
Fanny erscheint in der Tür rechts. Sie ist im Kopftuch, trägt ein Bündel in der Hand.
Kaspar: Fannerl! Er springt aus dem Bett, fällt vor ihr auf die Knie: Fannerl, böse Menschen haben mich von rechten Weg abgelockt!
Fuhrmann: Aber Sie selbst sind brav geblieben. Das wissen wir alle! Kommen Sie, kommen Sie zurück ins Bett! Führt ihn mit Fanny ins Bett zurück. Oder haben Sie etwas zu gestehen? Wollen Sie Ihr Gewissen erleichtern?
Kaspar: Gott weiß alles! Ach Fannerl, ich muß sterben! Dame, große Dame, meine Mutter, soll stark sein! Gott erbarm' dich ihr!
Fanny: Ach, lieber Kaspar!
Kaspar: O Fannerl, tief hat mich der Mann gestochen! Marietta hat im Schloßgarten auf mich gewartet, da kommt ein Herr! Oh, oh! Herz wehtut! Weg! weg! Dort! sieh' dort! Dieser feine Herr und stechen! Hilf mir, hilf mir! Sonst alles verloren! Er klammert sich an Fanny.
Fanny: Täuschen tust di doch! Es is ja niemand da! Horch, wie schön die Orgel spielt für dich!
Kaspar: Ja schön, schön! Aber dort, im Ofen, hörst ihn nicht, wie er mein Tagebuch reißt! Mit dem Dolch, dem Kleinod des Königs, sticht er in mein Herz! Ach, weh! weh! Mein Herz! Er sinkt zurück. Es klopft draußen. Die Orgel schweigt.
Fuhrmann: Wer ist draußen?
Meyer's Stimme: Ich, und der Herr Polizeileutnant Hickel! Aufmachen!
Kaspar fährt erregt in die Höhe: Nein! nein! Nicht aufmachen!
Fuhrmann: Einen Augenblick, Herr Professor!

Ein fremde Stimme: Sofort aufmachen! Im Namen des Gesetzes!
Kaspar erhebt sich im Bett: Ich hab's nicht getan! Es befällt ihn wie eine schreckliche Erinnerung. Sie wollen mich einsperren! Er zieht Fanny an seinen Mund. Der Herr hat mich gestochen, o jetzt weiß ich's, und dann - und dann hab' ich - Er flüstert Fanny etwas ins Ohr. Sie zuckt zusammen.
Fanny: Gott hat es getan! Gott! Sein Name sei gelobt!
Kaspar sinkt zurück: Gott hat es getan! Gott hat es getan! Er weint. Starkes Rütteln an der Tür.
Kaspar: Nur nicht aufmachen!
Fanny öffnet die Tür.
Meyer stürzt voll Zorn herein.
Fanny tritt ihm entgegen, hebt beschwörend die Hände hoch: Sein letzter Wille -
Meyer weicht, ohne die Augen von ihr zu lassen, zurück.
(...)
Fuhrmann: Wollen wir nicht wieder beten?
Kaspar: Bin zu schwach! Vergehen mir die Sinne!
Fuhrmann: Sehen Sie drüben die Kirche, die Sie so oft besuchten? Da habe ich heute für Ihre Genesung Gottes Segen erfleht. Aber sein Wille geschehe! Schließen Sie die Augen. Beten Sie im Stillen mit! Die Orgel verklingt.
Kaspar: Nein, aufstehen! Ich will die Kirche sehen! Er verläßt das Bett, Fanny und Marietta stützen ihn. Der Pfarrer ist ins Gebet versunken. Das da ist die St. Gumbertus-Kirche. Die Orgel soll spielen! Ich höre Musik - Musik - Musik! Immer tappte ich im Dunkeln! Jetzt ist Licht - für mich - drüben im Turm! Man soll - die Totenglocke - für mich läuten! Damit sie - wissen im Himmel, daß ich - komme!
Fuhrmann macht ein Zeichen durchs Fenster zum Turm hinüber. Alsbald schlägt die Totenglocke an.
Kaspar: Mutter! Mutter! - Ich - komme! Er sinkt zwischen Fanny und Marietta zusammen.
Vorhang.

75. Erich Ebermayer: Kaspar Hauser. Dramatische Legende in zehn Bildern. 1927 (S. 86 ff.).

Erich Ebermayer. 1900-1970. Jurist, Dramaturg und Schauspielregisseur in Berlin. Seit den 1930er Jahren freier Schriftsteller und Filmautor. Verfasser zahlreicher Romane und Dramen zwischen 1924 und 1969.

Stanhope:
Wie? - Ja - ach so ...
(Schweigen; Stanhope geht in Gedanken versunken auf und ab, zuweilen nimmt er Gegenstände zur Hand und setzt sie wieder hin; nach einer langen Stille, ausbrechend:) Was, - was erwarten Sie eigentlich von mir - ??
Kaspar
(einfach):
Alles. Daß Sie mir helfen zu meinem Recht und mich zu dem machen, was ich bin.
Stanhope
(erbleichend, streicht sich mit der Hand über die Stirn):
Das - ist, - das ist - furchtbar ...

München, Mittwoch den 16. Februar 1927

Uraufführung:

Kaspar Hauser

Dramatische Legende in 10 Bildern von Erich Ebermayer
Inszenierung: Kurt Stieler
Bühnenbild: Adolf Linnebach

Kaspar Hauser	Albert Fischel	Gräfin Esterham	Frida Schranz
Peter, sein Freund	Walter Holten	Professor Busch	Konstantin Delcroix
Der Herr	Wolf von Strobl	Bierbrauer Siedehof	Ernst Traurich
Der Bauer	Georg Butscher	Lehrer Findeisen	Ernst Bartels
Graf Stanhope	Kurt Stieler	Pastor Fuhrmann	Alois Wohlmuth
Leutnant Hickel, bei der Nürnberger Stadtpolizei	Hellmuth Renar	Dr. Heydenreich	Otto König
Lehrer Meyer	Emil Höfer	Unschlitt (Studenten)	Günther Caracciola
Hiltel, Gefangenenwärter	Julius Stettner	Weißdorn (Studenten)	Josef Zeilbeck
Frau Hiltel	Alexandrine Kolbe	Hinternagel (Studenten)	Rudolf Schumann
Karli, ihr Sohn	Siegfried Tulach	Magd	Josefine Menge
Schuster Weickmann	Hermann Pöschke	Erster Gendarm	Otto Grieß
Baron von Treuchtlingen	Achim von Biel	Zweiter Gendarm	Hans Vogel

Musikanten, Hochzeiter und Bauern: Dora Flüggen, Hugo Fox, Ludmilla in Geer, Marie Henzel, Otto Rudolf Koch, Wilhelm Sawind.
Schulkinder

Schauplatz: 1. Bild: Kaspar Hausers Käfig: Keller eines Bauernhauses.
2. Bild: Ebenda. Einige Zeit später.
3. Bild: Schmale Anhöhe vor der Stadt. Nürnberg Pfingstmontag 1828.
4. Bild: Acht Wochen später. Schmales vergittertes Gelaß im Vestnerturm zu Nürnberg.
5. Bild: Ein Jahr später. Kaspars Stube bei Professor Daumer in Nürnberg.
6. Bild: Hotelzimmer im Goldenen Löwen zu Nürnberg. Früher Vormittag, tags darauf.
7. Bild: Kaspars Stube bei Daumer. Am gleichen Abend.
8. Bild: Vier Jahre später, Herbst 1833. Kaspars Stube bei Lehrer Meyer in Ansbach.
9. Bild: Wenig später. Dunkle, stürmische Novembernacht, gegen 11 Uhr. Ansbach.
10. Bild: Wenig später. Kaspars Stube bei Meyer.

Die Dekorationen wurden unter Leitung von Walter Schröter in den Werkstätten der bayerischen Staatstheater hergestellt

Bühnenmusik: Josef Terfin

Nach dem 7. Bilde findet eine längere Pause statt

Anfang 7½ Uhr **Ende gegen 10½ Uhr**

Theaterzettel zu Mk. 0.20 bei den Einlaßdienern zu haben.

Kaspar
(sehr gelockert):
Können Sie es etwa nicht? Sind Sie nicht mächtig? Sie sagen selbst, Sie kämen von den Höfen. Man erzählt, Sie kämen meinetwegen hierher - zu mir - als Bote ...
Stanhope:
Zu Ihnen, - natürlich, Kaspar, zu Ihnen, - zu wem denn sonst in Nürnberg!
Kaspar
(aufspringend, jubelnd):
So ist es wahr!
Stanhope:
Was?
Kaspar
(er schreit es, gejagt von Angst, Glück und Sehnsucht, ohne Aufhalten hinaus):
Daß Sie gekommen sind, mich zu holen, daß Sie mich zurückführen in das Schloß, zu meinen Eltern, daß Sie mir zu meinem Recht verhelfen, zu meinem Land, zu meiner Mutter, die ich liebe, liebe, liebe - wie nichts auf der Welt ... Es ist also wahr, daß meine Mutter Sie zu mir schickt als Abgesandten, weil man sie selbst nicht wegläßt aus dem alten, grauen Schloß ... Sagen Sie's mir endlich: Lebt sie? Wo ist sie? Weiß sie von mir? Wo gehör' ich hin? Was ist mit mir? Ich bin so einsam und verlassen. Alle sind gut zu mir, und keiner, keiner hat mich lieb. Aber was hilft das Gutsein! Ohne Liebe hat nichts auf der Welt einen Sinn! Reden Sie! Sagen Sie's mir, - ich bitt' Sie, ich fleh' Sie an, ich will Sie lieb haben mein ganzes Leben lang wie einen Vater! -: Was ist mit mir? Was ist mit mir?!

(Kaspar hat sich dem Grafen zu Füßen geworfen, seine Kniee umfaßt und bedeckt die Hände des sich Sträubenden sinnlos mit Küssen.)
Stanhope
(bleich, mit zusammengepreßten Lippen stöhnend):
Kaspar, - Kaspar, das - geht - nicht, - - laß, - laß - das - - !!
Kaspar
(in neuer Ekstase):
Schweigen Sie nicht! Auch wenn man es von Ihnen verlangt! Reden Sie! Seit einem Jahr ist dies Gemunkel und Geraune um mich herum. Ich kann es nicht mehr aushalten. Bücher schreiben die Leut' über mich, und anstaunen tun sie mich und messen und beobachten wie ein Tier, wie ein Wunder. Aber keiner kommt und hat den Mut und sagt grad' heraus: Kaspar, du bist der und der, komm mit, deine Mutter wartet auf dich! Was ist mit mir? Sie können's mir sagen! Nur Sie auf der Welt, ich weiß es, ich fühl's, - so etwas trügt nicht ... Warum haben sie mich eingesperrt, mein ganzes Leben lang, warum haben sie mich dann herausgelassen auf einmal und unter die Leut' gestoßen und gequält? Alles für nichts - für nichts! Rein nur zum Quälen - für nichts als zur Qual ...!
(Schluchzen schüttelt seinen Körper, er preßt sein Gesicht in des Grafen Schoß.)
Stanhope:
Das - das - geht - über meine - Kraft - das ist Wahnsinn - Kaspar - Kaspar. - - Ich - kann - nicht mehr. (Er beugt sich tief zu Kaspar herab.) - Lieber, lieber Kaspar ...!

76. Hans Lindenmeyer: Kaspar Hauser. Historische Ballade im Moritatenstil. 1927.

Zu Nürnberg, der berühmten Stadt,
Sich die Geschicht' begeben hat
Jetzt schon vor langen Zeiten;
Und immer weiß man's noch nicht g'wiß,
Woher der Kerl gekommen is,
Um den sie heut noch streiten.

Ein Bursche war es von dem Land,
Der eines schönen Tages stand
Zu Nürnberg auf der Straße;
Mit Brief und Zettel von Papier -
Ansonst fast wie ein Urwaldtier
Mit Lallen und Grimasse.

Im Briefe stand, man sollt' wenn's geh',
Ihn machen nur zum Schwolische,
Nach seines Wunsches Drängen;
Doch taugt' er nicht dazu, der Knab',
Mög' man ihn ruhig schlagen ab
Und in den Rauchfang hängen.

Alsbald der hohe Magistrat
Dem Publiko zu wissen tat:

Er heiße Kaspar Hauser,
Und sei ein armes Findelkind,
Das jetzt befreit von Dreck und Grind
Und bald sei aus der Mauser.

Auch soll man's glauben ganz und gar,
Daß lang in einem Loch er war,
In Finsternis und Grausen,
Wo niemals ihm die Sonne schien
Und er unwissend lebte hin
Von Welt und Menschen draußen.

Er kam in fromme Lehr' und Zucht,
Da sah man reifen schon die Frucht,
Gerettet vor'm Verderben.
Sogar ein Lord und Millionär
Gab Gelder für den Jüngling her
Und macht ihn fast zum Erben.

Nicht lang, da glaubte man auch schon,
Der Kaspar wäre ein Baron,
Ein edler Adelssprosse:
Und auch als ungrischer Magnat
Beinahe er entpuppt sich hat
Der Freund der schönen Rosse.

Ja, endlich sagte gar die Welt,
Die alles gleich für richtig hält,
Er sei ein Prinz von Blute,
Dem man durch bösen Schurkenlohn
Sein Recht geraubt hat auf den Thron,
Wohl anderen zu gute.

Und wo er ging und wo er stand,
Er immer eine Seele fand,
Die mitleidsvoll ihm glaubte;
Schon war das Wunder er der Zeit,
Und auch die holde Weiblichkeit
Hoch die Gefühle schraubte.

Doch, wie's einmal auf Erden ist,
Ob Heide, Jude oder Christ.
Man stößt auf Unheils-Klippen.
So eines Tages in der Stadt
Zu Ansbach ihn getroffen hat
Ein Stahl in seine Rippen.

Da einen Täter man nicht fand,
Meint' mancher, daß die eigne Hand

Gespielt hat mit dem Leben -
Und die Moral von der Geschicht'
Wenn einer mit dem Messer sticht,
Kann's leicht ein Unglück geben.

77. Maria Mathi-Friedberg: Kaspar Hauser. 1927.

Maria Mathi[-Friedberg] [d. i.: Maria Schmid]. 1889-1961. Erzählerin und Übersetzerin. Veröffentlichungen zwischen 1914 und 1956.

Wer, den die Mutter an der Hand geführt,
hat geh'n gelernt, wie sich's die Schöpfung dachte?
Und der sich selbst das größte Werk vollbrachte,
hat er des Daseins Achse angerührt?

Wer, der allmorgendlich den Herd geschürt,
durchfror noch nicht die Nacht, die weh-verwachte?
Wer, den das Schicksal ahnenreich bedachte,
hat wie die Nummer Namenlos gespürt?

O Mensch, du bist jedwedem Findling gleich!
Du endest, draus du kamst: im Dunkelreich.
Aus Mutters Schoß führt dich der Weg zum Grabe.

Trinkst du den Wermutbecher, schlürfst du Labe -
du kannst nichts andres, als in großer Schar
ein Reiter werden, wie dein Vater war!

78. Octave Aubry: L'Orphelin de l' Europe. Gaspard Hauser. 1928 (S. 228 ff.).

Passé minuit, André prit son bougeoir et sa clef dans le vestibule de l'Homme sauvage.
Michel, qui l'avait attendu, demanda:
- Vit-il encore?
Comme tout Ansbach il s'intéressait passionnément à Gaspard.
André secoua la tête.
- Pauvre enfant! soupira le vieux valet.
Et il ajouta:
- Il faut que je prévienne le milord.
André sursauta. Ses nerfs étaient tendus à se rompre.
- Lord Stanhope? Il est donc ici?
- Il est arrivé tout à l'heure. Le patron lui a dit la nouvelle.
- Pourquoi n'est-il pas venu chez Meyer?
- Il savait qu'il n'y avait plus d'espoir.
- Où est-il?
- Chez lui; il veille encore.

Le Roman dans l'Histoire

L'ORPHELIN DE L'EUROPE

GASPARD HAUSER

PAR

OCTAVE AUBRY

« Je suis venu, calme orphelin,
Riche de mes seuls yeux tranquilles,
Vers les hommes des grandes villes... »
(PAUL VERLAINE)

PARIS
ARTHÈME FAYARD et Cie, ÉDITEURS
18-20, RUE DU SAINT-GOTHARD, 18-20

- C'est bien, je l'avertirai moi-même. Allez dormir, Michel.
- Vous n'êtes pas trop fatigué, monsieur?
Vous semblez bien pâle.
- Non, Michel, soyez tranquille. A demain. Il monta, frappa légèrement.
- Entrez, cria lord Stanhope.
André passa le seuil, tourna sans bruit la clef dans la serrure et la mit dans sa poche, puis il marcha vers l'Anglais. Enfoncé dans son fauteuil, près du feu, il n'avait pas levé le front. Il semblait accablé.
- Comment, c'est vous, cher Fustel?
Il tendit languissamment deux doigts. Mais André, debout devant lui, ne parut point les voir.
- Vous ne m'attendiez pas, mylord, dit-il d'une voix qu'il n'avait jamais eue, brève, coupante. Mais j'avais à vous parler sans retard. Gaspard Hauser vient de mourir.
Les mains de Stanhope tremblèrent. Il dit totu bas:
- Est-ce vrai? Il est mort?
- Vous seul manquiez à son agonie ... Mais sans doute n'auriez vous pu la voir en face.
Pour la première fois, le comte releva la tête, stupéfait.

- Moi? Que voulez-vous dire?
- Hennenhofer non plus n'était pas là ... C'était prudent.
- Hennenhofer! ... Monsieur Fustel ...
- Votre ami, le major Hennenhofer ... C'est l'assassin de Gaspard, vous ne l'ignorez pas.
Péniblement, lord Stanhope se mit sur ses pieds. Son long visage morne et secret s'était creusé tout à coup, comme vidé de substance. Mais ses yeux luisaient. Il dit, hautain:
- Vous déraisonnez, monsieur.
- Non, mylord, je ne déraisonne pas. Mais je sais.
- Vous savez? ... Quoi? ...
- Je sais que le major Hennenhofer a frappé Gaspard dans le parc. Le signalement qu'on a du meurtrier concorde avec le sien.
Le comte retomba dans son fauteuil comme un automate.
- Vous croyez?
- J'en suis sûr. Vous aussi. Et vous avez de bonnes raisons. N'êtes-vous pas depuis des années son complice?
Une veine bleue saillit sur le front de lord Stanhope. Il se redressa avec une réelle dignité:
- Vous m'insultez, quand j'ai tout fait pour sauver Gaspard!
- Ces derniers jours peut-être. Cela je ne l'ignore pas non plus. Mais vous étiez associé à ceux qui lui ont arraché son nom, volé son trône. Vous voyez, j'ai votre secret; inutile de nier.
Un long moment le grand seigneur déclassé et le jeune Francais se mesurèrent jusqu'au fond de l'âme. Et ce fut le comte qui finit par rompre.
- Ainsi, fit-il lentement, vous savez que Gaspard est ...
- Que Gaspard était le prince légitime de Bade, qu'une conspiration de palais l'a fait faussement déclarer mort quinze jours après sa naissance, qu'il a été enseveli onze ans dans le souterrain de Falkenhausen, qu'après qu'Hennenhofer eut tenté de l'assommer à Nuremberg, vous, lord Stanhope, payé par la cour de Bade, vous vous êtes efforcé de l'égarer et de l'avilir, et qu'enfin, au moment où il pouvait espérer faire éclater son identité, où il vous échappait, il a été frappé par la plus honteuse trahison ... Je sais tout cela, oui, mylord; c'est assez, ne trouvez-vous pas pour ameuter l'Europe, contraindre le grand-duc régnant de Bade à l'abdication, faire pendre le major Hennenhofer, et, si vous échappez vous-même à la potence, vous déshonorer si parfaitement qu'il n'y aura pas un pays au monde où l'on ne vous traite en Judas.

79. Alfred Kittner: Kaspar Hauser-Lied. 1928.

Alfred Kittner. Geboren 1906 in Czernowitz. Lyriker, Übersetzer, Herausgeber, Feuilletonist und Literaturkritiker. KZ-Haft 1942-1944. Lebt seit 1945 in Bukarest als Bibliothekar und Rundfunksprecher, seit 1958 als freier Schriftsteller.

Was sollen mir die Tage,
Was soll ich in der Welt?
Ich trage meine Klage,
Zerstörter ich und Held.

Ich stehe bang und frage
Und staun, wie alles flieht.

Das Leben ist wie Sage,
Das Blühen ist wie Lied.

Ich staune blau und trage
Tiefinnen meinen Traum.
Mir starben Wort und Waage,
Ich wachse blind und Baum.

Die Dinge greifen zage
Und furchtsam mir ins Blut.
Mit dürren Zweigen rage
Ich kalt und ohne Mut.

Ist alles Sterben Plage?
Mein Wurzelwerk ist wund.
Ich grabe tief und nage
Mein Staunen in den Grund.

Ich bin ganz Kind und Frage,
Mir schenkt sich jeder Stern.
Wenn ich nach Sonnen jage,
Fühl ich mich nah dem Herrn.

Was sollen mir die Tage?
Was soll mir da die Welt?
So klein ist alle Klage.
Zerstörter ich und Held!

80. Herbert Lewandowski: Das Tagebuch Kaspar Hausers. Eine Gabe für einsame Menschen. 1928 (S. 85).

Herbert Lewandowski (Pseudonym Lee van Dovski). Geboren 1896, Todesdatum unbekannt. Germanist, Filmdramaturg, Redakteur, Buch- und Briefmarkenhändler, seit 1946 freier Schriftsteller, Kulturhistoriker und Übersetzer. Bekanntschaft mit Thomas Mann und Hermann Hesse. Veröffentlichungen zwischen 1927 und 1973 (u.a. 1927 "Das Sexualproblem in der modernen Literatur und Kunst").

Als Kaspar kam ich zu ihnen - aber sie haben mich zu ihrem Kasperle gemacht. Daß ich ein anderes Schicksal hatte als die andern, kitzelte ihre träge Phantasie, und wenn sie gar am Frühstückstisch lasen, daß einer das Mordmesser nach mir gezückt, schmeckten ihnen vor angenehmem Behagen die Brötchen noch einmal so gut. Indessen ich einsam verblute, diene ich ihnen dazu, in das Ereignislose ihres Lebens einen wohltuenden Schauer von seltsamen Abenteuern zu tragen, und wenn ich endlich einmal sterbe, wird es ihnen wichtiger sein, zu wissen, warum ich getötet wurde, als wer der war, der getötet wurde.

HERBERT LEWANDOWSKI

DAS
TAGEBUCH
KASPAR HAUSERS

EINE GABE
FÜR
EINSAME MENSCHEN

PFEIL-VERLAG G.M.B.H. - UTRECHT - LEIPZIG
BERLIN - 1928

81. Ad. Lübbers: Kaspar Hauser, das Welträtsel seit 100 Jahren. Ein historisches Filmdrama in 24 Bildern. 1928 (S. 19 f.).

Zwanzigstes Bild.
Friedhof in Ansbach. Offenes Grab. Der mit kränzen [!] überdeckte Sarg wird gebracht. Die Leidtragenden **drängen** sich heran in unübersehbarer Menge. Der Sarg wird ins Grab gesenkt, an demselben steht Pastor Fuhrmann und hält die Leichenrede. Während derselben fangen immer mehr Leute, Männer wie Frauen, an zu weinen. Der Pastor wirft 3 Hände voll Erde ins Grab, geht dann langsam durch den Vordergrund ab, von den Herren ehrfurchtsvoll begrüsst, einige treten an ihn heran und schütteln ihm dankbar die Hand. Inzwischen haben viele die üblichen 3 Hände voll' Erde ins Grab geworfen, die Totengräber beginnen das Grab zuzuschaufeln, da tritt der "Ritter von Lang" ans Grab und erzählt der erstaunten Menge, Hauser sei ein Betrüger und Selbstmörder gewesen. Erst Schreck und Erstaunen, dann Wut, erhobene Fäuste ballen sich, Lang wird mit Pfiffen und Drängen entfernt. Dann verliert sich auch die sichtlich erregte, zum Teil noch immer weinende Menge.
Schluss.
Als Schlussbild erscheint noch der photographierte Leichenstein mit der Aufschrift:
Hic iacet

Casparus Hauser
Aenigma
sui temporis
ignota nativitas
oculta mors
MDCCCXXXIII.

82. Josy Schäfer: Kaspar Hauser, das Kind Europas. Zum hundertsten Gedenktag seines Erscheinens in Nürnberg. Sonett an Kaspar Hauser. 1928.

Aus dunklem Schoß der Erde und der Nacht
Kommst Du hervor ans Licht durch Schicksals Hand,
Und kehrst zurück ins unbekannte Land
Nach kurzem Lauf zum Leben kaum erwacht.

Wer war es, der Dich zeugte, der Dich schuf?
Wer hat durch rauhe Hand Dir weh' getan?
Auf ewig dunkler, rätselhafter Bahn
Soll ungehört verhallen unser Ruf?

Du Menschenblum aus dem Dunkelreich
Hast nie der Mutterliebe Glut gekannt,
Kamst Namenlos und arm dem Bettler gleich.

Gebührt hätt' Dir ein königlich Gewand.
Dir legen wir aufs Grab der Liebe Zweig,
Dein Geist schwebt her zu uns aus seinem Schattenreich.

83. Walter Erich Schäfer: Richter Feuerbach. Schauspiel. 1929 (S. 28 ff.).

Walter Erich Schäfer. Geboren 1901. Dozent für Theatergeschichte und Literatur, Generalintendant in Stuttgart, Dramatiker und Erzähler. Veröffentlichung einiger Dramen zwischen 1925 und 1949.

Feuerbachs Amtszimmer.
Feuerbach, zwei Polizeikommissare.
Feuerbach: Sie kennen jetzt den Fall, meine Herren Braun und Brettschneider (...).
Mueller: (kommt mit einer Visitenkarte) Ein Lord Stanhope, Exzellenz.
Feuerbach: Einen Augenblick, Müller. Seine Lordschaft wird sich gedulden müssen.
Mueller: Einen Augenblick, Herr Lord! (Türe zu)
Feuerbach: Man hat nach dem Attentat sehr eifrig gesucht, man hat nach Kerlen gesucht, die schwarze Mäntel und Dolche tragen und nachts an den Häusern schleichen. Man hat ein Dutzend arme Teufel gefangen, aber der wahre Attentäter ist auf dem Marktplatz promeniert, wie ein Lord. Mein Gehilfe, Leutnant Hickel und ich, konnten noch seine Personalien feststellen als wir in Nürnberg waren, leider zu spät. Sie werden diese Personalien unter

Folio 2 bei Ihren Akten finden. - Weiter empfehle ich Ihrer Aufmerksamkeit einen Herrn, der sich Schmidt oder auch von Schmidt nennt. Er ist ein Hofbeamter und sieht auch so aus, er ist mittelgross, blau, blond, reibt öfters die Hände und hat das komische Kreuz, das so Leute haben, die immer bei Hof sind. Schmidt hat das Pech gehabt, dass er einen von meinen braven Beamten über Caspar Hauser ausholen wollte. Wir haben auch einen Brief von ihm geöffnet. Sie finden eine Kopie dieses Briefes bei den Akten. Studieren Sie ihn genau. Es ist darin an zwei oder an drei Stellen von einem Er die Rede. Studieren Sie diese Stellen ganz besonders genau. Ich übergebe Ihnen, meine Herren Braun und Brettschneider, die persönliche Sicherheit von Hauser. Sie können über alle Mittel verfügen, über die ich verfüge. Sie können handeln, als ob Sie ich wären. Ich verlasse mich auf Sie. Ihre Aufgabe ist schwer, das wissen Sie selbst. Aber ich hoffe, ich brauche Sie nicht zu lange. Ich werde jetzt bald eine Reise nach Frankfurt machen, zur Mutter von Hauser, dann kommt mein Buch heraus und Caspar Hauser wird die Sache des Volks sein. Ich könnte Ihnen noch sagen, dass diese Sache eine grosse Sache ist für das Recht. Aber es genügt, wenn Sie Ihre Pflicht tun! Ich danke Ihnen, meine Herren Braun und Brettschneider. (Polizeikommissare ab. Feuerbach lässt Stanhope eintreten.)

Stanhope: Ich bin Lord Louis Stanhope.

Feuerbach: Feuerbach.

Stanhope: Sie müssen mir nicht sagen, wer Sie sind. Ich kenne Sie, Sir!

Feuerbach: Nehmen Sie Platz, Lord Stanhope.

Stanhope: Ich kenne Sie. O, ich bewundere Sie! Ich bewundere keinen Mann in Deutschland so, wie Mister Goethe und Sie!

Feuerbach: Sie schmeicheln , Lord.

Stanhope: Jedermann in England kennt Sie, Herr Richter. Man weiss, dass Sie die Folter beendet haben, man liebt ihre Bücher. Sie haben die Humanität am weitesten in den Westen herüber getragen, ich begrüsse Sie als den grossen Gesetzesmann.

Feuerbach: Aber Sie finden einen kleinen Beamten, lieber Lord, der allen Dreck selbst tun muss, den anderwo die Justizwachtmeister tun.

Stanhope: Es muss sehr schön sein, zu sein in einem Land, wo die Präsidenten die Sachen tun, die in anderen Ländern die Justizwachtmeister tun müssen.

Feuerbach: Warum kommen Sie zu mir?

Stanhope: Ich möchte Ihnen die Hand schütteln als dem grossen Kämpfer für Caspar Hauser.

Feuerbach: Sie kennen den Hauser?

Stanhope: Ich liebe ihn, Herr Richter. Wer wird ihn nicht lieben?

Feuerbach: Ich habe ihn einmal gesehen.

Stanhope: Ich habe ihn einmal gesehen und liebte ihn. Sie haben da eine gute Sache Sir. Ich gratuliere. Es geht um das Recht eines *Menschen*!

Feuerbach: Es geht um das *Recht* eines Menschen, verehrter Lord!

84. Eduard Engel: Kaspar Hauser. Schwindler oder Prinz? Ein urkundlicher Roman. 1931 (S. 9).

Eduard Engel. 1851-1938. Sprachwissenschaftler und Literaturhistoriker. Veröffentlichte zahlreiche sprachpflegerische Werke (u. a. "Deutsche Stilkunst").

In meinem Buche "Was bleibt?" habe ich den Roman für die leichteste aller Dichtkunstgattungen erklärt. Ich verharre bei meiner Ansicht, und grade durch einige Romane über den Helden dieses Buches bin ich darin bestärkt worden. Es kann nicht schwer sein, eine geschichtliche Gestalt unter Beiseitesetzung aller urkundlicher Tatsachen, aller Naturgeschichte des Menschen, alles gesunden Verstandes, ganz nach der lieben eignen Willkür zu schildern. Aber einen Menschen der Geschichte mit der Genauigkeit darzustellen, wie sie nur die Gesamtheit der Zeugnisse, der schriftlichen und der mündlichen, der beteiligten Zeitgenossen ermöglicht, und dennoch einen Roman: das Lebensbild eines merkwürdigen Menschen in seiner Zeit zu vollbringen, - das ist schwer, und dieser Schwierigkeit bin ich mir voll bewußt. Die Erleichterung der Aufgabe liegt darin, daß ich vornehmlich Tatsachen, die Urkunden, sprechen lasse und nur solche Schlüsse daraus ziehe, wie sie sich für einen ganz unbefangenen Denker notwendig ergeben. Als solchen Denker stelle ich mir jeden meiner Leser vor; in seine Seele mich versetzend, werde ich sagen, was über jede der urkundlich beglaubigten Tatsachen dieses Romans zu sagen ist, nichts Willkürliches hinzusetzend, nichts Wichtiges verschweigend, keinen Umstand mit sachfremder Tünche färbend.

85. Herbert Eulenberg: Kaspar Hauser singt (Zu seinem hundertsten Todestag). Nach Paul Verlaine. 1933.

Herbert Eulenberg. 1876-1949. Jurist, von 1902 bis 1908 Dramaturg, seit 1908 freier Schriftsteller. Verfasser von einhundert Bühnenwerken (u.a. "Schattenbilder", 1910). Verfaßte 1924 eine Arbeit über "Die Familie Feuerbach". 1949 Nationalpreis der DDR.

Ich kam, ein sanfter Waisenknabe,
Reich, wie ich durch mein stilles Auge bin,
Zu Menschen in den großen Städten hin,
Sie fanden gut mein Wesen und Gehabe.

Mit zwanzig Jahren stürzte neu Verlangen
Höchst unruhvoll - sie nannten's Liebesglut -
Ins Leben mir, ich ward den Frauen gut,
Sie fanden mich nicht schön und voll von Bangen.

Wohl! Ohne Vaterland und ohne Herrn
Und tapfer kaum, wenn ich es je gewesen,
Wollt' ich den Krieg als Rettung mir erlesen,
Doch selbst der Tod, er hatte mich nicht gern.

Kam ich zu früh zur Welt, kam ich zu spät?
Was soll ich hier noch tun vor meinem Scheiden?

Ach! All ihr andern, hört! Tief ist mein Leiden:
Sprecht für den armen Kaspar ein Gebet!

86. Sophie Hoechstetter: Lied des Kaspar Hauser (Zu seinem 100. Todestag am 17. Dezember 1933). 1933.

Ich bin so arm, ich bin so fremd,
Geschenkt ward mir wohl Kleid und Hemd,
Doch nichts für meine Not.

Ich hab' euch alle angeschaut,
Mich eurer Willkür anvertraut,
Bei keinem spricht mein Blut.

Als blöd' Geschick, als dumme Mär,
Verzagt, verklagt, an Wissen leer
Stieß man mich in die Welt hinaus.

Ich bin ein Bänkelsängerlied,
Ich bin ein losgelöstes Glied
Von unbekanntem Haus.

Ich seh' wohl noch ein wenig Licht,
Hör' Stille, die kein Ton zerbricht,
Und niemals eine Antwort bringt.

Hält mich der Engel Lächeln fest,
Wenn mich die Welt zum Grab entläßt?
Schon schmeckt nach Erde mir der Mund.

Führ' mich aus bangem Labyrinth
Dorthin, wo meine Eltern sind,
Umfaß' mich du, o junger Tod -.

87. Karl Röttger: Kaspar Hausers letzte Tage oder Das kurze Leben eines ganz Armen. Ein dokumentarischer Roman. 1933 (S. 31 ff.).

Karl Röttger. 1877-1942. Lehrer, Journalist und Herausgeber. Seit 1900 Veröffentlichung zahlreicher Gedichtbände, Dramen und Romane mit vornehmlich religiös geprägter Thematik.

Es geschah in den letzten Tagen des November, daß der Lehrer Meyer zu Ansbach des Abends spät, mit seiner Frau aus einer Gesellschaft heimkehrend, von der Straße aus in seiner Wohnung, und zwar im Zimmer des Kaspar Hauser, bei verhängtem Fenster Licht sah. Er blieb stehen, deutete hin und sagte: "Frau, schau daher!" Es geht auf Mitternacht, und der

Hauser hat noch Licht. Diesmal werd' ich ihn ausholen, was er treibt!" "Komm nur", sagte Frau Meyer, "warum soll er kein Licht haben? Er wird halt etwas schreiben." "Eben das", sagte Meyer und blieb abermals stehen. "Eben das. Wir werden sehn." Und damit ging er nun hastigen Schrittes dem Hause zu, daß die Frau kaum folgen konnte, sperrte die Tür auf, durchquerte den Hausflur und ging die Stiege hinauf, wo seine Wohnung gelegen war, sperrte das Gatter auf - gefolgt von seiner Frau - und ging stracks zur Tür des Hauser, klopfte einmal und drückte sogleich auf den Türdrücker ... fand aber die Tür verschlossen. Den Augenblick sich besinnend, rief er alsbald laut: "Hauser, öffnen Sie!"
Drinnen antwortete nichts, auch sah Meyer durch den Spalt kein Licht mehr. Er wartete nicht lange, sondern rief wieder: "Hauser, öffnen Sie! Sie hatten eben noch Licht." Hauser schwieg. Meyer, von seinem Mißerfolg ein wenig erhitzt, schrie jetzt: "Das ist denn doch!" - und schlug mit der Faust gegen die Tür. Darüber kam Frau Meyer, die schon ins Schlafzimmer gegangen war, zurück und bat den Mann, doch nicht das ganze Haus aufzuwecken.

Es möchte gar der Hauswirt, der Vogel drunten, die Sache hören und ihm den Lärm verweisen.
"Und ob schon", sagte der Schullehrer, "mag er es hören! Der Hauser ist wach und antwortet mir nicht." "Was willst du denn schon bei ihm im Zimmer zu nachtschlafender Zeit?" sagte die Frau leise. "Das lasse du meine Sorge sein", schrie Meyer. "Der Bursche soll öffnen." Darauf lauschte er wieder an der Tür, ob er irgendeine Bewegung oder einen Laut vernehme, hörte aber rein gar nichts. Darüber erboste er sich dermaßen, daß er hinunterlief, ein Beil zu holen, mit dem er die Tür aufzubrechen gedachte. Er hieb einige Male mit festen Schlägen gegen die Tür, vornehmlich gegen das Türschloß, vermochte aber beides nicht zu erbrechen. Nun war es indessen der Frau zuviel, und sie sagte, obschon dem Manne sehr untertan, daß sie dieses nun weiter nicht ansehn, noch auch anhören wolle, und zog den Mann in die Wohnung ...
Während der ganzen Szene hatte Hauser drinnen mit der Decke über dem Kopf gelegen, mit zitternden Gliedern, brennendem Kopf. Seine Hände drückten krampfhaft auf das Heft auf seiner Brust, das er unter den Nachtkittel gesteckt hatte. Denn alsbald, als sein scharfes Ohr die Haustür unten hatte aufschließen hören, hatte er das Licht im Leuchter ausgedrückt, war mit der Geschwindigkeit eines auf unendlicher Flucht Geübten aus den Kleidern und ins Bett geschlüpft. Nun lag er - ohne Denken - nur wartend, wie ein Tier - ob dieser da draußen, Meyer, zu ihm einbrechen werde. Der Lärm, das Rufen, die Faustschläge, die Beilschläge, die Flüsterstimme der Frau - hatten den Atem von etwas Schrecklichem, Gefahrvollem, daß es dem Hauser wie außer der Zeit erschien. Und also vermochte er nicht, sich Rechenschaft zu geben, daß nach dieser Stunde ein Morgen kommen werde, wo er dem Schulmeister würde Rede stehn müssen, warum er nicht geöffnet habe. Er war nur ganz diesem Zustand hingegeben und dem flehentlichen Warten, es möchte dieses vorübergehn, ohne ihm an das Innerste zu tasten ...

88. Karl Röttger: Nachschrift zum "Kaspar Hauser". 1933.

Jahrhunderte vergehn.
Das Wahre bleibt bestehn.
"Wahrheit" ist ein Idol,
Abstrakt, ohn' Leben, hohl.

Das Wahre ist: was war; doch wer
Weiß das? Es wandelt her
In unveränderter Gestalt,
Jahrhundertalt, mit Traumgewalt,
Als das, was im Geschehnis schlief
Und mit geheimer Stimme rief:
"Mensch, werde wach. Das Grab ist kalt" -
Siehe: Symbol wird die Gestalt,
Die aus der Erdentiefe steigt
Und sich im grausen Wahrtraum zeigt.
Wahrheit ist ein Abstrakt, Idol -
Aber Gestalt wird zum Symbol
Wie viele Kinder, unverstanden,
"Lügen" sich durch die Menschenlande.

Wer aber dieses Schicksal sah,
Bis in das Herz sah, dem geschah
Verwandelung; sein Blick wird hart
Von dieses Rätsels Gegenwart;
Denn solch Geschehnis wird nicht alt;
Erschauerndes Symbol wird die Gestalt.

Die Akten werden zur Legende.
Der Mensch verstummt und faltet die Hände.

89. Johannes Bobrowski: Kaspar Hauser. 1936.

Johannes Bobrowski. 1917-1965. Kindheit in Memel und Königsberg, Studium der Kunstgeschichte in Berlin, Kriegsteilnehmer und bis 1949 in russischer Gefangenschaft. Seit 1950 als Verlagslektor in Ost-Berlin tätig. Lyriker, Erzähler und Herausgeber der Werke von Gustav Schwab.

Du griffst mit bloßen Händen nach den Blüten,
die ungepflückt wir sterben sehen müssen.
Du tratst mit großen Schritten in die Mitten
der Menschen, die ihr Herz verwehen ließen.

Du sprachst: "Wie seid ihr alle doch so hart
und deckt mit neuem Schmerzen eure Fehle."
Du sahst: Wie haben wir uns so verwahrt,
daß wir nicht sehen, was den Bruder quäle.

Das ist gefährlich, solches auszusagen,
und viele schweigen, ob sie's auch beweinen.
Das ist gefährlich, frei sein Herz zu tragen ...

Du aber branntest ganz, und unumwunden
sprachst du - du achtest nicht der feigen kleinen
Selbstherrlichkeiten - wie du uns gefunden.

Euch, von denen ich nicht Andres mein
nenn, als Hand, Gesicht, vielleicht ein Wort,
will ich loben, daß ihr mich erkort,
einmal, einmal nahe euch zu sein.

Danken will ich euch, die ihr entschwunden,
eh' ich Nam' und Herkunft noch bedacht,
daß ihr immer neu in mir erwacht,
daß ich immer wieder euch gefunden:

In der Spieg'lung eines Sees, im Klang
alter Lieder, im Erglühn der Früchte,

im Verblühn der Hoffnungen, der Süchte -
ihr wart Widerscheinen und Gesang.

90. Ruth Schaumann: Ansbacher Nänie. 1936 (Ausgabe ^{2}1962, S. 34 ff.).

Ruth Schaumann (eigentlich Ruth Fuchs, geb. Schaumann). Geboren 1899. Bildhauerin, Malerin und Graphikerin, Lyrikerin und Erzählerin. Veröffentlichung zahlreicher Gedichtbände und Romane mit religiös geprägter Thematik zwischen 1920 und 1947.

Ansbach, 26. Mai
Heut mein Geburtstag! Bin gekommen aus dem Dunkeln in den Tag, so sagte der Professor in Nürnberg. Weiß nicht mehr genau, wie mir geschehen ist, da. Der Pfarrer kommt in der Frühe, redet so gut mit mir, erzählt mir alles, was er von andern Menschen über mich weiß. Soll auch recht dankbar sein, bin nun ein brauchbarer Mensch geworden, der vieles gelernt, der fleißig gewesen. Ich: o Herr Pfarrer, Leben ist schwer, wären nicht die Sterne. Er: was ist mit den Sternen? Ich: sie waren da, immer, sagte der Professor, ich auch war da, aber gesehn hab ich sie nicht, da saß ich in der Höhle, wie sie sagen, daß ich gesessen habe. Der Professor aber führte mich in den Garten: und ich sehe die Sterne. Weil sie da, mag auch ich da sein, gern. Der Pfarrer: wer aber hat die Gestirne geschaffen? Ich: der Überall! Der Pfarrer: gut so. Wissen Sie auch, daß Sie einmal nichts gewußt haben von Ihm? Ich: ja! Er: Daran sehen Sie, was aus Ihnen geworden ist. Und ...
Die letzte Zeile ist nicht vollendet, was der Pfarrer noch gesagt, es hat sich nicht bewahrt. Der Schreiber muß unterbrochen worden sein, ich sah auf, nach dem Ohm hin, der lächelte wehmütig (...).
Es war sein Geburtstag, Röschen und ich kamen, ihm eine Visite zu machen. Der Lehrer war zufälligerweise guter Laune, er gestattete uns ohne lange Umschweife sogleich, in das Stübchen des Kostgängers hinaufzugehen.
Wir pochten, er rief uns herein, still schlossen wir hinter uns die Tür, befremdet von dem Anblick, der uns da ward. Er hatte sich selbst ein Tischchen am Fenster gedeckt. Das seidene Tuch, das er immer zum Schlaf um die Haare wand, lag sauber gewaschen und geplättet über dem Tischchen, die Schwiegermutter des Lehrers hatte es ihm so auf seine Bitte gereinigt. In der Mitte hatte er fünf kleine Leuchter aus vergoldeten leeren Garnspulen aufgestellt, in einem jeden ein kleines mageres Licht. Diese Lichtchen brannten bei dem unverhangenen Fenster schier unsichtbar, nur am Versinken des Wachses sahen wir, daß sie brannten. Ich stand verblüfft und staunte diese Anordnung an. Fünf Kerzen? Er sah mein Fragen. "Fünf Jahre bin ich hier, in der Welt", er wies um sich: sein Stübchen, wies aus dem Fenster: Sonne, Dächer, Gärten, Landschaft. Das Lerchenwäldchen fiel mit unter die Bewegung seiner Hand. "Ja so!" sagte ich. Röschen zupfte mich ängstlich am Ärmel. Ich übersah's. "Und wo ist das Lebenslicht?" fragte ich begierig. Er wußte nicht von einem solchen, das uns ein gesegnetes kommendes Jahr bedeutet. Herzlich bedauerte er das Fehlen desselben, aber mehr mir zuliebe, als weil ihn der Aberglaube, der an dies Licht geknüpft ist, beunruhigt hätte. Röschen aber kniff mich nun richtig durch das Ärmeltuch, ich schrie gedämpft, sie aber erfaßte den Leuchter, der am Bett stand, entzündete sein noch wenig gekürztes Licht an dem ersten der fünf kleinen Kerzen und stellte das große Licht zu unser aller Zufriedenheit in die kleine Ordnung hinein, just hinter das Buch, das der Pfarrer als Geschenk gebracht haben mochte.

Dann überreichten wir unsere nachbarlichen Gaben. Von mir erhielt er eine gläserne Kugel, die er bei mir gesehn und höchlich bewundert hatte. In ihr war ein Häuschen aus Tragant mit rotem Dach. Drehte man die Kugel etliche Male wie die Erde um sich selbst, so kam ein feiner, weißer, auf ihrem Grund gelagerter Gipsstaub in Bewegung und sank als Schneeflocken über das Häuschen, das rote Dach wurde in ein weißes verwandelt, und das Bild des Winters schien völlig hergestellt. Die Freude des Beschenkten über das kindische Ding war unbeschreiblich.

91. Wilhelm Kunze: Das Kaspar-Hauser-Hörspiel. [1925-1939] (S. 53 ff.).

Wilhelm Kunze. 1902-1939. Erzähler und Lyriker in Nürnberg (u. a. "Mythos, Gestalt und Schicksal von Kaspar Hauser", 1931).

Doktor: Wo ist der Hauser jetzt? Führen Sie mich gleich zu ihm, bitte.
Frau M.[eier]: Hier drinnen liegt er .. Er ist ja so geduldig .. Hier, gehen Sie nur hinein ..
Doktor: Kommen Sie mit, Frau Meier!
Frau M.: Ja, ich komm' schon .. O Gott, o Gott.
Doktor: Hier also .. Ja, hier ist ja der Hauser. Grüss Gott, lieber Hauser. Ich bin der Doktor und will Dir helfen.
H.[auser]: Niemand mehr helfen .. Beutel holen, .. beim Uz-Denkmal! .. O Mutter! Mutter ..
Doktor: Kannst Du mir erzählen, wie das zuging, Kaspar?
H.: Garten gegangen .. (ächzt) .. Mann .. Messer gehabt .. Beutel geben .. gestochen .. (ächzt) .. ich laufen, was könnt .. Beutel noch dort liegen .. (ächzt)
Doktor: Mit dem Messer hat er gestochen .. Hier wohl! wir wollen es einmal ansehen ..
H. (Ächzt).
Doktor: Es ist eine merkwürdige Wunde. Er muss gestochen haben, wie Du Dich gebückt hast, wie?
H.: (stöhnt).
Doktor: Dann ist sie sehr tief .. (Die Flurglocke schrillt)
Frau M.: Wer .. wer ist denn das jetzt?
Doktor: Das wird die Gerichtskommission sein. Machen Sie nur auf, Frau Meier ... (Man hört die Türe, Schritte, dann ferne Stimmen, dann nähern sich Schritte).
Gerichtsrat: Herr Medizinalrat! Sie haben bereits die Untersuchung vorgenommen?
Doktor: Eine schlimme Geschichte, Herr Gerichtsrat! (...)
Gerichtsrat: Halten Sie ihn für vernehmungsfähig, Herr Medizinalrat?
Doktor: Offen gesagt, nein. Er hat nur geächzt und gestöhnt, als ich mit ihm sprach. Abgerissene Worte waren alles, was ich verstand. Sie haben etwa besagt, er sei in den Hofgarten gegangen .. wahrscheinlich hat man ihn hinbestellt .. ein Mann habe ihm einen Beutel gegeben, dabei habe er gestochen. Der Beutel soll noch dort liegen.
Gerichtsrat: Die Wunde?
Doktor: Links, zwei Zoll unterhalb der Brustwarze .. eine 3/4 Zoll lange Schnittwunde, die offensichtlich sehr tief ist, da sie schief abwärts verläuft ..
Gerichtsrat: Tötlich?
Doktor: .. ich fürchte ..
H. (plötzlich wie aus anderen Gegenden): O, so hingehen müssen in Schimpf und Schande .. (veränderte Stimme) Viele Katzen sind der Maus Tod .. Multa .. musculi .. mors .. (wieder erste Stimme) So jung? .. Ist keine Rettung möglich? .. Wird Kaspar nichts hinterlassen als

die Erinnerung an seine Geburt .. und an seinen Tod? Erinnerung? .. (veränderte Stimme) Gern verzeihen, allen gern verzeihen, .. noch viel schreiben .. Mutter! Mutter!
Frau M.: Lieber Kaspar! .. O Gott, o Gott (unterdrücktes Weinen)
Doktor: Es wird nicht mehr lange dauern ..
Gerichtsrat: Ich habe die Kleidungsstücke besehen, ich habe die Wunde besehen .. Das Protokoll wird Ihnen morgen zur Unterschrift zugestellt, Herr Medizinalrat.

92. Gerhart Haug: Das Lied Kaspar Hausers. 1944.

Wie ich als Waise, still und stumm,
Reich nur durch der Augen tiefen Sinn,
Zu den großen Städten gekommen bin, -
Da fanden alle mich dumm!

Mit zwanzig Jahren ist's geschehn,
Daß, wie Liebe heiß, ein Verlangen
Nach der Schönheit der Frau'n mir aufgegangen -
Doch fanden sie mich nicht schön!

Wohl war mir nicht König noch Vaterland hold;
Mein Mut bot nicht eben Gewähr.
Doch schien mir der Tod im Krieg nicht schwer. -
Doch der Tod hat mich nicht gewollt.

Kam ich zu früh zur Welt, zu spät? -
Ich weiß nicht, was ich hier soll!
O, wenn ihr es fühltet! Das Maß ist voll!
So sprecht für den Kaspar ein Gebet!

93. Albrecht Schoenhals: Lied Kaspar Hausers. 1948.

Albrecht Schoenhals. Geboren 1888. Todesdatum unbekannt. Nach der Ausbildung zum Arzt Schauspieler, seit 1934 beim Film.

Ich kam, ein stilles Waisenkind,
Mit nichts als Augen, heimatlosen.
Die Menschen in der Stadt, der großen,
Sie waren mir nicht gut gesinnt.

Mit zwanzig Jahren warf der Trug
Der Liebe mich in süßes Grauen.
Ich träumte heiß von schönen Frauen:
Sie fanden mich nicht schön genug.

Nicht Vaterland, nicht Königs Sold,
Nicht Ruhm hat mir mein Stern gebracht.

Ich rief den Tod an in der Schlacht:
Der Tod hat nichts von mir gewollt.

Kam ich zu früh, kam ich zu spät
In diese Welt? Daß niemals taget
Mein tiefes Leid? - Ach, Leute, saget
Dem armen Kaspar ein Gebet!

94. Hanns Otto Münsterer: Kaspar Hausers Testament. 1951.

Hanns Otto Münsterer. 1900-1974. Mediziner, Lyriker und Rundfunkautor. Bekanntschaft mit Bertolt Brecht. Veröffentlichung zweier Gedichtbände (1926 und 1980) und eines Erinnerungsbandes zu Brecht.

Ich, Kaspar, den ihr Kind Europas nennt,
geboren irgendwo im Niemandsland,
ganz fremd in diese fremde Welt gesandt,
ich, Kaspar, geb euch hier mein Testament

und schreib es auf. Seit ich in mich geschaut,
abziehend meinen Blick von jedem Ding,
weiß ich, was euch und mir verlorenging:
Die Seele lebt nicht mehr in Fleisch und Haut.

Ein hölzern Pferdchen und die kahle Wand
des Kerkers blieben statt des Saals voll Licht.
Wir kennen unser hohes Erbe nicht,
seit alle Liebe aus dem Leben schwand.

Die Äcker liegen brach im harten Wind,
die Früchte an den Bäumen sind verdorrt
und keiner denkt mehr an das große Wort,
daß wir hier alle Gottes Kinder sind.

Drum glaub ich, Kaspar, dies, es lohnt sich kaum.
Ich bin kein Rufer in der Wüste. Nein,
ich wecke euer Herz nicht aus dem Stein
und fülle ihn nicht aus, den leeren Raum.

Klar wurde mir, daß hier im toten Tag
Mondkälte ist, vereist und leergebrannt.
Ich, Kaspar, brenne, und in jenes Land
will ich zurück, das vor dem Kerker lag.

95. Kurd E. Heyne: Kaspar Hauser. Das Rätsel seiner Zeit. Ein Hörspiel nach authentischen Quellen. 1954 (S. 1 f.).

Kurd E. Heyne. 1906-1961. Regisseur und Schauspieler, Verfasser von Revuen und Lustspielen.

Scheuerl: Guten Abend, Wüst. Ich hatte nicht gedacht, am Pfingstmontag noch auf die Polizeiwachtstube zu müssen.
Wüst: Was gibt es denn, Scheuerl?
Scheuerl: Kurioser Fall. Weiss nichts damit anzufangen. Also: ich war heute mit dem Rittmeister von Wessenig nach Erlangen. Wir kommen gegen 8 Uhr zurück, und das kleine Töchterchen von Wessenig empfängt uns mit den Worten: "Papa, ein wilder Mensch liegt in deinem Stall." Wir gehen hin. Tatsächlich, da liegt auf der Streu ein Bursche, ungefähr 17 Jahre alt, und schläft. Wir rütteln ihn hoch und fragen, was er will. Kaum sieht er den Rittmeister in Uniform, sagt er im schönsten Dialekt: "Ae sechtene möcht ih wähn" oder so ähnlich, und weiter haben wir nichts aus ihm herausbekommen. Immer wieder das gleiche: So ein Reiter möchte er werden. Das sagt er auf jede Frage. Höchstens noch: "Woas nit". Vermutlich ein Irrer.
Wüst: Oder ein Betrunkener. Haben Sie ihn mitgebracht?
Scheuerl: Ja. Der Schuster Weickmann und ich haben ihn führen müssen. Er konnte kaum gehen. Überhaupt ist alles sehr merkwürdig mit ihm. Dieser Weickmann hat ihn irgendwo aufgelesen.
Wüst: Gut. Blaimer, holen Sie die beiden herein! - Hier ist schon mancher zum sprechen gebracht worden.
Scheuerl: Das dachte ich auch. Und da Wessenig ihn nicht behalten wollte, habe ich das Subjekt auf Wache gebracht. Ein Monstrum - das heisst: er sieht ganz normal aus, nur so elend bleich - aber sonst - na, Sie werden ja sehen.
(Türgeräusch)
Weickmann: Schuhmachermeister Weickmann, Herrn Polizeirottmeister zu dienen.
Wüst: Warten Sie, bis Sie gefragt werden. Das ist der Bursche?
Scheuerl: Ja.
Wüst: Also: Wie heisst du? - - Wie du heisst?
Hauser: (Stöhnt)
Scheuerl: Einen Stuhl, Blaimer, schnell!
Wüst: Fassen Sie an, Weickmann! Der kann ja nicht mehr stehen. Bist du so müde, dass du umfällst?
Hauser: (lallend und eingelernt) Reuta wärn.
Wüst: Was? - Nun rede schon, los! - Bist du krank?
Hauser: Teuta wärn.

96. Walter Höllerer: Gaspard. 1955.

Priez pour le pauvre Gaspard!
Verlaine

I
Chimère o chimère
Wo Land aufglimmt

In den Blaufeldern fliegen
Rispen o Licht
In die Quarzaugen sticht
Die Siege besiegen?
Fische erfallen im
Eckigen Strom
Splitter Quadrate
Stürzen Chimären
Herab vom Turm
Durch die Rosenkaskade
Ohnesieg ohnehaß ohneleid
Ohne Zeit

Strand Ohneland
Wo der Motor säumt
Karavellenträume
Wo das Pferdchen starr
Den Strom aufbäumt
Ohne Zäume
Strand Ohneland
Wo der Elephant
Die Rotundenuhr geigt
Wo der Vogel Roc
Wo im Macchiensand
Er die Steine zerreibt
Blut in den Nägeln
Zersplittert das Horn
Und die Schatten Chagall
Vergessene Hände - der eine
Schrei im Fall

II
Goliardenbrücke - so sage
Das Du deiner Stadt
Es will dir nicht entgehn
Flügelt laternengefangen
Du sollst dir nichts erflehn
"Gehen blind und den Mantel bauschen"
So sagt es "wäre leicht
- so geh
Ich halte Schildwache für dich
Vor dem was du nicht erreicht
- und seh"
So die Clairons verlohn
O Armadille Méduse
Über die Brücke fort
In die Länder Mohn

III
Einst Brückenspur. Die weißen
Blitze zünden die Haut.
Fregatten fahren.
Über die Geierzeichen
Etruriens und von Hadramaut
Hinziehn mit den Jahren.
Kielspur. Das Pergament
Gibt frei die Fahrt.
Stier und Delphin im Wind -
Fortgang, Gaspard.

97. Ernst Jandl: 16jahr. 1957.

thechdthen jahr
thüdothdbahnhof
thechdthen jahr
wath tholl
wath tholl
der machen
thüdothdbahnhof
thechdthen jahr
wath tholl
wath tholl
der bursch
wath tholl
der machen
wath tholl
wath tholl
der machen
thechdthen jahr
thüdothdbahnhof
wath tholl
der machen
der bursch
mit theine
thechdthen jahr

98. Peter Härtling: kasper. 1958.

du bist kasper
deine augen
treiben längst am andern strand

hinterm glashaus strampeln beine
sind es deine

eine mutter sucht die knöpfe
grüne rote blaue
doch die straße ist schon dunkel

wärst du kasper
flögen plötzlich
helle vögel
durch die fäden
deiner freude

99. Hans Holgard [d. i.: Paul Weymar]: Der Mörder des Kaspar Hauser. Roman eines Schurken nach hinterlassenen Papieren aufgezeichnet. 1958 (Buchausgabe 1970, S. 8 f.).

Ich will alles erzählen, was ich in diesen achtundvierzig Jahren gesehen und erlebt habe. Ich will die Toten heraufbeschwören, denen man Krone und Leben stahl! Jeder von ihnen wird bezeugen, daß er sterben mußte, um Platz zu schaffen für den Bastard, der sich heute auf Badens Thron breitmacht. Der letzte im blutigen Zug war jener blasse Knabe, den ich mit eigener Hand im Schloßpark von Ansbach niederstieß: Kaspar Hauser, Schreiber am Königlich Bayerischen Appellationsgericht in Ansbach, in den Augen der nüchternen Umwelt ein romantisch-verstiegener Schwärmer oder gar ein phantastischer Betrüger, doch in Wahrheit der letzte Zähringer, der einzig legitime Anwärter auf Euren Thron.
Oh, ich weiß, Eure Königliche Hoheit Großherzog Leopold haben mit dem frühzeitigen Sterben Kaspar Hausers nicht das mindeste zu tun! Eure Königliche Hoheit können eine Waschschüssel kommen lassen und sich vor allem Volk die weißen Hände in Unschuld waschen. Aber darf ich Eure Königliche Hoheit submissest an die Nacht vom 30. März 1830 erinnern?
In dieser Nacht trat der Staatsrat von Baden zusammen, um zu entscheiden, ob der älteste Sohn der Gräfin Hoffpach - und das waren Sie, Königliche Hoheit - oder der Nürnberger Findling Kaspar Hauser den Thron Badens besteigen sollte. Mitten in der Nacht hatte man mich aus dem warmen Bett geholt, um von mir die ungeheuerliche Wahrheit über Kaspar Hauser zu hören. Nun, ich habe frei heraus bekannt, daß ich im Oktober 1812 Zeuge war, wie der kerngesunde, kaum vierzehn Tage alte Erbprinz gegen den kranken Säugling des Arbeiters Blochmann vertauscht wurde. Ich habe auch nicht verschwiegen, daß die Auswechslung der beiden Säuglinge im Auftrag Ihrer Frau Mutter geschah. Gott habe sie selig, die schöne Gräfin Hoffpach, trotz aller Verbrechen, die sie an mir begangen hat ...
Ich habe vor dem Staatsrat auch nicht verschwiegen daß ich drei Jahre später den namenlosen Prinzen in den Bayerischen Wald verbrachte, zu jenem armen, halbidiotischen Köhler Hauser, in dessen dunklem Stall dann der Prinz dreizehn Jahre lang wie ein gefangenes Tier lebte, bis ich ihn aus dieser grauenvollen Haft befreite und er am 26. Mai des Jahres 1828 zum erstenmal bewußt das Licht unserer Erde sah.
All dies habe ich dem Staatsrat aus freien Stücken bekannt. Aber ich habe auch zu bedenken gegeben, daß Kaspar Hauser vor zwei Jahren noch des Sprechens und Laufens unkundig war und daß man dieses Wesen, das eher einem Tier glich als einem jungen Menschen, unmöglich auf den Thron Badens setzen könnte. Ein einziger Schrei der Empörung würde durch die Welt gehen, und die Wut des Volkes würde vielleicht auch vor den Männern des Staatsrates nicht haltmachen, in der irrigen Annahme, sie hätten von diesem abscheulichen

Verbrechen gewußt. Dieser meiner Erklärung verdanken Sie es, Königliche Hoheit, daß das Leben Kaspar Hausers weiter im Dunkeln blieb und daß Eure Königlich Hoheit an seiner Stelle Großherzog von Baden geworden sind.

100. Hans Scholz: Kaspar Hauser. Eine Folge tönender Bilderbogen. 1958 (S. 21 ff.).

Erzähler: Als Hauser aufgetaucht war, da brodelte wüstes Gemunkel empor, weniger unterdrückbar noch als im Jahre 1817, da das zweite Prätendentlein verblich. Fama, die charakterlose, schürzte sich und eilte von Boudoir zu Kabinett, vom Beichtstuhl zum Krämertresen, von der Zeitungsredaktion zum Postrelais. Europa rätselte. An den Karlsruher Schloßmauern klebten Affichen mit haarsträubenden Mutmaßungen ja Behauptungen:
Badisches Stimmengewirr: Die werre Augen mache, die Herrschafte daherrin! Hescht du's glese, der Findling ischt ... Was? Seller ischt der verstorbene Erbprinz von anno Zwölf! Na ischt die Katz de Bach nunner! Heiliges Mol! Gang, gang, sel ischt nit meegli! Sechzehn Johr in eim Verlies gsesse, mon Dieu, sel han i mei Lebtig nit ghört. S'isch nit anderscht: sieder isch kei Sege meh im Badener Ländle. Nit stande bleibe, Leit, nit stande bleibe ... (näher im Vordergrund) Weischt, des erinnert mi an ebbes, weischt: die Flascheposcht! Schwätzt nit so einfältig! Hejo! Die Flascheposcht, die mit dem lateinische Tekscht ...... (...).
Erzähler: (darüber) Am 6. November 1816 brachten Pariser Zeitungen die eigentümliche Nachricht von einer am elsässischen Rheinufer angetriebenen Flaschenpost.
Pariser Redakteur: Le 23 du mois d'Octobre un pêcheur à Groskemps/Alsace trouva dans le Rhin une bouteille flottante, contenant une fiche bizarrement écrite avec des mots latins.
Erzähler: Als Korrespondenz aus Paris wiederholten die Spenersche wie Vossische Zeitung zu Berlin unter dem 24. November sowohl den lateinischen Text wie seine Verdeutschung:
Druckerlehrling: Det wärn die Revisionsbögen, Herr Korrektor!
Korrektor: (den Satz prüfend) Cuicumque qui hanc epistolam inveniet: sum captivus in carcere apud Lauffenburg iuxta Rheni flumen. Meum carcer est subterraneum, nec novit locum ille nunc solio ...
Lehrling: Icke staune man immer bloss.
Korrektor: Unser Blatt heißt Staats- und gelehrte Zeitung, du Piefke! ... solio meo potitus est. Non possum plus scribere, quia sedulo et crudeliter custoditus sum ... Und dett heest, pass uff! An den, der immer diesen Brief findet: Gefangener bin ich in einem Kerker zu Lauffenburg am Rhein. Mein Verlies ist unterirdisch und derjenige, der sich meinen Thron angeeignet hat, weiß nicht, wo es liegt ...
Lehrling: Junge, Junge!
Erzähler: (schon über den letzten Zeilen des Korrektors, dann allein) ... angeeignet hat, weiß nicht, wo es liegt. Mehr schreiben kann ich nicht, denn ich werde eifrig und grausam bewacht. Unterschrift, ein Anagramm: S. Hanes Sprancio mit c geschrieben; welche Unterschrift zu entziffern erst neuerdings, lange nach Hausers Auftreten also gelungen ist. Sie lautet verblüffenderweise: Sein Sohn Caspar!, stammt aber aus einer Zeit, wo die Öffentlichkeit selbstverständlich noch keine Ahnung haben konnte, daß zwölf Jahre später einmal ein gewisser Kaspar Hauser auftauchen werde und dieser, wenn 1812 geboren, vier Jahre alt noch keine Befähigung haben könnte, lateinische Botschaften in die Welt gehen zu lassen. Da die zitierten Pressenachrichten nun aber als solche unbezweifelbar sind, - mögen sie lanziert sein und es dabei um die Flaschenpost stehen, wie es will - so muß der Verfasser

des Zettels ein halbwegs Lateingeschulter gewesen sein, der um die Gefangenhaltung jemandes wußte, für den er "sein Sohn Caspar" zu signieren für gut fand, welcher aber keinen allzu tiefen Einblick in die Thronverhältnisse besaß oder zu haben sich den Schein gab; sonst hätte er diesen Sohn nicht behaupten lassen können, daß sich einer seines Thrones bemächtigt habe. Denn im Oktober 1816 regierte in voller Zähringer Legitimität ja immer noch, wenn auch - vielleicht gerade deswegen - von Vergiftungsfurcht gepeinigt, Großherzog Karl, Kaspars möglicher oder vermeintlicher Vater. Der Flaschenzettel, sinnvoll oder vollen Sinn vermeidend, ist aber die einzige so früh datierbare Spange zwischen dem Lebensbogen des Nürnberger Findlings und der entartenden Kurve des alten badischen Hauses, falls beide, Bogen wie Kurve, überhaupt irgendetwas miteinander zu tun haben. Eine Erklärung zur Flaschenpostfrage ist nie ausgegeben worden; die badische Regierung enthielt sich sowohl eines Kommentars wie jeglicher Untersuchung. Man schob die ganze Sache als Mystifikation beiseite.

101. Artur Müller: Kaspar Hauser - Prinz oder Schwindler. Eine historische Kriminalgeschichte in Dokumenten. [1950-1965] (S. 14 ff.).

Artur Müller. Geboren 1909. Buchhändler, ab 1936 freier Schriftsteller. 1938 Emigration. Seit 1950 Schauspiel- und Hörfunkdramaturg. Verfasser von Romanen, Dramen und Gedichten und kulturpolitischen Schriften.

79. Wieso aber konnte Kaspar Hauser ausgerechnet mit der Thronfolge des badischen Hauses in Verbindung gebracht werden? Das erfordert eine sehr schwierige kriminalistische Untersuchung.
80. Der Grossherzog Karl Friedrich von Baden (aus dem alten Geschlecht der Zähringer) war in erster Ehe mit
81. einer hessischen Prinzessin verheiratet. Aus dieser Ehe entsprossen
81.a drei Söhne, unter ihnen der Erbprinz Karl Ludwig.
82. Der Sechzigjährige verheiratete sich nach dem Tode seiner Gattin mit
83. der 19-jährigen ebenso liebenswürdigen wie liebesbedürftigen Luise Geyer von Geyersberg, späteren Reichsgräfin von Hochberg, zur linken Hand, d.h. die Kinder dieser Ehe waren nicht thronfolgeberechtigt.
84. Dem Grossherzog Karl Friedrich, der 83-jährig verstarb, folgte, da der Erbprinz aus erster Ehe bereits 1801 tödlich verunglückt war,
85. dessen Sohn Karl auf den badischen Thron. Dieser verheiratete sich mit
86. Stefanie Beauharnais, Adoptivtochter des Kaiser Napoleon I.
87. Aus dieser Ehe entsprossen drei Töchter und zwei Söhne, die nach dem Gesetz allein erbberechtigt waren. Hier beginnt ein ebenso phantastisches, wie undurchsichtiges Kapitel in der Geschichte der badischen Thronfolge.
88. Der am 29. September 1812 geborene Erbprinz starb bereits nach 17 Tagen.
89. Der am 1. Mai 1816 geborene Erbprinz Alexander wurde nicht älter als ein Jahr und eine Woche.
90. Zwei Jahre danach starb der Grossherzog selbst.
91. Auf den Thron kam nun der 50-jährige Onkel, der letzte Sohn des alten Markgrafen als Grossherzog Ludwig. Die Linie der alten Zähringer stand allein auf seinen beiden Augen. Trotzdem blieb er unverheiratet und sorgte für keine Nachkommenschaft.

92. Mit der Gräfin Hochberg allerdings habe er ein intimes Verhältnis gehabt, so wurde behauptet, ja sogar, dass die Kinder aus ihrer Ehe mit dem alten Markgrafen in Wahrheit von ihm stammten.
93. Tatsächlich kam der Sohn der Gräfin Hochberg mit Namen Leopold 1830 auf den badischen Thron, als der kinderlose Grossherzog Ludwig gestorben war (...).
98. Aber wie sollte der am 16. Oktober 1812 verstorbene und in der Fürstengruft Pforzheim beigesetzte Erbprinz, der angeblich nur 17 Tage alt wurde, mit Kaspar Hauser identisch sein?
99. Voraussetzung dieser Hypothese ist die Annahme, dass die Gräfin Hochberg vor keinem Mittel zurückschreckte, um ihre Nachkommenschaft unter allen Umständen auf den badischen Thron zu bringen. Tatsache ist, dass mit dem Jahre 1812 ein grosses Sterben unter den männlichen Zähringern eingesetzt hat. 1812 starb der namenlos gebliebene legitime Erbprinz, 1817 sein jüngerer Bruder Alexander, 20 Tage später der kinderlose erbberechtigte Markgraf Friedrich und ein Jahr später der regierende Grossherzog Karl. Die männliche Nachkommenschaft war damit verschwunden, mit Ausnahme des späteren Grossherzogs Ludwig, der wider alle Regel keinen Wert auf einen Erben legte und damit der Nachkommenschaft der Gräfin Hochberg den Weg auf den Thron freimachte.
100. Die Hypothese liesse sich fortführen: Zwischen der Gräfin Hochberg und dem Markgrafen Ludwig bestand die Vereinbarung: Beseitigung aller Zähringer bis auf Ludwig selbst, um den Kinderlosen auf den Thron zu bringen und damit die Thronfolge der Hochberger zu sichern.
101. Weiterführung der Hypothese: Die Gräfin brach den Pakt, soweit es das erste Opfer, den Erbprinzen betraf. Sie tauschte das Kind aus und brachte es in sichere Hut, um ein Druckmittel zu haben, wenn Ludwig das Abkommen brechen sollte.

102. Ingrid Wegener: Kaspar Hauser Seelenspiegel. [1960] (S. 14).

Welche Welt --- zu der du mich erwachen ließest -
        Unbekannter! ---
in nie gekanntem Fühlen? ---
Nie drang in meine dunkle Einsamkeit -
        ein Hauch von Ahnung ---
eines solchen Seins. ---
Wie faß' ich nun - mit einmal - all' das Fremde -
        Laute - Grelle - Weite ---
Dieses ganze - Verwirrende - Anderssein? ---

Plötzlich - hielt es mich gepackt -
        mit kalten - unheimlichen Händen -
nicht achtend meines ungläubigen Staunens -
        Widerstand; ---
Es zog und zerrte - und drang -
        wie lauter spitze Pfeile -
erbarmungslos - in ein zuckendes Etwas
und da --- o Staunen --- fing ich an -
        mich selbst zu ahnen.

Ach! - unter nie gewußten - nie gefühlten Schauern -
empfingst du mich - und zwangst mir -
        deinen glühenden Kelch hinunter; -
da schrie's aus mir - in wilder Angst -
verzweifelndem Erwachen -
"O Qual! -
        zu welchem Sinn gebarst du mich?" ---

103. Carl Schmidt-Rogge: Es ist nicht gut, dass der Mensch allein ist. Das Schicksal Caspar Hausers. Hörbild. 1961 (S. 17).

Sprecher: Diese Darstellung des Falles ist oft und bisweilen heftig bestritten worden. Der Streit darf gleichgültig sein. Mögen die Zusammenhänge getrost ähnlich oder auch ganz andersartig gewesen sein - all das interessiert nur im Hinblick auf den juristischen Fall Caspar Hauser. Doch so ungeklärt die kriminelle Auflösung des Falles ist, so eindeutig und stark ist seine psychologische Aussage. Danach ist das Leben dieses Menschen, der bis zu seinem 18. Lebensjahr in völliger Einsamkeit und ohne jede Möglichkeit der zwischenmenschlichen Kommunikation aufwuchs, ein erschütternder Beweis dafür, daß der Mensch des Anderen bedarf, daß ohne Gemeinschaft und tätige Beziehung zur Umwelt das Leben auf einen animalischen Rest verkümmert und der Mensch dem Tiere ähnlich wird; daß das scheinbar beiläufige Wort aus der Schöpfungsgeschichte Sinn und tiefe Bedeutung besitzt, als Gott sprach: "Es ist nicht gut, daß der Mensch allein sei."

104. Peter Härtling: Nachricht von Kasper. 1962.

der kasper den du vor vielen jahren
        an den baum gehangen
nun ist er plötzlich tollend fortgegangen.

er hat das meer geteilt das du voll mühsal
        übers land getrieben
und ist im aberland zu lange ausgeblieben.

jetzt bläst er vögel auf und lehrt sie bauen
und setzt den widersinn ins wohlvertrauen.

netzt wüsten sanft und schlitzt dann wolken auf
tanzt mit den schattenschustern wild im regentrauf.

rollt jeden abend alle grenzen ein
und teilt in karos auf den vorjahrssonnenschein.

nur spiegel scheut der kasper sehr,
dort sieht er einen kasper mehr.

er dehnt die kreise aus und treibt sie bös in ecken
verläßt das echoreich um widerruf zu entdecken.

und setzt an abenden die leise sind
auf einen drachen sich - reizt gegenwind.

er weist die narren aus und läßt die weisen ein
und fädelt sich in eine rätselnadel ein.

er schluckt den gram den ihm ein andrer gab
und lockt den treuen kasperfreund aus seinem grab.

der kasper den vor vielen jahren du
an einen baum gehangen -
am letzten sonntag ist ihm jäh sein
kasperatem ausgegangen.

105. Wilhelm Pültz: Der alte Garten. Erzählung um Caspar Hauser. 1963 (S. 149 ff.).

Wilhelm Pültz. Geboren 1901. Lehrer und Erzähler. Veröffentlichung einiger Romane und Erzählungen zwischen 1931 und 1949.

Bleiben? Wie kann ich es? Wie darf ich auch nur noch eine einzige Stunde in Triesdorf verweilen, da mein Geheimnis offenbar geworden ist, so daß sich eine Lawine von Gerüchten und Nachforschungen erheben wird? Ich hatte nach der Begegnung mit dem jungen Menschen eine ausgiebige Aussprache mit Clifford, der wie ich in der vergangenen Nacht kein Auge zudrückte, und erkannte, daß äußerste Gefahr gegeben war. Noch einmal bestürmte er mich, der Sache mit dem Fläschchen des Apothekers Fabricius ein Ende zu machen. Noch einmal wehrte ich das Ansinnen ab. Es gelang mir, ihn umzustimmen. Es gelang unter einem hohen Preis. Seitdem ist Sir Clifford verwandelt. Er sieht die Dinge unter neuen Aspekten und will dem Gefangenen eine Chance geben. Die Welt wird in den kommenden Jahren ein Schauspiel erleben, wie sie es nie erlebt hat. Clifford, den es im Sinne seiner Karlsruher Freunde drängt, einen Schlußstrich unter die Affäre zu ziehen - er heißt in Wirklichkeit Stanhope, und es werden sich in den kommenden Jahren voraussichtlich viele Menschen mit seiner zwielichtigen Persönlichkeit beschäftigen -, will den Versuch unternehmen, die Gefangenschaft des Knaben zu beendigen, will ihn der Welt vorstellen, freilich nicht unter dem Signum der Geburt, unter dem er zur Welt kam. Stanhope wird der Welt ein ungewöhnliches Theater vorspielen, wird ihr Sand in die Augen streuen und den Gefangenen der Öffentlichkeit in harmloser Maske, als Findling, als Unbekannter, als Niemand präsentieren, der von irgendwoher ins bürgerliche Leben tritt. Dabei will er alle Spuren der Tat verwischen, will, wenn der Knabe in der Öffentlichkeit steht - ich ahne schon geheimnisvolle, irreführende Zettel und Spiegelschriften -, im Hintergrund bleiben und durch Mittelsleute, unter denen ein gewisser Hennenhofer hervorsticht, alles, was geschieht, im Auge behalten. Im entscheidenden Augenblick wird er, wenn sich Gerüchte erheben, die für den badischen Hof gefährlich werden, auf den Plan treten, sich öffentlich für den Knaben interessieren, ihm sein Wohlwollen bezeugen, ihn mit Dotationen begaben, die aus der Karlsruher Hofkasse stammen, und ihn vielleicht sogar adoptieren. Gelingt es dem Knaben, einen Ansatzpunkt seines Lebens zu finden und eine bürgerliche Existenz aufzubauen, und verstummen die Gerüchte über seine Abstammung, dann ist die Angelegenheit zu Ende gebracht. Die Sensation um den Findling wird sich beruhigen, und über die Geschichte wird Gras wachsen. Mißlingt der Versuch, dann bleibt als einziges Mittel, die Öffentlichkeit zur Ruhe zu bringen und die Sache endgültig zu bereinigen, nur noch das der gewaltsamen Tat. Mir schaudert bei dem Gedanken, daß vielleicht schon der Stahl geschliffen ist, der dem Gefangenen an irgendeinem Orte der Erde in die Brust fährt und ihn von seinem schweren Dasein befreit, das zu Hohem berufen gewesen wäre und im Nichts einer bedeutungslosen Existenz endigt. Allein ich kann den Dingen nicht in den Arm fallen und muß ihnen ihren Lauf lassen. Ich habe alles durchdacht. Es gibt keine andere Lösung.

106. Peter Handke: Kaspar. 1967 (S. 92 ff.).

Ich habe den Schnee gesehen und den Schnee angegriffen. Darauf habe ich den Satz gesagt: ich möcht ein solcher werden wie einmal ein andrer gewesen ist, womit ich ausdrücken wollte, warum der Schnee mich denn in die Hände beiße. Einmal bin ich im Finstern aufgewacht und habe nichts gesehen. Darauf habe ich gesagt: ich möcht ein solcher werden wie einmal ein andrer gewesen ist, womit ich ausdrücken wollte, erstens, warum denn der ganze Raum weggeräumt worden sei, dann, weil ich mich selber nicht sah, warum man mich denn von allem, was mir gehörte, abgetrennt habe, worauf ich, weil ich jemanden, nämlich mich, sprechen gehört hatte, wieder sagte: ich möcht ein solcher werden wie einmal ein andrer gewesen ist? - womit ich ausdrücken wollte, daß ich gern gewußt hätte, wer sich mit seinem Reden auch noch über mich lustig machte. Dann sah ich einmal ins Freie, wo es sehr grün leuchtete, und ich sagte zu dem Freien: ich möcht ein solcher werden wie einmal ein andrer gewesen ist? - und mit diesem Satz wollte ich das Freie fragen, warum mich denn die Füße so schmerzten. Ich bemerkte auch einen Vorhang, der sich bewegte. Darauf sagte ich, aber nicht zu dem Vorhang, ich weiß nicht zu wem, warum alle Tischladen offen seien und warum mein Mantel immer in die Tür eingeklemmt werde. Ich hörte auch jemanden über Treppen steigen, wobei es knarrte, und ich sagte darauf zu dem Knarren, daß ich ein solcher werden möchte wie einmal ein andrer gewesen sei, womit ich ausdrücken wollte, wann denn mein Kopf wieder leichter sein werde. Auch ließ ich einmal einen Teller fallen, der aber nicht zerbrach, worauf ich ausrief: ich möcht ein solcher werden wie einmal ein andrer gewesen ist, womit ich meinte, daß ich vor nichts auf der Welt Angst hätte, worauf ich wieder sagte: ich möcht ein solcher werden wie einmal ein andrer gewesen ist, womit ich begreiflich machen wollte, daß mir doch etwas Angst einjagen könnte, und zwar ein angebrochener Eiszapfen; und dann fühlte ich einmal keine Schmerzen mehr, und ich rief: ich möcht ein solcher werden wie einmal ein andrer gewesen ist, womit ich jedem sagen wollte, daß ich endlich keine Schmerzen mehr fühlte, aber dann fühlte ich wieder Schmerzen und ich flüsterte jedem ins Ohr: ich möcht ein solcher werden wie einmal ein andrer gewesen ist, womit ich jedem zurufen wollte, daß ich im Gegenteil keine Schmerzen mehr fühlte und daß mit mir alles in Ordnung sei, womit ich anfing zu lügen; und endlich sagte ich zu mir selber: ich möcht ein solcher werden wie einmal ein andrer gewesen ist, und wollte damit wissen, was denn der Satz, den ich zu mir sagte, überhaupt bedeute.

107. Reinhard Mey: Kaspar. 1969 [Liederbuchausgabe 1977].

1. Sie sagten, er käme von Nürnberg her und er spräche kein Wort. / Auf dem Marktplatz standen sie um ihn her und begafften ihn dort. / Die einen raunten: "Er ist ein Tier", / die

andern fragten: "Was will der hier?" / Und daß er sich doch zum Teufel scher'. / "So jagt ihn doch fort, so jagt ihn doch fort!"

2. Sein Haar in Strähnen und wirre, sein Gang war gebeugt. / "Kein Zweifel, dieser Irre ward vom Teufel gezeugt." / Der Pfarrer reichte ihm einen Krug / voll Milch, er sog in einem Zug. / "Er trinkt nicht vom Geschirre, den hat die Wölfin gesäugt!"

3. Mein Vater, der in unserem Ort der Schulmeister war, / trat vor ihn hin, trotz böser Worte rings aus der Schar; / er sprach zu ihm ganz ruhig, und / der Stumme öffnete den Mund / und stammelte die Worte: "Heiße Kaspar".

4. Mein Vater brachte ihn in's Haus, "Heiße Kaspar!" / Meine Mutter wusch seine Kleider aus und schnitt ihm das Haar. / Sprechen lehrte mein Vater ihn, / lesen und schreiben, und es schien, / was man ihn lehrte, sog er in sich auf - wie gierig er war!

5. Zur Schule gehörte derzeit noch das Üttinger Feld, / Kaspar und ich pflügten zu zweit, bald war alles bestellt; / wir hegten, pflegten jeden Keim, / brachten im Herbst die Ernte ein, / von den Leuten vermaledeit, von deren Hunden verbellt.

6. Ein Wintertag, der Schnee war frisch, es war Januar. / Meine Mutter rief uns: "Kommt zu Tisch, das Essen ist gar!" / Mein Vater sagte: "... Appetit", / ich wartete auf Kaspars Schritt, / mein Vater fragte mürrisch: "Wo bleibt Kaspar?"

7. Wir suchten, und wir fanden ihn auf dem Pfad bei dem Feld. / Der Neuschnee wehte über ihn, sein Gesicht war entstellt, / die Augen angstvoll aufgerissen, / sein Hemd war blutig und zerrissen. / Erstochen hatten sie ihn, dort am Üttinger Feld!

8. Der Polizeirat aus der Stadt füllte ein Formular. / "Gott nehm' ihn hin in seiner Gnad", sagte der Herr Vikar. / Das Üttinger Feld liegt lang schon brach, / nur manchmal bell'n mir noch die Hunde nach, / dann streu ich ein paar Blumen auf den Pfad, für Kaspar.

108. Meret Oppenheim: Ohne mich ohnehin ohne Weg kam ich dahin. 1969.

Meret Oppenheim. 1913-1985. Malerin, Plastikerin, Dichterin. Gehörte in Paris dem Kreis der Surrealisten um André Breton an.

Ohne mich ohnehin ohne Weg kam ich dahin
ohne Brot
ohne Atem aber mitnichten mitneffen mit Kaspar
mit Kuchen so rund war er etwas eckig zwar
aber ohne Grasbewuchs mit Narben mit Warzen
mit Fingern
mit Stäben mit vielen O's und wenig W's
dafür mit ganz enorm wenig viel.
Oh falle du doch in dein Loch oh begrabe du dich
doch selbst

und deine langatmige Hoffnung
gib deinem Ich einen Tritt deinem Es seinen Lohn
und was von dir übrig bleibt brate wie Fischlein im Öl
du kannst deine Schuhe abstreifen.

109. Manfred Taut / Horst Wolf: XY löst den Fall Kaspar Hauser. 1969 (S. 65 ff.).

Der junge Herr und die junge Frau

Abend. - Ein mit banaler Eleganz möbilierter Salon im Hause Biberbach. Die junge Frau ist soeben eingetreten und zündet die Kerzen an. Dann öffnet sie die Tür zum Nebenzimmer und wirft einen Blick hinein. Von den Kerzen des Salons geht der Lichtschein bis zu einem Himmelbett, das an der abschließenden Wand steht. Die junge Frau besichtigt auch das Schlafzimmer. Von dem Trumeau nimmt sie einen Flacon und bespritzt die Bettpolster mit feinen Strahlen von Diorissimo. Dann öffnet sie einen Schrank, der im Salon steht, nimmt eine Flasche Picon und zwei Likörgläschen heraus, stellt alles auf den Tisch. Dann schenkt sie sich ein Glas Picon ein und entspannt sich. Dann sieht sie auf ihre Uhr. Sie geht im Zimmer auf und ab. - Vor dem großen Wandspiegel bleibt sie eine Weile stehen, richtet sich mit ihrem Taschenkamm das Haar und die Löckchen vor den Ohren. - Sie geht nun zur Vorzimmertür und horcht. Dann setzt sie sich auf den Fauteuil und erhebt sich erst, als die Tür geöffnet wird und der junge Herr eintritt. Der junge Herr schließt die Tür hinter sich, bleibt einen Augenblick stehen, indem er die linke Hand aufs Herz legt, als müsse er eine gewaltige Erregung bemeistern.
Der junge Herr: Klara - Klara! Die junge Frau: Kommen Sie, kommen Sie, Herr Kaspar ... Der junge Herr: Lassen Sie mich noch eine Weile, bitte, oh bitte sehr, Klara! Er steht noch immer vor der Tür. Die junge Frau steht vor ihm, hält seine Hand. Der junge Herr: Ich bin zwei Herren auf der Stiege begegnet. Die junge Frau: Bekannte? Der junge Herr: Ich weiß es nicht. Es ist möglich. Die junge Frau: Pardon, Herr Hauser - aber Sie kennen doch Ihre Bekannten. Der junge Herr: Ich habe gar nichts gesehen. Die junge Frau: Aber selbst, wenn es Daumer und Biberbach waren, sie können sie ja gar nicht erkannt haben. Ich selbst ... wenn ich nicht wüßte, daß Sie es sind ... diese Hosen - Der junge Herr: Es sind zwei. Die junge Frau: Wollen Sie nicht ein bißchen näher ... ? Der junge Herr: Was fällt Ihnen ein, Klara? Ich habe Ihnen gesagt: fünf Minuten ... nein, länger nicht ... ich schwöre Ihnen - Die junge Frau: Also die Hose. Der junge Herr: Es sind zwei. Die junge Frau: Nun ja, beide Hosen - ich werde sie doch wenigstens sehen dürfen. Der junge Herr: Haben Sie mich denn lieb, Klara? Die junge Frau tief verletzt: Kaspar - Sie fragen mich ... Der junge Herr: Es ist hier so heiß. Die junge Frau: Aber Sie haben ja noch Ihre Hosen an. Der junge Herr tritt endlich ins Zimmer, wirft sich auf Fauteuil: Ich bin todmüd. Die junge Frau: Erlauben Sie. Sie nimmt ihm die Hosen ab. Der junge Herr läßt es geschehen. Die junge Frau steht vor ihm, schüttelt den Kopf. Der junge Herr: Was haben Sie? Die junge Frau: So schön waren Sie noch nie. Der junge Herr: Wieso? Die junge Frau: Allein ... allein mit Ihnen, Kaspar! Sie läßt sich neben seinem Fauteuil nieder, auf ein Knie, nimmt seine beiden Hände und bedeckt sie mit Küssen. Der junge Herr: Und jetzt lassen Sie mich wieder in die Schule gehen. Was Sie von mir verlangt haben, habe ich getan. Die junge Frau läßt ihren Kopf in seinen Schoß sinken. Der junge Herr: Sie haben mir versprochen, brav zu sein. Die junge Frau:

Kaspar ... Kaspar (...). Sie umfaßt ihn und bedeckt sein Gesicht mit heißen Küssen. Der junge Herr: So ... halten Sie Ihr Wort. Die junge Frau: Noch einen Kuß - noch einen. Der junge Herr seufzt tief. Die junge Frau küßt ihn wieder.

110. Geneviève Serreau: Kaspar. Stück in 13 Bildern. [1971] (S. 27 f.).

Geneviève Serreau. 1915-1981. Schauspielerin, Übersetzerin (übersetzte erstmals Bertolt Brecht ins Französische), Theaterleiterin und Schriftstellerin.

(Die Bürger sind kollektiv mit einem verbalen Tick belastet, welcher darin besteht, dass sie grund- und zwecklos Teile aus ihren Sätzen wiederholen - im allgemeinen den Schlussteil, in leiserem Ton. Dieses dauernde Wiederkäuen soll eine Art Geräuschkulisse ergeben.)
Herr Loyal: Auf Ansuchen des Bürgermeisters haben Professor Daumer und seine Frau Kaspar zu sich genommen. Sie haben sich die Aufgabe gestellt, einen Menschen aus ihm zu machen.
(Sobald Herr Loyal seine Ansage gemacht hat, winkt er zwei Träger herbei, die einige Stühle in zufälliger Anordnung auf das obere Podium stellen. Wenn sie damit fertig sind, gibt ihnen Herr Loyal ein Trinkgeld.
Während der ganzen Szene gehen die Träger mit schweren Lasten durch den Umgang auf dem tieferen Podium. Sobald sich die Bürger zu Tisch gesetzt haben, essen auch sie schnell etwas im Stehen, machen eine Siesta und nehmen dann ihre mühselige Arbeit wieder auf.)
(Kaspar sitzt in einer Ecke und ist damit beschäftigt, Bildchen zu ordnen. Die Stühle sind im ganzen Zimmer unordentlich verstreut. Auftritt Frau Daumer.)
Frau Daumer: Kaspar ... (sie spricht langsam und deutlich, sehr pädagogisch) Ordne die Stühle, Kaspar.
Kaspar: (sehr fügsam. Er erhebt sich nicht ohne Schwierigkeiten und ordnet die Stühle, wobei er sich immer wieder auf die Rücklehnen stützen muss. Mit manischer Sorgfalt stellt er sie an ihren Platz.) Stüh-le ... die Stüh-le ... Stüh-le ... Stüh-le ...
Frl. Steiner: (kommt von draussen herein, Frau Daumer stürzt sich mit grosser Zuvorkommenheit auf sie, um ihr aus dem Mantel zu helfen. Aus dem undeutlichen Gewirr von Begrüssungsworten löst sich der Satz heraus:) Aber das macht Ihnen doch sicher Scherereien, Frau Daumer, Scherereien, Scherereien, Scherereien ...
Frau Daumer: Das schon. Aber die Stadt schickt mir für ihn eine kleine Pension, eine kleine Pension, eine kleine Pension ...
Frl. Steiner: (Während der ganzen Szene mustert sie Kaspar mit einer Art lüsternen Neugierde, nahe der Erregtheit) Er sieht nicht böse aus ...
Frau Daumer: Böse? nein. Aber er ist auch nicht gerade anhänglich. Ich wollte, dass er mich Mama nennt, aber da ist nichts zu machen, nichts zu machen, nichts zu machen ...
Frl. Steiner: Wie kann man wissen, was sowas im Kopf hat! .... Ach, da kommt mein Bruder. (während Frau Daumer auf den Pastor zugeht) Was sowas im Kopf hat, im Kopf hat, im Kopf hat ...
Pastor Steiner: Guten Tag, Frau Daumer, hübsch kalt und trocken heute, hübsch kalt und trocken heute.
Frau Daumer: (dienstfertig) Legen Sie ab, Herr Pastor. (zu Kaspar) Komm her, Kaspar, komm sag dem Herrn Pastor guten Tag.
Kaspar: (geht taumelnd auf Frau Daumer zu. Im Augenblick, als er Steiner die Hand geben sollte, schreckt er mit heftigem Abscheu zurück.)

Frau Daumer: Kaspar! (zu Steiner) Er erträgt keine schwarzen Kleider, schwarzen Kleider, schwarzen Kleider ...
Steiner: (beschwingt) Na denn, mein Junge, ist er schön brav gewesen? Und vergisst auch nicht zu beten, hoffe ich, zu beten, zu beten, zu beten ...
Frau Daumer: Ich lasse ihn jeden Abend sein Vaterunser aufsagen. Es ist nicht leicht.

111. Deborah Eibel: Kaspar Hauser in Nuremberg. 1972.

I
In Nuremberg
A host in search of a guest
Gave him a small room
And his first bed.

In Nuremberg
He learned to sleep, to dream, to stay awake.

Awake, he drew road-maps,
For red horses,
For royals horses.

His host read the maps
And placed wooden horses
Around the bed
Of a prince.

II
In Nuremberg
Tutors helped him.
He did his best,
So that, in time,
He was visited daily
By noisy people,
Who asked for
His drawings,
His writings,
Anything
With the signature
Of Kaspar Hauser.

III
His noisy visitors
Were uninvited -
He wanted guests.

The house in which he stayed
Was not his own -
He could not be a host.

He wanted guests,
He wanted wedding-guests.

He would not need a house
For wedding-guests.
He planned an outdoor wedding -
Under apple-trees.

A wife would come to him,
If he could learn to dance.

112. John Robert Colombo: The Child of Europe. 1974.

for Jack Winter

It all began in the year 1828. At four-thirty in the afternoon of the twenty-sixth day of May (it was Whit Monday), a foundling was seen wandering the streets of Nuremberg.
He had been reduced to imbecility by systematic ill-treatment.
He had been turned loose on the world at the age of sixteen.
He spoke of himself in the third person, as Kaspar Hauser.
He could barely walk, barely read, barely write.
He had never before seen daylight.
He did not know what noise was.
He was ignorant of God.
He had "night-burning" eyes.
He ate only bread and water; meat made him nauseous.
He was a semi-conscious animal, and intermittently deaf.
The sight of the moon produced in him "emotions of horror."
He could smell a cemetery at a distance of five hundred yards.
He claimed he could see the stars in the sky during the day.
He was able to distinguish colours in absolute darkness.
When someone read to him an account of the Noachian Deluge, he wept bitterly.
He seemed to remember being kept in "a prison ... perhaps six or seven foot long, four broad, and five high."
He was taken to the city jail and charged as a vagrant until the authorities of Nurmberg could make their investigations and decide his fate.
How much of the above is true is not really known.
What is known is that Kaspar Hauser, far from being a seven-day wonder, became the wonder of the age: "The Child of Europe."
Nine days later the foundling was released from prison in the custody of Profesor Daumer, a schoolmaster.
The excited town of Nuremberg practically adopted him.
The German press played him up for a princeling.
The newspapers of Europe treated him like a primitive "wolf-child."
He learned to converse properly, and to communicate in print.
He was given instructions in "the art of standing."
He learned to play a simple tune on the harpsichord (...).

113. Werner Herzog: Jeder für sich und Gott gegen alle. 1974 (Drehbuchausgabe 1977, S. 183 f.).

Garten, das Beet aus Brunnenkresse

Daumers Garten, stiller idyllischer Winkel am Nachmittag. Kaspar sitzt unter seinem Walnußbaum an dem kleinen Gartentischchen und schreibt mit Andacht auf einen großen Bogen Papier. Ab und zu tunkt er den Federhalter in ein kleines Tintenfäßchen und pustet erst vorsichtig eine Wespe fort, die sich immer wieder auf den Rand setzt. Neben ihm heizt die Sonne in die Stachelbeerbüsche. Im Schatten der Büsche ist ein kleines separates Beet aufgeschüttet, ganz liebevoll aufgeharkt und gesäubert. Aus gerade aufkeimender Brunnenkresse, die knapp einen Finger hoch steht, ist der Name KASPAR schwungvoll geschrieben. Ein Teil des Beetes ist zertrampelt, vor allem das A und das R haben gelitten. Kaspar blickt von seinem Blatt auf und liest das Geschriebene leise vor sich hin. Kaspar:
"Ich bitte den Herrn Daumer, dieses Blatt nur gutmüthig zu lesen. Gestern wars stille, da fuhr ich im Kahn; und der Ruderer saß ruhig und lobte die Fahrt. Vor Tagen hatte ich von Gartenkreß meinen Namen gesähet und dieser war recht schön kommen und hat mir eine solche Freude gemacht, daß ich es gar nicht sagen kann. Und gestern, wie ich vom Kahnfahren kom, da ist einer in den Garten herein und hat viele Birn davon getragen der hat mir meinen Namen zertreten. Da habe ich lange geweint und das Beet will ich aufs neue sähen ..."
Langsam verfällt das Licht über dem Garten. Totenstarr stehen die Bäume. Eine Musik setzt ein, sehr ruhig und ohne Pathos.

114. Peter Abraham: Kaspar oder Das Hemd des Gerechten. 1976 (S. 48 ff.).

Die Schritte auf den morgendlichen Straßen verhallten. Das verzweigte Straßennetz schluckte das Lachen der Gäste des "Gargantua". Noch war der Himmel grau. Noch brannten die Laternen. Kaspar, der junge Mann mit dem Dutzendgesicht, ging neben Wenzel Ploch. Sie schwiegen zunächst. Ploch überlegte, wie er den aufdringlichen Menschen loswerden könnte.
Am Konradsplatz, auf dem der Schneemann mit Hut Wache stand, sagte Ploch: "Leben Sie wohl, mein Weg führt jetzt nach links." "Sie wollen nach Hause?" "Ja", sagte Ploch. In Wirklichkeit wollte er den Heimweg nur zum Schein einschlagen und nach wenigen Schritten kehrtmachen, um durch eine Toreinfahrt in Eris Haus zu gelangen. Ploch ging also. Kaspar sagte: "Übrigens, Herr Ploch ..." Ploch versuchte es zu überhören. Kaspar fuhr fort: "Es hat keinen Zweck, mich täuschen zu wollen. Sie beabsichtigen, noch Fräulein Erika Riedel aufzusuchen. Ich schließe mich an." Er kann tatsächlich Gedanken lesen, dachte Ploch erschrocken, gab sein Täuschungsmanöver auf und ging geradewegs auf den Torweg zu. "Nicht grundsätzlich", sagte Kaspar, "nur Ihre Gedanken kann ich lesen, Herr Ploch!" Ploch blieb stehen. "Nun hören Sie gut zu", rief er, "es ist mir wirklich egal, wessen Gedanken Sie lesen können. Und wenn Sie die meinen lesen könnten, dann würden Sie sich endlich zum Teufel scheren, denn ich wünsche Ihre Begleitung nicht."
Aus dem Hausflur trat überraschend der Wachtmeister. Jener, mit dem Kaspar bereits Bekanntschaft gemacht hatte. Ploch stutzte, sagte dann höflich: "Ein frohes und schönes neues Jahr, Genosse Wachtmeister." "Ich danke", sagte der Wachtmeister, "auch Ihnen, Genosse

Schriftsteller!" Ploch wollte in das Haus gehen, da berührte ihn der Wachtmeister am Arm. - "Ich muß Sie sprechen, Genosse Schriftsteller", sagte er mit einem Seitenblick auf Kaspar. "Es geht um dieses Phantom." "Phantom?" "Nun ja", sagte der Wachtmeister, "ich meine das ganz und gar außerdienstlich. Ich versichere Ihnen, Genosse Schriftsteller, daß ich durch und durch materialistisch eingestellt bin. Sehen Sie, ich nehme, soweit es mein Dienst erlaubt, immer an den philosophischen Belehrungsstunden meiner Dienststelle teil. Aber dieser, dieser ...", er suchte verzweifelt nach einer passenden Bezeichnung für Kaspar. Mensch, Individuum, Herr, Person schienen ihm Begriffe, die auf Kaspar nicht zutrafen, "Dokumentlose" fiel im schließlich ein, "dieser Dokumentlose hat uns vor unfaßbare Rätsel gestellt. Er entwich nämlich aus der Sammelzelle, ohne die geringste Spur von Gewaltanwendung am Schloß und an den Eisenstäben zu hinterlassen. Außerdem ist er elektrisch ..." "Wenn es gegen die Gesetze verstößt, elektrisch zu sein", sagte Ploch, "dann verhaften Sie ihn doch." "Das hätte überhaupt keinen Zweck", sagte der Wachtmeister. "Er würde wieder entkommen. Sehen Sie, und es ist noch niemals vorgekommen, daß jemand als eingeliefert ins Wachbuch eingeschrieben, aber ohne Auslieferungsvermerk entlassen wurde. Denken Sie, was werden die leitenden Genossen sagen, wenn sie das Wachbuch inspizieren! Wir benötigen eine handfeste Erklärung. Ich habe zusätzlich die Frühwache übernommen, um Sie, Genosse Ploch, abzufangen. Und da Sie gewohnheitsmäßig Fräulein Riedel aufsuchen ..." Er stockte. "Das äußere ich natürlich ohne jede Wertung, sozusagen außerdienstlich ..." Mein Gott, diese Schriftsteller! Wie schnell fühlten sie sich in der Freiheit bedroht, beschwerten sich ... "Was erlauben Sie sich!" sagte Ploch, "und was geht mich dieser Mann an!" "Aber lieber Genosse! Er beruft sich doch auf Sie. Es steht doch in unserem Protokoll! Er gibt Sie als Vater oder Vormund oder so etwas an ..." Ploch war außer sich. "Lüge!"

115. Emma Krell-Werth: Kaspar-Hauser-Frage an die Himmlischen. 1976.

Emma Krell-Werth [d. i. Emma Krell, geborene Werth]. Geboren 1906. Archivarin in Dornach (Schweiz). Lyrikerin und Erzählerin.

Was offenbarte Eurer Herrschaft sein Erdgeschick,
Preisgegeben den Machenschaften des Bösen,
Nach missbrauchtem Schlaf der Unschuld
Am Pfingstfest den Plan der Hölle zu betreten?
Dem Heiligen Geist sein Stammeln anzutragen,
Ausgeliefert dem Erbe der Urschuld
Und der Marterqual ihres Tatendrangs? -
Was half dem Überwältigten
Die Majestät Eures Sternenhimmels
Vor den Tatsachen der Tagseite,
Das Innewohnen Eurer Gesetze
Vor der Übermacht des Verbrechens? -
Oder wusste er im Schlaf
Um das Geheimnis Eurer Nachtseite,
Und verwandelt sein vermittelnder Umgang heute
Unsere Frage in die Aufgaben
Kommender Jahrhunderte?

116. Joachim Minnemann: Kaspar. 1976.

Joachim Minnemann. Geboren 1949. Studienrat. Übersetzer und Verfasser von Kinderbüchern.

(Für Elisabeth)

nimm mein wort
wiege es in deinen armen

sing dein lied

und ich bin ein solcher
wie nie ein anderer
gewesen ist

117. Erich Fried: Klage über die Doppeldeutung. 1977.

Ausgelassen wurde die Zitation des Gedichts von Hans Arp "Kaspar ist tot".

(....)

Woran unser guter Kaspar gestorben ist?
Daran daß einer die Windeuter deuten wollte
aber nicht anzitz eines Euters aus schwarzem Licht
sondern anhand und anfuß einer einfachen D-Verdopplung
die die Welt um keinen Deut besser gemacht hat
indem er statt Windeuter Winddeuter las und so
diesen dunkelnagelneuen Beruf schuf
der sich zur Wetterkunde verhält wie
die Astrologie zur Astro- und Gastronomie

Dabei hat er keinen Heufisch danach gefragt
ob diese Durchbrechung des Müßigganges durch Deutung
so einen Werdegang nicht ungangbar macht

Zwar war der Schirokkoteufel gebannt
durch den deutlichen Führspruch:
"Ihr habt nichts zu verlieren als eure Ketten aus Wasser
von denen der Ganges zum Übertritt gavialisiert wird
und alle Ganglien zum Verknoten ihrer Lianen"
Aber so eine Deutung durchhaut sogar den geschürztesten Knoten
denn wenn sie nicht findig ist, ist sie windig; und daran,
weh, an der Winddeuterei ist
unser guter Kaspar gestorben!

118. Franz Hodjak: Kaspar Hauser Lied. 1977.

Franz Hodjak. Geboren 1944 in Hermannstadt (Sibiu, Rumänien). Lektor, Lyriker und Übersetzer aus dem Rumänischen und Ungarischen. Siedelte 1992 nach Deutschland aus.

ein absurder brief
folgt mir hart auf den fersen

wie heuschrecken besetzen die sätze
die stadt

ohrenbetäubend
prallen gegen die fenster
konventionelle horizonte

den sternen
entströmt ein lähmender duft

von bäumen und giebeln
fallen die syllogismen
wie tote spatzen

überall auf den dächern sitzen riesenworte
mit großen augen
und warten

ich würde mich verteidigen
wenn ich wüßte gegen was

119. Marcia Southwick: Kaspar Hauser (A boy abandoned by his parents and raised in a cell by a prison guard). 1977.

All day I play alone with two wooden horses
and a few ribbons. I rearrange the horses,
hanging the ribbons from them,
in different positions.

In my little cell, I try to imagine my parents,
and I can see a lamp hanging from a wagon,
and my parents, in the distance,
driving some horses in winter.

They are passing a deer buried in the snow,
though only the deer's antlers are visible,

and by the river, they are passing an otter
with its eyes closed, eating a salmon.

Now, I can see the wagon more clearly, as it moves
out of the woods, and slowly up the street of the town,
where I am standing on my corner, waiting ...

The bells on the harness make so little noise,
only the dead should know who is coming ...

And I stand here, holding up my toys,
because when my parents pass,
I always think they will know,
by my wooden horses, who I am.

120. Richard Wagner: kaspar hauser. 1977.

öffnete er eine tür
war es mehr als bloß eine tür

ganz ohr war er
ganz auge

er fühlte
in ihm öffnete sich etwas
etwas das nicht aufhörte
sich zu öffnen

lautlos
pausenlos
endlos

und es gab nichts
was zuschlug
als wort

121. Elke Oertgen: Kaspar Hauser. 1978.

Unter die Menschen
gefallen,
in die Dornenhecke
Freiheit
und ausgeliefert
der Wörterwelt
Kaspar.

Nur die Stummen
sind arglos.
Der einzige Mensch
Kind
unter Ungeheuern.
Priez pour le pauvre Gaspard.

122. Dieter Forte: Kaspar Hausers Tod. Ein Theaterstück. 1979 (S. 35 ff.).

HILTEL kommt durch die Tür, die zur Schankstube führt Kaspar Hauser?
WIRT Hier wird nicht ausgeschenkt. Von wegen Kaspar Hauser. Raus.
HILTEL Ich bin sein Wärter.
WIRT Was bist du?
HILTEL Er war bei mir im Turm. In Nürnberg.
BINDER Ach Hiltel. Kommen Sie her, setzen Sie sich. Ein Glas, Herr Wirt. Der gute Hiltel.
HILTEL Herr Bürgermeister. Er verbeugt sich Die Beerdigung war schon vorbei. Ich kam zu spät.
BINDER Wir nehmen den Willen für die Tat.
HILTEL Es sind ja alle da. Er verbeugt sich Auch der Herr Gerichtspräsident. Und der Herr Regierungspräsident.
STICHANER Sagen Sie, Hiltel, Sie haben ihn doch eigentlich als erster damals in Nürnberg gesehen. Ich meine, richtig gesehen. Er hat die erste Zeit bei Ihnen auf dem Turm verbracht. Sie wissen, viele Leute halten ihn für einen Betrüger. Glauben Sie, daß er ein Betrüger war?
HILTEL Der Kaspar? Niemals.
STICHANER Wieso sind Sie da so sicher?
HILTEL Der Herr Regierungspräsident soll nur einmal die Probe machen und als verstellter Spitzbube zu mir kommen. Ich stehe dafür, daß ich ihn entlarven werde. Gelächter Ich habe mit den abgefeimtesten und verstocktesten Spitzbuben und Bösewichtern zu tun gehabt. Ich habe den Kaspar Tag und Nacht beobachtet und nie auch nicht das mindeste Verdächtige bemerkt. Wer ihn freilich erst später kennengelernt hat, als er schon kultiviert war, der kann wohl denken, daß ein Betrug vorliegt. Als er einige Zeit hier war, war er nicht mehr so gut und liebenswürdig wie bei seiner Ankunft. Er kam halt so in die gewöhnlichen Weltfehler.
HORLACHER Daß er nicht an Gott glaubte, ist der beste Beweis, daß er kein Betrüger war.
FEUERBACH Man muß ihn gekannt haben, um zu beurteilen, ob von einem unmündigen Knaben ein Selbstmord der raffiniertesten Art zu erwarten ist, oder man ist zu der Annahme berechtigt, daß Hauser nicht nur als politisches, sondern auch als psychologisches Rätsel die Welt verlassen hat.
STICHANER Politisches Rätsel? Wie darf man das verstehen?
FEUERBACH So wie Sie es verstehen.
STICHANER Lieber Feuerbach -
FEUERBACH Das gehört nicht hierher. Ich weiß.
DAUMER Müssen wir jetzt wieder das Thema wechseln?
TUCHER Wieso? Ich habe das gar nicht verstanden. Was war denn?
HORLACHER Es ging darum, daß Kaspar Hauser nicht nur als politisches, sondern auch als psychologisches Rätsel die Welt verlassen hat.
MEYER Das versteh ich jetzt auch nicht.

Hessisches Staatstheater zu Wiesbaden

Uraufführung
Samstag, den 21. April 1979
Kleines Haus

Kaspar Hausers Tod

Ein Theaterstück
von
Herrn Dieter Forte

Personen:

Wirt	Herr Albert Tisal
Schankbursche	Herr Benjamin Korn
Franz Joseph v. Stichaner, Generalkommissär und Regierungspräsident in Ansbach	Herr Alfons Lipp
Seine Frau	Mad. Maja Scholz
Anselm Ritter v. Feuerbach, Staatsrat und Appellationsgerichtspräsident beim Königl. Appellationsgericht in Ansbach	Herr Hans Beerhenke
Joseph Hickel, Gendamerieoberleutnant in Ansbach	Herr Thomas Hodina
Dr. J. H. Horlacher, Arzt in Ansbach	Herr Dieter Schaad
Heinrich Fuhrmann, evangelischer Pfarrer in Ansbach	Herr Josef Vandegen
Johann Georg Meyer, Oberlehrer in Ansbach	Herr Hubertus Petroll
Seine Frau	Mad. Ingrid Oesterhelt
Kolb, Verleger	Herr Helmut Griefer
Jakob Friedrich Binder, 1. Bürgermeister von Nürnberg	Herr Bernd Ripken
Seine Frau	Dem. Dagmar Papula
Gottlieb Freiherr v. Tucher, Ratsakzessist beim Kreis- und Stadtgericht in Nürnberg	Herr Alfred Herms
Georg Friedrich Daumer, Gymnasialprofessor am Nürnberger Gymnasium	Herr Stefan Matousch
Hiltel, Gefängniswärter in Nürnberg	Herr Theo Maier-Korner
Ein Mann	Herr Joachim Deichsel

Inszenierung	Herr Horst Siede
Bühnenbild und Kostüme	Herr Reinhard Wust
Dramaturgie	Herr Marc Günther
Regiemitarbeit	Herr Benjamin Korn
Inspektion	Mad. Uta Lumm
Souffleuse	Dem. Ingrid Streckbein
Technische Leitung	Herr Karl-Heinz Bischoff
Beleuchtung	Herr Wolfgang Kaeppel
Ton	Herr Heinz Weihe
Masken und Frisuren	Herr Werner Feil
Leiterin der Kostümabteilung	Mad. Ursula Grönwold
Damenkostüme	Mad. Helga Deisenroth
Herrenkostüme	Herr Walter Legenbauer

Die Handlung geschieht in Ansbach
Eine Pause

Aufführungsrechte beim S. Fischer Verlag Frankfurt/M.

STICHANER Ich glaube, wir sollten wirklich das Thema wechseln.
FEUERBACH Rätselhafte Zeiten, in denen man einen Kretin zum gebildeten Menschen macht und Hunderte von gebildeten Menschen zu Kretins.

123. Bernd Lampe: Kaspar Hauser in Treblinka. Schauspiel in drei Teilen. 1979 (S. 51 ff.).

Bernd Lampe. Geboren 1939. Dramatiker, Lyriker, Erzähler. Veröffentlichungen seit 1972.

KÜTTNER
Ja, Kameraden, wer kommt nach Treblinka?! Ihr mußtet alle heraus aus eurem alten Leben. Der eine war Lehrer, der andere Frisör, der eine saß im Büro, der andere stand hinter dem Ladentisch. Langweilig. Grauer Alltag. Immer dasselbe. Aber das liegt nun hinter euch, wie ein Kerker. Jetzt kam Treblinka. Jetzt kam eure Mission. Fleiß und der Rausch der Begeisterung und ...
FRANZ
Mußt das Spiel erklären.
KÜTTNER
Also, Kameraden, auch der Kasper in unserem Spiel hat ein neues Leben geschenkt bekommen.
FRANZ
Bringst alles durcheinander. So geht das nicht, Küttner, mußt schon nachdenken, bevor du redest. Mach du jetzt weiter, Yarik!
YARIK
Die nächste Szene spielt in Ansbach. Lord Stanhope hat beim Rat der Stadt das alleinige Sorgerecht über Kaspar Hauser beantragt. Feuerbach ist mißtrauisch, denn Stanhope hatte vor einem Jahr bereits bewirken können, daß Kaspar nicht mehr von seinem geliebten Lehrer Daumer in Nürnberg unterrichtet werden darf. Jetzt ist ein engstirniger Einpauker, der Lehrer Meyer, Kaspars Erzieher. Und es ist kein Wunder, daß Kaspar von Tag zu Tag unzugänglicher und mißtrauischer wird. Kaspar beginnt zu lügen.
FRANZ
So ist das. Das ist aus dem Leben gegriffen. Ich habe es am eigenen Leib erfahren. Deshalb brauchen wir hier Kultur.
Die Szene geht langsam wieder in die dritte Spielebene über. Es erscheinen die Masken des Professors Daumer und des Lehrers Meyer.
FRANZ
Wer kommt zuerst?
YARIK
Der Professor Daumer. Dann kommt Meyer. Sie warten auf Feuerbach, der sie zu einem Gespräch mit Lord Stanhope eingeladen hat. Es soll über den Antrag entschieden werden.
FRANZ
Prächtig. Da ist ja richtig was los.

Dritte Spielebene
MASKE DAUMERS
Was ist mit unsrem Kaspar nur geschehen? Sein Blick erscheint durch Zwang und Angst

entstellt und scheu und flüchtig reicht er nur die Hand. Wie anders war sein erstes Jahr in Nürnberg? Geheiligt war sein Weg durch die Natur, das aufgescheuchte Wild des Waldes suchte in Kaspars Nähe Schutz und Frieden.

MASKE MEYERS
Das sind doch leere Reden.
Ich kenn ihn träge, dumm und lügenhaft.
MASKE DAUMERS
Mit welcher Freude nahm er alles auf,
was ich ihn lehren durfte.
MASKE MEYERS
Wie kann ein kindisches Gemüt so blenden?
Er ist verlogen, faul und ein Betrüger,
schützt Tränen, Krankheit vor
und hat nur nicht gelernt.
MASKE DAUMERS
Wenn Sie so sprechen, ahne ich, warum
er Ihren Unterricht verabscheut und
zu uns nach Nürnberg zurück sich sehnt.

124. Guntram Vesper: Ein blinder Passagier steigt zu. 1979 (S. 68 ff.).

Die Stadt, die mich auf allen Seiten dicht umgab, war wie ausgestorben. Hinter mir, vom Wind bewegt, schlug einige Male eine Haustür gegen die Mauer. An der Mauer eine ovale Tafel: Hier starb Kaspar Hauser.

Woher habe ich meine schweren Träume, die Träume von Aufstiegen, Abstiegen, Untergängen und Wiederbelebungen. Wenn sie nicht bösartige, lähmende Arabesken des Alltags sein sollen, müssen sie mit der Ferne zu tun haben, mit Kindesunterschiebung, Flaschenpost, unterirdischen Gefängnissen, gedungenen Meuchelmördern, Spiegelschriftzetteln, rätselhaften Stammbäumen. Vor solchen Kulissen gehen sie auf und ab, heftig gestikulierend, verwirrt und überstürzt ihre Geschichte erzählend: der falsche Demetrius, die Eiserne Maske, die Gräfin von Eishausen, der Uhrmacher Naundorff. Auch einen ganz jungen Menschen sehe ich unbeholfen von rechts nach links über die Bühne taumeln. Auf halbem Weg bleibt er stehen, dreht sich zum Publikum, zieht den Hut und streckt die Hand aus. Dann tritt er ab. Den Zuschauern stockt der Atem; er zieht einen Kometenschweif von fünftausend Büchern hinter sich her; man weiß gar nicht, wie das Bild zustande kommt, wie sich die Erscheinung erklärt; aber jeder im Saal, der das Kind von Europa sieht, weiß auch, daß alle diese Bücher, Broschüren und Hefte nur von ihm handeln. Auf den Handzetteln und Aushängen wird der Junge Kaspar Hauser genannt (...)

Auf einem Spaziergang war Professor Daumer zurückgeblieben, Hauser ging, in ein Gespräch mit Hermann vertieft, ruhig an meiner Seite. Plötzlich ein Zusammenzucken, unwillig die Worte: Was machen Sie denn mit mir, Sie stoßen mich ja. Daumer, mehr als fünfzig Schritte hinter uns, hatte nur die Hand gegen Kaspar ausgestreckt. Wir gingen dann weiter. Nach einiger Zeit rief er: Das ist schon wieder der Herr Professor. Er stolperte und wäre gefallen, hätte ich ihn nicht am Arm genommen. Auf meinem Zimmer legte ich später, bevor Kaspar hereinkam, einen goldenen Ring, einen Zirkel aus Messing und eine stählerne Schreibfeder unter ein großes Blatt Papier. Nun, ist Metall auf dem Tisch, fragten wir ihn.

In einigem Abstand bewegte er die Hand über dem Papier hin und her und sagte bestimmt: Hier zieht es wie Gold, hier wie Messing, hier wie Stahl.
Und weiter, immer weiter. Kaspar Hauser als Abkömmling eines ungarischen Magnaten, als Grafensprößling, als illegitimer Sohn Napoleons, als Thronerbe von Baden (...). Ein im Wahnsinn gipfelnder Roman, den sich ein wirres Gehirn ausgedacht hat. Jahrelang werden die Knoten der Handlung geschürzt, die Lösung ist unabsehbar, die Abonnenten der Zeitungen beginnen ungeduldig zu werden, sie wollen wissen, wie alles endet. Die Flut der Briefe, die in den Redaktionen eintrifft, wächst von Tag zu Tag.
Irgendwann fragt der Verleger die Autoren, wie lange der Roman denn noch laufen solle. Wenigstens noch vier Jahre, bekommt er zu hören. Um Gottes willen, ruft er erschrocken, das wäre unser und nicht sein Ende, Sie müssen kurzerhand Schluß machen. Unmöglich, wird ihm nachdrücklich geantwortet, es sind zwei kleine Söhne des Großherzogs gestorben, und bisher auch nicht die leiseste Andeutung, daß sie vergiftet worden sind. Der Appellationsgerichtspräsident muß aus der Welt, aber der Mörder ist noch nicht einmal eingeführt. Ein anderer Mann, vornehmer Engländer, soll vor aller Welt entlarvt und endlich geächtet werden. Freilich lebt der Schurke bis jetzt noch mit Lust und Freuden in Griechenland und hat vorgestern erst einen hohen bayerischen Orden bekommen. Und die Hauptperson. Wer kann im Augenblick absehen, was sich aus ihr alles machen läßt. Das Ganze muß sich entwickeln und läßt sich nicht übers Knie brechen.
Einerlei, ruft der Verleger, die Phantasie ist allmächtig, lassen Sie eine Seuche grassieren oder ein Großfeuer wüten. Mein Herr, rufen die Autoren wie aus einem Mund, Sie verstehen nichts von Erzählkunst.

125. Laurence Lerner: Kaspar Hauser. 1980.

All that long time there was the place I was,
All that long same, the dark and constant same.
I came to being and it bit my eyes.

I want to be a rider like my father.
A soldier was my father was a horseman.
I want to be a rider and I want

Out of that same he carried me upstairs,
Out of that dark and then I stood to lean;
The soft ground stood and hit me where I fell.

When it was hunger time they put soft life
Into my mouth. It moved. The warm flesh tore
Under my teeth. This could be me I'm eating.

I spat and called: I loved that time, those horses,
The brittle bread, the water, the soft dark,
The stiff floor always there the always steady

Till I was carried to the bumpy world:
The air threw needles at my eyes. I fell.
Where were my walls, my horse to push, and where -

I want my floor my bread my dark my always -
I want the same the only same the only -
I want to be a rider like my father.

126. Robin Fulton: The Story of Kaspar Hauser. 1983.

What he felt, dreamt, saw, thought he saw:
wind in ripe grain, wind through a copse
howling in a tunnel without walls or roof.
Silent rage. Peace beyond understanding.
The empty brain he left his inquisitors
refused to echo. Neither peace nor rage nor peace.
Buds on a dead tree? Song in a warped flute?
Not by sawing the wood, not by cursing the breath.

127. Carlo Pietzner: ... and from the night, Kaspar. A play in seve scenes. 1983 (S. 63 f.).

Scene 6
Bell or xylophone. When the curtain opens it is the only time the stage is light.
Commentator: In the winter from 1830 to 1831 Kaspar was visited by an image in which he confirmed himself in his life and in his task and in his death. This, therefore, cannot be part of any play, whether true or imagined, for in its reality all may partake who are born in the human flesh and who are engaged in transforming the earth into a star, whether invisibly inside or visibly outside. Their cause is the mystery of birth, their crusade is to the Child of the World. The child of Europe, Kaspar, received its visitation in his house.
[The Five come in, place a small platform into the centre and, forming a circle, lie on the floor. All other players then enter, forming an outer circle around them while sitting down, except for His Lordship who appears on the upper right and Teacher Meyer, who appears in the upper left. Then Kaspar Hauser enters and steps on to the centre platform; and simultaneously, above, Kaspar's Higher Being who accompanies most of what Kaspar Hauser says with eurythmy.]
Kaspar Hauser: Then everything whatsoever became quite clear to me through the image I saw, which visited me and whose significance I understood at once and completely.
For I beheld that all and everything in all its manifoldness was at one and the same time One; all of mankind together with all nature but in such a manner that it was in truth mankind that made it into One.
I saw this in the image as a tree whose branches moved and formed all manner of signs and figures. These were all transparently clear in their meaning. Opposing branches moved into one another and through this interpenetration the wholeness was created.
The tree itself stood upon a base which was solid and from below to its top reached something like an innermost pole on the very tip of which there was so slender a crown with a red berry in it-which was the chief aspect of the whole image. In its power I was to assemble around me such men and women who would be able to read the signs of the branches and who would thus themselves become branches of a new order. They would flower with the radiance of freedom in their thoughts, each live with equal acceptance of one another and

pulsing with the fraternal blood of the brotherhood to which I was called. I remember it, my brothers, I begin to remember ...
He who has ears shall hear ...
[Bell. Darkness, All players have left. As it becomes a little lighter again, Kaspar Hauser is sitting on the lower floor, sleeping, his head resting against the black upright timber; the centre curtain is open.]

128. Manfred Streubel: Kaspar H. 1983.

Stimme, die Lähmung lobt:
Strafe der Strafen.
Hab mich nicht müd getobt.
Und soll schon schlafen?

Feindliches Ebenbild
tritt aus den Dämpfen.
Hab weder Schwert noch Schild.
Und muß schon kämpfen?

Hab kein Vertrauen.
Und darf schon bauen?
Ich -

geh ganz daneben.
Will nicht mehr leben.
So ohne mich.

129. Thomas Lehner: Der rätselhafte Kaspar Hauser oder Schwierigkeiten beim Entziffern der Welt. Hörspiel für acht Frauenstimmen. 1984 [o. P.].

Thomas Lehner. Geboren 1944. Fernsehjournalist, Buchautor und Kulturredakteur für Literatur und Hörspiel beim Südwestfunk Freiburg.

Daumer: Kaspar mußte die Welt, wie wir sie ihm beschrieben, erst entziffern lernen, quasi Buchstabe für Buchstabe.
Binder: Aber das müssen im Grunde alle Kinder, das haben wir auch gemusst.
Daumer: Das ist es ja. Ich habe mir oft überlegt, was ist es, das uns so seltsam anzieht an diesem Menschen Kaspar, diesem Unglücklichen -
Binder: - seine Sanftheit, seine Schutzbedürftigkeit vielleicht?
Daumer: Ich glaube, daß wir, indem wir ihn beobachteten, etwas von uns selber ahnten, denn: War er nicht so wie wir waren bevor man uns diese Welt samt ihrem Interieur übergestülpt hat wie, wie -
Binder: - einen Nürnberger Trichter.
Daumer: (lacht) Nein, den haben ihm die Ansbacher angelegt in Gestalt des Lehrers Meyer.
Binder: Es stimmt. Wenn Sie das so sagen, Daumerin, dann habe ich mich, wenn ich ihn so anschaute, oft gefragt: Was sieht er, das wir nicht sehen.

Daumer: Ich hatte manchmal das Gefühl, wenn mich sein unschuldiger Blick traf, er sieht nicht mich, er sieht - meine Seele.
Binder: Ach?
Daumer: Ja.
Binder: Haben Sie mit ihrem Sohn, dem Professor drüber gesprochen?
Daumer: Nein.
Binder: Es würde ihn aber doch sicherlich interessieren, er schreibt doch auch ein Buch über Kaspar - wie Feuerbach eines -
Daumer: Ich will nicht, daß er in sein Buch schreibt, was ich über Kaspar denke.
Binder: Und warum nicht?
Daumer: Für Daumer, für Feuerbach und die anderen ist Kaspar eher ein Untersuchungsgegenstand, für mich, überhaupt für uns Frauen -
Binder: Ja?
Daumer: Manchmal deucht mich, ist dieser Knabe uns Frauen verwandter, wenn wir Frauen noch wir selber sind und einmal nicht an die Welt der Männer denken. Manchmal denke ich, Kaspar, als er zu uns kam und sein Kopf so leer war, dachte mit dem Herzen.
Binder: Mit dem Herzen denken.
Daumer: Ja. So hat Kaspar eine Zeit lang überlebt und so könnten wir Frauen überleben. Unser Kopf ist doch vollgestopft mit der männlichen Beschreibung der Welt, die Bücher, die Lehrer sind alles Typen wie dieser Ansbacher Eintrichterer Meyer, von Frauen keine Spur. Aber das Herz haben sie uns nicht verfälschen können, oder?
Binder: (erstaunt) Also Daumerin, Daumerin, was sind das für Gedanken? Haben Sie das dem Kaspar schon einmal eröffnet?
Daumer: Nein. Als er das hätte noch verstehen können, hat er die Worte nicht gekannt und jetzt, da er die Worte kennt, ... da er die Welt entziffern kann, die wir ihm vorgeschrieben haben -
Binder: - ist ihm die Sprache des Herzens abhanden gekommen? (laut) Also Daumerin, das kann nicht sein, schauen Sie hin, dort am Riesenrad, unser Kaspar und Caroline, wenn das nicht die Sprache des Herzens ist, kommen Sie, wir müssen den beiden Gesellschaft leisten, das gebietet der Anstand (sich entfernend) Kommen Sie Daumerin, Kommen Sie!

130. Hermann Pies: Wir Kaspar Hauser. 1984.

Woher ich kam, bei Gott! ich weiß es nicht.
Auf Pfingsten trat ich plötzlich an den Tag.
In fremden Zungen Fremdes zu mir sprach.
Die grelle Sonne stach mir ins Gesicht.

Von Hand zu Hand reicht man mich armen Wicht.
Bin doch ein Prinz! wenn mich auch niemand mag - -
Dann kam der Mörder, der das Herz ihm brach,
Ins arme Herz das blutige Messer sticht.

Wir Hauser wissen nicht, woher wir kommen,
Uns Kasparn ist verhehlt des Todes Sinn,
Was soll uns Bettlern, soll uns Prinzen frommen?

Und wenn ich heute wie ein König bin -
Schon morgen hat armseligen Gewinn
Des Schicksals blutiger Dolch hinweg genommen.

131. Swami Alok Chinmayo [d. i. Hermann James Schmitz]: Kaspar Hauser 1984. Fragmente. 1984 (S. 32).

Daß ich mich nicht gewehrt habe
gegen eure Moral, die nicht glücklich macht
schmerzt mich
daß ich mich nicht gewehrt habe
gegen euren Gott, dessen Herz so eng ist
schmerzt mich
daß ich mich nicht gewehrt habe
gegen eure Liebe, die stets vom Gesetz besiegt wird
schmerzt mich
daß ich mich nicht gewehrt habe
gegen eure Religion, die erstarrt ist
schmerzt mich
daß ich mich nicht gewehrt habe
gegen euer Mitleid, diesen armseligen Ersatz für Liebe
schmerzt mich
daß ich mich nicht gewehrt habe
gegen eure Vorschriften, die nicht aus eigener Erfahrung stammen
schmerzt mich
daß ich mich nicht gewehrt habe
gegen euren Eifer eure Hölle zu beschützen
schmerzt mich
daß ich mich nicht gewehrt habe
gegen eure Einteilung in gute und schlechte Menschen
schmerzt mich
daß ich mich nicht gewehrt habe
gegen eure Meinung ich könnte nur von euch und ihr könntet
nicht von mir lernen
schmerzt mich
daß ich mich nicht gewehrt habe

gegen eure Erwartungen
gegen eure Oberflächlichkeit
gegen eure Hartnäckigkeit den Augenschein für das Wirkliche zu halten
gegen eure Anmaßung aus Vorurteilen Urteile zu machen

all das schmerzt mich und macht eure Welt so schwer bewohnbar -
selbst für einen Schatten

132. Jürg Amann: Ach, diese Wege sind sehr dunkel. Ein Kaspar Hauser-Stück. 1985 (S. 11 f.).

II
Im Bauch.
In der Höhle.
Völlige Dunkelheit. Völlige Stille. Nach einer langen Zeit schwach einsetzender Herzschlag. Der stärker wird. Dröhnend wird. Ganz in der Tiefe der Bühne jetzt eine Andeutung von Licht. Die stärker wird, heller wird. Weil man sich an das Dunkel gewöhnt. Zwei kleine, vergitterte Fenster. Dann gleich wieder Dunkelheit. Still.

III
Ans Licht.
In den Schmerz.
Schlagartig helles, grelles, schmerzendes Licht. Von der Bühne herunter, gegen die Zuschauer. Frontal. Langanhaltend. Gleichzeitig, schmal, ein Kinderweinen, das weh tut. Dann wieder Dunkelheit, Stille.

IV
In die Sprache.
In der Mitte der Bühne ein hochbeiniger Kinder-Eßstuhl, der an einen Schiedsrichterstuhl im Tennis erinnert, aber aus Holz ist. Darauf festgemacht Kaspar. Der mit den Füßen strampelt. Der mit den Armen fuchtelt. Der sich den Hut vom Kopf wischt. Der mit dem Mund Faxen schneidet.
Kaspar CK.CK.
ck,ck.
CK ...
CK.CK.
ck,ck.
CK ...
CKAA!
CKAA!
KAA ...
SSS. SSS. SSS.
SSS. SSS. SSS.
SSPH. SSPH.
SSPH. SSPH.
PH. PH.
PH. PH.
Phe. Phe.
eRR. eRR.
Rrrrrrrr ...

CKaSSPeRR! CkaSSPeRR!
KAS-PAR.

133. Achim von Lorne: Spiegelbilder um Kaspar Hauser. [1985] (S. 9 f.)

Achim von Lorne. Geboren 1939. Lebt und arbeitet als Musiker bei München.

Im Schloß
Sonnabend, den 16. Mai, 1828
.... "Alles ist aufs genaueste durchdacht. Bitte nehmen Sie Platz."
Mit einladender Geste verwies der Baron auf die Stühle am Tisch. Man setzte sich. "Sie wissen warum [!] es geht", nahm der Baron seine Rede wieder auf. "Daß Schweigen mehr als Gold ist, brauche ich hier nicht zu wiederholen." Den Professor traf ein prüfender Blick. "Bitte, Herr Lutz, betrachten Sie die Schriftproben. Können Sie das kopieren?" "Ich denke schon", antwortete der Schreiber. "Gut. Für später, es hat noch Zeit damit.
Jetzt schreiben Sie erstmal:
'An den hoch wohlgeborenen Herrn Rittmeister von Wessenig!' - Haben Sie's?"
Richter verfolgte aufmerksam die Prozedur am Geleitbrief. Längst war er in den Plan seines Principals eingeweiht. Am Ottenberge sollte der Lohnkutscher warten. Versprach, Richters Anweisungen zu befolgen. "Eskadron" berichtigte Lutz lauter als nötig.
"Nein, Esgataron sollen Sie schreiben! Und bey mit y - Also: bey der 4ten Esgataron bey 6ten Schwolische Regiment in Niernberg. Mit i-e."
"Bey Niern-berg", echote Lutz.
Noch nie in seinem Leben hatte er einen solchen Brief geschrieben!
Richter fixierte den Federführer. Warum man ihn Professor nannte, fragte er sich. Weil dieser den Neumarktern diverse Schriftstücke verfaßte? In einem Stadtmauerturm wohnte der Mensch. Wirklich und wahrhaftig: in einem Stadtmauerturm - ein Kauz! . . .
"Richter - wo sind Sie mit Ihren Gedanken? Wie spricht das einfache Volk? Sagt es, gedacht?" "Gedenkt", reagierte erschrocken, aber promt [!] der Verwalter.
"Gut, also . . . ich habe mir gedenckt - gedenckt mit ck!"
"Ge-denckt," murmelte der Professor.
Was
Wie war das?
Richter neigte seinen Kopf seitwärts. Lauschte. Hört er schon Geister rumoren? - ". . . mein Sohn haben, Komma!" crescendierte der Baron. "Sohn haben, Komma" erwiderte der Winkeladvokat.
Da: ganz deutlich!
Wieso hörten's die Anderen nicht? Und wieder! - Richter wechselte die Farbe.
"Herr Gott! Was ist denn mit Ihnen los?" hörte Richter den Baron noch hinter sich herrufen.
"Es ist ihm was auf den Darm geschlagen, dem Ärmsten", giftete der Professor hinterdrein. Die prüfenden Blick[e] [!] vorhin waren ihm nicht entgangen.
Richter raste die Treppe hinunter. In die Halle. Wie er zu dem Stocke kam, wußte er nicht.
Ein einzigesmal schlug er zu, heftig! "Ruhe!" schrie er. Dann kam er zur Besinnung. Bleich, ein wenig beschämt zurückkehrend - zur vermeintlichen Skatrunde.
"Nur bis Neumark" geweist. "Bis Neumark", repetierte Lutz.
["]Bis Neumarkt?" fiel Richter, noch atemlos, seinem Principal ins Wort: Verzeihung, Herr - aber - aber ist das nicht zu gefährlich?" "Was ist eigentlich in Sie gefahren, Richter? Erst rennen Sie wie eine wild gewordene Tarantel aus dem Zimmer - und jetzt regen Sie sich auf über eine läpische [!] Ortsbenennung! Sie scheinen mir überreizt ... Ich garantiere Ihnen, meine Herren, man wird hier nicht forschen! Der Ortsname ist ohne Belang für eine Recherche. Ich verbürge mich dafür.["]

Grießenbeck wußte sehr wohl, daß ihn ein frecher Kitzel zu dem Leichtsinn verführt hatte. War aber zu verstockt, die Passage streichen zu lassen. Diese Blöße durfte er sich jetzt nicht geben!
Der Verwalter schwieg. Manchmal nur hörte er auf, ob er noch etwas vernehme ... aus dem Loche. Aber es blieb still dort.

134. Bill Sewell: Kaspar Hauser. 1985.

We'll say nothing of God, for he had
little enough to say during those years.
But Kaspar glimpsed things: temples, cities,
he wasn't sure what. Only that it was
the beginning of a story, and he didn't
know how it ended.
That cry we call
silence.
It might seem like ingratitude
to perplex a professor by seeing straight,
to believe that the sky around us
could be wider still.
But to wake
as a shape that stutters up a mountain
in the mist, when he wanted most to
tread down the clouds, is a hard
enough beginning, an obscure enough end.

135. Wolf Biermann: Kaspar Hauser singt (nach Verlaine). 1986.

Ich hatte nichts als meiner Augen Stille.
Wortlos, 'ne Waise, kam ich hier
Zu Menschen, die in Städten hausen,
Die fanden nichts Gerissenes an mir.

Mit Zwanzig kamen neue Qualen
Wie andre wollt ich nach der Liebe gehn.
So lieb fand ich die Fraun - allein die Schönen
Mich fanden die nicht grade schön.

Ich konnt auch ohne Vaterland und König.
War weder feig noch tapfer noch ein großes Licht.
Im Krieg wär ich gern tot - allein der Tod,
Auch der wollt ums Verrecken grad mich - nicht.

Zu früh kam ich zu spät auf diese Erde.
Auf diesem Kahlkopf steh ich als ein Haar.
Mein Elend schreit, doch du, ich bitt' dich: Bete
Für mich, den armen Hauser, den Kaspar.

136. Peter Härtling: Kaspar Hauser. 1987.

Eine Liebste
möchte er,
die seinen Mund
bewohnt
und aus ihm spricht.
Damals, als sie ihn
blindgemacht,
ersann er Blumen,
die's nicht gibt.
Jetzt hat er sie
für sie gemalt.
Sprich, bittet er,
sprich mich,
wohn dich in mir ein
und ändre mich:
Einer Prinzessin stellen
sie nicht nach.
Dann singt er
wie sein Holzpferd sang
in dem Verlies,
in dem er sich vergaß.

137. Meret Oppenheim: Kaspar Hauser oder Die goldene Freiheit. Textvorlage für ein Drehbuch. 1987 [1942 / 1970] (S. 8 ff.).

Ein früher Morgen. Nebel, Sonnenaufgang. Vor dem Bauernhaus eine Kutsche. Der Bauer und ein schön gekleideter Herr führen Kaspar Hauser, jetzt mit Hemd und Hose bekleidet (Stil: Anfang 19. Jahrhundert). Sie stützen ihn unter den Armen, da Kaspar Hauser überhaupt nicht gehen kann. Der Kutscher springt vom Bock, und hilft, Kaspar Hauser auf den Innensitz der Kutsche zu setzen. Der Herr gibt dem Bauern einen Beutel mit Münzen. Die Fahrt geht hinunter ins Tal. Es ist ein wunderbarer Maimorgen. Der Herr im Innern der Kutsche bietet Kaspar Hauser von dem mitgebrachten Frühstück zu essen und zu trinken an. Kaspar Hauser bewegt sich nicht. Er zittert am ganzen Leib. Er dreht sich mit dem Gesicht gegen die dunkle Ecke der Kutschenüberdachung.
Nach langer Fahrt biegt die Kutsche von der Landstrasse ab. Ein etwas ansteigender Seitenweg führt durch eine Allee vor ein hohes steinernes Tor. Mächtige Bäume, Rosenlauben, kunstvoll geschnittener Taxus, ein Labyrinth aus Buchshecken. Im Grünen, im Park verteilt, einige Statuen. Nackte Frauengestalten mit Blumenkränzen und Füllhörnern, Faune auf Felsen, Löwen, Obelisken aus Marmor, von Kugeln getragen, auf hohen Sockeln. In einem einfachen Gartenpavillon hat man für Kaspar Hauser ein Lager bereitet. Der Bildhauer und sein Geselle. Auf einem marmornen, nach antikem Vorbild gebildeten Stuhl sitzt Kaspar Hauser. Er ist nackt, sein Körper und Gesicht sind marmorweiss. Über die Schenkel hängt ein marmornes Tuch in schönen Falten. Der Meister ist daran, das kurzgeschnittene Haar in hübsche Locken zu legen, die er mit einer weissen Masse steif und unbeweglich macht. Der linke Arm von Kaspar Hauser stützt sich mit den Fingern auf einen kleinen runden Tisch,

der rechte lehnt mit dem Unterarm am Tischrand und hält in der Hand einen (marmorweissen) Löffel.
Der Herr kommt und betrachtet die Statue. Er drückt auf einen Knopf an der Rückseite des niedern Postamentes, das die ganze Figur samt Tisch trägt. Die Statue setzt sich in Bewegung. Der Kopf neigt sich leicht. Die Hand taucht den Löffel in den marmornen Teller und führt ihn an den Mund, wobei der Kopf sich etwas hebt. Dies geschieht etwa zehnmal, wobei die Intervalle zwischen den einzelnen Bewegungen verschieden lang sind. Der Herr sagt: "Sehr anmutig, sehr anmutig." (...)
Statue Kaspar Hausers wieder allein. Es dunkelt. Sterne am Nachthimmel. Es ist Morgen. Die Efeuranken sind höher gewachsen, ranken an Stuhl und Tisch.
Abend, Nacht, Mittag, Morgen folgen sich.
Abend. Nebel. Ein Tal mit Bach (oder schmalem Flusslauf). Büsche, Bäume. Raben krähen. Alte Kopfweiden mit langen Ruten, die aus dem knorrigen Stamm wachsen. Man sieht einen kleinen Hund durch diese Landschaft springen. Es ist ein struppiges Tier (kein Rassehund). Er springt und springt durch das Tal. Er kommt gegen den Park. Er ist im Park. Er springt zum Platz, wo Kaspar Hauser sitzt. Er kläfft unten am Sockel. Kaspar Hausers Augen sind auf ihn gerichtet. Er bewegt sich nicht. Das Hündchen geht wieder fort.

138. Suzanne Vega: Wooden Horse (Caspar Hauser's Song). 1987.

I came out of the darkness
holding one thing:
a small white wooden horse
I'd been holding inside.

And when I'm dead,
if you could tell them this:
that what was wood became alive,
what was wood became alive.

And in the night the walls disappeared.
In the day they returned.
"I want to be a rider like my father"
were the only words I could say.

And I fell under a moving piece of sun. (Freedom.)

I came out of the darkness
holding one thing.
I know I have this power.
I'm afraid I may be killed.

And when I'm dead,
if you could tell them this:
that what was wood became alive,
what was wood became alive.

139. Oskar Ansull: Kaspar Hauser. 1988.

Kam einer, stolpernd
ohne Hornhaut unterm Fuß
mit verkniffenen Augen
eines hellen Nachmittags
zur Welt - Rätsel
europäisches Kind
Prinz -
spricht, angesprochen
dies:
Krieg-Krieg, Wach-Wach
Echo des Gehörten
zurückgegeben, alles andere
woiß er noch nit.

140. Katja Lange-Müller: Kasper Mauser - Die Feigheit vorm Freund. Erzählung. 1988 (S. 62 f.).

In des dunklen Mannes rechter Manteltasche aber steckte noch ein großformatiger, vielmals zusammengefalteter Zettel, worauf, in kantiger und dennoch kindlicher Schrift - die des Mannes war's wohl nicht - geschrieben stand:
Kaspers Mauser, Kasper Mauser, will nicht ein Reiter werden wie sein Vater keiner war. Mensch, dem er begegnet, sei gleich - einem vom Mongolenvolke, gib ihm, so Du's hast, wonach er verlangt, weniger nicht und eher mehr, und laß ihn gehn, wann er will, und frage ihn nichts, und erwarte keinen Dank, denn im Mongolischen existiert kaum erst ein Wort dafür, und ohnehin ist er stumm und taub und niemand mehr als: Kaspers Mauser Kasper Mauser.
Der Mann, der das schöne Max Frisch'sche Ding gemacht hatte: untertauchen als einer und wieder auf als ganz wer anderer, freute sich - so gut er eben konnte. Er nur wußte noch und wollte - o wie bald schon - es vergessen, daß je er jener andere gewesen, der "gebohren" einst in Weimar und dessen Held war und Idol und Star ... der historische Caspar Hauser (und der eines Jakob Wassermann) den er so sehr bewunderte, wie andere Mimen oder Schlagersänger, und der nun sich nannte: Kasper Mauser. - Wohl wegen möglicher Assoziationen zur Kasper-Puppe, zum Suppen-Kasper, zu Müllers/Brechts "Mauser", der Mauser der kanarischen Vögel, der Pistole gleichen Namens ...
Und derart idento-infiziert mit Caspar Hauser, war der selbsternannte Kasper Mauser - nach Antrag auf die - und schließlich der Ausreise, und daraus der Konsequenz: Papierevernichtung - "völlig losgelöst ...", spurenlos -, überzeugt, einzig diese Rolle noch spielen zu müssen. Doch ehemals Jürgen-Amica Hermann spielte nicht; mit Caspar zum Kasper verwachsen, und bedingungsloser als seine Vorlage, war er dem Lauf der Zeiten - von Hauser bis Mauser - gefolgt, und wollte sein: ein zur Vollendung, dem Mauser, verkommener Hauser, der nicht zu stammeln begann oder das Schreiben und nicht lernte, ein ge- oder vermauserter Hauser am Fuße des zwanzigsten Jahrhunderts (...).
Und abgrundtief in sich hinein grinste Kasper Mauser. Von nun an wort-, ja sprachlos, wie weiland - erst mal - Caspar Hauser, würde er darauf bestehen, die Unperson, die jeder ist - in solcher Lage - auch gänzlich zu sein und zu bleiben: Nicht Bürger des einen, nicht Bür-

ger des anderen (Deutsch)-Landes, gar kein Bürger, nicht einmal staatenlos. Eben einfach (Vogel)-frei nach (der) Mauser, ein (Menschen)-Wesen ohne Papiere - die auch nur aus Papier wären und auf dem Papier - ohne (Laut)-Sprache, ohne Geld; einen schönen stummen Schwarzen männlichen Geschlechts wird schon immer wer, wer immer - schließlich, warum denn auch nicht? - bewirtschaften.

141. Berthold Weckmann: Kaspar Hauser. 1988.

Wer will
schon wachen
- gemeinsam mit mir -
und
Schoß sein
seiner Einsamkeit.

Ich will
Dich
nicht leben -
ich lasse
Dich
bluten,
vergesse
Dich.

Du
bist nicht
Kaspar,
Du
wirst nicht
sein.

Ich aber weiß,

Du
wirst mich
um meiner
Leere
lieben.

142. Berthold Weckmann: Wiederbegegnung mit Kaspar. 1988.

Zwischen den Zeilen
meines Frühjahrgedichts
treffe ich auf Kaspar.
Schneeschmelze auf den
Beeten.

Wir haben uns unser
gemeinsames Schweigen
bewahrt -,
gegen
euer Wohlgefallen.
Und auch die Chiffren
unserer Furcht,
Du weißt noch,
sind nicht verblaßt.
Noch immer das Fruchtfleisch
des gebrochenen Pfirsichs
in Deinem Haar.
Laß uns ausruhen,
zur Nacht. -
Was bei Tagesanbruch
noch bleibt?
Ein Stundenglas,
oder besser:
im grünenden Roggenfeld
eine Bresche,
die die Spur Deines Namens
beschreibt.

143. Sabine Dahrendorf / Alfonso Ordóñez: Y quedaré delante de los muros inmensos esperando que por fin venga alguien a buscarme. A Kaspar [Und da stehe ich vor den riesigen Mauern und warte, daß mich jemand endlich abholt. Für Kaspar]. 1991.

Sabine Dahrendorf. Geboren in Köln. Lebt seit dem Studium in Barcelona, wo sie Tanz und Theater studierte und 1984 mit dem spanischen Schauspieler und Tänzer Alfonso Ordóñez das Tanz-Theater-Ensemble "Danat Danza" gründete.

Vorschlag für einen möglichen Anfang des Stückes.

Kaspar befindet sich vor einer Art Altar (oder enormen Schrank). Die Größe dieses "Möbelstückes" läßt ihn klein und schwach erscheinen.
Der Bühnenraum ist rund, und erlaubt, daß das Publikum (oder Teil dessen) um ihn herum (mehr oder weniger im Halbkreis) sitzen kann.
Der Schrank (Altar) setzt dem Bühnenhintergrund eine Grenze. Kaspar öffnet langsam diesen "Riesen-Altar" und auf einmal fällt über ihn, mit Krach, eine Lawine von Objekten (Kleidung, Spielzeug . . .) und begräbt ihn.
Es erscheinen von seitwärts, getrennt, die anderen Personen. Sie kommen auf die Bühne und versuchen ihn zu befreien. Jedesmal mit mehr Schnelligkeit, unter dem großen Gewicht der Dinge.
Endlich entdecken sie ihn und tragen ihn, von einem zum anderen, auf ihren Rücken um den Bühnenraum herum, im Kreise, gegen den Uhrzeigersinn.

Ein gewisser Blick
Alles was ich sehe, macht Kreise um mich herum. Es dreht und bewegt sich unaufhörlich. Und ich frage mich, warum so oft die Augen vor den Dingen auf und zumachen, wenn man sie doch in der Erinnerung aufbewahren und mit ihnen spielen kann.
Auch merke ich, wie die Leute sich verstecken, um besser die Dinge durchs Schlüsselloch zu beobachten, bei denen sie sich nicht trauen geradeaus ins Gesicht zu schauen. Und ich denke oft an das.
Es wäre mir lieb gewesen, wenn mir jemand erzählt hätte, wie es in der Welt zugeht. So wäre ich darauf besser vorbereitet.

144. Reinhard Febel / Lukas Hemleb: Sekunden und Jahre des Caspar Hauser. Oper in drei Akten und neun Bildern. Libretto. 1991 (S. 30 ff.).

Reinhard Febel. Geboren 1952. Studium der Komposition. Zahlreiche Orchester- und Bühnenwerke. Professor für Komposition und Musiktheorie an der Musikhochschule in Hannover. Lukas Hemleb. Geboren 1960. Regisseur im Opern- und Schauspielbereich und Librettist.

3. Akt, 7. Bild: Tribüne
Die geladenen Gäste haben auf der Tribüne Platz genommen. Stanhope, Landstreicher und Caspar in der ersten Reihe. Es schneit. Beifall beim Erscheinen Caspars, Hurrahrufe. Caspar tritt ans Rednerpult. Geistesabwesend nimmt er aus der Hand des Sekretärs sein Redemanuskript entgegen. Stille.

Caspar — Liebe Mitbürger und innen
Pause
dies ist ein Tag der Freude
Pause
an dem ich mich ganz besonders freue

	Pause. Er wirft zerstreut einen Blick ins Manuskript, findet sich jedoch nicht zurecht.
	daß ich hier
	Pause
	und heute
	Pause. Er dreht sich zum Landstreicher um.
	was wollte ich sagen warten Sie
	Pause. Wachsende Unruhe.
	das Leben ist sehr kurz und
	Pause. Betretenheit.
	nun
	Pause
	da gibts erstaunlich viel zu tun
	Pause. Der Sekretär kommt, um das Manuskript zu ordnen.
	zu schreiben und zu malen
	Pause. Stanhope geht zu ihm und flüstert ihm etwas ins Ohr.
	Caspar nimmt ihn gar nicht wahr.
	zu rechnen oft mit Zahlen
	ihm bricht der Schweiß aus. Er hält sich mit aller Kraft am Rednerpult fest.
	Schwerlastende Stille.
Landstreicher	Luftballons
	kaufen Sie Luftballons
Stanhope	noch im letzten Moment verdirbt er alles
	laut
	meine sehr verehrten Damen und Herren
	ich bitte Sie um Verständnis
	daß im Überschwang der Rührung
Caspar	emphatisch
	ich will ein solcher Reiter werden wie mein Vater gewesen ist
Chor	hurrah hurrah
	Brausender Beifall. Der erschöpfte Caspar wird vom Sekretär und Stan hope auf die
	Seite geführt. Im folgenden sind fetzenweise die nachfolgende Ansprache und die Reaktionen darauf zu hören.
Stanhope	es ist wohl zuviel Freude auf einmal
Von der Tribüne	... unsere Väter
	... hurrah
	... Besinnung
	... vivat
	... Reiterschaft
	... hurrah
	. . . tapfere Männer und tapfere Rösser
	(...)
Caspar	ich möcht daß alles gut wird
Von der Tribüne	... ein Mann ein Pferd ein Wert
	Fetzenweise sind Teile des folgenden Satzes zu hören: "Mit einfacheren Worten konnte nicht ausgedrückt werden, was uns an unsere Väter und

	Vorväter bindet, die im Schweiße ihres Angesichts all das errichteten, was heute unseren Wohlstand begründet und dabei auf nichts bauen konnten, als auf die Treue des Rosses, das sie trug."
	... hurrah
Caspar	und doch habe ich Angst
	er soll mich begleiten
Stanhope	alleine
	du mußt alleine gehn
Landstreicher	ist alles recht
	hurrah
Caspar	es wird schon dunkel

145. Theater der euphorischen Lustlosigkeit [Horst Brenner / Werner Brenner]: Tollwut. Visionen zu Kaspar Hauser. Ein Theaterstück für fünf Clowns. [1991] (S. 10).

Horst Brenner. Geboren 1959. Theaterautor. Werner Brenner. Geboren 1956. Bühnen- und Kostümbildner.

Ziehen wir uns die Hosen aus, die alten Hosen ziehen wir uns aus, win [ein] [!] neues Leben wollen wir führen, morgen ist wieder ein Arbeitstag, Anzüge ziehen wir uns an, schicke Klamotten, die alten Hosen soll der da auftragen, schön soll er darin aussehen..
... meinetwegen ...
schön wie wir waren, wir sind aber schöner jetzt, in diesen tollenn Anzügen; er ist so schön, nur so schön wir wir waren ...
.... Einspruch. Das paßt mir nicht.
Schön kann er schon sein, doch nicht so schön wir wir waren; unsere Weiber gehören uns.
Gut, gut, ich knall ihm da[s] [!] Lachen aus der Visage
"ehne, mehne, muh
gottseidank warst es nicht du"
meine Faust soll er fressen, das Arschloch stopf ich ihm.
Wir formen seine Zukunft durch diese Tat; Glück, Glück.
Glück, dreimal hoch, hoch, hoch ...
ein neuer Mensch ist er, ich seh es jetzt schon, hübsch wird er sein, nicht zu hübsch, den Kopf werden wir ihm scheren, die Nase zurechtrücken
In die Mitte mit dem Pferd: Er soll lernen an der Leine zu traben und nicht auf meinen Reitplatz zu scheißen, TRABTRABTRAB
Wie dämlich er sich anstellt
Wir drohen abzugleiten.
Ooooohhhhh.

146. Jürgen Wönne: Das Tagebuch des Caspar Hauser. Psychogramm einer geschundenen Seele frei nach historischen Quellen und Motiven von Jakob Wassermann. [1992] [S. 21 f.].

Jürgen Wönne. Geboren 1951. Autor, Regisseur und Theaterleiter.

14. Ansbach, Sommer 1833

C.: Es war richtig, mir ein zweites Buch anzuschaffen. Wenn mir schon das Original nicht erhalten blieb, so doch diese Abschrift. Noch hat es keiner gelesen. Ich muß noch vorsichtiger sein. Es ist nicht gut, daß man zu Heimlichkeiten gezwungen wird. Aber auch meine heimlichen Spaziergänge bedeuten mir mehr als die ganzen Verhöre und Unterrichtsthemen des Lehrers. Was ich von Frauen wüßte? Was ich mit Frauen gehabt habe? Daß die Gelehrten es nicht gelernt haben, sich deutlich auszudrücken. Aber wehe, ich verwechsele Akkusativ und Dativ, oder verstehe die Unlogik in der Bibel nicht.
Glücklicherweise werde ich ein wenig vom Wachmann geachtet, so daß ich wenigstens manchmal mich mit jemand unterhalten kann, ohne daß jedes Wort an Lehrer Meyer weitergegeben wird. Ins Theater darf ich nicht mehr gehen, weil gespart werden muß angeblich. Die Stücke, in denen es um Liebe geht, mag ich sowieso nicht und das eklige Geschmatze ist mir zuwieder [!]. Ich mag nicht mehr essen, seit ich weiß, daß Lord Stanhope nicht mehr zurückkommt. Ich mag jetzt auch nicht mehr schreiben. Seit zwei Jahren bin ich jetzt bei Lehrer Meyer, und noch immer fragt er mich aus über meine Herkunft. In Träumen hab ich wieder meine Mutter gesehen und nur für Sie lebe ich noch. Und ein großes gelbes Schloß mit einem großen Platz davor, die Straßen gingen strahlenförmig vom Eingang aus weg, wie Sonnenstrahlen.
Mein Konfirmationsgeld wird mir vorenthalten, meine Post wird geöffnet. Oft muß ich weinen, stundenlang ...
M.: Ich habe kein Wohlwollen mehr für ihn. Er ist faul, er lügt, er zeigt keine Reue gegenüber Toten.
C.: Nur gehorchen muß ich, Gefühle darf ich keine haben.
M.: Er zeigt keine Gefühle gegenüber seinen Mitmenschen, er zeigt keinen Respekt vor seinem Vormund, kein Pflichtbewußtsein gegenüber seiner Arbeit.
C.: Von allem, was mich interessiert, isoliert man mich.
M.: Interesse scheint er an gar nichts mehr zu haben.
Was werden Sie Gott antworten, wenn er Sie fragt: "Wer bist du? Woher kommst du? Wer waren deine Eltern? Wer gab dir damals den Brief?"
C.: Aber ich weiß es doch nicht, wie oft soll ich denn noch ...
M.: Es ist jetzt Gott, Caspar, der spricht. Jetzt darfst du nicht mehr lügen, es ist Gott!!
C.: Ich würde sagen: Du bist kein Gott, wenn du mich so quälst.

Anmerkungen

Im Anmerkungsteil werden durchgehend Kurztitel verwandt. Die anonymen Beiträge sind zur besseren Auffindung mit Siglen versehen, die sich auf die Zitation im Literaturverzeichnis beziehen.

1 H. Peitler / H. Ley: Kaspar Hauser. Es sei an dieser Stelle darauf hingewiesen, daß die Angaben der Peitler-Ley-Bibliographie gelegentlich Fehler aufweisen. Auch eine Hinzuziehung der früher erschienenen Bibliographien ist ratsam. Vgl. hierzu J. Petzholdt, J. Braun: Kaspar-Hauser-Litteratur und C. von Ende. Zur weiteren bibliographischen Ergänzung vgl. auch W. Kosch, G. Pfeiffer, M. Schneider, E. Schulz.

2 Vgl. hierzu K. Steinbuch; Kaspar Hauser. Das Kind Europas; Anonymus [**B 104**]: Kaspar-Hauser-Woche; R. Febel; Bayerischer Rundfunk. Pressemitteilung; Wolff / Meckling; R. Stecker; R. Mey; G. Moustaki; W. Biermann; S. Vega.

3 Vgl. R. Hochhuth: Rolf Hochhuth, Kaspar Hauser; vgl. dazu die Leserbriefe von Hesse: Kaspar Hauser u. F. W. von Schelling: Kaspar Hauser. - Vgl. auch den Artikel von H. Ohnesorge: Ein Souvenir vom Regiment Bubenhofen, in dem eine Arbeit des Karlsruher Neurologen Günter Hesse, unter dem Titel "Neue Aspekte und Materialien zum Kaspar-Hauser-Problem", angekündigt wird (bisher noch nicht erschienen). Vgl. auch die Beiträge Hesses: Zur Geschichte der Medizin u. Zum Mythos Kaspar Hauser. - Ein Beispiel dafür, daß eine fast unvergleichliche Polemik, die den Fall von Beginn an begleitete, sich auch heute noch fortsetzt, ist der Beitrag von W. Schreibmüller: Bilanz einer 150jährigen Kaspar Hauser-Forschung. Der Autor versucht, die Bedeutung der Piesschen Forschung auf eine reine Materialsichtung herabzuwürdigen.

4 Seit 1985 erfolgt die von J. Mayer besorgte Neuausgabe der Werke von H. Pies. Über die Konzeption sowie die weitere Folge der Herausgabe vgl. das Vorwort von Mayer in Pies: Augenzeugenberichte (1985), S. 7-11.

5 Vgl. vornehmlich die Publikationen von O. Flake: Kaspar Hauser; H. Scholz: Der Prinz Kaspar Hauser; K. Kramer: Kaspar Hauser; J. Trumpp.

6 Vgl. z. B. H. Lakies / G. Lakies-Wild: Das Phänomen. Aus juristischer Sicht widmet sich W. Küper dem Kaspar-Hauser-Buch P. J. A. von Feuerbachs.

7 Neben den Beiträgen von E. Bapst: A la Conquête u. Une mère et son Fils, und J. Mistler: Gaspard Hauser, sei auf den Indizienbeweis von Pies: Kaspar Hauser. Eine Dokumentation (1966) verwiesen. Als weitere wichtige Veröffentlichungen in diesem Zusammenhang seien aus den 1920er Jahren die Arbeiten von F. Klee: Neue Beiträge, u. L. Wagler: Die Enträtselung, erwähnt.

8 P. Handke: Ich bin ein Bewohner des Elfenbeinturms, S. 25.

9 K. Mann: Kaspar Hauser, S. 511 f.

10 H. Pies: Die Wahrheit (1987), S. 55.

11 P. J. A. von Feuerbach: Kaspar Hauser. Beispiel (1832), S. 21.

12 Arnobius von Sicca: Arnobius sieben Bücher, S. 61 ff. Vgl. hierzu H. Blumenberg, der in seiner Monographie "Höhlenausgänge" auch der Isolierungsfiktion des Arnobius, dem "Kaspar Hauser der Spätantike" (S. 327), ein eigenes Kapitel (IV/II) widmet.

13 J. O. de La Mettrie: Traité, [ohne Paginierung, Inhaltsverzeichnis].

14 Feuerbach: Kaspar Hauser. Beispiel (1832), S. 77.

15 Ebd., S. 95.

16 D. Diderot: Brief über die Blinden, S. 97.

17 Anonymus [**B 40**]: Kaspar Hauser, Nr. 1, S. 1.

18 A. Schopenhauer: Über den Willen in der Natur, S. XII.

19 Ders.: Fragmente, S. 145 (vgl. u. a. ebd., S. 123). Vgl. auch den Brief an Julius Frauenstädt (3.11.1855) (Gesammelte Briefe, S. 376) sowie in Der handschriftliche Nachlaß "Spicilegia" (1845), S. 292.

20 Anonymus [**B 40**], Nr. 1, S. 1. - Folgende Gestaltungen zum Stoff "der Mann mit der eisernen Maske", auf die Olga Stern in ihrer Dissertation wegen der großen Ähnlichkeit zur Geschichte Kaspar Hausers hinweist, waren aufgrund der unvollständigen bibliographischen Angaben nicht mehr zu ermitteln bzw. über den Fernleihverkehr nicht mehr zugänglich: Paul L. Jacob [d. i. Paul Lacroix] 1838. Auch der Titel von Bornschein: Wildschütz Caspar (bei Stern ebenfalls o. O. u. o. J.), war nicht mehr zu ermitteln; vielleicht enthalten in: J. E. D. Bornschein: Gesammelte kleine Romane und Erzählungen (1811) (war über den Fernleihverkehr ebenfalls nicht mehr greifbar).

21 W. Bröcking: Das Rätsel, S. 71 f.

22 P. Calderón de la Barca: Das Leben, S. 173.

23 Ebd., S. 320.

24 Vgl. hierzu W. Kosch: Hauser, S. 862. - Astyages, König der Meder, wird durch eine Traumvision gewarnt, der Sohn, den seine Tochter erwartet, würde an seiner Stelle den Thron einnehmen. Er übergibt den Jungen, Kyros, nach der Geburt seinem Verwandten und Vertrauten, Harpagos, zur Tötung. Selber zur Tat nicht gewillt, beauftragt Harpagos einen Hirten des Astyages, das Kind auszusetzen, damit es umkomme. Auf Drängen der Frau des Hirten, die soeben selber einen toten Sohn geboren, bringt der Hirte sein totes Kind ins Gebirge, wo es später von den Dienern des Harpagos gefunden und als vermeintlich toter Königssohn begraben wird, während Kyros bei den Hirten aufwächst und später wieder an den Königshof gelangt.

25 Gelegentlich klingt die Konstatierung dieses Phänomens an: Vgl. hierzu J. Lutz, S. 152 ff.; A. Portmann (in: J. A. L. Singh: Die Wolfskinder, S. 9); H. Lane: Das wilde Kind, S. 38 f. - Vgl. auch die Ausführungen K. Weigands: Einleitung, zur Bedeutung des homme naturel bei Rousseau: "Rousseau gibt trotz aller empirischen Forschung, selbst bis in die Vorblicke des Darwinismus hinein, nicht die Idee-Bedeutung der Natur preis (...). Mit dem Festhalten der Idee-Bedeutung der Natur werden seine Deduktionen zu Aufschwüngen einer rationalen Mystik. Wie [!] müssen die wissenschaftlichen Vermutungen in mystische Zusammenhänge zurückübersetzen. Nicht zufällig begegnen uns in diesen Fiktionen Gehalte, die wir aus den frühesten Mythen der Völker kennen. Vielleicht ist sein Geschichtsbild das poetische schlechthin. Nicht zufällig stößt Rousseau auf den Sündenfall und die Vertreibung aus dem Paradies (...). Wenn all diese von ihm vorgebrachten und zusammengetragenen Behauptungen nur die wissenschaftlichen Erklärungsversuche wären, für die sie sich ausgeben, brauchten wir heute, bei einem ganz anderen Stand der wissenschaftlichen Forschung, nicht mehr darauf zurückzukommen." (S. LV). "Zumindest anfänglich glaubte er [Rousseau] den 'wahren Naturzustand' (...) zu zeichnen. Der homme naturel ist mehr als eine methodische Konstruktion (...). Keine Konstruktion, kein Faktum - also ein Mythus. In der Tat entsteigt dem soziologischen Apriori etwas Poetisches. Nicht ohne Grund hat der homme naturel, der nicht einmal Sprache hatte, den Anstoß für den Kult des Originalgenies unseres Sturm und Drangs gegeben. Die Zerreißung des Zusammenhangs Natur - Kultur mittels des homme naturel versinnfälligt den 'modernen' Gegensatz" zwischen Ich und Gesellschaft und gibt damit dem modernen Roman sein Überthema (...). Rousseau hat die Sehnsucht nach dem absoluten Ich in den Anfang der Menschheit hineingedichtet." (S. LXXVII ff.).

26 Vgl. hierzu E. Frenzel: Herkunft.

27 H.-J. Mähl: Die Idee, S. 4.
28 Ebd., S. 69 [Mähl zitiert hier Bruno Snell].
29 F. W. J. Schelling: Ueber Mythen, S. 204.
30 O. Rank: Der Mythus, S. 79 f.
31 Vgl. hierzu den Aufsatz von E. S. McCartney: Greek and Roman Lore.
32 H. Sachs: Klag der wilden holtzleut, S. 563.
33 Vgl. hierzu R. Bernheimer: Wild Men, S. 89.
34 Vgl. hierzu H. Fischer: Studien, S. 391 f.
35 Vgl. hierzu Bernheimer, S. 17. Zum Begriff "wilde" in der mittelhochdeutschen Literatur vgl. darüber hinaus den Beitrag von K. Hufeland: Das Motiv der Wildheit, sowie die Dissertation von L. M. Thelen: Beyond the Court.
36 W. Scheffern: Hessische Chronica, S. 187.
37 H. Koenig: Schediasma, S. 7.
38 J. A. Comenius: Der Mensch, S. 45. Beispielfälle wilder Kinder bespricht Comenius S. 47 ff.
39 C. Wolff: Vernünfftige Gedancken, S. 16 f.
40 J. G. Walch: Stichwort "Natur", Sp. 216.
41 Anonymus [H. F. von Diez] [**B 82**]: Der Stand der Natur, S. 35 f.
42 Ebd., S. 8.
43 Ebd., S. 28 f.
44 J. Kraft: Die Sitten der Wilden, [ohne Paginierung, Vorrede] 16. Zum Thema des "bon sauvage" sowie den damit verbundenen anthropologischen Überlegungen des 18. Jahrhunderts vgl. die Monographie von U. Bitterli, die Beiträge von H. N. Fairchild, K.-H. Kohl und W. Krauss sowie die Quellensammlungen von G. Stein.
45 Anonymus [J. G. Purmann] [**B 102**]: Sitten und Meinungen, S. 3 f.
46 Anonymus [**B 75**]: Von einem vermeynten wilden Mägdlein, S. 546.
47 Anonymus [**B 66**]: Stichwort "Mensch (wilder)", Sp. 743 f.
48 I. Kant: Muthmaßlicher Anfang, S. 122.
49 G. Forster: Cook, S. 131 f.
50 J.-J. Rousseau: Johann Jacob Rousseau Bürgers zu Genf Abhandlung, S. 186 f.
51 Es würde zu weit führen, einen wissenschaftsgeschichtlichen Abriß zum Thema der Verwilderten hier geben zu wollen; deshalb sei nur auf einige Titel verwiesen, die sich z. T. explizit, z. T. in Nebenausführungen mit dem Thema befassen. Einen instruktiven wissenschaftsgeschichtlichen Abriß bietet der Beitrag von R. M. Zingg: Feral Man. - Linné ^{10}1758 (^{13}1788; in der Auflage ^{1}1735 fehlt noch der Hinweis auf den Homo Ferus); Ph. L. S. Müller 1773; Buffon 1774; Schreber 1775; Blumenbach 1812; Virey 1817; Rudolphi 1821; Pierer 1829; Tafel 1848 (präsentiert erstmals ausführlich das Quellenmaterial zu den wilden Kindern); Rauber 1885 (^{2}1888) (umfassende Darstellung, die ebenfalls die bekannten Quellen zusammenstellt); Zingg: Feral Man 1940 (präziser wissenschaftsgeschichtlicher und historischer Abriß); Dennis: The Significance 1941; Demaison 1953 (ausführliche, aber nicht fehlerfreie Monographie); Brezinka 1958; Singh [Portmann] 1964; Malson / Itard / Mannoni 1964; Schmalohr 1968; Tinland 1968 (wichtige umfassende Darstellung, die sowohl die mythologischen als auch die naturgeschichtlichen Aspekte zum homo ferus berücksichtigt); hingewiesen sei auch auf die Beiträge von C. Lévi-Strauss.
52 J. J. Virey: Homme Sauvage, S. 261 f.
53 Vgl. Wolff: Psychologia rationalis, S. 378 ff.
54 S. von Pufendorff: Von dem natürlichen Zustande, S. 261.

55 Koenig, [ohne Paginierung, Synopsis].

56 Ebd., [ohne Paginierung, Vorrede]. An dieser Stelle sei auf den instruktiven Beitrag von G. Bien: Zum Thema des Naturstands, verwiesen; die Thesen meiner Darstellung berühren sich in einigen Punkten eng mit dem Beitrag Biens, der mir allerdings erst kurz vor Fertigstellung des Manuskripts zugänglich wurde.

57 Koenig, S. 4.

58 M. Hißmann: Anleitung zur Kenntniß, S. 104. Vgl. hier auch die Paragraphen 45 ("Naturgeschichte", S. 98 ff.) und 46 ("Geschichte der Menschheit", S. 101 ff.).

59 I. Iselin: Isaak Iselin über die Geschichte, S. 133.

60 Die Stichwörter "Einsamkeit" (Bd. 1, Sp. 963 f.) und "Stand" (Bd. 2, Sp. 982 ff.) in Walchs "Philosophisches Lexicon" zeigen exemplarisch, daß man sich um die virulente Vorstellung der Isolation eines Individuums auch aus philosophisch-systematischer Sicht bemühte.

61 A. Rauber: Homo sapiens ferus, S. 9.

62 Iselin, S. 167. Es sind mehrere legendäre und daneben zahlreiche fiktive Isolierungsversuche überliefert, wie z. B. der häufig zitierte Versuch, den Friedrich II. durchgeführt haben soll, um die natürliche Religion und die Ursprache der Menschen zu erfahren (vgl. hierzu die Zusammenstellung bei Bien, S. 290). Gewissermaßen eine Verlängerung dieser Versuchsreihen kann man in jenen noch im 20. Jahrhundert aufgetretenen Fällen sehen, in denen Kinder von ihrer Geburt an vernachlässigt und nahezu völlig einsam aufwuchsen, wie es der Fall Annas aus dem Jahre 1939 zeigt (vgl. K. Davis: Extreme Social Isolation, S. 554). Für die Humanwissenschaften stellen diese Fälle dann einen Ersatz für die im menschlichen Bereich nicht erlaubte experimentelle Isolation dar. - Interessanter und für unsere Überlegungen wichtiger sind jedoch jene Fälle, in denen *fiktive* Isolierungsvorstellungen entworfen werden, zu deren Illustration oder Untermauerung dann auf *faktische* Isolierungsfälle zurückgegriffen wird. In diesem Kontext sei nachdrücklich auf die monumentale Darstellung H. Vaihingers, Die Philosophie des Als Ob, hingewiesen, die die fiktive, die Als-Ob-Struktur, die nicht nur für das literarisch-ästhetische, sondern auch für jedes wissenschaftliche Denken maßgeblich ist, in ihren unterschiedlichen Ausprägungen differenziert untersucht; vgl. hier S. 28-36, S. 129-143 sowie besonders S. 362-366 ("Die fingierte Statue Condillacs und Ähnliches").

63 C. M. Wieland: Ueber die von J. J. Rousseau, S. 208.

64 G. F. A. Wendeborn: Vorlesungen, S. 158.

65 Ebd., S. 9 f. - Zu den Isolierungsfiktionen u.ä. vgl. auch J. H. S. Formey: Abhandlung.

66 Vgl. A. Raab: De necessario, S. 7 ff.

67 Abu Dschasar Ebn Tofail: Der Naturmensch, S. 14 f.

68 Ebd., S. 8.

69 Anonymus [G.-G. de Beaurieu] [**A 3**]: Der Zögling der Natur, [ohne Paginierung, Vorrede]. Vgl. hierzu z. B. auch L.-S. Mercier: L'homme sauvage (1767); Abbé du Laurens: Imirce ou la Fille (1765).

70 A. Lafontaine: Der Naturmensch, [Titelblatt].

71 C. von Linné: Systema naturae, S. 20 f. Die 13. Auflage (1788) von Linnés Systema naturae ist dann bereits um drei Fälle erweitert, doch verzeichnet sie noch lange nicht alle der bis dahin aufgetretenen Verwilderten. Die deutsche Übersetzung des Systema naturae (vgl. hierzu Linné: Des Ritters Carl von Linné) greift die Fälle der Verwilderten dann bereits recht ausführlich auf und begnügt sich nicht mehr mit der dürren Liste der lateinischen Vorlage. - Die Quellen der älteren bei Linné verzeichneten Fälle sind vornehmlich Reiseberichte und Chroniken.

72 Vgl. hierzu W. Lepenies: Das Ende der Naturgeschichte.
73 J. F. Blumenbach: Vom Homo sapiens, S. 32.
74 K. A. Rudolphi: Verwilderte Menschen, S. 26. Rudolphi bemerkt: "Indem man aber den Menschen mit den Thieren vergleichen will, darf man jenen nur in seiner völligen Entwicklung hinstellen, nicht einen physisch oder moralisch Verkrüppelten, wohin wohl die mersten verwildert gefundenen Kinder gehören" (S. 24). "Auf jeden Fall wäre es thöricht, in jenen Kindern das Urbild des Menschen sehen zu wollen" (S. 26).
75 Vgl. hierzu W. Brezinka: Verwilderte Kinder.
76 G.-L. Leclerc Comte de Buffon: Von der Art und Weise, S. 109.
77 Zur Verbindung und Überlagerung der Paradigmen des edlen Wilden und der wilden Kinder vgl. das Kpt. "The Child of Nature" bei Fairchild (S. 365-385); Fairchild geht hier vornehmlich auf den Topos des Naturkindes in der Literatur der englischen Romantik ein. Verbunden sind beide Konzepte durch den Natur-, genauer, den Landschaftsbezug. - Zur Verbindung der melancholischen Tendenzen des 18. Jahrhunderts mit der Natursehnsucht vgl. Lepenies: Zum Ursprung bürgerlicher Melancholie.
78 M. Wagner: Beyträge, S. 263.
79 Ebd., S. 259 f.
80 E. Cassirer: Das Problem, S. 484.
81 Wieland: Betrachtungen, S. 165.
82 Rousseau, S. 230 f. [Nachwort Medelssohns].
83 Ebd., S. 237 f.
84 Anonymus [Marschall] [**B 98**]: Wunderliche Begebenheit. Die Originalschrift war nicht mehr zugänglich; abgedruckt in: Anonymus [**B 58**]: Special-Relation.
85 Anonymus [**B 2**]: Ausführliche Nachricht, S. 69.
86 Anonymus [**B 58**]: Special-Relation, S. 442.
87 Anonymus [**B 75**]: Von einem vermeyntlich wilden Mägdlein, S. 548.
88 Anonymus [**B 58**]: Special-Relation, S. 438.
89 Anonymus [**B 75**]: Von einem vermeyntlich wilden Mägdlein, S. 548.
90 Anonymus [**B 58**]: Special-Relation, S. 444.
91 Ebd., S. 438.
92 Anonymus [**B 75**]: Von einem vermeyntlich wilden Mägdlein, S. 548.
93 Anonymus [**B 76**]: Von einem Weibs-Bilde, S. 209 f.
94 Vgl. hierzu F. Eck sowie dazu Anonymus [**B 84**] u. E. Pirazzi.
95 Anonymus [**B 53**]: Mr. Urban, S. 853.
96 Anonymus [**B 74**]: Von dem Hamelischen wilden Jungen, S. 659.
97 Anonymus [**B 2**]: Ausführliche Nachricht, S. 69. Die Schrift selber (Anonymus [**B 80**]: Zuverlässige Nachricht) war nicht mehr zugänglich. Sie ist abgedruckt in Anonymus [**B 2**].
98 Anonymus [**B 2**]: Ausführliche Nachricht, S. 70.
99 F. Schiller: Was heißt und zu welchem Ende, S. 71.
100 C. F. Fein: Copiam, S. 39.
101 Anonymus [**B 32**]: Göttingen, S. 166.
102 Anonymus [**B 2**]: Ausführliche Nachricht, S. 73.
103 A. G. Spangenberg: Leben, S. 380.
104 Anonymus [**B 79**]: Wilder Knabe, S. 506.
105 Anonymus [**B 48**]: Londen (1.8.1726), S. 601.
106 Spangenberg, S. 380 f.
107 Anonymus [**B 49**]: Londen (4.11.1726), S. 873.

108 J. Burnett Monboddo: Antient Metaphysics, S. 60.
109 Ebd., S. 369.
110 Vgl. Anonymus [**B 70**]: Stichwort "Wilde Knabe (Hamelischer)".
111 Anonymus [**B 56**]: Saturday 30, S. 522.
112 Monboddo: Antient Metaphysics, 62. Hervorgetreten war Monboddo erstmals und mit größerer Wirkung mit seinem Werk Of the Origin and Progress of Language (1773), wo er ebenfalls auf den Naturstand und die Paradigmen zu seiner Eruierung zu sprechen kommt (S. 171 ff. u. S. 217 ff.). Darüber hinaus war Monboddo der Übersetzer der englischen Ausgabe der Schrift von La Condamine zu Mademoiselle Le Blanc: An account of a savage girl, 1768.
113 Ebd., S. 371.
114 Ebd., S. 67.
115 Ebd., S. 57.
116 Ebd., S. 68.
117 Anonymus [**B 53**]: Mr. Urban, S. 852.
118 Blumenbach, S. 26 f.
119 Vgl. hierzu Rotermund: Von dem wilden Hamelnschen Peter.
120 Vgl. Anonymus [**B 19**]: Das Mädchen von Kronenburg oder unverdiente herbe Schicksale einer edlen Seele (1830) (war über den Fernleihverkehr nicht mehr zugänglich).
121 Anonymus [**B 4**]: Ausführliches Leben und besondere Schiksale, [ohne Paginierung, Vorrede, S. 4].
122 Ebd., S. 79.
123 Ebd., S. 24.
124 Ebd., S. 45.
125 Ebd., S. 48 f.
126 Ebd., S. 52.
127 Ebd., S. 64 ff.
128 Ebd., S. 65 ff.
129 Ebd., S. 72.
130 Ebd., S. 78 f.
131 Ebd., S. 79 f.
132 Ebd., S. 80.
133 Rauber, S. 10.
134 Virey: Dissertation, S. 335 f.
135 Ebd., S. 348 ff.
136 Lane, S. 41.
137 J. Itard: Gutachten, S. 118.
138 Lane, S. 149.
139 Itard: Gutachten, S. 114 f.
140 Zum ästhetisch-philosophischen Bezug der Landschaft und ihrer Bedeutung im Zusammenhang des wissenschaftlich-technischen Umbruchs im 18. und 19. Jahrhundert vgl. den Artikel von R. Piepmeier: Stichwort "Landschaft" und den Aufsatz von J. Ritter: Landschaft.
141 E. Bonnot de Condillac: Abhandlung, S. 208 ff.
142 Itard, S. 126.
143 Ebd., S. 137 f.
144 Wagner, S. 254.
145 Itard, S. 126 f.

146 Ebd., S. 138 f.
147 Brezinka, S. 531.
148 Singh, S. 15 [Geleitwort von Adolf Portmann].
149 Itard, S. 171.
150 Lane nennt folgende Titel, die nicht mehr alle bibliographisch nachweisbar waren und von denen - mit einer Ausnahme - keiner mehr über den nationalen Fernleihverkehr erhältlich war: J. A. Neyer: Rodolph; André: Le sauvage de l'Aveyron; P. Foulquier-Lavergne: Le sauvage de l'Aveyron; F. Fabié: Le sauvage de l'Aveyron; R. J. Vaisse de Villiers: Comédie inédite sur le sauvage de l'Aveyron; Bonnet-Jalenques: Romance du sauvage de l'Aveyron; A. Demaison: Le Livre des enfants sauvages (der Titel von Demaison, der vorlag, stellt eine jener Mischformen zwischen Fiktion und historischem Bericht dar, wie sie für die Fälle der wilden Kinder typisch sind); L. Thouy: Meichou parmi les Faons.
151 J. Redwiz: De Homine. Vgl. hierzu auch Rauber, der eine Paraphrase von Redwizens Gedicht wiedergibt (S. 24 f.).
152 J. Swift: It cannot rain, S. 193. Der satirische Beitrag Arbuthnots wird in der Literatur mehrfach genannt (u. a. von Blumenbach), wobei aus Unkenntnis der Quellenlage Swift als Autor angeführt wird. Ärgerlicher ist es, und größer wird die Verwirrung allerdings, wenn, wie bei Hörisch, ein nicht existenter Autor namens *Oliver* Swift auftaucht.
153 Ebd., S. 194.
154 Ebd., S. 196 f.
155 Vgl. Anonymus [**B 97**]: Histoire u. Anonymus [**B 31**]: Geschichte.
156 Anonymus [**B 31**]: Geschichte, S. 263.
157 L. Racine: Epitre, S. 123 f.
158 Vgl. hierzu Racine: Éclaircissement.
159 Vgl. Anonimi [**A 19**], [**A 5**], [**A 18**], [**A 14**], [**A 1**], [**A 6**], [**A 13**], [**A 20**], [**A 19**].
160 Anonymus [F. Unger] [**A 13**]: Melanie, S. 123.
161 Ebd., S. 5.
162 Ebd., S. 123.
163 Ebd., S. 209.
164 Ebd., S. 184.
165 I. Kant: Muthmaßlicher Anfang, S. 109.
166 Vgl. hierzu die Monographie von P. Pütz: Die deutsche Aufklärung, S. 109 f.: "Die selbstverräterische, nach Kompensation dürstende Lust der Rationalisten am Individuell-Besonderen, an allem Exzeptionellen und Exzentrischen hat die Forschung sporadisch seit langem, sytematisch aber in jüngster Zeit beschäftigt. Exoten, Sonderlinge, Ausgestoßene, Kranke, outsider aller Art erwecken Fragen nach der Geschlossenheit oder Brüchigkeit des aufklärerischen Daseinsverständnisses (...). Alle außerhalb der bürgerlichen Ordnung Stehende und gegen deren Regelkanon Verstoßende werden nicht nur als abnorme Fälle, sondern auch als Prüfsteine für den verletzten Kanon behandelt und werfen die Frage auf, ob dieser nur verletzbar oder gar verletzenswert ist (...). Zum bevorzugten Themenkreis gehören: die verführte Unschuld (...), die ungleiche Heirat (...), der Sonderling (...), der Bösewicht (...), der Hypochonder (...), der Mißvergnügte (...), der oder die edle Wilde (...), der Harlekin (...), der Schwärmer (...), der Misanthrop (...) und allgemein das Abscheuliche und Schreckliche in der Kunsttheorie des 18. Jahrhunderts (...)."
167 J. F. Pierer: Stichwort "Verwilderte Menschen", S. 558.

168 Feuerbach: Kaspar Hauser. Beispiel (1832), S. 20.
169 Vgl. hierzu die Monographie von H.-H. Ewers: Kindheit.
170 Vgl. hierzu G. Trülzsch: Was ist mit Kaspar Hauser.
171 Pies: Die Wahrheit (1987), S. 57.
172 Ebd.
173 Ebd., S. 311; vgl. auch S. 59.
174 Ebd., S. 103.
175 Ders.: Kaspar Hauser. Eine Dokumentation, S. 32.
176 Ebd.
177 Ders.: Die Wahrheit (1987), S. 312.
178 Ebd., S. 62 f.; vgl. auch S. 234.
179 Ebd., S. 41. Zur Korrektur der Aussage vgl. auch ebd., S. 63 f.
180 Ebd., S. 41.
181 Ebd., S. 81 f.
182 G. F. Daumer: Mittheilungen, H. 1, S. 1 f.
183 Feuerbach: Kaspar Hauser. Beispiel (1832), S. 63.
184 Ebd., S. 63-69, S. 73 f.
185 Pies: Die Wahrheit (1987), S. 42 ff.
186 Ebd., S. 51. Zur Reaktion des Appellationsgerichts vgl. ebd., S. 85 ff.
187 Daumer: Mittheilungen, H. 1, S. 14 f.
188 Ebd., S. 101 f.
189 Daumer: Kaspar Hauser. Seine Unschuld, S. 160 ff.
190 Mayer / Tradowsky: Kaspar Hauser, S. 67 ff.
191 Daumer: Mittheilungen, H. 1, S. 41.
192 Ebd., H. 1, S. 22 f. u. S. 40.
193 Feuerbach: Biographischer Nachlaß, S. 272 ff.
194 Daumer: Mittheilungen, H. 1, S. 45. Das Gedicht wurde 1834 in veränderter Fassung nochmals veröffentlicht; vgl. Kaspar Hauser: Ein kleines Gedicht.
195 Ebd., H. 2, S. 30.
196 Pies: Kaspar Hauser. Eine Dokumentation, S. 67 ff.
197 Mayer / Tradowsky, S. 97.
198 J. Hitzig: Caspar Hauser. In: Annalen, 1830, Bd. 2, S. 457 ff.
199 Pies: Kaspar Hauser. Eine Dokumentation, S. 84 f.
200 Ebd., S. 83.
201 Mayer / Tradowsky, S. 108 f.
202 Hitzig: Caspar Hauser. In: Annalen, 1831, Bd. 1, S. 416 ff.
203 Mayer / Tradowsky, S. 123.
204 Vgl. hierzu Mayer / Tradowsky, S. 124 ff.
205 Ebd., S. 138 ff.
206 Vgl. hierzu J. Mayer: Philip Henry Lord Stanhope.
207 Feuerbach: Kaspar Hauser. Beispiel (1832), S. 139 ff.
208 Ders.: Biographischer Nachlaß, S. 319 ff.
209 Mayer / Tradowsky, S. 148 ff.
210 J. S. H. Fuhrmann: Kaspar Hauser. Beobachtet, S. 30 ff., S. 40 ff.
211 Ders.: Kaspar Hauser's Confirmationsfeier, S. I ff., S. 3 ff., S. 13 ff.
212 Vgl. hierzu Pies: Augenzeugenberichte (1985), S. 239-257.
213 Ders.: Kaspar Hauser. Eine Dokumentation, S. 119 f.
214 Ders.: Augenzeugenberichte (1985), S. 317 ff.

215 Ders.: Kaspar Hauser. Eine Dokumentation, S. 133.
216 Ebd., S. 138. Vgl. ebd., S. 138 ff.
217 Ders.: Die amtlichen Aktenstücke, S. 12 f.
218 Ebd., S. 15.
219 Ders.: Augenzeugenberichte (1985), S. 391 ff.
220 Ebd., S. 497 ff.
221 Ebd., S. 504 ff.
222 Ebd., S. 411.
223 Ebd., S. 400 ff.
224 J. F. Blumenbach: Vom HOMO sapiens ferus LINN., S. 27.
225 Anonymus [**B 63**]: Stichwort "Hauser", S. 367-372. - Vgl. hierzu auch Anonymus [H. Ritter von Lang] [**B 94**]. Zu den weiteren Beiträgen von Langs gegen Hauser vgl. Pies: Kaspar Hauser. Fälschungen (1973), S. 85-149.
226 Pies: Die Wahrheit (1987), S. 241.
227 Anonymus [**B 39**]: Kaspar Hauser, ein psychologisches Nachtstück, Nr. 166, S. 635.
228 Daumer: Kaspar Hauser. Sein Wesen, S. 161.
229 J. K. F. Merker: Nachrichten über Caspar Hauser, S. 96. - Für Georg Friedrich Daumer als auch für den Nürnberger Stadtgerichtsarzt Paul Sigmund Karl Preu findet "durch dieses merkwürdige Individuum Vater Hahnemanns Lehre (...) ihre volle Bestätigung" (Pies: Kaspar Hauser. Augenzeugenberichte (1985), S. 210).
230 Anonymus [H. Ritter von Lang] [**B 95**]: Kaspar Hausersche Literatur, Nr. 104, S. 350 f. - Zu Daumers Versuchen vgl. vornehmlich seine Schrift Mittheilungen über Kaspar Hauser, H. 1, Kpt. 14 u. H. 2, Kpt. 13. Vgl. zu diesem Komplex auch J. Kerner: Blätter aus Prevorst (vgl. hier die Kpt. "Ein Wort über Kaspar Hauser", S. 164-168 u. "Parallelen zwischen Kaspar Hauser und der Seherin von Prevorst", S. 169-177).
231 Amtliche Stellungnahme P. J. A. von Feuerbachs. In: Pies: Die Wahrheit (1987), S. 86. In seiner Veröffentlichung von 1832 kritisierte Feuerbach die Binder-Bekanntmachung zurückhaltend, während er in seiner Privatkorrespondenz deutlicher wurde.
232 G. Ph. Schmidt von Lübeck: Ueber Caspar Hauser, H. 1, S. 18. Vgl. auch: [Anonymus] [W. C. Gr. A.] [**B 107**]: Kaspar Hauser oder Andeutungen zur Enthüllung, S. 42.
233 Pies: Die Wahrheit (1987), S. 42.
234 Ebd., S. 43.
235 Ders.: Augenzeugenberichte (1985), S. 443 ff.
236 Ders.: Die Wahrheit (1987), S. 137.
237 Anonymus [**B 68**]: Stichwort "Poesie, poetisch, Poet", S. 646.
238 Pies: Die Wahrheit (1987), S. 47. Vgl. hierzu auch die vieldiskutierte Andeutung von Feuerbachs von 1832: "Uebrigens darf ich die Versicherung aussprechen, daß die forschende Justiz, unter Anwendung aller ihr zu Gebot stehenden Mittel, selbst der aussergewöhnlichsten, ihre Pflichten eben so rastlos als rücksichtslos zu erfüllen, nicht ohne allen Erfolg, bemüht gewesen ist. Allein dem Arme der bürgerlichen Gerechtigkeit sind nicht alle Fernen, noch alle Höhen und Tiefen erreichbar, und bezüglich mancher Orte, hinter welchen sie den Riesen eines solchen Verbrechens zu suchen Gründe hat, müßte sie, um bis zu ihm vorzudringen, über Josua's Schlachthörner, oder wenigstens über Oberons Horn gebieten können, um die mit Flegeln bewehrten hochgewaltigen Kolossen, die vor goldnen Burgthoren Wache stehen und so hageldicht dreschen, daß zwischen Schlag und Schlag sich unzerknickt kein Lichtstrahl drängen mag - für einige Zeit in ohnmächtige Ruhe zu bannen. Doch was verübt' die schwarze Mitternacht / Wird endlich, wenn es tagt, an's Sonnenlicht gebracht" (Feuerbach: Kaspar Hauser.

Beispiel (1832), S. 137 f.). Daß Feuerbach bereits hier an die badische Prinzentheorie dachte, ist inzwischen durch Mayer / Tradowsky nachgewiesen.

239 Anonymus [**B 35**]: Kaspar Hauser ein Beitrag zur Menschengeschichte, Nr. 153, S. 609.

240 Pies: Die Wahrheit (1987), S. 47.

241 Feuerbach: Biographischer Nachlaß, S. 277.

242 Ders.: Kaspar Hauser. Beispiel (1832), S. 100 f.

243 Daumer: Mittheilungen, H. 1, S. 37 f. - Vgl. hierzu auch Feuerbach: Kaspar Hauser. Beispiel (1832), S. 99 f.

244 Feuerbach: Biographischer Nachlaß, S. 272.

245 Daumer: Mittheilungen, H. 2, S. 7 f.

246 K. Gutzkow: Biographien, S. 92.

247 Feuerbach: Kaspar Hauser. Beispiel (1832), S. 61.

248 Daumer: Kaspar Hauser. Sein Wesen, S. 159.

249 J. J. Schnerr: Der Findling von sechzehn Jahren, Nr. 125, S. 499.

250 Feuerbach: Kaspar Hauser. Beispiel (1832), S. 114 f.

251 Anonymus [**B 41**]: Kaspar Hauser, S. 155.

252 J. M. Zimmermann: Kaspar Hauser in physiologischen, S. IX; vgl. auch S. VI f., 47 f., 68, 84, 91.

253 P. J. A. von Feuerbach in einem Brief vom 15. Mai 1830 an den Verleger, Schriftsteller und Kriminalisten Julius Eduard Hitzig (Hitzig: Caspar Hauser. In: Annalen, 1830, Bd. 2, S. 434 f.).

254 Anonymus [**B 67**]: Stichwort "Poesie", S. 203.

255 Pies: Die Wahrheit (1987), S. 82.

256 Anonymus [H. Laube] [**B 96**]: Kaspar Hauser, Nr. 142, S. 612.

257 Anonymus [**B 11**]: Caspar Hauser, Nr. 118, S. 47.

258 Feuerbach: Kaspar Hauser. Beispiel (1832), S. 92.

259 Daumer: Mittheilungen, H. 2, S. 16.

260 Anonymus [**B 39**], Nr. 167, S. 691.

261 Daumer: Mittheilungen, H. 1, S. 47.

262 Ebd., S. 40 f.

263 Ders.: Kaspar Hauser. Sein Wesen, S. 162. - Vgl. auch ders.: Mittheilungen, H. 1, S. 29 f. u. Feuerbach: Kaspar Hauser. Beispiel (1832), S. 98.

264 Feuerbach: Kaspar Hauser. Beispiel (1832), S. 96.

265 Schnerr: Der Findling, Nr. 160, S. 640.

266 Daumer: Mittheilungen, H. 1, S. 30 f.

267 Anonymus [**B 39**], Nr. 166, S. 687.

268 Feuerbach: Kaspar Hauser. Beispiel (1832), S. 147 ff.

269 Ders.: Biographischer Nachlaß, S. 273 f. u. S. 277. Vgl. auch Anonymus [**B 17**]: Correspondenznachrichten, Nr. 174, S. 693.

270 Schnerr: Der Findling, Nr. 160, S. 639.

271 Feuerbach: Kaspar Hauser. Beispiel (1832), S. 151.

272 Daumer: Mittheilungen, H. 1, S. 18.

273 Feuerbach: Kaspar Hauser. Beispiel (1832), S. 73.

274 Daumer: Mittheilungen, H. 2, S. 1.

275 Schnerr: Der Findling, Nr. 125, S. 499.

276 P. J. A. von Feuerbach in einem Brief an Hitzig (Hitzig: Caspar Hauser. In: Annalen, 1830, Bd. 2, S. 434).

277 Vgl. E. Staiger: Schellings Schwermut.

278 Anonymus [**B 64**]: Stichwort "Historisch", S. 752. Vgl. dazu auch Anonymus [**B 65**]: Stichwort "Historisch".

279 G. H. Schubert: Ansichten von der Nachtseite der Naturwissenschaften, S. 22 f.

280 Ebd., S. 19.

281 Daumer: Mittheilungen, H. 2, S. 29 f.

282 Ebd., S. 30.

283 Vgl. W. Herzog: Jeder für sich und Gott gegen alle. Dialogliste, S. 32. Für die freundliche Vermittlung des Manuskripts danke ich der Werner Herzog Filmproduktion München. - Die entsprechende Szene bei Büchner lautet: "Gerichtsdiener. Ein guter Mord, ein ächter Mord, ein schöner Mord, so schön als man ihn nur verlangen thun kann, wir haben schon lange so kein gehabt" (G. Büchner: Woyzeck, S. 431).

284 Folgende Beiträge aus den Jahren 1828 bis 1840 ziehen wir u. a. exemplarisch heran. Die Auflistung folgt den Erscheinungsdaten: A. Müllner: Anmerkungen; Anonymus [**B 57**]: Skizze; J. F. K. Merker: Caspar Hauser; R. Giehrl: Kaspar Hauser der ehrliche Findling; Anonymus [A. B.] [**B 81**]: Schutzworte; Anonymus [**B 25**]: Ein Besuch; Anonymus [**B 34**]: Kaspar Hauser; Anonymus [**B 55**]: Neueste Mittheilungen; Anonymus [**B 71**]: Ueber Kaspar Hauser; Anonymus [**B 78**]: Wieder etwas von Kaspar Hauser; Anonymus [**B 36**]: Kaspar Hauser in Nürnberg; Anonymus [**B 8**]: Beschreibung einiger merkwürdigen Momente; Anonymus [**B 7**]: Beschreibung des merkwürdigen Findlings Caspar Haußer; P. J. A. von Feuerbach: Einige wichtige Actenstücke; J. S. H. Fuhrmann: Kaspar Hauser's Confirmationsfeier; ders.: Trauerrede; ders.: Kaspar Hauser. Beobachtet; J. M. Frey: Geheimnißvolle Geschichte des Caspar Hauser; Anonymus [Oettel] [**B 100**]: Die wichtigsten Momente; Anonymus [**B 3**]: Ausführlicher Lebens-Abriß; G. F. Singer: Leben Caspar Hauser's; J. H. G. Heusinger: Kaspar Hauser, der Menschenfreund; Ph. H. Stanhope: Materialien; Ph. H. Welcker: Anhang; Anonymus [**B 15**]: Caspar Hausers Verwundung und Tod; Anonymus [**B 40**]: Kaspar Hauser; Anonymus [**B 30**]: Gaspard Hauser.

285 Feuerbach: Einige wichtige Actenstücke, S. 9.

286 Anonymus [**B 57**]: Skizze, S. 23 f.

287 Anonymus [**B 55**], Nr. 36, S. 141.

288 Heusinger, S. 3 ff.

289 Anonymus [**B 28**]: Empfehlungswerthe Schriften, Nr. 32, Sp. 256.

290 Anonymus [**B 59**]: Stichwort "Hauser", S. 451.

291 Singer: Leben Caspar Hauser's, S. 10 f. Vgl. z. B. auch die Ungenauigkeiten und Entstellungen in Anonymus [**B 8**]: Beschreibung einiger merkwürdigen Momente.

292 Pies: Augenzeugenberichte (1985), S. 414. Vgl. u. a. auch Singer: Leben Caspar Hauser's, S. 7, 11, 15; Heusinger, S. 7; Frey, S. 28; Anonymus [**B 8**]; Anonymus [**B 15**]; Anonymus [**B 40**], Nr. 1, S. 1.

293 Kerner, S. VIII f. Vgl. auch Singer: Leben Caspar Hauser's, S. 6 f.

294 Singer: Leben Caspar Hauser's, S. 15.

295 Zimmermann, S. 65 f.

296 Merker: Nachrichten, S. 104.

297 Stanhope: Materialien, S. 62. - Zu verweisen ist in diesem Zusammenhang auch auf die Versuche in der Kaspar-Hauser-Literatur, einen angeblichen späteren Sinneswandel Feuerbachs in bezug auf den Hauser-Fall sowie auf seine Schrift von 1832 zu konstruieren. Vgl. hierzu Pies: Die Wahrheit (1987), S. 264-276.

298 Merker: Nachrichten, S. 35, Anm. 20.

299 Zimmermann, S. IV f.
300 Vgl. Schnerr: Der Findling, Nr. 125, S. 499.
301 Anonymus [**B 40**], Nr. 1, S. 1.
302 Welcker: Anhang, S. 181.
303 Die folgende Aufstellung erlaubt einen Überblick über die von uns ermittelten Texte von 1828 bis 1835 bzw. 1844. J. J. Lewerer: Lied [1828]; H. Hülle: Caspar Haußer's Klage (1829) (Mayer / Tradowsky geben auf S. 660 die Abbildung des entsprechenden Notensatzes für das Gedicht wieder; entgangen zu sein scheint jedoch auch ihnen die frühe Publikation des Textes in "Mitternachtsblatt"; vgl. auch die Äußerungen Goethes: Briefwechsel, S. 360 f., über die Autorin); J. J. Schnerr: An Kaspar Hauser (Hauser nahm für sich eine nochmalige Abschrift des Gedichts vor, die in Mayer / Tradowsky, S. 386, abgebildet ist); Anonymus [**A 22**]: Caspar Hauser's Ermordung [1833]; Anonymus [von Rechtern] [**A 11**]: In obitum Casparis Hauser; Anonymus [W. v. B.] [**A 15**]: Dem Andenken Kaspar Hausers (1833); G. F. Singer: Grauser Schlüssel (1834); ders.: Ich kam aus meiner Mutter Schooß (1834); ders.: Stumm und taub ist's in dem engen Hause (1834); A. Schilling: Caspar Hausers Tod (1834); J. Pirazzi: Kaspar Hauser (1834); H. C. F. Schlemmer: Mausoleolum memoriae Caspari Hauseri (1834); Anonymus [**A 7**]: Caspar Hauser (1834); M. v. Meiller: Blume, gelegt auf Caspar Hauser's Grab (1834); G. Scheuerlein: Kaspar Hausers Grab zu Ansbach (1834); Anonymus [**A 24**]: Kaspar Hauser. Das ungelöste Rätsel von Nürnberg [1834]; J. J. Hannusch: Nachruf an den europäischen Findling (1834); Anonymus [**A 25**]: Kaspar Hausers Abschied vom Leben [1834]; Anonymus [**A 26**]: Kaspar Hausers Abschied vom Leben [1834] (bei den beiden letztgenannten Gedichten, die 1926 bzw. 1928 aufgezeichnet und veröffentlicht wurden, handelt es sich um zwei nur leicht voneinander abweichende Versionen desselben Gedichts); Ph. H. Welcker: Irgendwo, doch ach! auf deutschen Auen (1835); J. J. Schnerr: Nach Caspar Hausers Tod (1835); H. Heine [Anonymus]: Kaspar Hauser (1861).
304 Neuberger: Das älteste Kaspar Hauser-Drama entdeckt. - Konstruktionen, wie sie Hörisch im Nachwort zu seinem Materialienband errichtet, vermögen nicht zu überzeugen und legen die Vermutung nahe, der Materialienteil sei zur bloßen Illustration der im Nachwort entworfenen, den Texten gleichsam aufoktroyierten Thesen entstanden. So versucht Hörisch durch den Hinweis, daß das Drama "Der Wahn und seine Schrecken" von 1830 nicht im Druck erschienen sei, den Nachweis zu führen, daß erst der "Tod Kaspar Hausers (...) offenbar Möglichkeitsbedingung seiner Poetisierung" gewesen sei (Hörisch: Die Sprachlosigkeit des Kaspar Hauser, S. 294). Mag diese These - eingeschränkt - gültig sein, so sollten Fakten, die nicht ins Theorem passen, dennoch nicht verzerrt werden. Neben mindestens zwei zu Lebzeiten des Findlings erschienenen Kaspar-Hauser-Gedichten lag dem zitierten Artikel von Neuberger zufolge 1928 zumindest noch das Manuskript vor, darüber hinaus auch Rezensionen, die natürlich keinen Ersatz für eine Publikation bilden, wohl aber etwas Licht auf den Inhalt des Stückes werfen. Eine Aufführung im sogenannten "Interimstheater auf der Schütt" am 13. Dezember 1830 in Nürnberg - nach der Uraufführung am Königstädter Theater in Berlin am 22. 3. 1830 - versuchte von Tucher, damals noch Vormund Hausers, vergeblich zu verhindern (vgl. Mayer / Tradowsky, S. 444). Zwar ist das Drama - vermutlich - nicht im Druck erschienen, wohl aber sind ein Theaterzettel der Nürnberger Aufführung erhalten (vgl. Mayer / Tradowsky, S. 444) sowie mehrmalige Erwähnungen und Besprechungen des Dramas in "Allgemeine Theaterzeitung und Originalblatt".

305 Anonymus [**C 2**]: Buntes aus der Theaterwelt, Nr. 40, S. 164. Vgl. auch ebd., Nr. 69, S. 280: "Auch auf dem Stadttheater zu Achen wurde die Geschichte des Kaspar Hauser unter dem Titel 'der Wahn und seine Schrecken,' (...) gegeben. Das Schauspiel reiht sich seiner Tendenz nach an die bekannten 'Waise und Mörder,' 'Waise aus Genf' ec., hat sehr interessante Szenen und wird sehr gut gegeben (...). Der Beyfall der Anwesenden wurde in vielen Szenen laut". Zur Frage einer möglicherweise doch erhaltenen Druckfassung vgl. folgende Notiz: "Das Melodram 'der Wahn und seine Schrecken,' welches die Geschichte Kaspar Hausers zum Gegenstand hat, von welchem diese Zeitung schon so oft eine günstige Erwähnung machte, und auf den Theatern zu Berlin, Hamburg und Frankfurth am Main mit dem einstimmigsten Beyfalle gegeben wurde, ist auf rechtmäßigem Wege von dem Redakteur dieser Zeitung zu beziehen. Nur auf frankirte Briefe wird Rücksicht genommen. Für auswärtige Bühnen dient zur Nachricht, daß dieses Stück keinen Aufwand von Dekorationen noch Kostume nöthig hat, und mit den leichtesten Mitteln in die Szene gehen kann (...)" (A. Bäuerle: Anzeigen).
306 Schilling: Caspar Hausers Tod. Vgl. auch Scheuerlein: Kaspar Hausers Grab u. Anonymus [**A 7**]: Caspar Hauser.
307 Anonymus [W. v. B.] [**A 15**]: Dem Andenken Kaspar Hausers.
308 Feuerbach: Kaspar Hauser. Beispiel (1832), S. 143.
309 Die Zitate in ihrer Reihenfolge: Welcker: Irgendwo, S. 169; Anonymus [**A 24**]; Anonymus [**A 7**]; J. Pirazzi; Meiller; Welcker: Irgendwo, S. 170.
310 P. Verlaine: Gaspard Hauser chante.
311 H. Hülle: Caspar Haußer's Klage.
312 Schlemmer.
313 Die Zitate in ihrer Reihenfolge: J. J. Lewerer; J. Pirazzi; J. J. Hannusch.
314 J. J. Schnerr: An Kaspar Hauser.
315 J. J. Hannusch.
316 Anonymus [W. v. B.] [**A 15**].
317 J. Pirazzi.
318 Die Zitate in ihrer Reihenfolge: Scheuerlein; Welcker: Irgendwo, S. 178; Singer: Stumm und taub; Meiller.
319 H. Hülle.
320 J. J. Lewerer.
321 Anonymus [**A 7**].
322 Ebd.
323 Schlemmer.
324 Welcker: Irgendwo, S. 168.
325 Die Epistel an die Ebreer, VII, 1-3. Nach der Luther-Bibel von 1545. Zum Vergleich Hausers mit Melchisedech vgl. Lewerer u. Schlemmer.
326 Welcker: Irgendwo, S. 176.
327 J. Pirazzi.
328 H. Heine: Kaspar Hauser. Ohne den Titel sowie die Erwähnung des Namens "Ryno Quehl" im ersten Vers der zweiten Strophe (in einer Fußnote wird diese Namensnennung durch den Hinweis "R. Quehl's Schrift über Kaspar Hauser" erläutert) ließe sich das Gedicht nicht eindeutig zuordnen. So aber läßt sich der Text nicht nur thematisch bestimmen, sondern ist uns zugleich eine zeitliche Einordnung erlaubt: Ryno Quehl, preußischer Generalkonsul in Kopenhagen, übersetzte das Buch seines Freundes, des königlich dänischen Etatsrats und Professors für Physiologie an der Universität Kopenhagen, Daniel Friedrich Eschrichts, das im gleichen Jahr (1857) wie die dänische Aus-

gabe - unter dem deutschen Titel "Unverstand und schlechte Erziehung. Vier populäre Vorlesungen über Kaspar Hauser" - veröffentlicht wurde. Die zeitliche Differenz von einem Jahr - Heine starb 1856, während das Buch Eschrichts 1857 erschien - wird die Herausgeber der historisch-kritischen Heine-Ausgaben u. a. bewogen haben, den Text auszuscheiden.

329 Anonymus [**B 69**]: Stichwort "Roman", S. 362.

330 Pies: Die amtlichen Aktenstücke (1928), S. 242.

331 Vgl. Anonymus [Ph. K. Marheineke] [**A 10**]: Das Leben im Leichentuch; Anonymus [F. Seybold] [**A 12**]: Kaspar Hauser oder der Findling; F. Hoffmann: Kaspar Hauser, der Findling von Nürnberg (die erste Auflage von 1834 ist nicht erhalten; Peitler / Ley weisen zwei weitere Auflagen, ebenfalls ohne Jahresangabe erschienen, nach: 1879 (vgl. Peitler / Ley Nr. 887) u. 1889 (vgl. ebd. Nr. 456)); L. Scoper: Kaspar Hauser, oder: die eingemauerte Nonne (zur Verfasserfrage vgl. K. Goedeke: G. K. L. Schöpfer).

332 J. Garnier: Einige Beiträge zur Geschichte Caspar Hausers; Anonymus [S. Seiler] [**B 103**]: Kaspar Hauser der Thronerbe von Baden (nach der Veröffentlichung der deutschen Ausgabe, 1840, erscheinen drei weitere Auflagen sowie (1848) eine holländische Übersetzung; vgl. Peitler / Ley, Nr. 200, 201, 203, 205). Anonymus [W. C. Gr. A.] [**B 106**]: Kaspar Hauser oder Andeutungen zur Enthüllung.

333 Vgl. folgende Zeitungs- und Zeitschriftenbeiträge, die exemplarisch für andere stehen: Anonymus [**B 14**]: Caspar Hauser's Tod; Anonymus [**B 5**]: Begräbniß des Caspar Hauser; Anonymus [**B 77**]: Welthändel; Anonymus [**B 54**]: [Nachrichten der Vossischen Zeitung]; Anonymus [**B 27**]: Einige Aktenstücke in Bezug auf Kaspar Hauser; Anonymus [F-b-ch] [**B 85**]: Ein Schreiben, in Bezug auf die Ermordung des Caspar Hauser; Anonymus [J. L. von Klüber] [**B 92**]: Korrespondenz-Nachrichten; Anonymus [K......] [**B 90**]: Caspar Hauser, wahrscheinlich ein Betrüger; Anonymus [K. J. A. Mittermaier] [**B 99**]: Korrespondenz-Nachrichten; Anonymus [**B 13**]: Caspar Hausers Schicksale; Anonymus [**B 15**]: Caspar Hausers Verwundung; Anonymus [**B 23**]: Der Mord an Kaspar Hauser; Anonymus [**B 40**]: Kaspar Hauser; Anonymus [**B 43**]: Kaspar Hauser; Anonymus [**B 46**]: Korrespondenz-Nachrichten; Anonymus [**B 52**]: Mord an Seele und Leib.

334 Peitler / Ley weisen den Artikel nach in "Allgemeine Theaterzeitung und Originalblatt für Kunst, Literatur, Musik, Mode und geselliges Leben". Probeblatt für das Jahr 1834. Wien 1834 (vgl. Peitler / Ley Nr. 83; hier zitiert nach Anonymus [**B 23**]: Der Mord an Kaspar Hauser).

335 Pies: Die amtlichen Aktenstücke (1928), S. 231.

336 Ebd., S. 107.

337 Ebd., S. 259.

338 Eschricht, S. 67.

339 Pies: Die amtlichen Aktenstücke (1928), S. 123.

340 G. F. Daumer: Enthüllungen über Kaspar Hauser, S. 15. Bereits 1829 findet sich ein Zeitungsbericht über einen (tatsächlichen) Parallelfall (vgl.: Anonymus [F. E.] [**B 86**]: Ein Seitenstück zu Kaspar Hauser). Vgl. auch den Parallelfall eines 22jährigen Mädchens in Salzburg, an den P. J. A. von Feuerbach erinnert (vgl. Anonymus [**B 6**]: Berlin u. W. Horn: Reisen durch Deutschland, S. 138).

341 Anonymus [**A 17**]: Das stille Pfarrhaus. Vgl. auch Daumer: Enthüllungen, S. 15 f.

342 Anonymus [**B 37**]: Kaspar Hauser und der Literarische Hochwächter, S. 77. Der Herausgeber, F. Stolle, berichtet in dieser Ausgabe über das gerichtliche Nachspiel der

anonymen Beiträge [**B 22**] u. [**B 47**] zu Kaspar Hauser in der Zeitschrift. Vgl. auch Pies: Die amtlichen Aktenstücke, S. 256.

343 Anonymus [**B 22**]: Der Hochwächter in der Unterwelt, Nr. 1, S. 2 f.

344 Garnier, S. 13.

345 Pies: Kaspar Hauser. Fälschungen (1973), S. 165.

346 Garnier, S. 59.

347 Garnier führt auf S. 72 aus: "Ich habe blos Gerüchte aufgefaßt, und zweifelnde Inductionen gemacht; die, von denen ich sprach, stehen unter keinem Gericht, das diese Gerüchte prüfe. Diese Worte sind nicht von mir, meine Leidenschaft, ich bin ein Republikaner, könnte mich irre führen (...). Die Worte aber sind von einem leidenschaftslosen Manne, von einem nüchternen Criminalisten, Feuerbach", welcher "in einem veröffentlichten Aufsatze drucken ließ: 'Es gibt Sphären der menschlichen Gesellschaft, in welche der Arm der Gerechtigkeit nicht dringen darf.'". Zu den Gefahren, die Feuerbach aufgrund seines "Memoires" zu gewärtigen hatte sowie zur politischen Verfolgung seiner Söhne in der Restaurationsphase vgl. Pies: Kaspar Hauser. Fälschungen (1973), S. 345-355.

348 Garnier, S. 56.

349 Zu den Hintergründen der Aktivitäten Hennenhofers vgl. u. a.: J. Schauberg: Aktenmässige Darstellung.

350 Frey, [ohne Paginierung, Vorwort].

351 Anonymus [**C 16**]: Kaspar Hauser oder der Findling.

352 Anonymus [**C 24**]: Romanenliteratur.

353 Anonymus [**C 26**]: Schöne Literatur.

354 Anonymus [F. Seybold] [**A 12**]: Kaspar Hauser, S. 67 ff.

355 Ebd., S. 322 f.

356 Ebd., S. 333 f.

357 Vgl. Pies: Kaspar Hauser. Eine Dokumentation (1966), S. 258-263. Vgl. auch G. F. Kolb: Kaspar Hauser, S. 41-46. Kolb gilt Pies zu Recht als der bedeutendste Hauser-Forscher des 19. Jahrhunderts, besonders hinsichtlich der Frage des badischen Prinzentums. Zur Vita Kolbs, er war u. a. entscheidend am Hambacher Fest von 1832 beteiligt, vgl. Pies: Kaspar Hauser. Fälschungen (1973), S. 210-236. Zur Frage nach den Memoiren Hennenhofers vgl. auch Mayer / Tradowsky, S. 268 f.

358 Anonymus [**C 19**]: Literarische Rüge.

359 Scoper: Kaspar Hauser, S. 92 f.

360 Ebd., S. 151 f.

361 F. Hoffmann: Kaspar Hauser, S. 42 f.

362 Anonymus [**C 17**]: Kleine Schriften.

363 Anonymus [Th. M.] [**C 47**]: Literarische Nachrichten.

364 Zur Verfasserfrage vgl. W. Pierson: Geschichte Kaspar Hauser's, S. 546. Von 1811 bis zu seinem Tode 1846 lehrte Marheineke als Professor der Theologie an der Universität Berlin. "Jahrzehntelang galt M. geradezu als der Hauptvertreter der Hegel'schen Philosophie auf dem Gebiet der Theologie, als das eigentliche Haupt der sogenannten Hegel'schen Rechten" (Wagenmann, S. 339).

365 Anonymus [Marheineke] [**A 10**], S. 107 f.

366 Welcker: Anhang, S. 184 f.

367 Merker: Literarische Nachrichten.

368 Anonymus [Seiler] [**B 103**]: Kaspar Hauser. Vgl. zu biographischen Angaben und zu den weiteren Hintergründen Pies: Kaspar Hauser. Fälschungen (1973) , S. 202-209.

369 Vgl. Pies: Kaspar Hauser. Fälschungen (1973), S. 206-208; Pies listet hier die Übernahmen Seilers aus Garnier, Anonymus [F. Seybold] [**A 12**] und Schauberg auf.

370 Anonymus [Seiler] [**B 103**], S. 157 f.

371 Petzholdt: Nachtrag. 1864, Nr. 360, S. 141.

372 Ders.: Neuester Nachtrag. 1872, Nr. 242, S. 131.

373 J. Br.[aun]: Kaspar Hauser und kein Ende, S. 54.

374 Petzholdt: Bibliographisch-kritische Übersicht. 1859, Nr. 1, S. 2.

375 Vgl. hierzu Pies: Kaspar Hauser. Fälschungen (1973), Kpt. 5, 6, 7 und 8.

376 Vgl. D. F. Eschricht: Unverstand und schlechte Erziehung (1859). Die Veröffentlichung Eschrichts ist Anlaß für Entgegnungen durch folgende beiden Werke: Daumer: Enthüllungen über Kaspar Hauser (1859) u. F. K. Broch [d. i.: G. F. Kolb]: Kaspar Hauser. Kurze Schilderung seines Erscheinens und seines Todes (1859). 1872 veröffentlicht J. Meyer: Authentische Mittheilungen über Caspar Hauser. Auf diese vermeintlich authentischen Mitteilungen reagiert im folgenden Jahr Daumer: Kaspar Hauser. Sein Wesen, seine Unschuld. 1876 faßt der Hamburger Oberstaatsanwalt Mittelstädt seine in einer Artikelserie veröffentlichten Beiträge zur Kaspar-Hauser-Frage zusammen: O. Mittelstädt: Kaspar Hauser und sein badisches Prinzenthum. In den 1880er Jahren erscheinen dann zwei weitere Werke der Hauser-Gegner: J. Meyer: Caspar Hauser. Hinterlassenes Manuscript von Josef Hickel (1881) u. A. van der Linde: Kaspar Hauser. Eine neugeschichtliche Legende (1887). Seitens der Hauser-Freunde erscheint 1883 von Kolb: Kaspar Hauser. Aeltere und neue Beiträge (Kolb reagiert hier bereits wiederum auf J. Meyer).

377 F. Schnabel: Kaspar Hauser, S. 364.

378 E. Laur: Ein französischer Caspar Hauser, S. 133. Vgl. auch K. Freiherr von Maltzan: Ein arabischer Kaspar Hauser u. ders.: Orientalische Palast- und Hofbilder. - In diesen Zusammenhang gehören auch die Veröffentlichungen zu Karoline B., die über mehrere Jahre als interessanter weiblicher Parallelfall zu Hauser galt, bis sie als die Vagantin Kunigunde Lechner überführt wurde. Vgl. F. Eck: Die langjährige unterirdische Haft zweier Kinder (die fast rührenden Anlehnungen des Verfassers an sein Vorbild, die Feuerbach-Schrift, sind nicht zu übersehen). Die Entwicklung des Falles kommentieren: Anonymus [Er. Bl.] [**B 84**]: Ein unaufgelöstes Räthsel u. dann E. Pirazzi: Ein aufgelöstes Räthsel.

379 Vgl. den Titel von Str. Chr. Petri: Wunderbare und räthselhafte Menschen. Vgl. darüber hinaus: C. Kühner: Die Geheimnisvollen im Schlosse zu Eisenhausen (zur Hausergeschichte vgl. S. 1-5 u. S. 53-69); F. Otto: Kaspar Hauser, der Findling; W. L. Hertslet: Der Treppenwitz der Weltgeschichte (laut Peitler / Ley findet sich erst in ^{3}1886 auch ein Beitrag zu Hauser).

380 R. Artaria: Kaspar Hauser, Nr. 38, S. 774.

381 Anonymus [K. v. L.] [**B 91**]: Kaspar Hauser. Vgl. auch: J. B[raun]: Kaspar Hauser und kein Ende. Bezüglich weiterer Wertungen des Falles aus historiographischer Sicht des 19. Jahrhunderts vgl.: L. Schücking: Lebenserinnerungen; O. Fürst von Bismarck: Gedanken und Erinnerungen. Vgl. weiterhin in kulturgeschichtlicher Sicht: M. von Boehn: Die Mode ("Aber die Könige empfanden ja nur wie ihre Völker, geht doch die Romantik wie eine Seuche durch das Land und verblendet hoch und nieder. Wie könnte man sich sonst die Kaspar-Hauser-Affäre erklären?", S. 48 f.).

382 H. v. Treitschke: Deutsche Geschichte, S. 355.

383 E. Haeckel: Die Welträthsel, S. 17 f.

384 Vgl. hierzu die umfangreiche Monographie von J. Mayer: Philip Henry Lord Stanhope.

385 F. Schäfer: Ein badischer Richard III, S. IV. Für die Vermittlung des Textes danke ich Herrn Johannes Mayer (Stuttgart).
386 Ebd.
387 Vgl. Anonymus [von K.] [**B 93**]: Kaspar Hauser. Seine Lebensgeschichte. S. 104 ff. präsentiert Fischer Auszüge aus den angeblichen Memoiren Hennenhofers. - Zur Verfasserfrage vgl. Pies: Kaspar Hauser. Fälschungen (1973), S. 414-416. Zu den Hintergründen der Schrift sowie zum Prozeß, den J. Meyer, Sohn des Ansbacher Lehrers Hausers, J. G. Meyers, gegen A. Coppenrath, Verleger des anonym veröffentlichten Buches, anstrengt, vgl. Pies: Kaspar Hauser. Fälschungen (1973), S. 208 f., 262 f., 273 f. - Vgl. Baron A. von Artin: Kaspar Hauser! Des Räthsels Lösung! (1892) (die fünfte Auflage erfolgte 1905; das Buch erlebte 1983 einen Wiederabdruck in: A. Wiesinger (Hg.): Kaspar Hauser). Vgl. die unmittelbare Erwiderung durch M. Schütte: Kaspar Hauser. Das Rätsel ist nicht gelöst! (1892).
388 F. Schäfer, S. 96 f.
389 Vgl. die Anmerkungen von E. A. Schmid in der Radebeuler Ausgabe von 1926: K. May: Zepter und Hammer.
390 L. Berndt: Kaspar Hauser, [ohne Paginierung eingeheftetes Blatt].
391 Ebd., S. 202 f.
392 Ebd., S. 412.
393 Ebd., S. 1237 ff.
394 Ebd., S. 1620.
395 A. Mehnert: Ein indischer Kaspar Hauser, S. 76 f.
396 Ebd., S. 70.
397 Vgl. O. Jungmann: Kaspar Hauser, S. 62.
398 K. Gutzkow: Die Söhne Pestalozzis, Bd. 1, S. 379 f.
399 Ebd., Bd. 3, S. 277.
400 Artaria, Nr. 39, S. 796.
401 F. Leber: Kaspar Hauser, S. 32.
402 Ebd., S. 13 f.
403 Ebd., S. 17.
404 Ebd., S. 37 ff.
405 Ebd., S. 48.
406 W. Herchenbach: Der Findling von Nürnberg, S. 150.
407 V. C. Bihacht: Kaspar Hauser, S. 12.
408 Ebd., S. 7.
409 Ebd., S. 10.
410 Ebd., S. 26 ff.
411 Ebd., S. 32.
412 H. v. Gumppenberg: Echo der Bühnen, Sp. 512 f.
413 Anonymus [**C 32**]: Zum Drama "Kaspar Hauser von Curt Martens", S. 3.
414 Anonymus [**C 20**]: Lokales.
415 K. Martens: Kaspar Hauser, [ohne Paginierung].
416 Ebd., S. 99 ff.
417 E. Pirchan: Ansbach, S. 381.
418 J. Meyer: Caspar Hauser, S. IV.
419 Ebd., S. 5. - Vgl. Kolb: Kaspar Hauser (1883), S. 63-86. - Pies führt aus: "Die Tendenz dieser 'Briefe', die keine Briefe sind, ist ohne weiteres klar. Mit einem direkt possierlich wirkenden Ungeschick, mit einem gradezu naiv anmutenden Unverstand sind

hier eine Reihe von Episoden erdichtet, die den Hauser als offenbaren Betrüger, seine Umgebung, den 'schlauen' Hickel natürlich ausgenommen, als leichtgläubige Narren offenbaren sollen. Im einzelnen ist dies folgendermaßen gemacht: Historisch ist natürlich der Rahmen, in den das Ganze hineingestellt ist, sowie die gleichgültigen Nebenereignisse. Von dieser Unterlage heben sich nun Hausers 'Betrügertaten' ab" (Pies: Fälschungen und Tendenzberichte (1926), S. 35 f.).

420 Anonymus [von K.] [**B 93**]: Kaspar Hauser, S. 59.

421 Ebd., S. 61.

422 Daumer: Kaspar Hauser. Sein Wesen, S. 31.

423 Vgl. den schätzenswerten Beitrag von K. Kluncker: Georg Friedrich Daumer und Kaspar Hauser, S. 52. Zur Person und zum Werk Daumers vgl. ders.: Georg Friedrich Daumer. Leben und Werk.

424 J. W. von Goethe: Noten und Abhandlungen, S. 208.

425 Daumer: Kaspar Hauser. Sein Wesen, S. 35.

426 Verlaine: Gaspard Hauser chante. Zur Entstehungsgeschichte vgl. den Anhang ebd., S. 955 f.

427 Feuerbach: Kaspar Hauser. Beispiel (1832), S. 143.

428 Vgl. Frenzel: Hauser, S. 290.

429 Der Brief Trakls an Erhard Buschbeck lautet: "Ich hätte mir nie gedacht[,] [!] daß ich diese für sich schon schwere Zeit in der brutalsten und gemeinsten Stadt würde verleben müssen, die auf dieser beladenen u. verfluchten Welt existiert. Und wenn ich dazudenke, daß mich ein fremder Wille vielleicht ein Jahrzent [!] hier leiden lassen wird, kann ich in einen Tränenkrampf trostlosester Hoffnungslosigkeit verfallen. Wozu die Plage. Ich werde endlich doch immer ein armer Kaspar Hauser bleiben. (...)" (G. Trakl: Kaspar Hauser Lied, Bd. 1, S. 487). - Zum Vergleich Rimbauds mit Kaspar Hauser vgl. St. Zweig: Artur Rimbaud, S. 302; R. Etiemble: Le mythe, S. 381; A. Wolfenstein: Rimbaud, S. 16. - Der Name Kaspar Hauser diente Tucholsky als eines seiner Pseudonyme (vgl. Schendell: Kurt Tucholsky, S. 355).

430 Vgl. Hörisch: Die Sprachlosigkeit des Kaspar Hauser, S. 294 ff. Vgl. in diesem Zusammenhang auch den Aufsatz von H. Martin: Kaspar Hauser und Sigismund.

431 Vgl. H. Melville: Bartleby; A. Stifter: Julius; Anonymus [**A 16**]: Das Schloß in Österreich; Anonymus [**A 23**]: Halewyn; B. Brecht: Apfelböck; ders.: Vom armen B. B.; Horatius Flaccus: Diffugere nives.

432 Vgl. P. Verlaine: Scénario pour Ballet (das "Scénario" bildet eine Unterabteilung in "Les Mémoires d'un Veuf").

433 Anonymus [**C 3**]: Caspar Hauser. Das angekündigte Drama von Moncreiff war nicht mehr zugänglich.

434 Anicet-Bourgeois / Dennery: Gaspard Hauser, [ohne Paginierung, Vorrede].

435 Ebd., S. 24.

436 Ebd., S. 30 f.

437 D.-C. Dupeuty / L.-M. Fontan: Le pauvre Idiot, S. 147.

438 Ebd., S. 175.

439 S. Hoechstetter: Johannistag.

440 T. Schwabe: Der Tod des Kaspar Hauser.

441 G. Trakl: Kaspar Hauser Lied. - Zum Dramenfragment Trakls vgl. den Beitrag von Klettenhammer.

442 W. Killy: Über Georg Trakl, S. 7. Vgl. ebenfalls den wenig überzeugenden Aufsatz von Thiele.

443 S. Marey: Georg Trakl et Kaspar Hauser, S. 196.
444 W. Killy: Perspektiven des Gedichts, S. 51.
445 Die Zitate in ihrer Reihenfolge: Wassermann: Caspar Hauser, S. 50, 265, 202 f., 108, 57, 44, 356 f., 160 f., 114. Vgl. auch G. Stix: Trakl und Wassermann.
446 Anonymus [**C 13**]: Jakob Wassermann.
447 A. Becker: Ein Speyerer Neujahrsbrief Kaspar Hausers, S. 81.
448 St. Hock: Kaspar Hauser redivivus.
449 J. Wassermann: Zum Caspar-Hauser-Problem.
450 Vgl. ders.: Akten, S. 146.
451 Ders.: Zum Caspar-Hauser-Problem.
452 Ders.: Mein Weg als Deutscher und Jude, S. 76.
453 Ders.: Akten, S. 143.
454 M. Thalmann: Wassermanns Caspar Hauser und seine Quellen, S. 215. Die antisemitischen Reaktionen, die Wassermann angesichts seines Romans entgegenschlugen, sind auch hier - latent - spürbar. Trotz des Nachweises des in der Tat hohen Anteils von Übernahmen aus den Quellen, kann der Schlußfolgerung der Verfasserin - die künstlerische Eigenleistung Wassermanns betreffend - nicht zugestimmt werden.
455 Daumer: Kaspar Hauser. Sein Wesen, S. 163.
456 Wassermann: Caspar Hauser, S. 47.
457 Ebd., S. 240 f.
458 G. Mann: Der schönste Krimi aller Zeiten.
459 Wassermann: Caspar Hauser. Die Zitate in ihrer Reihenfolge: S. 35, 41, 91, 97, 155.
460 Vgl. ebd., S. 211.
461 Th. Mann: Jakob Wassermanns "Caspar Hauser oder Die Trägheit des Herzens", S. 398.
462 K. Mann: Kaspar Hauser, S. 511.
463 Wassermann: Mein Weg als Deutscher und Jude, S. 76 f.
464 Ebd., S. 81 f.
465 K. Mann: Kaspar Hauser, S. 511.
466 Th. Mann, S. 399.
467 Wassermann: Caspar Hauser, [ohne Paginierung, S. 7].
468 Th. Mann, S. 399.
469 Wassermann: Caspar Hauser, S. 48. Zu den Naturbeschreibungen vgl. auch S. 25, 50, 73, 114, 281, 460; zu den atmosphärisch-andeutenden Beschreibungen der Wohnorte vgl. S. 136 ff., 156 f.; zu den Erinnerungen und Visionen vgl. S. 165, 457; zum Sehnsuchts- und Erwartungsthema vgl. S. 166, 173, 331, 403, 426; zum Mutterthema vgl. S. 67, 99, 157, 176, 282, 303.
470 Ebd., S. 279 ff.
471 G. Mann.
472 Th. Mann, S. 399.
473 Wassermann: Caspar Hauser, S. 309. Vgl. zur 'Blutmetaphorik' u. a.: S. 279 f., 307 ff., 458 sowie das dem Roman vorangestellte Gedicht.
474 K. Mann: Kind dieser Zeit, S. 240.
475 Ebd., S. 239.
476 Bezüglich populärer Darstellungen vgl.: G. Gärtner: Kaspar Hauser; H. Sittenberger: Kaspar Hauser; R. Stratz: Kaspar Hauser. Aus spezialwissenschaftlicher Sicht vgl.: R. Rahner: Kaspar Hauser. Des Rätsels Lösung; E. Bruglocher: Über Kaspar Hausers Todesart; E. Brunner: Kaspar Hauser?.

477 R. Rahner: Kaspar Hauser, S. 272. Soweit wir ermitteln konnten, ist der Roman nicht zur Veröffentlichung gelangt.

478 E. Engel: Kaspar Hauser. Vgl. hierzu die Erwiderung von L. Wagler: Ein Danaergeschenk Eduard Engels an die Kaspar-Hauser-Literatur.

479 Vgl. K. Hofer: Das Schicksal einer Seele, S. 1, 14 f., 61, 78, 82 f., 92, 137, 203 f., 210 ff., 268. Vgl. auch S. Hoechstetter: Das Kind von Europa.

480 Vgl. hierzu das Inhaltsreferat in Anonymus [**C 6**]: Ein französischer Roman: "Der Roman baut sich, wie auch der Quellennachweis zeigt, auf ziemlich genauen Forschungen auf, ohne allerdings das Romanhafte und Spannende wegzulassen. Ganz kurz gesagt, behandelt das Buch das Schicksal eines Badeners, dessen Mutter, eine Französin, Kammerfrau bei der Großherzogin Stephanie von Baden ist. Der junge Mann, Dr. Fustel, ein Patenkind der Großherzogin, die nach dem Roman wie eine Gefangene in ihrem Schloß von Mannheim gehalten und überwacht wird, lernt auf der Reise nach München, die ihn über Ansbach führt, in der Postkutsche den Bürgermeister Binder von Nürnberg kennen, der ihm alles mögliche über Kaspar Hauser erzählt. Er hat ohnedies in Ansbach Wagenwechsel und benützt diese Zeit, seinen früheren Heidelberger Lehrer, Anselm von Feuerbach, aufzusuchen. Durch dessen Erzählungen gewinnt er mehr und mehr Interesse an Kaspar Hauser, besucht ihn, lernt Lord Stanhope kennen und bleibt an Stelle der paar Stunden, wie beabsichtigt, mehrere Wochen in Ansbach. Inzwischen stirbt Feuerbach plötzlich und hinterläßt dem jungen Dr. Fustel das Memorandum über Kaspar Hauser, in dem er seine Abstammung vom badischen Herrscherhause nachweist, das Fustel der Königin Karoline von Bayern, der Schwägerin der Großherzogin Stephanie, bringen soll. Seit Feuerbachs Tod ist das Interesse an Kaspar Hauser wesentlich geschwunden, seine Behandlung wird immer schlechter und schon aus rein menschlichen Gründen wird Fustels Sympathie für Kaspar Hauser, den er vorher mehr für einen Betrüger gehalten hatte, rege, er unternimmt methodische Nachforschungen und kommt zu dem Ziel, daß in Falkenhausen, einem Jagdpavillon bei Triesdorf, Kaspar Hauser gefangen gehalten worden ist. Merkwürdigerweise ist das überdies eine badische Besitzung mitten in Bayern. Durch Geld und durch die Vorspiegelung, daß er ein Abgesandter des Badischen Hauses sei und alles wisse, bringt er den alten Kastellan, an dessen Namen 'Kaspar' sich Kaspar Hauser noch erinnern konnte, wirklich zu einem Geständnis. Inzwischen wird Kaspar Hauser ermordet, man versucht Fustel zu vergiften, er erholt sich wieder, wirft dem in Ansbach wohnenden Lord Stanhope die volle Wahrheit ins Gesicht und beschuldigt ihn des falschen Spiels gegenüber der Großherzogin. Stanhope will sich scheinbar mit ihm verbünden um Hennenhofer zu strafen und fordert ihn auf, Hennenhofer, der auch seinen (Fustels) Vater auf dem Gewissen habe, zu ermorden. Fustel wird sodann in einen Hinterhalt in der Nähe von Karlsruhe bei der Fasanerie gelockt und dort erschossen, wie eine kurze Notiz aus der Badischen Zeitung am 23. Dezember 1833 am Schluß des Romans erklärt. Es ist, wie gesagt, ein Roman, der Wahrheit und Dichtung mengt, aber immerhin Interesse gefunden zu haben scheint, wie der Umstand, daß er bereits in zehnter Auflage erschienen ist, beweist."

481 Vgl. hierzu W. Kosch, S. 862.

482 Vgl. hierzu F. E. Schulz, S. 143.

483 Wassermann: Mein Weg als Deutscher und Jude, S. 83.

484 Ebd., S. 82.

485 Hofer, S. 133. Vgl. auch S. 92 u. 132.

486 Hoechstetter: Das Kind von Europa, [Verlagsankündigung, ohne Paginierung, S. 171].

487 Hofer, S. 14 f. u. S. 203 f.
488 E. Reicke: Das Kind von Europa, S. 299. Vgl. auch W. v. Ostini: Nachklänge.
489 Hoechstetter: Das Kind von Europa, S. 168 ff.
490 Hoechstetter: Das Kind von Europa, S. 28. Vgl. auch S. 13, 72, 145, 149, 165.
491 Ebd., S. 165 f.
492 K. Rupli: Caspar Hauser, S. 48. Vgl. auch S. 26, 37, 44, 52, 65, 77. Zu den Anleihen bei Wassermann vgl. u. a.: S. 5, 8, 10 f., 27 f., 32 f., 35, 38, 40, 43 f., 45, 49, 57 ff., 63, 71, 75, 84.
493 Röttger: Kaspar Hausers letzte Tage, [ohne Paginierung].
494 Anonymus [M. Th.] [**C 43**]: Karl Röttger.
495 Röttger: Kaspar Hausers letzte Tage, S. 21. Vgl. auch S. 23, 92, 179, 181, 350 ff., 387.
496 Fuhrmann: Kaspar Hauser. Beobachtet, S. 44 ff.
497 Röttger: Kaspar Hausers letzte Tage, S. 136 f.
498 Ebd., S. 132. Vgl. auch S. 93.
499 H. Hirschmann: Kaspar Hausers erstes Weihnachtsfest, S. 5 f.
500 Ebd., S. 11.
501 Hoechstetter: Das Kind von Europa, S. 170.
502 Ebd., S. 15.
503 Hoechstetter: Epilog, S. 239.
504 Ebd., S. 241.
505 Ebd., S. 241 f.
506 R. Schaumann: Ansbacher Nänie. Selbstanzeige, S. 20 f.
507 Dies.: Ansbacher Nänie, S. 19 ff.
508 Anonymus [**C 5**]: Die Kaspar-Hauser-Aufführung.
509 Th. Hampe: Uraufführung des dritten "Kaspar Hauser-Dramas".
510 H. Hirschmann: Kaspar Hauser (1925).
511 B. Trinius: Kaspar Hauser.
512 Anonymus [M. St.] [**C 42**]: Klaus-Mann-Matinee.
513 K. Mann: Kaspar-Hauser-Legenden, S. 181.
514 Ebd., S. 182 ff.
515 Ebd., S. 193 f.
516 ders.: Kind dieser Zeit, S. 239 f.
517 Anonymus [**C 31**]: Vor 100 Jahren.
518 H. Lewandowski: Das Tagebuch, S. 40 f.
519 Ebd., S. 42.
520 Ebd., S. 45.
521 Ebd., S. 53.
522 Ebd., S. 67.
523 O. Goldmann: Lilith, S. 156 ff.
524 Anonymus [**A 8**]: Kaspar Hauser, [ohne Paginierung].
525 E. Ebermayer: Kaspar Hauser, [ohne Paginierung, Klappentext].
526 Vgl. hierzu Anonymus [**C 14**]: "Kaspar Hauser", Anonymus [**C 15**]: Kaspar Hauser u. Anonymus [W. J.] [**C 48**]: Kritik.
527 Anonymus [A. v. M.] [**C 33**]: Kaspar Hauser.
528 Ebermayer: Kaspar Hauser, S. 54 f. Vgl. auch S. 65, 69, 72, 87, 89, 133 ff., 146 f.
529 Ebd., S. 66 ff.
530 Anonymus [**C 22**]: Richter Feuerbach.
531 W. E. Schäfer: Richter Feuerbach, S. 42 f.

532 F. Wölfling: Kaspar Hauser, S. 38 f.
533 Ebd., S. 45.
534 Ebd., S. 52.
535 Anonymus [**C 7**]: Ein Kaspar-Hauser-Drama. Vgl. auch Anonymus [**C 10**]: Frankfurter Theater u. Anonymus [**C 11**]: Frankfurter Uraufführung.
536 H. Arp: Kaspar ist tot. In: wortträume. Vgl. auch die leicht abweichenden Fassungen: ders.: Kaspar ist tot (in "Dada") u. ders.: kaspar ist tot (in: Arp / Ball: Dada Gedichte).
537 Klabund: Der arme Kaspar.
538 E. Jandl: 16 jahr. Die im Handke-Text zitierte Fassung des Jandl-Gedichts weicht von der Originalfassung ab (vgl. V 3).
539 P. Handke: Kaspar, S. 7.
540 P. Pütz: Peter Handke, S. 10.
541 Handke: Kaspar, S. 11.
542 Pies: Die Wahrheit (1987), S. 217.
543 Vgl. hierzu M. Blanke: Zu Handkes "Kaspar", S. 269 ff. - Vgl. u. a. folgende Übernahmen Handkes, die hier nur beispielhaft stehen: "Das merken und nicht vergessen (Handke, S. 31 f.): Hausers Fragment seiner Selbstbiographie (Pies: Augenzeugenberichte (1985), S. 419 ff.); Szene 41 (Handke, S. 63): vgl. den 'Apfelversuch' (Daumer: Mittheilungen, H. 1, S. 31); Szene 43 (Handke, S. 63 f.): vgl., neben Daumer und Hiltel, Feuerbach (Feuerbach: Kaspar Hauser. Beispiel (1832), S. 23); "Die Landschaft ist damals ein buntbemalter Fensterladen gewesen" (Handke, S. 95): vgl. Feuerbach (Feuerbach: Kaspar Hauser. Beispiel (1832), S. 78 f.); "die Haut geht ab" (Handke, S. 101): Aussage Hiltels (vgl. Pies: Die Wahrheit (1987), S. 234).
544 Anonymus [**C 12**]: Handke. Zeit der Anpassung.
545 Handke: Kaspar, S. 13.
546 Pütz: Peter Handke, S. 24.
547 Ebd.
548 Vgl. Feuerbach: Kaspar Hauser. Beispiel (1832), S. 4 f. u. 73; vgl. Daumer: Mittheilungen, H. 2, S. 47 ff.; vgl. weiterhin u. a. die ärztlichen Gutachten Preus und Osterhausens (Pies: Die Wahrheit (1987), S. 63-66.).
549 Vgl. Handke: Ich bin ein Bewohner des Elfenbeinturms, S. 21 ff.
550 Handke: Kaspar, S. 8.
551 Ebd., S. 92; vgl. auch S. 92 ff.
552 Daumer: Mittheilungen, H. 1, S. 55.
553 Handke: Kaspar, S. 92 ff.
554 Ebd., S. 94.
555 Ebd., S. 92.
556 Ebd., S. 98.
557 Handke: Ich bin ein Bewohner des Elfenbeinturms, S. 24.
558 Handke: Kaspar, S. 99.
559 A. Rossmann: Die Leiden des Kaspar H. - Das Programmheft zur Neuinszenierung des Stückes durch Roberto Ciulli greift durch den Abdruck zahlreicher Dokumente aus dem Materialienband Hörischs in auffälliger Weise auf den historischen Fall zurück (vgl. Anonymus [Theater an der Ruhr gGmbH] [**C 45**]: Peter Handke).
560 Vgl. hierzu die Aufführungsrezension von Th. Wirth: Schlußveranstaltung der Kaspar-Hauser-Woche: "Das Spiel, das keines sein will, weil es ihm ernst ist, beginnt mit dem Einlaß. Die Akteure treten nicht auf. Sie sind bereits da: Die Frau. Der Mann. Das Mädchen. Der Junge. Und: Hauser. Keine Menschen, sondern Menschenrepräsentan-

ten - stilisierte Stellvertreter ohne Individualität. Ein ewiges Spiel. Das Ende ähnelt dem Anfang: Der Junge im hautengen Dress lehnt an der rechten Bogensäule. Fast ein heiliger Sebastian in Rot. Die Pose von Mantegna. Der Körper von Boticelli. Nur ohne Pfeile. Das Gesicht zur Erde. An der Wand wie zerschmettert - das Mädchen. Der Mann bei den Ziegelsteinen wäscht seine Hände in Unschuld. Das Wasser rinnt durch seine Finger. Tantalos und Sisyphos, die Namen für: alles vergebens - selber schuld. Und im Zentrum sitzt Kaspar. Am Anfang der reine Tor. Dann der arme Tropf. Am Ende sitzt er im Foyer. Wie aufgebahrt. Wie ausgestopft. Doch dafür ein Denkmal. In der Mitte steht der Turm. Zwei Stockwerke hoch. Stählern. Funktional. Mit Scheinwerfern bestückt. Ein Baugerüst. Hausers luftiger Kerker. Vor je einem Fensterpaar hängen schwarze Tücher. An den Stirnseiten: bunte Bahnen und schwarze Folien. Hoffnung und Trauer. Aus den Lautsprechern schallt die Klangkulisse. Eine Musikcollage, die sich in den nahtlosen Szenen auflöst. Rückstandslos. Der ganze Raum (die Karlshalle) ist Bühne. Die Rampe fehlt. Und die Zuschauer, rund um die Spielfläche gruppiert, spielen zuschauend mit. Selbst wenn sie nicht mitspielen: Haltungen studieren: überschlagene Beine - Gelassenheit und Distanz, zur Abwehrmauer verschränkte Arme, von Langeweile entstellte Gesichter oder aber der Blick gebannt von Sibylle Gielens Performancetheater. Gielens verrätselte Bilderwelt fügt sich zur hermetischen Hauser-Passion. Das Vieldeutige sperrt sich gegen eindeutige Annäherungsversuche. Sinn-Schnappschüsse spiegeln sich in Gedankensplittern wider. Die eigenen Assoziationen schießen quer durch den Raum. Durchschlagen die beredte Sprachlosigkeit. Dringen zum Bedeutungskern vor. Zerplatzen wie seifige Blutblasen. Am Ende wird der Hauser zum ahnungslosen Märtyrer. Opfer der Gesellschaft. Kein Einzelfall. Auch das Mädchen ist gefangen. Lebendig eingemauert. Kratzt mit den Nägeln am Putz nach Freiheit. Ohne Erfolg. Mühsam lernt es gehen. Ein Dressurakt mit Gouvernante. Die Kristalleuchter erstrahlen. Die gesellschaftliche Abrichtung wird zum Ballett grotesque. Die Füße nach innen gedreht, unsicher auf den Beinen, stürzt sie. Wie der selbstsicher springende Knabe. Kaspar, aus dem Turm als Fremder in die Welt gekommen, hat freundliche Hilfe bei seinen Gehversuchen. Und doch bleibt jeder für sich allein: Der rote Knabe zieht gelbe Kreidekreise um ihn, um den Mann und die, die still zusehend abseits sitzen. Jeder hat seine private Bannmeile. Oder seinen Käfig. Selbst zwei Nackte. Adam und Eva. Zwei ganz alltägliche Autisten. Kommunikationsprobleme im Paradies. Über der Performance-Produktion liegt ein engmaschiges Beziehungsgeflecht. Verknüpfungen, Verbindungen, Verweise von jeder Szene nach vorne und nach hinten. Keine schnurgerade Handlungslinie, sondern ein um seine eigene Achse rotierender Kreis, eine Kugel. Ein Globus der Zwänge, der Unterdrückungsrituale, der Anziehung und Abstoßung, der Aus- und Zusammenbrüche. Im Hintergrund wetterleuchtet die Utopie: daß die Grenzen weggewischt, daß die Schutzkäfige überflüssig werden. - Das aufregendste Theaterereignis seit langem ... keine Diskussion ...".

561 A. Mitscherlich: Ödipus und Kaspar Hauser, S. 16.

562 H. O. Münsterer: Kaspar Hausers Testament. Bezeichnenderweise ist das Gedicht in einen theoretischen Beitrag zu Kaspar Hauser eingefügt: Adalbert Prinz von Bayern: Königin Caroline von Bayern.

563 W. Höllerer: Gaspard, S. 250 f.

564 Ders.: Fortgang, S. 360 f.

565 Ebd., S. 362 f.

566 W. Pültz: Der alte Garten, S. 90.

567 Ebd., S. 150 f.

568 H. Holgard: Der Mörder des Kaspar Hauser, [ohne Paginierung, S. 6].
569 Ebd., S. 27.
570 Ebd., S. 8.
571 Ebd., S. 122 ff.
572 M. Taut / H. Wolf: XY löst den Fall, S. 6 f.
573 Ebd., S. 18 ff.
574 Anonymus [H. Laube] [**B 96**]: Kaspar Hauser, Nr. 142, S. 611 f.
575 W. Wegener: Die okkulte Mission, Bd. 2, [ohne Paginierung].
576 Vgl. u. a. folgende Titel: W. Kunze: Mythos Gestalt und Schicksal von Kaspar Hauser; K. Heyer: Kaspar Hauser und das Schicksal Mitteleuropas; W. Wegener: Die okkulte Mission des Kaspar Hauser; S. von Grunelius-Schacht: Caspar Hauser; P. Tradowsky: Kaspar Hauser oder das Ringen um den Geist; J. Gräfin von Keyserlingk: Bilder und Studien; P. van Manen: Kaspar Hauser. Vgl. auch die anthroposophischen Exkurse Tradowskys in der Monographie Mayer / Tradowsky, S. 17, 45 f., 56, 72-78, 121, 197, 202 f., 210, 259-261, 263, 270 f., 283-286. Zu den Äußerungen Rudolf Steiners über Kaspar Hauser vgl. die Übersicht bei Tradowsky: Kaspar Hauser oder das Ringen um den Geist, S. 269.
577 Kluncker: Georg Friedrich Daumer und Kaspar Hauser, S. 53 f.
578 B. Lampe: Kaspar Hauser in Treblinka, [ohne Paginierung, S. 5].
579 Ebd., S. 11.
580 Ebd., S. 17 f.
581 Ebd., S. 86 ff.
582 C. Pietzner: Who was Kaspar Hauser, S. 7 f.; vgl. ebd., S. 23 f.
583 Ders.: ...and from the night, Kaspar, S. 33.
584 Ebd., S. 34.
585 Ebd., S. 61.
586 Ebd., S. 33.
587 Ders.: Who was Kaspar Hauser, [ohne Paginierung].
588 Ders.: ...and from the night, Kaspar, S. 60 f.
589 Ebd., S. 78.
590 Vgl. die Aussage Pfarrer Fuhrmanns vom 23. Dezember 1833 (Pies: Die amtlichen Aktenstücke (1928), S. 79).
591 J. Amann: Ach, diese Wege sind sehr dunkel, [ohne Paginierung, Klappentext].
592 Ebd., [ohne Paginierung, S. 7].
593 Ebd., S. 18 ff. u. S. 33.
594 Ebd., S. 9.
595 Ebd., S. 35.
596 Swami Alok Chinmayo: Kaspar Hauser 1984, S. 34.
597 Ebd., S. 30.
598 Ebd., S. 33.
599 H. Scholz: Kaspar Hauser, S. 6 ff.
600 Ebd., S. 106 f.
601 G. Serreau: Kaspar, [ohne Paginierung].
602 Ebd., [ohne Paginierung].
603 D. Forte: Kaspar Hausers Tod, [ohne Paginierung, S. 5].
604 Ebd., [ohne Paginierung].
605 O. F. Riewoldt: Kaspar Hauser und die Restauration.
606 Forte, S. 23.

607 Ebd., S. 54; vgl. auch S. 53.
608 Ebd., S. 34.
609 P. Abraham: Kaspar, S. 49 f.
610 Ebd., S. 99 f.
611 Ebd., S. 205.
612 Ebd., S. 175 f.
613 K. Lange-Müller: Kasper Mauser, [ohne Paginierung, Klappentext].
614 W. Hinck: Kauf und stirb.
615 Die Zitate in ihrer Reihenfolge: Lange-Müller, S. 13 f., 26 f., 62 f.
616 Aus der Frühzeit des Filmtheaters, aus dem Jahre 1915, ist uns die Notiz einer dreiaktigen Stummfilmbearbeitung von Kurt Matull unter dem Titel "Die Tragödie des Kaspar Hauser" überliefert, deren Hauptdarsteller Josef Roemer-Saft vom Mannheimer Hoftheater war (für den Hinweis auf den Film von Kurt Matull danke ich der Stiftung Deutsche Kinemathek in Berlin). Weitere Recherchen bezüglich des Films bzw. des Regiebuches verliefen ergebnislos. Kurt Matull, geb. 1872, Todesjahr unbekannt, war Berliner Maler und Schriftsteller, arbeitete 1905 als Dramaturg am "Berliner Theater", seit 1907 als freier Schriftsteller in Berlin, verfaßte zahlreiche Romane und Dramen zwischen 1899 und 1916. Leider läßt sich heute über den frühen Film von Matull ebensowenig Näheres eruieren wie über die am 19. 6. 1924 in "Neue Freie Presse" in Wien angekündigte Produktion: "Conrad Veidt wird beim Abel-Gance-Film in Paris die Hauptrolle in 'Kaspar Hauser' (Manuskript von Adolf Lantz und Heinz Goldberg) darstellen." (vgl. Anonymus [**C 21**]: Miszellen). Heinz Goldberg (1891-1969) war Sänger, Spielleiter, Theaterleiter und Drehbuchautor, Mitglied des PEN-Clubs in London, gründete 1920 in Berlin das neue Volkstheater und war dann in der Volksbühne tätig, er emigrierte 1933 nach Moskau. Adolf Lantz, geb. 1882, Todesjahr unbekannt, war zunächst als Dramaturg und Theaterleiter in Berlin tätig, wandte sich ab 1914 als Autor und Produktionsleiter dem Film zu. Conrad Veidt (1893-1943) war Film- und Bühnenschauspieler, Schüler Max Reinhardts in Berlin, wirkte in bedeutenden deutschen Stummfilmen mit ("Der Student von Prag"), spielte dann in Hollywood Hauptrollen in amerikanischen Filmen. Abel Gance, bekannt durch seinen Film "Napoleon" (1925/26), geb. 1889, Todesjahr unbekannt, wirkte als französischer Filmregisseur in Paris. Auch über das von Ernst Deutsch geplante Filmprojekt, worüber am 30. 12. 1926 die "Nürnberger Zeitung - NZ am Mittag" berichtet, ist heute nichts mehr in Erfahrung zu bringen: "Ein Kaspar-Hauser-Film. Zu Beginn des nächsten Jahres wird Ernst Deutsch mit den Aufnahmen zu einem bereits seit langer Zeit geplanten Film beginnen. Er wird in dem Film 'Kaspar Hauser, das Kind Europas', der von ihm angeregt und im Manuskripte fertiggestellt ist, die Titelrolle spielen. Die Produktion wird von privaten Geldgebern finanziert und erfolgt nicht im Rahmen einer bereits bestehenden Filmfirma." (Anonymus [**C 8**]: Ein Kaspar-Hauser-Film). - Zu den Fernsehdokumentarspielen von Artur Müller u. R. A. Stemmle vgl. auch Artur Müller, R. A. Stemmle, Anonymus [**C 1**]: Ansbacher Historie auf Mainzer Welle, Anonymus [**C 4**]: Der Fall Kaspar Hauser.
617 Vgl. A. Lübbers: Kaspar Hauser.
618 M. Oppenheim: Kaspar Hauser, S. 5 f.
619 Ebd., S. 8.
620 Ebd., S. 9 f.
621 Ebd., S. 11.
622 Ebd., S. 17.

623 Vgl. Herzog: Vom Gehen im Eis. Herzog verwendet hier an einigen Stellen Wendungen (wie: "daß ich es gar nicht sagen kann", S. 12), die wörtlich der Selbstbeschreibung oder den Aufsätzen Hausers entnommen bzw. deren Sprachduktus nachempfunden sind; vgl. auch S. 18, 37, 44 sowie 64, wo der Name "Kaspar" erwähnt wird.

624 K. Wetzel: Interview, S. 117.

625 H. C. Blumenberg: Reisen in das Land hinter dem Horizont.

626 W. Schütte: Akte des Widerstands, S. 30 f.

627 Vgl. ebd., S. 26 ff. - Es ist in der Tat auffällig, wie Negativa und Hinweise auf das 'Nichts' den Film (sowie das Werk Herzogs insgesamt) durchziehen. So wurde von der Kritik u. a. die Szene herausgestellt, in der Kaspar in der Familie Hiltels zu Tisch sitzt und als erstes neugelerntes Wort "leer" spricht, das sich auf sein Trinkgefäß bezieht, während Truffauts Held in vergleichbarer Situation bezeichnenderweise zuerst das Wort "lait" lernt (vgl.: D. L. Overbey: Every Man for Himself, S. 75). - Auch der Lacan verpflichtete, psychoanalytische Ansatz hat sich - glücklicherweise vergeblich, so würde Herzog formulieren - an einer Deutung des Films sowie der Kaspar-Hauser-Geschichte insgesamt versucht (vgl. K. Silverman: Kaspar Hauser's "Terrible Fall" into Narrative).

628 Vgl. Wetzel: Interview, S. 127.

629 J. Theobaldy: Fahrten ins Ungeheure, S. 9.

630 Herzog: Jeder für sich und Gott gegen alle. Dialogliste, [ohne Paginierung]. Der Satz in Büchners "Lenz" lautet: "Hören Sie denn nichts, hören Sie denn nicht die entsetzliche Stimme, die um den ganzen Horizont schreit, und die man gewöhnlich die Stille heißt?" (G. Büchner: Lenz, S. 100). - Vgl. auch Herzog: Jeder für sich und Gott gegen alle. Drehbücher II. Neben dem Drehbuch u. der Dialogliste existiert ein schriftliches Filmprotokoll in französischer Sprache: J.-P. Lepape: L'Enigme de Kaspar Hauser.

631 Theobaldy, S. 29.

632 E. Schikaneder: Die Zauberflöte, S. 19. Die Bedeutung der Musik für die Filme Herzogs ist bereits mehrfach - jedoch relativ unergiebig - untersucht worden. Eine zeitkritische Wendung (wie sie dem Film insgesamt sicher auch zugrunde liegt) speziell des Mozart-Zitats, die man verschiedentlich heraushören wollte, liegt m. E. nicht vor. Der Entwurf Herzogs im Drehbuch (vgl. Herzog: Jeder für sich und Gott gegen alle. Drehbücher II, S. 101 f.) spricht ebenfalls dagegen.

633 Wetzel: Kommentierte Filmografie, S. 113.

Literaturverzeichnis

Die bibliographische Erfassung der Kaspar-Hauser-Literatur ist äußerst mangelhaft. Das Literaturverzeichnis, das auch Werke aus dem weiteren Umkreis des Themas aufnimmt, zieht daher zahlreiche Titel präzisierend heran. Alle noch zugänglichen Titel wurden durch Einsichtnahme verifiziert. Die mit einem [*] versehenen Beiträge waren nicht mehr, die mit zwei [**] versehenen Titel nicht mehr rechtzeitig zugänglich.

A. Werke

Abraham, Peter: Kaspar oder Das Hemd des Gerechten. Roman. Berlin DDR 1976.

Aichinger, Ilse: Findelkind. In: dies.: Verschenkter Rat. Gedichte. Frankfurt / a. M. 1978, S. 84.

Amann, Jürg: Ach, diese Wege sind sehr dunkel. Ein Kaspar Hauser-Stück. In: ders.: Ach, diese Wege sind sehr dunkel. Drei Stücke. München 1985, S. 5-35.

Amo, Javier del: El canto de las sirenas de Gaspar Hauser. Barcelona 1973.

Anicet-Bourgeois, Auguste / Dennery, Adolphe Philippe: Gaspard Hauser, Drame en Quatre Actes. Paris 1838.

Anonymus [A. B.n.m.l.r.] [d. i.: Bannmüller] [**A 1**]: Der Fündling. Ein Roman. Braunschweig 1801.

Anonymus [André] [**A 2**]: Le Sauvage de l'Aveyron. Proverbe dramatique. In: L'Opinion publique. 1850. 1.-3. Jul. [*].

Anonymus [Beaurieu, Gaspard-Guillard de] [**A 3**]: Der Zögling der Natur oder die Wirkungen der Natur und der Bildung. Für Erzieher und Zöglinge. Prag / Leipzig 1794.

Anonymus [Bode, C. W.] [**A 4**]: Leben- und Reiseabentheuer eines Jünglings der die Welt nicht kannte. Hildesheim 1804 [*].

Anonymus [Brühl, Alois Friedrich Graf von] [**A 5**]: Das Findelkind. Ein Lustspiel in fünf Aufzügen. Wien 1781.

Anonymus [Gleich, Josef Alois] [**A 6**]: Die Findlinge. Familiengeschichte des Marquis von Barras aus den ersten Zeiten der Französ. Revolution. Straßburg 1802.

Anonymus [Güll, Friedrich Wilhelm] [**A 7**]: Caspar Hauser. In: Der erzgebirgische Volksfreund, eine Monatsschrift zur Belehrung und Unterhaltung für den Bürger und Landmann. 1834, Jg. 15, Nr. 3, März, S. 38.

Anonymus [Mager, Jörg] [**A 8**]: Kaspar Hauser. Die entartete Prinzeß. Proletarisches Kasperle-Theater Nr. 1. Hoffmanns sozialistisches Theater. Berlin 1922 [Auch in: Weinkauff, Gina (Hg.): Rote Kasper-Texte. Stücke aus den 20er Jahren für das Figurentheater der Arbeiterkinder. Frankfurt / a. M. 1986, S. 33-65].

Anonymus [Mager, Jörg] [**A 9**]: Kaspar Hauser. Kasperle als Spitzel. Proletarisches Kasperle-Theater Nr. 2. Hoffmanns sozialistisches Theater. Berlin 1922.

Anonymus [Marheineke, Philipp Konrad] [**A 10**]: Das Leben im Leichentuch. Enthüllung eines argen Geheimnisses. In Briefen. Berlin 1834.

Anonymus [Rechtern, von] [**A 11**]: In obitum Casparis Hauser. o. O. Dezember 1833 [Einblattdruck] [Abbildung in Mayer / Tradowsky, S. 649].

Anonymus [Seybold, Friedrich] [**A 12**]: Kaspar Hauser oder der Findling. Romantisch dargestellt von x.x.x. Stuttgart 1834.

Anonymus [Unger, Friederike [**A 13**]]: Melanie, das Findelkind. Mit einem Kupfer. Berlin 1804.

Anonymus [Walre, J. v.] [**A 14**]: Das Findelkind. Schauspiel in drei Akten von J. v. Walre, aus dem Holländischen. Duisburg 1800 [*].

Anonymus [W.v.B.] [**A 15**]: Dem Andenken Kaspar Hausers [1833]. In: Königl. Sächs. gnädigst Privileg. Haus und Wirthschaffts Calender. Pirna 1835.

Anonymus [**A 16**]: Das Schloß in Österreich. In: Erk, Ludwig (Hg.): Deutscher Liederhort. Auswahl der vorzüglicheren Deutschen Volkslieder, nach Wort und Weise aus der Vorzeit und Gegenwart gesammelt und erläutert von Ludwig Erk. Im Auftrage und mit Unterstützung der Königlich Preußischen Regierung nach Erk's handschriftlichem Nachlasse und auf Grund eigener Sammlung neubearbeitet und fortgesetzt von Franz M. Böhme. Bd.1. Leipzig 1893, S. 209-216.

Anonymus [**A 17**]: Das stille Pfarrhaus. In: Frankfurter Konversationsblatt. 1833, Nr. 104, 22. Dezember, o. P.

Anonymus [**A 18**]: Der böse Findling, oder der Schauerthurm. Wien / Prag 1790 [^{2}1898] [*].

Anonymus [**A 19**]: Der Findling oder: Die treuen Pflegeltern. Original-Erzählung. Neuhaus ^{4}1863 [*].

Anonymus [**A 20**]: Der Findling von Granada, oder: Die Vorsehung wacht. Eine Erzählung aus den Zeiten der Mauren in Spanien. Für die reifere Jugend. Von dem Verfasser der "Glocke der Andacht". Zweite, verbesserte Auflage. Augsburg 1846 [^{1}1830].

Anonymus [**A 21**]: Der neue Fündling, oder wahrhaftige Begebenheiten eines glücklich gewordenen Holländers von ihm selbst beschrieben. Nebst einem Anhang einiger anderer Historien aus dem Französischen übersetzt. Frankfurt / Leipzig 1768 [*].

Anonymus [**A 22**]: Caspar Hauser's Ermordung im Schloßgarten zu Ansbach am Denkmal des Dichters Uz, am 14ten December 1833. Nürnberg o. J. [1833] [Einblattdruck] [Stadtbibliothek Nürnberg] [Auszugsweise auch in: Anonymus [**B 9**]: Beschreibung von Caspar Hauser] [Teilabbildung in Mayer / Tradowsky, S. 651].

Anonymus [**A 23**]: Halewyn en het kleyne kind. In: Erk, Ludwig (Hg.): Deutscher Liederhort. Auswahl der vorzüglicheren Deutschen Volkslieder, nach Wort und Weise aus der Vorzeit und Gegenwart gesammelt und erläutert von Ludwig Erk. Im Auftrage und mit Unterstützung der Königlich Preußischen Regierung nach Erk's handschriftlichem Nachlasse und auf Grund eigener Sammlung neubearbeitet und fortgesetzt von Franz M. Böhme. Bd.1. Leipzig 1893, S. 224-227.

Anonymus [**A 24**]: Kaspar Hauser. Das ungelöste Rätsel von Nürnberg [1834]. In: Janda, Elsbeth / Nötzoldt, Fritz (Hg.): Die Moritat vom Bänkelsang oder Das Lied der Straße. München 1959, S. 95.

Anonymus [**A 25**]: Kaspar Hausers Abschied vom Leben. o. O. o. J. [ca. 1834]. In: Künzig, Johannes: Kaspar Hauser im Volkslied. In: Badener Land. Unterhaltungsbeilage der Freiburger Zeitung. 1926, Nr. 40, 3. Oktober, S. 157 f.

Anonymus [**A 26**]: Kaspar Hausers letzte Worte. o. O. o. J. [ca. 1834]. In: Michaeli, Otto: Ein badisches Kaspar-Hauser-Lied. In: Die Pyramide. Wochenschrift zum Karlsruher Tagblatt. 1928, Jg. 17, Nr. 2, 8. Januar, o. P.

Ansull, Oskar: Kaspar Hauser. In: ders.: Entsicherte Zeit. Gedichte. Hannover 1988, S. 10.

Antagon. Theater auf Rädern: Caspar Hauser - vom Dunkeln ans Licht. o. O. o. J. [Frankfurt / a. M. 1992] [Video-Aufzeichnung].

Arp, Hans: Kaspar ist tot [1912]. In: Dada. Eine literarische Dokumentation. Hrsg. von Richard Huelsenbeck. Reinbek bei Hamburg 1964, S. 212 f. [Originalausgabe Berlin 1920].

Ders.: Kaspar ist tot. In: wortträume und schwarze sterne. auswahl aus den gedichten der jahre 1911-1952. Wiesbaden 1953, S. 12 f.

Ders.: kaspar ist tot. In: Arp, Hans / Ball, Hugo u.a.: Dada Gedichte. Dichtungen der Gründer. Zürich 1957, S. 10.

Aubry, Octave: L'Orphelin de l'Europe. Gaspard Hauser. Paris 1928.

Bartsch, Leopold: Der Wahn und seine Schrecken. Melodram in 4 Akten. Musik von Vinzenz Kugler. [1830] [*].

Bechstein, Ludwig: Der Dunkelgraf. Roman von Ludwig Bechstein. Deutsche Bibliothek. Sammlung auserlesener Original-Romane. Hrsg. von Otto Müller. III. Frankfurt / a. M. 1854.

Bendix, Carolar von: Ein königlicher Findling, oder: Die Geheimnisse eines deutschen Fürstenhauses. Sensations-Roman von Dr. Carolar von Bendix. o. O. o. J. [Berlin 1893].

Berndt, Ludwig: Kaspar Hauser der Findling von Nürnberg. Großer Volks-Roman. Dresden 1896.

Biermann, Wolf: Kaspar Hauser singt (nach Verlaine). In: ders.: Affenfels und Barrikade. Gedichte, Lieder, Balladen. Köln 1986, S. 111.

Bihacht, Victor Curt: Kaspar Hauser. Ein Spiel. In: ders.: Spiele. München 1911, S. 5-32.

Blau, Bernhard: Kaspar Hauser singt: (Paul Verlaine - Stefan George) [Notenblatt]. In: Jede Woche Musik. Illustrierte Wochenschrift des Berliner Tageblatts. 1928, Jg. 5, Nr. 29, 28. Juli, S. 115 f.

Bobrowski, Johannes: Kaspar Hauser [1936]. In: ders.: Gesammelte Werke. Bd. 2. Gedichte aus dem Nachlass. Stuttgart 1987, S. 13.

Bonnet-Jalenques: Romance du sauvage de l'Aveyron. In: Brunet, H. (Hg.): Katalog der Société des lettres. Aveyron 1917, S. 199 [*].

Bornschein, Johann Ernst Daniel: Gesammelte kleine Romane und Erzählungen. Dresden 1811 [*].

Bouilly: Der Taubstumme oder der Abbé de l'Epée. Historisches Drama in fünf Acten von Bouilly. Aus dem Französischen übersetzt von A. v. Kotzebue. Leipzig 1800.

Brecht, Bertolt: Apfelböck oder Die Lilie auf dem Felde. In: ders.: Werke. Große kommentierte Berliner und Frankfurter Ausgabe. Hrsg. von Werner Hecht u.a. Bd. 11. Berlin / Weimar / Frankfurt a. M. 1988, S. 42 f.

Ders.: Vom armen B.B. In: ders.: Werke. Große kommentierte Berliner und Frankfurter Ausgabe. Hrsg. von Werner Hecht u.a. Bd. 11. Berlin / Weimar / Frankfurt a. M. 1988, S. 117-120.

Brückner, Johann Jacob: Das Mädchen im Walde. Gedicht. Fürth 1799 [*].

Büchner, Georg: Lenz. In: ders.: Sämtliche Werke und Briefe. Historisch-kritische Ausgabe mit Kommentar. Hrsg. von Werner L. Lehmann. 4 Bde. Bd. 1. Hamburg o. J. [1971], S. 77-101.

Ders.: Woyzeck. Lese- und Bühnenfassung. In: ders.: Sämtliche Werke und Briefe. Historisch-kritische Ausgabe mit Kommentar. Hrsg. von Werner L. Lehmann. 4 Bde. Bd. 1. Hamburg o. J. [1971], S. 407-431.

Bussche, Franz von dem: Kaspar Hauser. Drama. [1934] [*].

Calderón de la Barca, Don Pedro: Das Leben ein Traum [1634/35]. In: ders.: Schauspiele von Don Pedro Calderon de la Barca. Uebersetzt von J. D. Gries. Bd. 1. Berlin 1815, S. 163-340.

Ceuss, Conrad [d. i.: Tzscheuschner, Jürgen] / Dänzer, Eberhard: Kaspar Pfeifen Menschenskinder. Ansbach / Karlsruhe 1981 [Privatdruck].

Chinmayo, Swami Alok [d. i.: Schmitz, Hermann James]: Kaspar Hauser 1984. Fragmente. Duisburg 1984.

Choiseul-Meuse, von: Der Findling. Ein Charaktergemälde aus dem Französischen der Frau von Choiseul-Meuse, von Dr. Franz Rittler. 4 Bde. Wien 1820.

Colombo, John Robert: The Child of Europe. In: ders.: The Sad Truths. Toronto / Canada 1974, S. 64-69.

Contessa, C. W. [d. i.: Salice, Christian Jakob]: Der Fündling oder die moderne Kunstapotheose, Lustspiel in zwei Aufzügen; und der Talisman, eine Kleinigkeit. Fortsetzung des Räthsels. Berlin 1810.

Dahrendorf, Sabine / Ordóñez, Alfonso: Y quedaré delante de los muros inmensos esperando que por fin venga alguien a buscarme. A Kaspar [Und da stehe ich vor den riesigen Mauern und warte, daß mich jemand endlich abholt. Für Kaspar]. Notizen. o. O. 1991 [Textvorlage].

Daumer, Georg Friedrich: Zu Ende geht mein Erdenlauf [1873]. In: ders.: Kaspar Hauser. Sein Wesen, seine Unschuld. Hrsg. u. eingeleitet von Peter Tradowsky. Dornach (Schweiz) 1984, S. 23 [Nachdruck der Ausgabe Regensburg 1873] [vgl. **B**].

Dehmel, Richard: Lied Kaspar Hausers. Nach Verlaine. In: ders.: Gesammelte Werke von Richard Dehmel in zehn Bänden. Bd. 1. Berlin ^{3}1906, S. 57.

Dupeuty, Désiré-Charles / Fontan, Louis-Marie: Le pauvre Idiot ou le Souterrain d'Heilberg, Drame en Cinq Actes et Huit Tableaux. Paris 1838.

Ebermayer, Erich: Kaspar Hauser. Dramatische Legende in zehn Bildern. Leipzig 1927 [Berlin ^{2}1928] [Völlige Neufassung unter dem Titel "Kaspar Hauser. Schauspiel in drei Akten" Berlin 1946].

Ders.: Kaspar Hauser. Ein Hörspiel in sechs Bildern. [1931] [*].

Ebn Tofail, Abu Dschasar: Der Naturmensch oder Geschichte des Hai Ebn Joktan ein morgenländischer Roman des Abu Dschasar Ebn Tofail. Aus dem Arabischen übersetzt von Johann Gottfried Eichhorn. Berlin / Stettin 1783.

Eibel, Deborah: Kaspar Hauser in Nuremberg. In: dies.: Kayak Sickness. Selected Poems 1958-1971. Port Clements / Queen Charlotte Islands. B.C. 1972, S. 14 f.

Engel, Eduard: Kaspar Hauser. Schwindler oder Prinz? Ein urkundlicher Roman. Braunschweig 1931.

Eulenberg, Herbert: Kaspar Hauser singt (Zu seinem hundertsten Todestag). Nach Paul Verlaine. In: Kölnische Zeitung. 1933, Nr. 690, 23. Dezember, o. P.

Evers, Franz: Kaspar Hausers Lied. In: Die Insel. Monatsschrift mit Buchschmuck und Illustrationen. Faksimileausgabe in 12 Bänden. Frankfurt / a. M. 1981 [1899, Jg. 1, Quartal 1, Nr. 3, Dezember], S. 254.

Fabié, F.: Le Sauvage de l'Aveyron [Gedicht]. In: Le Clocher. Journal hebdomadaire. 1887, S. 169-173 [*].

Febel, Reinhard / Hemleb, Lukas: Sekunden und Jahre des Caspar Hauser. Libretto. Oper in drei Akten und neun Bildern von Reinhard Febel. Libretto von Lukas Hemleb. München 1991 [Uraufführung 16. 5. 1992].

Felke, Georg N.: Kaspar Hauser. Drama. [ca. 1925] [*].

Feuillet, Octave: Le Roman d'un Jeune Homme Pauvre. Par Octave Feuillet. Paris 1888.

Forte, Dieter: Kaspar Hausers Tod. Ein Theaterstück. Frankfurt / a. M. 1979.

Foulquier-Lavergne, Paul: Le Sauvage de l'Aveyron. Rodez 1875 [*].

Franke, Karl: Pythius und Kaspar Hauser. In: Rheinisch Westfälische Zeitung. 1924, Jg. 187, Nr. 898, Sonntag, 7. Dezember, o. P.

Fried, Erich: Klage über die Doppeldeutung. In: ders.: Die bunten Getürme. Siebzig Gedichte. Berlin 1977, S. 12 f.

Fulton, Robin: The Story of Kaspar Hauser. In: Encounter. 1983, Bd. 60, Nr. 5, S. 40.

George, Stefan: Kaspar Hauser singt [1905]. In: ders.: Gesamt-Ausgabe. Der Werke Endgültige Fassung. Bd. 16: Zeitgenössische Dichter. Übertragungen Zweiter Teil. Berlin 1929, S. 29.

Gielen, Sibylle: Ein Mensch wie Kaspar Hauser. Performance-Theater. [1990] [**].

Goethe, Johann Wolfgang von: Noten und Abhandlungen zu besserem Verständnis des West-Östlichen Divans. In: ders.: Werke. Hamburger Ausgabe in 14 Bänden. Bd. 2: Gedichte und Epen. Hamburg [7]1965, S. 126-267.

Goldmann, Otto: Lilith. Roman eines modernen weiblichen Kaspar Hauser. Berlin 1927 [Ehrlich's Kriminalbücherei Bd. 49] [Zuerst als Fortsetzungsroman in: 8 Uhr-Blatt. Nürnberg-Fürther 8 Uhr-Abend-Blatt. 1925, Jg. 7, November].

Gutzkow, Karl: Die Söhne Pestalozzis. Roman in drei Bänden. Berlin 1870.

Haendler, Otto: Kaspar Hauser spricht:. In: ders.: Paul Verlaine. Ausgewählte Gedichte übersetzt von Otto Haendler. Straßburg o. J. [1903], S. 95.

Härtling, Peter: Kaspar Hauser. In: ders.: Die Mörsinger Pappel. Gedichte. Darmstadt / Neuwied 1987, S. 19 [Auch in: ders.: Die Gedichte. Mit einem Nachwort von Karl Krolow. Frankfurt / a. M. 1989, S. 213].

Ders.: kasper [1958]. In: ders.: Die Gedichte. Mit einem Nachwort von Karl Krolow. Frankfurt / a. M. 1989, S. 78.

Ders.: Nachricht von Kasper. In: ders.: Spielgeist. Spiegelgeist. Gedichte 1959-1961. Stuttgart 1962, S. 36 f. [Unter dem Titel "nachwort von kasper" auch in: ders.: Die Gedichte. Mit einem Nachwort von Karl Krolow. Frankfurt / a. M. 1989, S. 105 f.].

Hagedorn, Konrad: Kaspar Hauser, ein königlicher Findling? Eine wunderbare, doch wahre Begebenheit aus der ersten Hälfte des 19. Jahrhunderts. Von Konrad Hagedorn. Berlin o. J. [1896].

Handke, Peter: Kaspar. Frankfurt / a. M. [13]1976 [[1]1967] [Auch in: Theater 1968. Chronik und Bilanz des Bühnenjahres, S. 70-88].

Ders.: Kaspar. Stereo-Hörspielfassung des Autors. Regie Otto Düben. Aufnahme der Erstsendung vom 8.11.1968, 22.45 Uhr, Südfunk 2. Süddeutscher Rundfunk 1968 [Band-Nr. WS 17-18].

Hannemann, Karl: Kaspar Hauser. Drama. [1925] [*].

Hannusch, J. J.: Nachruf an den europäischen Findling. In: Allgemeine Theaterzeitung und Originalblatt für Kunst, Literatur, Musik, Mode und geselliges Leben. 1834, Jg. 27, Nr. 26, 5. Februar [P.?].

Haug, Gerhart: Das Lied Kaspar Hausers. In: ders.: Verlaine. Die Geschichte des Armen Lelian. Leben. Dichtung. Bekenntnisse. Briefe. Basel 1944, S. 244 f.

Hauser, Kaspar: Ein kleines Gedicht von Kaspar Hauser. "Mein erstes Jahr". In: Didaskalia. Blätter für Geist, Gemüth und Publizität. 1834, Nr. 32, 1. Februar, o. P.

Heine, H.[einrich] [Anonymus]: Kaspar Hauser. In: ders.: Dichtungen von H. Heine. Erster Theil. Romanzen, Balladen, Traumbilder, Lieder, Eisenbahnbilder, Zeitgedichte. Amsterdam 1861, S. 181.

Helprin, Mark: Der Findling. Aus dem Amerikanischen von Hans Hermann. Bergisch Gladbach 1987 [[1]1979] [Amerikanische Originalausgabe unter dem Titel "The Life and Adventures of Marshall Pearl, a Foundling" 1977].

Herchenbach, Wilhelm: Der Findling von Nürnberg. Historische Erzählung für Volk und Jugend. Von Wilhelm Herchenbach. Mit Illustrationen. Regensburg o. J. [[4]1913] [[1]1884] [Reihe: Neue Erzählungen für Volk und Jugend von Wilhelm Herchenbach. Nr. 90].

Herzog, Werner: Jeder für sich und Gott gegen alle. In: ders: Drehbücher II. Aguirre, der

Zorn Gottes - Jeder für sich und Gott gegen alle - Land des Schweigens und der Dunkelheit. München 1977, S. 101-194.

Ders.: Jeder für sich und Gott gegen alle. Dialogliste zum Film. o. O. o. J. [Typoskript].

Ders.: Vom Gehen im Eis. München-Paris 23. 11. bis 14. 12. 1974. München / Wien ²1979 [¹1978].

Heyne, Kurd E.: Kaspar Hauser. Das Rätsel seiner Zeit. Ein Hörspiel nach authentischen Quellen [Typoskript der Sendung vom 30. März 1954 durch den Nordwestdeutschen Rundfunk].

Hirschmann, Helene: Kaspar Hauser. In: Der Sonntags-Kurier. Unterhaltungsbeilage des Fränkischen Kuriers. 1925, Jg. 6, Nr. 8, 15. Februar, S. 57.

Dies.: Kaspar Hauser. Dramatische Legende. [1928] [*].

Dies.: Kaspar Hausers erstes Weihnachtsfest. In: Fränkischer Kurier. Nürnberg-Fürther Neueste Nachrichten. 1926, Jg. 94, Nr. 356, Freitag, 24. Dezember, S. 23 [Auch in: dies.: Kaspar Hausers erstes Weihnachtsfest und andere Geschichten. Ansbach 1929, S. 5-15.

Hodjak, Franz: Kaspar Hauser Lied. In: Neue Literatur. Zeitschrift des Schriftstellerverbandes der SRR. 1977. 9, S. 21 [Auch in: Frankfurter Allgemeine Zeitung. 1992, Nr. 125, Samstag, 30. Mai, S. 27].

Hoechstetter, Sophie: Ansbach. In: Westermanns Monatshefte. 1925, März, S. 391.

Dies.: Das Erdgesicht. Ein Zeitloser Roman. Dagmar. Novelle. München 1918 [Copyright 1917].

Dies.: Das Kind von Europa. Die Geschichte des Kaspar Hauser. Nürnberg 1924.

Dies.: Die Damen von Irmelsleben. Eine verschollene Kaspar-Hauser-Geschichte. In: Velhagen und Klasings Almanach. Berlin 1912, S. 180-195 [Unter dem Titel "Die Damen von Irmelsleben" auch in: dies.: Mein Freund Rosenkreutz. Fränkische Novellen. Dachau 1917, S. 7-23].

Dies.: Die weiße Stunde. In: Westermanns Monatshefte. Illustr. Zeitschrift fürs deutsche Haus. 1917, Jg. 61, H. 8, April, S. 185-198 [Auch in: dies.: Das Erlebnis. Fränkische Novellen. Dachau 1919, S. 60-93].

Dies.: Epilog. In: dies.: Mein Freund Rosenkreutz. Fränkische Novellen. Dachau 1917, S. 237-243.

Dies.: Gedächtnis. In: dies.: Das Erlebnis. Fränkische Novellen. Dachau 1919, S. 218-248.

Dies.: Johannistag in Ansbach. In: dies.: Sechs Sonette. Städte und Menschen. Berlin 1907, S. 2.

Dies.: Kaspar Hauser. In: dies.: Vielleicht auch träumen. Verse von Sophie Hoechstetter. Mit einem Porträt. München / Leipzig 1906, S. 35.

Dies.: Lied des Kaspar Hauser (Zu seinem 100. Todestag am 17. Dezember 1933). In: Fränkische Zeitung. 1933, Nr. 290, Samstag, 9. Dezember, S. 11.

Høgsberg, Christian: kasper-hauser. Kopenhagen 1967.

Höllerer, Walter: Gaspard. In: Akzente. Zeitschrift für Dichtung. 1955, Jg. 2, H. 3, S. 250 f.

Hönig, Matis [Prisma Ensemble]: "Kaspar Hauser" das Kind von Europa. [1985] [**].

Hofer, Klara: Das Schicksal einer Seele. Die Geschichte vom Kaspar Hauser. Unter Berücksichtigung der neuesten Feststellungen. Von Klara Hofer. Nürnberg 1924.

Hoffmann, Ferdinand: Kaspar Hauser, der Findling von Nürnberg. Eine Erzählung von Ferdinand Hoffmann. Oberhausen / Leipzig o. J. [1834] [²1879].

Hofmannsthal, Hugo von: Das Leben ein Traum. Bearbeitung in Trochäen. In: ders.: Gesammelte Werke in Einzelausgaben. Hrsg. von Herbert Steiner. Dramen III. Frankfurt / a. M. 1957, S. 339-425.

Ders.: Der Turm [1925]. In: ders.: Gesammelte Werke in Einzelausgaben. Hrsg. von Herbert Steiner. Dramen IV. Frankfurt / a. M. 1958, S. 7-208.

Ders.: Der Turm. Trauerspiel in fünf Aufzügen [Neue Fassung, 1927]. In: ders.: Gesammelte Werke in Einzelausgaben. Hrsg. von Herbert Steiner. Dramen IV. Frankfurt / a. M. 1958, S. 321-464.

Ders.: Vorspiel für ein Puppentheater [1906]. In: ders.: Gesammelte Werke in Einzelausgaben. Hrsg. von Herbert Steiner. Dramen II. Frankfurt / a. M. 1966, S. 489-497.

Holgard, Hans [d. i.: Weymar, Paul]: Der Mörder des Kaspar Hauser. Roman eines Schurken nach hinterlassenen Papieren aufgezeichnet. Ansbach 1970 [Als Fortsetzungsroman zuerst in: Quick. 1958].

Horatius Flaccus: Diffugere nives (Carminum IV,7). In: ders.: Carminum et Epodon Libros - Oden und Epoden. Lateinisch und Deutsch. Übersetzt von Christian Friedrich Karl Herzlieb u. Johann Peter Uz. Eingeleitet u. bearbeitet von Walther Killy und Ernst A. Schmidt. Zürich / München 1981, S. 288-291.

Hülle, Hedwig: Caspar Haußer's Klage. In: Mitternachtsblatt für gebildete Stände. 1829, Nr. 6, 9. Januar, S. 23 f.

Jacob, Paul L. [d. i.: Lacroix, Paul]: Pignerol oder Der Mann mit der eisernen Maske. Quedlinburg 1838 [*].

Jaffé, Joseph: Kaspar Hauser singt. In: ders.: Französische Lyrik alter und neuer Zeit in deutschen Versen von Joseph Jaffé. Hamburg 1908, S. 130 f.

Jandl, Ernst: 16jahr. In: ders.: Laut und Luise. Neuwied / Berlin 1971 [Olten [1]1966], S. 24.

Kalckreuth, Wolf Graf von: Caspar Hauser singt. In: ders.: Gedichte und Übertragungen. Hrsg. von Hellmut Kruse. Heidelberg 1962 [Originalausgabe 1906], S. 109.

Kippling, Rudyard: The Jungle Book. New York 1894.

Kittner, Alfred: Kaspar Hauser-Lied. In: ders.: Der Wolkenreiter. Gedichte 1928-1938, S. 2 [In leicht veränderter Fassung auch in: ders.: Schattenschrift. Gedichte. Aachen 1988, S. 11 f.].

Klabund [d. i.: Henschke, Alfred]: Der arme Kaspar. In: ders.: Das heisse Herz. Balladen Mythen Gedichte von Klabund. Berlin 1922, S. 7.

Ders.: Kaspar Hauser. Nach Verlaine. In: ders.: Das heisse Herz. Balladen Mythen Gedichte von Klabund. Berlin 1922, S. 29.

Kleist, Heinrich von: Der Findling. In: ders.: Sämtliche Werke und Briefe. Hrsg. von Helmut Sembdner. 2 Bde. Bd. 2. München 1952, S. 213-230.

Krell-Werth, Emma [d. i.: Krell, Emma]: Die Reise (Dem Kinde Europas). In: dies.: Gesammelte Gedichte von Emma Krell-Werth. Dornach 1976, S. 309.

Dies.: Erinnerung an Ansbach. In: dies.: Gesammelte Gedichte von Emma Krell-Werth. Dornach 1976, S. 311.

Dies.: "Himmel und Erde." Kinderreigen. In: dies.: Gesammelte Gedichte von Emma Krell-Werth. Dornach 1976, S. 313.

Dies.: "Kaspar Hauser". In: dies.: Gesammelte Gedichte von Emma Krell-Werth. Dornach 1976, S. 305.

Dies.: Kaspar-Hauser-Frage an die Himmlischen. In: dies.: Gesammelte Gedichte von Emma Krell-Werth. Dornach 1976, S. 306.

Dies.: "Kind Europas". In: dies.: Gesammelte Gedichte von Emma Krell-Werth. Dornach 1976, S. 312.

Dies.: Nach der Begegnung mit Kaspar Hauser. In: dies.: Gesammelte Gedichte von Emma Krell-Werth. Dornach 1976, S. 307.

Dies.: Pfingst-Montag. In: dies.: Gesammelte Gedichte von Emma Krell-Werth. Dornach 1976, S. 308.

Dies.: Verwitterte Inschrift. In: dies.: Gesammelte Gedichte von Emma Krell-Werth. Dornach 1976, S. 310.

Kunze, Wilhelm: Das Kaspar-Hauser-Hörspiel. o. O. o. J. [ca. 1925-1939] [Typoskript] [Stadtarchiv Ansbach].

Lafontaine, August: Der Naturmensch von August Lafontaine. Neue verbesserte Auflage [Gemälde des menschlichen Herzens. Von August Lafontaine. Erster Theil]. Halle 1799.

Lampe, Bernd: Kaspar Hauser in Treblinka. Schauspiel in drei Teilen. Stuttgart 1979.

Lange-Müller, Katja: Kasper Mauser - Die Feigheit vorm Freund. Erzählung. Köln 1988.

Laurens, Abbé du: Imirce ou La Fille de la Nature. Berlin 1765.

Leber, Friedr.[ich]: Kaspar Hauser der Findling von Nürnberg. Historisches Drama in 4 Akten von Friedr. Leber. Fürth 1885.

Lehner, Thomas: Der rätselhafte Kaspar Hauser oder Schwierigkeiten beim Entziffern der Welt. Hörspiel für acht Frauenstimmen. o. O. o. J. [Typoskript] [Südwestfunk Landesstudio Freiburg. Erstsendung 5. 2. 1984, 13.10 Uhr] [Tonträger-Nr. 82 02173].

Ders.: Major M. - Der Mörder? oder Warum Kaspar Hauser sterben mußte. Hörspiel für acht Männerstimmen. o. O. o. J. [Typoskript] [Südwestfunk Landesstudio Freiburg. Erstsendung 3. 3. 1985, 13.10 Uhr] [Tonträger-Nr. 82 02205].

Ders.: Tief im Herzen wühlt Verzweiflung - Kaspar Hauser: Letzter Akt. Lyrisches Hörspiel. o. O. o. J. [Südwestfunk Landesstudio Freiburg. Erstsendung 27. 4. 1986, 13.10 - 14.00 Uhr] [Typoskript *] [Tonträger-Nr. 82 02245].

Lerner, Laurence: Kaspar Hauser. In: ders.: The Man I Killed. London 1980, S. 22 [Auch in: ders.: Selected Poems. London 1984, S. 80].

Lewandowski, Herbert: Das Tagebuch Kaspar Hausers. Eine Gabe für einsame Menschen. Utrecht / Leipzig / Berlin 1928.

Lewerer, Johann Jacob: Lied. In: ders.: Merkwürdige Geschichte von einem jungen Menschen, der nach Nürnberg gekommen und sich daselbst befindet. o. O. o. J. [1828] [Einblattdruck. Stadtarchiv Nürnberg] [Abbildung in Mayer / Tradowsky, S. 345].

Lindenmeyer, Hans: Kaspar Hauser. Historische Ballade im Moritatenstil. In: München-Augsburger Abendzeitung. Beilage "Der Sammler". 1927, Jg. 96, Nr. 37, Dienstag, 15. Februar, S. 3.

Lorne, Achim von: Spiegelbilder um Kaspar Hauser. [Erzählung. Unveröffentlichtes Typoskript]. o. O. o. J. [1985].

Lübbers, Ad.: Kaspar Hauser, das Welträtsel seit 100 Jahren. Ein historisches Filmdrama, in 24 Bildern. o. O. o. J. [1928] [Typoskript] [Stadtarchiv Ansbach].

Malouf, David: Das Wolfskind. Roman. Nördlingen 1987 [Englische Originalausgabe 1978 unter dem Titel "An Imaginary Life"].

Mann, Klaus: Anja und Esther. Ein romantisches Stück in sieben Bildern. Berlin 1925.

Ders.: Caspar Hausers Begräbnis. In: Vossische Zeitung. Berlinische Zeitung von Staats- und gelehrten Sachen. 1924, Nr. 465 / B 230, Abend-Ausgabe, Dienstag, 30. September, o. P. [Unter dem Titel "Der tote Kaspar Hauser" auch in: ders.: Kaspar-Hauser-Legenden. In: ders.: Vor dem Leben. Erzählungen von Klaus Mann. Hamburg ^{2}1925, S. 191-194].

Ders.: Kaspar-Hauser-Legenden. In: ders.: Vor dem Leben. Erzählungen von Klaus Mann. Hamburg ^{2}1925 [^{1}1925], S. 161-194.

Martens, Kurt: Kaspar Hauser. Drama in vier Akten. Berlin 1903 [Auch in: Freistatt. Kritische Wochenschrift für Politik, Literatur und Kunst. 1903, Jg. 5, H. 3, 18. Januar, S. 830-833. H. 4, 25. Januar, S. 848-851. H. 5, 1. Februar, S. 869-872. H. 6, 7. Februar, S. 889-892. H. 7, 14. Februar, S. 908-911. H. 8, 21. Februar, S. 928-932].

Mathi-Friedberg, Maria [d. i.: Schmid, Maria]: Kaspar Hauser. In: Der Sonntags-Kurier. Unterhaltungsbeilage des Fränkischen Kuriers. 1927, Jg. 8, Nr. 46, 13. November, S. 1.

May, Karl: Zepter und Hammer. Roman von Karl May [1879]. Gesammelte Werke. Hrsg. von Dr. E. A. Schmid. Bd. 45. Radebeul bei Dresden 1926.

Mehnert, Alwin: Ein indischer Kaspar Hauser. Eine Erzählung aus dem anglo-indischen Volksleben von Alwin Mehnert. Dresden / Leipzig o. J. [1893] [Reihe Köhlers illustrierte Jugend- und Volksbibliothek. Volkserzählungen. Nr. 12].

Meiller, M.v.: Blume, gelegt auf Caspar Hauser's Grab. In: Feierstunden für Freunde der Kunst, Wissenschaft und Literatur. 1834, S. 381 f.

Melville, Herman: Bartleby, the Scrivener. A Story of Wall-Street. In: ders.: The Writings of Herman Melville. The Northwestern-Newberry Edition. Bd. 9: The Piazza Tales and Other Prose Pieces 1839-1860. Evanston / Chicago 1987, S. 13-45.

Mercier, [Louis-Sébastien]: L'Homme Sauvage. Histoire traduite de .... Par M. Mercier. Paris 1767.

Mey, Reinhard: Kaspar. In: ders.: ... von Anfang an ... Bonn-Bad Godesberg 1977, S. 75 [Tonfassung u. a. auf: ders.: Reinhard Mey live. Langspielplatte. Intercord 28746-6Z/1-2] [Zuerst auf: Ankomme Freitag, den 13. [1969].

Meyrink, Gustav: Das grüne Gesicht. Leipzig 1917.

Minnemann, Joachim: Kaspar (für Elisabeth). In: Wir kommen. Literatur aus der Studentenbewegung. München 1976, S. 137.

Moncreiff: Caspar Hauser, Or the Wild Boy of Bavaria. [1837] [*].

Moustaki, Georges: Gaspard. Auf: ders.: Georges Moustaki. Langspielplatte. Polydor 184350.

Müller, Artur: Kaspar Hauser - Prinz oder Schwindler. Eine historische Kriminalgeschichte in Dokumenten. Zusammengestellt von Artur Müller. Südwestfunk Fernsehen. o. O. o. J. [ca. 1950-1965] [Typoskript] [Stadtarchiv Ansbach].

Müllner, Adolph: Die Schuld. Trauerspiel in vier Akten. Leipzig ²1816.

Münsterer, Hanns Otto: Kaspar Hausers Testament. In: Der Zwiebelturm. Monatsschrift für das bayerische Volk und seine Freunde. 1951, Jg. 6, H. 6, Juni, S. 127.

Neyer, J.-A.: Rodolphe, ou le Sauvage de l'Aveyron. Paris 1800 [*].

Niewöhner, Heinrich: Neues Gesamtabenteuer. Das ist Fr. H. von der Hagens Gesamtabenteuer in neuer Auswahl. Die Sammlung der mittelhochdeutschen Mären und Schwänke des 13. und 14. Jahrhunderts. Hrsg. von Werner Simon. Bd. 1. Dublin / Zürich ²1967.

Nin, Anaïs: Children of the Albatros. London 1959 [Deutsche Übersetzung unter dem Titel "Kinder des Albatros. Erzählung". Aus dem Amerikanischen übertragen von Manfred Ohl und Hans Sartorius. München 1982].

Oertgen, Elke: Kaspar Hauser. In: dies.: Rutengänge. Gedichte und lyrische Prosa. Duisburg 1978, S. 22.

Oppenheim, Meret: Kaspar Hauser oder Die Goldene Freiheit. Textvorlage für ein Drehbuch [1942 / 1970]. Bern / Berlin 1987.

Dies.: Ohne mich ohnehin ohne Weg kam ich dahin [1969]. In: dies.: Husch, husch, der schönste Vokal entleert sich. Gedichte, Zeichnungen. Hrsg. und mit einem Nachwort von Christiane Meyer-Thoss. Frankfurt / a. M. 1984, S. 81.

Paul, Adolf: Harpagos. Schauspiel in fünf Akten. Lübeck o. J. [1900] [Neue deutsche Originalausgabe Leipzig 1903].
Paul, Adolf: Kaspar Hauser. Schauspiel. o. O. 1903 [*].
Paul, Jean: Die unsichtbare Loge. Eine Biographie [1793]. In: ders.: Werke. Hrsg. von Norbert Miller. Bd. 1. München 1970, S. 7-471.
Ders.: Hesperus, Oder 45 Hundsposttage. Eine Biographie [1795]. In: ders.: Werke. Hrsg. von Norbert Miller. Bd. 1. München 1970, S. 471-1236.
Ders.: Selberlebensbeschreibung. In: ders.: Werke in drei Bänden. Hrsg. von Norbert Miller. Bd. 3. München ^{2}1982, S. 705-754.
Philippi, Johann Ernst: Das Findelkind. Das ist: Eine aufgeräumte Widerlegung des Sendschreibens von fünf Schwestern aus der vertrauten Gesellschaft. o. O. 1733 [*].
Pies, Hermann: Wir Kaspar Hauser. In: Mayer, Johannes / Tradowsky, Peter: Kaspar Hauser. Das Kind von Europa. Stuttgart 1984, S. 12.
Pietzner, Carlo: ... and from the night, Kaspar (a play in seven scenes). In: ders.: Who was Kaspar Hauser? An essay and a play. Edinburgh 1983, S. 31-78.
Pirazzi, J.[oseph]: Kaspar Hauser. In: Frankfurter Konversationsblatt. 1834, Nr. 10, 2. Februar, o. P.
Pirchan, Emil: Ansbach. Ein Dramolett. In: Die Lese. Wochenblatt für Unterhaltung und Bildung. 1917, Nr. 24, S. 379-381.
Pültz, Wilhelm: Der alte Garten. Erzählung um Caspar Hauser. Augsburg / Traunstein 1963.
Racine, Louis: Epitre II sur l'Homme [1747]. In: ders.: Oeuvres Complètes. Bd. 2. Genf 1969 [Nachdruck der Ausgabe Paris 1808], S. 122-134.
Redwiz, Johann: De Homine inter Ursos Anno MDCLXI. in Lithuano-Grodnensibus Sylvis reperto, Ad Dn. Petrum Adamum Opalinsky, Succamerarium Posnaniesem, Gubernatorem Sremensem, Sacrae Reg. Mai. Colonellum & c. Carmen Alcaicum. Lesnae 1674. In: Koenig, Heinrich Conrad: Schediasma de Hominum inter Feras Educatorum Statu Naturali Solitario. Existentia Status Indubitatis Exemplis Probatur, Indoles Eiusdem Explicatur, Illustratur, Denique Usus In Iurisprudentia Naturali Ostenditur. Hannover 1730, S. 49-56.
Rilke, Rainer Maria: Der Knabe [1902/03]. In: ders.: Sämtliche Werke. Hrsg. vom Rilke-Archiv in Verbindung mit Ruth Sieber-Rilke besorgt durch Ernst Zinn. Bd. 1: Gedichte. Erster Teil. Frankfurt / a. M. 1955, S. 386.
Röttger, Karl: Kaspar Hausers letzte Tage oder Das kurze Leben eines ganz Armen. Ein dokumentarischer Roman. Berlin / Wien / Leipzig 1933 [Düsseldorf ^{2}1951].
Ders.: Nachschrift zum "Kaspar Hauser". In: Fränkische Zeitung. 1933, Nr. 290, Samstag, 9. Dezember, S. 12.
Rung, Otto: Der Fall Arnoldi. In: ders.: Geheime Mächte. Ein Novellenbuch. Weimar 1917, S. 101-132.
Rupli, Kurt: Caspar Hauser. 5 Bilder aus dem mysteriösen Leben des Findlings. Leipzig 1917.
Sachs, Hans: Klag der wilden holtzleut uber die ungetrewen welt [1530]. In: Bibliothek des Litterarischen Vereins in Stuttgart. Bd. 104. Hans Sachs. Hrsg. von Adelbert von Keller. Bd. 3. Tübingen 1870, S. 561-564.
Schäfer, Franz: Ein badischer Richard III. oder Großherzog Ludwig von Baden und Kaspar Hauser. Trauerspiel in 5 Aufzügen v. Franz Schäfer. Bern 1896 [Selbstverlag des Verfassers].
Schäfer, Josy: Kaspar Hauser, das Kind Europas. Zum hundertsten Gedenktag seines

Erscheinens in Nürnberg. Sonett an Kaspar Hauser. In: Bayerische Volkszeitung. Nürnberger Volkszeitung. Süddeutsches Handelsblatt. 1928, Jg. 36, Nr. 121, Samstag, 26. Mai, o. P.

Schäfer, Walter Erich: Richter Feuerbach. Schauspiel. Stuttgart / Berlin 1929 [Bühnenmanuskript] [Buchausgabe Stuttgart 1931].

Ders.: Richter Feuerbach - Hörspiel. Funkbearbeitung: E. Kurt Fischer. Regie: Oskar Nitschke [Aufnahme der Sendung des Süddeutschen Rundfunks vom 30. 1. 1949].

Schaukal, Richard: Kaspar Hauser singt. In: ders.: Nachdichtungen. Verlaine-Heredia. Berlin 1906, S. 50.

Schaumann, Ruth: Ansbacher Nänie. Heidelberg ^{2}1962 [Berlin ^{1}1936].

Scheuerlein, G.: Kaspar Hausers Grab zu Ansbach. o. O. o. J. [1834] [Einblattdruck. Stadtarchiv Ansbach] [Abbildung in Mayer / Tradowsky, S. 659].

Schikaneder, Emmanuel: Die Zauberflöte. Eine große Oper in zwey Aufzügen. Von Emmanuel Schikaneder. Die Musik ist von Herrn Wolfgang Amade Mozart, Kapellmeister, und wirklichem k.k. Kammer-Compositeur. Hrsg. von Wilhelm Krämer. Frankfurt / a. M. 1956 [Wortgetreuer Nachdruck der Erstausgabe Wien 1791].

Schilling, August: Caspar Hausers Tod. In: Allgemeine Theaterzeitung und Originalblatt für Kunst, Literatur, Musik, Mode und geselliges Leben. 1834, Jg. 27, Nr. 19, 27. Januar.

Schlemmer, H. C. F.: Mausoleolum memoriae Caspari Hauseri, juvenis infortunatissimi, fatis hucusque inauditis violentaque morte, omni Europa condolente, proh dolor! celeberrimi statuit H.C.F. Schlemmer, consil. aul. Hannoviae m. Febr. MDCCCXXXIV. Grabmal, dem Andenken Kaspar Hauser's, des unglücklichen, durch sein unerhörtes Schicksal und seine grausame, von ganz Europa betrauerte Ermordung leider! so berühmt gewordenen Jünglings, errichtet von H.C.F. Schlemmer, Hofrath. - Hanau, im Februar 1834. In: Hanauer Zeitung. 1834, Nr. 71, März [Paralleldruck der deutschen und lateinischen Fassung].

Schmidt-Rogge, Carl: Es ist nicht gut, dass der Mensch allein ist. Das Schicksal Caspar Hausers. Hörbild von Dr. Carl Schmidt-Rogge. o. O. 1961 [Typoskript der Sendung durch den Westdeutschen Rundfunk vom 29. 4. 1961 - 21.05-21.35] [Stadtarchiv Ansbach].

Schnerr, J.[ohann Jakob]: An Kaspar Hauser. In ein, demselben zum Christfest 1829 geschenktes Exemplar des Neuen Testaments geschrieben. In: Festgabe zur zweihundertjährigen Stiftungsfeier des Pegnesischen Blumenordens. Nürnberg 1844, S. 190.

Ders.: Nach Caspar Hausers Tod. 1835. In: Festgabe zur zweihundertjährigen Stiftungsfeier des Pegnesischen Blumenordens. Nürnberg 1844, S. 191.

Schoenhals, Albrecht: Lied Kaspar Hausers. In: ders.: Erinnerungen an französische Verse. Paul Verlaine. Charles Baudelaire. Arthur Rimbaud. Konstanz 1948, S. 21.

Scholz, Hans: Kaspar Hauser. Eine Folge tönender Bilderbogen [Typoskript der Sendung vom 21. Juli 1958 durch den Südwestfunk] [Die bei Struve verzeichnete Bandaufnahme des SFB existiert nicht mehr].

Schwabe, Toni: Der Tod des Kaspar Hauser. In: dies.: Komm kühle Nacht. Verse von Toni Schwabe. München / Leipzig 1908, S. 68.

Scoper, Ludwig [d. i.: Schöpfer, Georg Karl Ludwig]: Kaspar Hauser, oder: die eingemauerte Nonne. Wahrheit und Dichtung. Von Ludwig Scoper. Nordhausen 1834.

Serreau, Geneviève: Kaspar. Stück in 13 Bildern. Deutsch von Béatrice Aebi. o. O. o. J. [1971] [Bühnenmanuskript].

Sewell, Bill: Kaspar Hauser. In: Landfall. A New Zealand Quarterly. 1985, Bd. 39, Nr. 1, März, S. 39.

Singer, Georg Friedrich: Grauser Schlüssel. In: ders.: Singer, Georg Friedrich: Leben Caspar Hauser's oder Beschreibung seines Wandels von seinem Beginn bis zu seinem Grabe; verfaßt von Georg Friedrich Singer, ehemaligen Candidaten der Theologie aus Nürnberg. Regensburg 1834, S. 4.

Ders.: Ich kam aus meiner Mutter Schooß. In: ders.: Singer, Georg Friedrich: Leben Caspar Hauser's oder Beschreibung seines Wandels von seinem Beginn bis zu seinem Grabe; verfaßt von Georg Friedrich Singer, ehemaligen Candidaten der Theologie aus Nürnberg. Regensburg 1834, S. 5

Ders.: Stumm und taub. In: ders.: Singer, Georg Friedrich: Leben Caspar Hauser's oder Beschreibung seines Wandels von seinem Beginn bis zu seinem Grabe; verfaßt von Georg Friedrich Singer, ehemaligen Candidaten der Theologie aus Nürnberg. Regensburg 1834, S. 16.

Sonnleitner, A. Th. [d. i.: Tlůchoř, Alois]: Die Höhlenkinder im heimlichen Grund. München 1987 [Originalausgabe Stuttgart 1918].

Ders.: Die Höhlenkinder im Pfahlbau. München 1988 [Originalausgabe Stuttgart 1918].

Ders.: Die Höhlenkinder im Steinhaus. München 1988 [Originalausgabe Stuttgart 1931].

Southwick, Marcia: Kaspar Hauser (A boy abandoned by his parents and raised in a cell by a prison guard). In: The Ohio Review. 1977, Bd. 18, Nr. 2, Frühjahr / Sommer, S. 19.

Stemmle, R. A.: Der Fall Kaspar Hauser. Ferseh-Trilogie [Sendung am 25. 2., 4. u. 11. 3. 1966 im ZDF] [**].

Stifter, Adalbert: Julius. Eine Erzählung [1828/29]. Textkritische Edition und Nachwort von Kurt Gerhard Fischer. Linz 1965.

Streubel, Manfred: Kaspar H. In: ders.: Fazit. Gedichte. Halle / Leipzig 1983, S. 52.

Struve, Ulrich (Hg.): Der Findling. Kaspar Hauser in der Literatur. Stuttgart 1992.

Stucken, Eduard: Kaspar Hauser. Drama. [ca. 1925] [*].

Sturm, Ottokar [d. i.: Rambach, Friedrich E.]: Die eiserne Maske. Eine schottische Geschichte. Leipzig 1792 [Texte zum literarischen Leben der Goethezeit 14] [Neudruck Hildesheim 1984].

Swift, Jonathan: It cannot rain but it pours, Or London strowed with Rarities [1726]. In: ders.: The Works of Dr. Jonathan Swift, Dean of St. Patrick's Dublin. Bd. 5: Consisting of Miscellanies in Prose. By Dr. Swift, Dr. Arbuthnot, Mr. Pope, and Mr. Gray. London 1765, S. 193-198.

Taufkirchen-Engelburg, Franziska von: Die eiserne Maske. o. O. 1826 [*].

Taut, Manfred / Wolf, Horst: XY löst den Fall Kaspar Hauser. Grünwald 1969.

Theater der euphorischen Lustlosigkeit [Brenner, Horst / Brenner, Werner]: Tollwut. Visionen zu Kaspar Hauser. Ein Theaterstück für fünf Clowns. o. O. o. J. [Textvorlage] [Nürnberg 1991].

Theater Thikwá [Vogt, Christine]: "Im Stehen sitzt es sich besser". Premiere 15. 12. 1990. Maxim-Gorki-Theater Berlin 1990. 80 Minuten. Aufzeichnung von Andrea Hohnen. Berlin 1991 [Videoaufzeichnung].

Thouy, Louis: Meichou parmi les Faons. Aurillac 1961 [Zu Victor von Aveyron] [*].

Trafic, Carlos / Trevisany, Wolfgang: Kaspar Hauser. [1983] [**].

Trakl, Georg: Kaspar Hauser Lied. In: Der Brenner. Halbmonatsschrift. 1913, Jg. 4, H. 1, 1. Oktober, S. 161 [Auch in: ders.: Dichtungen und Briefe. Historisch-kritische Ausgabe. Hrsg. von Walther Killy und Hans Szklenar. 2 Bde. Bd. 1. Salzburg 1969, S. 95].

Trinius, Bernhard: Kaspar Hauser. In: Die literarische Welt. 1926, Nr. 48, S. 7 [Auch in: Fehse, Willi R. / Mann, Klaus (Hg.): Anthologie jüngster Lyrik. Hamburg 1927, S. 100].

Tschink, Cajetan: Geschichte eines Geistersehers. Aus den Papieren des Mannes mit der eisernen Larve. Herausgegeben von Cajetan Tschink. Wien 1790.

Tucholsky, Kurt: Namensänderung [1918]. In: ders.: Gesammelte Werke in 10 Bänden. Hrsg. von Mary Gerold-Tucholsky u. Fritz J. Raddatz. Bd. 1. 1907-1918. Reinbek bei Hamburg 1975, S. 347.

Ders.: Namensänderung [1920]. In: ders.: Gesammelte Werke in 10 Bänden. Hrsg. von Mary Gerold-Tucholsky u. Fritz J. Raddatz. Bd. 2. 1919-1920. Reinbek bei Hamburg 1981, S. 302 f.

Ders.: Selbstanzeige [1919]. In: ders.: Gesammelte Werke in 10 Bänden. Hrsg. von Mary Gerold-Tucholsky u. Fritz J. Raddatz. Bd. 1. 1907-1924. Reinbek bei Hamburg 1972, S. 534.

Vega, Suzanne: Wooden Horse (Caspar Hauser's Song). In: dies.: solitude standing. o. O. 1987, S. 48-55 [Liederbuch zur LP].

Verlaine, Paul: Gaspard Hauser chante [1873]. In: ders.: Oeuvres Poétiques complètes. Paris 1954, S. 183.

Ders.: Scénario pour Ballet ["Les Mémoires d'un Veuf"] [1883]. In: ders.: Oeuvres en Prose Complètes. o. O. [Paris] 1972, S. 97-102.

Vesper, Guntram: Ein blinder Passagier steigt zu. In: ders.: Nördlich der Liebe und südlich des Hasses. München / Wien 1979, S. 67-75.

Ders.: Kinder. In: ders.: Kriegerdenkmal ganz hinten. Prosa. Mit einem Nachwort von Sibylle Cramer. Frankfurt / a. M. 1985, S. 38-41.

Ders.: Licht in das Leben. In: ders.: Die Inseln im Landmeer und neue Gedichte. Mit Zeichnungen des Autors. Frankfurt / a. M. 1984, S. 11-13.

Vielliers, Vaysse de: Comédie. In: Constans, M. (Hg.): Notice historique sur le Sauvage de l'Aveyron suivie d'une Comédie Inédite par Vaysse de Vielliers. Rodez [1906] [*].

Wagner, Richard: kaspar hauser. In: ders.: die invasion der uhren. gedichte. Bukarest 1977, S. 47.

Wassermann, Jakob: Caspar Hauser oder Die Trägheit des Herzens. Roman. Gesammelte Werke. Berlin 1924 [Erstausgabe 1908] [Erstveröffentlichung als Fortsetzungsroman unter dem Titel "Caspar Hauser. Roman von Jakob Wassermann" in: Über Land und Meer. Oktav-Ausgabe. Jg. 1907/08, Bd. 1, S. 313-336, S. 413-438. Bd. 2, S. 101-129, S. 201-218, S. 301-322. Bd. 3, S. 1-15.

Weckmann, Berthold: Kaspar Hauser. In: ders.: Immer noch sage ich Du. Gedichte und lyrische Prosa. Duisburg 1988, S. 7.

Ders.: Wiederbegegnung mit Kaspar. In: ders.: Immer noch sage ich Du. Gedichte und lyrische Prosa. Duisburg 1988, S. 8.

Wegener, Ingrid: Kaspar Hauser Seelenspiegel. o. O. o. J. [Berlin 1960].

Welcker, Ph.[ilipp] H.[einrich]: Irgendwo, doch ach! auf deutschen Auen. In: ders.: Die tönenden Bilder von Ph. H. Welcker. Eine Reihe von Drei und vierzig Holzschnitten. Gotha 1835, S. 164-178 [Separatveröffentlichung unter dem Titel "Hauser. Ein lyrisches Gedicht von Ph. H. Welcker. Mit einem Anhang der wichtigsten bis jetzt bekannt gewordenen Nachrichten über den unglücklichen Findling". Gotha 1835].

Winterfeld-Platen, Leontine von: Benedikta. Recht muß doch Recht bleiben. Stuttgart 1964.

Wölfling, Friedrich: Kaspar Hauser. Drama in fünf Aufzügen. München 1926.

Wönne, Jürgen: Das Tagebuch des Caspar Hauser. Psychogramm einer geschundenen Seele frei nach historischen Quellen und Motiven von Jakob Wassermann niedergeschrieben von Jürgen Wönne. o. O. o. J. [Saarbrücken 1992] [unveröffentlichtes Manuskript].

Wolfenstein, Alfred: Kaspar Hauser singt. In: ders.: Armer Lelian. Gedichte der Schwermut, der Leidenschaft und der Liebe von Paul Verlaine. Übertragen von Alfred Wolfenstein. Berlin 1925, S. 18.
Zschokke, Heinrich von: Die eiserne Larve. Trauerspiel in 5 Aufzügen. In: ders.: Schauspiele. Leipzig / Bayreuth 1813, S. 1-288.

B. Historische, philosophische und spezialwissenschaftliche Beiträge

Adalbert Prinz von Bayern: Königin Caroline von Bayern und Kaspar Hauser. In: Der Zwiebelturm. Monatsschrift für das bayerische Volk und seine Freunde. 1951, Jg. 6, H. 5, S. 102-107. H. 6, S. 121-128.
Altschul: Systematisches Lehrbuch der theoretischen und praktischen Homöopathie nach den an der k. k. Prager Universität öffentlich gehaltenen Vorlesungen bearbeitet von Dr. med. Altschul. Sondershausen 1858 [S. 66 f.].
Anonymus [**B 1**]: Ansbach, vom 18. December. In: Beylage zum 302. Stück der Magdeburgischen Zeitung. 1833, Freitag, 27. Dezember, o. P.
Anonymus [**B 2**]: Ausführliche Nachricht von dem Hamelischen wilden Jungen [Zu Peter von Hameln]. In: Sammlung von Natur- und Medicin-, wie auch hiezugehörigen Kunst- und Literatur-Geschichten so sich in Schlesien und anderen Ländern begeben. Von einigen Breslauischen Medicis. Herausgegeben von Johann Kanold. Supplementum IV. curieuser und nutzbarer Anmerkungen von Natur- und Literatur-Geschichten. 1729, Art. 10, S. 69-78.
Anonymus [**B 3**]: Ausführlicher Lebens-Abriß des berühmten Findlings Caspar Hauser, während seiner Gefangenschaft und seines Aufenthalts in Nürnberg, nebst einer Abhandlung über seinen Tod. Abgedruckt aus den Akten des Königlich Bayer'schen Magistrats in Nürnberg. Ellwangen 1834.
Anonymus [**B 4**]: Ausführliches Leben und besondere Schiksale eines wilden Knaben von zwölf Jahren der zu Barra einer Schottländischen Insel von zweyen berühmten Aerzten gefangen und auferzogen worden [Zu Eduard von Barra]. Frankfurt / Leipzig 1759.
Anonymus [**B 5**]: Begräbniß des Caspar Hauser. In: Der Aufmerksame. Ein vaterländisches Volksblatt. Beiblatt zur Grätzer Zeitung. 1834, Nr. 7.
Anonymus [**B 6**]: Berlin [Zum Schweinemädchen von Salzburg]: In: Göttingische gelehrte Anzeigen unter der Aufsicht der Königl. Gesellschaft der Wissenschaften. 110./111. Stück. 1831, 14. Juli, S. 1097-1101.
Anonymus [**B 7**]: Beschreibung des merkwürdigen Findlings Caspar Haußer in Nürnberg. (Mit der naturgetreuen Abbildung desselben.). In: Königl. Sächs. gnädigst Privileg. Pirnaischer Historien und Geschichts Calender. Pirna 1831.
Anonymus [**B 8**]: Beschreibung einiger merkwürdigen Momente aus dem Leben des Kaspar Hauser, welcher zu Nürnberg in Baiern gefunden worden, und den ein unbekannter Bösewicht ums Leben brinden [!] wollte. o. O. o. J. [Stadtarchiv Ansbach].
Anonymus [**B 9**]: Beschreibung von Caspar Hauser. o. O. o. J. [1833] [Einblattdruck. Stadtarchiv Nürnberg] [Abbildung in Mayer / Tradowsky, S. 651].
Anonymus [**B 10**]: Caspar Hauser. In: Hesperus. Oder Belehrung und Unterhaltung für die Bewohner des österreichischen Staates. Encyclopädische Zeitung für gebildete Leser. 1829, Nr. 16, 19. Januar, S. 61 f. Nr. 18, 21. Januar, S. 70 f. Nr. 19, 22. Januar, S. 74.

Anonymus [**B 11**]: Caspar Hauser. In: The Penny Magazine of the Society for the Diffusion of Useful Knowledge. 1834, Nr. 118, 2. Februar, S. 47 f. Nr. 119, 8. Februar, S. 50 f. Nr. 120, 15. Februar, S. 58-60.
Anonymus [**B 12**]: "Caspar Hauser kam nach Nürnberg den 26. May 1828 wurde ermordet zu Ansbach den 14. Dec. 1833". In: Illustrierte Beilage der Bayerischen Volkszeitung. 1925, Jg. 1, Nr. 55, 28. November, o. P.
Anonymus [**B 13**]: Caspar Hausers Schicksale. In: Der erzgebirgische Volksfreund, eine Monatsschrift zur Belehrung und Unterhaltung für den Bürger und Landmann. 1834, Jg. 15, Nr. 3, März, S. 33-38. Nr. 4, April, S. 49-54. Nr. 5, Mai, S. 65-69.
Anonymus [**B 14**]: Caspar Hauser's Tod. In: Der Aufmerksame. Ein vaterländisches Volksblatt. Beiblatt zur Grätzer Zeitung. 1833, Nr. 157, o. P.
Anonymus [**B 15**]: Caspar Hausers Verwundung und Tod. In: Königl. Sächs. gnädigst Privileg. Haus und Wirthschaffts Calender. Pirna 1835.
Anonymus [**B 16**]: Children of the Wilds. Peter the Wild Boy, Mademoiselle Leblanc, Victor, the Savage of Aveyron, Caspar Hauser. In: Chamber's Miscellany of Useful and Entertaining Tracts. Edinburgh 1845, Nr. 48, S. 1-16.
Anonymus [**B 17**]: Correspondenznachrichten. In: Blätter für literarische Unterhaltung. 1828, Nr. 174, Montag, 28. Juli, S. 693-695. Nr. 175, Dienstag, 29. Juli, S. 697-699.
Anonymus [**B 18**]: Das Kaspar Hauser-Problem. In: Fürther Tagblatt. General-Anzeiger für Fürth und Umgegend. 1924, Jg. 87, Nr. 262, Donnerstag, 6. November, S. 6.
Anonymus [**B 19**]: Das Mädchen von Kronenburg oder unverdiente herbe Schicksale einer edlen Seele. Nach der Wahrheit erzählt vom Verfasser der Wundergeschichten, abentheuerlichen Erzählungen. Leipzig 1830 [*].
Anonymus [**B 20**]: Deaths [Zu Peter von Hameln]. In: The Gentleman's Magazine And Historical Chronicle. 1785, Bd. 55, März, S. 236.
Anonymus [**B 21**]: Der Hochwächter in der Unterwelt. Müllners Ausflug auf die Oberwelt - Kaspar Hauser - Die Eisen-Maske - Robert der Teufel. In: Literarischer Hochwächter. Literatur- und Conversations-Zeitung für die Gebildeten im deutschen Volke. 1834, Nr. 9, Montag, 3. Februar, S. 33 f.
Anonymus [**B 22**]: Der Hochwächter in der Unterwelt. Neujahrsbericht. Das Neujahr in der Unterwelt - Börne's Briefe - Kaspar Hausers Ankunft - Lösung des Räthsels. In: Literarischer Hochwächter. Literatur- und Conversations-Zeitung für die Gebildeten im deutschen Volke. 1834, Nr. 1, Donnerstag, 2. Januar, S. 1-3.
Anonymus [**B 23**]: Der Mord an Kaspar Hauser. (Ein Brief aus Anspach vom 18. Dezember 1833.). In: Didaskalia. Blätter für Geist, Gemüth und Publizität. 1834, Nr. 15, 15. Januar, o. P.
Anonymus [**B 24**]: Dezember 1933 [Kalenderblatt mit der Darstellung des Bilderbogens "Caspar Hauser kam nach Nürnberg den 26. May 1828 wurde ermordet zu Ansbach den 14. Dec. 1833", ca. 1834]. o. O. 1933 [Stadtarchiv Ansbach].
Anonymus [**B 25**]: Ein Besuch bey Kaspar Hauser. In: Allgemeine Theaterzeitung und Originalblatt für Kunst, Literatur und geselliges Leben. 1830, Jg. 23, Nr. 84, 15. Juli.
Anonymus [**B 26**]: Ein Brief über Kaspar Hauser. In: Beilage zu der Münchener Zeitung. 1901, Nr. 275, 17. November, S. 9.
Anonymus [**B 27**]: Einige Aktenstücke in Bezug auf Kaspar Hauser. In: Fremdenblatt und täglicher Anzeiger der Stadt Elberfeld. 1834, Nr. 76, 24. März, o. P.
Anonymus [**B 28**]: Empfehlungswerthe Schriften über Caspar Hauser. In: Der Komet. Unterhaltungsblatt für die gebildete Lesewelt. 1834, Jg. 5, Nr. 31, Mittwoch, 19. Februar, Sp. 248. Nr. 32, Donnerstag, 20. Februar, Sp. 256.

Anonymus [**B 29**]: [Flaschenpost-Meldung]. In: Berlinische Nachrichten von Staats- und Gelehrten Sachen. 1816, Nr. 137, Donnerstag, 14. November, o. P.

Anonymus [**B 30**]: Gaspard Hauser. In: Magasin Pittoresque. 1837, Bd. 5, Nr. 1, Januar, S. 15 f.

Anonymus [**B 31**]: Geschichte einer jungen Wilden, die man in dem Alter von zehn Jahren im Walde von Songi gefunden hat. Herausgegeben von Madame H-t. Paris 1755. Aus dem Französischen übersetzt. In: Allgemeines Magazin der Natur, Kunst und Wissenschaften. 1756, Teil 7, Nr. 12, S. 219-272.

Anonymus [**B 32**]: Göttingen [Zu Peter von Hameln]. In: Neue Zeitungen von Gelehrten Sachen. 1726, Nr. 17, 28. Februar, S. 165 f.

Anonymus [**B 33**]: Hannover [Zu Peter von Hameln]. In: Neue Zeitungen von gelehrten Sachen. 1725, Nr. 104, 27. Dezember, S. 1014.

Anonymus [**B 34**]: Kaspar Hauser (Aus Nürnberg eingesendet.). In: Allgemeine Theaterzeitung und Originalblatt für Kunst, Literatur und geselliges Leben. 1830, Jg. 23, Nr. 1, 2. Januar, S. 1 f.

Anonymus [**B 35**]: Kaspar Hauser ein Beitrag zur Menschengeschichte. In: Iris. Unterhaltungsblatt für Freunde des Schönen und Nützlichen. 1828, Nr. 153, Freitag, 1. August, S. 609-612. Nr. 154, Samstag, 2. August, S. 613-615.

Anonymus [**B 36**]: Kaspar Hauser in Nürnberg. In: Das Karlsruher Unterhaltungsblatt. Ein für alle Stände, Jung und Alt, interessantes und belehrendes Bilderwerk. 1830, Jg. 3, Nr. 1, S. 1-4. Nr. 2, S. 5-9.

Anonymus [**B 37**]: Kaspar Hauser und der Literarische Hochwächter. In: Literarischer Hochwächter. Literatur- und Conversations-Zeitung für die Gebildeten im deutschen Volke. 1834, Nr. 20, Donnerstag, 13. März, S. 77 f.

Anonymus [**B 38**]: Kaspar Hauser und die Hofdame zu Gotha. In: Lesefrüchte vom Felde der neuesten Literatur begründet von Dr. J. J. C. Pappe, fortgesetzt und herausgegeben von Dr. Joh. Müller. Bd. 1. 11. Stück. 1849. S. 161-165.

Anonymus [**B 39**]: Kaspar Hauser, ein psychologisches Nachtstück. Resultate der neuesten Mittheilungen über ihn. In: Blätter für literarische Unterhaltung. 1833, Nr. 166, Sonnabend, 15. Juni, S. 685-687. Nr. 167, Sonntag, 16. Juni, S. 689-691.

Anonymus [**B 40**]: Kaspar Hauser. In: Das Karlsruher Unterhaltungsblatt. 1835, Jg. 8, Nr. 1, S. 1-4. Nr. 2, S. 7 f. Nr. 3, S. 12. Nr. 4, S. 16-20. Nr. 5, S. 25-28. Nr. 6, S. 32-36. Nr. 7, S. 39 f. Nr. 8, S. 42.

Anonymus [**B 41**]: Kaspar Hauser. In: Der neue Berlinische Zuschauer. 1832, Nr. 20, 19. Mai, S. 155 f.

Anonymus [**B 42**]: Kaspar Hauser. In: Illustrirtes Sonntags-Blatt. Gratis-Beilage der Volks-Zeitung. 1884, Nr. 3, 20. Januar, S. 33-36. Nr. 4, 27. Januar, S. 45-47. Nr. 9, 2. März, S. 105-108. Nr. 11, 16. März, S. 129.

Anonymus [**B 43**]: Kaspar Hauser. In: Neue Speyerer Zeitung. 1835, Nr. 259, Mittwoch, 30. Dezember, o. P.

Anonymus [**B 44**]: Kasper Hauser [!]. In: Beylage zum 19. Stück der Magdeburgischen Zeitung. 1834, Donnerstag, 23. Januar. Freitag, 24. Januar. Beylage zum 25. Stück, Donnerstag, 30. Januar. Beylage zum 27. Stück, Sonnabend, 1. Februar, o. P.

Anonymus [**B 45**]: Korrespondenz und Neuigkeiten. In: Hesperus. Oder Belehrung und Unterhaltung für die Bewohner des österreichischen Staates. Encyclopädische Zeitung für gebildete Leser. 1828, Nr. 186, 4. August, S. 742-744. Nr. 187, 5. August, S. 745-747. Nr. 188, 6. August, S. 749-752.

Anonymus [**B 46**]: Korrespondenz-Nachrichten. Graf Stanhope über Kaspar Hauser. In:

Morgenblatt für gebildete Stände. 1834, Nr. 101, Montag, 28. April, S. 404. Nr. 102, Dienstag, 29. April, S. 407 f. Nr. 103, Mittwoch, 30. April, S. 412.

Anonymus [**B 47**]: Literarischer Kriegscourier. Zur Ehrenrettung des ermordeten Hauser. In: Literarischer Hochwächter. Literatur- und Conversations-Zeitung für die Gebildeten im deutschen Volke. 1834, Nr. 5, Montag, 20. Januar, S. 19 f.

Anonymus [**B 48**]: Londen [Zu Peter von Hameln]. In: Neue Zeitungen von Gelehrten Sachen. 1726, Nr. 61, 1. August, S. 601

Anonymus [**B 49**]: Londen [Zu Peter von Hameln]. In: Neue Zeitungen von Gelehrten Sachen. 1726, Nr. 88, 4. November, S. 872 f.

Anonymus [**B 50**]: Lord Monboddo's Account of Peter The Wild Boy, formerly brought from the Woods of Germany [Zu Peter von Hameln]. In: The Gentleman's Magazine And Historical Chronicle. 1785, Bd. 55, Februar, S. 113 f.

Anonymus [**B 51**]: Merkwürdiges Leben und Begebenheiten eines in der Wildniß aufgewachsenen Mädchens. Frankfurt / Leipzig 1756 [*].

Anonymus [**B 52**]: Mord an Seele und Leib, verübt an dem unglücklichen Findling Kaspar Hauser. Nach mehren [!] authentischen Quellen bearbeitet. Zugabe zum "Fremdenblatt und täglichen Anzeiger" der Stadt Elberfeld. Elberfeld und Barmen. Januar 1834.

Anonymus [**B 53**]: Mr. Urban, Sept. 20 [Zu Peter von Hameln]. In: The Gentleman's Magazine And Historical Chronicle. 1785, Bd. 55, S. 851-853.

Anonymus [**B 54**]: [Nachrichten der Vossischen Zeitung über den Tod Hausers]. In: Königlich Privilegirte Berlinische Zeitung von Staats- und gelehrten Sachen [= Vossische Zeitung]. 1833, Nr. 299, 301, 302. 1834, Nr. 1, 5, 15, 20, 28, 34.

Anonymus [**B 55**]: Neueste Mittheilungen über Kaspar Hauser. In: Allgemeine Theaterzeitung und Originalblatt für Kunst, Literatur, Mode und geselliges Leben. 1832, Jg. 25, Nr. 36, S. 141 f. Nr. 37, 21. Februar, S. 145 f. Nr. 38, 22. Februar, S. 149 f. Nr. 39, 23. Februar, S. 153 f. Nr. 40, 25. Februar, S. 157.

Anonymus [**B 56**]: Saturday 30 [Zu Peter von Hameln]: In: The Gentleman's Magazine And Historical Chronicle. 1751, Bd. 21, November, S. 522.

Anonymus [**B 57**]: Skizze der bis jetzt bekannten Lebensmomente des merkwürdigen Findlings Caspar Hauser in Nürnberg. Mit der naturgetreuen Abbildung desselben, auf Stein gezeichnet von Fr. Hanfstengel, Zeichnungslehrer in München. Kempten 1830.

Anonymus [**B 58**]: Special-Relation von dem vermeynten wilden Mägdlein in Holland [Zu Anna Gennärt]. In: Sammlung von Natur- und Medicin-, wie auch hiezugehörigen Kunst- und Literatur-Geschichten so sich in Schlesien und anderen Ländern begeben. Von einigen Breslauischen Medicis. Herausgegeben von Johann Kanold. Breslau 1722, Oktober, Class. IV, Art. 10, S. 437-444.

Anonymus [**B 59**]: Stichwort "Hauser": In: Neuestes Conversationslexikon für alle Stände. Von einer Gesellschaft deutscher Gelehrten bearbeitet. Bd. 3: F.G.H. Leipzig 1834, S. 451 f.

Anonymus [**B 60**]: Stichwort "Hauser". In: Allgemeine deutsche Real-Encyklopädie für die gebildeten Stände. (Conversations-Lexikon). In zwölf Bänden. 8. Originalauflage. Bd. 5: H bis Iz. Leipzig [F. A. Brockhaus] 1834, S. 122-125.

Anonymus [**B 61**]: Stichwort "Hauser". In: Allgemeine deutsche Real-Encyklopädie für die gebildeten Stände. Conversations-Lexikon. Neunte Originalauflage. In funfzehn Bänden. Bd. 6: Gebler bis Heilsordnung. Leipzig [F. A. Brockhaus] 1844, S. 702 f.

Anonymus [**B 62**]: Stichwort "Hauser". In: Bilder-Conversations-Lexikon für das deutsche Volk. Ein Handbuch zur Verbreitung gemeinnütziger Kenntnisse und zur Unterhaltung. In vier Bänden. Bd. 2: F-L. Leipzig [F. A. Brockhaus] 1838, S. 343 f.

Anonymus [**B 63**]: Stichwort "Hauser". In: Conversations-Lexikon der neuesten Zeit und Literatur. In vier Bänden. Bd. 2: F-L. Leipzig [F. A. Brockhaus] 1833, S. 367-372.

Anonymus [**B 64**]: Stichwort "Historisch". In: Allgemeine deutsche Real-Encyclopädie für die gebildeten Stände. (Conversations-Lexicon.) In zehn Bänden. Sechste Original-Auflage. Bd. 4: G und H. Leipzig [F. A. Brockhaus] 1824, S. 751-753.

Anonymus [**B 65**]: Stichwort "Historisch". In: Allgemeine deutsche Real-Encyklopädie für die gebildeten Stände. Conversations-Lexikon. Neunte Originalauflage. In funfzehn Bänden. Bd. 7: Heim bis Juwelen. Leipzig [F. A. Brockhaus] 1845, S. 194 f.

Anonymus [**B 66**]: Stichwort "Mensch (wilder)". In: Grosses vollständiges Universal-Lexicon Aller Wissenschafften und Künste, Welche bishero durch menschlichen Verstand und Witz erfunden und verbessert worden (...) [Zedlers Universal-Lexicon]. Bd. 19: Ma. Halle / Leipzig 1739, Sp. 743 f.

Anonymus [**B 67**]: Stichwort "Poesie". In: Neuestes Conversationslexikon für alle Stände. Von einer Gesellschaft deutscher Gelehrten bearbeitet. Dritte Auflage. Bd. 6: P.Q.R. Leipzig 1836, S. 203-206.

Anonymus [**B 68**]: Stichwort "Poesie, poetisch, Poet". In: Allgemeine deutsche Real-Encyclopädie für die gebildeten Stände. (Conversations-Lexicon.) In zehn Bänden. Sechste Original-Auflage. Bd. 7: O bis Q. Leipzig [F. A. Brockhaus] 1824, S. 642-648.

Anonymus [**B 69**]: Stichwort "Roman". In: Allgemeine deutsche Real-Encyclopädie für die gebildeten Stände (Conversations-Lexicon). In zehn Bänden. Sechste Original-Auflage. Bd. 8: R bis Seer. Leipzig [F. A. Brockhaus] 1824, S. 362-372.

Anonymus [**B 70**]: Stichwort "Wilde Knabe (Hamelischer)". In: Grosses vollständiges Universal-Lexicon Aller Wissenschafften und Künste, Welche bishero durch menschlichen Verstand und Witz erfunden und verbessert worden (...) [Zedlers Universal-Lexicon]. Bd. 56: Wies-Wilk. Leipzig / Halle 1748, Sp. 785-792.

Anonymus [**B 71**]: Ueber Kaspar Hauser. In: Allgemeine Theaterzeitung und Originalblatt für Kunst, Literatur und geselliges Leben. 1830, Jg. 23, Nr. 139, 20. November, S. 567.

Anonymus [**B 72**]: Verschlossene Gruft [Rezension u. Erörterung zum Buch Leonhardts]. In: Der Spiegel. 1987, Nr. 40, 21. September, S. 252-254.

Anonymus [**B 73**]: Vie et Aventures de Gaspard Hauser. L'Idiot de Remberg. Légendes Populaires. Paris o. J. [1860].

Anonmyus [**B 74**]: Von dem Hamelischen wilden Jungen [Zu Peter von Hameln]. In: Sammlung von Natur- und Medicin-, wie auch hiezugehörigen Kunst- und Literatur-Geschichten so sich in Schlesien und anderen Ländern begeben. Von einigen Breslauischen Medicis. Herausgegeben von Johann Kanold. Breslau 1725, Dezember, Class. IV, Art. 8, § 1, S. 659 f.

Anonymus [**B 75**]: Von einem vermeyntlich wilden Mägdlein in Holland [Zu Anna Gennärt]. In: Sammlung von Natur- und Medicin-, wie auch hiezugehörigen Kunst- und Literatur-Geschichten so sich in Schlesien und anderen Ländern begeben. Von einigen Breslauischen Medicis. Herausgegeben von Johann Kanold. Breslau 1718, Januar, Class. IV, Art. III, § 1, S. 546-550.

Anonymus [**B 76**]: Von einem Weibs-Bilde, so man betrüglicher Weise für ein wildes Mensch ausgegeben [Zu Anna Gennärt]. In: Sammlung von Natur- und Medicin-, wie auch hiezugehörigen Kunst- und Literatur-Geschichten so sich in Schlesien und anderen Ländern begeben. Von einigen Breslauischen Medicis. Herausgegeben von Johann Kanold. Breslau 1722, August, Class. IV, Artic. 14, S. 209 f.

Anonymus [**B 77**]: Welthändel. In: Dorfzeitung. Jena 1834, Nr. 35, Sonnabend, 15. Februar, o. P.

Anonymus [**B 78**]: Wieder etwas von Kaspar Hauser. (Mit einem wohlgetroffenen Bildniß.). In: Allgemeine Theaterzeitung und Originalblatt für Kunst, Literatur und geselliges Leben. 1830, Jg. 23, Nr. 9, 21. Januar, S. 33 f.

Anonymus [**B 79**]: Wilder Knabe [Zu Peter von Hameln]. In: Sammlung von Natur- und Medicin-, wie auch hiezugehörigen Kunst- und Literatur-Geschichten so sich in Schlesien und anderen Ländern begeben. Von einigen Breslauischen Medicis. Herausgegeben von Johann Kanold. Erfurt 1726, April, Class. IV, S. 506 f.

Anonymus [**B 80**]: Zuverlässige Nachricht von dem bei Hameln gefundenen wilden Knaben. Wobei dessen seltsame Figur in Kupfer gestochen befindlich. o. O. 1726 [*].

Anonymus [A.B.] [**B 81**]: Schutzworte für den Nürnberger Findling Caspar Hauser, gegen die Schrift des Herrn Polizeirath Merker, von A.B. Mit Hausers Bildniß und fac simile. Berlin 1830.

Anonymus [Diez, Heinrich Friedrich von] [**B 82**]: Der Stand der Natur. Lemgo 1775.

Anonymus [Dr. J. F. H.] [**B 83**]: Caspar Hauser. In: Didaskalia. Blätter für Geist, Gemüth und Publizität. 1833, Nr. 135, 16. Mai, o. P.

Anonymus [Er. Bl.] [**B 84**]: Ein unaufgelöstes Räthsel [Zu Kunigunde Lechner]. In: Die Gartenlaube. Illustriertes Familienblatt. 1858, Nr. 2, S. 25-27. Nr. 3, S. 39-41. Nr. 4, S. 50-52.

Anonymus [F-b-ch, vermutlich Feuerbach, Eduard August] [**B 85**]: Ein Schreiben, in Bezug auf die Ermordung des Caspar Hauser. In: Didaskalia. Blätter für Geist, Gemüth und Publizität. 1834, Nr. 17, 17. Januar, o. P.

Anonymus [F.E.] [**B 86**]: Ein Seitenstück zu Kaspar Hauser. In: Hesperus. Oder Belehrung und Unterhaltung für die Bewohner des österreichischen Staates. Encyclopädische Zeitung für gebildete Leser. 1829, Nr. 11, Dienstag, 13. Januar, S. 41 f.

Anonymus [Füchsel, Georg Christian] [**B 87**]: Entwurf zu der ältesten Erd- und Menschengeschichte, nebst einem Versuch, den Ursprung der Sprache zu finden. Frankfurt / Leipzig 1773.

Anonymus [I. Fr. H.] [**B 88**]: Caspar Hauser. In: Allgemeiner Anzeiger und Nationalzeitung der Deutschen. 1832, Nr. 317, Montag, 19. November, Sp. 4141-4144.

Anonymus [I. M.] [d. i. Meyer, Julius] [**B 89**]: Kaspar Hausers Klagen. In: Unterhaltungsblatt zur Fränkischen Zeitung. 1885, Nr. 20, 24. Januar, S. 78 f.

Anonymus [K......] [**B 90**]: Caspar Hauser, wahrscheinlich ein Betrüger. In: Feierstunden für Freunde der Kunst, Wissenschaft und Literatur. 1834, Nr. 96, 12. Mai, S. 901-906. Nr. 97, 14. Mai, S. 909-911.

Anonymus [K.v.L.] [**B 91**]: Kaspar Hauser. In: Literarisches Centralblatt für Deutschland. 1887, Nr. 25, 18. Juni, Sp. 841.

Anonymus [Klüber, Johann Ludwig von] [**B 92**]: Korrespondenz-Nachrichten. Der Graf Stanhope und Kaspar Hauser. In: Morgenblatt für gebildete Stände. 1834, Nr. 123, 23. Mai, S. 491 f. Nr. 124, 24. Mai, S. 496.

Anonymus [von K.] [Fischer von Karlsruhe, d. i.: Leutnant Fischer, W., aus Karlsruhe] [**B 93**]: Kaspar Hauser. Seine Lebensgeschichte und der Nachweis seiner fürstlichen Geburt. Aus nunmehr zur Veröffentlichung bestimmten Papieren einer hohen Person. Von ....von K .... Regensburg [3]1883 [[1]1883].

Anonymus [Lang, Heinrich Ritter von] [**B 94**]: Bemerkungen über den Artikel "Kaspar Hauser" im "Conversations-Lexikon der neuesten Zeit und Literatur". In: Blätter für literarische Unterhaltung. Beilage. 1833, Nr. 5, 13. Mai, S. 549 f.

Anonymus [Lang, Heinrich Ritter von] [**B 95**]: Kaspar Hausersche Literatur. In: Jenaische Allgemeine Literatur-Zeitung. 1834, Jg. 30, Juni, Nr. 101, Sp. 321-328. Nr. 102,

Sp. 329-336. Nr. 103, Sp. 337-344. Nr. 104, Sp. 345-352. Nr. 105, Sp. 353-360. Nr. 106, Sp. 361-368.

Anonymus [Laube, Heinrich] [**B 96**]: Kaspar Hauser. In: Blätter für literarische Unterhaltung. 1832, Nr. 142, 21. Mai, S. 611 f. Nr. 312, 7. November, S. 1316.

Anonymus [Madame H....t] [d. i.: La Condamine, Charles Marie de] [**B 97**]: Histoire d'une Jeune Fille Sauvage, trouvée dans les Bois à l'âge de dix ans. Publiée par Madame H....t. Paris 1755.

Anonymus [Marschal, Michael Christian] [**B 98**]: Wunderliche Begebenheit von einer wilden Weibs-Person, welche in Antwerpen d. 5. May 1700, als sie ohngefehr 16. Monat alt gewesen, ihren Eltern von einer Frau entführet worden, und hat dieselbe beynahe das 18. Jahr erreichet; wie man sie in den Gebürgen oder Walde der Herren von Kranenberg wieder habhafft worden, nicht weit von der Stadt Schwoll, in Ober-Yssel. Antwerpen 1722 [*].

Anonymus [Mittermaier, Karl Joseph Anton] [**B 99**]: Korrespondenz-Nachrichten. Kaspar Hauser. In: Morgenblatt für gebildete Stände. 1834, Nr. 201, 22. August, S. 804. Nr. 202, 23. August, S. 807 f. Nr. 203, 25. August, S. 812. Nr. 204, 26. August, S. 816. Nr. 205, 27. August, S. 820. Nr. 228, 23. September, S. 912. Nr. 229, 24. September, S. 916. Nr. 230, 25. September, S. 919 f. Nr. 231, 26. September, S. 924. Nr. 232, 27. September, S. 927 f.

Anonymus [Oettel] [**B 100**]: Die wichtigsten Momente aus Caspar Hausers Leben, dessen Ermordung und der letzten Worte vor seinem Dahinscheiden. Mit Hausers Portrait in Crayon auf Stein 14 Tage vor seiner Ermordung treu nach dem Leben gezeichnet. Ansbach 1834.

Anonymus [de Pauw, Jan Cornelius] [**B 101**]: De l'Orang-Outang. In: ders.: Recherches Philosophiques sur les Américains, ou Mémoires intéressants pour servir à l'Histoire de l'Espece humaine. Par Mr. de P***. Bd. 2. Kleve 1772, S. 46-89.

Anonymus [Purmann, Johann Georg] [**B 102**]: Sitten und Meinungen der Wilden in America. Mit Kupfern. Frankfurt / a. M. 1777.

Anonymus [Seiler, Sebastian] [**B 103**]: Kaspar Hauser der Thronerbe von Baden. Paris 1840.

Anonymus [Städtisches Verkehrsamt Ansbach] [**B 104**]: Kaspar-Hauser-Woche. 13. bis 20. Juli 90. [Veranstaltungsheft] o. O. o. J. [Ansbach 1990].

Anonymus [S. W.] [**B 105**]: Was heißt hier Heimat? Zum Tode des Schriftstellers Hans Scholz. In: Frankfurter Allgemeine Zeitung. 1988, Nr. 281, 2. Dezember, S. 27.

Anonymus [W. C. Gr. A.] [d. i.: Albersdorf, Witwe Caroline Gräfin von = Caroline Albersdorf, geb. Graham] [**B 106**]: Kaspar Hauser oder Andeutungen zur Enthüllung mancher Geheimnisse über Hausers Herkunft, die Ursache seiner Gefangenhaltung und Ermordung, Zergliederung des mitgebrachten Briefes, Bezeichnung des Mörders, dann Beleuchtung der Verhältniße des Lord Stanhope's gegen Hauser und dessen nächsten Umgebung. Hrsg. von W.C.Gr.A. Regensburg 1837 [München ²1839].

Arnobius von Sicca: Arnobius sieben Bücher gegen die Heiden, ins Deutsche übersetzt von J. Alleken. Trier 1858.

Artaria, R.: Kaspar Hauser. In: Die Gartenlaube. Illustriertes Familienblatt. 1916, Nr. 38, S. 771-774. Nr. 39, S. 795 f.

Artin, Baron Alexander von: Kaspar Hauser. Des Räthsels Lösung! Von Baron Alexander von Artin. Mit dem Facsimile eines Briefes des Großherzogs Ludwig von Baden. Zürich ⁴1892 [¹1892].

Bapst, Edmond: A la Conquête du Trône de Bade. La Comtesse de Hochberg, La Grande-Duchesse Stéphanie, Gaspard Hauser. Paris 1930.

Ders.: Une Mère et son Fils. La Grande-Duchesse Stéphanie et Gaspard Hauser. Paris 1933.

Bartning, [Adolf]: Neues über Kaspar Hauser. Vortrag gehalten am 22. April 1927 von Rechtsanwalt Bartning (Hamburg) in der Hamburgischen Forensisch-Psychologischen Gesellschaft nebst einem Nachtrag. Ansbach [2]1928.

Bartning, Luise (Hg.): In Memoriam Adolf Bartning. Altes und Neues zur Kaspar-Hauser-Frage aus dem literarischen Nachlaß des Verstorbenen herausgegeben von Frau Luise Bartning. Ansbach 1930.

Beck, F.[ranz] W.[alter]: Kaspar Hauser der Nürnberger Findling. War er ein Sohn der Stephanie Beauharnais Pflegetochter Napoleons I. und Großherzogin von Baden? Kehl a. Rh. 1928.

Becker, Albert: Ein Speyerer Neujahrsbrief Kaspar Hausers. In: Pfälzisches Museum. Monatsschrift für heimatliche Altertumskunde, Geschichte, Kunst, Volkskunde und Literatur. 1909, Jg. 26, S. 81-84.

Bellemare, Pierre / Nahmias, Jean-Francois: Gaspard Hauser. In: dies.: Les Grands Crimes de l'Histoire. Bd. 1. o. O. 1984, S. 5-15.

Bender, Helmut: Einführung. In: ders. (Hg.): Kaspar Hauser. Beispiel eines Verbrechens am Seelenleben des Menschen. Von Anselm von Feuerbach. Neu herausgegeben und mit einer Einführung von Helmut Bender. Mit zeitgenössischen Abbildungen. Waldkirch 1981, S. 7-19.

Benjamin, Walter: Briefe. Hrsg. u. mit Anmerkungen versehen von Gershom Scholem und Theodor W. Adorno. Frankfurt 1966, Bd. 1, S. 30 f. u. S. 384-389 [Briefe an Herbert Belmore, 18. 7. 1911 u. Hugo von Hofmannsthal, 11. 6. 1925].

Ders.: Caspar Hauser [zwischen 1929 und 1932]. In: ders.: Aufklärung für Kinder. Rundfunkvorträge. Hrsg. von Rolf Tiedemann. Frankfurt / a. M. 1985, S. 118-124.

Bernheimer, Richard: Wild Men in the Middle Ages. A Study in Art, Sentiment, and Demonology. Cambridge (USA) 1952.

Biedermann, Rudolf: Marginalien zu Kaspar Hauser. In: Lazarus. Zeitschrift für Anthroposophie, Kunst und soziale Dreigliederung. 1987, Jg. 5, Nr. 3, S. 5 f. Nr. 5, S. 46. Jg. 6, 1988, Nr. 1, S. 5. Nr. 2, S. 37 f. Nr. 3, S. 50 [**].

Bien, Günther: Zum Thema des Naturstands im 17. und 18. Jahrhundert. In: Archiv für Begriffsgeschichte. 1971, Bd. 15, S. 275-298.

Bismarck, Fürst Otto von: Gedanken und Erinnerungen von Otto Fürst von Bismarck. Volks-Ausgabe. Bd. 1. Stuttgart / Berlin 1911 [[1]1889] [S. 320 f.].

Bitterli, Urs: Die "Wilden" und die "Zivilisierten": Grundzüge einer Geistes- und Kulturgeschichte der europäisch-überseeischen Begegnung. München 1976.

Blumenbach, Joh.[ann] Fr.[iedrich]: Vom HOMO sapiens ferus LINN. und namentlich vom Hamelschen wilden Peter. In: ders.: Beyträge zur Naturgeschichte von Joh. Fr. Blumenbach Prof. zu Göttingen. Zweyter Theil. Göttingen 1812, S. 11-44.

Blumenberg, Hans: Höhlenausgänge. Frankfurt / a. M. 1989.

Boehn, Max von: Die Mode. Menschen und Moden im neunzehnten Jahrhundert. 1818-1842. München [5]1924 [[1]1907] [S. 48 f.].

Bohn, Erich: Die occulten Fähigkeiten Kaspar Hauser's und ihre Erklärung. In: Psychische Studien. 1898, Jg. 25, H. 2. Februar, S. 86-90. H. 3, März, S. 138-141. H. 4, April, S. 184-189. H. 5, Mai, S. 235-239. H. 6, Juni, S. 282-289. H. 7, Juli, S. 334-343.

Br.[aun], J.: [Kaspar Hauser und kein Ende]. In: Die Grenzboten. 1887, S. 54-56.

Brecht, Walther: Hugo von Hofmannsthals "Ad me ipsum" und seine Bedeutung. In: Jahrbuch des freien deutschen Hochstifts Frankfurt am Main 1930, S. 319-353.

Breibeck, Otto: Kaspar Hauser. Der "Nürnberger Findling" - ein badischer Prinz? In: Bayernland. 1975, Jg. 77, Nr. 10/11, S. 33-54 [**].

Brezinka, Wolfgang: Verwilderte Kinder - Legende und Wirklichkeit. In: Die Sammlung. Zeitschrift für Kultur und Erziehung. 1958, Jg. 13, S. 521-531.

Broch, F. K. [d. i.: Kolb, Georg Friedrich]: Kaspar Hauser. Kurze Schilderung seines Erscheinens und seines Todes. Zusammenstellung und Prüfung des bis jetzt vorliegenden Materials über seine Abstammung; Mittheilung seither noch nicht veröffentlichter Thatsachen, und kritische Würdigung der Angaben von Feuerbach, Eschricht und der neuesten von Daumer. Von F. K. Broch. Zürich 1859.

Bröcking, Wilhelm: Das Rätsel der eisernen Maske und seine Lösung. Leipzig o. J. [^{2}1906] [^{1}1898].

Bruglocher, E.: Über Kaspar Hausers Todesart. Ärztliche Studie von Dr. E. Bruglocher. Ansbach 1928.

Brunner, E.: Kaspar Hauser? Graphologische, mikroskopische und mikrophotographische Handschriften-Untersuchung und Gutachten. In: Zeitschrift für Menschenkunde. Blätter für Charakterologie und angewandte Psychologie. 1930, Jg. 5, H. 6, März, S. 343-408.

Buffon, Georges-Louis Leclerc Comte de: Von der Art und Weise, die Naturgeschichte zu studiren und zu behandeln. In: ders.: Büffon's sämmtliche Werke, sammt den Ergänzungen, nach der Klassifikation von G. Cuvier. Einzige Ausgabe in deutscher Uebersetzung von H. J. Schaltenbrand. Allgemeine Gegenstände. Bd. 1. Köln 1837, S. 81-115.

Ders.: Vom Menschen. Von der Natur des Menschen. In: ders.: Büffon's sämmtliche Werke, sammt den Ergänzungen, nach der Klassifikation von G. Cuvier. Einzige Ausgabe in deutscher Uebersetzung von H. J. Schaltenbrand. Allgemeine Gegenstände. Bd. 4. Köln 1840, S. 102-111.

Ders.: Beyspiele einiger in der Wildniß aufgewachsenen Menschen. In: ders.: Herrn von Büffons allgemeine Naturgeschichte. Eine freye mit Anmerkungen vermehrte Uebersetzung. Teil 6. Berlin 1774, S. 263-296.

Camerarius, Philipp: Operae Horarum Subcisivarum sive Meditationes Historicae Auctiores quam antea edit (...). Centuria Prima. Frankfurt 1758 [S. 345 f.].

Cassirer, Ernst: Das Problem Jean Jacques Rousseau. In: Archiv für Geschichte der Philosophie. 1932, Bd. 41, S. 177-213 u. S. 479-513.

Cleveland, Duchess of [d. i.: Powlett, Catherine L. W.]: The True Story of Kaspar Hauser. From Official Documents. London / New York 1893.

Comenius, Johann Amos: Der Mensch muß zum Menschen erst gebildet werden. In: ders.: Grosse Didaktik. In neuer Übersetzung hrsg. von Andreas Flitner. Düsseldorf / München 1954 [1657], S. 45-49.

Condillac, Étienne Bonnot de: Abhandlung über die Empfindungen ["Traité de Sensations" 1754]. Auf der Grundlage der Übersetzung von Eduard Johnson neu bearbeitet, mit Einleitung, Anmerkungen und Literaturhinweisen versehen und hrsg. von Lothar Kreimendahl. Hamburg 1983.

Ders.: Die Logik oder Die Anfänge der Kunst des Denkens ["La Logique ou Les Premiers Développements de l'Art de Penser" 1780]. Hrsg. von Georg Klaus. Übersetzt von Erich Salewski. Berlin 1959.

Connor, Bernard: Evangelium Medici: Seu Medicina Mystica; De Suspensis Naturae Legibus, Sive de Miraculis (...). Jena 1706 [S. 132 f.].

Daumer, Georg Friedrich: Enthüllungen über Kaspar Hauser. Mit Hinzufügung neuer Belege und Documente und Mittheilung noch ganz unbekannter Thatsachen, namentlich zu dem Zwecke, die Heimath und Herkunft des Findlings zu bestimmen und die vom Grafen Stanhope gespielte Rolle zu beleuchten. Eine wider Eschricht und Stanhope gerichtete historische, psychologische und physiologische Beweisführung. Von G. Fr. Daumer, Hauser's ehemaligem Pflegevater und Erzieher. Frankfurt / a.M. 1859.

Ders.: Kaspar Hauser. Sein Wesen, seine Unschuld. Hrsg. und eingeleitet von Peter Tradowsky. Dornach (Schweiz) 1984 [Ungekürzter Nachdruck der Ausgabe Regensburg 1873 "Kaspar Hauser. Sein Wesen, seine Unschuld, seine Erduldungen und sein Ursprung in neuer, gründlicher Erörterung und Nachweisung. Mit einer Anzahl bisher noch unveröffentlichter Aufsätze, Nachrichten und Erklärungen gewichtvoller Beobachter, Zeugen und Sachkenner, namentlich auch zur Ergänzung des theils an sich mangelhaften, theils noch ungenügend und mit Weglassung relevanter Bestandtheile mitgetheilten Actenmaterials. Von G. Fr. Daumer, Professor"].

Ders.: Mitteilungen über Kaspar Hauser. Hrsg. und eingeleitet von Peter Tradowsky. Dornach (Schweiz) 1983 [Ungekürzter Nachdruck der Ausgabe Nürnberg 1832].

Ders.: Mittheilungen über Kaspar Hauser. Von Georg Fr. Daumer, Gymnasialprofessor, Hausers ehemaligem Pflegevater. Erstes und zweites Heft. Nürnberg 1832.

Davis, Kingsley: Extreme Social Isolation of a Child. In: The American Journal of Sociology. 1939/40, Bd. 45, Juli 1939 - Mai 1940, S. 554-565.

Ders.: Final Note on a Case of Extreme Isolation. In: The American Journal of Sociology. 1946/47, Bd. 52, Juli 1946 - Mai 1947, S. 432-437.

Demaison, André: Le Livre des Enfants Sauvages. Paris 1953.

Denis, Ferdinand / Chauvin, Victor: Les vrais Robinsons, naufrages, solitudes, voyages. Paris 1863 [*].

Dennis, Wayne: The Significance of Feral Man. In: The American Journal of Psychology. 1941, Bd. 54, S. 425-432.

Ders.: A Further Analysis of Reports of Wild Children. In: Child Development. 1951, Bd. 22, Nr. 2, Juni, S. 153-158.

Diderot, Denis: Brief über die Blinden. Zum Gebrauch für die Sehenden. Mit einem Nachtrag ["Lettre sur les aveugles à l'usage de ceux qui voient" 1749]. In: ders.: Philosophische Schriften. Hrsg. u. übersetzt von Theodor Lücke. 2 Bde. Bd. 1. Berlin DDR 1961, S. 50-110.

Ders.: Nachtrag zu "Bougainvilles Reise" oder Gespräch zwischen A. und B. über die Unsitte, moralische Ideen an gewisse physische Handlungen zu knüpfen, zu denen sie nicht passen. Um 1775. In: ders.: Philosophische Schriften. Hrsg. u. übersetzt von Theodor Lücke. 2 Bde. Bd. 2. Berlin (Ost) 1961, S. 195-237.

Eck, Friedrich: Die langjährige unterirdische Haft zweier Kinder, nach den mündlichen Mittheilungen eines derselben als Beitrag und Aufforderung zur Enthüllung dieses düsteren Geheimnisses veröffentlicht von Friedrich Eck, Lehrer an der Volksschule zu Offenbach a. M. Frankfurt a. M. 1856.

Eliade, Mircea: Die Sehnsucht nach dem Ursprung. Von den Quellen der Humanität. Wien 1973 [Amerikanische Originalausgabe unter dem Titel "The Quest" Chicago 1969].

Engel, Eduard: Bei Kaspar Hauser's Pflegebruder Julius Meyer (1835-1913). In: ders.: Menschen und Dinge. Aus einem Leben. Leipzig 1929, S. 79-84.

Ders.: Der Kaspar Hauser-Schwindel eine deutsche Geistesschande. Nachlese zum Hauserwahn. In: Der Hochwart. 1932, Jg. 2, H. 3, S. 142-152.

Eschricht, Daniel Friedrich: Unverstand und schlechte Erziehung. Vier populäre Vorlesungen über Kaspar Hauser von Dr. Daniel Friedrich Eschricht, Königlich Dänischem Etatsrath und Professor der Physiologie an der Universität in Kopenhagen. Berlin 1857.

Eulenberg, Herbert: Anselm Feuerbach, der Strafrechtslehrer, der Alte. Versuch einer Selbstbeschreibung. In: ders.: Die Familie Feuerbach. In Bildnissen. Stuttgart 1924, S. 7-43.

Evans, Elizabeth E.: The Story of Kaspar Hauser from Authentic Records. London 1892.

Fein C. F.: Copiam eines Schreibens des ietzigen Herrn Burgerm. Palm zu Hameln an den Herrn Commissarium Burchardi bei dem Königlichen Berg-Comtoir wegen des bei Hameln gefundenen Knaben. In: ders.: Die entlarvte Fabel vom Ausgange der Hämelschen Kinder, Eine nähere Entdekkung der dahinter verborgenen wahren Geschichte. Nebst Beylagen. Hannover 1749, S. 36-40.

Ferrari, Oreste: Il Mistero di Kaspar Hauser (1828-1833). Verona 1933.

Feuerbach, [Paul Johann Anselm Ritter von]: Biographischer Nachlaß. Veröffentlicht von seinem Sohn Ludwig Feuerbach. 2 Bde. in einem Bd. Aalen 1973 [Neudruck der Ausgabe Leipzig ^{2}1853 "Anselm Ritter von Feuerbach's weiland königl. bayer'schen wirkl. Staatsraths und Appellationsgerichts-Präsidenten Biographischer Nachlaß. Veröffentlicht von seinem Sohne Ludwig Feuerbach" (^{1}1852)].

Ders.: Einige wichtige Actenstücke den unglücklichen Findling Caspar Hauser betreffend. Zur Berichtigung des Urtheils des Publicums über denselben mitgetheilt von Herrn Staatsrath und Appellationsgerichts-Präsidenten von Feuerbach in Ansbach für Hitzigs Annalen der deutschen und ausländischen Criminalrechtspflege und daraus besonders abgedruckt. Berlin 1831.

Ders.: Erkenntnisse über Kaspar Hauser. Mit Nachwort und Auswahl-Bibliographie von Armin Forker. Reprint der Originalausgabe 1832 ergänzt durch Briefe aus A. Feuerbachs bibliographischem Nachlaß 1853 nach den Exemplaren der Universitätsbibliothek Leipzig. Leipzig 1983.

Ders.: Kaspar Hauser. Beispiel eines Verbrechens am Seelenleben des Menschen von Anselm Ritter von Feuerbach. Ansbach 1832.

Ders.: Merkwürdige Verbrechen. In Auswahl herausgegeben von Wilhelm Scholz. 2 Bde. München / Leipzig 1913 [Gießen ^{1}1808/11 unter dem Titel "Merkwürdige Kriminalrechtsfälle, vorgetragen und herausgegeben von Dr. Paul Joh. Anselm Feuerbach"].

Flake, Otto: Kaspar Hauser. Vorgeschichte, Geschichte, Nachgeschichte. Mannheim o. J. [1950] [Neudruck Frankfurt ^{2}1989].

Fontenelle, [Bernard de Bouvoir de]: De l'Origine des Fables (1724). Edition critique avec une introduction, des notes, et un commentaire. Thèse complémentaire pour le doctorat ès lettres à la Faculté des Lettres de l'Université de Paris par J.-R. Carré. Paris 1932.

Formey, [Johann Heinrich Samuel]: Abhandlung über den Ursprung der Gesellschaft und der Sprache wie auch über das Lehrgebäude der Ersetzung aus dem Französischen des Herrn Formey übersetzt. Berlin 1763.

Forster, Georg: Cook der Entdecker [1787]. In. ders.: Georg Forster's sämmtliche Schriften. Hrsg. von dessen Tochter und begleitet mit einer Charakteristik Forster's von G. G. Gervinus. In neun Bänden. Bd. 5: Kleine Schriften. Zweiter Theil. Leipzig 1843, S. 60-172.

Frey, J.[ohann] M.[artin]: Geheimnißvolle Geschichte des Caspar Hauser. Seine Erziehung, Verfolgung und Ermordung. Nach den besten und authentischen Quellen bearbeitet und zusammengetragen, nebst Hindeutung auf die Beurtheilung des verstorbenen Hrn. v. Feuerbach von J. M. Frey, Dr. Mit zwey Abbildungen in Steindruck. Berlin 1834.

Fuhrmann, [Johann Simon Heinrich]: Kaspar Hauser's Confirmationsfeier am 20. May 1833 in der St. Gumpertuskirche dahier gehalten und auf vielseitiges Verlangen dem Drucke übergeben von H. Fuhrmann III. Pfarrer an genannter Kirche. Ansbach 1833.

Ders.: Kaspar Hauser. Beobachtet und dargestellt in der letzten Zeit seines Lebens von seinem Religionslehrer und Beichtvater H. Fuhrmann, K.B. III. Pfarrer bei St. Gumbertus zu Ansbach. Ansbach 1834.

Ders.: Trauerrede bei der am 20. Dezember 1833 erfolgten Beerdigung des am 14. desselben Monats meuchlings ermordeten Kaspar Hauser, gehalten und nur auf vielseitiges Verlangen herausgegeben von H. Fuhrmann, Königl. III. Pfarrer bei St. Gumbert in Ansbach. Ansbach 1833.

Gärtner, Georg: Kaspar Hauser. Nach geschriebenen und gedruckten Quellen. Nürnberg 1925.

Garnier, Joseph Heinrich: Einige Beiträge zur Geschichte Caspar Hausers, nebst einer dramaturgischen Einleitung von Joseph Heinrich Garnier. Straßburg 1834.

Gesell, Arnold L.: Wolf Child and Human Child. The Life History of Kamela, the Wolf Girl. London 1941.

Giehrl, Rudolph: Kaspar Hauser der ehrliche Findling als Widerlegung der Polizeirath Merker'schen Schrift: "Kaspar Hauser, nicht unwahrscheinlich ein Betrüger" von Rudolph Giehrl, Königl. Kreis- und Stadtgerichts-Raths-Accessist in Nürnberg. Mit Hausers Bild und Fac-simile. Nürnberg 1830.

Glossy, Karl: Literarische Geheimberichte aus dem Vormärz. In: Jahrbuch der Grillparzer Gesellschaft. Hrsg. von Karl Glossy. 1912, Jg. 21, S. 1-153. Jg. 22, S. 1-366. Jg. 23, S. 1-300.

Goethe, Johann Wolfgang von: Briefwechsel zwischen Goethe und Knebel (1774-1832). Hrsg. von G. E. Guhrauer. Zweiter Theil. Leipzig 1851 [S. 360].

Grawe, Chr.: Stichwort "Naturmensch". In: Ritter, Joachim (Hg.): Historisches Wörterbuch der Philosophie. Bd. 6: Mo-O. Bern / Stuttgart 1984, Sp. 533-535.

Grunelius-Schacht, Sonja von: Caspar Hauser. Mon cher. Der namenlose Prinz. Stuttgart 1975.

Gut, Taja: "Der Kampf mit dieser Welt ist einmal mein Amt und mein Beruf". Versuch über Georg Friedrich Daumer und seine Begegnung mit Kaspar Hauser. In: Kaspar Hauser. Das Kind Europas. Halbjahresschrift für individuelle und permanente Evolution. 1983, Jg. 2, Nr. 2, September, S. 15-33.

Dies.: "Ich hab' mich immer als der einzelne empfunden". Gespräch mit dem Kaspar Hauser-Forscher Hermann Pies. In: Kaspar Hauser. Das Kind Europas. Halbjahresschrift für individuelle und permanente Evolution. 1983, Jg. 2, Nr. 2, September, S. 34-36.

Guth, Franz Jospeh: Kaspar Hauser. Eine kriminal-historische Studie. o. O. o. J. [Regensburg 1967] [Selbstverlag des Verfassers].

Gutzkow, Karl: Biographien. Nr. 14: Mittheilungen über Kaspar Hauser. Von G. F. Daumer. Erstes Heft. Nürnberg, Haubenstricker, 1832 [Rezension]. In: Morgenblatt für gebildete Stände. Literatur-Blatt auf das Jahr 1832. 1832, Nr. 23, 2. März, S. 91 f.

Ders.: Briefe von Karl Gutzkow (1851-1870). In: Deutsche Dichtung. Hrsg. von Karl Emil Franzos. 1901/02, Bd. 31, Oktober 1901 bis März 1902, S. 35-42, S. 76-79, S. 98-102.

Ders.: Rückblicke auf mein Leben. In: ders.: Gutzkows Werke. Hrsg. von Peter Müller. Kritisch durchgesehene und erläuterte Ausgabe. Bd. 4. Leipzig / Wien o. J. [S. 166 u. S. 430].

Haeckel, Ernst: Die Welträthsel. Gemeinverständliche Studie über Monistische Philosophie. Von Ernst Haeckel. Bonn [2]1899 [[1]1899].

Haffter, C.: Philosophische Spekulationen und die Wolfs- und Wildkinder. In: Acta paedopsychiatrica. Zeitschrift für Kinderpsychologie. 1971, Jg. 38, S. 354-361 [**].

Handke, Peter: Ich bin ein Bewohner des Elfenbeinturms. In: ders.: Ich bin ein Bewohner des Elfenbeinturms. Frankfurt / a. M. ^{7}1981 [^{1}1972], S. 19-28.

Hansjakob, Heinrich: Verlassene Wege. Tagebuchblätter. Stuttgart o. J. [1902] [S. 72 f.].

Heine, H.: Reisetage in Ansbach. In: Die Bergstadt. Monatsblätter. 1919, Jg. 7, H. 11, August, S. 313-322.

Heine, Th. Th.: Jubiläen im Jahre 1926. In: Simplicissimus. 1926, Jg. 189, Nr. 10, Sonntag, 10. Januar, S. 2.

Hermodsson, Lars: Sprache und Isolierung. Über Kaspar Hauser und andere von der Gesellschaft ausgeschlossene Kinder. In: Spracherwerb und Mehrsprachigkeit. Language Acquisition and Multilingualism. Festschrift für Els Oksaar zum 60. Geburtstag. Hrsg. von Brigitte Narr u. Hartwig Wittje, Tübingen o. J. [Sonderdruck] [**].

Hemsterhuis, Francois: Alexis oder vom goldenen Zeitalter [1787]. In: ders.: Philosophische Schriften. Hrsg. von Julius Hilß. Bd. 2. Karlsruhe / Leipzig 1912, S. 217-288.

Herder, Johann Gottfried: Johann Gottfried Herders älteste Urkunde des Menschengeschlechts. Eine nach Jahrhunderten enthüllte heilige Schrift [1774-1776]. Hrsg. durch Johann Georg Müller. [Johann Gottfried v. Herder's sämmtliche Werke. Zur Religion und Theologie. Fünfter bis siebter Theil]. Stuttgart / Tübingen 1827/28.

Ders.: Ideen zur Philosophie der Geschichte der Menschheit [1784-1791]. In: ders.: Sämtliche Werke. Hrsg. von Bernhard Suphan. Bd. 13. Darmstadt 1967 [Reprographischer Nachdruck der Ausgabe Berlin 1887].

Hertslet, W.[illiam], L.[ewis]: Der Treppenwitz der Weltgeschichte. Geschichtliche Irrtümer, Entstellungen und Erfindungen gesammelt von W.L. Hertslet. Siebte, verbesserte und vermehrte Auflage bearbeitet von F. Helmolt. Berlin ^{7}1909 [^{1}1882] [S. 328-331]

Hesse, G.[ünter]: Die Krankheit Kaspar Hauser. Zugleich Bemerkungen zu E. Nau und D. Cabanis, "Kaspar-Hauser-Syndrom", Münch. med. Wschr. 198 (1966) 17, 929-931. In: Münchener medizinische Wochenschrift. 1967. 109, S. 156-163.

Ders.: Geschichte der Medizin. Kaspar Hauser und sein Schlüssel. Traktat über die vor Nürnberg angewendeten antiepileptischen Therapie-Versuche durch Mittel der Volksmedizin. In: Deutsches Ärzteblatt. 1984, Nr. 6, 10. Februar, S. 365-368.

Ders.: Kaspar Hauser [Leserbrief]. In: Die Welt. 1990, Nr. 33, Donnerstag, 8. Februar, S. 8.

Ders.: Kaspar Hauser - das epileptische Kind einer Tiroler Dienstmagd. Neurologe Günter Hesse: Alle Rätsel sind gelöst, mit medizinischen Indizien. In: Ärzte Zeitung. 1989, Nr. 86, Freitag/Samstag, 12./13. Mai, S. 22 f.

Ders.: Zum Mythos Kaspar Hauser. Der "angeschüttete Motschär" aus Tirol. In: Deutsches Ärzteblatt. 1989, Jg. 86, H. 14, A, 6. April, S. 976 f.

Heusinger, Joh. Heinr. Gottl.: Kaspar Hauser, der Menschenfreund. In: ders. (Hg.): Besuche bei Todten und Lebenden. Hrsg. von D. Joh. Heinr. Gottl. Heusinger, Königl. Sächs. Professor. Leipzig 1834, S. 1-62.

Heyer, Karl: Kaspar Hauser und das Schicksal Mitteleuropas im 19. Jahrhundert. Stuttgart ^{3}1983 [^{1}1958].

Hißmann, Michael: Anleitung zur Kenntniß der auserlesenen Litteratur in allen Theilen der Philosophie. Göttingen / Lemgo 1778

Hitzig, [Julius Eduard] [Hg.]: Caspar Hauser. In: Annalen der deutschen und ausländischen Criminal-Rechts-Pflege. Hrsg. von dem Criminal-Director Hitzig in Berlin. 1830, Bd. 2, S. 434-458.

Ders.: Caspar Hauser. In: Annalen der deutschen und ausländischen Criminal-Rechts-Pflege. Hrsg. von dem Criminal-Director Hitzig in Berlin. 1830, Bd. 3, S. 449-454.

Ders.: Caspar Hauser. In: Annalen der deutschen und ausländischen Criminal-Rechts-Pflege. Hrsg. von dem Criminal-Director Hitzig in Berlin. 1831, Bd. 1, S. 411-444.

Hochhuth, Rolf: Rolf Hochhuth, Kaspar Hauser und die ermordeten Kinder. In: Die Welt. 1990, Nr. 18, Montag, 22. Januar, S. 19.

Ders.: Klabund, Kaspar Hauser. In: Hörzu. 1990, Nr. 36, 8. - 14. September, S. 91.

Hörisch, Jochen (Hg.): Ich möchte ein solcher werden wie ... Materialien zur Sprachlosigkeit des Kaspar Hauser. Frankfurt / a. M. 1979 [²1985; ³1990].

Ders.: Sonderling oder Agent? Eine Biographie Lord Stanhopes, des "Pflegevaters" von Kaspar Hauser. In: Frankfurter Allgemeine Zeitung. 1988, Nr. 184, Mittwoch, 10. August, S. 20.

Hofmann, H.: Stichwort "Naturzustand". In: Ritter, Joachim (Hg.): Historisches Wörterbuch der Philosophie. Bd. 6: Mo-O. Bern / Stuttgart 1984, Sp. 653-658.

Hofmannsthal, Hugo von: Anselm von Feuerbach. Geist des Strafgesetzbuches von 1813. In: ders. (Hg.): Deutsches Lesebuch. München ²1926, S. 132-137.

Ders.: Der Dichter und diese Zeit [1906/07]. In: ders.: Gesammelte Werke in Einzelausgaben. Hrsg. von Herbert Steiner. Prosa II. Frankfurt / a. M. 1959, S. 229-258.

Hohenlohe, Alexander von: Aus meinem Leben. Frankfurt / a. M. 1925 [S. 84 f.].

Hohlenberg, Johannes E.: Kaspar Hauser. En Sjaels Tragedie. Kopenhagen 1923.

Horn, Wilhelm: Reisen durch Deutschland, Ungarn, Holland, Italien (...). Bd. 1. Berlin 1831 [S. 138].

Houben, Heinrich Hubert: Gutzkow-Funde. Beiträge zur Litteratur- und Kulturgeschichte des neunzehnten Jahrhunderts von Dr. Heinrich Hubert Houben. Berlin 1901.

Hübner, Paul: Der Rhein. Von den Quellen bis zu den Mündungen. Frankfurt / a. M. 1974 [S. 164].

Iselin, Isaak: Isaak Iselin über die Geschichte der Menschheit. Neue und verbesserte Auflage. 2 Bde. Zürich 1768.

Itard, Jean: Gutachten über die ersten Entwicklungen des Victor von Aveyron (1801) u. Bericht über die Weiterentwicklung des Victor von Aveyron (1806). In: Malson, Lucien / Itard, Jean / Mannoni, Octave: Die wilden Kinder. Frankfurt / a. M. 1972, S. 105-220.

Jahoda, Marie: Der Wilde von Aveyron. In: Arbeiter-Zeitung. Zentralorgan der Sozialdemokratie Deutschösterreichs. 1930, Jg. 43, Nr. 63, Mittwoch, 5. März, S. 5.

Jung, Johann Heinrich [Jung-Stilling]: Theorie der Geister-Kunde, in einer Natur- Vernunft- und Bibelmäßigen Beantwortung der Frage: Was von Ahnungen, Gesichten und Geistererscheinungen geglaubt und nicht geglaubt werden müßte. Von Dr. Johann Heinrich Jung genannt Stilling Großherzoglich Badenscher Geheimer Hofrath. Mit einem Titelkupfer. Nürnberg 1808.

Kalshoven-Biermans, E.: Kaspar Hauser. Romantische Geschiedenis Del III. Zalt-Bommel 1924.

Kant, Immanuel: Muthmaßlicher Anfang der Menschengeschichte [1786]. In: ders.: Kants Werke. Akademie-Textausgabe. Unveränderter photomechanischer Abdruck des Textes der von der Preußischen Akademie der Wissenschaften 1902 begonnenen Ausgabe von Kants gesammelten Schriften. Bd. 8: Abhandlungen nach 1781. Berlin 1968, S. 107-123.

Ders.: Recension von Moscatis Schrift: Von dem körperlichen wesentlichen Unterschiede zwischen der Structur der Thiere und Menschen. In: Kants Werke. Akademie-Textausgabe. Unveränderter photomechanischer Abdruck des Textes der von der Preußischen Akademie der Wissenschaften 1902 begonnenen Ausgabe von Kants gesammelten Schriften. Bd. 2: Vorkritische Schriften II. 1757-1777. Berlin 1968, S. 421-425.

Kaspar. Zeitschrift über den Umgang mit Literatur. Hrsg. vom Redaktionskollektiv Kaspar. 1978, Jg. 1, Nr. 1.

Kaspar Hauser. Das Kind Europas. Halbjahresschrift für menschengemässe Kultur. Bd. 1. Zürich 1982.

Kerner, Justinus: Blätter aus Prevorst. Dritte Sammlung. Karlsruhe 1832.

Keyserlingk, Johanna Gräfin von: Bilder und Studien aus dem Nachlaß. Kaspar Hauser. Lord Stanhope. Die Rettung des Sohnes. Hrsg. von Adalbert Graf von Keyserlingk. Dornach (Schweiz) 1986.

Kieser, D. G.: System des Tellurismus oder Thierischen Magnetismus. Ein Handbuch für Naturforscher und Aerzte, von Dr. D. G. Kieser, Hofrath und Professor zu Jena. Mit 2 Kupfertafeln. 2 Bde. Leipzig 1822.

Kircher, Athanasius: China Monumentis, Qua Sacris quà Profanis, Nec non variis Naturae & Artis Spectaculis, Aliarumque rerum memorabilium Argumentis Illustrata, Auspiciis Lepoldi Primi, Roman. Imper. Semper Augusti, Munificentißimi Mecaenatis. Amsterdam 1667 [Nachdruck Frankfurt / a. M. 1966] [S. 194 f.].

Kisch, Egon Erwin: Der Kaspar Hauser unter den Nationen. In: ders.: Nichts ist erregender als die Wahrheit. Reportagen aus vier Jahrzehnten. 2 Bde. Bd. 2. Köln 1979, S. 197-203.

Klee, Fritz: Neue Beiträge zur Kaspar Hauser-Forschung. Nürnberg o. J. [1929].

Kluncker, Karlhans: Georg Friedrich Daumer und Kaspar Hauser. In: Castrum Peregrini. 1984, Jg. 33, H. 164/65, S. 41-58.

Ders.: Georg Friedrich Daumer. Leben und Werk 1800-1875. Bonn 1984.

Knorr-Anders, Esther: Also war er doch der Erbprinz. Ulrike Leonhardt überprüfte alle Spuren des Kaspar Hauser. In: Die Zeit. 1987, Nr. 37, 4. September [P.?].

Dies.: Hier also war es. Auf Kaspar Hausers Wegen durch Ansbach. In: Die Zeit. 1989, Nr. 25, 16. Juni, S. 73.

Koenig, Heinrich Conrad: Schediasma de Hominum inter Feras Educatorum Statu Naturali Solitario. Existentia Status Indubitatis Exemplis Probatur, Indoles Eiusdem Explicatur, Illustratur, Denique Usus In Iurisprudentia Naturali Ostenditur. Hannover 1730.

Kohl, Karl-Heinz: Entzauberter Blick. Das Bild vom Guten Wilden. Frankfurt / a. M. 1986 [Berlin ^{1}1981].

Kolb, G.[eorg] Friedrich: Kaspar Hauser. Aeltere und neue Beiträge zur Aufhellung der Geschichte des Unglücklichen von G. Friedrich Kolb. Regensburg 1883.

Kollert, Günter: Kaspar Hauser. Mito - Misterio - Mission. Esbozo biográfico basado en una selección de textos documentarios. Serie Religion y Cultura Nr. 1. Sao Paulo o. J. [1986].

Kraft, Jens: Die Sitten der Wilden, zur Aufklärung des Ursprungs und Aufnahme der Menschheit. Aus dem Dänischen übersetzt. Kopenhagen 1766.

Kramer, Kurt: Kaspar Hauser. Kein Rätsel unserer Zeit. Historischer Report über ein Schicksal zwischen den Mahlsteinen der Politik. Ansbach 1978.

Krauss, Werner: Zur Anthropologie des 18. Jahrhunderts. Die Frühgeschichte der Menschheit im Blickpunkt der Aufklärung. Hrsg. von Hans Kortum u. Christa Gobrisch. Wien 1979 [Berlin DDR ^{1}1978].

Kreppel, Otmar: Fragen an und über Kaspar Hauser. In: Heimatblätter für Ansbach und Umgebung. 1929, Jg. 5, Nr. 3, März, S. 13-15.

Kühner, C.: Die Geheimnisvollen im Schlosse zu Eisenhausen. In: Bülau, Friedrich (Hg.): Geheime Geschichten und räthselhafte Menschen. Sammlung verborgener oder vergessener Merkwürdigkeiten. Hrsg. von Friedrich Bülau. Bd. 4. Leipzig ^{2}1863 [^{1}1852], S. 1-121.

Kühnert, Hanno: Junge aus Tirol. Ein Karlsruher Neurologe sieht das Rätsel um den Findling gelöst. In: Die Zeit. 1989, Nr. 10, 3. März [P.?].

Küper, Wilfried: Das Verbrechen am Seelenleben. Feuerbach und Kaspar Hauser in strafrechtsgeschichtlicher Betrachtung. Heidelberg 1991.

Kunze, Wilhelm: Mythos Gestalt und Schicksal von Kaspar Hauser. Nürnberg / Leipzig o. J. [1931].

Lafitau, Joseph-François: Die Sitten der amerikanischen Wilden im Vergleich zu den Sitten der Frühzeit. Neudruck der 1. Abt. von Bd. 1 der 1752 in Halle bei Johann Justinus Gebauer erschienenen u. von Siegmund Jacob Baumgarten hrsg. zweibd. Ausg. "Allgemeine Geschichte der Länder und Völker von America". Hrsg. u. kommentiert von Helmut Reim. Weinheim 1987.

Lakies, Holger / Lakies-Wild, Gisela: Das Phänomen. Entwicklungspsychologisch bedeutsame Fakten des Hauser-Mysteriums. Ansbach 1978.

La Mettrie, Julien Offray de: Traité de l'Ame. In: ders.: Oeuvres Philosophiques. London 1751, S. 186-208.

Lane, Harlane: Das wilde Kind von Aveyron. Der Fall des Wolfsjungen. Frankfurt / a. M. / Berlin / Wien 1985 [Amerikanische Originalausgabe 1976 unter dem Titel "The Wild Boy of Aveyron"].

Lang, Adolf: Kaspar Hauser - Europas Findelkind. Informationsblatt Markgrafenmuseum Ansbach. o. O. o. J.

Lang, Andrew: The Mystery of Kaspar Hauser: The Child of Europe. In: ders.: Historical Mysteries. By Andrew Lang. London 1904, S. 118-142.

Lang, Heinrich Ritter von: Kaspar Hauser. In: Didaskalia. Blätter für Geist, Gemüth und Publizität. 1834, Nr. 16, 16. Januar, o. P.

Langer, Joh.: Beleuchtung des neuesten Urtheils über Kaspar Hauser. In: Allgemeine Theaterzeitung und Originalblatt für Kunst, Literatur, Musik, Mode und geselliges Leben. 1834, Jg. 27, Nr. 19, 27. Januar [P.?].

Laur, E.: Ein französischer Caspar Hauser. In: Die Gartenlaube. Illustriertes Familienblatt. 1876, Nr. 8, S. 133-135.

Leber, Aloys: Der Wilde von Aveyron und sein Lehrer. Oder die Illusion eines Lernens ohne Affektbeteiligung. In: Kindheit. Zeitschrift zur Erforschung der psychischen Entwicklung. 1981, Jg. 3, H. 1, März, S. 27-39.

Leonhardt, Ulrike: Prinz von Baden genannt Kaspar Hauser. Eine Biographie. Reinbek bei Hamburg 1987.

Lepenies, Wolf: Das Ende der Naturgeschichte. Wandel kultureller Selbstverständlichkeiten in den Wissenschaften des 18. und 19. Jahrhunderts. München / Wien 1976.

Ders.: Zum Ursprung bürgerlicher Melancholie. Deutschland im 18. Jahrhundert. In: ders.: Melancholie und Gesellschaft. Frankfurt / a. M. 1972 [Frankfurt / a. M. ^{1}1969], S. 79-117.

Leube, Dietrich: Sonntag um Sechs. Das Kind von Europa - Kaspar Hauser. Von Dietrich Leube. o. O. o. J. [Typoskript der Sendung durch den Bayerischen Rundfunk vom 7. 8. 1977 - 18.00 - 19.49. B II] [Stadtarchiv Nürnberg].

Lévi-Strauss, Claude: Das versteckte Kind. In: ders.: Mythologica IV. Der nackte Mensch 1. Frankfurt / a. M. 1975 [Französische Originalauflage unter dem Titel "Mythologiques IV. L'homme nu" Paris 1971], S. 25-48.

Ders.: Natur und Kultur. In: ders.: Die elementaren Strukturen der Verwandtschaft. Übersetzt von Eva Moldenhauer. Frankfurt / a. M. 1981 [Originalausgabe unter dem Titel "Les Structures Elémentaires de la Parenté" Paris 1949], S. 45-56.

Ders.: Das wilde Denken. Frankfurt / a. M. ^{7}1989 [^{1}1973] [Französische Originalausgabe unter dem Titel "La pensée sauvage" 1962].

Lewerer, Johann Jacob: Merkwürdige Geschichte von einem jungen Menschen, der nach Nürnberg gekommen und sich daselbst befindet. o. O. o. J. [1828] [Einblattdruck. Stadtarchiv Nürnberg] [Abbildung in Mayer / Tradowsky, S. 345].

Linde, Antonius von [! van, B.W.] der: Kaspar Hauser. Eine neugeschichtliche Legende von Antonius von der Linde. 2 Bde. Wiesbaden 1887.

Ders.: Zum Kaspar-Hauser-Schwindel. I. Die älteste (noch ungedruckte) "Selbstbiographie". (Als Manuskript gedruckt.). Wiesbaden 1888.

Ders.: Zum Kaspar-Hauser-Schwindel. II. Die gewonnene Schlacht. (Nicht im Handel.). Wiesbaden 1888.

Linné, Carl von: Caroli Linnaei (...) Systema Naturae Per Regna tria Naturae, secundum Classes, Ordines, Genera, Species cum Characteribus, Differentiis, Synonymis, Locis. Bd. 1. Stockholm ^{10}1758 [^{13}1788].

Ders.: Des Ritters von Carl von Linné Königlich Schwedischen Leibarztes ec. ec. vollständiges Natursystem nach der zwölften lateinischen Ausgabe und nach Anleitung des holländischen Houttunnischen Werks mit einer ausführlichen Erklärung ausgefertiget von Philipp Ludwig Satius Müller Prof. der Naturgeschichte zu Erlang und Mitglied der Röm. Kais. Akademie der Naturforscher ec. Erster Theil. Von den säugenden Thieren. Mit 32. Kupfern. Nürnberg 1773 [S. 85-88].

Lockhart, J. G.: The Foundling of Nuremberg. In: ders.: Here are Mysteries. By J. G. Lockhart. London 1927, S. 191-223.

Lutz, Jakob: Einleitung - Nachwort. In. Itard, Jean: Victor. Das Wildkind vom [!] Aveyron. Mit Einleitung und Nachwort von Prof. Dr. med. Jakob Lutz. Zürich / Stuttgart 1965, S. 5 f. u. S. 135-158.

Malson, Lucien / Itard, Jean / Mannoni, Octave: Die wilden Kinder. Frankfurt / a. M. 1972 [Französische Originalausgabe unter dem Titel "Les enfants sauvages, Mythe et Réalité" 1964].

Maltzan, Heinrich Freiherr von: Ein arabischer Kaspar Hauser. In: Westermann's Illustrierte Deutsche Monatshefte. 1870/71, H. 172, S. 355-364.

Ders.: Orientalische Palast- und Hofbilder. Der Hof in Tunis. - Prinzenkäfige. - Ein orientalischer Kaspar Hauser. - Geistererscheinung eines Lebenden. - Ein Prinz als Rebell wider Willen. In: Die Gartenlaube. Illustrirtes Familienblatt. 1873, Nr. 4, S. 61-64. Nr. 5, S. 76-80.

Manen, Peter van: Kaspar Hauser. Zin leven en zijn plaats in de geschiedenis. Zeist 1985.

Mann, Klaus: Kind dieser Zeit. München 1965 [^{1}1932].

Martens, Wilh.[elm]: Ueber Caspar Hauser. Ein Vortrag von Dr. Wilh. Martens. Danzig 1875.

Masson, Michel: Gaspard Hauser. In: ders.: Les enfants célèbres ou histoire des enfants de tous les siècles et de tous les pays. Qui se sont immortalisés par le malheur, la piété, le courage, le génie, le savoir et le talent par Michel Masson. Paris ^{11}1881, S. 89-97.

Mayer, Johannes / Tradowsky, Peter: Kaspar Hauser. Das Kind von Europa. Stuttgart ^{2}1984 [^{1}1984].

Mayer, Johannes: Philip Henry Lord Stanhope. Der Gegenspieler Kaspar Hausers. Stuttgart 1988.

Mayerle, Thomas: Kaspar Hauser: XY - ungelöst. In Ansbach auf den Spuren des "zahmen Wilden". In: Memminger Zeitung. 1990. 7. August, S. 3.

Mayer-Pfannholz, Anton: Die Lösung des Rätsels Kaspar Hauser? In: Literarische Beilage der Augsburger Postzeitung. 1932, Nr. 40, 5. Oktober, S. 157 f.

Merkenschlager, F. / Saller, K.: Kaspar Hauser. Ein zeitloses Problem. Nürnberg 1966.

Merker [Johann Friedrich Karl]: Caspar Hauser, nicht unwahrscheinlich ein Betrüger. Dargestellt von dem Polizeirath Merker. Berlin 1830.

Ders.: Nachrichten über Caspar Hauser, aus authentischen Quellen und Betrachtungen über deren Beweiskraft für die Einkerkerungs-Geschichte des Jünglings. Zusammengestellt vom Polizei-Rath Merker. Berlin 1831.

Ders.: Einige Betrachtungen über die von Herrn v. Feuerbach geschilderte Geschichte Caspar Hausers. Enthaltend den Nachweis, daß im neunzehnten Jahrhundert der Glaube an Wunder-Mährchen nicht verloschen ist. Vom Polizei-Rath Merker. Berlin 1833.

Meyer, Julius: Authentische Mittheilungen über Caspar Hauser. Mit Genehmigung der k. bayer. Staatsministerien der Justiz und des Innern zum erstenmale aus den Gerichts- und Administrativ-Acten zusammengestellt und mit Anmerkungen versehen von Dr. Julius Meyer kgl. bayer. Bezirksgerichts-Assesor. Ansbach 1872 [^{2}1913].

Ders.: Caspar Hauser. Hinterlassenes Manuscript von Josef Hickel, k. b. Gendarmerie-Major, Mitglied der Hauser'schen Untersuchungs-Commission und gerichtlich bestelltem Vormund desselben, nebst einer Selbstbiographie Caspar Hausers. Hrsg. und mit Anmerkungen versehen von Dr. Julius Meyer, k. b. Landgerichtsrath. Ansbach 1881.

Mistler, Jean: Gaspard Hauser, un drame de la personalité. Paris 1971.

Mitscherlich, Alexander: Auf dem Weg zur vaterlosen Gesellschaft. Ideen zur Sozialpsychologie. München 1963 [S. 249-255].

Ders.: Ödipus und Kaspar Hauser. Tiefenpsychologische Probleme der Gegenwart. In: Der Monat. 1950, Jg. 3, Nr. 25, Oktober, S. 11-18.

Mittelstädt, Otto: Kaspar Hauser und sein badisches Prinzenthum von Dr. Otto Mittelstädt. Heidelberg 1876.

Monboddo, James Burnett Lord: Antient Metaphysics 1779-1799. British Philosophers and Theologians of the 17th & 18th Centuries. A Collection of 101 Volumes. Edited by René Wellek. Reprint of the 1779-1799 ed. Bd. 3. New York / London 1977.

Ders.: An account of a savage girl. o. O. 1768 [*].

Ders.: Of the Origin and Progress of Language. Edinburgh 1773.

Müllner, Adolf: [Anmerkung des Herausgebers zum Gedicht von Hedwig Hülle]. In: Mitternachtsblatt für gebildete Stände. 1829, Nr. 6, 9. Januar, S. 23 f.

Neumann, Hubert: Wider die Fabel vom Adel des Kaspar Hauser. Forscher sammelt Indizien für die Fallsucht und die schlichte Herkunft des Findelkinds. In: Süddeutsche Zeitung. 1984, Nr. 35, Samstag / Sonntag, 11./12. Februar, S. 22.

Ohnesorge, Henk: Ein Souvenir vom Regiment Bubenhofen. Neues über Kaspar Hauser. In: Die Welt. Wochenendbeilage "Geistige Welt". 1988, Nr. 7, Samstag, 9. Januar, S. 2.

Oppeln, Frieda von: Das Rätsel Kaspar Hauser. Dresden 1922.

Otto, Franz: Kaspar Hauser, der Findling. In: Otto, Franz / Schlimpert, M. / Schuhmann, B. / Wägner, W. u. a. (Hg.): Das Buch merkwürdiger Kinder. Lebensbilder aus der Jugendzeit und den Entwickelungsjahren denkwürdiger Menschen. Leipzig / Berlin ^{5}1884 [^{3}1873] [Reihe: Das Illustrirte Gold'ne Kinderbuch. Mit vielen Tonbildern, zahlreichen in den Text gedruckten Abbildungen, kolorirten Bildern, Karten ec. Erste Gruppe. Siebter Band], S. 305-326.

Petermann, K. G.: Kaspar Hauser. In: ders.: Erzählungen für das Jugendalter vom elften bis zum vierzehnten Jahre. Von K. G. Petermann, Director der evangelischen Freischule in Dresden. Leipzig o. J. [1859], S. 206-233.

Petri, Str. Chr.: 19. Kaspar Hauser. In: ders.: Wunderbare und räthselhafte Menschen, Sonderlinge, närrische Kauze, feine Betrüger und Charlatane ec. ec. ec. aller Zeiten und Völker. Eine interessante Schrift für Leser aller Stände. Hrsg. von Dr. St. Chr. Petri. Erstes Heft. Quedlinburg / Leipzig 1851, S. 83-85.

Petzet, Wolfgang: Der Kampf um Kaspar Hauser. In: Literaturblatt der Frankfurter Zeitung. 1932, Jg. 63, Nr. 19, Sonntag, 8. Mai, S. 6.

Pezoldus, Carolus Fridericus: Dissertatio philologico-historico-moralis de θηριοτρόφοις, sive de hominibus a bestiis enutritis. o. O. 1703 [*].

Piepmeier, R.: Stichwort "Landschaft". Abschnitt III: Der ästhetisch-philosophische Begriff. In: Ritter, Joachim (Hg.): Historisches Wörterbuch der Philosophie. Bd. 5: L-Mn. Darmstadt 1980, Sp. 15-28.

Pierer, Johann Friedrich: Stichwort "Verwilderte Menschen". In: ders. (Hg.): Anatomisch-physiologisches Realwörterbuch zu umfassender Kenntniß der körperlichen und geistigen Natur des Menschen im gesunden Zustand. Hrsg. von D. Johann Friedrich Pierer. H. S. Ober-Medizinalrathe, Hofrathe, Amts- und Stadtphysicus zu Altenburg. Bd. 8: T-Z. Altenburg 1829, S. 557 f.

Pierson, W.[illiam]: Geschichte Kaspar Hauser's. Unparteiisch dargestellt. In: Deutsche Warte. Umschau über das Leben und Schaffen der Gegenwart. 1872, Bd. 2, S. 531-550.

Pies, Hermann: Die amtlichen Aktenstücke über Kaspar Hausers Verwundung und Tod. Hrsg., eingeleitet und mit Anmerkungen versehen von Hermann Pies. Bonn [2]1928 [[1]1928].

Ders.: Die Wahrheit über Kaspar Hausers Auftauchen und erste Nürnberger Zeit. Augenzeugenberichte, Selbstzeugnisse, amtliche Aktenstücke. Fälschungen und Tendenzberichte. Gesammelt, herausgegeben und erläutert von Hermann Pies. Saarbrücken o. J. [1956].

Ders.: Die Wahrheit über Kaspar Hausers Auftauchen und erste Nürnberger Zeit. Augenzeugenberichte, Selbstzeugnisse, amtliche Aktenstücke, Fälschungen und Tendenzberichte. Stuttgart 1987.

Ders.: Fälschungen und Tendenzberichte einer "offiziellen" Hauserliteratur. Aktenmäßige Feststellungen von Dr. Hermann Pies. Nürnberg o. J. [1926].

Ders.: Kaspar Hauser. Augenzeugenberichte und Selbstzeugnisse. Hrsg., eingeleitet und mit Fußnoten versehen von Hermann Pies. 2 Bde. Stuttgart o. J. [1925].

Ders.: Augenzeugenberichte und Selbstzeugnisse. Stuttgart 1985.

Ders.: Kaspar Hauser. Eine Dokumentation. Ansbach o. J. [1966].

Ders.: Kaspar Hauser. Fälschungen, Falschmeldungen und Tendenzberichte. Ansbach 1973.

Pietzner, Carlo: Essay. In: ders.: Who was Kaspar Hauser? An essay and a play. Edinburgh 1983, S. 7-29.

Pirazzi, E.[mil]: Ein aufgelöstes Räthsel. In: Die Gartenlaube. Illustriertes Familienblatt. 1858, Nr. 49, S. 710-712. Nr. 50, S. 720-722. Nr. 51, S. 734-736. Nr. 52, S. 747-749.

Pufendorff, Freiherr Samuel von: Von dem Natürlichen Zustande derer Menschen. In: ders.: Herrn Samuels Freyherrn von Pufendorff Acht Buecher vom Natur- und Völcker-Rechte. Mit des Weitberühmten Jcti. Johann Nicolai Hertii, Johann Barbeyrac, und anderer Hoch-Gelehrten Männer außerlesenen Anmerckungen erläutert und in die Teutsche Sprach übersetzet. Mit Roem. Kayserl. Maj. auch Koenigl. Pohlnisch. und Chur-Fürstl. Sächsischen allergnädigsten Privilegiis. Frankfurt / a. M. 1711 [Lateinische Originalausgabe Land 1672], S. 259-301.

Raab, Andreas [Respondent] / Fuchs, Georg August [Praeses]: De necessario, qui inter logicam naturalem atque artificialem intercedit, nexu. Phil. Diss. Jena 1738.

Racine, Louis: Éclaircissement sur la Fille Sauvage dont il est parlé dans l'Épître II sur l'Homme [1755]. In: ders.: Oeuvres Complètes. Bd. 4. Genf 1969 [Nachdruck der Ausgabe Paris 1808], S. 575-582.

Radbruch, Gustav: Paul Johann Anselm Feuerbach. Ein Juristenleben. Erzählt von Gustav Radbruch. Göttingen [3]1969 [[1]1934].

Rahner, Richard: Kaspar Hauser. Des Rätsels Lösung. Nach medizinischen und historischen Studien. Rastatt 1925.

Rank, Otto: Der Mythus von der Geburt des Helden. Versuch einer psychologischen Mythendeutung. Schriften zur angewandten Seelenkunde. Heft 5. Leipzig / Wien [2]1922.

Rauber, A.[ugust]: Homo sapiens ferus oder die Zustände der Verwilderten und ihre Bedeutung für die Wissenschaft, Politik und Schule. Biologische Untersuchung von Dr. A. Rauber. Leipzig [2]1888 [[1]1885].

Richter, Dieter: Das fremde Kind. Zur Entstehung der Kindheitsbilder des bürgerlichen Zeitalters. Frankfurt / a. M. 1987.

Rilke, Rainer Maria: Briefe an das Ehepaar S. Fischer. Hrsg. von Hedwig Fischer. Zürich 1947 [Vom Dauernden in der Zeit. Kostbarkeiten alter und neuer Dichtung. Hrsg. von Werner A. Classen. 35] [Brief vom 6. 9. 1908].

Ritter, Joachim: Landschaft. Zur Funktion des Ästhetischen in der modernen Gesellschaft. In: ders.: Subjektivität. Sechs Aufsätze. Frankfurt / a. M. 1974, S. 141-163.

Rotermund: Von dem wilden Hamelnschen Peter. Von Herrn Dompastor Dr. Rotermund in Bremen. In: Neues vaterländisches Archiv. Teil 1. Lüneburg 1825, S. 282-291.

Rousseau, [Jean-Jacques]: Johann Jacob Rousseau Bürgers zu Genf Abhandlung von dem Ursprunge der Ungleichheit unter den Menschen, und worauf sie sich gründe: ins Deutsche übersetzt [von Moses Mendelsohn] mit einem Schreiben an den Herrn Magister Leßing und einem Brief Voltairens an den Verfasser vermehret. Berlin 1756 [Französische Originalausgabe Amsterdam 1755 unter dem Titel "Discours sur l'origine et les fondemens de l'inegalité parmi les hommes"].

Rudolphi, Karl Asmund: Verwilderte Menschen. In: ders.: Grundriss der Physiologie. 2 Bde. Bd. 1. Berlin 1821, S. 24-26.

Saager, Adolf: Das Rätsel Kaspar Hauser. Ansbach 1911.

Schauberg, Joseph: Aktenmässige Darstellung der über die Ermordung des Studenten Ludwig Lessing aus Freienwalde in Preußen bei dem Kriminalgerichte des Kantons Zürich geführten Untersuchung von Dr. Joseph Schauberg. Zweites Beilagenheft. Beiträge zur Geschichte Kaspar Hausers. Zürich 1837.

Scheffern, Wilhelm [Dilich]: Hessische Chronica zusamen getragen und verfertiget durch Wilhelm Scheffern genandt Dilich. Casssel 1605 [S. 187].

Schelling, F. W. von: Kaspar Hauser. In: Die Welt. 1990, Nr. 25, Dienstag, 30. Januar, S. 9.

Schelling, Friedrich Wilhelm Jospeh: Antiquissime de prima malorum humanorum origine philosophematis genes. III. explicandi tentamen criticum et philosophicum. - Ein kritischer und philosophischer Auslegungsversuch des ältesten Philosophems von Genesis III. über den ersten Ursprung der menschlichen Bosheit [1792]. In: ders.: Historisch-kritische Ausgabe. Hrsg. von Hans Michael Baumgartner u.a. Reihe 1: Werke. Werke 1. Hrsg. von Wilhelm Jacobs u. a. Stuttgart 1976, S. 103-181.

Ders.: Ueber Mythen, historische Sagen und Philosopheme der ältesten Welt [1793]. In: ders.: Historisch-kritische Ausgabe. Hrsg. von Hans Michael Baumgartner u. a. Reihe 1: Werke. Werke 1. Hrsg. von Wilhelm Jacobs u. a. Stuttgart 1976, S. 183-246.

Schiller, Friedrich: Etwas über die erste Menschengesellschaft nach dem Leitfaden der mosaischen Urkunde [1790]. In: ders.: Schillers Werke. Nationalausgabe. Unter Mitwirkung von Helmut Koopmann herausgegeben von Benno von Wiese. Bd. 17: Historische Schriften. Erster Teil. Weimar 1970, S. 398-413.

Ders.: Ueber naive und sentimentalische Dichtung. In: ders.: Schillers Werke. Nationalausgabe. Unter Mitwirkung von Helmut Koopmann herausgegeben von Benno von Wiese. Bd. 20: Philosophische Schriften. Erster Teil. Weimar 1962, S. 413-503.

Ders.: Was heißt und zu welchem Ende studiert man Universalgeschichte. Eine akademische Antrittsrede [1789]. In: ders.: Schillers Werke. Nationalausgabe. Unter Mitwirkung von Helmut Koopmann herausgegeben von Benno von Wiese. Bd. 17: Historische Schriften. Erster Teil. Weimar 1970, S. 359-376.

Schilling, E.: Zum 100. Todestag eines Welträtsels [Abbildung]. In: Simplizissimus. 1934, Nr. 41, 7. Januar, o. P.

Schmalohr, Emil: "Isolationstypen" und "Wolfskinder". In: ders.: Frühe Mutterentbehrung bei Mensch und Tier. Entwicklungspsychologische Studie zur Psychohygiene der frühen Kindheit. München / Basel 1968, S. 14-17.

Schmidt, Trudy: Der Wilde von Aveyron. Ein Isoliertyp um 1800. In: Praxis der Kinderpsychologie und Kinderpsychiatrie. 1955, Jg. 4, H. 10, 15. Oktober, S. 250-258.

Schmidt von Lübeck, [d. i. Schmidt, Georg Philipp]: Ueber Caspar Hauser, von Schmidt v. Lübeck, Königl. Dänischem Justizrath und Ritter vom Danneborg in Altona. Zwei Hefte. Altona 1831/32.

Schnabel, Franz: Kaspar Hauser. In: Die Gartenlaube. Illustriertes Familienblatt. 1912, Nr. 17, S. 362-364.

Schnerr, [Johann] Jakob: Der Findling von sechzehn Jahren. In: Mitternachtsblatt für gebildete Stände. 1828, Nr. 125, 7. August, S. 498 f. Nr. 160, 7. Oktober, S. 639 f.

Schöneich, Christian von: Leben, Thaten, Reisen, und Tod eines sehr klugen und sehr artigen 4jährigen Kindes Christian Henrich Heineken aus Lübeck. Beschrieben von seinem Lehrer Christian Schöneich. Zwote veränderte Auflage. Göttingen ^{2}1779.

Scholz, Hans: Der Prinz Kaspar Hauser. Protokoll einer modernen Sage. Hamburg 1964 [Unveränderte Taschenbuchausgabe München 1985].

Schopenhauer, Arthur: Gesammelte Briefe. Hrsg. von Arthur Hübscher. Bonn 1978.

Ders.: Der handschriftliche Nachlaß in fünf Bänden. Hrsg. von Arthur Hübscher. Bd. 4, I: Die Manuskriptbücher der Jahre 1830-1852. München 1985.

Ders.: Fragmente zur Geschichte der Philosophie. In: ders.: Sämtliche Werke. Nach der ersten von Julius Frauenstädt besorgten Gesamtausgabe neu bearbeitet und herausgegeben von Arthur Hübscher, vierte Auflage, durchgesehen von Angelika Hübscher. Bd. 5: Parerga und Paralipomena I. Mannheim ^{4}1988, S. 33-145.

Ders.: Über den Willen in der Natur. Eine Erörterung der Bestätigungen, welche die Philosophie des Verfassers, seit ihrem Auftreten, durch die empirischen Wissenschaften erhalten hat, von Arthur Schopenhauer. In: ders.: Sämtliche Werke. Nach der ersten von Julius Frauenstädt besorgten Gesamtausgabe neu bearbeitet und herausgegeben von Arthur Hübscher, vierte Auflage, durchgesehen von Angelika Hübscher. Bd. 4: Schriften zur Naturphilosophie und zur Ethik. Mannheim ^{4}1988, S. VII-147.

Schreber, Johann Christian Daniel von: Die Säugethiere in Abbildungen nach der Natur mit Beschreibungen. Erster Theil. Erlangen o. J. [1775] [S. 31-38].

Schreibmüller, Walter: Bilanz einer 150jährigen Kaspar Hauser-Forschung. Sonderdruck aus dem 91. Jahrbuch des Historischen Vereins für Mittelfranken. 1982/83.

Schubert, G.[otthilf] H.[einrich]: Ansichten von der Nachtseite der Naturwissenschaften von Dr. G. H. Schubert. Mit 2 Kupfertafeln. Dresden 1808.

Schücking, Levin: Lebenserinnerungen. In: Westermann's Illustrierte Deutsche Monatshefte. 1884, Bd. 56, S. 45-52.

Schütte, Max: Kaspar Hauser. Das Rätsel ist nicht gelöst! Eine Erwiderung auf die Schrift des Herrn v. Artin. Hagen i. Westfalen 1892.

Seifert, Fedor: Feuerbach und Kaspar Hauser. In: Neue Juristische Wochenschrift. 1988, Jg. 41, 10. Februar, S. 289-297.

Shengold, Leonard: Kaspar Hauser and Soul Murder: A Study of Deprivation. In: International Review of Psycho-Analysis. 1978, 5, S. 457-476.

Simon, Nicole: Kaspar Hauser's Recovery and Autopsy: A Perspective on Neurological and Sociological Requirements for Language Development. In: Journal of Autism and Childhood Schizophrenia. 1978, Bd. 8, Nr. 2, S. 209-217.

Singer, Georg Friedrich: Leben Caspar Hauser's oder Beschreibung seines Wandels von seinem Beginn bis zu seinem Grabe; verfaßt von Georg Friedrich Singer, ehemaligen Candidaten der Theologie aus Nürnberg. Regensburg 1834.

Singh, J. A. L.: Die "Wolfskinder" von Midnapore. Tagebuch des Missionars J. A. L. Singh mit einem Geleitwort von Adolf Portmann. Heidelberg 1964.

Sittenberger, Hans: Kaspar Hauser. Der Findling von Nürnberg. Berlin 1925.

Sjöström, K.: Ein norddeutscher Kaspar Hauser? [Zu Peter von Hameln]. In: Badischer Beobachter. Hauptorgan der badischen Zentrumspartei. 1928, Jg. 66, Nr. 66, Dienstag, 6. März, S. 4.

Spangenberg, August Gottlieb: Leben des Herrn Nicolaus Ludwig Grafen und Herrn von Zinzendorf und Pottendorf, beschrieben von August Gottlieb Spangenberg. Zweyter Theil. o. O. o. J. [S. 380 f.]

Stadt Ansbach: Ansbacher Veranstaltungskalender. 2. Kaspar-Hauser-Woche. 13.-22. 11. '92. November 1992.

Städtisches Verkehrsamt Ansbach: 2. Kaspar-Hauser-Woche. 13. bis 22. Nov. '92 in Ansbach. o. O. o. J. [1992] [Veranstaltungsfaltblatt].

Stanhope, [Philip Henry Earl of]: Materialien zur Geschichte Kaspar Hausers gesammelt und herausgegeben von dem Grafen Stanhope. Heidelberg 1835.

Stecker, Raimund: Ein Farbfeld-Panorama. Der von Ulrich Erben ausgemalte "Klever Raum" im Haus Koekkoek. In: Frankfurter Allgemeine Zeitung. 1988, Nr. 264, Freitag, 11. November, S. 31.

Steen, Hans: Der wilde Peter von Hameln. Ein Kaspar-Hauser-Schicksal aus dem Jahre 1724. In: Niedersächsische Tageszeitung. 1934, Nr. 27, 1. Februar, o. P.

Steffen, Albert: "Das Rätsel Kaspar Hauser". In: Das Goetheanum. 1922. Bd. 2. Nr. 12, S. 91-93.

Stein, Gerhard (Hg.): Exoten durchschauen Europa. Der Blick des Fremden als ein Stilmittel abendländischer Kulturkritik. Von den Persischen Briefen bis zu den Papalagi-Reden des Südseehäuptlings Tuiavii. Frankfurt / a. M. 1984.

Ders.: Die edlen Wilden. Die Verklärung von Indianern, Negern und Südseeinsulanern auf dem Hintergrund der kolonialen Greuel. Frankfurt / a. M. 1984.

Ders.: Europamüdigkeit und Verwilderungswünsche. Der Reiz, in amerikanischen Urwäldern, auf Südseeinseln oder im Orient ein zivilisationsfernes Leben zu führen. Frankfurt / a. M. 1984.

Steinbuch, Karl: Auch Kaspar Hauser beschloß, Politiker zu werden. In: ders.: Der Zeitgeist auf der Hexenschaukel. Unser Schicksal ist unsere Vernunft. Herford 1987, S. 43-57.

Stratz, Rudolph: Kaspar Hauser. Wer er nicht war - wer er vielleicht war. Berlin 1925.

Striedinger, Ivo: Hauser, Kaspar, der "rätselhafte Findling" 1828-1833. In: Veröffentlichungen der Gesellschaft für Fränkische Geschichte. Reihe 7: Lebensläufe aus Franken. Hrsg. im Auftrag der Gesellschaft für Fränkische Geschichte von Anton Chroust. Bd. 3. Würzburg 1927, S. 199-215.

Ders.: Neues Schrifttum über Kaspar Hauser. Zur 100. Wiederkehr seines Todestages (17. Dezember 1833). Mit einem Anhang: Briefwechsel des Königs Ludwig von Bayern mit Lord Stanhope. In: Zeitschrift für bayerische Landesgeschichte. 1933, Jg. 6, S. 415-484.

Struyß, Jh. Janssen [d. i.: Struys, Jean]: Erzählung der Abentheuer und merkwürdigen Begebenheiten auf seinen Reisen durch Persien und Ostindien; aus dem Französischen. 2 Thle. Leipzig 1797 [Französische Ausgabe unter dem Titel "Les Voyages de Jean Struys" Rouen 1724].

Stumpfe, Klaus-Dietrich: Der Fall Kaspar Hauser. In: Praxis der Kinderpsychologie und Kinderpsychiatrie. 1969, Jg. 18, S. 292-299.

Tafel, Joh. Fried. Immanuel: Urzustand des Menschen. - Verwilderte. In: ders.: Die Fundamentalphilosophie in genetischer Entwickelung, mit besonderer Rücksicht auf die Geschichte jedes einzelnen Problems. Erster Theil. Tübingen 1848, S. 39-150.

Tautphoeus, H. v. [Pseudonym?]: Hic occultus ab occulto occisus est. In: Der Sonntags-Kurier. Unterhaltungsbeilage des Fränkischen Kuriers. 1925, Jg. 6, Nr. 8, 15. Februar, S. 57 f.

Thoma, Alfred: Der Kriminalist Anselm von Feuerbach und Kaspar Hauser. Zum 100. Todestag. In: Das Bayernland. 1934, Jg. 44, S. 410-416.

Tinland, Franck: L'Homme Sauvage, Homo Ferus et Homo Sylvestris, de l'animal à l'homme. Paris 1968.

Tradowsky, Peter: Kaspar Hauser oder das Ringen um den Geist. Ein Beitrag zum Verständnis des 19. und 20. Jahrhunderts. Dornach (Schweiz) [3]1983 [[1]1980].

Treitschke, Heinrich von: Deutsche Geschichte im neunzehnten Jahrhundert. Leipzig 1927 [[1]1885] [S. 353-355, S. 374-378].

Trülzsch, G.: Was ist mit Kaspar Hauser? Ansbach o. J. [1970] [[1]1928].

Trumpp, Julius: Kaspar Hauser Napoleon und Stephanie. Der Tatsachenbericht. Gerabronn 1953 [Gerabronn / Crailsheim [2]1984].

Tucher, Susanne von: Die Briefe der Susanne von Tucher an ihre Tochter Marie Hegel (1816-1832). In: Hegel-Jahrbuch 1966, S. 101. 1967, S. 114-133.

Tylor, Edward B.: Die Anfänge der Cultur. Untersuchungen über die Entwicklung der Mythologie, Philosophie, Religion, Kunst und Sitte. Von Edward B. Tylor. Unter Mitwirkung des Verfassers ins Deutsche übertragen von J. W. Spengel und Fr. Poske. 2 Bde. Leipzig 1873.

Vaihinger, Hans: Die Philosophie des Als Ob. System der theoretischen, praktischen und religiösen Fiktionen der Menschheit auf Grund eines idealistischen Positivismus. Mit einem Anhang über Kant und Nietzsche. Berlin [2]1913.

Varnhagen von Ense, Karl August: Tagebücher. Bd. 10. Hamburg 1868 [S. 123].

Ders.: Tagebücher. Bd. 14. Hamburg 1870 [S. 359].

Vehse, Eduard: Der Hof Großherzogs Ludwig's, des letzten ächten Zähringer. Caspar Hauser. 1818-1830. In: ders.: Geschichte der deutschen Höfe seit der Reformation. Bd. 26, 4. Abtheilung, Vierter Theil. Hamburg 1853, S. 245-296.

Virey, J.[ulien] J.[ospeh]: Dissertation sur un jeune Enfant trouvé dans les forêts du département de l'Aveyron, comparé aux sauvages trouvés en Europe à diverses époques, avec des remarques sur l'état primitif de l'Homme. In: ders.: Histoire Naturelle du Genre Humain, Ou Recherches sur ses principaux Fondemens physiques et moraux; précédées d'un Discours sur la nature des êtres organiques, et sur l'ensemble de leur physiologie. On y a joint une dissertation sur le sauvage de l'Aveyron. Avec Figures. Bd. 2. Paris An. IX [1800], S. 289-350.

Ders.: Homme sauvage. In: Nouveau Dictionnaire d'Histoire Naturelle, Appliquée Aux Arts, A l'Agriculture, à l'Économie rurale et domestique, à la Médicine, etc. Par Une Société De Naturalistes Et D'Agriculteurs. Nouvelle Édition presqu'entièrement refondue et considérablement augmentée; Avec Des Figures Tirées Des Trois Règnes De La Nature. Bd. 15: Hom-Hys. Paris 1817, S. 260-270.

Wagler, Ludwig: Die Bilanz einer hundertjährigen Hauserforschung. Von Dr. Ludwig Wagler Polizeidirektor i. R. Nürnberg o. J. [1928].

Ders.: Die Enträtselung der oberrheinischen Flaschenpost von 1816. Ein kritischer Beitrag zur Kaspar Hauser-Frage. Nürnberg o. J. [1926].

Ders.: Ein Danaergeschenk Eduard Engels an die Kaspar-Hauser-Literatur. Ansbach 1931.

Wagner, Michael: Beyträge zur Philosophischen Anthropologie und den damit verwandten Wissenschaften. Herausgegben von Michael Wagner. Erstes Bändchen. Wien 1794.

Wagner, Richard: Mein Leben. Erste authentische Veröffentlichung. Hrsg. von Martin Gregor-Dellin. München 1963 [S. 91].

Walch, Johann Georg: Stichwort "Einsamkeit". In: ders.: Philosophisches Lexicon. 2 Bde. Bd. 1. Leipzig [4]1775 [Nachdruck Hildesheim 1968], Sp. 963 f.

Ders.: Stichwort "Natur". In: ders.: Philosophisches Lexicon. 2 Bde. Bd. 2. Leipzig [4]1775 [Nachdruck Hildesheim 1968], Sp. 214-216.

Ders.: Stichwort "Stand". In: ders.: Philosophisches Lexicon. 2 Bde. Bd. 2. Leipzig [4]1775 [Nachdruck Hildesheim 1968], Sp. 982-986.

Wassermann, Jakob: Akten zur Verteidigung Caspar Hausers. In: ders.: Lebensdienst. Gesammelte Studien, Erfahrungen und Reden aus drei Jahrzehnten. Leipzig / Zürich 1928, S. 113-148.

Ders.: Mein Weg als Deutscher und Jude. Berlin 1921.

Ders.: Zum Caspar-Hauser-Problem. In: Vossische Zeitung. 1924, Nr. 450, 21. September, 1. Sonntagsausgabe, o. P.

Wegener, Wolfgang: Die okkulte Mission des Kaspar Hauser. 4 Bde. o. O. o. J. [Berlin 1960].

Weigand, Kurt: Einleitung: Rousseaus negative Historik. In: Rousseau, Jean-Jacques: Schriften zur Kulturkritik. Über Kunst und Wissenschaft (1750). Über den Ursprung der Ungleichheit unter den Menschen (1755). Eingeleitet, übersetzt und herausgegeben von Kurt Weigand. Hamburg 1983, S. VII-LXXIX.

Weisbrod, Joseph: Der Mann, bei dem er immer gewesen. Vor 150 Jahren wurde Kaspar Hauser ermordet. In: Kriminalistik. Zeitschrift für das gesamte kriminalistische Wissen. 1984, Jg. 38, S. 2-4 [**].

Welcker, Ph. H.: Anhang [Erläuterungen zum Gedicht "Irgendwo, doch ach! auf deutschen Auen"]. In: ders.: Die tönenden Bilder von Ph. H. Welcker. Eine Reihe von Drei und vierzig Holzschnitten. Gotha 1835, S. 179-270.

Wencker-Wildberg, Friedrich: Kaspar Hauser. Der Mythos des Frankenlandes. In: ders.: Rätsel der Weltgeschichte. Berlin 1944, S. 13-123.

Wendeborn, Gebh.[ard] Friedr.[ich] Aug.[ust]: Vorlesungen über die Geschichte des Menschen und seine natürliche Bestimmung. Neue wohlfeile Ausgabe, mit einer Vorrede von C. D. Ebeling. Hamburg 1813 [[1]1807].

Weth, Georg A.: Geheimnisse am Grab von Kaspar Hauser und seinem Mörder. In: ders.: Da-Sein wie nie zuvor. Heitere, makabere, seltsame und kriminelle Friedhofsgeschichten. Bern / München 1984.

Weygandt, W.: Entwicklungsstörungen der Psyche und des Nervensystems im Kindesalter (Idiotie, Imbezillität, Debilität). In: ders. (Hg.): Lehrbuch der Nerven- und Geisteskrankheiten. Halle a. S. 1935, S. 373-417 [S. 381].

Whe, Karl-Dieter: Das rätselhafte Kind: Kaspar Hauser * 30. 4. 1812 + 17. 12. 1833. In: ders.: Lebensversuche. München 1990, S. 104-109.

Wieland, [Christoph Martin]: Betrachtungen über J. J. Rousseau's ursprünglichen Zustand des Menschen. 1770. In: ders.: Wielands sämmtliche Werke. Bd. 29: Vermischte Schriften. Leipzig 1857, S. 161-199.

Ders.: Ueber die von J. J. Rousseau vorgeschlagenen Versuche den wahren Stand der Natur des Menschen zu entdecken. Nebst einem Traumgespräch mit Prometheus. 1770. In: ders.: Wielands sämmtliche Werke. Bd. 29: Vermischte Schriften. Leipzig 1857, S. 201-239.

Wien, Ludwig: Kaspar Hauser, die Geschichte eines Unglücklichen. Herkunft und Tod des Nürnberger "Findlings" blieben bis heute ungeklärt. In: Die Rheinpfalz. 1987, Nr. 96, Samstag, 25. April, o. P.

Wieser, Edwin: Das Geheimnis um Kaspar Hauser. War er ein Sohn Napoleons? Ein Menschenschicksal, das immer wieder die Welt erregt. Elgg 1958.

Wiesinger, Alfons (Hg.): Kaspar Hauser. Seine mysteriöse Ermordung. Sein hartnäckiges Weiterleben. Zusammengetragen und herausgegeben von Alfons Wiesinger, mit einem Essay von Ludger Lütkehaus und einer Darstellung des Criminalfalles durch Baron Alexander von Artin. Freiburg i.Br. 1983.

Wilhelm, Herbert: Kaspar Hauser. Ein Beitrag zur Gesellungslehre. (Diss.) Nürnberg 1948.

Wilrott, Franz: Verwilderte und verwahrloste Menschen. In Bibliothek der Unterhaltung und des Wissens. Bd. 3. Stuttgart / Berlin / Leipzig / Wien 1919, S. 126-151 [**].

Wittich, Werner: Der Roman einer Thronfolge. In: Hochland. Monatsschrift für alle Gebiete des Wissens, der Literatur und Kunst. 1931, Jg. 28, April-September, S. 385-401.

Wolff, Christian: Psychologia Rationalis Methodo Scientifica Pertractata, Qua Ea, Quae De Anima Humana Indubia Experientiae Fide Innotescunt, Per Essentiam Et Naturam Anime Explicantur, Et Ad Intimiorem Naturae Ejusque Autoris Cognitionem Profutura Proponuntur. Frankfurt / Leipzig 1734 [S. 375-381].

Ders.: Vernünfftige Gedancken von Gott, der Welt und der Seele des Menschen, auch allen Dingen überhaupt [Deutsche Metaphysik] [1719]. Mit einer Einleitung und einem kritischen Apparat von Charles A. Corr. Gesammelte Werke. Hrsg. und bearbeitet von J. École u. a. I. Abt. Deutsche Schriften. Bd. 2. Hildesheim / Zürich / New York 1983 [Nachdruck der Ausgabe Halle 1751].

Wolff, Jürgen / Meckling, Ingeborg (Hg.): Anselm Ritter von Feuerbach: Kaspar Hauser oder Beispiel eines Verbrechens am Seelenleben eines Menschen mit Materialien zusammengestellt von Jürgen Wolff in Zusammenarbeit mit Ingeborg Meckling. Lesehefte für den Literaturunterricht in neuer Folge. Hrsg. von Rainer Siegle und Jürgen Wolff. Stuttgart 1987.

Zimmer, Dieter E.: Kinder der Wildnis. In: Zeit-Magazin. 1985, Nr. 38, 13. September, S. 49-54. Nr. 39. 20. September, S. 54-63.

Zimmermann, Johann Michael: Kaspar Hauser in physiologischen, psychologischen und pathogenisch-pathologischen Untersuchungen beurtheilt von Johann Michael Zimmermann, der Medizin, Chirurgie und Geburtshülfe Dr. Nürnberg 1834.

Zingg, Robert M.: Feral Man and extreme Cases of Isolation. In: The American Journal of Psychology. 1940, Bd. 53, S. 487-517.

Ders.: A Reply to Professor Dennis. In: The American Journal of Psychology. 1941, Bd. 54, S. 432-435.

C. Literaturwissenschaftliche, bibliographische und filmphilologische Forschungsliteratur und Rezensionen

Alewyn, Richard: Anatomie des Detektivromans. In: Schaefer, Albert (Hg.): Weltliteratur und Volksliteratur. München 1972, S. 102-134.

Ders.: Das Rätsel des Detektivromans. In: Frisé, Adolf (Hg.): Defintionen. Essays zur Literatur. Frankfurt / a. M. 1963, S. 117-136.

Anonymus [C 1]: Ansbacher Historie auf Mainzer Welle. Das Zweite Fernsehen bringt im Februar eine Kaspar-Hauser-Trilogie [Zum Fernsehspiel von R. A. Stemmle]. In: Fränkische Landeszeitung. 1966, 6. / 7. Januar, o. P.

Anonymus [C 2]: Buntes aus der Theaterwelt [Zu Leopold Bartsch: Der Wahn und seine Schrecken]. In: Allgemeine Theaterzeitung und Originalblatt für Kunst, Literatur und geselliges Leben. 1830, Jg. 23, Nr. 40, 3. April, S. 164. Nr. 65, 1. Juni, S. 260. Nr. 69, 10. Juni, S. 280.

Anonymus [C 3]: Caspar Hauser, Or the Wild Boy of Bavaria. In: Theatre-Royal, Edinburgh. o. O. o. J. [1837] [Theaterankündigung] [Stadtarchiv Ansbach].

Anonymus [C 4]: Der Fall Kaspar Hauser. Heute erster Teil der Fernseh-Trilogie [Aufführungshinweis zum Dokumentarspiel von R. A. Stemmle]. In: Fränkische Landeszeitung. 1966, 25. Februar, o. P.

Anonymus [C 5]: Die Kaspar-Hauser-Aufführung [Zum Drama von Helene Hirschmann]. In: Fränkische Zeitung. Ansbacher Morgenblatt. 1928, Jg. 85, Nr. 192, Freitag, 3. August, Sonderbeilage, o. P.

Anonymus [C 6]: Ein französischer Roman über Kaspar Hauser [Rezension zum Roman von Octave Aubry]. In: Fränkische Zeitung. Ansbacher Morgenblatt. 1928, Jg. 85, Nr. 319, Montag, Vormittags-Ausgabe, 31. Dezember, S. 3.

Anonymus [C 7]: Ein Kaspar-Hauser-Drama [Zum Drama von Karl Hannemann]. In: Nürnberger Zeitung und Korrespondent. 1926, Nr. 1, 2. Januar, S. 3.

Anonymus [C 8]: Ein Kaspar-Hauser-Film. In: Nürnberger Zeitung - NZ am Mittag. 1926, Donnerstag, 30. Dezember, S. 5.

Anonymus [C 9]: Es ist nicht gut, daß der Mensch allei sei... Das Schicksal des Caspar Hauser. Ein Hörbild von Carl H. Schmidt-Rogge [Hörfunkankündigung]. In: Hörzu. 1961, Nr. 17, 23.-29. April, S. 83.

Anonymus [C 10]: Frankfurter Theater. I. Kaspar Hauser [Theaterrezension zum Drama von Karl Hannemann]. In: Darmstädter Tagblatt. Hessische Neueste Nachrichten. 1926, Jg. 189, Nr. 10, Sonntag, 10. Januar, S. 2.

Anonymus [C 11]: Frankfurter Uraufführung [Theaterrezension zum Drama von Karl Hannemann]. In: Frankfurter Zeitung. 1925, Jg. 70, Nr. 968, Mittwoch, 30. Dezember, S. 1 f.

Anonymus [C 12]: Handke. Zeit der Anpassung. In: Der Spiegel. 1968, Nr. 21, S. 139.

Anonymus [C 13]: Jakob Wassermann. Caspar Hauser oder Die Trägheit des Herzens. Roman [Verlagsanzeige]. In: Börsenblatt für den Deutschen Buchhandel. 1908, Nr. 86, 13. April, S. 4255.

Anonymus [C 14]: "Kaspar Hauser". Ein Hörspiel in sechs Bildern von Erich Ebermayer [Hörfunkankündigung]. In: Radio Wien. 1931, Jg. 7, H. 36, Programm vom 7. bis 13. Juni, Samstag, 13. Juni, S. 42.

Anonymus [C 15]: Kaspar Hauser. Hörspiel in sechs Bildern von Erich Ebermayer. Aufführung am 24. Juli 8h20 [Hörfunkankündigung]. In: Bayerische Radio-Zeitung. 1931, H. 30, 26. Juli, S. 2 f.

Anonymus [**C 16**]: Kaspar Hauser oder der Findling [Verlagsankündigung aus einer Stuttgarter Zeitung zum Roman Seybolds]. o. O. o. J. [Stadtarchiv Ansbach].

Anonymus [**C 17**]: Kleine Schriften [Rezension zum Roman Marheinekes]. In: Jenaische Allgemeine Literatur-Zeitung. 1834, Nr. 103, Juni, Sp. 343 f.

Anonymus [**C 18**]: Kurze Anzeigen [Rezension zum Roman Seybolds]. In: Jenaische Allgemeine Literatur-Zeitung. 1834, Nr. 171, September, Sp. 407 f.

Anonymus [**C 19**]: Literarische Rüge [Rezension zum Roman Scopers]. In: Der Komet. Beilage für Literatur, Kunst, Mode, Residenzleben und journalistische Controle. 1834, Nr. 14, Freitag, 4. April, Sp. 112.

Anonymus [**C 20**]: Lokales [Zum Drama von Kurt Martens]. In: Fränkische Zeitung. 1904, Nr. 337, 11. Dezember, o. P.

Anonymus [**C 21**]: Miszellen [Hinweis zum Abel-Gance-Film "Kaspar Hauser"]. In: Neue Freie Presse. Wien. 1924, Nr. 21648, 19. Juni, S. 16.

Anonymus [**C 22**]: Richter Feuerbach. Uraufführung im Schauspielhaus [Rezension zum Schauspiel von Walter Erich Schäfer]. In: Bayerische Volkszeitung. 1930, Jg. 38, Nr. 271, Montag, 24. November, S. 7.

Anonymus [**C 23**]: Roman. Kaspar Hauser oder der Findling. Romantisch dargestellt von ***. Stuttgart, Balz, 1834 [Rezension]. In: Literatur-Blatt. 1835, Nr. 6, Freitag, 16. Januar, S. 24.

Anonymus [**C 24**]: Romanenliteratur [Rezension zum Roman Seybolds]. In: Blätter für literarische Unterhaltung. 1834, Nr. 291, Sonntag, 18. Oktober, S. 1207.

Anonymus [**C 25**]: Schloßtheater Ansbach. Uraufführung der Dramatischen Legende Kaspar Hauser von Helene Hirschmann [Theaterzettel]. Ansbach o. J. [1928] [Stadtarchiv Ansbach].

Anonymus [**C 26**]: Schöne Literatur. Stuttgart, b. Balz: Kaspar Hauser oder der Findling. Romantisch dargestellt von xxx. 1834. 345 S. 8. (1 Rthlr. 18 g. Gr.) [Rezension zum Roman Seybolds]. In: Allgemeine Literatur-Zeitung vom Jahre 1835, Bd. 1, Nr. 3, Januar bis April, Januar, Sp. 24.

Anonymus [**C 27**]: Szenenbild aus "Caspar Hauser" [Abbildung zum Drama von Erich Ebermayer]. In: Bochumer Anzeiger und General Anzeiger für Bochum und umliegende Industriebezirke. 1927, Jg. 34, Nr. 41, Freitag, 18. Februar, o. P.

Anonymus [**C 28**]: [Szenenbild aus dem Drama Helene Hirschmanns] [Abbildung]. In: Nürnberger Illustrierte. Beilage zum Fränkischen Kurier. 1928, Jg. 2, Nr. 33, 18. August, S. 6.

Anonymus [**C 29**]: Szenenbild aus der Uraufführung von "Kaspar Hauser" [Abbildung zum Drama von Erich Ebermayer]. In: Illustrirte [!] Zeitung. 1927, Bd. 168, Nr. 4276, 24. Februar, S. 252.

Anonymus [**C 30**] Uraufführung in Ansbach. "Das Tagebuch des Caspar Hauser" [Zum Theaterstück von Jürgen Wönne]. In: Saarländisches Kultur-Journal. 6/92, Jg. 2, November/Dezember, S. 11.

Anonymus [**C 31**]: Vor 100 Jahren. o. O. o. J. [Verlagsprospekt zum Roman Herbert Lewandowskis] [Stadtarchiv Ansbach].

Anonymus [**C 32**]: Zum Drama "Kaspar Hauser von Curt Martens" [Rezension]. In: Fränkische Zeitung. 1904, Jg. 60, Nr. 349, Dienstag, 20. Dezember, S. 2 f.

Anonymus [A.v.M.] [**C 33**]: Kaspar Hauser. Dramatische Legende in zehn Bildern von Erich Ebermayer. Uraufführung im Residenztheater. In: Bayerische Staatszeitung und Bayerischer Staatsanzeiger. 1927, Jg. 15, Nr. 39, Donnerstag, 17. Februar, S. 3.

Anonymus [br] [**C 34**]: Spanische Gruppe gastierte bei "Theaterzwang" in alter Maschinenhalle. Gefühlswelt des Kaspar Hauser getanzt [Zur Tanz-Theater-Aufführung von Sabine Dahrendorf]. In: Dortmunder Zeitung. 1992, Nr. 237, Freitag, 9. Oktober, o. P.

Anonymus [B. S.] [Strauß, Botho] [**C 35**]: Anläßlich "Kaspar". In: Theater 1968. Chronik und Bilanz des Bühnenjahres, S. 68.

Anonymus [bu] [**C 36**]: Kaspar kam sechsfach auf die Bühne. "Theaterzwang" mit "Danat Danza" [Zur Tanz-Theater-Aufführung von Sabine Dahrendorf]. In: Westdeutsche Allgemeine Zeitung. 1992, Nr. 237, Freitag, 9. Oktober, o. P.

Anonymus [cbg] [**C 37**]: Findelkind ohne Freiheit. Carlos Trafic: "Kaspar Hauser" in Nürnberg. In: Neue Zürcher Zeitung. 1983, 20. April [P.?].

Anonymus [Deck, Renate] [**C 38**]: Kretische Landschaft. 3. Brot und Rosen Adventsbrief 1992. o. O. o. J. [1992].

Anonymus [G-e.] [**C 39**]: Schöne Literatur [Rezension zum Roman Seybolds]. In: Allgemeine Literatur-Zeitung vom Jahre 1835, Bd. 1, Nr. 3, Januar, Sp. 24.

Anonymus [Hessisches Staatstheater Wiesbaden] [**C 40**]: Dieter Forte: Kaspar Hausers Tod. Programmheft zur Uraufführung am 21. 4. 1979. o. O. o. J. [Wiesbaden Spielzeit 1978/79].

Anonymus [-K-] [**C 41**]: Zum Kaspar-Hauser-Roman. In: Neue Zürcher Zeitung. 1924, Jg. 145, Nr. 1490, Erstes Morgenblatt, Dienstag, 7. Oktober, o. P.

Anonymus [M. St.] [**C 42**]: Klaus-Mann-Matinee. In: Darmstädter Tagblatt. Hessische Neueste Nachrichten. 1926, Jg. 189, Nr. 25, Montag, 25. Januar, S. 2.

Anonymus [M. Th.] [**C 43**]: Karl Röttger: "Kaspar Hausers letzte Tage". In: Deutsche Zeitung. 1934, Nr. 100, 29. April, Morgenausgabe, o. P.

Anonymus [oß] [**C 44**]: Movimientos "Danat Danza". Einsames Kind. Spanische Tanztruppe gastierte mit "A Kaspar" [Zur Tanz-Theater-Aufführung von Sabine Dahrendorf]. In: Kölner Stadt-Anzeiger. 1992, Nr. 198, Mittwoch, 26. August, S. 16.

Anonymus [Theater an der Ruhr gGmbH [**C 45**]: Peter Handke. Kaspar. Der kroatische Faust in der Kritik. Heft 14 [Programmheft zur Aufführung am Theater an der Ruhr]. Spielzeit 1987/88.

Anonymus [Theater u. Philharmonie Essen] [**C 46**]: Kaspar Hauser. Von Geneviève Serreau. Theaterankündigung zur Aufführung am 26. 5. 1985 in Essen. o. O. o. J.

Anonymus [Th. M.] [**C 47**]: Literarische Nachrichten. Das Leben im Leichentuch. Enthüllung eines argen Geheimnisses. In Briefen. Berlin, 1834 [Rezension zum Roman Marheinekes]. In: Allgemeine Preußische Staatszeitung. 1834, Nr. 145, 27. Mai, S. 591.

Anonymus [W. J.] [**C 48**]: Kritik der Münchener Darbietungen [Rezension zur Hörspielbearbeitung des Dramas von Erich Ebermayer]. In: Nürnberger Zeitung. Korrespondent von und für Deutschland. NZ am Mittag. 1931, Nr. 176, Donnerstag, 30. Juli, o. P.

Appell, J. W.: Die Ritter-, Räuber- und Schauerromantik. Zur Geschichte der deutschen Unterhaltungs-Literatur. Leipzig 1967 [Reprographischer Nachdruck der Ausgabe Leipzig 1859].

Baedeker, Peer / Lemke, Karl (Hg.): Erich Ebermayer. Buch der Freunde. München 1960.

Bance, A. F.: The Kaspar Hauser Legend and its Literary Survival. In: German Life & Letters. 1974/75, Bd. 28, S. 199-210.

Bäuerle, Adolf: Anzeigen [Zu Leopold Bartsch: "Der Wahn und seine Schrecken"]. In: Allgemeine Theaterzeitung und Originalblatt für Kunst, Literatur und geselliges Leben. 1830, Jg. 23, Nr. 108, 9. September, S. 444.

Bayerischer Rundfunk: Pressemitteilung [Zum Film von Peter Sehr]. o. O. o. J. [München 1992].

Behr, Hans: Seine Lordschaft geruhen auf der Bühne zu baden. Zur Uraufführung des Carlos-Trafic-Stückes "Kaspar Hauser" in den Nürnberger Kammerspielen - Viel Farce, wenig Sinn. In: Main Post. Würzburger Neueste Nachrichten. 1983. 16. April [P.?].

Benjamin, Walter: Hugo von Hofmannsthal, Der Turm. Ein Trauerspiel in fünf Aufzügen. (München: Verlag der Bremer Presse 1925.) 158 S. [1926] [Rezension zum Drama Hofmannsthals]. In: ders.: Gesammelte Schriften. Hrsg. von Rolf Tiedemann u. Hermann Schweppenhäuser, unter Mitwirkung von Theodor W. Adorno u. Gershom Scholem. Bd. 3. Hrsg. von Hella Tiedmann-Bartels. Frankfurt / a. M. 1972, S. 29-33.

Ders.: Übersetzungen [Rezension zu Wolfensteins Verlaine-Übertragung] [1926]. In: ders.: Gesammelte Schriften. Hrsg. von Rolf Tiedemann u. Hermann Schweppenhäuser, unter Mitwirkung von Theodor W. Adorno u. Gershom Scholem. Bd. 3. Hrsg. von Hella Tiedmann-Bartels. Frankfurt / a. M. 1972, S. 40 f.

Blanke, Mechthild: Zu Handkes "Kaspar". In: Scharang, Michael (Hg.): Über Peter Handke. Frankfurt / a. M. 1972, S. 254-294.

Blumenberg, Hans C.: Reisen in das Land hinter dem Horizont. Von aller Welt gepriesen: Die Filme des deutschen Regisseurs Werner Herzog. In: Kölner Stadt-Anzeiger. 1976, Nr. 8, 10./11. Januar, S. 38.

Ders.: Der Kaspar-Hauser-Film von Werner Herzog: "Jeder für sich und Gott gegen alle". Tödlich endet die Dressur. In: Kölner Stadt-Anzeiger. 1975, Nr. 151, 4. Juli, S. 15.

Braun, J.: Kaspar-Hauser-Litteratur. In: Börsenblatt für den deutschen Buchhandel und die verwandten Geschäftszweige. 1901, Nr. 301, 28. Dezember, S. 10718-10720. Nr. 302, 30. Dezember, S. 10750-10752. Nr. 303, 31. Dezember, o. P. 1902, Nr. 4, 7. Januar, o. P. Nr. 186, 13. August, o. P.

Brod, Max: In Memoriam Jakob Wassermann. In: Die Sammlung. 1934, Jg. 1, S. 282-285.

Bröder, F. J.: Gegen Entmündigung und Gewalt. Neues Kaspar-Hauser-Stück und Tollers "Masse Mensch" in Nürnberg. In: Bayerische Staatszeitung und Bayerischer Staatsanzeiger München. 1983. 22. April [P.?] [Zum Theaterstück von Carlos Trafic].

Brooks Gerloff, Janet: Schritte in Sprache und Leben. Ein Kaspar-Hauser-Zyklus von Janet Brooks Gerloff. o. O. o. J. [1992] [Auswahlkatalog].

Brunner, Horst: Die poetische Insel. Inseln und Inselvorstellungen in der deutschen Literatur. Stuttgart 1967.

Buschbeck, Erhard: Salzburgs Kultur aus Vergangenheit und Gegenwart. In: Der Merker. Österreichische Zeitschrift für Musik und Theater. 1909/1910, Jg. 1. H. 20, S. 819-822 [S. 821].

Colberg, Klaus: Zwischen Ordnung und Freiheit. Carlos Trafics "Kaspar Hauser" in Nürnberg uraufgeführt. In: Badische Neueste Nachrichten. 1983. 18. April [P.?].

Dahrendorf, Sabine / Ordonez, Alfonso: Movimientos '92. 14. August bis 5. September. Festival des zeitgenössischen Theaters und Tanztheaters aus Lateinamerika, Spanien und Portugal. Danat Danza Spanien in "A Kaspar". o. O. o. J. [Informationskonvolut].

Deck, Renate: 20.12.1922 [Persönliche Notizen zur Performance von Renate Deck]. In: Anonymus [Renate Deck]: Kretische Landschaft. 3. Brot und Rosen Adventsbrief 1992. o. O. o. J. [1992], S. 18.

Dietz, Sabine: Performance im Schloß. Gärend vital. Arbeiten von Renate Deck [Zeitungsartikel zur Performance von Renate Deck]. In: Anonymus [Renate Deck]: Kretische Landschaft. 3. Brot und Rosen Adventsbrief 1992. o. O. o. J. [1992], S. 16.

Dietz, W.: Erich Ebermeyer [sic]: "Kaspar Hauser". Uraufführung Hamburger Kammerspiele. In: Die literarische Welt. 1927, Jg. 3, Nr. 9, Freitag, 4. März, S. 7.

Ebermayer, Erich: Kaspar Hauser. Dramatische Legende in zehn Bildern. o. O. o. J. [1927] [Programmzettel zur Münchener Uraufführung] [Stadtarchiv Ansbach].

Ebers, Michael Hanns: Wenig Verständnis für Säulenweg: Kunst-Objekte geklaut! Probleme mit der Kunst: Säulen geklaut und demoliert [Zeitungsartikel zur Performance von Renate Deck]. In: Anonymus [Renate Deck]: Kretische Landschaft. 3. Brot und Rosen Adventsbrief 1992. o. O. o. J. [1992], S. 17.

Ende, Clara von: Introduction à une bibliographie raisonnée de Gaspard Hauser suivie d'un aperçu chronologique de la question. In: Revue germanique. 1909, Jg. 5, Nr. 1, Januar / Februar, S. 202-217.

Etiemble, René: Le mythe de Rimbaud. Genèse du mythe. 1869-1949. Bibliographie Analytique et Critique Suivie d'un Supplément aux Iconographies. Paris ²1968 [S. 303-305].

Ders.: Le mythe de Rimbaud. Structure du mythe. Paris 1961 [S. 381].

Ewers, Hans-Heino: Kindheit als poetische Daseinsform. Studien zur Entstehung der romantischen Kindheitsutopie im 18. Jahrhundert. Herder, Jean Paul, Novalis und Tieck. München 1989.

Fairchild, Hoxie Neale: The Noble Savage. A Study in Romantic Naturalism. New York 1928.

Finger, Ellis: Kaspar Hauser Doubly Portrayed: Peter Handke's "Kaspar" and Werner Herzog's "Every Man for Himself and God Against All". In: Literature / Film Quarterly. 1979, Bd. 7, Nr. 3, S. 235-243.

Fischer, Hanns: Studien zur deutschen Märendichtung. Tübingen 1968.

Flavell, M. Kay: "Arkadisch frei sei unser Glück!" The Myth of the Golden Age in Eighteenth-Century Germany. In: Publications of the English Goethe Society. New Series. Papers read before the Society. 1972/73, Bd. 43, S. 1-27.

Frenzel, Elisabeth: Hauser, Kaspar. In: dies.: Stoffe der Weltliteratur. Ein Lexikon dichtungsgeschichtlicher Längsschnitte. Stuttgart ⁵1981, S. 288-290.

Dies.: Herkunft, Die unbekannte. In: dies.: Motive der Weltliteratur. Ein Lexikon dichtungsgeschichtlicher Längsschnitte. Stuttgart ²1980, S. 342-360.

Dies.: Wilde, Der edle. In: dies.: Motive der Weltliteratur. Ein Lexikon dichtungsgeschichtlicher Längsschnitte. Stuttgart ²1980, S. 793-807.

Friedrich, Dorothea: Andrée Eisermann [Zum Film von Peter Sehr]. In: Bunte. 1992, H. 48, 19. November, S. 128 f.

Gemünden, Gerd: Kaspar Hauser und das Rätsel der Hermeneutik. In: ders.: Die hermeneutische Wende. Disziplin und Sprachlosigkeit nach 1800. [American University Studies. Series III. Comparative Literature. Vol. 30]. New York / Bern / Frankfurt am Main / Paris 1989, S. 77-103.

Gertis, Hubert: Kaspar Hauser: Ein Stoff für Ochsenknecht. ARD dreht aufwendigen Zweiteiler in der CSFR [Zum Film von Peter Sehr]. In: Neue Ruhr Zeitung. 1992, Nr. 235, Mittwoch, 7. Oktober, o. P.

Glauber, Johannes K.: Dortmund: Caspar-Hauser-Oper. Karriere eines Findelkindes [Zur Kaspar-Hauser-Oper von Reinhard Febel]. In: Neue Ruhr Zeitung. 1992, Nr. 89, Dienstag, 14. April, o. P.

Goedeke, Karl: Hedwig Hülle. In: ders.: Grundrisz zur Geschichte der Deutschen Dichtung. Aus den Quellen von Karl Goedeke. Zweite ganz neu bearbeitete Auflage. Nach dem Tode des Verfassers in Verbindung mit Fachgelehrten fortgeführt von Edmund Goetze. Bd. 9. Dresden 1910, S. 345 f.

Ders.: Georg Karl Ludwig Schöpfer. In: ders.: Grundrisz zur Geschichte der deutschen Dichtung. Aus den Quellen von Karl Goedeke. Bd. 6. Leipzig / Dresden / Berlin 1898, S. 411 f.

Gottschalk, Birgit: Das Kind von Europa. Zur Rezeption des Kaspar Hauser-Stoffes in der Literatur (Diss.). Siegen 1992 [**].

Gumppenberg, Hanns von: Echo der Bühnen. München [Rezension zu Kurt Martens: "Kaspar Hauser"]. In: Das litterarische Echo. Halbmonatsschrift für Litteraturfreunde. 1905, Jg. 7, Nr. 7, 1. Januar, Sp. 512 f.

Hadley, Michael: The Undiscovered Genre. A Search for the German Gothic Novel. Canadian Studies in German Language and Literature. Nr. 20. Bern 1978.

Härtling, Peter: Auf der Linie im Kreis. In: Bender, Hans (Hg.): Mein Gedicht ist mein Messer. Lyriker zu ihren Gedichten. München 1961, S. 161-165.

Hahn, Ulla: Die Sprache der Stille. "Das Wolfskind" - ein Roman des Australiers David Malouf. In: Frankfurter Allgemeine Zeitung. 1987, Nr. 152, Montag, 6. Juli, S. 26.

Hampe, Theodor: Uraufführung des dritten "Kaspar Hauser-Dramas" in Ansbach [Rezension zum Drama von Helene Hirschmann]. In: Fränkischer Kurier. Nürnberg-Fürther Neueste Nachrichten. 1928, Jg. 96, Nr. 218, Mittwoch, 8. August, S. 3.

Heintz, Günter: Arthur Schopenhauer, Die Welt als Wille und Vorstellung (Buch 3): eine Poetik der Restaurationsepoche? Eine Grundriß-Skizze. In: Sonderdruck aus dem 65. Schopenhauer-Jahrbuch für das Jahr 1984, S. 136-156.

Held, Wolfgang: Kaspar Hauser und die Kritik der Sprache. In: Beiträge zu den Fortbildungskursen des Goethe Instituts für Deutschlehrer und Hochschulgermanisten [Nebentitel: Beiträge zu den Sommerkursen des Goethe Instituts]. München 1969, S. 38-50.

Hensel, Georg: Politische Leichenreden. Dieter Forte: "Kaspar Hausers Tod" - Uraufführung in Wiesbaden. In: Frankfurter Allgemeine Zeitung. 1979, Nr. 94, Montag, 23. 4., S. 23.

Herzog, Elfi: Uraufführung in Ansbach - demnächst Premiere im Studio-Theater. "Das Tagebuch des Caspar Hauser" [Zum Theaterstück von Jürgen Wönne]. In: Saarländisches Kultur-Journal. 1993, Jg. 3, Nr. 1, Januar/Februar, S. 4.

Hinck, Walter: Kauf und stirb. Katja Lange-Müllers Erzählung "Kasper Mauser". In: Frankfurter Allgemeine Zeitung. Wochenendbeilage "Bilder und Zeiten". 1988, Nr. 107, Samstag, 7. Mai, o. P.

Hock, Stephan: Kaspar Hauser redivivus. In: Neue Freie Presse. 1908, Nr. 15711, 17. Mai, o. P.

Ders.: Zum Kaspar Hauser-Problem. In: Neue Freie Presse. 1908, Nr. 15725, Sonntag, 31. Mai, S. 35 f.

Höllerer, Walter: Fortgang. In: Akzente. Zeitschrift für Dichtung. 1955, Jg. 2, H. 4, S. 360-365.

Hörisch, Jochen: Die Sprachlosigkeit des Kaspar Hauser. In: ders. (Hg.): Ich möchte ein solcher werden wie ... Materialien zur Sprachlosigkeit des Kaspar Hauser. Frankfurt / a. M. 1979 [^{2}1985; ^{3}1990], S. 263-301.

Hohnen, Andrea: Theaterarbeit mit neuer Perspektive. Ein Gespräch mit Christine Vogt [Zum Theaterstück von Theater Thikwá]. In: Erwachsenenbildung und Behinderung. 1992, Jg. 3, H. 1, April, S. 14-16.

Hohnen, Andrea / Markuse, Birgit: "Menschen Gestalten" - eine ungewöhnliche Theater-Erfahrung [Zum Theaterstück von Theater Thikwá]. In: Erwachsenenbildung und Behinderung. 1992, Jg. 3, H. 1, April, S. 2-14.

Hufeland, Klaus: Das Motiv der Wildheit in mittelhochdeutscher Dichtung. In: Zeitschrift für deutsche Philologie. 1976, Bd. 95, H. 1, S. 1-19.

Jäger, Georg: Die Bestände deutscher Leihbibliotheken zwischen 1815 und 1860. Interpretation statistischer Befunde. In: Buchhandel und Literatur. Festschrift für Herbert

G. Göpfert zum 75. Geburtstag am 22. September 1982. Hrsg. von Reinhard Wittmann u. Bertold Hack. Wiesbaden 1982, S. 247-313.

Ders.: Zur Geschichte der Leihbibliothken im 18. und 19. Jahrhundert. In: Jäger, Georg / Artino, Alberto / Wittmann, Reinhard (Hg.): Die Leihbibliothek der Goethezeit. Exemplarische Kataloge zwischen 1790 und 1830. Hildesheim 1979, S. 477-515.

Jäger, Georg / Schönert, Jörg: Die Leihbibliothek als literarische Institution im 18. und 19. Jahrhundert - ein Problemaufriß. In: Jäger, Georg / Schönert, Jörg: Die Leihbibliothek als Institution des literarischen Lebens im 18. und 19. Jahrhundert. Hamburg 1980, S. 45-60.

Jungmann, Otto: Kaspar Hauser. Stoff und Problem in ihrer literarischen Gestaltung (Diss.). Würzburg 1935.

Kabali Theater. Tournee-Theater: Das Tagebuch des Caspar Hauser. Psychogramm einer geschundenen Seele. o. O. o. J. [1992] [Programmheft zum Theaterstück von Jürgen Wönne].

Kästner, Irmela: Movimientos '92: "Kaspar" von "Danat Danza" auf Kampnagel. Struwwelpeters qualvolle Lektionen. In: Die Welt. 1992, Freitag, 21. August [P.?].

Kesting, Marianne: Sprachterror oder dichterische Sondersprache. Zur Verwandlung der Kaspar-Hauser-Figur in Hofmannsthals "Turm"-Dichtungen und Peter Handkes "Kaspar". In: Drama und Theater. Festschrift für Walter Hinck. Hrsg. von Hans Dietrich Irmscher u. Werner Keller. Göttingen 1983, S. 365-380.

Killy, Walther: Perspektiven des Gedichts. In: ders.: Über Georg Trakl. Göttingen 1960, S. 38-51.

Ders.: Über Georg Trakl. In: ders.: Über Georg Trakl. Göttingen 1960, S. 5-20.

Klettenhammer, Sieglinde: Unbekanntes Puppenspiel "Kaspar Hauser" von Georg Trakl. In: Mitteilungen aus dem Brenner-Archiv. 1982. Nr. 1, S. 50-56.

Kosch, Wilhelm: Hauser, Kaspar. In: ders.: Deutsches Literatur-Lexikon. Biographisches und Bibliographisches Handbuch von Wilhelm Kosch. Zweite, vollständig neubearbeitete und stark erweiterte Auflage. Bd. 2. Bern 1953, S. 862 f.

Künzig, Johannes: Kaspar Hauser im Volkslied. In: Badener Land. Unterhaltungsbeilage der Freiburger Zeitung. 1926, Nr. 40, 3. Oktober, S. 157 f.

Last, R. W.: In Defence of Meaning: A Study of Hans Arp's "Kaspar ist tot". In: German Life & Letters. 1968-1969. Bd. 22, S. 333-340.

Lepape, Jean-Paul: L'Enigme de Kaspar Hauser. Découpage après montage définitif - et dialogue in-extenso. In: L'Avant-Scène du Cinéma. 1976, Nr. 176, 15. November, S. 7-54.

Lorek, Christel: Kaspar Hauser in der Literatur. In: Der Literat. Zeitschrift für Literatur und Kunst. 1983, H. 12, S. 323 f.

Loskill, Jörg: Schachfigur zwischen Wahn und Wirklichkeit. In Dortmund wurde R. Febels "Hauser"-Oper uraufgeführt. In: Das Orchester. Zeitschrift für Orchesterkultur und Rundfunk-Chorwesen. 1992, Jg. 40, H. 10, S. 1187 f.

MacKenzie, Paul A.: Kaspar Hauser in England: The First Hundred Years. In: German Life and Letters. New Series. 1982, Bd. 35, Nr. 2, Januar, S. 118-137.

Mähl, Hans Joachim: Die Idee des goldenen Zeitalters im Werk des Novalis. Studien zur Wesensbestimmung der frühromantischen Utopie und zu ihren ideengeschichtlichen Voraussetzungen. Heidelberg 1965.

Mann, Golo: Der schönste Krimi aller Zeiten. In: Frankfurter Allgemeine Zeitung. 1980, Nr. 7, 9. Januar, S. 21.

Mann, Klaus: Kaspar Hauser. In: Die Weltbühne. Der Schaubühne XXI. Jahr. 1. Halbjahr. Wochenschrift für Politik - Kunst - Wirtschaft. 1925, Jg. 21, Nr. 14, 7. April, S. 511 f.

Mann, Thomas: Jakob Wassermanns "Caspar Hauser oder die Trägheit des Herzens". In: ders.: Gesammelte Werke in Einzelbänden. Frankfurter Ausgabe. Hrsg. von Peter de Mendelssohn. Bd. 13: Rede und Antwort. Über eigene Werke, Huldigungen und Kränze: Über Freunde, Weggefährten und Zeitgenossen. Frankfurt / a. M. 1984, S. 397-399.

Marey, Suzanne: Georg Trakl et Kaspar Hauser. In: Aspects de la civilisation germanique. Traveaux XII de l'Université de Saint-Etienne 1975, S. 189-203.

Martens, Kurt: Lokales. Ansbach, 10. Dezember [Stellungnahme zur Aufführung des Dramas von Kurt Martens]. In: Fränkische Zeitung. 1904, Nr. 337, 11. Dezember, o. P.

Martin, Horst: Kaspar Hauser und Sigismund: Über eine Quelle zu Hofmannsthals "Turm". In: Seminar 12. 1976, S. 236-258.

Marx, Reiner: "Ich möchte einer werden so wie die ...". Zur Kaspar-Hauser-Allusion in Rilkes Gedicht "Der Knabe". In: Blätter der Rilke-Gesellschaft. 1986, H. 13, S. 107-120.

Mayer, Hans: Kaspar, der Fremde und der Zufall. Literarische Aspekte der Entfremdung. In: Text + Kritik. Zeitschrift für Literatur. Peter Handke. 1969, H. 24, Oktober, S. 30-42.

McCartney, Eugene S.: Greek and Roman Lore of Animal-Nursed Infants. In: Papers of the Michigan Academy of Science Arts and Letters. 1925, S. 15-40.

Merker [Johann Friedrich Karl]: Literarische Nachrichten. Phantasie und Wirklichkeit. Mit Erklärung über den Aufsatz: "das Leben im Leichentuche ec." in Nr. 145 d. St.-Ztg. [Erörterung zum Roman Marheinekes]. In: Allgemeine Preußische Staatszeitung. 1834, Nr. 175, 26. Juni, o. P.

Meyer, Sibylle: Zeitgenössische literarische Schriften zu Kaspar Hauser. Magisterarbeit Johann Wolfgang Goethe-Universität Frankfurt. Neuere deutsche Philologie. 1993 [**].

Michaeli, Otto: Ein badisches Kaspar-Hauser-Lied. In: Die Pyramide. Wochenschrift zum Karlsruher Tagblatt. 1928, Jg. 17, Nr. 2, 8. Januar, o. P.

Movimientos '92. Festival des zeitgenössischen Theaters und Tanztheaters aus Lateinamerika, Spanien und Portugal. 14. August bis 5. September 1992: Danat Danza Spanien in "A Kaspar". o. O. o. J. [Köln 1992] [Veranstaltungsfaltblatt].

Neuberger, Heinz: Das älteste Kaspar Hauser-Drama entdeckt [Zu Leopold Bartsch: Der Wahn und seine Schrecken]. In: Neue Mannheimer Zeitung. Mannheimer General-Anzeiger. 1928, Jg. 139, Nr. 605, Abend-Ausgabe, Samstag, 29. Dezember, S. 2.

Ostini, W. v.: Nachklänge zu Sophie Hoechstetters Roman "Kaspar Hauser". In: Der Sonntags-Kurier. Unterhaltungsbeilage des Fränkischen Kuriers. 1925, Jg. 6, Nr. 8, 15. Februar, S. 59 f.

Overbey, David L.: Every Man for Himself. In: Sight and Sound. 1975, Bd. 44, Nr. 2, Frühjahr, S. 73-75.

Peitler, Hans / Ley, Hans: Kaspar Hauser. Über tausend bibliographische Nachweise. Ansbach 1927.

Petriconi, H.[ellmuth]: Die verlorenen Paradiese. In: ders.: Metamorphosen der Träume. Fünf Beispiele zu einer Literaturgeschichte als Themengeschichte. Frankfurt / a. M. 1971, S. 13-52.

Petzholdt, Julius: Bibliographisch-kritische Übersicht der Kaspar-Hauser-Litteratur. In: Neuer Anzeiger für Bibliographie und Bibliothekswissenschaft. 1859, Nr. 1, S. 1-5. Nr. 77, S. 36-41.

Ders.: Nachtrag zur Kaspar-Hauser-Litteratur. In: Neuer Anzeiger für Bibliographie und Bibliothekswissenschaft. 1864, Nr. 360, S. 141 f.

Ders.: Neuester Nachtrag zur Kaspar-Hauser-Litteratur. In: Neuer Anzeiger für Bibliographie und Bibliothekswissenschaft. 1872, Nr. 242, S. 129-133.

Ders.: Neuestes aus der Kaspar-Hauser-Frage. In: Neuer Anzeiger für Bibliographie und Bibliothekswissenschaft. 1873, Nr. 791, S. 302-304.

Ders.: Daumer und die Kaspar-Hauser-Litteratur. In: Neuer Anzeiger für Bibliographie und Bibliothekswissenschaft. 1876, Nr. 97, S. 49-51.

Ders.: Neuester Nachtrag zur Kaspar-Hauser-Litteratur. In: Neuer Anzeiger für Bibliographie und Bibliothekswissenschaft. 1878, Nr. 733, S. 271-273.

Ders.: Neuester Nachtrag zur Kaspar-Hauser-Litteratur. In: Neuer Anzeiger für Bibliographie und Bibliothekswissenschaft. 1881, Nr. 531, S. 200-202.

Ders.: Noch mehr zur Kaspar-Hauser-Litteratur. In: Neuer Anzeiger für Bibliographie und Bibliothekswissenschaft. 1882, Nr. 1045, S. 381-383.

Ders.: Zum Kaspar-Hauser-Schwindel. In: Neuer Anzeiger für Bibliographie und Bibliothekswissenschaft. 1883, Nr. 771, S. 268 f.

Ders.: Hauseriana. In: Neuer Anzeiger für Bibliographie und Bibliothekswissenschaft. 1884, Nr. 564, S. 198-200.

Pfeiffer, Gerhard: Kaspar Hauser. In: ders. (Hg.): Fränkische Bibliographie. Schrifttumsnachweis zur historischen Landeskunde Frankens bis zum Jahre 1945. G-N (außer Nürnberg). Im Auftrag der Gesellschaft für fränkische Geschichte unter Mitwirkung zahlreicher Bearbeiter hrsg. von Gerhard Pfeiffer. Veröffentlichungen der Gesellschaft für Fränkische Geschichte. Reihe 11. 3. Fränkische Bibliographie. Bd. II / I. Würzburg 1969, S. 48-50.

Pfister, Eva: Katja Lange-Müllers neues Buch "Kasper Mauser". Humor und Katerstimmung. In: Rheinische Post. 1988, Nr. 299, Samstag, 24. Dezember, o. P.

Prisma Ensemble: Zu: Hönig, Matis: "Kaspar Hauser" das Kind von Europa. Schauspiel 1985. o. O. o. J. [1992] [Materialheft].

Pütz, Peter: Die deutsche Aufklärung [Erträge der Forschung Bd. 81]. Darmstadt 1978.

Ders.: Peter Handke. Frankfurt / a. M. 1982.

Reicke, Emil: Das Kind von Europa. Die Geschichte Kaspar Hausers von Sophie Hoechstetter. In: Fränkische Heimat. Monatsblätter für fränkische Natur und Kultur. 1925, Jg. 4, H. 7, Juli, S. 298-300.

Riessauw, Anne-Marie: Catalogue des Oeuvres vocales écrites par des Compositeurs européens sur des Poèms de Verlaine. Gent 1980.

Riewoldt, Otto F.: Kaspar Hauser und die Restauration. Dieter Fortes drittes Stück in Wiesbaden uraufgeführt. In: Deutsche Volkszeitung. Wochenzeitung für demokratischen Fortschritt. 1979, Jg. 27, Nr. 18, 3. Mai, S. 14.

Rossmann, Andreas: Die Leiden des Kaspar H. Verblüffendes Wiedersehen mit Peter Handkes frühem Stück. In: Frankfurter Allgemeine Zeitung. 1987, Nr. 287, Freitag, 11. Dezember, S. 27.

Rutra, Arthur Ernst: Erich Ebermeyer [sic]: "Kaspar Hauser". Münchener Erstaufführung. In: Die literarische Welt. 1927, Jg. 3, Nr. 9, Freitag, 4. März, S. 7.

Sampath, Ursula: Kaspar Hauser in Twentieth-Century German Literature (Diss.). Oxford 1989 [Gekürzte Verlagsausgabe unter dem Titel "Kaspar Hauser: A Modern Metaphor". (Studies in German Literature, Linguistics and Culture Bd. 67). Drawer / Columbia (USA) 1991].

Schaumann, Ruth: Ansbacher Nänie. Selbstanzeige. In: G. Grote's Almanach. Weihnachten 1936, Jg. 53, S. 20 f.

Schendell, Werner: Kurt Tucholsky. Nachwort. In: Tucholsky, Kurt: Na Und - ? Eine neue Auswahl. Hrsg. von Mary Gerold-Tucholsky. Hamburg 1950, S. 353-363.

Schloßmacher, Josef: Basis Barcelona. Gespräch mit der Choreographin Sabine Dahrendorf. In: Kölner Stadt-Anzeiger. 1992, Nr. 198, Mittwoch, 26. August [P.?].

Schneider, Max: Hauser. In: ders.: Deutsches Titelbuch. Ein Hilfsmittel zum Nachweis von Verfassern deutscher Literaturwerke von Dr. Max Schneider. Zweite, verbesserte und wesentlich vermehrte Auflage. Berlin 1927, S. 251.

Schönert, Jörg: Behaglicher Schauer und distanzierter Schrecken. Zur Situation von Schauerroman und Schauererzählung im literarischen Leben der Biedermeierzeit. In: Martino, Alberto (Hg.): Literatur in der sozialen Bewegung. Aufsätze und Forschungsberichte zum 19. Jahrhundert. Tübingen 1977, S. 27-92.

Ders.: Zur Typologie und Strategie der Titel von Leihbibliotheksromanen am Beispiel der Schauer- und Verbrechensliteratur (1790-1860). In: Jäger, Georg / Schönert, Jörg (Hg.): Die Leihbibliothek als Institution des literarischen Lebens im 18. und 19. Jahrhundert. Hamburg 1980, S. 165-195.

Schostack, Renate: Wer mit Rosen schmeißt. Peter Handkes "Publikumsbeschimpfung" und "Kaspar" in München: Relikte früherer Erregung. In: Frankfurter Allgemeine Zeitung. 1989, Nr. 263, Samstag, 11. November, S. 31.

Schütte, Wolfram: Akte des Widerstands. In: Jansen, Peter W. / Schütte, Wolfram (Hg.): Herzog / Kluge / Straub. Reihe Film 9. Mit Beiträgen von Ulrich Gregor, Rudolf Hohlweg, Peter W. Jansen, Hans Helmut Prinzler, Wolfram Schütte, Kraft Wetzel, Karsten Witte. München / Wien 1976, S. 7-44.

Schulz, Fr. Ernst (Hg.): Die Weltdramatik. Ein Führer zu 10 000 Theaterstücken. Stuttgart 1928.

Schulz, Gerhard: Die deutsche Literatur zwischen Französischer Revolution und Restauration. Erster Teil: Das Zeitalter der Französischen Revolution [Geschichte der deutschen Literatur von den Anfängen bis zur Gegenwart. Begründet von Helmut de Boor u. Richard Newald. Bd. 7. Teil 1]. München 1982.

Ders.: Die deutsche Literatur zwischen Französischer Revolution und Restauration. Zweiter Teil: Das Zeitalter der Napoleonischen Kriege und der Restauration 1806-1830 [Geschichte der deutschen Literatur von den Anfängen bis zur Gegenwart. Begründet von Helmut de Boor u. Richard Newald. Bd. 7. Teil 2]. München 1989.

Seelmann-Eggebert, Ulrich: Der Dichter Walter Erich Schäfer. Zur Neuausgabe seiner "Schauspiele" und "Hörspiele". In: Stuttgarter Leben. 1968, Jg. 43, Nr. 1, Januar, S. 25-27.

Seiler, Manfred: Selbstfindung als Selbstverlust. Carlos Trafic inszeniert "Kaspar Hauser". In: Frankfurter Rundschau. 1983, 16. Mai [P.?].

Sengle, Friedrich: Biedermeierzeit. Deutsche Literatur im Spannungsfeld zwischen Restauration und Revolution. 1815-1848. 3 Bde. Stuttgart 1972-1980.

Seufert, Heinrich: Franken in der Dichtung. 3. Kaspar Hauser. In: Sonntags-Magazin der Nürnberg-Fürther Morgenpresse für Unterhaltung und Belehrung. 1928, Nr. 9, 26. Februar, S. 5 f. Nr. 10, 5. März, S. 5 f.

Silverman, Kaja: Kaspar Hauser's "Terrible Fall" into Narrative. In: new german critique. An Interdisciplinary Journal of German Studies. 1981/82, Nr. 24/25, Winter, S. 73-93.

Staiger, Emil: Schellings Schwermut. In: ders.: Die Kunst der Interpretation. Studien zur deutschen Literaturgeschichte. Freiburg i.Br. ²1957, S. 180-204.

Stenger, Michael / Wiegers, Annegret: Caspar Hauser fürs Revier. WAZ-Gespräch mit dem Komponisten Reinhard Febel. In: Westdeutsche Allgemeine Zeitung. 1992, Nr. 86, Freitag, 10. April, o. P.

Stern, Olga: Kaspar Hauser in der Dichtung (Diss.). Frankfurt / a. M. 1920 [1925].

Stix, Gottfried: Trakl und Wassermann. Rom 1968.

Stoll, Dieter: Ein illustriertes Rätsel. Uraufführung von Carlos Trafics "Kaspar Hauser"-

Version in den Nürnberger Kammerspielen. In: Hessische / Niedersächsische Allgemeine. 1983, 19. April [P.?].

Thalmann, Marianne: Wassermanns Caspar Hauser und seine Quellen. In: Deutsches Volkstum. Monatsschrift für das deutsche Geistesleben. 1929, Jg. 11, März, S. 208-218.

Theater Dortmund, Opernhaus: Sekunden und Jahre des Caspar Hauser. Oper von Reinhard Febel. Opernhaus Dortmund. Uraufführung. Spielzeit 1991/92. o. O. o. J. [Dortmund 1992] [Programmheft].

Theater Thikwá: Im Stehen sitzt es sich besser. Kaspar Hauser - Resonanz. Eine Produktion des Theaters Thikwá nach Motiven von Meret Oppenheim. o. O. [Berlin] 1990/91 [Programmheft].

Theens, Ria: "Danat Danza" bei den "Movimientos '92" in Köln. Der arme Kaspar Hauser in sechs Tanz-Personen [Zur Tanz-Theater-Aufführung von Sabine Dahrendorf]. In: Rheinische Post. 1992, Nr. 198, Mittwoch, 26. August, o. P.

Theisz, R. D.: Kaspar Hauser im Zwanzigsten Jahrhundert. Der Außenseiter und die Gesellschaft. In: German Quarterly 49, 1976, S. 168-180.

Thelen, Lynn Marsha: Beyond the Court: A Study of the "Wilde"-Motif in Medieval German Literature (Diss.). University of Pennsylvania 1979.

Theobaldy, Jürgen: Fahrten ins Ungeheure. In: Jansen, Peter W. / Schütte, Wolfram (Hg.): Werner Herzog. Reihe Film 22. Mit Beiträgen von Hans Günther Pflaum, Hans Helmut Prinzler, Jürgen Theobaldy, Kraft Wetzel. München / Wien 1979, S. 7-58.

Thiele, Herbert: Das Bild des Menschen in den Kaspar-Hauser-Gedichten von Paul Verlaine und Georg Trakl. Bemerkungen zu einem Gedichtvergleich im Deutschunterricht der Prima. In: Wirkendes Wort. 1964, S. 351-356.

Vogt, Christine / Maedebach, Matthias: Theater Thikwá. Ein gesellschaftlich-künstlerisches Experiment mit behinderten und nichtbehinderten Schauspielern und Musikern. o. O. o. J. [Informationskonvolut].

Wagenmann: Marheineke, Philipp Konrad M. In: Allgemeine Deutsche Biographie. Bd. 20. Leipzig 1884, S. 338-340.

Weber, Carl Hans von: Kurt Martens. In: Das litterarische Echo. Halbmonatsschrift für Litteraturfreunde. 1902/03, Jg. 5. H. 20. 15. Juli 1903, Sp. 1387-1394.

Weinkauff, Gina: Der Rote Kasper. Das Figurentheater in der pädagogisch-kulturellen Praxis der deutschen und österreichischen Arbeiterbewegung von 1918-1933. [Puppenspielkundliche Quellen und Forschungen Nr. 8. November 1982]. Bochum 1982.

Wetzel, Kraft: Interview [vom 10./11.4.1976]. In: Jansen, Peter W. / Schütte, Wolfram (Hg.). Herzog / Kluge / Straub. Reihe Film 9. München / Wien 1976, S. 113-130.

Ders.: Kommentierte Filmografie. In: Jansen, Peter W. / Schütte, Wolfram (Hg.): Werner Herzog. Reihe Film 22. Mit Beiträgen von Hans Günther Pflaum, Hans Helmut Prinzler, Jürgen Theobaldy, Kraft Wetzel. München / Wien 1979, S. 87-144.

Wirth, Thomas: Schlußveranstaltung der Kaspar-Hauser-Woche. Hermetische Hauser-Passion. Performancetheater von und mit Sibylle Gielen beim Kleinkunstkreis Podium. In: Fränkische Landeszeitung. 1990. Nr. 167, Montag, 23. Juli, o. P.

Wolfenstein, Alfred: Rimbaud. Leben - Werk - Briefe. Übertragen und herausgegeben von Alfred Wolfenstein. Berlin 1930 [S. 11 f.].

Ders.: Jean-Arthur Rimbaud oder der Anti-Poet. In: Deutsch-Französische Rundschau. 1930, Bd. 3, S. 277-283.

Wolff, Hans M.: Germanische "Edle Wilde". In: Worte und Werte. Bruno Markwardt zum

60. Geburtstag. Hrsg. von Gustav Erdmann und Alfons Eichstaedt. Berlin 1961, S. 477-482.

Zachow, Bernd: Ein Verlorener. Zwei Ausstellungen zur "Kaspar-Hauser-Woche" in Ansbach. In: Kultur Aktuell. 1992. Dienstag, 12. November, o. P. [Zu den Ausstellungen von Janet Brooks Gerloff und Renate Deckl].

Zweig, Stefan: Artur Rimbaud. In: Die Zukunft. 1907, Jg. 15, Bd. 58, Nr. 21, 23. Februar, S. 300-305.

Abbildungsverzeichnis

Die Angaben zu den Titelblattabbildungen beziehen sich auf das Literaturverzeichnis. Die Größen entsprechen nur selten den Originalen, die in den meisten Fällen auf ungefähr 70% verkleinert wurden.